ŒUVRES COMPLÈTES

DE VOLTAIRE

TOME TRENTE-CINQUIÈME

PARIS
LIBRAIRIE HACHETTE ET Cie
79, BOULEVARD SAINT-GERMAIN, 79

A LA MÊME LIBRAIRIE

ŒUVRES
DES PRINCIPAUX ÉCRIVAINS FRANÇAIS
VOLUMES IN-18 JÉSUS

On peut se procurer chaque volume de cette série relié en percaline gaufrée, sans être rogné, moyennant 50 cent.; en demi-reliure, dos en chagrin, tranches jaspées, moyennant 1 fr. 50 cent.; et avec tranches dorées, moyennant 2 fr. en sus du prix marqué.

1re Série à 1 franc 25 c. le volume.

Barthélemy : *Voyage du jeune Anacharsis en Grèce dans le milieu du IVe siècle avant l'ère chrétienne*. 3 volumes.

Atlas pour le Voyage du jeune Anacharsis, dressé par J.-D. Barbié du Bocage, revu par A.-D. Barbié du Bocage. In-8, 1 fr. 50 c.

Boileau : *Œuvres complètes*. 2 vol.

Bossuet : *Œuvres choisies*. 5 vol.

Corneille : *Œuvres complètes*. 7 vol.

Fénelon : *Œuvres choisies*. 4 vol.

La Fontaine : *Œuvres complètes*. 3 volumes.

Marivaux : *Œuvres choisies*. 2 vol.

Molière : *Œuvres complètes*. 3 vol.

Montaigne : *Essais*, précédés d'une lettre à M. Villemain sur l'éloge de Montaigne, par P. Christian. 2 vol.

Montesquieu : *Œuvres complètes*. 3 volumes.

Pascal : *Œuvres complètes*. 3 vol.

Racine : *Œuvres complètes*. 3 vol.

Rousseau (J.-J.) : *Œuvres complètes*. 13 volumes.

Saint-Simon (le duc de) : *Mémoires complets et authentiques sur le siècle de Louis XIV et la Régence*, collationnés sur le manuscrit original par M. Chéruel, et précédés d'une notice de M. Sainte-Beuve, de l'Académie française. 13 vol.

Sedaine : *Œuvres choisies*. 1 vol.

Voltaire : *Œuvres complètes*. 46 vol.

2e Série à 3 francs 50 cent. le volume.

Chateaubriand : *Le Génie du Christianisme*. 1 vol.
— *Les Martyrs* ; — *le Dernier des Abencerrages*. 1 vol.
— *Atala* ; — *René* ; — *les Natchez*. 1 vol.

Fléchier : *Mémoires sur les Grands-Jours d'Auvergne en 1665*, annotés par M. Chéruel et précédés d'une notice par M. Sainte-Beuve. 1 vol.

Malherbe : *Œuvres poétiques*, réimprimées pour le texte sur la nouvelle édition des *Œuvres complètes de Malherbe*, publiées par M. Lud. Lalanne dans la Collection des GRANDS ÉCRIVAINS DE LA FRANCE. 1 vol.

Sévigné (Mme de) : *Lettres de Mme de Sévigné, de sa famille et de ses amis*, réimprimées pour le texte sur la nouvelle édition publiée par M. Monmerqué dans la Collection des GRANDS ÉCRIVAINS DE LA FRANCE. 8 vol.

COULOMMIERS. — TYPOGRAPHIE PAUL BRODARD.

ŒUVRES COMPLÈTES

DE VOLTAIRE

COULOMMIERS
Imprimerie PAUL BRODARD.

ŒUVRES COMPLÈTES

DE VOLTAIRE

TOME TRENTE-CINQUIÈME

PARIS
LIBRAIRIE HACHETTE ET Cie
79, BOULEVARD SAINT-GERMAIN, 79

1891

CORRESPONDANCE.

(SUITE.)

MCCCXXVIII. — A M. DE CIDEVILLE.

À Paris, ce 10 avril.

Vos vers, mon charmant ami, me paraissent, à très-peu de chose près, mériter ce que vous dites de moi. *Il ne leur manque rien.* Si je ne souffrais pas, et si ma colique, que vous suspendez, mais qui revient, me laissait autant de liberté dans l'esprit que vous m'inspirez de sentiments, je vous enverrais quatre fois plus de vers; mais ils ne seraient pas si bons que les vôtres.

En vous remerciant tendrement, mon très-cher ami, celui de la vertu et des Muses, homme fait pour être le charme de la société. Votre ami souffrant vous embrasse de tout son cœur. VOLTAIRE.

MCCCXXIX. — AU MÊME.

Ce 12 avril.

Je suis si vain, mon charmant ami, que je veux que votre ouvrage soit parfait. Pardonnez à cet excès d'amour-propre, et à celui de ma tendre amitié pour vous,

Si quœdam egregio reprehendo in corpore nævos.

Soyez le juge de ma petite critique. Il me semble qu'en un quart d'heure vous pouvez donner la dernière main à ce petit ouvrage excellent en son genre, et qui éternisera l'amitié qui fait mon bonheur.

VOLTAIRE.

MCCCXXX. — A M. LE MARQUIS D'ARGENSON.

Le 15 avril.

Je cours à Châlons avec Mme du Châtelet pour assister à la petite vérole de son fils, car c'est tout ce qu'on peut y faire; on n'est que spectateur de la tyrannie ignorante des médecins. Guérissez la maladie épidémique de l'Europe; empêchez les *araignées* de se manger, et conservez-moi vos bontés.

J'espère revenir avant que vous partiez pour aller faire la paix, à la tête des armées.

Adieu, monseigneur; personne ne s'intéressera jamais à votre gloire et à votre bonheur autant que votre très-ancien serviteur.

MCCCXXXI. — A M. DUCLOS.

Avril.

....
J'en ai déjà lu cent cinquante pages[1]; mais il faut sortir pour souper; je m'arrête à ces mots:

« Ce brave Huniade Corvin, surnommé *la terreur des Turcs*, avait été le défenseur de la Hongrie, dont Ladislas n'avait été que le roi. »

1. De l'*Histoire de Louis XI*, par Duclos. (CL.)

Courage; il n'appartient qu'aux philosophes d'écrire l'histoire. En vous remerciant bien tendrement, monsieur, d'un présent qui m'est bien cher, et qui me le serait quand même vous ne me le seriez pas. Je passe à votre porte pour vous dire combien je vous aime, combien je vous estime, et à quel point je vous suis obligé; et je vous l'écris dans la crainte de ne pas vous trouver. Bonsoir, Salluste.

MCCCXXXII. — A M. LE MARQUIS D'ARGENSON.

A Paris, ce 30 avril.

Je tremble que nos tristes aventures en Bavière ne déterminent le roi de Prusse à faire une seconde paix. Vous êtes, monseigneur, dans des circonstances bien critiques, et nous aussi. Si cela continue, le bel emploi que celui d'historiographe !

Mon tendre attachement pour vous fait ma consolation.

P. S. J'apprends que tous ces écrits qui, par parenthèse, sont de faibles armes quand on est battu, pour donner l'exclusion au grand-duc, ne font point un bon effet en Allemagne. On y sent trop que ce sont des Français qui parlent. Il me semble qu'un air plus impartial réussirait mieux, et qu'un bon Allemand, qui déplorerait de tout son cœur les calamités de sa pesante patrie, ferait une impression tout autre sur les esprits. Pardon, je soumets mon petit doute à vos lumières, et je vous rends compte simplement de ce qu'on m'écrit.

Il ne m'est rien revenu de mon correspondant, qu'une prière du roi de Prusse à la reine de Hongrie de ne point prendre ses vaisseaux sur l'Elbe. Ses vaisseaux sont des bateaux ; mais gare que le roi de Prusse ne fasse d'autres prières !

MCCCXXXIII. — A M. LE MARQUIS DE VALORI.

A Paris, le 1er mai 1745.

Vous achevez mon bonheur, monsieur, par l'intérêt que vous daignez y prendre ; c'est le comble de la séduction de parler le langage de la poésie, pour me rendre encore plus sensible aux grâces que le roi m'a faites.

 Modeste et généreux, Louis nous fait chérir
  Et sa personne et son empire.
 Que ne puis-je le peindre aux siècles à venir!
  Mais il faudrait savoir écrire
  Comme vous savez le servir.

Je sens tout le prix de la coquetterie que vous me faites en m'envoyant les vers de M. Darget ; ce doit être un grand agrément pour vous d'avoir un homme qui écrit si joliment ; mais permettez que je le félicite aussi d'être auprès de vous. Ses vers et votre prose me donnent bien de la vanité.

 Apollon chez Admète autrefois fut berger ;
  Chez Valori je le vois secrétaire.
 Il peut se déguiser et ne saurait changer.
  On le connaît à l'art de plaire.

J'ai reçu un peu tard votre charmante lettre; M. d'Argenson me l'avait envoyée à Châlons, où j'avais suivi Mme du Châtelet, qui y avait gardé monsieur son fils malade de la petite vérole. La lettre m'a été renvoyée aujourd'hui à Paris; elle me flatte trop pour que je tarde à y répondre. Je vous suis fort obligé d'avoir bien voulu parler de moi au roi de Prusse; il doit être d'autant plus sensible à ma petite fortune, que les bontés dont il m'honore n'ont pas peu servi à déterminer celles du roi notre maître. M. de Maupertuis quitte la France pour Berlin. On ne peut en effet quitter notre cour que pour celle où vous êtes; mais enfin tout le monde ne peut pas quitter la France, et il faut bien que les beaux-arts se partagent. D'ailleurs M. de Maupertuis a de la santé, et je suis plus infirme que jamais; les grands voyages me sont interdits comme les grands plaisirs. Vous qui avez de la santé, monsieur, vous allez probablement en Silésie, tandis que M. d'Argenson va en Flandre; chacun de vous sera auprès d'un héros. Puissent ces deux héros nous donner bientôt la paix dont l'Allemagne et l'Angleterre n'ont plus besoin que nous! Je n'aurai pas la consolation de revoir M. d'Argenson avant son départ; il faut s'immoler au préjugé qui m'exclut de Versailles pour quarante jours, parce que j'ai vu un malade à quarante lieues. Ce n'est pas le premier mal que les préjugés m'ont fait. Je vous supplie, monsieur, d'ajouter à vos bontés celle de me conserver dans le souvenir de la cour de Berlin, qui me sera toujours bien chère. Daignez ne me point oublier auprès de MM. de Podewils et de Borck : vous avez sans doute l'aimable M. de Kaiserling; comment se porte le philosophe mon cher Isaac, et comment suis-je avec lui? Il me semble que je serai toujours très-bien auprès de ceux que vous aimez, et je compte sur votre protection : j'ose ici joindre mes vœux pour la santé des reines et de toute la famille royale. Adieu, monsieur, aimez un peu Voltaire.

MCCCXXXIV. — A M. L'ABBÉ DE VALORI.
Paris, le 3 mai.

Les faveurs des rois et des papes, monsieur, ne valent pas celles de l'amitié. Vous savez si la vôtre m'est chère. J'ai reçu, presque le même jour, votre lettre et celle de monsieur votre frère. Je suis bien glorieux de n'être pas oublié de deux hommes à qui j'ai voué un si grand attachement; mais vous m'avouerez, monsieur, que vous devez m'aimer un peu davantage depuis que le saint-père me donne des bénédictions. Sa Sainteté a pensé comme vous sur *Mahomet*. C'est qu'elle n'a point été séduite par des convulsionnaires. On éprouve des injustices dans sa patrie; mais les étrangers jugent sans passion, et un pape est au-dessus des passions. Je suis fort joliment avec Sa Sainteté. C'est à présent aux dévots à me demander ma protection pour ce monde-ci et pour l'autre.

Vous allez voir, monsieur, grande compagnie à Lille. Le roi va délivrer les Hollandais du soin pénible de garder les places de la barrière. On prétend aussi qu'il délivrera l'ancien évêque de Mirepoix de la tentation où il est tous les jours de mal choisir entre les serviteurs de Dieu, et qu'il ira achever l'œuvre de sa sanctification dans son abbaye de Corbie. Il y fera faire pénitence aux moines. C'est un homme fait, à ce qu'on dit, pour le ciel, car il déplaît souverainement au monde.

J'ai répondu un peu plus tard, monsieur, à votre aimable lettre, mais elle m'a été rendue fort tard. Elle a été à Châlons, où j'avais suivi Mme du Châtelet, qui a gardé monsieur son fils malade de la petite vérole. Les préjugés de ce monde, qui ne font jamais que du mal, m'empêchent de voir votre ami M. d'Argenson. Vous aurez probablement à Lille le plaisir que je regrette. Puisse-t-il en revenir bien vite avec le rameau d'olivier! Il n'y a jamais eu, de tous les côtés, moins de raison de faire la guerre. Tout le monde a besoin de la paix, et cependant on se bat. Je voudrais bien que l'historiographe pût dire : « Les princes furent sages en 1745. »

Vous savez que le roi, en m'accordant cette place, m'a daigné promettre la première vacante de gentilhomme ordinaire. Je suis comblé de ses bontés. Adieu, monsieur; Mme du Châtelet vous fait mille compliments; recevez, avec toute votre famille, mes plus tendres respects.

VOLTAIRE.

MCCCXXXV. — A M. LE MARQUIS D'ARGENSON.

À Paris, ce 3 mai.

Eh bien! il faudra donc vous laisser partir sans avoir la consolation de vous voir. Partez donc; mais revenez avec le rameau d'olivier, et que le roi vous donne le rameau d'or; car, en vérité, vous n'êtes pas payé pour la peine que vous prenez.

Vous avez eu trop de scrupule en craignant d'écrire un petit mot à M. l'abbé de Canillac[1]. Je vous avertis que je suis très-bien avec le pape, et que M. l'abbé de Canillac fera sa cour, en disant au saint-père que je lis ses ouvrages, et que je suis au rang de ses admirateurs comme de ses brebis.

Chargez-vous, je vous en supplie, de cette importante négociation. Je vous réponds que je serai un petit favori de Rome, sans que nos cardinaux y aient contribué.

Que dites-vous, monseigneur, de la princesse royale de Suède, qui me prie de faire un petit voyage à Stockholm, comme on prie à souper à la campagne? Il faut être Maupertuis pour aller ainsi courir dans le Nord. Je reste en France, où je me trouverais encore mieux si Mme du Châtelet se mettait à dîner avec vous.

J'ai une grâce à vous demander pour ce pays du Nord : c'est de permettre que je vous adresse en Flandre un paquet pour M. d'Alion[2]. Ce sont des livres que j'envoie à l'Académie de Pétersbourg, et des flagorneries[3] pour la czarine.

Adieu, monseigneur; je vous souhaite de la santé et la paix; et je vous suis attaché, comme vous savez, pour la vie.

1. Chargé des affaires du roi à Rome. (ÉD.)
2. M. de Bonac, comte d'Alion, plénipotentiaire de France en Russie. (ÉD.)
3. C'est la Lettre du roi (Louis XV) à la czarine (Élisabeth), rédigée par Voltaire à la demande du marquis d'Argenson. (ÉD.)

ANNÉE 1745.

MCCCXXXVI. — A M. LE MARQUIS D'ARGENSON.

Ce 9 mai.

Que Dieu récompense la reine ou l'impératrice de toutes les Russies, et vous, ange de la paix! Je n'ose écrire sans être sous vos yeux; je crains de dire trop ou trop peu, et de ne pas m'ajuster. Je compte venir demain à Versailles me mettre au rang de vos secrétaires.

En vous remerciant, monseigneur, de la bonté que vous avez pour le plus pacifique des humains, et celui qui vous est dévoué avec le plus de tendresse.

MCCCXXXVII. — A M. DE CIDEVILLE.

A Paris, ce 12 mai.

Je suis réduit à la prose, mon cher ami, en qualité de malade. Je sens que bientôt je ne vivrai plus que par la seconde vie que me donnent vos beaux vers. Mais tant que je vivrai dans ce monde, mon cœur sera à vous.
VOLTAIRE.

MCCCXXXVIII. — A M. LE MARQUIS D'ARGENSON.

Jeudi 13, à 11 heures du soir[1].

Ah! le bel emploi pour votre historien! Il y a trois cents ans que les rois de France n'ont rien fait de si glorieux. Je suis fou de joie.

Bonsoir, monseigneur.

MCCCXXXIX. — DE M. LE MARQUIS D'ARGENSON.

Monsieur l'historien, vous aurez dû apprendre dès mercredi au soir la nouvelle dont vous nous félicitez tant. Un page partit du champ de bataille, le mardi à deux heures et demie, pour porter les lettres. J'apprends qu'il arriva, le mercredi à cinq heures du soir, à Versailles. Ce fut un beau spectacle que de voir le roi et le dauphin écrire sur un tambour, entourés de vainqueurs et de vaincus, morts, mourants, et prisonniers. Voici des anecdotes que j'ai remarquées.

J'eus l'honneur de rencontrer le roi dimanche tout près du champ de bataille; j'arrivai de Paris au quartier de Chin. J'appris que le roi était à la promenade; je demandai un cheval, je joignis Sa Majesté près d'un lieu d'où l'on voyait le camp des ennemis. J'appris pour la première fois de Sa Majesté, de quoi il s'agissait tout à l'heure (à ce qu'on croyait). Jamais je n'ai vu d'homme si gai de cette aventure qu'était le nôtre. Nous discutâmes justement ce point historique que vous traitez en quatre lignes, quels de nos rois avaient gagné les dernières batailles royales. Je vous assure que le courage ne faisait point tort au jugement, ni le jugement à la mémoire. De là on alla coucher sur la paille. Il n'y a point de nuit de bal plus gaie; jamais tant de bons mots. On dormit tout le temps qui ne fut pas coupé par des courriers, des grassins, et des aides de camp. Le roi chanta une chanson qui a beaucoup de couplets, et qui est fort drôle. Pour le dauphin, il était à la bataille comme à une chasse de lièvre, et disait

1. Billet écrit en apprenant la victoire de Fontenoy. (ÉD.)

presque : « Quoi ! n'est-ce que cela ? » Un boulet de canon donna dans la boue, et crotta un homme près du roi. Nos maîtres rirent de bon cœur du barbouillé. Un palefrenier de mon frère a été blessé à la tête, d'une balle de mousquet ; ce domestique était derrière la compagnie.

Le vrai, le sûr, le non flatteur, c'est que c'est le roi qui a gagné lui-même la bataille par sa volonté, par sa fermeté. Vous verrez des relations et des détails ; vous saurez qu'il y a eu une heure terrible où nous vîmes le second tome de Dettingue ; nos Français humiliés devant cette fermeté anglaise ; leur feu roulant qui ressemble à l'enfer, que j'avoue qui rend stupides les spectateurs les plus oisifs ; alors on désespéra de la république. Quelques-uns de nos généraux, qui ont plus de courage de cœur que d'esprit, donnèrent des conseils fort prudents. On envoya des ordres jusqu'à Lille ; on doubla la garde du roi ; on fit emballer, etc. A cela, le roi se moqua de tout et se porta de la gauche au centre, demanda le corps de réserve et le brave Lowendal ; mais on n'en eut pas besoin. Un faux corps de réserve donna : c'était la même cavalerie qui avait d'abord donné inutilement ; la maison du roi ; les carabiniers ; ce qui restait tranquille des gardes-françaises ; des Irlandais excellents, surtout quand ils marchent contre des Anglais et Hanovriens. Votre ami, M. de Richelieu, est un vrai Bayard ; c'est lui qui a donné le conseil, et qui l'a exécuté, de marcher à l'infanterie comme des chasseurs, ou comme des fourrageurs, pêle-mêle, la main baissée, le bras raccourci, maître, valets, officiers, cavaliers, infanterie, tout ensemble. Cette vivacité française, dont on parle tant, rien ne lui résiste ; ce fut l'affaire de dix minutes que de gagner la bataille avec cette botte secrète. Les gros bataillons anglais tournèrent le dos ; et, pour vous le faire court, on en a tué quatorze mille[1].

Il est vrai que le canon a eu l'honneur de cette affreuse boucherie ; jamais tant de canon, ni si gros, n'a tiré dans une bataille générale, qu'à celle de Fontenoy ; il y en avait cent. Monsieur, il semble que ces pauvres ennemis aient voulu à plaisir laisser arriver tout ce qui leur devait être ; le canon de Douai, gendarmerie, mousquetaires.

A cette charge dernière, dont je vous parlais, n'oubliez pas une anecdote. M. le dauphin, par un mouvement naturel, mit l'épée à la main de la plus jolie grâce du monde, et voulait absolument charger ; on le pria de n'en rien faire. Après cela, pour vous dire le mal comme le bien, j'ai remarqué une habitude trop tôt acquise de voir tranquillement sur le champ de bataille des morts nus, des ennemis agonisants, des plaies fumantes. Pour moi, j'avouerai que le cœur me manqua ; et que j'eus besoin d'un flacon. J'observai bien nos jeunes héros ; je les trouvai trop indifférents sur cet article. Je craignis, pour la suite de leur longue vie, que le goût ne vînt à augmenter par cette inhumaine curée.

1. Il manquait en effet quatorze mille hommes à l'appel, mais il en revint environ six mille dès le jour même.

ANNÉE 1745.

Le triomphe est la plus belle chose du monde : les *vive le roi*, les chapeaux en l'air au bout des baïonnettes, les compliments du maître à ses guerriers, la visite des retranchements, des villages, et des redoutes si intactes, la joie, la gloire, la tendresse. Mais le plancher de tout cela est du sang humain, des lambeaux de chair humaine.

Sur la fin du triomphe, le roi m'honora d'une conversation sur la paix. J'ai dépêché des courriers.

Le roi s'est fort amusé hier à la tranchée : on a beaucoup tiré sur lui ; il y est resté trois heures. Je travaillais dans mon cabinet, qui est ma tranchée ; car j'avouerai que je suis bien reculé de mon courage par toutes ces dissipations. Je tremblais de tous les coups que j'entendais tirer. J'ai été avant-hier voir la tranchée en mon petit particulier ; cela n'est pas fort curieux de jour. Aujourd'hui nous aurons un *Te Deum* sous une tente, avec une salve générale de l'armée, que le roi ira voir du mont de la Trinité. Cela sera beau.

J'assure de mes respects Mme du Châtelet. Adieu, monsieur, d'Argenson.

MCCCXL. — A M. LE MARQUIS D'ARGENSON.

Le 20 de mai, au soir.

Vous m'avez écrit, monseigneur, une lettre telle que, Mme de Sévigné l'eût faite, si elle s'était trouvée au milieu d'une bataille. Je viens de donner bataille aussi, et j'ai eu plus de peine à chanter la victoire, que le roi à la remporter. M. Bayard de Richelieu vous dira le reste. Vous verrez que le nom de d'Argenson n'est pas oublié. En vérité vous me rendez ce nom bien cher ; les deux frères le rendront bien glorieux.

Adieu, monseigneur ; j'ai la fièvre à force d'avoir embouché la trompette. Je vous adore.

MCCCXLI. — AU MÊME.

Ce 26 mai.

Tenez, monseigneur ; je n'en peux plus ; voilà tout ce que j'ai pu tirer de mon cerveau, en passant la journée à chercher des anecdotes et la nuit à rimailler.

On en fera demain une quatrième édition. J'ai rendu justice, et on a pour moi, cette fois-ci, quelque indulgence.

Je vous remercie des faveurs du saint-père ; je me flatte qu'il n'y aura pas là-bas conflit de ministres ; s'il y en avait, je demeurerais entre deux médailles le cul à terre. Le fait est qu'à Rome, comme ailleurs, on est jaloux de sa besogne.

Je me recommande à Dieu et à vous, et j'attendrai les bénédictions paternelles sans me remuer.

Le roi est-il content de ma petite drôlerie ?

Je suis à vos ordres à jamais.

P. S. Autre paquet de *Batailles de Fontenoi*. Permettez, monsei-

1. Le *Poëme de Fontenoi*. (Note...)

gneur, que tout cela soit sous vos auspices, et que j'aie encore l'honneur d'en envoyer beaucoup, par votre protection, dans les pays étrangers; ce sont des réponses aux gazetiers et aux journalistes de Hollande.

MCCCXLII. — Au même.

A Paris, le 29 mai.

Malgré l'envie, ceci a du débit. Seriez-vous mal reçu, monseigneur, à dire au roi qu'en dix jours de temps il y a eu cinq éditions de sa gloire? N'oubliez pas, je vous en prie, cette petite manœuvre de cour.

Je croyais monsieur votre fils à Paris; point du tout, il instrumente avec vous. A-t-il vu la bataille? il se serait mis, avec son cousin, à la tête des moutons du Berri. Je le supplie de lire cette cinquième édition, la plus correcte de toutes, la plus ample et la plus honnête. J'en envoie de cette journée à je ne sais combien de têtes couronnées. Vous permettez bien, suivant votre bénignité ordinaire, que j'en mette quelques-unes sous votre couvert, aux Valori, aux Auzillon, aux La Ville, à tous ceux qui auraient été honnis en pays étranger si nous avions été battus.

J'en envoie à M. l'abbé de Canillac, et je le remercie de ses bontés, que je vous dois. Mais j'ai bien peur que M. l'abbé de Tolignan et le cardinal Aquaviva ne soient fâchés qu'on leur souffle une négociation; je veux avoir mes médailles papales, et je vous supplie que M. l'abbé de Canillac traite cette grande affaire avec sa très-grande prudence.

Adieu, monseigneur, triomphez, et revenez avec le rameau d'olivier.

MCCCXLIII. — A M. DE CIDEVILLE.

30 mai.

Vos vers sont charmants, mon très-cher ami; c'est à eux et non aux miens que je devrai cette belle fumée après laquelle on court. Permettez-moi donc la vanité de les faire imprimer. Les encouragements que vous me donnez me font plus de plaisir que vos beaux vers n'humilient les miens. Bonjour; la tête me tourne, je ne sais comment faire avec les dames, qui veulent que je loue leurs cousins et leurs grelluchons. On me traite comme un ministre; je fais des mécontents.

Quant au maréchal de Noailles, il a été très-satisfait, et c'est lui qui a fait au roi la lecture de l'ouvrage. Il n'y a personne à l'armée qui n'ait senti combien il était délicat de parler de M. le maréchal de Noailles, l'ancien du maréchal de Saxe, et n'ayant pas le commandement. Les deux vers qui expriment qu'il n'est point jaloux, et qu'il ne regarde que l'intérêt de la France, sont un petit trait de politique, si ce n'en est pas un de poésie; et ce sont précisément ces vérités qui donnent à penser à un lecteur judicieux. Ces traits si éloignés des lieux communs, et ces allusions aux faits qu'on ne doit pas dire hautement, mais qu'on doit faire entendre, ce sont là, dis-je, ces petites finesses qui plaisent aux hommes comme vous, et qui échappent à ceux qui ne sont que gens de lettres. Bonsoir; je suis accablé.

Je vous embrasse tendrement.

V.

MCCXLIV. — A M. LE MARQUIS D'ARGENSON.

Le 20 mai.

Au milieu des énormes paquets dont je vous accable, pour la gloire du roi mon maître, ou pour son ennui, il faut, s'il vous plaît, monseigneur, que j'éclaircisse ma petite affaire avec le pape. La voici :

Vous savez que les bontés de Mlle du Thil m'ont valu les bons offices de l'abbé de Tolignan, et que M. l'abbé de Tolignan m'a valu un petit compliment de la part de Sa Sainteté, sans que cette sainte négociation passât par d'autres mains.

Vous vous souvenez peut-être qu'il y a près de deux mois l'envie me prit d'avoir quelque marque de la bienveillance papale qui pût me faire honneur en ce monde-ci et dans l'autre. J'eus l'honneur de vous communiquer cette grande idée ; mais vous me dîtes qu'il n'était guère possible de mêler ainsi les choses célestes aux politiques. Sur-le-champ j'allai trouver Mlle du Thil, qui a été pour moi *turris eburnea, fœderis arca*, etc., et elle me dit qu'elle essayerait si l'abbé de Tolignan aurait assez de crédit encore pour obtenir de Sa Sainteté deux médailles qui vaudraient pour moi deux évêchés.

Nouvelles coquetteries de ma part avec le pape ; je lis ses livres, j'en fais un petit extrait ; je versifie ; et le pape devient mon protecteur *in petto*.

Je vous mande tout cela il y a trois semaines, et je vous écris que M. l'abbé de Canillac ferait très-bien sa cour en parlant de moi à Sa Sainteté ; mais je ne parle point de médailles. Alors il vous revient en mémoire que j'avais eu grande envie du portrait du saint-père, et vous en écrivez à M. l'abbé de Canillac. Pendant ce temps-là qu'arrive-t-il ? Le pape, le très-saint, le très-aimable, donne deux grosses médailles pour moi à M. l'abbé de Tolignan ; et le maître de la chambre m'écrit de la part de Sa Sainteté. L'abbé de Tolignan a en poche médailles et lettres, et les enverra quand et comme il pourra.

A peine M. de Tolignan est-il muni de ces divins portraits, que M. de Canillac va en demander pour moi au saint-père. Il me paraît que Sa Sainteté a l'esprit présent et plaisant ; elle ne veut pas dire au ministre de France : *Monsù, un altro à le medaglie* ; mais elle lui dit qu'à la Saint-Pierre il y en aura de plus grosses.

Vous recevrez, monseigneur, la lettre de l'abbé de Canillac, qui vous mande cette pantalonnade du pape tout sérieusement ; et Mlle du Thil reçoit la lettre de M. l'abbé de Tolignan, qui lui mande la chose comme elle est.

Est-ce assez parler de deux médailles ? Non vraiment, monseigneur ; il faut que je réussisse dans ma négociation, car elle va plus loin que vous ne pensez, et vous n'êtes pas au bout.

Le grand point est donc que M. l'abbé de Canillac ne souffle pas la négociation à l'abbé de Tolignan, parce qu'alors il se pourrait faire que tout échouât. Je vous supplie donc d'écrire tout simplement à votre ministre romain¹ que le poids de marc ne fait rien à ces médailles,

1. L'abbé de Canillac. (ÉD.)

qu'il vous fera plaisir de me protéger dans l'occasion, que l'abbé de Tolignan étant mon ami depuis longtemps, il n'est pas étonnant qu'il m'ait servi, et que vous le priez d'aider l'abbé de Tolignan dans cette affaire, etc., etc., etc.

Moyennant ce tour très-simple et très-vrai, il n'y aura point de tracasserie; j'aurai mes médailles; tout le monde sera content, et je vous aurai la plus grande obligation du monde.

Pardonnez-moi: Comment peut-on écrire quatre pages sur ces balivernes? Cela est honteux.

P. S. A force de bonté, vous devenez mon bureau d'adresse. Pardon, monseigneur; mais la princesse de Suède est plus jolie que le pape; elle m'a envoyé son portrait, et je n'ai pas encore celui du saint-père; ainsi permettez que je mette sous votre protection cet énorme paquet, en attendant que j'aie l'honneur de vous en dépêcher d'autres pour la famille.

Prenez la citadelle¹, prenez-en cent, et revenez l'arbitre de la paix.

MCCCXLV. — A M. DE CIDEVILLE.
A Paris, ce 21 ...

Le comte de Saxe m'a remercié, et je vous remercie, mon cher ami. Vous me louez mieux que je ne le loue; mais je ne me porte guère mieux que lui.

Sans doute je corrige mon ouvrage, et je le corrigerai. Je voudrais pouvoir le rendre digne, et du roi qui l'a honoré de son approbation, et de ma patrie à la gloire de laquelle il est consacré, et de votre amitié.

MCCCXLVI. — AU MÊME.
Jeudi après minuit, à ...

Mon cher ami, j'apprends, en arrivant, que votre amitié vous a conduit ici pour avertir Mme du Châtelet des belles critiques que l'on fait.

Quant au maréchal de Saxe, voici ce qu'il écrit à Mme du Châtelet : « Le roi en a été très-content, et même il m'a dit que l'ouvrage n'était pas susceptible de critique. »

Vous sentez bien qu'après cela je dois penser que le roi est le meilleur et le plus grand connaisseur de son royaume.

MCCCXLVII. — A M. LE COMTE ALBAROTTI, A BERLIN.
Paris, 4 ...

Mi lusingava, caro mio ed illustrissimo amico, d'aver ricuperata la mia sanità, e già era tutto apparecchiato a seguirvi; il mio re di Prussia? Forse avrei avuto, o almen creduto avere la forza di fare un più gran viaggio, e di vedervi ancora una volta nella corte dell' Augusto moderno, ed aver detto :

Quivi il famoso Egon di lauro adorno
Vidi lor d'estro e di virtù pur sempre.

1. La citadelle de Tournai. Elle capitula le 19 juin suivant. (ED.)

ANNÉE 1745.

Sicchè Febo sembrava; ond' io devoto
Al suo nome sacrai la cetra e 'l core.

Ma sono ricaduto, e così trapasso la mia misera vita tra alcuni raggi di sanità, e più notti di dolori e di svogliatezza. Vivete pur felice voi, a cui la natura diede ciò che aveva concesso a Tibullo :

Gratia, fama, valetudo contingit abunde.
Hor., lib. I, ep. IV, v. 10.

Vivete tra il gran Federigo, ed il filosofo Maupertuis; non sarete mai per dire come Marini :

Tutto fei, nulla fui; per cangiar foco,
Stato, vita, pensier, costumi, e loco;
Mai non cangio fortuna.

La vostra fortuna è degna di voi, e la mia sarebbe molto innalzata sopra il mio merito, e mi sarebbe troppo felice, se questa madrigna di natura non avesse mescolato il suo veleno con tanta dolcezza.

Farewell, good sir. La marchesa Newton vous fait les plus sincères compliments; permettez-moi de vous supplier de faire les miens à ceux qui daignent se souvenir un peu de moi à Berlin.

MCCCXLVIII. — A M. DE CIDEVILLE.

Mercredi matin, 2 juin.

Après avoir travaillé toute la nuit, mon cher ami, à mériter vos éloges et votre amitié par les efforts que je fais, après avoir poussé notre *Bataille* jusqu'à près de trois cents vers, y avoir jeté un peu de poésie, fait un *Discours préliminaire*, et ayant surtout profité de vos avis, il faut prendre du café; et c'est en le prenant que je rends compte de tout ce que je fais.

Je viens de recevoir du roi la permission de faire imprimer l'épître dédicatoire dont je lui avais envoyé le modèle. Il faut courir chez l'imprimeur; j'y serai jusqu'à une heure précise. Si vous étiez assez aimable pour vous y rendre, vous m'y donneriez de nouveaux conseils, et je vous aurais de nouvelles obligations. Je partirai ensuite pour Champs. Est-ce que je n'aurai jamais le plaisir de passer quelques jours tranquillement avec vous à la campagne ?

Venez chez Prault¹, quai de Sèvres, je vous en prie; j'ai beaucoup à vous parler.

Je ne crois pas que la petite satire du chevalier de Saint-Michel², qui, en style d'huissier-priseur, prétend que j'*adjuge* les lauriers selon mon caprice, plaise beaucoup à M. de Richelieu, à MM. de Luxembourg, de Soubise, d'Aien, etc., etc., et à tous ceux que j'ai mis dans mes caquets. Ils m'ont tous fait l'honneur de me remercier, mais je ne pense pas qu'ils le remercient.

1. Voltaire avait donné à ce libraire le *Poème de Fontenoi*, dont dix mille exemplaires furent vendus en dix jours. (ED.)
2. Roi. A cette époque, il parut une foule de brochures, soit en prose, soit en vers, relativement à la bataille de Fontenoi, et pour ou contre Voltaire. (ED.)

Sa Majesté a entre les mains tout mon ouvrage; elle daigne en être contente. Je souhaite que vous le soyez. Je vous embrasse tendrement, et j'attends vos vers avec plus d'impatience que l'édition des miens. Votre éternel ami, etc. VOLTAIRE.

MCCCXLIX. — A M. LE PRÉSIDENT HÉNAULT.

Ce 13, 14 et 15 juin.

Rival heureux de Salluste et d'Horace,
Vous savez peindre, orner la vérité.
Je n'ai montré qu'une impuissante audace
Dans ce combat que ma muse a chanté.
J'ai crayonné pour le moment qui passe,
Et vous gravez pour la postérité.

Soyez comme le roi, soyez indulgent. J'avais mandé à M. le maréchal de Noailles que j'offrais un petit tribut, que c'était là un bien petit monument de la gloire du roi. Il m'a fait l'honneur de m'écrire que le roi avait dit que j'avais tort, que ce n'était pas un petit monument. Je souhaite que l'ouvrage ne soit pas médiocre, puisqu'il a été honoré de vos avis, et qu'il est consacré à la gloire de vos amis et de vos parents. Voilà la sixième édition de Paris, conforme à la septième de Lille. L'importance du sujet l'a emporté sur la faiblesse du poëme. Il n'y a guère de ville du royaume où il n'en ait été fait une édition. Mais, mon respectable Pollion, mon cher Mécène, votre santé m'intéresse plus que les lauriers des héros et les presses des imprimeurs. Vous vivrez dans les siècles à venir; puissent les eaux de Plombières vous faire vivre longtemps pour ce grand nombre d'honnêtes gens qui vous chérissent, pour le public qui vous estime, mais surtout pour vous! Que les eaux soient pour vous la fontaine de Jouvence! Je vais passer de tout le tracas que m'a donné cette belle victoire à celui d'une nouvelle fête¹; mais je la ferai dans mon goût, dans un goût noble et convenable aux grandes choses qu'il faut exprimer ou faire entendre. On ne me forcera plus à m'abaisser au Morillo.

Allons nous délasser à voir d'autres procès.
Racine, *les Plaideurs*, acte V, scène 4.

Tous les héros que j'ai chantés m'ont fait des remercîments. J'en ai reçu de M. le maréchal de Saxe et de M. de Ximenès. Il n'y a que M. de Castelmoron qui ne m'a pas daigné écrire ni faire dire un mot. J'ajoute à M. de Castelmoron M. d'Aubeterre. Je ne vous mets pas là ce petit paragraphe pour me plaindre; peut-être n'ont-ils pas reçu les exemplaires que je leur ai envoyés, et je suis trop heureux d'avoir rendu justice à des personnes qui vous sont chères, et qui méritaient une meilleure trompette que la mienne.

Je n'ai point dédié l'ouvrage au roi au hasard, comme vous le pensez bien. Il a vu l'épître dédicatoire.

1. Le *Temple de la Gloire*, qui fut joué le 27 novembre 1745. (ÉD.)

MCCCL. — A M. LE COMTE DE TRESSAN.

Le 15 juin.

Vous avez vaincu, et vous chantez la victoire. Monsieur de Pollion, vous ne laissez rien faire à ceux qui ne sont que vos trompettes. Mme du Châtelet est enchantée de vos vers aimables et de votre souvenir. Je fais plus que d'être enchanté : vous m'avez donné de l'enthousiasme. J'ai entièrement refondu mon petit poëme. Je fais ce que je peux pour qu'il soit moins indigne du héros. On l'imprime à Lille avec un *Discours préliminaire*; j'ai donné ordre qu'on eût l'honneur de vous en envoyer des premiers; car c'est à vous que je veux plaire. Seriez-vous assez bon pour dire à M. le maréchal de Noailles qu'il m'a écrit une lettre charmante dont je sens tout le prix, et pour faire ma cour à M. le duc d'Alen, qui doit m'aimer, car il m'a fait du bien auprès du roi, et on s'attache à ses bienfaits?

Adieu, aimable Horace; aimez et protégez Varius, et sifflez les Vadius.

MCCCLI. — A M. DE MONCRIF, A VERSAILLES.

A Paris, le 16 juin.

Je n'avais, mon cher sylphe, supplié Mme de Luines de présenter ma rapsodie à la reine que parce qu'il paraissait fort brutal d'en laisser paraître tant d'éditions, sans lui en faire un petit hommage; mais je vous prie de lui dire très-sérieusement que je lui demande pardon d'avoir mis à ses pieds une pauvre esquisse que je n'avais jamais osé donner au roi.

Enfin, Sa Majesté ayant bien voulu que je lui dédiasse sa bataille, j'ai mis mon grain d'encens dans un encensoir un peu plus propre, et le voici que je vous présente. C'est à présent que vous pouvez dire hardiment à la reine que cela vaut mieux que la maussaderie¹ de notre ami le poète Roi. Je ne vois pas qu'aucun de ceux que j'ai si justement célébrés soit fort content que cet honnête homme ait dit, en style d'huissier-priseur, que *j'ai adjugé les lauriers selon mon caprice;* mais c'est une des moindres peccadilles de M. le chevalier de Saint-Michel. Mon aimable sylphe, cet animal-là est un vilain gnome. Il a fait une petite satire dans laquelle il dit de moi :

  Il a loué depuis Noailles
  Jusqu'au moindre petit morveux
  Portant talon rouge à Versailles.

On débite cette infamie avec les noms de MM. d'Argenson, Castelmoron et d'Aubeterre, en notes. Vous êtes engagé d'honneur à faire connaître à la reine ce misérable. Si je n'étais pas malade, j'irais me jeter à ses pieds. Je vous supplie instamment de lui faire ma cour.

Comptez que je vous aimerai toute ma vie.

1. *Discours au roi sur le succès de ses armes*, par M. Roi, chevalier de l'ordre de Saint-Michel. (ÉD.)

MCCCLII. — A M. LE COMTE DE TRESSAN.

Le 17 juin.

Je n'ose vous supplier de m'envoyer quelques belles anecdotes héroïques; cependant il serait bien beau à vous de contribuer à faire durer mon petit monument, vous qui en élevez de si beaux. On va faire une septième édition à Paris, et peut-être la fera-t-on au Louvre; elle est dédiée au roi, et la bonté qu'il a d'accepter cet hommage met le sceau à l'authenticité de la pièce. Je voudrais en faire un ouvrage qui passât à la postérité, et dans lequel ceux qui seront nommés pussent, dès à présent, trouver quelque petit avant-goût d'immortalité. Je voudrais des notes plus instructives, pour les vivants et pour les morts.

Ne pourrai-je point citer quelques services de M. de Lutteaux dans mon *De profundis*? N'y a-t-il rien à dire sur la poste d'Antoing? Ne s'est-il pas fait de belles et inconnues prouesses qui sont perdues,

. . . . carent quia vate sacro?
Hor., lib. IV, od. IX, v. 28.

Que Bellone, s'il vous plaît, instruise un peu les Muses. Je vous serais tendrement obligé.

Adieu, Pollion et Tibulle; je baise votre myrte et vos lauriers.

Et quorum pars magna fuisti....
Virg., Æn., II, v. 6.

MCCCLIII. — A M. LE DUC DE RICHELIEU.

Le 20 juin.

Voici un petit morceau dans lequel il y a d'assez bonnes choses. Il y a surtout un vers admirable :

Un roi plus craint que Charle et plus aimé qu'Henri.

Vous devriez bien, monseigneur, mettre le doigt là-dessus à notre adorable monarque. De héros à héros il n'y a que la main.

Voici une mauvaise plaisanterie que j'ai envoyée au vainqueur de Friedberg[1]. Je ne traite pas le roi de Prusse si sérieusement que le roi mon maître.

Lorsque deux rois s'entendent bien,
Que chacun d'eux, etc.

On peut, je crois, égayer Sa Majesté de ces balivernes, qui ne courront point.

J'eus l'honneur de vous envoyer hier de nouveaux essais de la fête[2] mais il y en a bien d'autres sur le métier. Il ne s'agit que de voir avec Rameau ce qui conviendra le plus aux fantaisies de son génie. Je serai son esclave pour vous faire voir que je suis le vôtre; mais, en vérité,

---

1. Frédéric avait gagné la bataille de Friedberg le 4 juin. (Éd.)
2. *Le Temple de la Gloire*. (Éd.)

ANNÉE 1745.

vous devriez bien mander à Mme de Pompadour autre chose de moi que ces beaux mots. *Je ne suis pas trop content de son acte*. J'aimerais bien mieux qu'elle sût par vous combien ses bontés me pénètrent de reconnaissance, et à quel point je vous fais son éloge; car je vous parle d'elle comme je lui parle de vous; et, en vérité, je lui suis très-tendrement attaché, et je crois devoir compter sur sa bienveillance satistique personne. Quand mes sentiments pour elle lui seraient revenus par vous, y aurait-il eu si grand mal? Ignorez-vous le prix de ce que vous dites et de ce que vous écrivez? Adieu, monseigneur, mon cœur est à vous pour jamais.

Il n'y a qu'une voix sur la beauté et la grandeur du sujet, et je ne sais rien de si convenable et de si heureux.

MCCCLIV. — A M. DE MONCRIF, A VERSAILLES.

A Champs, le 22 juin.

Je sens, mon très-aimable *Zélindor*, tout le prix de vos bontés. Quoi! au milieu de vos succès vous songez à réparer mes fautes! J'avais déjà prévenu vos attentions charmantes. Je ne présentai point mon *Poëme* sur les horreurs de la guerre à la vertu pacifique de la sainte duchesse[1]; parce que je fus dévalisé par tout ce qui me rencontra chez la reine. Je vous remercie tendrement de faire valoir mes *Batailles* auprès d'une princesse dont les vertus devraient inspirer la paix à tout l'univers.

Il est vrai qu'on a pensé à donner une fête au héros de Fontenoi. Je ne sais pas encore bien précisément ce que ce sera; mais je sais très-certainement qu'il la faut dans le genre le plus noble. Je n'ai qu'une ambition; c'est de mêler ma voix à la vôtre, et de faire voir aux ennemis des gens de lettres et des honnêtes gens, par exemple, à M. Roi, *chevalier de Saint-Michel*, et à l'abbé de Bicêtre[2], que les cœurs et les talents se réunissent pour louer notre monarque, sans connaître la jalousie.

Je serais enchanté que votre prologue pût nous convenir; je tâcherais d'y conformer mon sujet. Mandez-moi, mon aimable génie, quand vous serez à Paris, afin que je puisse en raisonner avec vous.

Conservez-moi votre amitié; comptez que je vous suis dévoué pour ma vie avec la tendresse que votre caractère m'inspire, et avec l'estime que vos talents aimables doivent arracher au dragon de saint Michel et au gibier de Bicêtre.

MCCCLV. — A M. DE CIDEVILLE.

A Champs, ce 25 juin.

Mon charmant ami, celui des Muses, celui de la vertu, vous que je ne vois pas assez et avec qui je voudrais toujours vivre, vous me donnez là un laurier dont je fais beaucoup plus de cas que de tout ce que Maupertuis va chercher à Berlin, et de tout ce qu'on cherche à Ver-

1. La maréchale de Villars, devenue dévote. (ÉD.)
2. L'abbé Desfontaines. (ÉD.)

sailles. Le roi saura qu'il y a dans son royaume des âmes assez belles pour joindre hardiment son nom à celui d'un ami; il saura que mon cher Cideville atteste à la postérité que les bontés dont Sa Majesté m'honore ne sont pas un reproche à sa gloire.

J'envoie à M. le duc de Richelieu ce beau monument que vous érigez au roi, à la nation, et à l'amitié. C'est un bel exemple que vous donnez à la littérature. Mme du Châtelet, qui vous est tendrement obligée, donnera son exemplaire à Mme la duchesse de La Vallière, et il restera dans la bibliothèque de Champs. Nous en prendrons d'autres lundi à Paris, où nous comptons arriver sur les trois heures. C'est là que j'embrasserai celui qui m'immortalise.

V.

MCCCLVI. — A M. LE MARQUIS D'ARGENSON.

A Champs, le 25 juin.

Je suis, comme l'Arétin, en commerce avec toutes les têtes couronnées; mais il s'en faisait payer pour les mordre, et je ne leur demande rien pour les amadouer. Recevez donc, monseigneur, cet énorme paquet, que vous pourriez faire partir par la première flotte que vous enverrez à la pêche de la baleine. Que direz-vous de mon insolence? vous ai-je assez importuné de mes *Batailles*? Tantôt c'est pour la princesse de Suède, tantôt c'est pour la czarine. Vous êtes bien heureux que je sauve le roi de Prusse, cette fois-ci; et, si vous étiez à Paris, vous auriez vraiment un paquet pour le pape. Eh bien! il pleut donc des victoires! Le roi de Prusse bat nos ennemis, et fait des épigrammes contre eux. O la belle et glorieuse paix que vous ferez! Je vous prépare une fête pour votre retour; j'y couronnerai le roi de lauriers. En attendant, vous recevrez une septième édition de Lille, de ce petit monument que j'ai élevé à la gloire de notre monarque. Dites-lui-en un peu de bien, et empêchez, si vous pouvez, les *araignées* de se manger.

Voici une mauvaise plaisanterie que j'écrivis au roi de Prusse. Vous verrez, monseigneur, que je ne le traite pas si pompeusement que le vainqueur de Fontenoi :

Lorsque deux rois s'entendent bien, etc.

Cela n'est pas bon à courir, mais peut-être en peut-on amuser le roi preneur de villes et gagneur de batailles, car encore faut-il amuser son héros.

Où est monsieur votre fils? négocie-t-il avec le gros M. Bertin? Je n'ai pas vu votre belle-fille, à qui je voulais rendre mes respects. Je suis tantôt à Champs, tantôt à Étiolles[1]. Préparez pour la fête les oliviers que je voudrais qui ornassent le théâtre.

1. Chez Mme de Pompadour. (Éd.)

MCCCLVII. — A M. LE COMTE ALGAROTTI.

Parigi, 27 giugno.

Signor mio illustrissimo, e principe colendissimo, o l'esercito del duca di Lobkowitz, o l'ammiraglio Martin a intercettato le lettere che o avuto l'onore di scrivere a Vostra Eccellenza. Le o scritto due volte, e le o mandato un esemplare del poema che ho composto sopra la vittoria di Fontenoi; ho indirizzato il plico come l'avetate prescritto. Potete dubitare ch'io fossi tardo nel ringraziarvi del sommo onore che m'avevate fatto? Mene ricorderò sempre; e quel barbaro potrebbe mai dimenticarsi di tanti vezzi, e del vostro bell'ingegno? Avete guadagnato più d'un cuore in Francia, fra gli Alemanni, e sotto il polo. O che fate bene, adesso, di passare i vostri belli giorni a Venezia, quando tutta l'Europa è matta da catena, e che la guerra fa un campo d'orrore di tanti matti! Il vostro re di Prussia, che non è più il vostro, ha battuto atrocemente i vostri Sassoni, il nostro re ha rintuzzato l'intrepido furore degl'Inglesi, e mentre che la tromba assorda tutte le orecchie,

Tu, Tityre, lentus in umbra,
Formosam resonare doces Amaryllida lacus.

Virg., ecl. 1, v. 4.

Aspetto colla più viva impazienza la *Vita di Giulio Cesare*, la quale ho sentito che avevate scritta. Il sogetto è più grande, e più movente, che quello della *Vita di Cicerone*, che ha piagliato Middleton. Vi prego di dirmi quando la vostra bell'opera uscirà in pubblico. Emilia è sempre interrata nei profondi e sacri orrori di Newton; io sono costretto di fare corone di fiori pel mio re, e di vagheggiare le Muse.

Mi parlate della sanità del gran conte di Sassonia; i suoi allori sono stati il più salutare rimedio che potesse sanarlo; va meglio dopo che ha battuto i nostri amici gl'Inglesi; la vittoria l'ha invigorito.

Maupertuis cangia di patria, si fa prussiano, ed abbandona affatto Parigi per Berlino. Il re di Prussia gli dà dodicimila franchi ogni anno; accetta egli quel che io o rifiutato; i miei amici sono nel mio cuore avanti di tutti i monarchi e governatori del mondo.

Addio, caro conte; io rassegno intanto l'immutabilità della mia divozione nel baciarle riverentemente le mani, e nel dirmi di Vostra Eccellenza

Umilissimo ed affezionatissimo servidore.

MCCCLVIII. — A M. LE PRÉSIDENT HÉNAULT.

Mardi 6 juillet.

D'un pinceau ferme et facile
Vous nous avez, trait pour trait,
Dessiné *l'homme inutile*.

1. Le comte de Saxe était presque mourant, à Fontenoi, des suites de son hydropisie. (ED.)
2. Le président avait composé une épître intitulée *l'Homme inutile*. (ID.)

On ne dira jamais, grâces à votre style :
« Le peintre a fait là son portrait. »
On dira : « Ce mortel aimable
Unissait Minerve et les Ris,
Et dans tous les beaux-arts, comme avec ses amis,
Mêlait l'utile à l'agréable. »

Oui, monsieur, si vous avez assez de loisir pour vouloir bien retoucher cette pièce, dont le fond est si vrai et les détails si charmants, si vous vous donnez la peine de l'embellir au point où elle mérite de l'être, vous en ferez un ouvrage digne de Boileau ; mais il faut sa patience. C'est pour ne l'avoir pas eue que je ne suis point encore content de mes vers *sur les événements présents*; c'est pour cela que je ne les imprime point. C'est bien assez que vous ayez aperçu, à travers les négligences, quelques beautés qui demandent grâce pour le reste. C'est un encouragement pour finir la pièce à loisir ; mais, en vérité, il y a trop de vers sur ce sujet. Je crois que le confesseur[1] du roi lui a ordonné, pour pénitence, de les lire tous.

Homme charmant, je reçois deux lettres de vous où je vois l'excès de vos bontés ; vous ne savez pas à quel point elles me sont chères. Mais où êtes-vous ? où ma lettre et mes tendres remerciments vous trouveront-ils ? Je partis hier de Champs pour venir faire répéter la *Princesse de Navarre*.

Rameau travaille ; je commence à espérer que je pourrai donner du plaisir à la cour de France. Mais vous avouerai-je que je compterais plus sur l'opéra de *Prométhée*[2], pour former un beau spectacle, que sur une comédie-ballet ? Je ne sais si Royer n'est pas devenu bon musicien. J'attends avec impatience le retour de M. le président Hénault pour juger de tout cela. Je retourne à Champs dans l'instant ; j'y vais retrouver Mme du Deffand, et disputer même avec elle à qui vous aime davantage. Mais savez-vous avec quelle impatience vous êtes attendu ? Vous êtes *aimé* comme Louis XV. *Vale, vive, vene.*

On ne peut vous être attaché avec une tendresse plus respectueuse que VOLTAIRE.

MCCCLIX. — A MADAME LA MARQUISE DE POMPADOUR.

Sincère et tendre Pompadour
(Car je peux vous donner d'avance
Ce nom qui rime avec l'amour,
Et qui sera bientôt le plus beau nom de France),
Celui dont Votre Excellence
Dans Étiolles me régala,
N'a-t-il pas quelque ressemblance
Avec le roi qui le donna ?
Il est, comme lui, sans mélange ;
Il unit, comme lui, la force et la douceur,

1. Le P. Pérusseau, jésuite. (Éd.)
2. Voltaire donne souvent ce titre à *Pandore*. (Éd.)

Plaît aux yeux, enchante le cœur,
Fait du bien, et jamais ne change.

Le vin que m'apporta l'ambassadeur manchot du roi de Prusse (qui n'est pas manchot), derrière son tombereau d'Allemagne, qu'il appelait *carrosse*, n'approche pas du tokai que vous m'avez fait boire. Il n'est pas juste que le vin d'un roi du Nord égale celui d'un roi de France, surtout depuis que le roi de Prusse a mis de l'eau dans son vin par sa paix[1] de Breslau.

Dufresni a dit, dans une chanson, que les rois ne se faisaient la guerre que parce qu'ils ne buvaient jamais ensemble; il se trompe : François Ier avait soupé avec Charles-Quint, et vous savez ce qui s'ensuivit. Vous trouverez, en remontant plus haut, qu'Auguste avait fait cent soupers avec Antoine. Non, madame, ce n'est pas le souper qui fait l'amitié, etc.

MCCCLX. — A M. DE MAUPERTUIS.

Paris, samedi 31 juillet.

On dit que vous partez ce soir. Si cela est, je suis plus à plaindre d'être malade que je ne pensais. Je comptais venir vous embrasser, et je suis privé de cette consolation. J'avais beaucoup de choses à vous dire. S'il est possible que vous passiez dans la rue *Traversière*, où je suis actuellement souffrant, vous verrez un des hommes qui ont toujours eu le plus d'admiration pour vous, et à qui vous laissez les plus tendres regrets.

MCCCLXI. — A M. LE MARQUIS D'ARGENSON.

Le 10 août.

Je viens, monseigneur, de recevoir le portrait du plus joufflu saint-père que nous ayons eu depuis longtemps. Il a l'air d'un bon diable et d'un homme qui sait à peu près ce que tout cela vaut. Je vous remercie de ces deux faces de pontife du meilleur de mon cœur; je crois que sans vous, ces deux visages-là, qu'on m'envoyait, se seraient en allés en brouet d'andouille. L'abbé de Tolignan, le cardinal Aquaviva, l'abbé de Canillac, ne se seraient point entendus pour me faire avoir les bénédictions papales, si vous n'aviez eu la bonté d'écrire. Vous devriez bien dire au roi très-chrétien combien je suis un sujet très-chrétien. Quand aurez-vous pris Ostende[2]? Quand aurez-vous fait un empereur? Quand aurez-vous la paix? Je n'en sais rien; mais j'espère vous faire ma cour en octobre, pénétré de vos bontés.

MCCCLXII. — A BENOIT XIV[3], PAPE.

Parigi, 17 agosto.

Beatissimo Padre, ho ricevuto coi sensi della più profonda venerazione, e della gratitudine la più viva, i sacri medaglioni de' quali Vostra Santità s'è degnata onorarmi. Sono degni del bel secolo del

---

1. Conclue en juin 1742 avec Marie-Thérèse. (ÉD.)
2. Cette ville se rendit à Lowendal le 23 août 1745. (ÉD.)
3. Prosper Lambertini, né le 13 mars 1675, élu pape le 17 août 1740. (ÉD.)

Trajani ed Antonini; ed è ben giusto che un sovrano amatore riverito al par di loro, abbia le sue medaglie perfettamente come le loro lavorate. Teneva e riveriva io nel mio gabinetto una stampa di Vostra Beatitudine, sotto la quale ho preso l'ardire di scrivere :

> *Lambertinus hic est, Romæ decus et pater orbis,*
> *Qui scriptis mundum docuit, virtutibus ornat.*

Questa inscrizione, che almeno è giusta, fu il frutto della lettura che avevo fatta del libro con cui Vostra Beatitudine ha illustrata la Chiesa e la letteratura; ed ammiravo come il nobil fiume di tanta erudizione non fosse stato turbato del tanto turbine degli affari.

Mi sia lecito, Beatissimo Padre, di porgere i miei voti con tutta la cristianità, e di domandare al cielo che Vostra Santità sia tardissimamente ricevuta tra que' santi dei quali ella, con sì gran fatica e successo, ha investigato la canonizzazione [1].

Mi conceda di baciare umilissimamente i sacri suoi piedi, e di domandarle, col più profondo rispetto, la sua benedizione.

Di Vostra Beatitudine il divotissimo, umilissimo ed obbligatissimo servitore.

VOLTAIRE.

MCCCLXIII. — A M. LE MARQUIS D'ARGENSON.

Le 17 août.

J'ai envie de ne point jouir du bénéfice d'historiographe sans le desservir; voici une belle occasion. Les deux campagnes du roi méritent d'être chantées, mais encore plus d'être écrites. Il y a d'ailleurs en Hollande tant de mauvais Français qui inondent l'Allemagne d'écrits scandaleux, qui déguisent les faits avec tant d'impudence, qui, par leurs satires continuelles, aigrissent tellement les esprits, qu'il est nécessaire d'opposer à tous ces mensonges la vérité représentée avec cette simplicité et cette force qui triomphent tôt ou tard de l'imposture. Mon idée ne serait pas que vous demandassiez pour moi la permission d'écrire les campagnes du roi; peut-être sa modestie en serait alarmée, et d'ailleurs je présume que cette permission est attachée à mon brevet; mais j'imagine que si vous disiez au roi que les impostures qu'on débite en Hollande doivent être réfutées, que je travaille à écrire ses campagnes, et qu'en cela je remplis mon devoir, que mon ouvrage sera achevé sous vos yeux et sous votre protection; enfin si vous lui représentez ce que j'ai l'honneur de vous dire, avec la persuasion que je vous connais; le roi m'en saura quelque gré, et je me procurerai une occupation qui me plaira, et qui vous amusera. Je remets le tout à votre bonté. Mes fêtes pour le roi sont faites; il ne tient qu'à vous d'employer mon loisir.

Je n'entends point parler de la Russie. Oserai-je vous supplier de vouloir bien me recommander à M. d'Allion? Vous me protégez au Midi, daignez me protéger au Nord; et puisse Jallois habiter les quatre points cardinaux du monde, et le milieu aussi!

Mme du Châtelet vous fait mille compliments.

---

1. Benoît XIV a composé du *Traité de la Béatification et de la Canonisation*. (Cl.)

MCCCLXIV. — AU CARDINAL QUERINI,

évêque de Brescia, bibliothécaire du Vatican.

Parigi, 17 agosto.

La perfetta conoscenza che Vostra Eminenza a di tutte le scienze, la protezione che comparisce alle scienze, sono i motivi che danno l'animo d'importunare Vostra Eminenza, benchè il suo gusto e la sua capacità siano per tormelo. Porgo dunque ai piedi di Vostra Eminenza un piccolo tributo del mio rispetto, e della stima, nella quale è tenuta a Parigi, come in Italia. Ho sempre detto che i Francesi e gli altri popoli sono obbligati all' Italia di tutte le arti e scienze. Tutti i fiori adornarono i vostri giardini più di un secolo avanti che il nostro terreno fosse dissodato e colto. Ecco i miei titoli per ambire d'essere sotto la sua protezione. Le porgo l'omaggio d'una piccola opera[1], la quale il Re Cristianissimo ha fatto stampare nel suo palazzo.

Ho celebrato vittorie, e tutti i miei voti sono per la pace; un tal sentimento non dispiacerà a un savio, che, fra tanti furori e disagi del mondo, compatisce ai vinti, ed ancora ai vincitori.

Si compiaccia d'accogliere benignamente le rispettosissime attestazioni del mio ossequio; le bacio la sacra porpora, e sono con ogni maggiore rispetto, etc.

MCCCLXV. — A M. LE MARQUIS D'ARGENSON.

A Étiolles, le 19 août.

Je ne crains pas, monseigneur, malgré votre belle modestie, que vous me brouilliez avec Mme de Pompadour, pour tout le mal que je lui dis de vous; car, après tout, il faut être indulgent pour les petits emportements où le cœur entraîne d'anciens serviteurs.

J'ai écrit à *nostro signore* le saint-père, pour le remercier de ses portraits, et je me flatte bientôt d'un petit bref. Si je dois au cardinal Aquaviva deux médailles, je vous dois les deux autres, et cependant je sens que je suis plus reconnaissant pour vous que pour l'Aquaviva. J'ai envoyé des *Fontenoi* au roi d'Espagne[2], à madame sa très-honorée et très-belligérante épouse[3], au sérénissime prince des Asturies, au sérénissime infant cardinal, le tout adressé à M. l'évêque de Rennes[4] à qui j'ai dit que je prenais cette liberté grande, parce que vous daignez m'aimer un peu depuis quarante-deux ou quarante-trois ans. Pardon de l'époque, mais ne me démentez pas sur le fond.

Il serait fort doux que je dusse encore à votre protection quelques petites marques des bontés de Leurs Majestés Catholiques. Je mets les princes à contribution, comme l'Arétin, mais c'est avec des éloges; cette façon-là est plus décente.

En vérité, je vous aurais bien de l'obligation si vous vouliez bien, dans votre première lettre à M. de Rennes, lui toucher adroitement quelque petit mot des services qu'il peut me rendre. Les médailles

---

1. L'édition du *Poème de Fontenoi*, faite à l'imprimerie royale. (ÉD.)
2. Philippe V. (ÉD.) — 3. Élisabeth Farnèse. (ÉD.) — 4. Vauréal. (ÉD.)

papales, l'impression du Louvre, et quelque marque de magnificence espagnole, seront une belle réponse aux Desfontaines.

Mais il faut que je vous parle de la *Lettre* à un archevêque de Cantorbéry, écrite par un mauvais prêtre nommé Lenglet. Vous savez qu'il y dit tout net que M. de Chauvelin reçut cent mille guinées des Anglais pour le traité de Séville. Cent mille guinées! l'abbé Lenglet ne sait pas que cela fait plus de deux millions cinq cent mille livres. Si cela n'était que ridicule, passe; mais une calomnie atroce fait toujours plus de bien que de mal au calomnié. M. de Chauvelin a une grande famille. On trouve affreux qu'on ait imprimé une injure si indécente. Les indifférents disent qu'il n'est pas permis d'attaquer ainsi des ministres, que l'exemple est dangereux, et l'on se plaint du lieutenant de police. Celui-ci dit que c'est l'affaire de Gros de Boze[1], et Gros de Boze dit que c'est la vôtre: que vous avez jugé la pièce imprimable, et moi je dis que non; qu'on vous a envoyé l'ouvrage comme étant fait en pays étranger, et que vous avez répondu simplement que l'auteur prenait le parti de la France contre la maison d'Autriche; que vous n'aviez répondu que sur cet article, et que d'ailleurs vous êtes loin d'approuver une pièce mal écrite, mal conçue, pleine de sottises et de calculs faux. Fais-je bien, fais-je mal? Prescrivez-moi ce qu'il faut dire et taire.

Je vous suis attaché pour ma vie, avec la tendresse la plus respectueuse et la plus ardente.

Nous gagnons donc la Flandre pour ravoir un jour le Canada. En attendant, les castors seront chers; j'ai envie de proposer les bonnets. Trouvez donc sous votre bonnet quelque façon de nous donner la paix. Le beau moment pour vous!

MCCCLXVI. — A Monsignor Cerati, a Firenze o a Pisa.

Parigi, 20 agosto.

Signore illustrissimo, e padrone colendissimo e reverendissimo.

Quando si è goduto l'onore della vostra conversazione, non sene perde più la memoria. Mi do il vanto d'essere uno di quelli che hanno risentito questo onore colla più parziale stima e coi sensi del più tenero rispetto. Mi lusingo che ella si compiacerà di ricevere colla sua solita benignità l'omaggio che le porgo d'un libretto, che il Re Cristianissimo ha fatto stampare nel suo palazzo. Benchè ella sia sotto il dominio d'un principe[2] che non è ancora nostro amico, nondimeno tutti i letterati, tutti gli amatori della virtù sono del medesimo paese.

E veramente l'Italia è mia patria, giacchè gli Italiani, ma particolarmente i Fiorentini, ammaestrarono le altre nazioni in ogni genere di virtù e scienza. La loro stima sarà sempre il più glorioso premio di tutti i miei lavori. Stimolato da un tanto motivo, la supplico di pigliarsi il fastidio d'inviare un esemplare del mio libretto a monsignor Rinuccini, ed un altro al signor Cocchi, la stima di cui ho sempre ambito, ed a cui resterò sempre obbligato. Prego Iddio che i

1. Inspecteur de la librairie. (Éd.) — 2. François-Étienne de Lorraine. (Éd.)

vostri occhi siano intieramente risanati, e cosi buoni come sono quelli dell' anima vostra. Le bacio di cuore le mani; e sono con ogni maggiore ossequio, etc.... VOLTAIRE.

MCCCLXVII. — A M. LE PRÉSIDENT HÉNAULT.

Août.

Vous devez avoir reçu, monsieur, les prémices de l'édition du Louvre[1], telles que vous les voulez, simples et sans reliure; voilà comme il vous les faut pour Plombières; mais le roi en a fait relier un exemplaire pour votre bibliothèque de Paris, que je compte bien avoir l'honneur de vous présenter, à votre retour.

Je vous ai fait une infidélité, en fait de livres. Je parlais, il y a quelques jours, à Mme de Pompadour, de votre charmant, de votre immortel *Abrégé de l'Histoire de France;* elle a plus lu à son âge qu'aucune vieille dame du pays où elle va régner, et où il est bien à désirer qu'elle règne. Elle avait le presque tous les bons livres, hors le vôtre; elle craignait d'être obligée de l'apprendre par cœur. Je lui dis qu'elle en retiendrait bien des choses sans efforts, et surtout les caractères des rois, des ministres et des siècles; qu'un coup d'œil lui rappellerait tout ce qu'elle sait de notre histoire et lui apprendrait ce qu'elle ne sait point; elle m'ordonna de lui apporter, à mon premier voyage, ce livre aussi aimable que son auteur. Je ne marche jamais sans cet ouvrage. Je fis semblant d'envoyer à Paris, et, après souper, on lui apporte votre livre en beau maroquin, et à la première page était écrit:

Le voici ce livre vanté;
Les Grâces daignèrent l'écrire
Sous les yeux de la Vérité,
Et c'est aux Grâces de le lire,

etc., etc., etc. Il y en a davantage, mais je ne m'en souviens pas; je ne me souviens que de vos vers aimables où *Corneille déshabille Psyché.* Nous ne déshabillons personne dans notre fête. Cahusac[2] pourrait bien n'être point joué, mais on donnera un magnifique ouvrage composé par M. Bonneval, des Menus, et mis en musique par Colin. Vous savez que le sylphe réussit. Cela fait, ce me semble, un très-joli spectacle; venez donc le voir. Peut-on prendre toujours des eaux? Retenez dans ces belles demeures, où je ne souperai plus, mais où je vous ferai ma cour, si vous et moi sommes assez sages pour dîner.

Tortone est pris, le château non; mais tout le Canada est perdu pour nous; plus de morues, plus de castors. La paix, la paix! Je suis las de chanter les horreurs de la destruction. O que les hommes sont fous, et que vous êtes charmant! Savez-vous que je vous idolâtre?

1. *Du Poème de Fontenoi.* (ÉD.)
2. L. de Cahusac, auteur de plusieurs opéras, et entre autres, des *Fêtes de Polymnie,* musique de Rameau; 1745. (ÉD.)

MCCCLXVIII. — A M. L'ABBÉ DE VOISENON.

  Vous êtes dans le beau pays
  Des amours et des perdrix.
Tout cela vous convient; quels beaux jours sont les vôtres!
Mais, dans le triste état où le destin m'a mis,
Puis-je suivre les uns, puis-je manger les autres?
Aux autels de Vénus on peut, dans son malheur,
Quand on n'a rien de mieux, donner au moins son cœur;
Mais sans son estomac peut-on se mettre à table
Chez ce héros de Champs, intrépide mangeur,
  Et non moins effronté buveur,
Qui d'un ton toujours gai, brillant, inaltérable,
Répand les agréments, les plaisirs, les bons mots,
Les pointes quelquefois, mais toujours à propos?
La tristesse, attachée à ma langueur fatale,
Me chasse de ces lieux consacrés au bonheur;
Je suis un pauvre moine indigne du prieur.
La santé, la gaieté, la vive et douce humeur
  Sont la robe nuptiale
  Qu'il faut au festin du Seigneur.

Je suis donc dans les ténèbres extérieures, malade, languissant, triste, presque philosophe. Je souffre chez moi patiemment, et je ne peux aller à Champs. Je vous prie de faire mes excuses à la beauté et aux grâces. M. du Châtelet a reçu ma lettre d'avis, et m'a fait réponse. Toutes les autres affaires vont bien, mais ma santé va plus mal que jamais. Le corps est faible et l'esprit n'est point prompt¹; c'est un lot de damné.

MCCCLXIX. — A M. LE MARQUIS D'ARGENSON.

          Le 28 septembre.

Je reçois, monseigneur, votre lettre à dix heures du soir, après avoir travaillé, toute la journée, à certain plan de l'Europe, pour en venir aux campagnes du roi. Le tout pourra vous amuser à Fontainebleau.

Je vais quitter les traités² d'Hanovre et de Séville, pour la capitulation de Tournai. Les Hollandais deviennent des Carthaginois, fides punica. Je tâcherai de remplir vos intentions, en suivant votre esprit, et en transcrivant vos paroles, qu'il faut appuyer des belles figures de rhétorique appelées ratio ultima regum. C'est à M. le maréchal de Saxe à donner du poids à l'abbé de La Ville.

Vous aurez, monseigneur, votre amplification au moment que vous la voudrez. Mille tendres respects.

P. S. Mme de Colorini (c'est, je crois, son nom), la gouvernante des pauvres princesses de Bavière, attend de vous certaine ordonnance.

1. Évangile de saint Marc, chap. XIV, v. 38. (ÉD.)
2. Le premier de ces traités fut conclu en 1725, le second en 1729. (ÉD.)

Je crois qu'elle m'a dit que vous deviez la remettre à Mme du Châtelet. Elle est venue au chevet de mon lit pour cela, et se mettrait, je crois, dans la vôtre, si elle osait.

Adieu, monseigneur ; heureux les gens qui vous voient !

MCCCLXX. — Au même.

De 29, mardi matin.

Voici, monseigneur, ce que je viens de jeter sur le papier. Je me suis pressé, parce que j'aime à vous servir, et que j'ai voulu vous donner le temps de corriger le mémoire.

Je crois avoir suivi vos vues ; il ne faut point trop de menaces. M. de Louvois irritait par ses paroles ; il faut adoucir les esprits par la douceur, et les soumettre par les armes.

Vous n'avez qu'à m'envoyer chercher quand vous serez à Paris, et vous corrigerez mon thème ; mais vous ne trouverez rien à refaire dans les sentiments qui m'attachent à vous.

MCCCLXXI. — A M. LE COMTE D'ARGENTAL.

A Fontainebleau, ce 5 octobre.

Vraiment les grâces célestes ne peuvent trop se répandre, et la lettre du saint-père est faite pour être publique. Il est bon, mon respectable ami, que les persécuteurs des gens de bien sachent que je suis couvert contre eux de l'étole du vicaire de Dieu. Je me suis rencontré avec vous dans ma réponse, car je lui dis que je n'ai jamais cru si fermement à son infaillibilité.

Je resterai ici jusqu'à ce que j'aie recueilli toutes mes anecdotes sur les campagnes du roi, et que j'aie dépouillé les fatras des bureaux. J'y travaille comme j'ai toujours travaillé, avec passion ; je ne m'en porte pas mieux. Je vous apporterai ce que j'aurai ébauché. M. et Mme d'Argental seront toujours les juges de mes pensées et les maîtres de mon cœur.

Bonsoir, couple adorable, je vous donne ma bénédiction, je vous remets les peines du purgatoire, je vous accorde des indulgences. C'est ainsi que doit parler votre saint serviteur en vous envoyant la lettre du pape. Mais, charmantes créatures, il serait plus doux de vivre avec vous que d'avoir la béatifique en ce monde, et d'être sauvé dans l'autre. Hélas ! je ne vis point ; je souffre toujours et je ne vous vois pas assez. Quel état pour moi, qui vous aime tous deux, comme les saints (au nombre desquels j'ai l'honneur d'être) aiment leur Dieu créateur !

MCCCLXXII. — A M. DE CIDEVILLE.

Le 6 octobre.

Lorsque tu fais un si riche tableau
Du fier vainqueur de l'Issus et d'Arbelles,
Tu veux encor que je sois un Apelles !
Il fallait donc me prêter ton pinceau.

O loisir qui me manquez, quand pourrai-je, entre vos bras, répondre tranquillement, et à mon aise, aux bontés de mon cher Cideville ?

O santé, quand écarterez-vous mes tourments, pour me laisser tout entier à lui?

Je suis accablé de mes maux d'entrailles, et il faut pourtant préparer des fêtes et écrire les campagnes du roi. Allons, courage; soutenez-moi, mon cher ami. Vous m'avez déjà encouragé dans le *Poëme de Fontenoi*; continuez.

Je vous fais part ici d'une petite lettre du saint-père, avec laquelle je vous donne ma bénédiction; mais j'aimerais mieux faire pour votre académie[1] une inscription qui pût lui plaire, et n'être pas indigne d'elle. Elle réunit trois genres; si elle prenait pour devise une Diane, avec cette légende : *Tria regna tenebat*; avec l'exergue : *Académie des sciences, de littérature et d'histoire, à Rouen*, 1745.

Bonsoir; je vous embrasse. Je n'ai pas un moment. Mes respects à votre académie. N'oubliez pas M. l'abbé du Resnel, sur l'amitié de qui je compte toujours.

V.

MCCCLXXIII. — A M. LE MARQUIS D'ARGENSON.

À Paris, ce 20 octobre.

Monseigneur, il n'y a pas de soin que je ne prenne pour faire une *Histoire* complète des campagnes glorieuses du roi, et des années qui les ont précédées. Je demande des mémoires à ses ennemis mêmes. Ceux qui ont senti le pouvoir de ses armes m'aident à publier sa gloire.

Le secrétaire de M. le duc de Cumberland (qui est mon intime ami) m'a écrit une longue lettre, dans laquelle je découvre des sentiments pacifiques que les succès de Sa Majesté peuvent inspirer.

Si le roi jugeait que ce commerce pût être de quelque utilité, je pourrais aller en Flandre, sous le prétexte naturel de voir par mes yeux les choses dont je dois parler. Je pourrais ensuite aller voir ce secrétaire qui m'en a prié. M. le duc de Cumberland ne s'y opposerait assurément pas. Je suis connu de la plupart des anciens officiers qui l'entourent. Je parle anglais: j'ai des amis à Bruxelles, et ces amis sont attachés à la France. Je peux aisément, et en peu de temps, avoir bien des choses.

Le secrétaire de M. le duc de Cumberland a fait naître à son maître l'envie de me voir; les éloges que j'ai donnés à ce prince, pour relever davantage la gloire de son vainqueur, lui ont donné quelque goût pour moi. Voilà ma situation.

Si Sa Majesté croit que je puisse rendre un petit service, je suis prêt; et vous connaissez mon zèle pour sa gloire et pour son service.

Je suis avec respect, etc.

(BILLET AJOUTÉ).

Voici, monseigneur, ce qui m'a passé par la tête, à la réception de la lettre anglaise du secrétaire du duc de Cumberland. Il ne tient qu'à vous de me procurer un voyage agréable et peut-être utile. Vous pouvez

---

1. L'Académie des sciences, belles-lettres et arts de Rouen. (ÉD.)

disposer les esprits du comité. Je crois que M. le maréchal de Noailles même me donnera sa voix. Vous liriez ensuite ma lettre en plein conseil; chacun dirait oui, et le roi aussi. Tout ceci est dans le secret. Mme *** n'en sait rien. Faites ce que vous jugerez à propos; mais j'ai plus d'envie encore de vous faire ma cour qu'au duc de Cumberland.

N. B. Ce secrétaire du duc de Cumberland est le chevalier Falkener, ci-devant ambassadeur à Constantinople, homme d'un très-grand crédit, informé de tout mieux que personne, et, encore une fois, mon intime ami. Ne serait-il pas mieux que cela fût entre le roi et vous? Mais il y a encore un parti à prendre peut-être, c'est de vous moquer de moi. En tout cas, pardonnez au zèle, et brûlez mes rêveries.

MCCCLXXIV. — AU MÊME.

A Champs, ce 23 octobre.

Vraiment, monseigneur, ce que je vous ai proposé n'est que dans la supposition que vous crussiez que je pusse apprendre, par le chevalier Falkener, des circonstances que vous eussiez besoin de savoir. Je vous ai dit que ce digne chevalier a des sentiments *pacifiques*, mais je n'en conclus rien. Je me bornais seulement à vous demander si vous pensiez qu'on pût tirer quelque fruit de ses entretiens, et être plus au fait de ce qui se passe; voilà tout.

Si vous ne pensez pas que ce voyage puisse être utile, n'en parlez point. J'ai cru seulement devoir vous rendre compte de ma liaison avec le secrétaire du duc de Cumberland. J'aimerais mieux d'ailleurs travailler paisiblement ici à mon *Histoire* que de courir aux nouvelles.

Il se peut faire de plus que le roi trouve en moi trop d'empressement. Je lui ai pourtant rendu quelque service en Prusse; mais croyez que je ne prétends point me faire de fête. Encore une fois, ce voyage proposé n'est que dans l'idée que vous voulussiez avoir quelque notion par ce canal. Or, c'est une curiosité dont vous n'avez pas besoin. Ce que me dirait le chevalier Falkener n'empêchera pas le *Prétendant*[1] d'être battant, ni d'être battu; par conséquent, voyage inutile; donc je crois qu'il n'en faut point effaroucher les oreilles du maître, sauf votre meilleur avis. J'aurai mille fois plus de plaisir à vous faire ma cour à Fontainebleau qu'à voir des Anglais. Je compte y retourner quand M. de Richelieu aura disposé de moi pour les fêtes.

Est-il possible que ce soit Mme de Pompadour qui, à vingt-deux ans, déteste l'*Espagnole*, et que ce soit Mme du Châtelet-Newton qui l'aime?

Mme du Châtelet a plus d'envie de vous voir que vous n'en avez de causer avec elle. Nous vous sommes attachés solidairement.

Je vous fais mon compliment sur le héros d'Écosse.

1. Le *Prétendant*, victorieux, le 2 octobre, à Preston-Pans. (ÉD.)

MCCCLXXV. — AU CARDINAL QUERINI.

À Paris, ce 12 octobre.

Il faudrait, monseigneur, vous écrire dans plus d'une langue, si on voulait mériter votre correspondance ; je me sers de la française, que vous parlez si bien, pour remercier Votre Éminence de sa belle prose et de ses vers charmants. Je revenais de Fontainebleau, quand je reçus le paquet dont elle m'a honoré ; je m'en retournais à Paris avec Mme la marquise du Châtelet, qui entend Virgile et vous, aussi bien que Newton. Nous lûmes ensemble votre excellente préface et la traduction que vous avez bien voulu faire du *Poëme de Fontenoi*. Je m'écriai :

   Sic veneranda suis plaudebat Roma Quirinis ;
   Laus antiqua redit, Romaque surgit adhuc,
   Non jam Marte feros, dirisque superba triumphis ;
   Plus mulcere orbem quam domuisse fuit.

La fièvre et les incommodités cruelles qui m'accablent ne m'ont pas permis d'aller plus loin, et m'empêchent actuellement de dire à Votre Éminence tout ce qu'elle m'inspire. Elle me cause bien du chagrin en me comblant de ses faveurs ; elle redouble la douleur que j'ai de n'avoir point vu l'Italie. Je ferais volontiers comme les Platon, qui allaient voir leurs maîtres en Égypte ; mais ces Platon avaient de la santé, et je n'en ai point.

Permettez-moi, monseigneur, de vous envoyer une *Dissertation* que j'ai faite pour l'académie de Bologne, dont j'ai l'honneur d'être membre. Dès que je serai un peu rétabli, je lui ferai adresser cet hommage sous l'enveloppe de M. le cardinal Valenti, si vous le trouvez bon ; car les dissertations de Paris à Rome ruinent quand on ne prend pas ces précautions. Ce sera le troc de Sarpédon ; vous me donnez de l'or, et je vous rendrai du cuivre. Il y a longtemps que tout homme qui cherche à enrichir son âme trouve bien à gagner avec la vôtre. La mienne sent tout le prix d'un tel commerce.

Je suis, avec un profond respect, etc.

MCCCLXXVI. — AU MÊME.

Parigi, 7 di novembre.

Tutti li seguaci d'Ippocrate, i Boeravi[1], i Leprotti, non avrebbero mai potuto somministrare ai miei continui dolori un più dolce e più certo sollievo di quello che ho provato nel leggere le lettere, e le belle opere, delle quali Vostra Eminenza si è compiaciuta d'onorarmi. Ella mi ha destato dal languido torpore nel quale la malattie mie mi avevano sepolto.

Dica ella di grazia, qual arte, qual incanto, pone ella in uso per condire, con tanti vezzi, tanta e così varia dottrina, e per adornarla di questa finitura di composizione in cui non appare l'arte, ma sopra tutto la facilità dello stile, è la vera e soda eloquenza ?

---

1. Médecin de Benoît XIV. (Ed.)

Si raddoppiò in cielo la felicità del cardinal Poli[1], dai nuovi pregi che la penna di Vostra Eminenza gli ha conferiti. Ella dà ad un tratto a questo celebre Inglese ed a se stessa l'immortalità del mondo letterario.

Credo bene io, coll' erudito Vulpio[2], che qual bel giovane scolpito in avorio sia il genio del re Tolomeo e di Berenice; ma mi pare più certo che Vostra Eminenza sia il mio, e se gli antichi solcano porgere i loro voti ai geni de' grand' uomini, mi fa d'uopo d'invocare quello del cardinal Querini. Gli rendo umilissime grazie, e mi protesto con ogni ossequio il suo zelante ammiratore.

MCCCLXXVII. — A M. MARMONTEL.

Venez, et venez sans inquiétude; M. Orri, à qui j'ai parlé, se charge de votre sort.
                                                                      VOLTAIRE.

MCCCLXXVIII. — DE J. J. ROUSSEAU.

Paris, le 11 décembre 1745.

Monsieur, il y a quinze ans que je travaille pour me rendre digne de vos regards et des soins dont vous favorisez les jeunes muses en qui vous découvrez quelque talent. Mais, pour avoir fait la musique d'un opéra, je me trouve, je ne sais comment, métamorphosé en musicien. C'est, monsieur, en cette qualité, que M. le duc de Richelieu m'a chargé des scènes dont vous avez lié les divertissements de *la Princesse de Navarre*. Il a même exigé que je fisse, dans les canevas, les changements nécessaires pour les rendre convenables à votre nouveau sujet. J'ai fait mes respectueuses représentations; monsieur le duc a insisté. J'ai obéi. C'est le seul parti qui convienne à l'état de ma fortune. M. Ballot s'est chargé de vous communiquer ces changements. Je me suis attaché à les rendre en moins de mots qu'il était possible. C'est le seul mérite que je puis leur donner. Je vous supplie, monsieur, de vouloir les examiner, ou plutôt d'en substituer de plus dignes de la place qu'ils doivent occuper.

Quant au récitatif, j'espère aussi, monsieur, que vous voudrez bien le juger avant l'exécution, et m'indiquer les endroits où je me serai écarté du beau et du vrai, c'est-à-dire de votre pensée. Quel que soit pour moi le succès de ces faibles essais, ils me seront toujours glorieux, s'ils me procurent l'honneur d'être connu de vous, et de vous montrer l'admiration et le profond respect avec lesquels j'ai l'honneur d'être, monsieur, votre très humble, etc.

J. J. ROUSSEAU, citoyen de Genève.

---

[1] Querini avait publié, en 1744 et 1745, deux volumes, in-folio, intitulés: *Hermolai Poli et aliorum ad eumdem Epistolæ*. (ÉD.)
[2] Ch. Volpi, en latin *Vulpius*. Trois frères Volpi ont été contemporains de Querini et de Voltaire: le plus savant était Jean-Antoine, professeur de philosophie à Padoue (ÉD.)

1. Rousseau avait composé, en 1732, un opéra intitulé *les Muses galantes*, dont la musique était de lui. (ÉD.)

MCCCLXXIX. — A M. J. J. ROUSSEAU.

Le 12 décembre.

Vous réunissez, monsieur, deux talents[1] qui ont toujours été séparés jusqu'à présent. Voilà déjà deux bonnes raisons pour moi de vous estimer et de chercher à vous aimer. Je suis fâché pour vous que vous employiez ces deux talents à un ouvrage qui n'en est pas trop digne. Il y a quelques mois que M. le duc de Richelieu m'ordonna absolument de faire en un clin d'œil une petite et mauvaise esquisse de quelques scènes insipides et tronquées qui devaient s'ajuster à des divertissements qui ne sont point faits pour elles. J'obéis avec la plus grande exactitude; je fis très-vite et très-mal. J'envoyai ce misérable croquis à M. le duc de Richelieu, comptant qu'il ne servirait pas, ou que je le corrigerais. Heureusement il est entre vos mains, vous en êtes le maître absolu; j'ai perdu tout cela entièrement de vue. Je ne doute pas que vous n'ayez rectifié toutes les fautes échappées nécessairement dans une composition si rapide d'une simple esquisse, que vous n'ayez rempli les vides et suppléé à tout.

Je me souviens qu'entre autres balourdises, il n'est pas dit, dans ces scènes qui lient les divertissements, comment la princesse Grenadine passe tout d'un coup d'une prison dans un jardin ou dans un palais. Comme ce n'est point un magicien qui lui donne des fêtes, mais un seigneur espagnol, il me semble que rien ne doit se faire par enchantement. Je vous prie, monsieur, de vouloir bien revoir cet endroit, dont je n'ai qu'une idée confuse. Voyez s'il est nécessaire que la prison s'ouvre, et qu'on fasse passer notre princesse de cette prison dans un beau palais doré et verni, préparé pour elle. Je sais très-bien que cela est fort misérable, et qu'il est au-dessous d'un être pensant de se faire une affaire sérieuse de ces bagatelles; mais enfin, puisqu'il s'agit de déplaire le moins qu'on pourra, il faut mettre le plus de raison qu'on peut, même dans un mauvais divertissement d'opéra.

Je me rapporte de tout à vous et à M. Ballot, et je compte avoir bientôt l'honneur de vous faire mes remercîments, et de vous assurer, monsieur, à quel point j'ai celui d'être, etc.

MCCCLXXX. — A M. LE COMTE D'ARGENTAL.

A Versailles, et jamais à la cour, décembre.

Je vous envoie, mes adorables anges, une fête que j'ai voulu rendre raisonnable, décente, et à qui j'ai retranché exprès les fadeurs et les sornettes de l'opéra, qui ne conviennent ni à mon âge, ni à mon sujet.

Vraiment, mes chers anges, je crois bien que la vérité se trouvera chez vous, et que j'y trouverai plus de secours qu'ailleurs; aussi je compte bien venir profiter de vos volontés, dès que j'aurai débrouillé ici le chaos des bureaux. Il est absolument nécessaire que je commence par ce travail, pour avoir des notions qui ne soient point exposées. A

---

1. Rousseau avait commencé, en 1742, un opéra intitulé : *Les Muses galantes*, dont la musique était de lui. (ÉD.)

des contradictions devant le ministre et devant le roi. Ce travail, joint aux tracasseries du pays, me retient ici plus longtemps que je ne pensais. Il faut que mon ouvrage soit approuvé par M. d'Argenson; il est mon chancelier, et M. de Crémilles mon examinateur. Vous jugez bien que c'est moi qui ai demandé M. de Crémilles, et que je n'ai pas eu de peine de l'obtenir.

Je me trouvai hier chez M. d'Argenson; et je parlais du combat de Mealé. Je disais combien cette action faisait d'honneur aux Français. « Il y a surtout, disais-je, un diable de M. d'Azincourt, un jeune homme de vingt ans, qui a fait des choses incroyables. » Comme je bavardais, entre M. d'Azincourt, que je n'avais jamais vu ; il ne fut pas fâché. Je crois que c'est un officier d'un très-grand mérite, car il écrit tout.

Adieu, le plus adorable ménage de Paris.

MCCCLXXXI. — A M. DE CIDEVILLE.

Versailles, le 7 janvier 1746.

Mon cher ami, j'ai entendu dire en effet, dans ma retraite de Versailles, qu'après le départ de M. le duc de Richelieu, il était arrivé deux figures jouant de la flûte en parties. Ma figure, dans ce temps-là, était fort embarrassée d'une espèce de dyssenterie qui m'a retenu quinze jours dans ma chambre, et qui m'y retient encore. L'air de la cour ne me vaut peut-être rien ; mais je n'étais point à la cour, je n'étais qu'à Versailles, où je travaillais à extraire, dans les bureaux de la guerre, des mémoires qui peuvent servir à l'Histoire dont je suis chargé. J'ai la bonté de faire pour rien ce que Boileau ne faisait pas étant bien payé ; mais le plaisir d'élever un monument à la gloire du roi et à celle de la nation vaut toutes les pensions de Boileau. J'ai porté cet ouvrage jusqu'à la fin de la campagne de 1745 ; mais ma détestable santé m'oblige à présent de tout interrompre ; je suis si faible, qu'à peine je puis tenir ma plume en vous écrivant ; je suis même trop mal pour me hasarder de me transporter à Paris. Voilà comment je passe ma vie ; mais les beaux-arts et votre amitié feront éternellement ma consolation. Adieu, mon cher ami.

MCCCLXXXII. — A M. LE MARQUIS D'ARGENSON.

Paris, le 8 janvier.

Je ne décide point entre Genève et Rome.

Henriade, ch. II, v. 5.

Mais, s'il vous plaît, monseigneur, mon paquet, s'il arrive, me vient de Rome, et celui qu'on m'a rendu vient de Genève, et vous appartient. Voici le fait : Quand on m'apporta le ballot de votre part, je vis des livres en feuilles, et je ne doutai pas que ce ne fussent des *coglionerie italiane* que m'envoyait le cardinal Passionei. Je dépêchai le tout chez Chenail, relieur du roi, et de moi, indigne. Il s'est trouvé, à fin de compte, que le ballot contient le *Dictionnaire du Commerce*[2].

1. Dès 1745, Vaucanson avait exécuté son *Flûteur automate*. (ÉD.)
2. Par Jacques Savari. (ÉD.)

imprimé à Genève. J'ai sur-le-champ ordonné expressément à Chenut de ne point passer outre, et j'attends vos ordres pour savoir par qui et comment et quand vous voulez faire relier votre *Dictionnaire*, qu'on ne lit point assez, et dont la langue est rarement entendue à Versailles. Je vous souhaite de bonnes fêtes. Je me flatte que, tôt ou tard, vous ferez quelque chose des *araignées*; mais si elles continuent à se détruire, ne soyez point détruit. Je le penserai toute ma vie. La paix de Turin était le plus beau projet, le plus utile, depuis cinq cents ans.

Mille tendres respects.

MCCCLXXXIII. — AU MÊME.

A Paris, le 14 janvier.

Si le prince Édouard ne doit pas son rétablissement à M. le duc de Richelieu, on dit que nous devons la paix à M. le marquis d'Argenson. Les Italiens feront des sonnets pour vous; les Espagnols, des redondillas[2]; les Français, des odes; et moi, un poëme épique pour le moins. Ah! le beau jour que celui-là, monseigneur! En attendant, dites donc au roi, dites à Mme de Pompadour, que vous êtes content de l'historiographe. Mettez cela, je vous en supplie, dans vos capitulaires. Que j'aurai de plaisir de finir cette histoire par la signature du traité de paix!

Je viens d'envoyer à M. le cardinal de Tencin la suite de ce que vous avez eu la bonté de lire; il lit plus vite que vous; tant mieux; c'est une preuve que vous n'avez pas de temps, et que vous l'employez pour nous; mais lisez, je vous en prie, l'article qui vous regarde (c'est à la fin de 1744). Le public ne me désavouera pas, et je vous défie de ne pas convenir de ce que je dis.

Le pape a envie que j'aille à Rome, et le roi de Prusse que j'aille à Berlin. Mais comme un de vos confrères me traite à Versailles, on n'est point prophète chez soi.

On vient de m'envoyer un livre fait par quelque politique allemand, où votre gouvernement est joliment traité. J'y ai trouvé la lettre du maréchal de Schmettau, où il dit que M. d'Alion est un ignorant et un paresseux; mais vraiment pour paresseux, je le crois; il y a un an que je lui ai envoyé un gros paquet que vous avez eu la bonté de lui recommander, et je n'en ai aucune nouvelle. Seriez-vous assez bon, monsieur, pour daigner l'en faire ressouvenir, la première fois que vous écrirez au bout du monde?

Il paraît tant de mauvais livres sur la guerre présente, qu'en vérité mon *Histoire* est nécessaire. Je vous demande en grâce de dire au roi un mot de cet ouvrage, auquel sa gloire est intéressée. J'ai peur que

1. Des préliminaires de paix venaient d'être signés (le 20 décembre 1745) à Turin, entre la Sardaigne et la France, et le marquis d'Argenson y avait la plus grande part; mais Élisabeth Farnèse, reine de Savoie, refusa de les ratifier. (B.)

2. Les *redondillas* sont des stances composées de quatre vers de huit syllabes, dont le premier rime ordinairement avec le quatrième, et le deuxième avec le troisième. (E.)

vous ne soyez indifférent, parce qu'il s'agit aussi de la vôtre; mais il faut boire ce calice. Je ne crois pas avoir dit un seul mot dans cette histoire, que les personnes sages, instruites, et justes, ne signent. Vous me direz qu'il y aura peu de signatures, mais c'est ce peu qui gouverne en tout le grand nombre, et qui dirige, à la longue, la manière de penser de tout le monde.

Adieu, monseigneur,

.... *Nostrorum sermonum candide judex.*
Hor., lib. I, ep. IV, v. 1.

Votre historiographe n'a pu vous faire sa cour, dimanche passé, comme il s'en flattait; il passe son temps à souffrir et à historiographer; il vous aime, il vous respecte bien personnellement.

MCCCLXXXIV. — AU CARDINAL QUERINI.

Parigi, 3 febbrajo.

Porgo a lei un nuovo rendimento di grazie per gli ultimi suoi favori. La lettera pastorale di Vostra Eminenza mi fa desiderare d'essere uno dei suoi diocesani. Non direi allora come quelli d'Avranches : *Quand aurons-nous un évêque qui ait fait ses études?*

Il dono della sua libreria al suo popolo, ed ai suoi successori, sarà un monumento eterno del suo grande e generoso spirito. La marmorea mole che la contiene non durerà quanto la vostra memoria; e le belle e savie opere di Vostra Eminenza, in ogni genere, saranno il più nobile ornamento di questo tesoro di letteratura. Non mi starebbe bene di voler porre in quel bel tempio alcuni de' miei imperfetti componimenti; sono io troppo profano. Nondimeno dimanderò a Vostra Eminenza, fra pochi mesi, la licenza di presentarle un saggio d'istoria de presenti movimenti, e delle guerre che scuotono d'ogni lato, e distruggono l'Europa. Tocca al mio re di farla tremare, ai grandi personaggi di vostro carattere di pacificarla, a me di scrivere, con verità e modestia, quel ch' è passato. Ben so io che, quando dovrò parlare degl' ingegni che sono il fregio e l'onore di nostra età, incomincierò dal nome dell' illustrissimo cardinale Querini.

In tanto le bacio la sacra porpora, e mi rassegno con ogni maggiore ossequio e venerazione, etc.

MCCCLXXXV. — AU R. P. DE LA TOUR, JÉSUITE,

Principal du collége de Louis-le-Grand.

A Paris, le 7 février 1746 [1].

Mon Révérend Père, ayant été longtemps dans la maison que vous gouvernez, j'ai cru devoir prendre la liberté de vous adresser cette lettre, et vous faire un aveu public de mes sentiments dans l'occasion

1. Voltaire composa cette lettre pour s'aplanir l'entrée de l'Académie française. (ÉD.)

qui se présente. L'auteur de la *Gazette ecclésiastique* m'a fait l'honneur de me joindre à Sa Sainteté, et de calomnier à la fois, dans la même page, le premier pontife du monde, et le moindre de ses serviteurs. Un autre libelle non moins odieux, imprimé en Hollande, me reproche avec fureur mon attachement pour mes maîtres, à qui je dois l'amour des lettres, et celui de la vertu; ce sont ces mêmes sentiments qui m'imposent le devoir de répondre à ces libelles.

Il y a quatre mois, qu'ayant vu une estampe du portrait de Sa Sainteté, je mis au bas cette inscription :

Lambertinus hic est Romæ decus, et pater orbis,
Qui terram scriptis docuit, virtutibus ornat.

Je ne crains pas que le sens de ces paroles soit repris par ceux qui ont lu les ouvrages de ce pontife, et qui sont instruits de son règne. S'il dépendait de lui de pacifier le monde, comme de l'éclairer, il y a longtemps que l'Europe joindrait la reconnaissance à la vénération personnelle qu'on a pour lui. Mgr le cardinal Passionei, bibliothécaire du Vatican, homme consommé en tout genre de littérature, et protecteur des sciences aussi bien que le pape, lui montra ce faible hommage que je lui avais rendu, et que je ne croyais pas devoir parvenir jusqu'à lui. Je pris cette occasion d'envoyer à Sa Sainteté et à plusieurs cardinaux qui m'honorent de leurs bontés, le *Poëme sur la bataille de Fontenoi*; que le roi avait daigné faire imprimer à son Louvre. Je ne faisais que remplir mon devoir en envoyant aux personnes principales de l'Europe ce monument élevé à la gloire de notre nation, sous les auspices du roi lui-même. Vous savez, mon révérend père, avec quelle indulgence cet ouvrage fut reçu à Rome. La gloire du roi, qui ne se borne pas aux limites de la France, répandit quelques-uns de ses rayons sur ce faible essai. Il fut traduit en vers italiens, et vous avez vu la traduction que Son Éminence M. le cardinal Quirini, digne successeur des Bembes et des Sadolets, voulut bien en faire, et qu'il vous envoya.

Ceux qui connaissent le caractère du pape, son goût et son zèle pour les lettres, ne sont point surpris qu'il m'ait gratifié de plusieurs de ces médailles, lesquelles sont autant de monuments du bon goût qui règne à Rome. Il n'a fait en cela que ce que Sa Majesté avait daigné faire, et s'il a ajouté à cette faveur celle de m'honorer d'une lettre particulière, qui n'est point un bref de la Daterie, y a-t-il dans ces marques de bonté si honorables pour la littérature, rien qui doive choquer, rien qui doive attirer les fureurs de la calomnie? Voilà pourtant ce qui a excité la bile de l'auteur clandestin de la *Gazette ecclésiastique*; il ose accuser le pape d'honorer de ses lettres un séculier, tandis qu'il persécute des évêques, et il me reproche, à moi, je ne sais quel livre[1] auquel je n'ai point de part, et que je condamne avec autant de sincérité qu'il devrait condamner les libelles.

Je sais combien le monarque bienfaisant qui règne à Rome est au-

1. Les *Lettres philosophiques*. (ÉD.)

dessus de la licence où l'on s'emporte de le calomnier, et de la liberté que je prendrais de le défendre.

Sollicet is superis labor est, ea cura quietos Sollicitat [1].

« S'il est étrange que, tandis que ce prince se fait chérir de ses sujets et du monde chrétien, un écrivain du faubourg Saint-Marceau le calomnie, il serait bien inutile que je réfutasse cet écrivain. Les discours des petits ne parviennent pas de si loin à la hauteur où sont placés ceux qui gouvernent la terre. C'est à moi de me renfermer dans ma propre cause; mais si l'esprit de parti pouvait être calmé un moment, si cette passion tyrannique et ténébreuse pouvait laisser quelque accès dans l'âme aux lumières douces de la raison, je conjurerais cet auteur et ses semblables de se représenter à eux-mêmes ce que c'est que de mettre continuellement sur le papier des invectives contre ceux qui sont préposés de Dieu pour conserver le peu qui reste de paix sur la terre; ce que c'est que de se rendre tous les huit jours criminel de lèse-majesté, par des libelles méprisés, et d'être à la fois calomniateur et ennuyeux. Je lui demanderais avec quelle chaleur il condamnerait dans d'autres ce malheureux et inutile dessein de troubler l'État que le roi défend à la tête de ses armées : il verrait dans quel excès d'avilissement et d'horreur est une telle conduite auprès de tous les honnêtes gens; il sentirait s'il lui convient de gémir sur les prétendus maux de l'Église, tandis qu'on n'y voit d'autre mal que celui de ces convulsions avec lesquelles trois ou quatre malheureux, méprisés de leur parti même, ont prétendu surprendre le petit peuple, et qui sont enfin l'objet du dédain de ceux même qu'ils avaient voulu séduire.

« Qu'il se trouve des hommes assez insensés et assez privés de pudeur, pour dresser des filles de sept à huit ans à faire des tours de *passe-passe*, dont les charlatans de la foire rougiraient; qu'ils aient le front d'appeler ce manége infâme des miracles faits au nom de Dieu; qu'ils jouent à prix d'argent cette farce abominable, pour prouver qu'Élie est venu; qu'un de ces misérables ait été de ville en ville se pendre aux poutres d'un plancher, contrefaire l'étranglé et le mort, contrefaire ensuite le ressuscité, et finir enfin ses prestiges par mourir en effet dans Utrecht, le 17 juin 1743, à la potence qu'il avait dressée lui-même, et dont il croyait se tirer comme auparavant : voilà ce qu'on pourrait appeler les maux de l'Église, si de tels hommes étaient en effet comptés, soit dans l'Église, soit dans l'État.

« Il leur sied bien sans doute de calomnier le souverain pontife, en citant l'Évangile et les Pères : il leur sied bien d'oser parler des lois du christianisme, eux qui violent la première de ses lois, la charité; eux qui, au mépris de toutes les lois divines et humaines, vendent tous les jours un libelle qui dégoûte aujourd'hui les lecteurs les plus avides de médisance et de satire. »

1. *Æn.*, IV, 379-80. (Éd.)

À l'égard de l'autre libelle de Hollande, qui me reproche d'être attaché aux jésuites, je suis bien loin de lui répondre comme à l'autre : *Vous êtes un calomniateur* ; je lui dirai au contraire : *Vous dites la vérité*. J'ai été élevé pendant sept ans chez des hommes qui se donnent des peines gratuites et infatigables à former l'esprit et les mœurs de la jeunesse. Depuis quand veut-on que l'on soit sans reconnaissance pour ses maîtres ? Quoi ! il sera dans la nature de l'homme de revoir avec plaisir une maison où l'on est né, un village où l'on a été nourri par une femme mercenaire, et il ne serait pas dans notre cœur d'aimer ceux qui ont pris un soin généreux de nos premières années ? Si des jésuites ont un procès au Malabar avec un capucin, pour des choses dont je n'ai point connaissance, que m'importe ? est-ce une raison pour moi d'être ingrat envers ceux qui m'ont inspiré le goût des belles-lettres, et des sentiments qui feront jusqu'au tombeau la consolation de ma vie ? Rien n'effacera dans mon cœur la mémoire du P. Porée, qui est également cher à tous ceux qui ont étudié sous lui. Jamais homme ne rendit l'étude et la vertu plus aimables. Les heures de ses leçons étaient pour nous des heures délicieuses, et j'aurais voulu qu'il eût été établi dans Paris comme dans Athènes, qu'on pût assister à tout âge à de telles leçons : je serais revenu souvent les entendre. J'ai eu le bonheur d'être formé par plus d'un jésuite du caractère du P. Porée, et je sais qu'il a des successeurs dignes de lui. Enfin, pendant les sept années que j'ai vécu dans leur maison, qu'ai-je vu chez eux ? la vie la plus laborieuse, la plus frugale, la plus réglée, toutes leurs heures partagées entre les soins qu'ils nous donnaient et les exercices de leur profession austère. J'en atteste des milliers d'hommes élevés par eux comme moi, il n'y en aura pas un seul qui puisse me démentir. C'est sur quoi je ne cesse de m'étonner qu'on puisse les accuser d'enseigner une morale corruptrice. Ils ont eu, comme tous les autres religieux, dans des temps de ténèbres, des casuistes qui ont traité le pour et le contre des questions aujourd'hui éclaircies, ou mises en oubli. Mais, de bonne foi, est-ce par la satire ingénieuse des *Lettres provinciales* qu'on doit juger de leur morale ? c'est assurément par le P. Bourdaloue, par le P. Cheminais, par leurs autres prédicateurs, par leurs missionnaires.

Qu'on mette en parallèle les *Lettres provinciales* et les *Sermons* du P. Bourdaloue : on apprendra dans les premières l'art de la raillerie, celui de présenter des choses indifférentes sous des faces criminelles, celui d'insulter avec éloquence ; on apprendra, avec le P. Bourdaloue, à être sévère à soi-même, et indulgent pour les autres. Je demande alors de quel côté est la vraie morale, et lequel de ces deux livres est utile aux hommes.

J'ose le dire : il n'y a rien de plus contradictoire, rien de plus honteux pour l'humanité, que d'accuser de morale relâchée des hommes qui mènent en Europe la vie la plus dure, et qui vont chercher la mort au bout de l'Asie et de l'Amérique. Quel est le particulier qui ne sera pas consolé d'essuyer des calomnies, quand un corps entier en éprouve continuellement d'aussi cruelles ? Je voudrais bien que l'auteur de ces libelles pitoyables, dont nous sommes fatigués, vînt un jour aux pieds d'un jésuite au tribunal de la pénitence, et que là il fît un aveu sincère de sa conduite, en présence de Dieu ; il serait obligé de dire : « J'ai osé traiter de *persécuteur* un roi adoré de ses sujets ; j'ai appelé cent fois ses ministres des ministres d'iniquité ; j'ai vomi les calomnies les plus noires contre le premier ministre du royaume [1], contre un cardinal qui a rendu des services essentiels dans ses ambassades auprès de trois papes [2] ; je n'ai respecté ni le nom, ni l'autorité sainte, ni les mœurs pures, ni la grandeur d'âme, ni la vieillesse vénérable de mon archevêque [3]. L'évêque de Langres [4], dans une maladie populaire qui faisait du ravage à Chaumont, accourut avec des médecins et de l'argent, et arrêta le cours de la maladie ; il a signalé toutes les années de son épiscopat par les actions de la charité la plus noble : et ce sont ces mêmes actions que j'ai empoisonnées. L'évêque de Marseille [5], pendant que la contagion dépeuplait cette ville, et qu'il ne se trouvait plus personne, ni qui donnât la sépulture aux morts, ni qui soulageât les mourants, allait le jour et la nuit, les secours temporels dans une main, et Dieu dans l'autre, affronter de maisons en maisons un danger beaucoup plus grand que celui où l'on est exposé à l'attaque d'un chemin couvert ; il sauva les tristes restes de ses diocésains par l'ardeur du zèle le plus attendrissant, et par l'excès d'une intrépidité qu'on ne caractériserait pas sans doute assez en l'appelant héroïque ; c'est un homme dont le nom sera béni avec admiration dans tous les âges : ce sont ceux qui l'ont imité que j'ai voulu décrier dans mes petits libelles diffamatoires. »

Je suppose, pour un moment, que le jésuite qui entendrait cet aveu eût à se plaindre de tous ceux que l'on vient de nommer, qu'il fût le parent et l'ami du coupable ; ne lui dirait-il pas : « Vous avez commis un crime horrible, et vous ne pouvez trop l'expier ? »

Ce même homme qui ne se corrigera pas, continuera de calomnier tous les jours ce qu'il y a de plus respectable sur la terre, et il ajoutera à sa liste le confesseur qui lui aura reproché ses excès ; il accusera, lui et sa société, d'une morale relâchée : c'est ainsi que l'esprit de parti est fait. L'auteur du libelle peut, tant qu'il voudra, mettre mon nom dans le recueil immense et oublié de ses calomnies ; il pourra m'imputer des sentiments que je n'ai jamais eus, les livres que je n'ai jamais faits, ou qui ont été altérés indignement par les éditeurs. Je lui répondrai comme le grand Corneille dans une pareille occasion : *Je soumets mes écrits au jugement de l'Église*. Je doute qu'il en fasse autant. Je ferai bien plus : je lui déclare, à lui et à ses semblables, que si jamais on a imprimé sous mon nom une page qui puisse scandaliser seulement le sacristain de leur paroisse, je suis prêt à la déchirer devant lui ; que je veux vivre et mourir tranquille dans le sein de l'Église catholique, apostolique et romaine, sans attaquer personne, sans nuire à personne, sans soutenir la moindre opinion

---

1. Le cardinal de Fleuri. (Éd.) — 2. Le cardinal de Polignac. (Éd.) 3. Le cardinal de Noailles. (Éd.) — 4. Montmorin. (Éd.) — 5. Belzunce. (Éd.)

qui puisse offenser personne : je déteste tout ce qui peut porter le moindre trouble dans la société. Ce sont ces sentiments connus du roi qui m'ont attiré ses bienfaits. Comblé de ses grâces, attaché à sa personne sacrée, chargé d'écrire ce qu'il a fait de glorieux et d'utile pour la patrie, uniquement occupé de cet emploi, je tâcherai, pour le remplir, de mettre en pratique les instructions que j'ai reçues dans votre maison respectable, et si les règles de l'éloquence, que j'y ai apprises, se sont effacées de mon esprit, le caractère de bon citoyen ne s'effacera jamais de mon cœur.

On a vu, je crois, ce caractère dans tous mes écrits, quelque défigurés qu'ils soient par les ridicules éditions qu'on en a faites. La *Henriade* même n'a jamais été correctement imprimée ; on n'aura probablement mes véritables ouvrages qu'après ma mort ; mais j'ambitionne peu, pendant ma vie, de grossir le nombre des livres dont on est surchargé, pourvu que je sois au nombre des honnêtes gens, attachés à leur souverain, zélés pour leur patrie, fidèles à leurs amis dès l'enfance, et reconnaissants envers leurs premiers maîtres.

C'est dans ces sentiments que je serai toujours, avec respect, mon révérend père, votre très-humble et très-obéissant serviteur, VOLTAIRE.

MCCCLXXXVI. — A M. LE MARQUIS D'ARGENSON.

A Paris, le 17 février.

Je vous fais mon compliment de la belle chose que j'entends dire. Comptez que, quand vous serez au comble de la gloire, je serai celui de la joie. Souvenez-vous, monseigneur, que vous ne pensiez pas à être ministre quand je vous disais qu'il fallait que vous le fussiez pour le bien public. Vous nous donnerez la paix en détail ; vous ferez de grandes et de bonnes choses, et vous les ferez durables ; parce que vous avez justesse dans l'esprit et justice dans le cœur. Ce que vous faites m'enchante, et fait sur moi la même impression que le succès d'*Armide* sur les amateurs de Lulli.

Il faut que j'aille passer une quinzaine de jours à Versailles ; je ne serai point surpris si, au bout de la quinzaine, j'y entends chanter un petit bout de *Te Deum* pour la paix. En attendant, voulez-vous permettre que je fasse mettre un lit dans le grenier au-dessus de l'appartement que vous avez prêté à Mme du Châtelet, sur le chemin de Saint-Cloud ? J'y serai un peu loin de la cour, tant mieux ; mais je me rapprocherai souvent de vous, car c'est à vous que mon cœur fait sa cour depuis bien longtemps, et pour toujours.

Mille tendres respects.

MCCCLXXXVII. — A M. DE LA CONDAMINE.

En partant pour Versailles, mars.

Mon cher philosophe, ou juif errant, je n'ai pu encore vous remercier de la bonté que vous avez eue de m'adresser à deux grands politiques, ni en profiter. J'ai été presque aussi errant que vous et, de plus, malade. N'avez-vous point attrapé quelque augmentation de pension à votre académie? êtes-vous en train d'être payé des ministres, d'être récompensé, de vivre à Paris tranquille et heureux?

Bonsoir; souvenez-vous quelquefois d'un homme qui s'intéresse à vous tendrement.

MCCCLXXXVIII. — A MADAME LA DUCHESSE DE MONTENERO [1].

Versaglia.

Perdoni l'Eccellenza Vostra, se le scrivo così di rado. Non a da rimproverarmi la mia dimenticanza, ma da compatire il cattivo stato di mia salute, che fa di me un uomo mezzo morto, e mi toglie la consolazione di più spesso prestare a Vostra Eccellenza il dovuto mio ossequio; ma la pertinace e nojosa mia infermità, ed i miei continui dolori non hanno punto indeboliti i sentimenti di rispetto, di stima e del più vivo affetto che nutrirò sempre per lei. Nè il tempo, nè la lontananza potranno mai scancellare quel che il suo merito ha impresso nel mio cuore. Il felice parto dell' Eccellenza Vostra mi a recato un così sensibil piacere, che ha fatto svanire tutti i miei affanni. Il mio animo non è ora capace di rissentire altro che la gioja di Vostra Eccelenza, quella del signor duca suo sposo, e di tutta l'illustrissima sua casa.

Vostra Eccellenza è sì cortese verso di me, che, nel tempo della sua gravidanza, s' è degnata di pensare a mandarmi un bel regalo di cioccolata, che il signor marchese de L'Hospital, già arrivato à Versaglia, mi farà pervenire da Marsiglia, fra poche settimane. Vorrei veramente prendere alcune chicchere nel gabinetto di Vostra Eccellenza in Napoli, e godere il giubilo di vederla collocata nel grado che a bramato.

Mi lusingo che quanto ella desidera, sarà dall' Eccellenza Vostra conseguito senza fallo, imperocchè il signor principe d'Ardore essendo aggregato all' ordine del re di Francia, è ben giusto che quello di Napoli conceda alcuni favori alla più ragguardevole di tutte le dame francesi che possano fare l'ornamento d'una corte. Le auguro l'adempimento di tutte le sue brame; ma non mi consolerei mai di non vedere co' propri occhi la sua felicità, di non poter baciare il suo bambino, nè profondamente inchinare la di lui cara madre.

Qui si fanno feste ogni giorno. Le nostre comuni vittorie in Italia ed in Fiandra hanno portato la casa di Borbone al colmo della sua glorie. Il duca di Richelieu deve esse ora sbarcato in Inghilterra, ed avrà forse scacciato via il re Giorgio, quando nelle mani dell' Eccellenza Vostra capiterà la mia lettera. Eccellentissima mia signora, che ella sia sempre altrettanto felice, quanto lo sono i nostri monarchi.

Le auguro un felicissimo avanzamento ed esito dell' affare nel quale l'affezionatissima madre dell' Eccellenza Vostra, gli umilissimi suoi servidori fervidamente s'impiegano; ed io resterò sempre colla viva ambizione d'ubbidirla, e con ogni maggiore rispetto e venerazione,

Di Vostra Eccellenza, etc.

1. Fille de la marquise du Châtelet. (Éd.)

MCCCLXXXIX. — Au cardinal Passionei, a Rome.

Marzo.

Stento ad imparare la lingua italiana; mentre si diletta l'Eminenza Vostra nell' abbellire la lingua francese. Aspetto colla maggior premura, e colli più vivi sentimenti di gratitudine i libri, coi quali ella si degna d'ammaestrarmi. Ma,. essendo privo dell' onore di venire ad inchinarla in Roma, voglio almeno intitolarmi al suo patrocinio, e naturalizzarmi Romano in qualche maniera, nel sottoporre al suo sommo giudizio ed alla sua pregiatissima protezione questo *Saggio* che ho sbozzato in italiano. Prendo la libertà di pregarla di presentarlo a quelle accademie delle quali ella è protettore (e credo che sia il protettore di tutte); ricerco un nuovo vincolo che possa supplire alla mia lontananza, e che mi renda uno de' suoi clienti, come se fossi un abitante di Roma. Sarei ben fortunato di vedermi aggregato a quelli che godono l'onore d'essere istrutti dalla sua dottrina, e di bevere a quel sacro fonte, del quale si degna d'inviarmi alcune gocciole.

Non voglio interrompere più lungamente i suoi grandi negozj, e, baciando la sua sacra porpora, mi confermo, etc.

MCCCXC. — A M. le marquis d'Argenson.

Mars.

Je ne vous fais point ma cour, monseigneur, mais je fais mille vœux pour le succès de votre belle entreprise[1]. On dit que vous avez besoin de tout votre courage, et de résister aux contradictions, en faisant le bien des hommes. Voilà où l'on en est réduit. Vous avez de la philosophie dans l'esprit et de la morale dans le cœur; il y a peu de ministres dont on puisse en dire autant. Vous avez bien de la peine à rendre les hommes heureux, et ils ne le méritent guère. O que vous allez conclure divinement mon *Histoire*, et que je me sais bon gré d'avoir barbouillé votre portrait! il est vrai, du moins.

M. le cardinal Passionei me mande qu'il envoie sous votre couvert, par M. l'archevêque de Bourges[2], un paquet de livres dont il veut bien me gratifier.

Voici le saint temps de Pâques qui approche; la reine de Hongrie et la reine d'Espagne dépouilleront toutes deux *la vieille femme*[3], et se réconcilieront en bonnes chrétiennes; cela est immanquable. Ah! maudites *araignées*, vous déchirerez-vous toujours, au lieu de faire de la soie!

Grand et digne citoyen, ce monde-ci n'est pas digne de vous.

MCCCXCI. — A M. et madame d'Argental.

Voltaire sait d'hier la mort du président Bouhier; mais il oublie tous les présidents vivants et morts quand il voit M. et Mme d'Argental. On a déjà parlé à V. de la succession dans la partie de fumée qu'avait à

---

1. La paix générale. (*Note de M. R. d'Argenson.*)
2. De La Rochefoucauld, ambassadeur à Rome. (Éd.)
3. Saint Paul, *aux Éphésiens*, IV, 22; et *aux Colossiens*, III, 9. (Éd.)

Paris ledit président commentateur. V. est malade ; V. n'est guère en état de se donner du mouvement ; V. grisonne, et ne peut pas honnêtement frapper aux portes, quoiqu'il compte sur l'agrément du roi. Il remercie tendrement ses adorables anges. Il sera très-flatté d'être désiré ; mais il craindra toujours de faire des démarches. Mes divins anges! être aimé de vous, voilà la plus belle de toutes les places.

MCCCXCII. — A M. LE COMTE DE TRESSAN.

Le ... mars.

Je vous ai toujours cru ou parti ou partant, mon divin *Pollion*. Je vous ai cru portant la terreur et les grâces dans le pays des Marlborough et des Newton. Mais vous êtes comme les Grecs en Aulide, à cela près que dans cette affaire il y aura plus de pucelles.... que de pucelles immolées.

Je n'ai point écrit à M. le duc de Richelieu ; je l'ai cru trop occupé. Je prépare pour lui ma trompette et ma lyre. Partez, soyez l'Achille et l'Homère, et conservez vos bontés pour votre ancien, très-tendre et très-attaché serviteur.

MCCCXCIII. — A M. AMMAN, SECRÉTAIRE DE L'AMBASSADEUR DE NAPLES, A PARIS.

A Versailles, ce 26 mars.

Tu vatem vates laudatus Apolline laudas,
Concedisque tua decerptas fronte coronas.
Carminibus nostram petis ad certamina musam
O utinam videar tibi respondere paratus!
Sed quondam dulcis vox deficit, atque labore
Nunc defessus, iners, ignava silentia servans,
Semper amans Phœbi, non exauditus ab illo,
Te miror; victus, non invidus, arma repono.

On m'a renvoyé ici, monsieur, les vers charmants que vous avez bien voulu m'adresser ; je ne puis que les admirer, et non les imiter. C'est en remerciant celui qui me loue si bien, que j'ai l'honneur d'être, avec reconnaissance, etc.

MCCCXCIV. — A M. DE MONCRIF, LECTEUR DE LA REINE, ETC.

Mars.

Mon cher *sylphe*, dont je n'ose encore m'appeler le confrère[1], mais dont je serai toute ma vie l'ami le plus tendre, je vous cherche partout pour vous dire combien il me sera doux d'être lié avec vous par un titre nouveau. Je suis pénétré de tout ce que vous avez fait pour moi ; mais comment me conduirai-je, au sujet du libelle diffamatoire dans lequel l'Académie est outragée, et moi si horriblement déchiré ? Il n'est que trop prouvé, aux yeux de tout Paris, que le sieur Roi est l'auteur de ce libelle coupable. C'est la vingtième diffamation dont il est re-

1. Voltaire se présentait pour remplacer le président Bouhier à l'Académie française. (ÉD.)

connu l'auteur, et il n'y a pas longtemps qu'il écrivit deux lettres anonymes à M. le duc de Richelieu. Il a comblé la mesure de ses crimes; mais je dois respecter la protection qu'il se vante d'avoir surprise auprès de la reine. Il a pris les apparences de la vertu pour être reçu chez la plus vertueuse princesse de la terre. C'est la seule manière de la tromper; mais cette même vertu, dont Sa Majesté donne tant d'exemples, permettra sans doute que je me serve des voies de la justice pour faire connaître le crime. Je vous supplie d'exposer à la reine mes sentiments, et de lui demander pour moi la permission de suivre cette affaire. Je ne ferai rien sans le conseil du directeur de l'Académie, et, surtout, sans que vous m'ayez mandé que la reine trouve bon que j'agisse. Vous pourriez même peut-être lui lire ma lettre; elle y découvrirait un cœur plus touché des sentiments d'admiration que ses vertus inspirent, qu'il n'est pénétré du mal que le sieur Roi m'a voulu faire.

Adieu, homme aimable et digne de servir celle que la France adore.

MCCCXCV. — A MONSIGNOR G. CERATI, A FIRENZE O A PISA.

Parigi, 6 aprile.

Vostra Signoria illustrissima è venuta in questo paese, e ci ha dato nuove istruzioni, mentre io non ho potuto acquistarne in Firenze nè in Pisa. Ella parla la nostra lingua colla più elegante finezza, ed io non posso senza gran fatica esprimermi in italiano. Sono infelicemente innamorato della vostra lingua e del vostro paese. Ho cercato d'alleviare un poco il dolore che io risento di non aver mai viaggiato di là d'ell'Alpi, scrivendo almeno un qualche *Saggio* in italiano; la prego di ricevere colla sua solita benignità questi fogli, e mi lusingo ancora che avrà la bontà di presentarne alcuni esemplari alle accademie fiorentine, dalle quali non spero già applauso, ma molto ambirei una favorevole indulgenza. Io godo l'onore d'essere suo compagno nell' Instituto di Bologna, e nella Società di Londra; ma se un nuovo grado d'onore, un nuovo vincolo potesse naturalizzarmi italiano, simile consolazione sminuirebbe il mio eterno rammarico di non aver veduto l'antica patria e la culla delle scienze; rimetto tutto alla sua cortesissima gentilezza.

Vi è un altro piccolo affare, sopra il quale supplico V. S. illustrissima di darmi il suo avviso, e di favorirmi delle sue istruzioni. Si tratta qui della scomunica fulminata da alcuni vescovi e curati contro i commedianti del re, che sono pagati e mantenuti da Sua Maestà, e che non rappresentano mai tragedia nè commedia se non approvata dai magistrati, e munita di tutti i contrassegni dell'autorità pubblica. Si dice qui comunemente che questa contradizione tra il governo e la Chiesa non si trova in Roma, e che i virtuosi mantenuti a spese pubbliche non sono sottoposti a questa crudele infamia.

La supplico, colla più viva premura, di dirmi come si usa in Roma ed in Firenze con questi tali; se siano scomunicati, o no; e quali siano insieme le regole e la tolleranza. Mi farà un pregiatissimo favore se si compiacerà di darmi sodi insegnamenti intorno a questa materia

La prego d'indirizzare la sua risposta al signor *de la Reinière, fermier général des postes*, à *Paris.*

La supplico di scusarmi se questa lettera sia scritta d'un'altra mano, perchè sono gravemente ammalato. Ma dalla mia malattia non vengono indeboliti i sentimenti coi quali sarò sempre.... VOLTAIRE.

P. S. Sa bene che il signor *de La Marca* è morto.

MCCCXCVI. — AU CARDINAL QUERINI.

Parigi, 12 aprile.

Mi è stato detto che Vostra Eminenza non aveva ricevuto le lettere da me scritte. Se sono smarrite, sarò riputato appresso di Vostra Eminenza il più ingrato di tutti gli uomini. Si è degnata di dare l'immortalità al *Poema di Fontenoi*; m' ha favorito della sua bella lettera pastorale, della stampa del magnifico monumento eretto da lei nel suo palazzo di Brescia; in somma è divenuta il mio Mecenate, e non riceve da me il menomo testimonio della mia gratitudine. Sono però più infelice che colpevole. Ho scritto a Vostra Eminenza tre o quattro volte; l' ho ringraziata, le ho spiegato il mio cuore; ho pensato che il suo nome sarebbe riverito anche da' barbari che possono svaligiare i corrieri. Ho mandato le mie lettere alla posta senza altra diligenza. Dopo questo il signore ambasciadore di Venezia m' ha dato la licenza di mettere nel suo piego tutte le lettere che avrei da oggi in avanti l'onore di scrivere a Vostra Eminenza. Userò di questa libertà, e mi lusingo che il signor Tron, essendo il suo nipote, sarà un nuovo vincolo dal quale verranno raddoppiati quelli che mi ritengono sotto il suo caro patrocinio, e che stringono la mia ossequiosa servitù. Mi perdoni se non ho potuto scrivere di proprio pugno; sono gravemente ammalato. Ma benchè le mie forze siano molto indebolite, non sono sminuiti i vivi sentimenti del mio riverente ossequio.

Bacio la sua sacra porpora, e mi confermo, etc.

MCCCXCVII. — A M. LE MARQUIS D'ARGENSON.

Le 15 avril.

Je suis bien malade, mais vous me rendez la santé, et vous l'allez rendre à la patrie. Je viens de lire votre préambule; il n'y a que des points et des virgules à y mettre. Je vous le renverrai, ou vous le rapporterai. Je vous garderai le plus profond secret, et la France vous gardera longtemps, monseigneur, la plus profonde reconnaissance. Je me flatte que votre petit préambule en fera faire bientôt un autre plus général, et que les Hollandais ne feront pas comme le roi de Sardaigne.

Ah! que la sentence de Comines, qui est dans votre portefeuille, vous sied bien! En vérité, vous êtes un homme adorable. Vous allez dormir avec des feuilles d'olive sous votre chevet.

MCCCXCVIII. — A M. DE MONCRIF.

Avril.

Mon céleste *sylphe*, mon ancien ami, je compte sur vos bontés. Je vous ai cherché à Versailles et à Paris. Je me mets entre vos mains, et aux pieds de *sainte* Villars. Je vous recommande M. Hardion[1]. C'est peu de chose d'entrer dans une compagnie, il faut y être reçu comme on l'est chez ses amis. Voilà ce qui rend une telle place infiniment désirable. Un lien de plus, qui m'unira à vous, me sera bien cher et bien précieux; et, pour entrer avec agrément, je veux être conduit par vous. J'attends tout de la bonté de votre cœur et de l'ancienne amitié dont vous m'avez toujours donné des marques.

Je vous prie de dire à la plus aimable *sainte* qui soit sur la terre, que, quoique la reconnaissance soit une vertu mondaine, cependant j'en suis pétri pour elle. J'ose croire que M. l'abbé de Saint-Cyr ira à l'Académie le jour de l'élection, et qu'il ne me refusera pas ce beau titre d'élu.

Comptez sur le tendre et éternel attachement de VOLTAIRE.

MCCCXCIX. — A M. DE MAUPERTUIS.

Paris, ce 1ᵉʳ mai.

Mon illustre ami, je vous reconnais; vous ne m'oubliez point, quoiqu'il soit permis d'oublier tout le monde auprès du grand Frédéric et entre les bras de l'amour. Jouissez de tous les avantages qui vous sont dus; pour moi, je n'ai que des consolations; ma malheureuse santé me les rend bien nécessaires. Il est vrai, mon illustre ami, que le roi m'a fait présent de la première charge de gentilhomme de la chambre, qu'il a augmenté ma pension, qu'il m'accable de bontés, mais je me meurs, et n'ai plus de consolations que dans l'amitié.

Me voici enfin votre confrère dans cette Académie française où ils m'ont élu tout d'une voix[2], sans même que l'évêque de Mirepoix s'y soit opposé le moins du monde. J'ennuierai le public d'une longue harangue lundi prochain; ce sera le chant du cygne. J'ai fait un petit brimborion italien pour l'Institut de Bologne, dans lequel j'ai l'honneur d'être votre confrère; je ne vous en importune pas, parce que je ne sais si vous avez daigné mettre la langue italienne dans l'immensité de vos connaissances.

Mme du Châtelet fait imprimer sa traduction de Newton; vous devez l'en aimer davantage. Je vois quelquefois votre ami La Condamine, qui vient prendre chez nous son café au lait, en allant à l'Académie[3]. Nous parlons de vous, nous vous regrettons, nous espérons que vous ferez ici quelque voyage; mais pressez-vous, si vous voulez voir en vie votre admirateur et votre ami V.

M. de Valori, M. d'Argens, daignent-ils se souvenir de moi? Voulez-vous bien leur présenter mes très-humbles compliments? M. de Cou-

1. Jacques Hardion était un des détracteurs de Voltaire. (ÉD.)
2. Il n'eut que vingt-huit voix sur vingt-neuf. (ÉD.)
3. Celle des sciences. La Condamine ne fut reçu à l'Académie française qu'en 1760. (ÉD.)

ville est-il à Berlin? Daignez ne me pas oublier auprès de lui, ni auprès de ceux à qui j'ai fait ma cour, quand j'ai eu le bonheur trop court d'être où vous êtes pour longtemps. Mais il y a une personne que je veux absolument qui ait un peu de bonté pour moi, c'est Mme de Maupertuis. Adieu. Mme du Châtelet vous fait les plus sincères compliments.

MCD. — A M. DE VAUVENARGUES.

J'ai passé plusieurs fois chez vous pour vous remercier d'avoir donné au public des pensées au-dessus de lui. Le siècle qui a produit les *Étrennes de la Saint-Jean*, les *Écosseuses*[1], *Misapouf*[2], ne vous méritait pas; mais enfin il vous possède, et je bénis la nature. Il y a un an que je dis que vous êtes un grand homme, et vous avez révélé mon secret. Je n'ai lu encore que les deux tiers de votre livre; je vais dévorer la troisième partie. Je l'ai porté aux antipodes, dont je reviendrai incessamment pour embrasser l'auteur, pour lui dire combien je l'aime, et avec quels transports je m'unis à la grandeur de son âme et à la sublimité de ses réflexions, comme à l'humanité de son caractère. Il y a des choses qui ont affligé ma philosophie; ne peut-on pas adorer l'Être suprême sans se faire capucin? N'importe, tout le reste m'enchante; vous êtes l'homme que je n'osais espérer, et je vous conjure de m'aimer.

MCDI. — AU MÊME.

Ce samedi, mai.

Je ne sais où trouver M. de Marmontel et son Pylade[3]; mais je m'adresse au héros de l'amitié pour faire passer jusqu'à eux le chagrin que me cause la petite tribulation arrivée à leurs feuilles, et l'empressement que j'aurai à les servir. Les recherches qu'on a faites, par ordre de la cour, chez tous les libraires, au sujet du libelle de Roi, sont cause de ce malheur. On cherchait des poisons, et on a saisi de bons remèdes. Voilà le train de ce monde. Ce misérable Roi n'est né que pour faire du mal; mais je me flatte que cette aventure pourra servir à faire discerner ceux qui méritent la protection du gouvernement, de ceux qui méritent l'indignation du gouvernement et du public. C'est à quoi je vais travailler avec plus de chaleur qu'à mon *Discours* à l'Académie. J'embrasse tendrement celui dont je voudrais avoir les pensées et le style, et dont j'ai les sentiments, et je prie le plus aimable des hommes de m'aimer un peu.

MCDII. — AU CARDINAL QUERINI.

Parigi, 8 maggio.

Ho ricevuto il cumulo de' suoi favori, la lettera stampata e dedicata al suo degno nipote, nella quale mi fà conoscere quel grand' uomo

---

1. Par Vadé, le comte de Caylus, et la comtesse de Verrue. (ÉD.)
2. *Le sultan Misapouf et la princesse Grisemine*, par Voisenon. (ÉD.)
3. Bauvin, qui venait d'entreprendre, avec Marmontel, un journal intitulé : *L'Observateur littéraire*, dont il ne parut que le premier volume. (ÉD.)

barbaro di nome, ma di costumi cortese, e di opere grande; e nella quale ho trovato i belli versi italiani e latini che fanno a me un tanto onore, ed un sì gran stimolo alla virtù. E mi sono pervenuti gli altri pieghi che contengono la traduzione latina ed italiana del principio della *Henriade*. Non fu mai il gran Tasso così rimunerato, ed il trionfo che gli fu preparato nel Campidoglio non era d'un tanto valore. Mi conceda d'indirizzare a Vostra Eminenza le dovute grazie al suo eccellentissimo nipote.

Sarò domani pubblicamente aggregato all'accademia francese, nell'istesso tempo che l'accademia della Crusca si procura il vantaggio d'acquistare l'Eminenza Vostra; ma questa è la differenza fra noi, che l'accademia della Crusca riceve un onore insigne dal vostro nome, laddove io ne ricevo un grande da quella di Parigi. Ho l'incombenza di pronunciare un lungo e tedioso discorso; ma, per quanto tedioso possa essere, non mancherò di mandarlo a Vostra Eminenza, essendo costumato di mandarle tributi, benchè indegni del suo merito.

Non dubito che le sia a quest'ora capitato il piego che contiene cinque o sei esemplari del mio piccolo *Saggio* italiano sopra una materia fisica, che io ho sottoposto al suo giudizio, e pel quale richiedo il suo patrocinio. Sarò sempre col più profondo rispetto, etc.

MCDIII. — A M. DE VAUVENARGUES.
Versailles, mai.

J'ai usé, mon très-aimable philosophe, de la permission que vous m'avez donnée. J'ai crayonné un des meilleurs livres [1] que nous ayons en notre langue, après l'avoir relu avec un extrême recueillement. J'y ai admiré de nouveau cette belle âme si sublime, si éloquente et si vraie, cette foule d'idées neuves ou rendues d'une manière si hardie, si précise, ces coups de pinceau si fiers et si tendres. Il ne tient qu'à vous de séparer cette profusion de diamants, de quelques pierres fausses ou enchâssées d'une manière étrangère à notre langue. Il faut que ce livre soit excellent d'un bout à l'autre. Je vous conjure de faire cet honneur à notre nation et à vous-même, et de rendre ce service à l'esprit humain. Je me garde bien d'insister sur mes critiques; je les soumets à votre raison, à votre goût, et j'exclus l'amour-propre de notre tribunal. J'ai la plus grande impatience de vous embrasser. Je vous supplie de dire à notre ami Marmontel qu'il m'envoie sur-le-champ ce qu'il sait bien. Il n'a qu'à l'adresser, par la poste, chez M. d'Argenson, ministre des affaires étrangères, à Versailles. Il faut deux enveloppes, la première à moi, la dernière à M. d'Argenson.

Adieu, belle âme et beau génie.

MCDIV. — A M. ***.
Ce samedi au soir, 13 mai.

J'ai apporté à Paris, monsieur, la lettre que je vous avais écrite à Versailles. Elle ne vous en sera que plus tôt rendue. J'y ajoute que la

1. L'*Introduction à la connaissance de l'esprit humain*. (Cl.)

reine veut vous lire, qu'elle en a l'empressement que vous devez inspirer, et que, si vous avez un exemplaire que vous vouliez bien m'envoyer, il lui sera rendu demain matin de votre part. Je ne doute pas qu'ayant lu l'ouvrage, elle n'ait autant d'envie de connaître l'auteur que j'en ai d'être honoré de son amitié.

MCDV. — A M. LE MARQUIS D'ARGENSON.

A Paris, le 16 mai.

Voici, monseigneur, ma bavarderie académique. Je fourre partout mes vœux pour la paix. On dit que je suis bon citoyen ; comment ne le serais-je pas ? Il y a quarante ans que je vous aime.

Allez, si vous voulez, à Rotterdam, mais revenez à Paris avec des branches d'olivier, et vous entendrez des *hosanna in excelsis*. Permettez que je mette dans votre paquet un imprimé pour M. l'abbé de La Ville, et un pour M. Charlier votre hôte, et hôte très-aimable.

Je ne sais pas comment sont les actions d'Angleterre, mais je garde les miennes. Fais-je bien, mon maître ? J'ai tant de confiance aux grandes actions du roi ! Mon Dieu, que je vous aimerai, si vous faites tout ce que vous avez tant d'envie de faire !

Voilà M. l'évêque de Bazas mort ; cette place conviendrait-elle à M. l'abbé de La Ville ? On en a déjà parlé dans l'Académie ; mais il faudrait écrire et faire agir des amis. Gardez-moi le secret.

MCDVI. — A M. DE VAUVENARGUES.

Mai.

La plupart de vos pensées me paraissent dignes de votre âme et du petit nombre d'hommes de goût et de génie qui restent encore dans Paris, et qui méritent de vous lire. Mais, plus j'admire cet esprit de profondeur et de sentiment qui domine en vous, plus je suis affligé que vous me refusiez vos lumières. Vous avez lu superficiellement une tragédie[1] pleine de fautes de copiste, sans daigner même vous informer de ce qui pouvait être à la place de vingt sottises inintelligibles qui étaient dans le manuscrit. Vous ne m'avez fait aucune critique. J'en suis d'autant plus fâché contre vous, que je le suis contre moi-même, et que je crains d'avoir fait un ouvrage indigne d'être jugé par vous. Cependant je méritais vos avis, et par le cas infini que j'en fais, et par mon amour pour la vérité, et par une envie de me corriger qui ne craint jamais le travail, et enfin par ma tendre amitié pour vous.

MCDVII. — DE M. DE VAUVENARGUES.

A Paris, lundi matin, mai.

Vous me soutenez, mon cher maître, contre l'extrême découragement que m'inspire le sentiment de mes défauts. Je vous suis sensiblement obligé d'avoir lu sitôt mes *Réflexions*. Si vous êtes chez vous, ce soir, ou demain, ou après-demain, j'irai vous remercier. Je n'ai pas répondu hier à votre lettre, parce que celui qui l'a apportée l'a laissée

1. *Sémiramis*. (ÉD.)

chez le portier, et s'en est allé avant qu'on me la rendit. Je vous écrirais et je vous verrais tous les jours de ma vie, si vous n'étiez pas responsable au monde de la vôtre.

Ce qui a fait que je vous ai si peu parlé de votre tragédie, c'est que mes yeux souffraient extrêmement lorsque je l'ai lue, et que j'en aurais mal jugé après lecture si mal faite. Elle m'a paru pleine de beautés sublimes. Vos ennemis répandent dans le monde qu'il n'y a que votre premier acte qui soit supportable, et que le reste est mal conduit et mal écrit. On n'a jamais été si horriblement déchaîné contre vous, qu'on l'est depuis quatre mois. Vous devez vous attendre que la plupart des gens de lettres de Paris feront les derniers efforts pour faire tomber votre pièce. Le succès médiocre de *la Princesse de Navarre* et du *Temple de la Gloire* leur fait déjà dire que vous n'avez plus de génie. Je suis si choqué de ces impertinences, qu'elles me dégoûtent non-seulement des gens de lettres, mais des lettres mêmes. Je vous conjure, mon cher maître, de polir si bien votre ouvrage, qu'il ne reste à l'envie aucun prétexte pour l'attaquer. Je m'intéresse tendrement à votre gloire, et j'espère que vous pardonnerez au zèle de l'amitié ce conseil, dont vous n'avez pas besoin. VAUVENARGUES.

MCDVIII. — A M. DE VAUVENARGUES.

Mai.

Quoi ! la maladie m'empêche d'aller voir le plus aimable de tous les hommes et ne m'empêche pas d'aller à Versailles ! Je rougis et je gémis de cette cruelle contradiction, et je ne peux me consoler qu'en me plaignant à vous de moi-même. Vous m'avez laissé des choses admirables dans lesquelles je vois que vous m'aimez. Je vous jure que je vous le rends bien. Je sens combien il est doux d'être aimé d'un génie tel que le vôtre. Je vous supplie, monsieur, si vous voyez MM. les *Observateurs*, de leur dire que je viens de m'apercevoir d'une faute énorme du copiste dans la petite lettre au roi de Prusse.

Comme un carré long est une contradiction,

Il faut : *Comme un carré plus long que large est une contradiction*.
Adieu. Que j'ai de choses à vous dire et à entendre !

MCDIX. — A MADAME LA COMTESSE DE VERTEILLAC.

A Paris, ce 21 mai.

Je n'ai entendu parler, madame, ni de M. le marquis Scipion Maffei, ni de sa *Mérope*. Je viendrai recevoir vos ordres dès que ma santé me permettra de sortir. Il y a longtemps que vous savez quelle est mon ambition de vous faire ma cour. Cette passion a été jusqu'ici malheureuse, mais je me flatte qu'enfin la persévérance sera récompensée.

J'ai l'honneur, etc. VOLTAIRE.

MCDX. — A M. DE VAUVENARGUES.

Paris, samedi, 26 mai.

Nos amis, monsieur, peuvent continuer leurs feuilles. M. de Boze fermera les yeux, mais il faut les fermer aussi avec lui, et ignorer

ANNÉE 1746.

qu'il veut ignorer cette contrebande de journal. Le chevalier de Quinsonas a abandonné son *Spectateur*[1]. Il ne s'agit plus, pour les *Observateurs*, que de trouver un libraire accommodant et honnête homme, ce qui est plus difficile que de faire un bon journal. Qu'ils se conduisent avec prudence, et tout ira bien. Je vous attends à deux heures et demie.

MCDXI. — AU MÊME.

Ce lundi, 23 mai.

J'ai peur d'être né dans le temps de la décadence des lettres et du goût; mais vous êtes venu empêcher la prescription, et vous me tiendrez lieu du siècle qui me manque. Bonjour, homme aimable et homme de génie; vous me ranimez, et je vous en ai bien de l'obligation. Je vous soumettrai mes sentiments et mes ouvrages. Votre société m'est aussi chère que votre goût m'est précieux.

MCDXII. — A MADAME LA COMTESSE DE VERTEILLAC.

A Paris, ce 30 mai.

Il est très-vrai, madame, que, si mon goût décidait de ma conduite, il y a longtemps que je vous aurais fait ma cour. Je n'ai reçu que des paquets de M. le cardinal Querini, et il y a plus de trois ans que je n'ai des nouvelles de M. Maffei. J'ai reçu une *Mérope*, mais c'est une traduction hollandaise[2] de ma tragédie jouée à Amsterdam. Voilà, madame, toutes les nouvelles que j'ai des *Méropes*. J'ai demandé aux gens de Mme du Châtelet et aux miens s'ils n'avaient point reçu de paquet; on ne m'a donné aucun éclaircissement. J'aurai l'honneur de venir vous assurer de mon profond respect. VOLTAIRE.

MCDXIII. — A M. DE VAUVENARGUES.

Mai.

Je vais lire vos portraits. Si jamais je veux faire celui du génie le plus naturel, de l'homme du plus grand goût, de l'âme la plus haute et la plus simple, je mettrai votre nom au bas. Je vous embrasse tendrement.

MCDXIV. — AU CARDINAL QUERINI.

1 giugno.

Eminenza, sono stretto ora, con un forte e dolce nodo, a l'Eminenza Vostra. Mentre che ella è aggregata all' accademia della Crusca, ricevo il medesimo onore; ed il discepolo viene introdotto sotto il patrocinjo del maestro. L'accademia ha voluto, in una volta, acquistare un compagno paesano, ed un servidore forestiero.

Il signore principe di Craon mi ha fatto l'onore d'informarmi della singolare bontà dell' accademia verso di me, e ne ho risentito tanto più di giubilo, e di riconoscenza, quanto più questa pregiatissima grazia m'intitola ai vostri nuovi favori.

---

1. Le *Spectateur littéraire*, est de Favier; mais il contient des pièces de Quinsonas. (ÉD.)
2. Cette traduction, publiée en 1746, est de Jean Feitama, neveu de Sibrand Feitama, traducteur de *la Henriade*, de *Brutus* et d'*Alzire*. (ÉD.)

Spero che Vostra Eminenza avrà ricevuto le mie lettere del passato mese, colla lettera di ringraziamento al suo degno nipote che mi sì nel di lei piego.

Se ben mi rammento, presi l'ardire, nella mia ultima scritta, di richiederla d'un favore. La pregai, come la prego ancora umilmente, e colle più vive premure, di degnarsi darmi alcuni rischiarimenti sopra la difficoltà mossa tra noi intorno ai nostri Commedianti, che rappresentano, in presenza del re e di tutta la corte, tragedie e commedie scritte con la più severa decenza, adornate di tutt' i principj della vera virtù, e soda morale. Non pare nè giusto nè convenevole che quelli che vengono pagati dal re, per rappresentare tali onorevoli componimenti, restino indegnamente confusi con quelli antichi istrioni barbari, che andavano sfacciatamente trattenendo la più infima plebe colle più vili brutture. Eglino meritavano la scomunica della Chiesa, e la severa correzione dei magistrati; ma, essendo i tempi ed i costumi felicemente cambiati, sembra oggi convenevole ai più savj personnaggi che si faccia la giusta distinzione tra quelli che meritano il nome d'infami, e questi che sono degni d'essere assunti nel numero de' più degni cittadini. Supplico Vostra Eminenza di degnarsi dirmi come s'usi con loro in Roma, e qual sia il di lei parere sopra tal caso. Aggiungerò questo nuovo favore a tanti che si è compiaciuta di compartirmi.

MCDXV. — A MADAME LA COMTESSE DE VERTEILLAC.

A Paris, ce 3 juin.

Vous jugez bien, madame, que, si j'avais reçu le paquet, il y a cinq mois, il y aurait cinq mois que j'aurais eu l'honneur de vous le porter. J'ai eu celui d'aller chez vous et chez M. l'ambassadeur de Venise. Je fais toutes les diligences possibles pour savoir si le paquet n'aurait point été porté à Versailles où je demeurais pour lors, chez M. le duc de Richelieu. Vous sentez, madame, combien je regretterais la perte d'un manuscrit de M. de Maffei, et combien je sentirais cette perte redoublée par celle que vous feriez. Mme du Châtelet a fait chercher, ces jours-ci, dans son appartement de Versailles, et assurément on ne négligera rien pour retrouver une chose si intéressante.

J'ai l'honneur d'être avec respect.... VOLTAIRE.

MCDXVI. — A M. LE PRINCE DE CRAON.

Giugno.

Un cittadino avanzato al titolo di conte dell' impero non sene tiene tanto onorato, quanto io lo sono dalla mia aggregazione all' accademia della Crusca. I versi gentilissimi, co' quali Vostra Eccellenza si è compiaciuta di accompagnare verso di me la polizza del favore conferitomi da questa celebratissima accademia, producono in me un nuovo riconoscimento accresciuto ancora dal celebrato nome Alamanni, di cui la gloria vien' ancora avanzata da voi. Non m' è incognito il bel poema della *Coltivazione* di quel nobil fiorentino Luigi Alamanni, emulo di

Virgilio, e vostro antenato, maestro di casa della regina Caterina de' Medici. Egli fù giustamente protetto dal re Francesco primo, qual gran principe che incominciò ad annestare i selvatichi allori delle muse galliche nei verdi ed eterni allori di Firenze. Fù questo Luigi Alamanni le delizie della corte di Francia, e mi pare oggi di ricevere, dal più degno de' suoi nipoti, un contrassegno di gratitudine verso la nostra nazione; ma, meno o meritato le sue cortesissime espressioni, più risento la sua benignità; ed esibisco la mia prontezza a ringraziarnela.

Le porgo la supplica di presentare all' accademia la lettera che o l'onore di rimetterle, nella quale Vostra Eccellenza vedrà quali siano i miei ardenti sensi di riconoscimento e di venerazione.

Piacesse a Dio che potessi ringraziare l'accademia di viva voce; ma, se la presenza di codesti valentissimi letterati fosse per accrescere in me la gratitudine e l'ammirazione, sarebbe per sminuire la stima della quale si sono degnati d'onorarmi. Non voglio però perdere la speranza di riverire un giorno i miei maestri e benefattori, e dirvi, o mio signore, quanto io sono desideroso di ricevere i vostri comandi. Non ardirò intitolarmi il vostro socio, ma mi chiamerò sempre,

Di Vostra Eccellenza, ecc.

MCDXVII. — AGLI ACCADEMICI DELLA CRUSCA, A FIRENZE.

Parigi, 12 giugno.

Eccellentissimi signori, il favore che io ricevo dalla vostra somma benignità, mi fa giudicare l'Eccellenze Vostre possono aggregare alla loro tanto pregiata accademia i menomi discepoli, come gli antichi Romani concedevano alcune volte il titolo di *Civis Romanus* ai meno cospicui forestieri, ne' quali si era scoperta vera ammirazione, e sincera parzialità delle virtù romane. E già un pezzo che non fù collocata in niussuno Francese la grazia della quale m' avete onorato, giacchè io reputo il signor luca di Nevers non meno Toscano che Francese; il Chapelain, il Ménage, e l'abbate Regnier-Desmarais, che ricevorono anticamente il medesimo onore, erano molto più pratici di tutte le finezze della vostra bellissima lingua, e più versati di me nella vostra eloquenza, benchè non più appassionati d'essa. Ebbero eziandio il nobile ardire di scrivere versi italiani, e questi loro tentativi servirono a comprovare quanto poetica sia la favella toscana, e che bel soccorso ella somministra ad un virtuoso, poichè succederono in comporre versi italiani, ma non potettero mai riuscire nella nostra poesia. Erano fanciulli che non potevano camminare agevolmente senza la mano della loro madre; e, davvero, la lingua toscana, questa figlia primogenita del latino, è la madre di tutte le buone arti, e specialmente della poesia; o bevuto io troppo tardi le dolci acque del vostro bel sacro fonte; non o letto i vostri divini poeti, che dopo aver faticato le Muse galliche coi miei componimenti. Al fine mi sono rivolto ai vostri autori, e ne sono stato innamorato. Avete mostrato pietà della mia passione, e l'avete infiammata.

Mi pare che il mio gusto nel leggerli sia divenuto già più vivace, e più affinato dall' onore che l'Eccellenze Vostre m'anno compartito ; mi sembra che io sia fatto maggiore di me ; e, se non posso scrivere con eleganza in toscano, avrò almeno la consolazione di leggere le belle opere della vostra accademia, e non senza profitto. Vi sono dunque in debito, non solamente d'un onore, ma ancora d'un piacere, e non si può mai conferire una più grande grazia. Mentre che amerò la virtù, cioè fintantochè sarò uomo, resterò cumulato di vostri favori ; e mi dirò sempre coi più vivi sentimenti di riconoscenza, e coi più ossequioso rispetto.... VOLTAIRE.

MCDXVIII. — A M. LE MARQUIS D'ARGENSON.

Paris, le 12 juin.

L'éternel malade, l'éternel persécuté, le plus ancien de vos courtisans, et le plus éclopé, vous demande, avec l'instance la plus importune, que vous ayez la bonté d'achever l'ouvrage que vous avez daigné commencer auprès de M. Le Bret, avocat général. Il ne tient qu'à lui de s'élever et de parler seul dans mon affaire¹ assez instruite, et dont je lui remettrai les pièces incessamment. Il empêchera que la dignité du parlement ne soit avilie par le batelage indécent qu'un misérable tel que Mannori apporte au barreau.

La bienséance exige qu'on ferme la bouche à un plat bouffon qui déshonore l'audience, méprisé de ses confrères, et qui porte la bassesse de son ingratitude jusqu'à plaider, de la manière la plus effrontée, contre un homme qui lui a fait l'aumône.

Enfin je supplie mon protecteur de mettre dans cette affaire toute la vivacité de son âme bienfaisante. Je suis né pour être vexé par les Desfontaines, les Rigolei, les Mannori, et pour être protégé par les d'Argenson.

Je vous suis attaché pour jamais, comme ceux qui voulaient que vous les employassiez vous disaient qu'ils vous étaient dévoués.

Mille tendres respects.

MCDXIX. — A M. BERGER, DIRECTEUR DE L'OPÉRA.

Du 13 juin.

Il me serait bien peu séant, monsieur, qu'ayant fait le Temple de la Gloire pour un roi qui en a tant acquis, et non pour l'Opéra, auquel ce genre de spectacle trop grave et trop peu voluptueux ne peut convenir, je prétendisse à la moindre rétribution et à la moindre partie de ce qu'on donne d'ordinaire à ceux qui travaillent pour le théâtre de l'Académie de musique. Le roi a trop daigné me récompenser, et ses bontés ni ma manière de penser ne me permettent de recevoir d'autres avantages que ceux qu'il a bien voulu me faire. D'ailleurs la peine que demande la versification d'un ballet est si au-dessous de la peine et du mérite du musicien ; M. Rameau est si supérieur en son genre, et, de plus, sa fortune est si inférieure à ses talents, qu'il est juste que la rétribution soit pour lui tout entière. Ainsi, monsieur,

1. Son procès contre Travenol. (ED.)

J'ai l'honneur de vous déclarer que je ne prétends aucun honoraire; que vous pouvez donner à M. Rameau tout ce dont vous êtes convenu, sans que je forme la plus légère prétention. L'amitié d'un aussi honnête homme que vous, monsieur, et d'un amateur aussi zélé des arts, m'est plus précieuse que tout l'or du monde. J'ai toujours pensé ainsi; et, quand je ne l'aurais pas fait, je devrais commencer par vous et par M. Rameau. C'est avec ces sentiments, monsieur, et avec le plus tendre attachement que j'ai l'honneur d'être, etc.

MCDXX. — A M. Fr. Muller.

Versailles, 28 juin 1746.

Si longo et gravi morbo non laboravissem, citius tibi et venerandæ imperiali academiæ quas debeo reddidissem gratias. Semper miratus sum quantam orbi terrarum utilitatem afferrent tot nova virorum doctissimorum collegia, quæ quasi communem inter se rempublicam erexerunt a finibus Italiæ usque ad Finlandiæ terminos. Quum inter se dimicent reges, academiæ vinculo sapientiæ unitæ sunt, et quum vesana ambitio tot regna perturbet, tot devastet provincias, amor bonarum artium Anglos, Germanos, Gallos, Italos arcte conjungit et, ut ita dicam, ex omnibus populis selectum unum populum efficit.

Sed præcipue mira semper veneratione prosequar vestram imperialem academiam, quæ nata est cum Petri magni imperio, et ædificata cum urbe Petropoli in loco antea Europæ fere ignoto, ubi nec ullum civitatis vestigium, nec rusticorum mapalium erat. Hæc omnia de nihilo creavit magnus ille legislator, et nunc jam novem volumina vestra societate prodierunt in lucem, in quibus multa reperiuntur quæ eruditissimos etiam possint erudire, quum nihil de hoc genere in publicum exierit in multis antiquorum et florentibus imperiorum metropolibus.

Expecto ardentissime decimum volumen, quod ceteris quæ jam teneo et in celeberrima dominæ du Châtelet bibliotheca reposita sunt, cum summa voluptate adjungam. Si mea me valetudo patitur adhuc studiis quæ amavi et colui operam dare, in latinam linguam vertam dissertationem quam nuperrime misi anglice scriptam ad regiam Londini societatem, et italice ad institutum Bolonianum, quibus illustribus academiis abhinc aliquot annis sum aggregatus. Agitur in hac diatriba de antiquis petrificationibus et conjectis, ut aiunt, ubique stupendarum, quas terrarum orbis dicitur expertus fuisse, mutationum monumentis. Hanc tibi, vir eruditissime et celeberrime, mittam latine elaboratam, et meæ academiæ judicio submittam cogitationes. Ceterum nunquam honoris mihi ab academia conferti immemor ero. Te rogo enixe ut velis sociis tuis omnes animi mei sensus, gratitudinem, venerationem, curam, amorem testificari. Quum essem Berolini, decreveram usque ad urbem Petri magni iter facere, et cuncta tanti nominis vestigia et opera intueri, sed præcipue academiæ et tuorum spectator esse laudum; nec mea valetudo, nec temporum opportunitas hac me permiserunt frui voluptate. Nunc magna me consolatio recreat quum me unum e vestris civibus putem.

Vale, et mihi academiæ gratiam et tuam vitæ meæ ornamentum conserva.

Traduction. — Si je n'avais pas été accablé par une maladie grave et longue, j'aurais exprimé plus tôt les remercîments que je vous dois, ainsi qu'à la respectable académie impériale. J'ai toujours admiré la grande utilité qu'offrent au monde toutes ces nouvelles associations de savants qui ont en quelque sorte formé parmi elles une république depuis les frontières de l'Italie jusqu'aux confins de la Finlande. Tandis que les rois se combattent, les académies sont unies par le lien de la sagesse; pendant qu'une cruelle ambition trouble tant de royaumes et dévaste tant de provinces, l'amour des arts unit intimement les Anglais, les Allemands, les Français et les Italiens, et en forme pour ainsi dire un peuple choisi.

Mais je suis pénétré de respect surtout pour votre académie impériale, qui est née avec l'empire de Pierre le Grand, et qui a été édifiée avec Saint-Pétersbourg, dans un lieu autrefois presque ignoré de l'Europe, où il n'y avait ni le vestige d'une ville, ni même un village. Ce grand législateur a créé tout cela de rien, et déjà votre société a mis au jour neuf volumes dans lesquels se trouvent beaucoup de choses qui peuvent instruire les plus instruits, attendu qu'en ce genre il n'a rien été publié dans les métropoles florissantes de plusieurs États anciens.

J'attends avec la plus vive impatience le dixième volume que j'aurai un grand plaisir à réunir aux autres qui se trouvent dans la bibliothèque de Mme du Châtelet. Si ma santé me permet de me livrer de nouveau aux études que j'aime et que j'ai cultivées, je traduirai en latin une dissertation que j'ai récemment envoyée en anglais à la Société royale de Londres, en italien à l'Institut de Bologne; académies illustres, qui, depuis plusieurs années, m'ont admis au nombre de leurs membres. Dans ce mémoire il s'agit d'anciennes pétrifications, monuments qui, comme on le dit, sont répandus sur toute la surface de la terre dont ils attestent les changements. Je vous l'enverrai comme à un homme célèbre et érudit, et je soumettrai mes idées au jugement de l'académie. Au reste, je n'oublierai jamais l'honneur que m'a fait l'académie; je vous prie instamment d'informer vos confrères de mes sentiments de reconnaissance, de vénération, d'attachement, et d'amitié. Lorsque j'étais à Berlin, j'avais résolu de me rendre à la ville de Pierre le Grand, et d'y contempler les traces et les créations de ce grand homme, et surtout d'être témoin des éloges de votre gloire et de celle de l'académie; mais ni ma santé ni le temps ne m'ont permis de jouir de ce plaisir. Maintenant j'éprouve une grande consolation en me considérant comme un de vos concitoyens.

Adieu; conservez-moi votre bienveillance et celle de l'académie, qui embellissent mon existence.

MCDXXI. — AL SIGNOR SEGRETARIO DELL' ACCADEMIA
ETRUSCA DI CORTONA.

Versaglia, 3 luglio.

Signore, mi pare che io sia aggregato ad un collegio dei sacerdoti di Memfi, i quali ammettevano tra loro alcuni profani alla cognizione delle antichità del mondo. La vostra accademia è salita oltre, ed a superato i primi secoli di Roma; ed, avendo scoperto alcuni vestigi dei primi ammaestramenti che gli antichi Romani riceverono daï Toscani, vavincolati insieme tutti i tempi, e radunati tutti i pregi dell' Italia antica e moderna. Poteva ella conferire il titolo d'accademico ad un soggetto più degno di me, ma non ad un più grande ammiratore di si nobili studj. La ringrazio col più sincero rispetto, e colla più viva gratitudine. Prego Vostra Signoria illustrissima di porgere alla vostra celebratissima accademia i miei sensi dell' onore che ho ricevuto, e d'aggradire l'ossequio e la riverenza con cui mi protesto

D. V. S. Illustrissima.... VOLTAIRE.

MCDXXII. — AL SIGNOR GUADAGNI, SEGRETARIO DELLA
SOCIETA' BOTANICA, A FIRENZE.

Versaglia, 3 luglio.

Signore, tra i grandi favori che il signor principe di Craon mi a compartiti, quello d'introdurmi nell' accademia dei Botanisti è uno dei più segnalati; e tanto mi riesce più grato, quantochè mi procurerà frequenti occasioni di aver corrispondenza con Vostra Signoria illustrissima, e di ricevere i suoi comandi. Sono ora cittadino fiorentino. La venerazione, anzi l'amore che portai sempre a questa patria d'ogni virtù, m'aveva fatto uno dei suoi vassalli; il nuovo vincolo che mi stringe colla celebratissima accademia vostra cumula i miei onori, come pure le mie brame. Porgo all' accademia la più ossequiosa gratitudine, e mi protesto con ogni maggiore rispetto di Vostra Signoria illustrissima, VOLTAIRE.

MCDXXIII. — A M. DE MAUPERTUIS, A BERLIN.

A Versailles, le 3 juillet.

Mon cher philosophe, je compte que vous avez reçu d'Utrecht un petit paquet contenant ma bavarderie académique. J'ai été privé du plaisir que je me faisais de vous rendre publiquement la justice qui vous est due, et que je vous ai toujours rendue. Vous étiez dans le même cadre avec votre auguste monarque. Je n'avais point séparé le souverain et le philosophe, et vous étiez le Platon qui avait quitté Athènes pour un roi supérieur assurément à Denys. On m'a rayé ce petit article dans lequel j'avais mis toutes mes complaisances.

Lorsque je lus mon *Discours* à l'Académie, devant les officiers et devant plusieurs autres académiciens, avant de le prononcer, ils exigèrent absolument que je me renfermasse dans les objets de littérature qui sont du ressort de l'Académie, et retranchèrent tout ce qui paraissait s'en écarter. Croyez que j'en ai été plus fâché que vous. Si

Limiers a jugé à propos de mettre mon *Discours* dans la gazette, au lieu de l'imprimer à part, je ne crois pas que vous puissiez vous en plaindre.

J'ai reçu les lettres les plus polies et les plus remplies de bonté de ceux qui président à l'académie de la Crusca, à celle de Cortone, à celle de Rome, et à plusieurs autres. J'ai droit d'attendre de vous les mêmes marques d'amitié; et la justice que je vous ai toujours rendue est un des motifs qui m'y faisait prétendre. Je suis persuadé que vous serez toujours plus touché de mes sentiments pour vous, que de la conduite de M. Limiers, et de la délicatesse de l'Académie.

Bonjour; ma santé est pire que jamais, je suis étonné de vivre; mais, tant que je vivrai, ce sera pour vous admirer et pour vous aimer.

Avez-vous détruit les monades, les harmonies *préétablies*, et le grand art de dire des riens en trente-deux volumes in-4°?

MCDXXIV. — A M. BOLLIOUD MERMET.
12 juillet 1746.

Je vous remercie, monsieur, du livre[2] plein de goût et de raison que vous m'avez fait l'honneur de m'envoyer. Je me félicite d'avoir pour confrère l'auteur d'un si agréable ouvrage. Je vois que Lyon sera bientôt plus connu dans l'Europe par ses académies que par ses manufactures. Vous redoublez, monsieur, l'envie que j'ai d'aller me faire recevoir; mais pour celle de voir votre aimable intendant, rien ne peut la redoubler. Pardonnez à mes occupations et à ma santé si je n'ai pas plus tôt répondu à l'honneur que vous m'avez fait : je n'y ai pas été moins sensible.

MCDXXV. — A M. LE COMTE ALGAROTTI.
12 agosto.

Si compiacerà, per questa volta, che io non le discorra di letteratura, perchè solo mi riserbo a supplicarla, con tutta la maggior efficacia, d'un favore che molto m'interessa, e che attendo in riguardo di quella amicizia e bontà con cui ella degnossi graziarmi, ed anche per quella che conserva alla signora du Châtelet; ed eccone il succinto.

La signora duchessa di Montenero vive desiderosissima d'essere annoverata fra le dame di palazzo della regina di Napoli; e sapendo essere il miglior mezzo per ottenere quest' onore, quello della regina di Polonia, sua madre, bramerei che Vostra Eccellenza interponesse ogni suo potere acciocchè, con una lettera di S. M. venisse raccomandata alla regina sua figlia, e con questo autorevole patrocinio fosse secondata la brama della sopra accennata duchessa. La supplico, colla più viva istanza, di parlarne al padre Guarini[3], o al signor conte

---

1. Œuvres de Wolff. (Éd. de Kehl.)
2. *De la corruption du goût dans la musique française*, par Bollioud Mermet, secrétaire de l'académie de Lyon. (ÉD.)
3. Jésuite napolitain, confesseur du roi et de la reine de Pologne. (ÉD.)

di Brühl, e non tralascî di promovere con tutto calore ogni opportuno mezzo per arrivarne al desiato fine; e lene sarò eternamente obbligato, porgendogliene fin d'adesso umilissime grazie. Mme du Châtelet vene sarà sommamente obbligata. Lo domando in nome della signora Beatrice, e di tutte le donne di che avete cantato la beltà, e goduto i favori. Addio, carissimo e stimatissimo amico. *Vive felix.* V.

MCDXXVI. — A M. DE CIDEVILLE.

A Paris, le 19 août.

Mon cher ami, pardonnerez-vous à un homme qui a été accablé de maladies et d'une tragédie? Figurez-vous qu'on m'avait ordonné une grande pièce de théâtre pour les relevailles de Mme la Dauphine; que j'en étais au quatrième acte, quand Mme la Dauphine mourut, et que, moi chétif, j'ai été sur le point de mourir pour avoir voulu lui plaire. Voilà comme la destinée se joue des têtes couronnées, des premiers gentilshommes de la chambre, et de ceux qui font des vers pour la cour!

Le poëme de Mme du Boccage, que vous m'avez envoyé, a eu une meilleure fortune. Je lui en ai fait, quoique très-tard, les remercîments les plus sincères. C'est une belle époque pour les lettres et pour votre académie. J'ai trouvé son poëme écrit facilement et avec naturel; ce n'est pas là un petit mérite, puisque c'est avoir surmonté la plus grande des difficultés.

Nous avons ici un jeune homme[1] du pays de Pourceaugnac qui a remporté notre prix; cela n'a pas l'air si galant que votre académie; mais en vérité sa pièce est une des meilleures qui se soient faites depuis trente ans. La littérature languit d'ailleurs. La terre se repose. Il ne faut pas faire des moissons tous les jours; la trop grande abondance dégoûterait. Il n'y a que la douceur de l'amitié et de la société qui ne lasse point. Et cependant, mon ancien ami, ai-je vécu avec vous? ai-je eu cette consolation? je n'ai fait que souffrir pendant tout le temps que vous avez été à Paris, et j'ai passé une vie douloureuse à espérer inutilement de jouir des agréments et du commerce charmant de mon cher Cideville. Il y a deux mois que je ne vois personne, et que je n'ai pu répondre à une lettre. Mon âme était à Babylone, mon corps dans mon lit; et de là je dictais à mon valet de chambre de grands diables de vers tragiques qu'il estropiait.

J'ai exécuté tous vos ordres sur le poëme de la Sapho[2] de Normandie. Adieu, vous qui en êtes l'Anacréon; aimez toujours ce pauvre malade. Je vous embrasse tendrement. Mme du Châtelet vous fait mille compliments.

MCDXXVII. — A M. LE COMTE DE TRESSAN.

A Paris, ce 21 août.

Je dois passer, monsieur, dans votre esprit, pour un ingrat et pour un paresseux. Je ne suis pourtant ni l'un ni l'autre; je ne suis qu'un malade dont l'esprit est prompt et la chair très-infirme. J'ai été pen-

1. Marmontel. (ÉD.) — 2. Mme du Boccage. (ÉD.)

dant un mois entier accablé d'une maladie violente, et d'une tragédie qu'on me faisait faire pour les relevailles de Mme la Dauphine. C'était à moi naturellement de mourir, et c'est Mme la Dauphine qui est morte, le jour que j'avais achevé ma pièce. Voilà comme on se trompe dans tous ses calculs!

Vous ne vous êtes assurément pas trompé sur Montaigne. Je vous remercie bien, monsieur, d'avoir pris sa défense. Vous écrivez plus purement que lui, et vous pensez de même. Il semble que votre portrait, par lequel vous commencez, soit le sien. C'est votre frère que vous défendez, c'est vous-même. Quelle injustice criante de dire que Montaigne n'a fait que commenter les anciens! Il les cite à propos, et c'est ce que les commentateurs ne font pas. Il pense, et ces messieurs ne pensent point. Il appuie ses pensées de celles des grands hommes de l'antiquité; il les juge, il les combat, il converse avec eux, avec son lecteur, avec lui-même; toujours original dans la manière dont il présente les objets, toujours plein d'imagination, toujours peintre, et, ce que j'aime, toujours sachant douter. Je voudrais bien savoir, d'ailleurs, s'il a pris chez les anciens tout ce qu'il dit sur nos modes, sur nos usages, sur le Nouveau-Monde découvert presque de son temps, sur les guerres civiles dont il était le témoin, sur le fanatisme des deux sectes qui désolaient la France. Je ne pardonne à ceux qui s'élèvent contre cet homme charmant, que parce qu'ils nous ont valu l'apologie que vous avez bien voulu en faire.

Je suis bien édifié de savoir que celui qui veille sur nos côtes est entre Montaigne et Épictète. Il y a peu de nos officiers qui soient en pareille compagnie. Je m'imagine que vous avez aussi celle de votre ange gardien, que vous m'avez fait voir à Versailles. Cette Michelle et ce Michel Montaigne sont de bonnes ressources contre l'ennui. Je vous souhaite, monsieur, autant de plaisir que vous m'en avez fait.

Je ne sais si la personne à qui vous avez envoyé votre dissertation, également instructive et polie, osera imprimer sa condamnation. Pour moi, je conserverai chèrement l'exemplaire que vous m'avez fait l'honneur de m'envoyer. Pardonnez-moi encore une fois, je vous en supplie, d'avoir tant tardé à vous en faire mes tendres remerciments. Je voudrais, en vérité, passer une partie de ma vie à vous voir et à vous écrire; mais qui fait dans ce monde ce qu'il voudrait? Mme du Châtelet vous fait les plus sincères compliments; elle a un esprit trop juste pour n'être pas entièrement de votre avis, elle est contente de votre petit ouvrage, à proportion de ses lumières, et c'est dire beaucoup.

Adieu, monsieur; conservez à ce pauvre malade des bontés qui font sa consolation, et croyez que l'espérance de vous voir quelquefois et de jouir des charmes de votre commerce me soutient dans mes longues infirmités.

MCDXXVIII. — A Frédéric II, roi de Prusse.

Paris, 22 septembre.

Sire, votre personne me sera toujours chère, comme votre nom sera toujours respectable à vos ennemis même, et glorieux dans la postérité. Le sieur Thieriot m'apprit, il y a quelques mois, que vous aviez perdu dans le tumulte d'une de vos victoires¹ ce commencement de l'Histoire de Louis XIV, que j'avais eu l'honneur de remettre entre les mains de Votre Majesté. J'envoyai, quelques jours après, à Cirey chercher le manuscrit original sur lequel je fis faire une nouvelle copie. M. de Maupertuis partit de Paris avant que cette copie fût prête, sans quoi je l'en aurais chargé; il me dit l'étrange raison alléguée par le sieur Thieriot à Votre Majesté même, par laquelle ledit Thieriot s'excusait de faire cet envoi. C'est ce qui m'a déterminé à presser les copistes, et à leur faire quitter tout autre ouvrage. J'ai donc porté l'Histoire de Louis XIV chez le correspondant du sieur Jordan, et Votre Majesté la recevra probablement avec cette lettre.

Si vous aviez, Sire, daigné vous adresser à moi, vos ordres n'en auraient pas été, à la vérité, exécutés plus tôt, puisqu'il a fallu le temps d'envoyer à Cirey; mais vous m'auriez donné une marque de confiance et de bonté que j'étais en droit d'attendre. Car, quoique ma destinée m'ait forcé de vivre loin de votre cour, elle n'a pu assurément rien diminuer des sentiments qui m'attacheront à vous jusqu'au dernier jour de ma vie.

Non-seulement je vous envoie, Sire, cette Histoire; mais je ferai tenir aussi à Votre Majesté la tragédie de *Sémiramis*, que j'avais faite pour la Dauphine qui nous a été enlevée. Je n'ai pu vous donner *la Pucelle*; il faudrait pour cela user de violence, et la violence n'est bonne qu'avec les pandours et les hussards. C'est malgré moi que je ne remets pas entre vos mains tout ce que j'ai pu jamais faire; il est juste que l'homme de la terre le plus capable d'en juger en soit le possesseur. Je ne crois pas que dorénavant ma santé me permette de travailler beaucoup; je suis tombé enfin dans un état auquel je ne crois pas qu'il y ait de ressource. J'attends la mort patiemment, et si Votre Majesté veut le permettre, j'aurai soin que tous mes manuscrits vous soient fidèlement remis après ma mort, et Votre Majesté en disposera comme elle voudra. C'est déjà pour moi une idée bien consolante de penser que tout ce qui m'a occupé pendant ma vie ne passera que dans les mains du grand Frédéric.

Je sais que Votre Majesté a ordonné au sieur Thieriot de lui envoyer toutes les éditions qu'il aura pu recouvrer; mais elles sont toutes si informes et si fautives, qu'il n'y en a aucune que je puisse adopter. Celle des Ledet est une des plus mauvaises; et surtout leur sixième volume serait punissable, si on savait en Hollande punir la licence des libraires.

Votre Majesté ne sera peut-être pas fâchée d'apprendre que les armes du roi mon maître, et ses succès en Flandre, ont prévenu de nouvelles prévarications de la part des libraires hollandais. Un secrétaire, que malheureusement Mme du Châtelet m'avait donné elle-même, avait pris la peine de transcrire, à Bruxelles, plusieurs de mes lettres et de celles de Mme du Châtelet, plusieurs même de Votre Majesté, et les

1. La bataille de Sorr. (Éd.)

avait mises en dépôt chez une marchande de Bruxelles, nommée Desvignes, qui demeure à l'enseigne du *Ruban-Bleu*. Cette femme en avait vendu une partie aux Ledet, qui les ont imprimées dans leur sixième volume; et elle était en marché du reste, lorsque le roi mon maître prit Bruxelles. Nous nous adressâmes sur-le-champ à M. de Séchelles, nommé intendant des pays conquis. Il fit une descente chez la Desvignes, se saisit des papiers, et les renvoya à Mme la marquise du Châtelet.

Au reste, Sire, Mme du Châtelet et moi nous sommes toujours pénétrés de la même vénération pour Votre Majesté, et elle vous donne sans difficulté la préférence sur toutes les monades de Leibnitz. Tout sert à la faire souvenir de vous : votre portrait, qui est dans sa chambre, à la droite de Louis XIV; vos médailles, qui sont entre celles de Newton et de Marlborough; votre couvert, avec lequel elle mange souvent; enfin, votre réputation, qui est présente partout et à tous les moments.

Pour moi, Sire, je n'ai d'autre regret dans ce monde que celui de ne plus voir le grand homme qui en est l'ornement. J'achève paisiblement ma carrière, et je la finirai en vous protestant que j'aurai toujours vécu avec le plus véritable attachement et le plus profond respect, etc.

MCDXXIX. — A M. DE CIDEVILLE.

A Fontainebleau, ce 9 novembre.

Je ne sais plus qui disait que les gens qui font des tragédies n'écrivent jamais à leurs amis. Cet homme-là connaissait son monde. Un tragédien dit toujours : « J'écrirai demain. » Il met proprement toutes les lettres qu'il reçoit dans un grand portefeuille, et versifie. Son cœur a beau lui dire : « Écris donc à ton ami; »; vient un héros de Babylone, ou une paillarde de princesse, qui prend tout le temps.

Voilà comme je vis, mon très-aimable Cideville, me voici à Fontainebleau, et je fais tous les soirs la ferme résolution d'aller au lever du roi; mais tous les matins je reste en robe de chambre avec Sémiramis. Mais comptez que je me reproche bien plus de ne vous avoir point écrit, que de n'avoir point vu habiller Louis XV. Au moins je me console en disant : « C'est pour eux que je travaille. » Mon cher Cideville, si j'ai de la santé, j'irai à Paris à votre lever; je viendrai vous montrer ma besogne; je réparerai ma paresse. Je ne sais, mon cher ami, je ne sais pas ce qu'on fera sur nos frontières, mais tout sera à Paris en fêtes, et c'en est une bien grande pour moi de vous revoir.

Bonjour; je vous embrasse tendrement. V.

MCDXXX. — A M. LE COMTE ALGAROTTI.

Paris, 13 di novembre.

Non ho potuto ringraziarla di tutti i suoi favori prima d'averli interamente goduti, me ne sono veramente inebriato. Ho letto e riletto il *Newtonianismo*, e sempre con un nuovo piacere. Se bene non esservi chi abbia maggior interesse di me nella sua gloria, si degni ella di ricordarsi che la mia voce fù la prima tromba che fece rimbombare tra le nostre zampogne francesi il merito del vostro libro, prima che fosse uscito in pubblico. La vostra luce settemplice abbarbagliò per un tempo gli occhi de' nostri cartesiani, e l'accademia delle scienze, ne' suoi vortici ancora involta, parve un poco ritrosetta nel dare al vostro bello e mal tradotto libro i dovuti applausi. Ma vi sono delle cose al mondo, che sottomettono sempre i ribelli : la verità, e la beltà. Avete vinto con queste armi; ma mi lagnerò sempre che abbiate dedicato il *Newtonianismo* ad un vecchio cartesiano¹, che non intende punto le leggi della gravitazione. Ho letto col medesimo piacere la vostra dissertazione sopra i sette piccoli, e mal conosciuti re romani; l'avete scritta nella vostra gioventù, ma eravate già molto maturo d'ingegno e di dottrina. Avete per avventura conoscenza d'un volume scritto in Germania, venti anni fa, da un Francese, sopra l'istessa materia? Vi sono acute investigazioni, ma non mi ricordo dell'autore.

Ho letto sei volte la vostra epistola al signor Zeno; oh! quanto s'innalza un tal mobile, ed egregio volo sopra tutti i sonnettieri dell' infingarda Italia! Ecco dunque tre opere, tutte differenti di materia e di stile. *Tria regna tenens.* Non v'è al mondo un' ingegno così versatile, e così universale. Pare a chi vi legge che siate nato solamente per la cosa che trattate.

Mi rincresce molto di non accompagnare il duca di Richelieu. Mi lusingavo di vedere in Dresda la nostra delphina, la magnifica corte d'un re amato da suoi sudditi, un gran ministro, e'l signor Algarotti; ma la mia languida sanità distrugge tutte queste speranze incantatrici. Non si scordi pero dell'affare che le ho raccomandato; la protezione d'una madre è la più efficace presso d'una figlia, e ne spero un felice èsito col vostro patrocinio; le bacio di gran cuore la mano che ha scritto tante belle cose.

Adieu, le plus aimable de tous les hommes Mme. du Châtelet vous fait les plus sincères compliments.

MCDXXXI. — A M. DALEMBERT

Le 13 décembre.

En vous remerciant, monsieur, de vos bontés et de votre ouvrage sur la cause générale des vents. Du temps de Voiture, on vous aurait dit que vous n'avez pas le vent contraire en allant à la gloire. Mme du Châtelet est trop newtonienne pour vous dire de telles balivernes. Nous étudierons votre livre, nous vous applaudirons, nous vous entendrons même. Il n'y a point de maison où vous soyez plus estimé.

Partem aliquam, venti, dicum referatis ad aures.

Virg., ecl. III, v. 73.

J'ai l'honneur d'être, avec tous les sentiments d'estime qui vous sont dus, monsieur, votre très-humble et très-obéissant serviteur,

VOLTAIRE.

¹ Fontenelle. (ED.)

MCDXXXII. — DE FRÉDÉRIC II, ROI DE PRUSSE.

À Berlin, le 18 décembre.

Le marquis de Paulmi sera reçu comme le fils d'un ministre français que j'estime, et comme un nourrisson du Parnasse accrédité par Apollon même. Je suis bien fâché que le chemin du duc de Richelieu ne le conduise pas par Berlin; il a la réputation de réunir mieux qu'homme de France les talents de l'esprit et de l'érudition aux charmes et à l'illusion de la politesse. C'est le modèle le plus avantageux à la nation française que son maître ait pu choisir pour cette ambassade; un homme de tout pays, citoyen de tous les lieux, et qui aura, dans tous les siècles, les mêmes suffrages que lui accordent Paris, la France, et l'Europe entière.

Je suis accoutumé à me passer de bien des agréments dans la vie. J'en supporterai plus facilement la privation de la bonne compagnie dont les gazettes nous avaient annoncé la venue.

Tant que vous ne mourrez que par métaphore, je vous laisserai faire. Confessez-vous, faites-vous graisser la physionomie des saintes huiles, recevez à la fois les sept sacrements, si vous le voulez; peu m'importe; cependant dans votre soi-disant agonie, je me garderai bien d'avoir autant de sécurité que les Hollandais en ont eu envers le maréchal de Saxe. Certes vous autres Français vous êtes étonnants. Vos héros gagnent des batailles ayant la mort sur les lèvres, et vos poëtes font des ouvrages immortels, à l'agonie. Que ne ferez-vous pas, si jamais la nature se plaît, par un caprice, à vous rendre sains et robustes !

Les anecdotes sur la vie privée de Louis XIV m'ont fait bien du plaisir, quoique, à la vérité, je n'y aie pas trouvé des choses nouvelles. Je voudrais que vous n'écrivissiez point la campagne de 44, et que vous missiez la dernière main au *Siècle de Louis le Grand*. Les auteurs contemporains sont accusés par tous les siècles d'être tombés dans les aigreurs de la satire ou dans la fatuité de la flatterie. S'il y a moyen de vous faire faire un mauvais ouvrage, c'est en vous obligeant à travailler à celui que vous avez entrepris. C'est aux hommes de faire de grandes choses, et à la postérité impartiale à prononcer sur eux et sur leurs actions.

Croyez-moi, achevez *la Pucelle*. Il vaut mieux dérider le front des honnêtes gens que de faire des gazettes pour des polissons. Un Hercule, enchaîné et retenu par trop d'entraves, doit perdre sa force et devenir plus flasque que le lâche Pâris.

Il semble que le dauphin ne se marie que pour exercer votre génie. *Sémiramis* fait autant de bruit en Allemagne, que la nouvelle dauphine en fait en France. Mettez-moi donc en état de juger ou de l'une ou de l'autre, et de joindre mes suffrages à ceux de Versailles.

Maupertuis se remet de sa maladie. Toute la ville s'intéresse à son sort; c'est notre Palladium, et la plus belle conquête que j'aie faite de ma vie. Pour vous, qui n'êtes qu'un inconstant, un ingrat, un perâle, un.... que ne vous dirais-je pas, si je ne faisais grâce à vous et à tous les Français, en faveur de Louis XV !

Adieu ; les vêpres de la comédie sonnent. Barbarin, Cochois, Hauteville, m'appellent ; je vais les admirer. J'aime la perfection dans tous les métiers, dans tous les arts ; c'est pourquoi je ne saurais refuser mon estime à l'auteur de *la Henriade*. FRÉDÉRIC.

MCDXXXIII. — A M. LE DUC DE RICHELIEU, AMBASSADEUR A DRESDE.

A Paris, le 24 décembre.

Très-magnifique ambassadeur,
Vous avez quelque sympathie
Pour ces catins dont la manie
Est d'avoir du goût pour l'honneur,
Et qui, sur la fin du bel âge,
Savent terminer quelquefois
Le cours de leurs galants exploits
Par un honnête mariage.
De votre petite maison,
A tant de belles destinée,
Vous allez chez le roi saxon
Rendre hommage au dieu d'hyménée ;
Vous, cet aimable Richelieu,
Qui, né pour un autre mystère,
Avez toujours battu ce dieu
Avec les armes de son frère
Revenez cher à tous les deux ;
Ramenez la paix avec eux,
Ainsi que vous eûtes la gloire,
Aux campagnes de Fontenoi,
De ramener aux pieds du roi
Les étendards de la victoire.

Et cependant, monsieur le duc, vous voulez des scieurs de long sur le devant de votre tableau ! fi donc ! Vous aurez des nonnes et des moines, des bergers et des bergères, dont les attitudes seront aussi brillantes en mécanique. Une femme en bas et un homme en haut peuvent opérer de très-beaux effets d'optique qui vaudront bien des scieurs de long. Il faut que tout soit saint dans un tableau d'autel.

Que dites-vous d'une infâme *Calotte* qu'on a faite contre M. et Mme de La Popelinière, pour prix des fêtes qu'ils ont données ? Ne faudrait-il pas pendre les coquins qui infectent le public de ces poisons ? Mais le poète Roi aura quelque pension, s'il ne meurt pas de la lèpre, dont son âme est plus attaquée que son corps.

Vous savez que l'aventure de Gênes s'est terminée à l'amiable, par la pendaison de quelques citoyens et de quelques soldats ; que cependant le général Brown a fait faire à M. de Mirepoix d'énormes reculades, et qu'il marche à M. de Belle-Ile, lequel est obligé de se retrancher sous Toulon.

In tanto le bacio umilmente le mani, e riverisco nella sua persona l'onor di nostra età.

MCDXXXIV. — A Frédéric II, roi de Prusse.

A Paris, ce 5 février 1747.

Sire, eh bien ! vous aurez *Sémiramis*; elle n'est pas à l'eau rose; c'est ce qui fait que je ne la donne pas à notre peuple de sybarites, mais à un roi qui pense comme on pensait en France, du temps du grand Corneille et du grand Condé, et qui veut qu'une tragédie soit tragique, et une comédie comique.

Dieu me préserve, Sire, de faire imprimer l'*Histoire de la guerre de 1741* ! Ce sont de ces fruits que le temps seul peut mûrir; je n'ai fait assurément ni un panégyrique, ni une satire; mais plus j'aime la vérité, et moins je dois la prodiguer. J'ai travaillé sur les mémoires et sur les lettres des généraux et des ministres. Ce sont des matériaux pour la postérité ; car sur quels fondements bâtirait-on l'histoire, si les contemporains ne laissaient pas de quoi élever l'édifice ? César écrivit ses *Commentaires*, et vous écrivez les vôtres[1]; mais où sont les acteurs qui puissent ainsi rendre compte du grand rôle qu'ils ont joué ? Le maréchal de Broglie était-il homme à faire des commentaires ? Au reste, Sire, je suis très-loin d'entrer dans cet horrible et ennuyeux détail de journaux de siéges, de marches, de contre-marches, de tranchées relevées, et de tout ca qui fait l'entretien d'un vieux major et d'un lieutenant-colonel retiré dans sa province. Il faut que la guerre soit par elle-même quelque chose de bien vilain, puisque les détails en sont si ennuyeux. J'ai tâché de considérer cette folie humaine un peu en philosophe. J'ai représenté l'Espagne et l'Angleterre dépensant cent millions à se faire la guerre pour quatre-vingt-quinze mille livres portées en compte; les nations détruisant réciproquement le commerce pour lequel elles combattent; la guerre au sujet de la Pragmatique devenue comme une maladie qui change trois ou quatre fois de caractère, et qui de fièvre devient paralysie, et de paralysie, convulsion; Rome qui donne la bénédiction et qui ouvre ses portes aux têtes de deux armées ennemies, en un même jour; un chaos d'intérêts divers qui se croisent à tout moment; ce qui était vrai au printemps devenu faux en automne; tout le monde criant : *La paix ! la paix !* et faisant la guerre à outrance; enfin, tous les fléaux qui fondent sur cette pauvre race humaine; au milieu de tout cela un prince philosophe qui prend toujours bien son temps pour donner des batailles et des opéras; qui sait faire la guerre, la paix, et des vers, et de la musique; qui réforme les abus de la justice, et qui est le plus bel esprit de l'Europe. Voilà à quoi je m'amuse, Sire, quand je ne meurs point; mais je me meurs fort souvent, et je souffre beaucoup plus que ceux qui, dans cette funeste guerre, ont attrapé de grands coups de fusil.

J'ai revu M. le duc de Richelieu, qui est au désespoir de n'avoir pu

1. *Mémoires pour servir à l'histoire de mon temps.* (Éd.)

faire sa cour au grand homme de nos jours. Il ne s'en console point, et moi je ne demande à la nature un mois ou deux de santé que pour voir encore une fois ce grand homme, avant d'aller dans le pays où Achille et Thersite, Corneille et Danchet, sont égaux. Je serai attaché à Votre Majesté jusqu'à ce beau moment où l'on va savoir à point nommé ce que c'est que l'âme, l'infini, la matière, et l'essence des choses; et, tant que je vivrai, j'admirerai et j'aimerai en vous l'honneur et l'exemple de cette pauvre espèce humaine.

V.

MCDXXXV. — DE FRÉDÉRIC II, ROI DE PRUSSE.
Du 22 février.

Vous n'avez donc point fait votre *Sémiramis* pour Paris; on ne se donne pas non plus la peine de travailler avec soin une tragédie pour la laisser vieillir dans un portefeuille. Je vous devine; avouez donc que cette pièce a été composée pour notre théâtre de Berlin. A coup sûr, c'est une galanterie que vous me faites, et que votre discrétion, ou votre modestie, vous empêche d'avouer. Je vous en fais mes remerciments à la lettre, et j'attends la pièce pour l'applaudir; car on peut applaudir d'avance quand il s'agit de vos ouvrages. Il n'y a qu'une injustice extrême de la part du public, ou plutôt les intrigues et les cabales qui puissent vous enlever les louanges que vous méritez.

Voilà donc votre goût décidé pour l'histoire; suivez, puisqu'il le faut, cette impulsion étrangère; je ne m'y oppose pas. L'ouvrage qui m'occupe n'est point dans le genre de mémoires ni de commentaires; mon personnel n'y entre pour rien. C'est une fatuité en tout homme de se croire un être assez remarquable pour que tout l'univers soit informé du détail de ce qui concerne son individu. Je peins en grand le bouleversement de l'Europe; je me suis appliqué à crayonner les ridicules et les contradictions que l'on peut remarquer dans la conduite de ceux qui la gouvernent. J'ai rendu le précis des négociations les plus importantes, des faits de guerre les plus remarquables, et j'ai assaisonné ces récits de réflexions sur les causes des événements et sur les différents effets qu'une même chose produit, quand elle arrive dans d'autres temps, ou chez différentes nations. Les détails de guerre, que vous dédaignez, sont sans doute ces longs journaux qui contiennent l'ennuyeuse énumération de cent minuties, et vous avez raison sur ce sujet; cependant, il faut distinguer la matière de l'inhabileté de ceux qui la traitent pour la plupart du temps. Si on lisait une description de Paris où l'auteur s'amusât à donner l'exacte dimension de toutes les maisons de cette ville immense, et où il n'omît pas jusqu'au plan du plus vil brelan, on condamnerait ce livre et l'auteur au ridicule; mais on ne dirait pas, pour cela, que Paris est une ville ennuyeuse. Je suis du sentiment que de grands faits de guerre écrits avec concision et vérité, qui développent les raisons qu'un chef d'armée a eues en se décidant, et qui exposent pour ainsi dire l'âme de ses opérations; je crois, je le répète, que de pareils mémoires doivent servir d'instruction à tous ceux qui font profession des armes. Ce sont les leçons qu'un anatomiste fait à des sculpteurs, qui leur apprennent par quelles contractions les muscles du corps humain se remuent. Tous les arts ont des exemples et des préceptes. Pourquoi la guerre, qui défend la patrie et sauve les peuples d'une ruine prochaine, n'en aurait-elle pas?

Si vous continuez à écrire sur ces dernières guerres, ce sera à moi à vous céder ce champ de bataille; aussi bien mon ouvrage n'est-il pas fait pour le public.

J'ai pensé très-sérieusement trépasser, ayant eu une attaque d'apoplexie imparfaite; mon tempérament et mon âge m'ont rappelé à la vie. Si j'étais descendu là-bas, j'aurais guetté Lucrèce et Virgile, jusqu'au moment que je vous aurais vu arriver; car vous ne pourrez avoir d'autre place dans l'Elysée qu'entre ces deux messieurs-là. J'aime cependant mieux vous appointer dans ce monde-ci; ma curiosité sur *l'infini* et sur les principes *des choses* n'est pas assez grande pour me faire hâter le grand voyage. Vous me faites espérer de vous revoir; je ne m'en réjouirai que quand je vous verrai, car je n'ajoute pas grand'foi à ce voyage. Cependant vous pouvez vous attendre à être bien reçu.

Car je t'aime toujours, tout ingrat et vaurien
Je te pardonne tout avec un cœur chrétien;
Et ma facilité *fait* grâce à ta faiblesse.

Le duc de Richelieu a vu des dauphines, des fêtes, des cérémonies, et des fats; c'est le lot d'un ambassadeur. Pour moi, j'ai vu le petit Paulmi aussi doux qu'aimable et spirituel. Nos beaux esprits l'ont dévalisé en passant, et il a été obligé de nous laisser une comédie charmante qui a eu assez de succès à la représentation; il doit être à présent à Paris. Je vous prie de lui faire mes compliments, et de lui dire que sa mémoire subsistera toujours ici avec celle des gens les plus aimables.

Vous avez prêté votre *Pucelle* à la duchesse de Wurtemberg; apprenez qu'elle l'a fait copier pendant la nuit. Voilà les gens à qui vous vous confiez; et les seuls qui méritent votre confiance, ou plutôt à qui vous devriez vous abandonner tout entier, sont ceux avec lesquels vous êtes en défiance. Adieu; puisse la nature vous donner assez de force pour venir dans ce pays-ci, et vous conserver encore de longues années pour l'ornement des lettres et pour l'honneur de l'esprit humain!

MCDXXXVI. — A Frédéric II, roi de Prusse.

A Versailles, ce 9 mars.

Les fileuses des destinées,
Les Parques, ayant mille fois
Entendu les âmes damnées
Parler là-bas de vos exploits,
De vos rimes si bien tournées,
De vos victoires, de vos lois,
Et de tant de belles journées,
Vous crurent le plus vieux des rois
Alors des rives du Cocyte

A Berlin vous rendant visite,
La Mort s'en vint, avec le Temps,
Croyant trouver des cheveux blancs,
Front ridé, face décrépite,
Et discours de quatre-vingts ans.
Que l'inhumaine fut trompée !
Elle aperçut de blonds cheveux,
Un teint fleuri, de grands yeux bleus,
Et votre flûte, et votre épée ;
Elle songea, pour mon bonheur,
Qu'Orphée autrefois par sa lyre,
Et qu'Alcide par sa valeur,
La bravèrent dans son empire.
Dans vous, dans mon prince elle vit
Le seul homme qui réunit
Les dons d'Orphée et ceux d'Alcide ;
Doublement elle vous craignit,
Et, laissant son dard homicide,
S'enfuit au plus vite, et partit
Pour aller saisir la personne
De quelque pesant cardinal,
Ou pour achever, dans Lisbonne,
Le prêtre-roi¹ de Portugal.

Vraiment, Sire, je ne vous dirais pas de ces bagatelles rimées, et je serais bien loin de plaisanter, si votre lettre, en me rassurant, ne m'avait inspiré de la gaieté. La Renommée, qui a toujours ses cent bouches ouvertes pour parler des rois, et qui en ouvre mille pour vous, avait dit ici que Votre Majesté était à l'extrémité, et qu'il y avait très-peu d'espérance. Cette mauvaise nouvelle, Sire, vous aurait fait grand plaisir, si vous aviez vu comme elle fut reçue. Comptez qu'on fut consterné, et qu'on ne vous aurait pas plus regretté dans vos États. Vous auriez joui de toute votre renommée, vous auriez vu l'effet que produit un mérite unique sur un peuple sensible ; vous auriez senti toute la douceur d'être chéri d'une nation qui, avec tous ses défauts, est peut-être dans l'univers la seule dispensatrice de la gloire. Les Anglais ne louent que des Anglais ; les Italiens ne sont rien ; les Espagnols n'ont plus guère de héros, et n'ont pas un écrivain ; les *monades* de Leibnitz, en Allemagne, et *l'harmonie préétablie*, n'immortaliseront aucun grand homme. Vous savez, Sire, que je n'ai pas de prévention pour ma patrie ; mais j'ose assurer qu'elle est la seule qui élève des monuments à la gloire des grands hommes qui ne sont pas nés dans son sein.

Pour moi, Sire, votre péril me fit frémir, et me coûta bien des larmes. Ce fut M. de Paulmi qui m'apprit que Votre Majesté se portait bien, et qui me rendit ma joie.

Je serais tenté de croire que les pilules de Stahl doivent faire du bien au roi de Prusse; elles ont été inventées à Berlin, et elles m'ont presque guéri en dernier lieu. Si elles ont un peu raccommodé mon corps cacochyme, que ne feront-elles point au tempérament d'un héros!

Si quelque jour elles me rendent un peu de forces, je vous demanderai assurément la permission de venir encore vous admirer; peut-être Votre Majesté ne serait-elle pas fâchée de me donner ses lumières sur ce qu'elle a fait et sur ce qu'elle pense de grand. Je lui jure qu'elle ne se plaindrait pas que j'eusse donné à Mme la duchesse de Wurtemberg ce que je devais donner au grand Frédéric. Elle a peut-être copié une page ou deux de ce que vous avez, mais il est impossible qu'elle ait ce que vous n'avez pas; je vous jure encore que le reste est à Cirey, et n'est point fait du tout pour être à présent à Paris.

La dame de Cirey, qui a été aussi alarmée que moi, vous demande la permission de vous témoigner sa joie et son attachement respectueux.

Vivez, Sire, vivez, grand homme, et puissé-je vivre pour venir encore une fois baiser cette main victorieuse qui a fait et écrit de quoi aller à la postérité la plus reculée! Vivez, vous qui êtes le plus grand homme de l'Europe, et que j'oserai aimer tendrement jusqu'à mon dernier soupir, malgré le profond respect qui empêche, dit-on, d'aimer.

MCDXXXVII. — A M. THIERIOT.

A Versailles, le 10 mars [1].

Je vous renvoie vos livres italiens. Je ne lis plus que la religion des anciens mages, mon cher ami. Je suis à Babylone, entre Sémiramis et Ninias. Il n'y a pas moyen de vous envoyer ce que je peux avoir de l'*Histoire de Louis XIV*. *Sémiramis* dit qu'elle demande la préférence, que ses jardins valaient bien ceux de Versailles, et qu'elle croit égale tous les modernes, excepté peut-être ceux qui gagnent trois batailles en un an, et qui donnent la paix dans la capitale de leur ennemi. Mon ami, une tragédie engloutit son homme; il n'y aura pas de raison avec moi, tant que je serai sur les bords de l'Euphrate, avec l'ombre de Ninus, des incestes, et des parricides. Je mets sur la scène un grand prêtre honnête homme, jugez si ma besogne est aisée!

Adieu, bonsoir; prenez patience à Berci; c'est votre lot que la patience.

MCDXXXVIII. — A M. LE COMTE ALGAROTTI.

2 avril.

Vous que le ciel, en sa bonté,
Dans un pays libre a fait naître,
Vous qui, dans la Saxe arrêté
Par plus d'un doux lien peut-être,
Avez su vous choisir un maître
Préférable à la liberté;

[1]. Thieriot, correspondant littéraire de Frédéric depuis 1737, n'en était pas payé. (ÉD.)

così scrivo al mio Pollione veneto, al mio carissimo ed illustrissimo amico, e così saranno stampate queste bagatelluccie, se fate loro mai l'onore di mandarle ai torchi del Walther, *si aliquid putas nostras nugaz esse*. Veramente nè queste ciancie, nè *Pandora*, nè il volume a voi indirizzato, non vagliono otto scudi; ma, carissimo signore, un così esorbitante prezzo è una violazione manifesta *juris gentium*. Il nostro intendente delle lettere, e dei postiglioni, il signor di *La Reinière, fermier général des postes de France, par le moyen duquel one walks at sight from a pole to another*, aveva per certo munito di suo sigillo, ed onorato, della bella parola *franco* il tedioso e grave piego. E chi non sa quanto rispetto si debba portare al nome di La Reinière, ad un uomo che è il più ricco, ed il più cortese *de tous les fermiers généraux?* Ma giacchè, a dispetto della sua cortesia, e della stretta amicizia che corre fra le due corti, i signori della posta di Dresda ci anno usati come nemici, tocca al librajo Walther di pagare gli otto scudi, e gliene terrò conto. Per tutti i santi, non burlate, quando mi dite che le cose mie vi vengono *molto care?* Manderò quanto prima il tomo della *Henriade* pel primo corriere.

Farewell, great and amiable man. They say you go to Padua. You should take your way through France. Emily should be very glad to see you, and I should be in ecstasy, etc.

MCDXXXIX. — De Frédéric II, roi de Prusse.

24 avril.

Vous rendez la Mort si galante,
Et le Tartare si charmant,
Que cette image décevante
Séduit mon esprit et le tente
D'en tâter pour quelque moment;
Mais de cette demeure sombre,
Où Proserpine avec Pluton
Gouverne le funeste nombre
D'habitants du noir Phlégéthon,
Je n'ai point vu revenir d'ombre
J'ignore si dans ce canton
Les beaux esprits ont le bon ton;
Et le voyage est de nature
Qu'en s'embarquant avec Caron
La retraite n'est pas trop sûre.
Laissons donc à la Fiction
La tranquille possession
Du royaume de l'autre monde,
Source où l'imagination,
En nouveautés toujours féconde,
Puise le système où se fonde
La populaire opinion.
Qu'un fanatique ridicule
Y place son plus doux espoir;

Qu'on prépare pour ce manoir
Un quidam que la fièvre brûle,
S'il faut lui dorer la pilule
Pour l'envoyer tout consolé,
Bien lesté, saintement huilé,
Passer en pompe triomphale
Au bord de la rive infernale;
Moi, qui ne suis point affublé
De vision théologale,
Je préfère à cette morale
La solide réalité.
Des voluptés de cette vie,
Je laisse la félicité
Dont on prétend qu'elle est suivie
A quelque docteur entêté,
Dont l'âme au plaisir engourdie
Ne vit que dans l'éternité;
A cette engeance triste et folle
Des Malebranche de l'école,
Grands alambiqueurs d'arguments,
Dont la raison et le bon sens
Subtilement des bancs s'envole,
Attendant un Roland nouveau
Qui, par pitié pour leur cerveau,
Aille recouvrer leur fiole.

Pour moi, qui me ris de ces fous,
Je m'abandonne sans faiblesse
Aux plaisirs que m'offrent mes goûts,
Et, lorsque mon démon m'oppresse,
Aux riches sources du Permesse
J'ose encor puiser quelquefois.
Mais l'âge fane ma jeunesse;
Mon front, sillonné par ses doigts,
M'apprend, hélas! que la vieillesse
Vient p ur me ranger sous ses lois
Adieu, beaux jours, plaisirs, folie,
Brillante imagination,
Enfants de mon naissant génie;
Adieu, pétillante saillie,
Vos charmes sont hors de saison
Et la sagesse, me dit-on,
Doit, sur la physionomie
D'un républicain de Platon,
Imprimer l'air froid de Caton.

Adieu, beaux vers, douce harmonie,
Frénétique métromanie,
Immortelle cœur d'Apollon,

ANNÉE 1747.

Qui jurez dans la compagnie
De la pourpre et de la raison ;
Ma muse, du Pinde proscrite,
M'avertit que son dieu la quitte.
Ainsi donc j'abandonnerai
Cette séduisante carrière ;
Mais, tant que je vous y verrai,
Assis auprès de la barrière,
Battant des mains, j'applaudirai.

Je vous rends un peu de laiton pour de l'or pur que vous m'avez envoyé. Il n'est en vérité rien au-dessus de vos vers. J'en ai vu que vous adressez à Algarotti qui sont charmants, mais ceux qui sont pour moi sont encore au-dessus des autres.

La *Sémiramis* m'est parvenue en même temps, remplie de grandes beautés de détail et de ces superbes tirades qui confirment le goût décidé que j'ai pour vos ouvrages. Je ne sais cependant si les spectres et les ombres que vous mettez dans cette pièce lui donneront toute la pathétique que vous vous en promettez. L'esprit du dix-huitième siècle se prête à ce merveilleux lorsqu'il est en récit, et c'est un peu hasarder que de le mettre en action. Je doute que l'ombre du grand Ninus fasse des prosélytes. Ceux qui croient à peine en Dieu doivent rire quand ils voient des démons jouer un rôle sur le théâtre.

Je hasarde peut-être trop de vous exposer mes doutes sur une chose dont je ne suis pas juge compétent. Si c'était quelque manifeste, quelque alliance, ou quelque traité de paix, peut-être pourrais-je en raisonner plus à mon aise, et bavarder politique ; ce qui est le plus souvent travestir en héroïsme la fourberie des hommes.

Je me suis à présent enfoncé dans l'histoire ; je l'étudie, je l'écris, plus curieux de connaître celle des autres que de savoir la fin de la mienne. Je me porte mieux à présent, je vous conserve toujours mon estime, et je suis toujours dans les dispositions de vous recevoir ici avec empressement. Adieu.

FÉDÉRIC.

Faites, je vous prie, mes compliments à Mme du Châtelet, et remerciez-la de la part qu'elle prend à ce qui me regarde.

MCDXL. — A MADAME LA MARQUISE DE POMPADOUR.

Avril.

Quand César, ce héros charmant,
De qui Rome était idolâtre,
Battait le Belge ou l'Allemand,
On en faisait son compliment
A la divine Cléopâtre.
Ce héros des amants ainsi que des guerriers
Unissait le myrte aux lauriers ;
Mais l'if est aujourd'hui l'arbre que je révère ;
Et, depuis quelque temps, j'en fais bien plus de cas
Que des lauriers sanglants du fier dieu des combats,
Et que des myrtes de Cythère.

Je suis persuadé, madame, que, du temps de ce César, il n'y avait point de frondeur janséniste qui osât censurer ce qui doit faire le charme de tous les honnêtes gens, et que les aumôniers de Rome n'étaient pas des imbéciles fanatiques. C'est de quoi je voudrais avoir l'honneur de vous entretenir, avant d'aller à la campagne. Je m'intéresse à votre bonheur plus que vous ne pensez, et peut-être n'y a-t-il personne à Paris qui y prenne un intérêt plus sensible. Ce n'est point comme vieux galant flatteur de belles que je vous parle, c'est comme bon citoyen; et je vous demande la permission de venir vous dire un petit mot à Étiolles ou à Brunoi, ce mois de mai. Ayez la bonté de me faire dire quand et où.

Je suis avec respect, madame, de vos yeux, de votre figure, et de votre esprit, le très, etc.

MCDXLI. — A M. LE COMTE D'ARGENSON, MINISTRE DE LA GUERRE.

A Paris, le 4 de la pleine lune.

L'ange Jesrad a porté jusqu'à Memnon la nouvelle de vos brillants succès[1], et Babylone avoue qu'il n'y eut jamais d'itimadoulet dont le ministère ait été plus couvert de gloire. Vous êtes digne de conduire le cheval sacré du roi des rois, et la chienne favorite de la reine. Je brûlais du désir de baiser la crotte de votre sublime tente, et de boire du vin de Chiras à vos divins banquets. Orosmade n'a pas permis que j'aie joui de cette consolation, et je suis demeuré enseveli dans l'ombre, loin des rayons brillants de votre prospérité. Je lève les mains vers le puissant Orosmade; je le prie de faire longtemps marcher devant vous l'ange exterminateur, et de vous ramener par des chemins tout couverts de palmes.

Cependant, très-magnifique seigneur, permettriez-vous qu'on vous adressât, à votre sublime tente, un gros paquet que Memnon[2] vous enverrait du séjour humide des Bataves? Je sais que vous pourriez bien l'aller chercher vous-même en personne; mais, comme ce paquet pourrait bien arriver aux pieds de Votre Grandeur avant que vous fussiez à Amsterdam, je vous demanderai la permission de vous le faire adresser par M. Chiquet, dans la ville où vous aurez porté vos armes triomphantes; et vous pourriez ordonner que ce paquet fût porté jusqu'à la ville impériale de Paris, parmi les immenses bagages de Votre Grandeur.

Je lui demande très-humblement pardon d'interrompre ses moments consacrés à la victoire, par des importunités si indignes d'elle; mais Memnon, n'ayant sur la terre de confident que vous, n'aura que vous pour protecteur, et il attend vos ordres très-gracieux.   V.

1. La victoire de Laufelt. (Éd.)
2. Zadig, qui porta d'abord le nom de *Memnon*. (Éd.)

ANNÉE 1747.

MCDXLII. — A M. G. C. WALTHER.

Paris, 15 juin 1747.

M. le comte Algarotti, monsieur, m'ayant mandé que vous vouliez faire une édition complète de mes ouvrages, non-seulement je vous donne mon consentement, mais je vous aiderai et je vous en achèterai beaucoup d'exemplaires; bien entendu que vous vous conformerez aux directions que vous recevrez de ceux qui conduiront cette impression, et qui doivent vous fournir mes vrais ouvrages bien corrigés.

Gardez-vous bien de suivre l'édition débitée sous le nom de Nourse, à Londres, celle qui est intitulée de Genève, celle de Rouen, et surtout celles de Ledet, et d'Arkstée et Merkus, à Amsterdam : ces dernières sont la honte de la librairie; il n'y a guère de pages où le sens ne soit grossièrement altéré; presque tout ce que j'ai fait y est défiguré, et ces ouvriers ont, pour comble d'impertinence, déshonoré leur édition par des pièces infâmes qui ne peuvent être écrites, débitées, et lues que par les derniers des hommes. Je me flatte que vous aurez autant de discernement qu'ils en ont eu peu. C'est dans cette espérance que je suis entièrement à vous. VOLTAIRE.

MCDXLIII. — A M. LE MARQUIS DES ISSARTS.

Versailles, le 7 août.

Monsieur, la lettre aimable dont vous m'honorez me donne bien du plaisir et bien des regrets; elle me fait sentir tout ce que j'ai perdu. J'ai pu être témoin du moment où Votre Excellence signait[1] le bonheur de la France; j'ai pu voir la cour de Dresde, et je ne l'ai point vue. Je ne suis point né heureux; mais vous, monsieur, avouez que vous êtes aussi heureux que vous le méritez.

Qu'il est doux d'être ambassadeur
Dans le palais de la candeur !
On dit, et même avec justice,
Que vos pareils ailleurs ont eu
Tant soit peu besoin d'artifice;
Mais ils traitaient avec le vice;
Vous traitez avec la vertu.

Vous avez retrouvé à Dresde ce que vous avez quitté à Versailles, un roi aimé de ses sujets.

Vous pourrez dire quelque jour
Qui des deux rois tient mieux sa cour;
Quel est le plus doux, le plus juste,
Et qui fait battre plus d'amour
Ou de Louis Quinze ou d'Auguste :

1. Il avait signé comme ambassadeur le mariage du Dauphin avec une princesse de Saxe; de ce mariage sont sortis Louis XVI, Louis XVIII et Charles X. (ÉD.)

C'est un grand point très-contesté.
Ce problème pourrait confondre
La plus fine sagacité;
Et je donne à votre équité
Dix ans entiers pour me répondre.

Rien ne prouve mieux combien il est difficile de savoir au juste la vérité dans ce monde; et puis, monsieur, les personnes qui le savent le mieux sont toujours celles qui le disent le moins. Par exemple, ceux qui ont l'honneur d'approcher des trois princesses que la reine de Pologne a données à la France, à Naples, et à Munich, pourront-ils jamais dire laquelle des trois nations est la plus heureuse?

Que même on demande à la reine
Quel plus beau présent elle a fait,
Et quel fut son plus grand bienfait,
On la rendra fort incertaine.
Mais si de moi l'on veut savoir
Qui des trois peuples doit avoir
La plus tendre reconnaissance,
Et nourrir le plus doux espoir,
Ne croyez pas que je balance.

En voyant Mgr le Dauphin avec Mme la Dauphine, je me souviens de Psyché, et je songe que Psyché avait deux sœurs.

Chacune des deux était belle
Tenait une brillante cour,
Eut un mari jeune et fidèle;
Psyché seule épousa l'Amour.

Mais il y aura peut-être, monsieur, un moyen de finir cette dispute, dans laquelle Pâris aurait coupé sa pomme en trois.

Je suis d'avis que l'on préfère
Celle qui le plus promptement
Saura donner un bel enfant
Semblable à leur auguste mère.

Vous voyez, monsieur, que, sans être politique, j'ai l'esprit conciliant; je compte bien vous faire ma cour avec de tels sentiments, et, de plus, vous pouvez être sûr qu'on est très-disposé à Versailles à mériter cette préférence. Si on travaille aussi efficacement à Bréda, nous aurons la paix du monde la plus honorable.

Je serais très-flatté, monsieur, si mes sentiments respectueux pour M. le comte de Brühl lui étaient transmis par votre bouche. Je n'ose vous supplier de daigner, si l'occasion s'en présentait, me mettre aux pieds de Leurs Majestés. Si vous avez quelques ordres à me donner pour Versailles ou pour Paris, vous serez obéi avec zèle.

MCDXLIV. — A M. LE COMTE D'ARGENTAL.

Moi, être fâché contre vous ! je ne peux l'être que contre moi, qui ne vois rien du tout de ce que vous voulez que je voie. Mais exigez-vous une foi aveugle ? elle est impossible; commencez par me convaincre.

Adine¹ me paraît intéressante autant que neuve, et huit vers seulement répandus à propos dans son rôle en augmenteront l'intérêt. Son voyage, son amour, sont fondés, et la curiosité me paraît excitée depuis le commencement jusqu'à la fin.

Darmin est lié tellement au sujet, que c'est lui qui amène Adine, lui qui l'engage à parler; lui qui fait un contraste perpétuel, lui qui est soupçonné par Blanford de vouloir calomnier Dorfise, lui enfin à qui la mondaine est fidèle, tandis que la prude le trompe.

Mme Burlet est encore plus nécessaire, puisque c'est sur elle que roule l'intrigue, et que c'est elle qui est accusée d'aimer Adine; et j'avoue qu'il est bien étrange qu'une chose aussi claire ne vous ait pas frappé. Tout ce qu'elle dit d'ailleurs me paraît écrit avec soin, et la morale me semble naître toujours de la gaieté. Si j'osais, je trouverais beaucoup d'art dans ce caractère.

La prude est une femme qui est encore plus faible que fourbe; elle en est plus plaisante et moins odieuse. Je ne conçois pas comment vous trouvez qu'elle manque d'art; elle n'en a que trop, en faisant accroire qu'elle doit épouser le chevalier, en mettant par là Blanford dans la nécessité de penser qu'on la calomnie.

Ce tour d'adresse doit nécessairement opérer sa justification dans l'esprit de Blanford; et, quand elle sera partie avec le jeune homme dont elle se croit aimée, elle ne doit plus se soucier de rien.

Pouvez-vous trouver quelque obscurité dans une chose qu'elle explique si clairement? Enfin je ne peux m'empêcher de voir précisément tout le contraire de ce que vous apercevez. Si les friponneries de la prude ne révoltent pas (ce qui est le grand point), je pense être sûr d'un très-grand succès. Tout le monde convient que la lecture tient l'auditeur en haleine, sans qu'il y ait un instant de langueur; j'espère que le théâtre y mettra toute la chaleur nécessaire, et qu'il y aura infiniment de comique, si la pièce est jouée.

Plaignez ma folie, mais ne vous y opposez pas, et ne dites pas, mon cher ange : *Curavimus Babylonem, et non est sanata; derelinquamus eam*².

Mille tendres respects à l'autre ange.

MCDXLV. — A M. G. C. WALTHER.

Paris, 23 septembre 1747.

Sur vos propositions, et à la prière de M. Algarotti, je vous ai mis en état de faire une édition complète et correcte de mes œuvres. Je vous en ai envoyé trois tomes remplis de beaucoup de choses qui ne

1. Personnage de la *Prude*, comédie. (Cl.) — 2. Jérémie, chap. LI, v. 9. (ÉD.)

sont dans aucune autre édition, et purgés de toutes les fautes qui les défiguraient. J'ai travaillé aux autres volumes avec le même soin, et je vous achète quatre cents exemplaires de votre édition, que je veux bien même vous payer tome à tome pour vous encourager. Vous m'avez écrit que votre édition était sous presse. Cependant les libraires de Hollande mandent que, loin d'avoir commencé, vous renoncez à votre entreprise. Comme je n'ai point reçu les premières feuilles que j'attendais de vous, j'ai lieu de croire que les libraires de Hollande ne m'en ont point imposé. S'il est vrai que vous ayez changé de dessein, ne manquez pas, s'il vous plaît, monsieur, de remettre à M. l'ambassadeur de France les trois volumes que je vous ai fait tenir. C'est un devoir dont je me flatte que vous ne vous dispenserez pas : je suis d'ailleurs toujours prêt à vous donner des marques de mon affection, étant particulièrement à vous.

VOLTAIRE, gentilhomme ordinaire du roi.

MCDXLVI. — A M. DE CHAMPFLOUR FILS, A CLERMONT EN AUVERGNE.

A Sceaux, ce 20 novembre.

Je vous fais mon compliment de tout mon cœur, monsieur. J'en dois un aussi à madame votre femme, car il me semble qu'elle a un très-aimable mari. J'espère que vous serez tous deux fort heureux. Votre bonheur augmentera celui de monsieur votre père. On ne peut s'intéresser plus que moi à tout ce qui regarde votre famille. Je suis de tout mon cœur, monsieur, etc. VOLTAIRE.

MCDXLVII. — A M. DE CIDEVILLE.

Le 2 janvier 1748.

Les rois ne me sont rien, mon bonheur ne se fonde
Que sur cette amitié dont vous sentez le prix ;
Mais, hélas ! Cideville, il est dans ce bas monde
Beaucoup plus de rois que d'amis.

Mon malheur veut que je ne vois guère plus mes amis que les rois. Je suis presque toujours malade. Je n'ai envisagé qu'une fois le roi mon maître depuis son retour, et il y a plus de six mois que je ne vous ai vu.

Il est bien vrai que nous avons joué à Sceaux des opéras, des comédies, des farces, et qu'ensuite, m'élevant par degrés au comble des honneurs, j'ai été admis au théâtre des petits cabinets, entre Moncrif et d'Arboulin. Mais, mon cher Cideville, tout l'éclat dont brille Moncrif ne m'a point séduit. Les talents ne rendent point heureux, surtout quand on est malade; ils sont comme une jolie dame dont les galants s'amusent, et dont le mari est fort mécontent. Je ne vis point comme je voudrais vivre. Mais quel est l'homme qui fait son destin ? Nous sommes, dans cette vie, des marionnettes que Brioché mène et conduit sans qu'elles s'en doutent.

On dit que vous revenez incessamment. Dieu veuille que je profite de votre séjour à Paris un peu plus que l'année passée ! En vérité, nous sommes faits pour vivre ensemble; il est ridicule que nous ne fassions que nous rencontrer.

Adieu, mon cher et ancien ami; Mme du Châtelet-Newton vous fait mille compliments.   V.

MCDXLVIII. — A M. DE MAIRAN.

A Versailles, ce 16 janvier.

Je vous remercie bien tendrement, monsieur, de votre livre d'*Éloges*; et je souhaite que de très-longtemps on ne prononce le vôtre, que tout le monde fait de votre vivant. Je n'ai qu'un regret, c'est que le tourbillon de ce monde, plus plein d'erreurs, s'il est possible, que ceux de Descartes, m'empêche de jouir de votre société, qui est aussi aimable que vos lumières sont supérieures. C'est avec ces sentiments que j'ai l'honneur d'être, monsieur, de tout mon cœur, votre, etc.

MCDXLIX. — A M. MARMONTEL.

A Lunéville, à la cour, le 13 février.

J'avais bien raison, mon cher ami, de vous dire que j'espérais beaucoup de ce *Denys*[1], et de ne vous point faire de critique. Comptez que jamais les petits détails n'ajouteront au succès d'une tragédie; c'est pour l'impression qu'il faut être sévère. L'exactitude, la correction du style, l'élégance continue, voilà ce qu'il faut pour le lecteur; mais l'intérêt et les situations sont tout ce que demande le spectateur. Je vous fais mon compliment avec un plaisir extrême. Voilà votre succès assuré. C'est à présent qu'il faut corriger la pièce; c'est un grand plaisir d'embellir un bon ouvrage. Adieu; je m'intéresserai toute ma vie, bien tendrement, à votre gloire et à tout ce qui vous regarde.

MCDL. — A DOM CALMET, ABBÉ DE SÉNONES.

De Lunéville, 13 février.

Je préfère, monsieur, la retraite à la cour, et les grands hommes aux rois. J'aurais la plus grande envie d'aller passer quelques semaines avec vous et vos livres. Il ne me faudrait qu'une cellule chaude, et, pourvu que j'eusse du potage gras, un peu de mouton, et des œufs, j'aimerais mieux cette heureuse et saine frugalité qu'une chère royale. Enfin, monsieur, je ne veux pas avoir à me reprocher d'avoir été si près de vous et n'avoir point eu l'honneur de vous voir. Je veux m'instruire avec celui dont les livres m'ont formé, et aller puiser à la source. Je vous en demande la permission; je serai un de vos moines; ce sera Paul qui ira visiter Antoine. Mandez-moi si vous voudrez bien me recevoir en solitaire; en ce cas, je profiterai de la première occasion que je trouverai ici pour aller dans le séjour de la science et de la sagesse. J'ai l'honneur, etc.

1. *Denys le Tyran*, tragédie en cinq actes, dédiée à Voltaire. (ÉD.)

MCDLI. — A M. LE COMTE D'ARGENTAL, A PARIS.

À Lunéville, le 14 février.

Mes divins anges, me voici donc à Lunéville ! et pourquoi ? C'est un homme charmant que le roi Stanislas ; mais, quand on lui joindrait encore le roi Auguste, tout gros qu'ils sont, dans une balance, et mes anges dans l'autre, mes anges l'emporteraient.

J'ai toujours été malade, cependant ordonnez ; et, s'il y a encore des vers à refaire, je tâcherai de me bien porter. M. de Pont de Veyle et M. de Choiseul sont-ils enfin contents de ma reine de Babylone ? Comment va leur santé ? sont-ils bien gourmands ? Oui ; et ensuite on prend de l'eau de tilleul. C'est ainsi, à peu près, que j'en use depuis quarante ans, disant toujours : « J'aurai demain du régime. » Mais Mme du Châtelet, qui n'en eut jamais, se porte merveilleusement bien ; elle vous fait les plus tendres compliments. Je ne sais si elle ne restera point ici tout le mois de février. Pour moi, qui ne suis qu'une petite planète de son tourbillon, je la suis dans son orbite, cahin-caha.

Je suis beaucoup plus aise, mon respectable et charmant ami, du succès de Marmontel, que je ne serais content de la précipitation avec laquelle les comédiens auraient joué cette *Sémiramis* ; elle n'en vaudra que mieux pour attendre. J'aime beaucoup ce Marmontel ; il me semble qu'il y a de bien bonnes choses à espérer de lui.

J'ai vu jouer ici *le Glorieux* ; il a été cruellement massacré, mais la pièce n'a pas laissé de me faire un extrême plaisir. Je suis plus que jamais convaincu que c'est un ouvrage égal aux meilleurs de Molière, pour les mœurs, et supérieur à presque tous, pour l'intrigue. *Zaïre* a été jouée par des petits garçons et des petites filles, *ex ore infantium*[1].

Je ne peux donc, mes divins anges, sortir de Paris sans être exilé! Vos gens de Paris sont de bonnes gens d'avertir les rois et les ministres qu'ils n'ont qu'à donner des lettres de cachet, et qu'elles seront toujours les très-bienvenues. Moi, une lettre à Mme la Dauphine ! Non assurément.

Il est bien vrai que j'ai écrit quelque chose à une princesse qui, après la reine et Mme la Dauphine, est dit-on, la plus aimable de l'Europe. Il y a plus d'un an que cette lettre fut écrite, et je n'en avais donné de copie à personne, pas même à vous. Je n'en fais pas assez de cas pour vous la montrer ; mais dites bien, je vous prie, à toutes les trompettes que vous pourrez trouver en votre chemin, que je n'écris point à Mme la Dauphine. Le grand-père de son auguste époux rend ici mon exil prétendu fort agréable.

Il est vrai que j'ai été malade, mais il y a plaisir à l'être chez le roi de Pologne ; il n'y a personne assurément qui ait plus soin de ses malades que lui. On ne peut être meilleur roi et meilleur homme.

Je serais charmé, en revenant auprès de vous, de me trouver confrère de l'auteur du *Méchant*[2]. Il ne vous donnera point de grammaire ridicule, comme l'abbé Girard son devancier, mais il fera de très-jolis vers, ce qui vaut bien mieux.

1. *Psaume* VIII, v. 3. (Éd.) — 2. Gresset. (Éd.)

Je vous supplie de dire à M. l'abbé de Bernis que, s'il m'oublie, je ne l'oublie pas. Est-il déjà dans son palais des Tuileries ? Pour moi, si je ne vivais pas avec Mme du Châtelet, je voudrais occuper l'appartement où la belle *Babet*[1] avait ses guirlandes et ses bouquets de fleurs. Mme du Châtelet se trouve si bien ici, que je crois qu'elle n'en sortira plus, et je sens que je ne quitterai Lunéville que pour vous. Vous ne sauriez croire, couple adorable, avec quelle respectueuse tendresse je vous suis attaché à vous et aux vôtres.

MCDLII. — A M. LE PRÉSIDENT HÉNAULT.

De Lunéville, février

J'ai vu ce salon magnifique,
Moitié turc et moitié chinois,
Où le goût moderne et l'antique,
Sans se nuire, ont uni leurs lois.
Mais le vieillard qui tout consume
Détruira ces beaux monuments,
Et ceux qu'élève votre plume
Seront vainqueurs de tous les temps.

J'ai appris, monsieur, dans cette cour charmante où tout le monde vous regrette, que j'étais exilé ; vous m'avouerez qu'à votre absence près, l'exil serait doux. J'ai voulu savoir pourquoi j'étais exilé. Des nouvellistes de Paris, fort instruits, m'ont assuré que la reine était très-fâchée contre moi. J'ai demandé pourquoi la reine était fâchée, on m'a répondu que c'était parce que j'avais écrit à Mme la Dauphine que le cavagnole est ennuyeux. Je conçois bien que, si j'avais commis un pareil crime, je mériterais le châtiment le plus sévère ; mais, en vérité, je n'ai pas l'honneur d'être en commerce de lettres avec Mme la Dauphine. Je me suis souvenu que j'avais envoyé, il y a plus d'un an, quelques méchants vers à une autre princesse très-aimable qui tient sa cour à quelque quatre cents lieues d'ici, et qu'en lui parlant de l'ennui de l'étiquette, et de la nécessité de cultiver son esprit, je lui avais dit

On croirait que le jeu console ;
Mais l'Ennui vient, à pas comptés,
S'asseoir entre des Majestés
A la table d'un cavagnole.

Car il faut savoir qu'on joue à ce beau cavagnole ailleurs qu'à Versailles. Au reste, monsieur, si la reine s'applique cette satire, je vous supplie de lui dire qu'elle a très-grande raison.

Un esprit fin, juste et solide,
Un cœur où la vertu réside,
Animé d'un céleste feu,
Modèle du siècle où nous sommes,
Occupé des grandeurs de Dieu

[1] Surnom de l'abbé de Bernis, depuis cardinal. (Kn.)

> Et du soin du bonheur des hommes,
> Peut fort bien s'ennuyer au jeu;
> Et même son illustre père,
> Des Polonais tant regretté,
> Aux Lorrains ayant l'art de plaire,
> Et qui fait ma félicité,
> Pourrait dire avec vérité
> Que le jeu ne l'amuse guère.

Ainsi, dussé-je être coupable de lèse-majesté ou de lèse-cavagnole, je soutiendrai très-hardiment qu'une reine de France peut très-bien s'ennuyer au jeu, et que même toutes les pompes de ce monde ne lui plaisent point du tout. Il y a quelque bonne âme qui, depuis longtemps, m'a daigné servir auprès de la reine par des mensonges officieux; mais vous, monsieur, qui êtes malin et malfaisant, je vous prie de lui dire les vérités dures que je ne puis dissimuler; ce sont des esprits malfaisants et méchants comme le vôtre qu'il faut employer, quand on veut faire des tracasseries à la cour; j'oserais même proposer cette noirceur à M. le duc et à Mme la duchesse de Luines.

MCDLIII. — A M. MARMONTEL.

A Lunéville, 15 février.

Je vous avais déjà écrit, mon cher ami, pour vous dire combien votre succès m'intéresse. J'avais adressé ma lettre chez un marchand de vin. Il doit avoir à présent pour enseigne du laurier au lieu de lierre, quoiqu'on ait dit,

.... *hedera crescentem ornate poetam.*
          Virg., ecl. VII, v. 25.

Je reçois votre billet. L'honneur que vous voulez me faire en est un pour les belles-lettres. Vous faites renaître le temps où les auteurs adressaient leurs ouvrages à leurs amis. Il eût été plus glorieux à Corneille de dédier *Cinna* à Rotrou qu'au trésorier de l'épargne Montauron. Je vous avoue que je suis bien flatté que notre amitié soit aussi publique qu'elle est solide, et je vous remercie tendrement de ce bel exemple que vous donnez aux gens de lettres. J'espère revenir à Paris assez à temps pour voir jouer votre pièce, quelque tard que j'y vienne. Comptez que tous les agréments de la cour de Pologne ne valent ni l'honneur que vous me faites, ni le plaisir que votre réussite m'a causé. Je vous mandais, dans ma dernière lettre, que c'est à présent qu'il faut corriger les détails; c'est une besogne aisée et agréable, quand le succès est confirmé. Adieu, mon cher ami; il faut songer à présent à être de notre académie; c'est alors que ma place me deviendra bien chère. Je vous embrasse de tout mon cœur, et je compte à jamais sur votre amitié.

MCDLIV. — A MADAME LA COMTESSE D'ARGENTAL, A PARIS.

A Lunéville, le 21 février.

J'ai acquitté votre lettre de change, madame, le lendemain; mais je crains bien de ne vous avoir payée qu'en mauvaise monnaie. L'envie même de vous obéir ne m'a pu donner du génie. J'ai mon excuse dans le chagrin de savoir que votre santé va mal; comptez que cela est bien capable de me glacer. Vous ne savez peut-être pas, M. d'Argental et vous, avec quelle passion je prends la liberté de vous aimer tous deux.

Si j'avais été à Paris, vous auriez arrangé de vos mains la petite guirlande que vous m'aviez ordonnée pour le héros de la Flandre et des filles, et vous auriez donné à l'ouvrage la grâce convenable. Mais aussi pourquoi moi, quand vous avez la grosse et brillante *Babet*[1] dont les fleurs sont si fraîches ! les miennes sont fanées, mes divins anges, et je deviens, pour mon malheur, plus raisonneur et plus historiographe que jamais; mais enfin il y a remède à tout, et *Babet* est là pour mettre quelques roses à la place de mes vieux pavots. Vous n'avez qu'à ordonner.

Mon prétendu exil serait bien doux ici, si je n'étais pas trop loin de mes anges. En vérité, ce séjour-ci est délicieux; c'est un château enchanté dont le maître fait les honneurs. Mme du Châtelet a trouvé le secret d'y jouer *Issé*[2] trois fois sur un très-beau théâtre, et *Issé* a fort réussi. La troupe du roi m'a donné *Mérope*. Croiriez-vous, madame, qu'on y a pleuré tout comme à Paris? Et moi, qui vous parle, je me suis oublié au point d'y pleurer comme un autre.

On va tous les jours dans un kiosque, ou d'un palais dans une cabane, et partout des fêtes et de la liberté. Je crois que Mme du Châtelet passerait ici sa vie; mais moi, qui préfère la vie unie et les charmes de l'amitié à toutes les fêtes, j'ai grande envie de revenir dans votre cour.

Si M. d'Argental voit Marmontel, il me fera le plus sensible plaisir de lui dire combien je suis touché de l'honneur qu'il me fait. J'ai écrit à mon ami Marmontel. Il y a plus de dix jours, pour le remercier; j'ai accepté tout franchement et sans aucune modestie, un honneur qui m'est très-précieux, et qui, à mon sens, rejaillit sur les belles-lettres. Je trouve cent fois plus convenable et plus beau de dédier son ouvrage à son ami et à son confrère qu'à un prince. Il y a longtemps que j'aurais dédié une tragédie à Crébillon, s'il avait été un homme comme un autre. C'est un monument élevé aux lettres et à l'amitié. Je compte que M. d'Argental approuvera cette démarche de Marmontel, et que même il l'y encouragera.

Adieu, vous deux qui êtes pour moi si respectables, et qui faites le charme de la société. Ne m'oubliez pas, je vous en conjure, auprès de monsieur votre frère, ni auprès de M. de Choiseul et de vos amis.

MCDLV. — A MADAME DE CHAMPBONIN.
De Lunéville.

Le désir d'aller vous surprendre au Champbonin, madame, du moins l'espérance que j'en avais, m'empêche depuis longtemps d'avoir l'honneur de vous écrire. J'ai toujours compté partir de jour en jour, et

1. L'abbé de Bernis. — 2. Pastorale de La Motte. (ÉD.)

quitter la cour de Lorraine, pour aller goûter auprès de vous les charmes de l'amitié et de cette vie que vous m'avez fait aimer. Je n'attends plus qu'une lettre de votre amie Mme du Châtelet, et de Mme de Roncières, pour partir. Permettez donc, madame, que je vous adresse celle-ci que j'écris à Mme de Roncières, et que je vous supplie de la faire tenir par un exprès, afin qu'une réponse prompte me mette en état d'aller bientôt vous faire ma cour. Une des plus agréables nouvelles que je puisse jamais recevoir serait que votre fortune fût un peu augmentée : il me semble que c'est la seule chose qu'on puisse vous désirer. Pardonnez ce petit mouvement, qui est peut-être d'indiscrétion, au tendre attachement que je vous ai voué pour jamais. Quand on aime véritablement, on se passe hardiment des choses dont on ne dit mot au reste du monde. Nous attendons tous les jours ici une bataille gagnée ou perdue. Il y a ordre aux portes de ne point laisser passer des courriers extraordinaires. Cet ordre fait penser qu'on veut donner le temps au courrier de l'armée de porter la nouvelle. D'ailleurs on sait ici très-peu de chose de la façon dont les armées sont postées. Le lansquenet et l'amour occupent cette petite cour. Pour moi, quand la tendre amitié m'occupera au Champbonin, je serai bien content de mon sort. Comptez, madame, pour toute ma vie, sur mon tendre et respectueux attachement.

MCDLVI. — DE STANISLAS, ROI DE POLOGNE, DUC DE LORRAINE ET DE BAR.

A Lunéville, le 17 mai.

J'ai cru, mon cher Voltaire, jusqu'à présent, que rien n'était plus fécond que votre esprit supérieur; mais je vois que votre cœur l'est encore plus. J'en reçois des marques bien sensibles; j'aime son style au delà du style le plus éloquent. Je veux tâcher de me mettre au niveau, en répondant à vos sentiments par ceux que votre incomparable mérite m'a inspirés, et par lesquels vous me connaîtrez toujours tout à vous, et de tout mon cœur.
STANISLAS, roi.

MCDLVII. — A MADAME DE TRUCHIS DE LAGRANGE, RELIGIEUSE DE LA VISITATION DE SAINTE-MARIE, A BEAUNE.

A Paris, 7 juin 1744.

PROLOGUE.

Osons-nous retracer de féroces vertus
Devant des vertus si paisibles?
Osons-nous présenter ces spectacles terribles
A ces regards si doux, à nous plaire assidus?
César, ce roi de Rome, et si digne de l'être,
Tout héros qu'il était, fut un injuste maître;
Et vous régnez sur nous par le plus saint des droits.
On détestait son joug, nous adorons vos lois.
Pour vous et pour ces lieux quelle scène étrangère
Que ces troubles, ces cris, ce sénat sanguinaire,

ANNÉE 1748. 83

  Ce vainqueur de Pharsale, au temple assassiné,
  Ces meurtriers sanglants, ce peuple forcené !
  Toutefois des Romains on aime encor l'histoire ;
  Leurs grandeurs, leurs forfaits vivent dans la mémoire ;
  La jeunesse s'instruit dans ces faits éclatants,
  Dieu lui-même a conduit ces grands événements.
  Adorons de sa main ces coups épouvantables,
  Et jouissons en paix de ces jours favorables,
  Qu'il fait luire aujourd'hui sur des peuples soumis,
  Éclairés par sa grâce et sauvés par son Fils.

Voilà, madame, ce que vous m'avez ordonné. J'aurais plus tôt exécuté cet ordre, si ma santé et des occupations fort différentes de la poésie l'avaient permis. Je voudrais que ce prologue fût plus digne de vous, et répondît mieux à l'honneur que vous me faites ; mais que dire de Jules César dans un couvent ? J'ai tâché au moins de rappeler, autant que j'ai pu, les idées de cette catastrophe aux idées de religion et de soumission à Dieu, qui sont les principes de votre vie et de votre retraite. Je vous prie, madame, de vouloir bien intercéder pour moi auprès du maître de toutes nos pensées. Vous me rendrez par là moins indigne de voir mes ouvrages représentés dans votre sainte maison.

J'ai l'honneur d'être avec respect, madame, votre très-humble et très-obéissant serviteur, VOLTAIRE, *gentilhomme ordinaire du roi*.

MCDLVIII. — A M. LE COMTE D'ARGENTAL.

Le 10 juin.

Je n'ai point écrit à mes anges depuis qu'ils m'ont abandonné. Je suis livré aux mauvais génies. Buvez vos eaux tranquillement, charmants malades, pour moi, j'avale bien des calices. Il faut d'abord que vous sachiez que je ne sais plus où j'en suis, quand vous ne me tenez plus par la lisière. Il y a grande apparence qu'on ne pourra venir à bout de *Sémiramis* que quand vous y serez. Comment voulez-vous que je fasse quelque chose de bien et que je réussisse sans vous ? D'ailleurs, me voilà, outre mes coliques, attaqué d'une édition en douze volumes qu'on vend à Paris sous mon nom, remplie de sottises à déshonorer, et d'impiétés à faire brûler son homme. Les Français me persécutent sur terre, les Anglais me pillent sur mer[1].

Ah ! pour *Sémiramis* quel temps choisissez-vous ?

Il y a plus que tout cela, mes adorables anges. Mme du Châtelet a essuyé mille contre-temps horribles sur ce commandement de Lorraine. Il a fallu livrer des combats, et j'ai fait cette campagne avec elle. Elle a gagné la bataille, mais la guerre dure encore. Il faut qu'elle aille, dans quelque temps, à Commercy. Je vais donc aussi à Commercy ; et *Sémiramis*, que deviendra-t-elle ? On ne peut rien faire sans vous. Buvez, mes anges, buvez ; que Mme d'Argental revienne aussi rebon-

---
[1] Voltaire plaçait des fonds sur des vaisseaux en commerce avec Cadix. (Éd.) *Sémiramis*, III, *Acide*, acte I, sc. II. (Éd.)

die que l'abbé de Bernis! que M. de Choiseul rapporte le meilleur estomac du royaume!

Pour vous, mon cher et respectable ami, qui dînez et soupez, et qui n'êtes aux eaux que pour votre plaisir, revenez comme vous y êtes allé; mais, mon Dieu, comment faites-vous dans un pays où on ne peut pas toujours sortir de chez soi à quatre heures? comment vous passez-vous d'opéra et de comédie? Je ne sais nulle nouvelle. Tout est tranquille dans l'Europe, tout l'est encore plus à Versailles. M. le grand-prieur n'est pas mort. Les prières des agonisants lui ont fait beaucoup de bien.

On vous aura sans doute mandé que le diable a paru dans la rue du Four, et qu'on l'a mis en prison. La rue du Four n'est pas philosophe. Pour moi, j'ai le diable dans les entrailles, et mes anges dans le cœur.

Adieu, madame; adieu, messieurs; quand pourrai-je avoir le bonheur de vous revoir? Mille tendres respects.

MCDLIX. — A M. CLÉMENT, RECEVEUR DES TAILLES, A DREUX.

A Versailles, le 11 juin.

Vous m'avez toujours témoigné de l'amitié, monsieur; voici une occasion de m'en donner des marques. Votre intérêt s'y trouve joint au mien. J'apprends qu'on vient d'imprimer en Normandie, les uns disent à Rouen, les autres disent à Dreux, douze volumes, sous le nom de *mes Œuvres*, remplis d'ouvrages scandaleux, de libelles diffamatoires, et de pièces impies qui méritent la plus sévère punition. L'édition est intitulée, d'*Amsterdam, par la compagnie des Libraires*; mais il est démontré qu'elle est faite en Normandie, puisque c'était de là que venait le premier volume, qui contient *la Henriade*, et que j'ai vu vendre publiquement à Versailles, au commencement de cette année. Ce premier volume est précisément le même, sans qu'il y ait une lettre de changée. C'est ce que je viens de vérifier à la hâte. Je n'ai point encore vu les autres tomes; mais j'ai vu votre nom en plus d'un endroit de la table qui est à la tête. Vous voilà assurément en détestable compagnie; on y annonce plusieurs pièces de vous. Il n'est pas douteux, monsieur, que le gouvernement ne procède avec rigueur contre les éditeurs de cette édition abominable, et il y va de mon plus grand intérêt de la supprimer. Vous y êtes intéressé, comme j'ai eu l'honneur de vous le dire d'abord. Le nom d'un honnête homme, d'un père de famille, ne doit pas se trouver avec des ouvrages qui attaquent la probité, la pudeur, et la religion. Je vous demande en grâce de faire tous vos efforts pour savoir où l'on a imprimé et où l'on vend ce scandaleux ouvrage. Vous pourrez être sur la voie par ceux que vous serez à portée de soupçonner d'avoir si indignement abusé de votre nom. Je peux vous assurer que Mme la duchesse du Maine, et tous les honnêtes gens, vous sauront gré d'avoir arrêté cette iniquité. En mon particulier, monsieur, j'en conserverai une reconnaissance qui durera autant que ma vie. Je vous supplie de faire chercher chez les libraires de la province, d'employer vos amis et votre crédit avec votre prudence ordinaire, et de vouloir bien me donner avis de ce que vous aurez pu faire. Ce sera une grâce que je me croirai obligé de reconnaître par le plus tendre attachement et par l'empressement le plus vif à vous servir dans toutes les occasions où vous voudrez bien m'employer. J'ai l'honneur d'être, monsieur, avec les sentiments de l'estime et de l'amitié que vous m'avez inspirés, votre très-humble et très-obéissant serviteur.

MCDLX. — A M. D'ARNAUD.

Juin.

Je vous fais mon compliment, mon cher ami, sur votre emploi[1], et sur l'*Épître à Manon*. Je souhaite que l'un fasse votre fortune, comme je suis sûr que l'autre doit vous faire de la réputation. Il y a des vers charmants, et en grand nombre; mais vous êtes trop aimable pour n'être pas toujours un franc paresseux.

Je vais partir avec un joli viatique; vos vers égayeront mon imagination; je suis vieux et malade, je n'ai plus d'autre plaisir que de m'intéresser à ceux de mes amis. Les *Manon* sont bien heureuses d'avoir des amants et des poëtes comme vous. Je ne vous envie point *Manon*, mais je vous envie les princes de Wurtemberg. Je pars sans avoir pu leur faire ma cour; peut-être, à leur retour, ils passeront chez le roi de Pologne, en Lorraine. Il me semble que c'est leur chemin; en ce cas, je réparerais la sottise que j'ai eue d'être malade, au lieu de leur rendre mes respects. Je vous prie de me mettre à leurs pieds.

Si M. de Montolieu est celui que j'ai vu à Berlin et à Bareuth, je pars désespéré de ne l'avoir point revu.

Adieu, mon cher d'Arnaud; entre les princes et les *Manon*, n'oubliez pas Voltaire. Adieu.

MCDLXI. — A M. LE COMTE D'ARGENTAL.

Le 27 juin.

Je pars demain; je me rapproche d'environ soixante lieues de mon cher et respectable ami. M. l'abbé de Chauvelin peut vous dire des nouvelles d'une répétition de *Sémiramis*, les rôles à la main. Tout ce que je désire, c'est que la première représentation aille aussi bien. Ils me répètent pas *Mérope* avec tant de chaleur. Ils m'ont fait pleurer, ils m'ont fait frissonner. Sarrasin a joué mieux que Baron; Mlle Dumesnil s'est surpassée, etc. Si La Noue n'est pas froid, la pièce sera bien chaude. Elle demande un très-grand appareil. J'ai écrit à M. le duc de Fleuri, à Mme de Pompadour. Il nous faut les secours du roi; mais, mon ange, il nous faut le vôtre. Écrivez bien fortement à M. le duc d'Aumont; mais surtout revenez au plus vite protéger votre ouvrage, et recevoir la fête que je vous donne. Les acteurs seront prêts avant quinze jours. Encore une fois, s'ils jouent comme ils ont répété, M. Romancan leur fera de bonnes recettes. J'ignore encore si je pourrai voir les premières représentations, mais

1. Il venait de remplacer Thieriot, comme agent littéraire de Frédéric. (ÉD.)

vous les verrez. C'est pour vous qu'on joue *Sémiramis*. Portez-vous donc bien, tous mes anges; revenez gros et gras à Paris, et faites réussir votre fête.

Vraiment j'ai bien suivi votre conseil pour cette infâme édition. Les magistrats s'en mêlent, et moi je ne songe qu'à vous plaire. Adieu, madame; adieu, messieurs; tâchez de me prendre en repassant. Mille tendres respects.

MCDLXII. — A M. LE COMTE D'ARGENSON, MINISTRE DE LA GUERRE.

A Commerci, ce 19 juillet.

Voulez-vous bien permettre, monsieur, que je prenne la liberté de vous adresser un gros paquet pour M. le comte de Maillebois? Ceci est du ressort de l'historiographie.

Il me paraît, par tous les mémoires qui me sont passés par les mains, que M. le maréchal de Maillebois s'est toujours très-bien conduit, quoiqu'il n'ait pas été heureux. Je crois que le premier devoir d'un historien est de faire voir combien la fortune a souvent tort, combien les mesures les plus justes, les meilleures intentions, les services les plus réels, ont souvent une destinée désagréable. Bien d'honnêtes gens sont traités par la fortune comme je le suis par la nature; je fais l'impossible pour avoir de la santé, et je ne puis en venir à bout.

Me voici dans un beau palais, avec la plus grande liberté (et pourtant chez un roi), avec toutes mes paperasses d'historiographe, avec Mme du Châtelet, et avec tout cela je suis un des plus malheureux êtres pensants qui soient dans la nature. Je vous trouve heureux si vous vous portez bien: *Hoc est enim omnis homo*[1].

Est-il vrai que mon illustre confrère va incessamment porter ses grâces chez les Suisses? Je n'ai fait que l'entrevoir depuis qu'il est marié et ambassadeur. Ma détestable santé m'a empêché de faire ma cour au père et au fils; on m'a empaqueté pour Commerci, et j'y suis agonisant comme à Paris. M'y voici avec le regret d'être éloigné de vous, sans avoir pu profiter de votre commerce délicieux, et des bontés que vous avez pour moi. Laissez-moi toujours, je vous en prie, l'espérance de passer les dernières années de ma vie dans votre société. Il faut finir ses jours comme on les a commencés. Il y a tantôt quarante-cinq ans que je me compte parmi vos attachés; il ne faut pas se séparer pour rien.

Adieu, monsieur; je voudrais être au-dessus des maux comme vous êtes au-dessus des places; mais on peut être fort heureux sans tracasseries politiques, et on ne peut l'être sans estomac. Comptez qu'il n'y a point de malade qui vous soit plus tendrement et plus respectueusement dévoué que VOLTAIRE.

1. *Ecclésiaste*, chap. XII, v. 13. (ÉD.)

MCDLXIII. — A M. DE LA NOUE,

A l'hôtel des comédiens du roi, faubourg Saint-Germain.

A Commercí, ce 27 juillet.

J'eus l'honneur, monsieur, en partant de Paris, de vous faire tenir le changement qui vous parut convenable dans le rôle d'Assur. Je me flatte que vous avez bien voulu faire porter ce changement sur le rôle et sur la pièce. Permettez-moi de vous demander si vous n'aimeriez pas mieux

Quand sa *puissante* main la ferma sous mes pas.

Sémiramis, acte II, scène IV.

que

Quand son *adroite* main.

Il me semble que ce terme d'*adroite* n'est pas assez noble, et sent la comédie. Je vous prie d'y avoir égard, si vous êtes de mon avis.

J'apprends que M. le duc d'Aumont nous fait donner une décoration digne des bontés dont il honore les arts, et digne de vos talents. Cette distinction, que les auteurs méritent, me rend encore plus timide et plus méfiant sur mon ouvrage. Il serait bien triste de faire dire que le roi a placé sa magnificence et ses bontés sur un ouvrage qui ne les méritait pas. C'est à vous, monsieur, et à vos camarades de réparer par votre art les défauts du mien; vous êtes un grand juge de l'un et de l'autre. Il y a pourtant un point sur lequel j'aurais quelques représentations à vous faire; c'est sur l'idée où vous semblez être que le tragique doit être déclamé un peu uniment. Il y a beaucoup de cas où l'on doit, en effet, bannir toute pompe et tout tragique; mais je crois que, dans les pièces de la nature de celle-ci, la plus haute déclamation est la plus convenable. Cette tragédie tient un peu de l'épique, et je souhaite qu'on trouve que je n'ai point violé cette règle.

Nec Deus intersit, nisi dignus vindice nodus.

Hor., *de Art. poet.*, v. 191

Le cothurne est ici chaussé un peu plus haut que dans les intrigues d'amour, et je pense que le ton de la simplicité ne convient point à la pièce. C'est une réflexion que je soumets à vos lumières, comme je me repose du rôle uniquement sur vos talents. Je vous prie de croire que j'ai l'honneur d'être avec l'estime la plus sincère, etc.

MCDLXIV. — A M. LE COMTE D'ARGENTAL.

A Commercí, le 2 août.

Plus de Cirey, mes chers anges; Mme du Châtelet joue *le Double veuvage*[1] et l'opéra. On ne peut se soustraire un moment à ces importantes occupations. Nous avons représenté au roi de Pologne, comme de raison, qu'il faut tout quitter pour M. et Mme d'Argental. Il a bien été obligé d'en convenir; mais il est jaloux, et il veut que

1. Comédie en prose de Dufrény. (ÉD.)

vous préfériez Commerci à Cirey. Il m'ordonne de vous prier de sa part de venir le voir. Vous serez bien à votre aise; il vous fera bonne chère; c'est le seigneur de château, qui fait assurément le mieux les honneurs de chez lui. Vous verrez son pavillon avec des colonnes d'eau, vous aurez l'opéra ou la comédie, le jour que vous viendrez. Je vois déjà votre philosophie effarouchée; mais, si vous avez quelque idée du roi de Pologne, elle doit s'apprivoiser. Cela serait charmant; c'est votre chemin le plus court; et, si vous voulez m'avertir de votre arrivée, le roi vous enverra probablement un relais, et vous en donnera un autre pour le retour. Votre voyage ne sera pas retardé d'un seul jour. Vous serez les maîtres absolus du temps; vous arriverez à Paris le jour que vous aurez résolu d'y arriver. Voyez ce que vous pouvez faire pour nous. Je vais écrire à M. le duc d'Aumont pour le remercier; mais je vous remercierai bien davantage si vous venez. A propos, on dit que la paix pourrait bien être publiée à la fin de ce mois; cela pourrait fournir quelques spectateurs de plus à *Sémiramis*. Je commence à avoir grand'peur. Je ne serai rassuré que quand vous serez à Paris. Si elle était jouée sans vous, mon malheur serait sûr. Mes adorables anges, venez raisonner de tout cela à Com merci. Bonsoir. Mme du Châtelet joint ses prières aux miennes. Refuserez-vous les rois et l'amitié?

Mille tendres respects à vous deux.

MCDLXV. — A M. L'ABBÉ CHAUVELIN.

A Commerci, ce 12 août.

Je ne sais, monsieur, comment va votre santé; mais j'apprends que vous faites plus de bien à *Sémiramis* que les eaux ne vous en ont fait. Voici, je crois, mes deux anges gardiens de retour à Paris; vous avez donc la bonté de faire le troisième. Je vous rends de très humbles actions de grâces; cela est bien beau de protéger les orphelins. Le père de *Sémiramis* mourrait de peur sans vous. Je défie l'ombre de Ninus d'avoir l'air plus sombre que moi. Je crois q e la peur m'a encore maigri. Je ne reprendrai des forces qu'en cas que j'apprenne que mon enfant se porte bien. Je viendrai assurément vous remercier de la victoire; mais je ne me hasarderai pas d'être présent à une défaite. Quoi qu'il arrive, je serai toute ma vie, monsieur, avec la plus tendre et la plus respectueuse reconnaissance, etc.

MCDLXVI. — A M. LE COMTE D'ARGENTAL.

A Lunéville, le 15 août.

Souffrirez-vous, mon ange gardien, qu'on habille notre ombre de noir, et qu'on lui donne un crêpe comme dans le *Double veuvage*? Mon idée, à moi, c'est qu'elle soit toute blanche, portant cuirasse dorée, sceptre à la main, et couronne en tête. En fait d'ombre, il faut m'en croire; car j'ai l'honneur d'être un peu, et je le suis plus que jamais. Je me flatte que Mme d'Argental ne l'est pas, et qu'elle a rapporté des eaux cette santé brillante, ou du moins ce tour de santé que je lui ai connu. Nous voici actuellement à Lunéville; je pourrai bien venir vous faire ma cour à tous deux, et vous remercier, si vous faites la fortune de *Sémiramis*.

Votre substitut, l'abbé de Chauvelin, me mande que le roi donne une décoration magnifique; chargez-vous, s'il vous plaît, de la plus grande partie de la reconnaissance, car tout cela se fait pour vous; mais n'allons pas être sifflés, avec une dépense royale, et qu'on ne dise pas :

Le faste de votre dépense
N'a point su réparer l'extrême impertinence, etc.

Cette petite distinction va mettre contre moi tout le peuple d'auteurs; et, si je suis sifflé, je n'oserai jamais me présenter devant M. et Mme d'Argental, ni devant le roi. Il n'y a que votre présence à la première représentation qui puisse me rassurer. Vous savez que la fête est pour vous. Je n'y serai pas, mais vous y serez; cela vaut bien mieux.

Adieu, adorables créatures.

MCDLXVII. — AU MÊME.

À Châlons, ce 12 septembre.

Je ne peux vous écrire de ma main, mes divins anges; j'ai la fièvre bien serré à Châlons; je ne sais plus quand je pourrai partir.

On s'est bien plus pressé, ce me semble, de lire *Catilina* que de le faire; mais faudra-t-il que mon ami Marmontel pâtisse de mon impatience, et qu'on ne reprenne pas son pauvre *Denys*, dont il a besoin? Ce serait une extrême injustice, et mes anges ne le souffriront pas. Prault n'est-il pas venu la gueule enfarinée? n'a-t-il pas bien envie d'imprimer *Sémiramis*? mais ne faut-il pas tenir le bec de Prault dans l'eau, afin de prévenir les éditions subreptices dont on me menace continuellement?

Joue-t-on *Sémiramis* les mercredis et les samedis seulement, dans l'effroyable disette de monde où l'on est à Paris? la laisse-t-on aller jusqu'à Fontainebleau?

Au reste, vous parlez de *Zadig*, comme si j'y avais part; mais pourquoi moi? pourquoi me nomme-t-on? Je ne veux avoir rien à démêler avec les romans.

J'ai bien l'air d'être ici malade quelques jours. Vous veillez sur moi, mes anges, de loin comme de près. Je vais mettre un *V* au bas de cette lettre; c'est tout ce que je puis faire, car je n'en peux plus. *V.*

MCDLXVIII. — A MADAME LA COMTESSE D'ARGENTAL.

A la Malgrange, le 6 octobre.

J'ai senti, madame mon ange, ce que c'est que la jalousie. J'ai trouvé un M. de Verdun, qui m'a dit, du premier bond : « J'ai reçu une lettre de Mme d'Argental. » C'est donc un heureux homme que ce M. de Verdun? Eh bien! madame, si je n'ai pas eu le bonheur dont il se vante, j'ai la consolation de vous écrire. Je vous soupçonne d'être à

Paris, M. d'Argental est, dit-il, à Guiscard; mais où est Guiscard'? Voini, madame, une lettre pour cet ange-là, et je vous soumets tout ce que je lui écris. Je ne sais pas plus où adresser ma lettre pour l'abbé de Bernis; permettez que je la mette dans votre paquet. Je ne m'attendais pas à ce nouveau trait de la calomnie; mais *qui plume a guerre a*. Le loyer de nous autres pauvres diables de victimes publiques, c'est d'être honnis et persécutés. Je pardonne à l'envie; elle a raison de me croire heureux; elle sait l'amitié dont vous m'honorez. Si je m'avise de donner jamais une pièce qui ait du succès, je serai infailliblement lapidé. On s'attend ici à une prompte publication de la paix. Paris sera plus méchant et plus frivole que jamais. Si deux ou trois personnes ne soutenaient le bon goût, nous dégringolerions dans la barbarie. Songez à votre santé, madame; je veux vous retrouver avec un appétit désordonné. Je compte vous faire ma cour à Noël. C'est bien tard; mon cœur me le dit. Je vous supplie de détruire dans l'esprit de M. l'abbé de Bernis la ridicule calomnie que je trouve encore plus désagréable que ridicule; c'est l'homme au monde dont je crois mériter le mieux l'amitié, et il s'en faut bien que j'aie rien à me reprocher sur son compte. Permettez-moi, en vous renouvelant mes plus tendres respects, de les présenter à M. de Pont de Veyle et à M. de Choiseul. Mme du Châtelet, qui joue ou l'opéra, ou la comédie, ou à la comète, vous fait mille compliments.

MCDLXIX. — A. M. LE COMTE D'ARGENTAL.

A la Malgrange, le 4 octobre.

Mon cher et respectable ami, voici bien des points sur lesquels j'ai à vous remercier et à vous répondre.

A l'égard des comédiens, Sarrasin m'a parlé avec plus que de l'indécence, quand je l'ai prié, au nom du public, de mettre dans son jeu plus d'âme et plus de dignité. Il y en a quatre ou cinq qui me refusent le salut, pour les avoir fait paraître en qualité d'assistants. La Noue a déclamé contre la pièce beaucoup plus haut qu'il n'a déclamé son rôle. En un mot, je n'ai essuyé d'eux que de l'ingratitude et de l'insolence. Permettez, je vous en prie, que je ne sacrifie rien de mes droits pour des gens qui ne m'en sauraient aucun gré, et qui en sont indignes de toutes façons. Je ne prétends pas hasarder d'offenser l'amour-propre de Mlle Dumesnil, de Mlle Clairon, et de Grandval. Quelques galanteries données à propos ne les fâcheront pas. Le chevalier de Mouhi et d'autres ne doivent pas être oubliés. Qui oblige un corps n'oblige personne. On ne peut s'adresser qu'aux particuliers qui le méritent.

A l'égard de la pièce, je vous jure que je la travaillerai, pour la reprise, avec le peu de génie que je peux avoir, et avec beaucoup de soin. Il est triste qu'on la joue à Fontainebleau, parce que le théâtre est impraticable; mais, si on la joue, je vous supplie d'engager M. le duc d'Aumont à ne pas faire mettre de lustre sur le théâtre. Nous

1. A huit lieues de Compiègne (Oise). (ÉD.)

avons ici l'expérience que le théâtre peut être très-bien éclairé avec des bougies en grand nombre, et des reflets dans les coulisses. Il ne s'agirait, pour exécuter la nuit absolument nécessaire au troisième acte, que d'avoir quatre hommes chargés d'éteindre les bougies dans les coulisses, tandis qu'on abaisserait les lampions du devant du théâtre.

J'en ai écrit à M. de Cindré, mais c'est de M. le duc d'Aumont que j'attends toute sorte de protection grande et petite, et c'est à vous que je la devrai, à vous à qui je dois tout, et dont l'amitié est si active, si indulgente, et si inaltérable.

Je reviens à l'abominable calomnie par laquelle on m'a voulu brouiller avec M. l'abbé de Bernis; elle vient d'un homme [1] qui m'a fait depuis longtemps l'honneur d'être jaloux de moi, je ne sais pas pourquoi, et qui n'aime pas l'abbé de Bernis (je sais bien pourquoi), parce qu'il veut plaire, et que l'abbé de Bernis plaît. Je ne nomme personne, je ne veux me plaindre de personne; je vis dans une cour charmante et tranquille, où toute tracasserie est ignorée; mais je serais pénétré de douleur que M. l'abbé de Bernis me crût capable d'avoir dit une parole indiscrète sur son compte. Je lui écris; mais, ne sachant où adresser ma lettre, je prends la liberté de la mettre dans votre paquet, que j'adresse à Paris, à Mme d'Argental. Adieu, divin ami, mon cher ange gardien; je vous apporterai, à mon retour, de quoi vous amuser.

MCDLXX. — A MARIE LECKZINSKA, REINE DE FRANCE.

Le 10 octobre.

Madame, je me jette aux pieds de Votre Majesté. Vous n'assistez aux spectacles que par condescendance pour votre auguste rang, et c'est un sacrifice que votre vertu fait aux bienséances du monde. J'implore cette vertu même, et je la conjure, avec la plus vive douleur, de ne pas souffrir que ces spectacles soient déshonorés par une satire odieuse qu'on veut faire contre moi, à Fontainebleau, sous vos yeux. La tragédie de *Sémiramis* est fondée, d'un bout à l'autre, sur la morale la plus pure, et par là, du moins, elle peut s'attendre à votre protection. Daignez considérer, madame, que je suis domestique du roi, et, par conséquent, le vôtre; mes camarades, les gentilshommes du roi, dont plusieurs sont employés dans les cours étrangères, et d'autres dans des places très-honorables, m'obligeront à me défaire de ma charge, si j'essuie, devant eux et devant toute la famille royale un avilissement aussi cruel. Je conjure Votre Majesté, par la bonté et par la grandeur de son âme, et par sa piété, de ne pas me livrer ainsi à mes ennemis ouverts et cachés, qui, après m'avoir poursuivi par les calomnies les plus atroces, veulent me perdre par une flétrissure publique. Daigne envisager, madame, que ces parodies satiriques ont été défendues à Paris pendant plusieurs années. Faut-il qu'on les renouvelle pour moi seul, sous les yeux de Votre Majesté? Elle ne souffre pas la médisance dans son cabinet; l'autorisera-t-elle devant toute la cour? Non, madame; votre cœur est trop juste pour ne pas se laisser toucher par

[1] Piron. (*Éd. de Kehl.*)

mes prières et par ma douleur, et pour faire mourir de douleur et de honte un ancien serviteur, et le premier sur qui sont tombées vos bontés. Un mot de votre bouche, madame, à M. le duc de Fleuri et à M. de Maurepas, suffira pour empêcher un scandale dont les suites me perdraient. J'espère de votre humanité qu'elle sera touchée, et qu'après avoir peint la vertu, je serai protégé par elle.

Je suis, etc.

MCDLXXI. — A M. LE COMTE D'ARGENTAL, A PARIS.

A Commerci, le 10 octobre.

Oui, respectable et divin ami; oui, âme charmante, il faudrait que je partisse tout à l'heure, mais pour venir vous embrasser et vous remercier. Je suis ici assez malade, et très-nécessaire aux affaires de Mme du Châtelet. Voici ce que j'ai fait, sur votre lettre.

J'étais dans ma chambre, malingre, et j'ai fait dire au roi de Pologne que je le suppliais de permettre que j'eusse l'honneur de lui parler en particulier. Il est monté sur-le-champ chez moi. Il permet que j'écrive à la reine sa fille une lettre. Elle est faite, et il la trouve très-touchante. Il en écrit une très-forte, et il se charge de la mienne. Ce n'est pas tout, j'écris à Mme de Pompadour, et je lui fais parler par M. Montmartel [1].

J'écris à Mme d'Aiguillon, et j'offre une chandelle à M. de Maurepas. J'intéresse la piété de la duchesse de Villars, la bonté de Mme de Luines, la facilité bienfaisante du président Hénault, que je vous prie d'encourager. Je presse M. le duc de Fleuri; je représente fortement, et sans me commettre, à M. le duc de Gèvres, des raisons sans réplique, et je ne crains pas qu'il montre ma lettre, qu'il montrera; je me sers de toutes les raisons, de tous les motifs, et je mets surtout ma confiance en vous. Je suis bien sûr que vous échaufferez M. le duc d'Aumont; qu'il ne souffrira pas que les scandales qu'il a réprimés pendant six ans se renouvellent contre moi, et qu'il soutiendra son autorité dans une cause si juste; qu'il engagera M. le duc de Fleuri à ne pas abandonner la sienne, et à ne pas souffrir l'avilissement des beaux-arts et d'un officier du roi dans l'affront qu'on veut faire à un ouvrage honoré des bienfaits du roi même.

Mes anges, engagez M. l'abbé de Bernis à ne pas abandonner son confrère, à ne pas souffrir un opprobre qui avilit l'Académie, à écrire fortement, de son côté, à Mme de Pompadour; c'est ce que j'espère de son cœur et de son esprit; et ma reconnaissance sera aussi longue que ma vie. Au reste, je pense que peut-être une des meilleures réponses que je puisse employer est dans les simples corrections que je vous envoie pour *Sémiramis*. J'en ai fait faire une copie générale pour Mlle Dumesnil, qu'elle donnera à Minet [2], et une copie particulière pour chaque acteur. Si vous êtes content, vous et votre aréopage, je me flatte que vous ajouterez à toutes vos bontés celle d'envoyer le paquet à Mlle Dumesnil, à Fontainebleau. J'attends votre arrêt.

1. Le plus jeune des quatre frères Pâris. (ÉD.)
2. Souffleur et copiste de la Comédie-Française. (ÉD.)

A l'égard de l'histoire de ma vie, dont on me menace en Hollande, je vais faire les démarches nécessaires. Je ne laisse pas d'avoir des amis auprès du stathouder; mais, si je ne réussis pas, je mettrai ces deux beaux volumes à côté de *Frétillon*[1], et la canaille ne troublera pas mon bonheur. Des amis tels que vous sont une belle consolation. Le bénéfice l'emporte sur les charges. Mon cher ange, cultivons les lettres jusqu'au tombeau; méritons l'envie et méprisons-la, en faisan pourtant ce qu'il faut pour la réprimer. Adieu, maison charmante o habitent la vertu, l'esprit et la bonté du cœur. Adieu, vous tous qu soupez; moi, qui dîne, je suis bien indigne de vous. Ah! M. de Pon de Veyle, oubliez-vous mes moyeux[2]?

O anges! j'ajoute que je ne doute pas que M. le duc d'Aumont ne soit indigné qu'on vilipende un ouvrage que j'ai donné pour lui comme pour vous, que j'ai fait pour lui, pour le roi et dans la sécurité d'être à l'abri de l'infâme parodie. Il faut qu'il combatte comme un lion et qu'il l'emporte. Représentez-lui tout cela avec cette éloquence persuasive que vous avez.

J'ai écrit à M. Berrier[3], Mme du Châtelet doit vous écrire; elle vous fait les plus tendres compliments. Comme notre cour est un peu voyageuse, je vous prie d'adresser vos ordres à *la cour du roi de Pologne, en Lorraine*. On ne laissera pas de la trouver.

P. S. Je serais très-fâché de passer pour l'auteur de *Zadig*, qu'on veut décrier par les interprétations les plus odieuses, et qu'on ose accuser de contenir des dogmes téméraires contre notre sainte religion. Voyez quelle apparence!

Mlle Quinault, Quinault-comique, ne cesse de dire que j'en suis l'auteur. Comme elle n'y voit rien de mal, elle le dit sans croire me nuire; mais les coquins, qui veulent y voir du mal, en abusent. Ne pourriez-vous pas étendre vos ailes d'ange gardien jusque sur le bout de la langue de Mlle Quinault, et lui dire ou lui faire dire que ces bruits sont capables de me porter un très-grand préjudice? Il faut que vous me défendiez à droite et à gauche. J'attends mille fois plus de vous et de vos amis que de tout ce que je pourrais faire à Fontainebleau. Ma présence, encore une fois, irriterait l'envie, qui aimerait bien mieux me blesser de près que de loin. Le mieux qu'on puisse faire, quand les hommes sont déchaînés, c'est de se tenir à l'écart. Je vous reverrai avant Noël, aimables soupeurs et preneurs de lait. Conservez-moi une amitié précieuse, qui console de tous les chagrins, et qui augmente tous les plaisirs.

MCDLXXII. — AU MÊME.

Ce 11 octobre.

Belles âmes, ces représentations si justes, jointes à la chaleur de vos bons offices et aux mesures que je prends, me donnent lieu d'espérer qu'on parviendra à prévenir l'infamie avec laquelle on veut désho-

---

1. *Histoire de Mlle Crouel dite Frétillon*, pamphlet contre Mlle Clairon, attribué au comte de Caylus et du soi-disant chevalier Gaillard de La Bataille. (ÉD.)
2. Espèce de prunes petites de Franche-Comté. (ÉD.)
3. Lieutenant général de police. (ÉD.)

norer la scène française, la seule digne en Europe d'être protégée. Continuez, mon cher et respectable ami, à défendre ce que vous avez fait réussir; triomphez de la plus lâche cabale que l'on ait suscitée depuis *Phèdre*. Vous ferez beaucoup plus que moi-même. Ma présence animerait mes ennemis, qui voudraient me rendre témoin de l'opprobre qu'ils ont machiné; et, si je ne réussissais pas à faire défendre leur malheureuse satire, je ne serais venu que pour réjouir leur malignité, et pour leur amener leur victime. Je me flatte toujours que M. l'abbé de Bernis ne vous refusera pas d'appuyer mes prières auprès de Mme de Pompadour, et qu'il se déclarera avec force contre les misérables parodies, qu'il regarde comme la honte de notre nation.

Encore une fois, le soin que je prends de rendre *Sémiramis* moins indigne du public éclairé est ma meilleure réponse, est ma meilleure manœuvre. Bien faire, et être secondé par vous, voilà mon évangile. Adieu, mes chers anges, qui présidez à ma Babylone. L'envie à raison de vouloir me perdre, votre amitié me rend trop heureux.

Ce 12 octobre.

Je fais une réflexion. Si la fureur de la cabale, et le plaisir malin attaché à l'humiliation de son prochain, l'emportent sur tant de justes raisons; si on s'obstine à jouer l'infamie à la cour, M. le duc d'Aumont, qui assurément doit en être mortifié, ne peut-il pas différer la représentation de *Sémiramis*? ne pouvez-vous pas même engager très aisément Mlle Dumesnil à exiger de ses camarades un long délai fondé sur cent vers nouvellement corrigés, qu'il faut apprendre? la disposition nouvelle du théâtre de Fontainebleau n'est-elle pas encore un motif pour différer? ne peut-on pas pousser ce délai jusqu'au dernier jour, et, s'il le faut même, ne pas jouer la pièce? Alors on ne pourrait donner la parodie; et ce temps, que nous aurions, servirait non seulement à prendre de nouvelles mesures, mais encore à faire de nouveaux changements pour l'hiver. Alors la pièce serait presque nouvelle, et les Slodtz [1], qui sont prêts à réparer leur honneur en rajustant leurs décorations, donneraient un nouveau cours et un nouveau prix à notre guenille, qui aurait un plein triomphe, tandis que, peut-être *Catilina*...

Mandez-moi si vous jugez à propos que j'écrive à M. le duc d'Aumont en conséquence. Conduisez ma tête et ma main comme mon cœur.

MCDLXXIII. — AU MÊME.

Octobre.

Mme de Pompadour a plus fait que la reine. Elle me fait dire, mon cher et respectable ami, que l'infamie ne sera certainement pas jouée. Je me flatte qu'étant défendue à la cour, elle ne sera pas permise à la ville, et que M. le duc d'Aumont insistera sur une suppression de cinq ou six années, après laquelle il serait bien odieux de renouveler un scandale qu'on a eu tant de peine à déraciner. J'ai écrit deux fois à

ANNÉE 1748.

M. le duc d'Aumont; il s'agirait de mettre M. de Maurepas dans nos intérêts. Empêchons la parodie à Paris comme à la cour. Il faut assurément ôter à la cabale ce misérable sujet d'un si honteux triomphe. Pour réponse à toutes ces tracasseries, je vous enverrai incessamment un nouveau cinquième acte[1]; c'est là le point principal.

Quand mes anges parlent, l'auteur de *Sémiramis* doit se taire. Je reçois dans ce moment un très-beau mémoire de M. le coadjuteur[2], contre les parodies, appuyé d'un mot de M. d'Argental. Je ne peux répondre à présent que par les plus grands remercîments. Je n'épargnerai point assurément mes peines pour mériter des bontés si continues, si vives, et si encourageantes. J'avais encore, par la dernière poste, envoyé de la Malgrange quelques rogatons; mais tenons tout cela pour non avenu, et attendons qu'après avoir travaillé à tête reposée, je vienne travailler sous vos yeux à Paris, vers le milieu de décembre. Les travaux les plus difficiles deviennent des plaisirs quand on a pour critiques des amis si tendres et si éclairés.

Mme du Châtelet vous fait mille tendres compliments, et moi j'attends des moyeux; cela est bien autrement intéressant que *Sémiramis*. Or, dites-moi, respectable ami, si vous êtes content de mon procédé avec M. l'abbé de Bernis. Daignez-vous faire usage des mémoires dont je vous ai assassiné? Pardonnez-moi mes vers, mes mémoires, mes fatigantes importunités, je travaille à mériter d'être toujours gardé par vous; je ne sais si j'en serai digne. Adieu, tous les chers anges gardiens.

MCDLXXIV. — AU MÊME.
A Lunéville, ce 23 octobre.

Voici, mon cher et respectable ami, un gros paquet de Babylone; mais à présent, le point essentiel est d'empêcher la parodie à la ville comme à la cour. J'ai lieu de penser que M. Montmartel m'ayant écrit de la part de Mme de Pompadour, et m'ayant redit ces propres paroles : « Que le roi était bien éloigné de vouloir me faire la moindre peine et que la parodie ne serait certainement pas jouée, » j'ai lieu, dis-je, de me flatter que cette proscription d'un abus aussi pernicieux est pour Paris comme pour Versailles.

Je vais écrire dans cet esprit à M. Berryer; et l'ordre du roi, à Fontainebleau, sera pour lui un nouveau motif de me marquer sa bienveillance, et une nouvelle facilité de se faire entendre aux personnes qui pourraient favoriser encore la cabale qui s'est élevée contre moi. Je suis fâché que M. le duc d'Aumont soit le seul qui ne réponde point à mes lettres, mais je n'en compte pas moins sur sa fermeté et sur la chaleur de ses bons offices, animé par votre amitié. Je vous prie de m'instruire sur tout ce qui se passe de cette affaire, qui m'est devenue très-essentielle.

La reine m'a fait écrire, par Mme de Luines, que les parodies étaient d'usage, et qu'on avait travesti Virgile. Je réponds que ce n'est pas un compatriote de Virgile qui a fait l'*Énéide travestie*, que les

---

1. De *Sémiramis*. (*Éd. de Kehl.*) — 2. L'abbé de Chauvelin. (ED.)

Romains en étaient incapables; que si on avait récité une *Énéide* burlesque à Auguste et à Octavie, Virgile en aurait été indigné; que cette sottise était réservée à notre nation, longtemps grossière et toujours frivole; qu'on a trompé la reine quand on lui a dit que les parodies étaient encore d'usage; qu'il y a cinq ans qu'elles sont défendues; que le théâtre français entre dans l'éducation de tous les princes de l'Europe, et que Gilles et Pierrot ne sont pas faits pour former l'esprit des descendants de saint Louis.

Au reste, si j'ai écrit une capucinade, c'est à une capucine.

Voici, mon divin ange, une autre grâce que je vous demande : c'est de savoir au juste et au plus vite de Mlle Quinault de quel remède elle s'est servie pour faire passer un énorme goître dont elle s'est défaite. Il y a ici une dame beaucoup plus jolie qu'elle qui a un cou extrêmement affligé de cette maladie, et vous rendriez un grand service à elle et à ses amants de nous envoyer la joyeuse recette de la demoiselle Quinault. Ajoutez cette grâce à tant d'autres bontés. Et mes moyeux? ah! monsieur de Pont de Veyle, mes moyeux!

Ce 24.

Le roi de Pologne, qui avait envoyé ma lettre à la reine, et qui en était très-content, a été fort piqué que nos adversaires aient prévalu auprès de la reine, et que ce ne soit pas elle à qui j'aie l'obligation de la suppression de l'infamie. Les mêmes gens qui avaient fait la calomnie sur *Zadig* ont continué sous main leurs bons offices, et le roi de Pologne en est très-instruit. Dites cela à l'abbé de Bernis, et qu'il écrive à Mme de Pompadour pour la suppression de l'infamie à la ville comme à la cour.

MCDLXXV. — À M. D'ARNAUD.

À Lunéville, le 24 octobre.

Mon cher ami, votre lettre sans date me dit que vous m'aimez toujours, et cela ne m'apprend rien; j'ai toujours compté sur un cœur comme le vôtre. Elle m'apprend que Mgrs les princes de Wurtemberg m'honorent de leur souvenir. Je vous prie de leur présenter mes profonds respects et mes tendres remercîments, et de ne pas oublier M. de Montolieu.

Il est vrai que je n'écris guère au roi de Prusse. J'attends que j'aie mis *Sémiramis* au point d'être moins indigne de lui être envoyée. J'ai fait plus de deux cents vers à Lunéville. Il y a quelques années que j'envoyai à Sa Majesté l'esquisse de cette pièce; j'en suis très-honteux et très-fâché. Ce n'est pas un homme à qui on doive présenter des choses informes; c'est un juge qui me fait trembler. Personne sur la terre n'a plus d'esprit et plus de goût, et c'est pour lui principalement que je travaille. Je ne croyais pas pouvoir passer ma vie auprès d'un autre roi que lui, mais ma déplorable santé a encore plus besoin des eaux de Plombières que de la cour de Lunéville. Je compte aller à

1. En 1745, Fougeret de Montbron avait publié *la Henriade travestie*. (Éd.)
2. Les dévots, avec lesquels Maurepas, fort peu croyant, s'entendait secrètement. (Note de M. Clogenson.)

Paris au mois de décembre, et vous y embrasser. Si vous n'étiez pas aussi paresseux qu'aimable, je vous prierais de me mander quelques nouvelles de notre pauvre littérature française. Je vous exhorterai toujours à faire usage de votre esprit pour établir votre fortune. Il n'y a rien que je ne fasse pour vous prouver combien la douceur de vos mœurs, votre goût, et vos premières productions, m'ont donné d'espérances sur vous. Je suis très-fâché de vous avoir été jusqu'ici bien inutile.

VOLTAIRE.

Sans compliment et sans cérémonie.

MCDLXXVI. — A M. LE COMTE D'ARGENTAL.

Lunéville, le 30 octobre.

Je reçois la lettre de mon cher ange, du 18. Vous me dites, mon cher et respectable ami, que la prétention de M. de Maurepas est insoutenable; mais savez-vous qu'en réponse à la lettre la plus respectueuse, la plus soumise, et la plus tendre, il m'a mandé sèchement et durement qu'on jouerait la parodie à Paris, et que tout ce qu'on pouvait faire pour moi était *d'attendre la suite des premières représentations de ma pièce?* Or, cette suite de premières représentations pouvant être regardée comme finie, on peut conclure de la lettre de M. de Maurepas que les Italiens sont actuellement en droit de me bafouer; et, s'ils ne le font pas, c'est qu'ils infectent encore Fontainebleau de leurs misérables farces faites pour la cour et pour la canaille.

M. le duc de Gèvres m'a mandé que les premiers gentilshommes de la chambre ne se mêlaient pas des pièces qu'on joue à Paris. En effet, la permission de représenter tel ou tel ouvrage a toujours été dévolue à la police; et peut-être tout ce que peut faire un premier gentilhomme de la chambre, c'est de faire servir son autorité à intimider des faquins qui joueraient une pièce malgré eux, et à se faire obéir plutôt par mesure que par droit.

Cependant ce que vous me mandez, et la confiance extrême que j'ai en vous, me font suspendre mes démarches. J'allais envoyer une lettre très-forte à Mme de Pompadour, et même un placet au roi, qui n'est pas assurément content à présent de celui[1] qui me persécute. Je supprime tout cela, et je ne m'adresserai au maître que quand je serai abandonné d'ailleurs; mais j'ai besoin de savoir à quoi m'en tenir, et jusqu'à quel point s'étendent les bontés et l'autorité de M. le duc de Fleuri et de M. le duc d'Aumont. Je vous demande en grâce d'écrire sur cela promptement à M. le duc d'Aumont, et de me donner la réponse la plus positive, sur laquelle je prendrai mes mesures. Je serais très-aise de ne pas importuner le roi pour de pareilles sottises, et que la fermeté de M. d'Aumont m'épargnât cet embarras; mais, s'il y a la moindre indécision du côté des premiers gentilshommes de la chambre, vous sentez bien que je ne dois rien épargner, et que je ne dois pas en avoir le démenti.

Vous devez avoir reçu un gros paquet par M. de La Reinière. En

1. Maurepas. (ÉD.)

voici un autre qui n'est pas de la même espèce. Je vous prie de donner au digne coadjuteur un *Panégyrique*[1]; je devrais faire le sien.

Il y en a un aussi pour l'abbé de Bernis. Je n'ai point reçu la lettre dont vous m'aviez flatté de sa part; mais j'espère que, s'il est nécessaire, vous l'encouragerez à écrire bien pathétiquement à Mme de Pompadour contre les parodies, en général, et contre celle de *Sémiramis*, en particulier. Mme de Pompadour est très-disposée à me favoriser, mais il ne faut rien négliger.

Mme du Châtelet promet plus qu'elle ne peut, en parlant d'un voyage prochain. Je le voudrais, mais je prévois qu'il faudra attendre près d'un mois.

Je travaille sous terre pour Mouhi; je vous prie de le lui dire. Grand merci des moyeux. Adieu, mes très-aimables anges.

MCDLXXVII. — AU MÊME.

Le 10 novembre.

Mais mes anges sont donc au diable? Que deviendrai-je? Je n'ai point de leurs nouvelles. Il est trois heures après minuit; je reprends *Sémiramis* en sous-œuvre; je corrige partout, selon que le cœur m'en dit. *Spiritus flat ubi vult*[2].

J'ai été confondu d'une lettre par laquelle M. le duc de Fleuri me marque qu'il a donné ordre qu'on ne jouât la sottise italienne qu'après que *Sémiramis* aurait été jouée à Fontainebleau. C'est encore pis que la lettre de M. de Maurepas. J'en rends compte à M. le duc d'Aumont, et je lui demande qu'au moins, si on persiste à renouveler contre moi le scandale des parodies, on attende, pour jouer la farce des Italiens, que les premières représentations des Français soient épuisées; il me semble qu'on en usait ainsi, quand les parodies avaient lieu, et il n'y a rien de plus juste. Les premières représentations de *Sémiramis* n'ont été interrompues que par le voyage de Fontainebleau, et ne doivent être censées finies qu'après la reprise. Je vous prie d'appuyer ma prière à M. le duc d'Aumont.

Je vous prie aussi d'écrire à Mlle Dumesnil qu'elle retire tous les rôles, afin que j'y corrige environ cent cinquante vers. Il faudra faire une nouvelle copie et de nouveaux rôles, et je me flatte qu'elle vous remettra les rôles et la pièce. Je vous promets bien que je ne la rendrai pas avant le retour de M. de Richelieu, et que je donnerai aux *Catilinistes* tout le temps d'être sifflés.

Crébillon s'est conduit d'une manière indigne dans tout ceci, ou plutôt d'une manière très-digne de sa mauvaise pièce de *Sémiramis* qui n'a pu même être honorée d'une parodie.

Au reste, mandez-moi, je vous en prie, si vous croyez que ce soit à présent le temps de présenter un placet au roi.

L'établissement de Mme du Châtelet à Lunéville ne lui permettra guère de partir avant le mois de décembre. J'attends de vos nouvelles pour me décider. Adieu, mes chers anges; vous êtes mes consolateurs.

1. *Le Panégyrique de Louis XV.* (Éd.)
2. *Spiritus ubi vult spirat.* Évangile de saint Jean, chap. III, v. 8. (Éd.)

MCDLXXVIII. — A M. G. C. WALTHER
19 novembre 1748.

J'ai vu une lettre que vous écrivez à un homme à moi, par laquelle vous lui mandez que vous voulez m'envoyer un service de porcelaine de Saxe. Je suis très-reconnaissant d'une pareille attention, et je vous en fais des remerciments très-sincères. Je vois que vous n'avez pas les sentiments d'un libraire hollandais, et votre procédé renouvelle encore l'envie que j'ai de vous être utile. Je vous destine l'histoire de la guerre présente, que j'aurai achevée dans quelques mois. Mais, en même temps, je vous déclare que je ne veux pas absolument que vous fassiez pour moi la dépense d'un service de porcelaine. Je vous prie très-sérieusement de ne me le pas envoyer. Je recevrai avec plaisir quelques exemplaires de votre édition; c'est bien assez; et si vous m'envoyez autre chose, je vous avertis que je vous renverrai votre présent; vous avez fait assez de dépense pour votre édition. Encore une fois, des exemplaires sont tout ce qu'il me faut, et tout ce que je veux.

MCDLXXIX. — A M. D'ARNAUD, A PARIS.
A Lunéville, le 28 novembre.

Comment! vous savez à qui l'on a donné un paquet, et que c'est M. de Montolieu qui l'a envoyé chez moi! et vous me le mandez exactement! Courage, mon cher ami; vous deviendrez un homme essentiel, un homme d'importance.

Voici quelque chose de peu important que vous pouvez envoyer au roi de Prusse. Il aime ces guenilles-là. C'est une lettre au duc de Richelieu, qu'un homme de vos amis lui a écrite sur la statue qu'on lui élève à Gênes. Cela ne vaut pas le *Cul de Manon*, mais je ne suis plus dans l'âge des Manon. C'est votre affaire; mais je vous assure que je vous aime plus solidement que toutes les Manon de Paris.

Vous êtes mal instruit de l'histoire des histrions; Crébillon a retiré tous ses rôles, les a corrigés, les a rendus, et Grandval attend encore son quatrième et cinquième acte. Il aurait dû retirer aussi l'approbation qu'il a donnée à une plate parodie de *Sémiramis* que le roi a défendue à Fontainebleau. Je me flatte qu'en récompense, *Arlequin* donnera son approbation à *Catilina*. Le bonhomme aurait dû se souvenir qu'on ne put pas seulement parodier sa *Sémiramis*. Je lui pardonne de ne pas aimer la mienne.

Adieu, mon cher ami; il y a dans ce monde très-peu de bons vers et de bonnes gens. Je vous embrasse et je vous aime, parce que vous faites de bons vers, et que vous êtes un bon cœur.

MCDLXXX. — DE FRÉDÉRIC II, ROI DE PRUSSE.
A Potsdam, le 29 novembre.

En vain veux-je vous arrêter;
Partez donc, indiscrète Muse;
Allez vous-même déclamer
Vos vers, que Vaugelas récuse,

Et chez l'Hombre des Français
Étaler l'amas des portraits
Qu'a peints votre verve diffuse.
Quels sont vos étranges exploits!
A-t-on jamais entendu l'âne
Provoquer de sa voix profane
Le chantre aimable de nos bois?

Et vous, babillarde caillette,
Allez, sans raison, sans sujet,
Auprès du plus fameux poëte,
Afin d'exciter sa trompette
Par les sons de mon flageolet.
Partez donc, je n'y sais que faire.
Puisqu'il le faut, voyez, Voltaire,
Le fatras énorme et complet
De mille rimes insensées,
Qui, malgré moi, comme il leur plaît,
Ont défiguré mes pensées;
Mais surtout gardez le secret.

Voilà la façon dont j'ai parlé à ma muse ou à mon esprit; j'y ajoutais encore quelques réflexions. « Voltaire, leur disais-je, est malheureux; un libraire avide de ses ouvrages, ou quelque éditeur familier lui volera un jour sa cassette, et vous aurez le malheur, mes vers, de vous y trouver, et de paraître dans le monde malgré vous; » mais, sentant que cette réflexion n'est qu'un effet de l'amour-propre, j'opinai pour le départ des vers, trouvant, dans le fond, que ces laborieux ouvrages, au lieu de trouver une place dans votre cassette, serviraient mieux dans la tabagie du roi Stanislas. Qu'on les brûle! c'est la plus belle mort qu'ils peuvent attendre. A propos du roi Stanislas, je trouve qu'il mène une vie fort heureuse; on dit qu'il enfume Mme du Châtelet et le gentilhomme ordinaire de la chambre de Louis XV, c'est-à-dire qu'il ne peut se passer de vous deux. Cela est raisonnable, cela est bien. Le sort des hommes est bien différent; tandis qu'il jouit de tous les plaisirs, moi, pauvre fou, peut-être maudit de Dieu, je versifie. Passons à des sujets plus graves. Savez-vous bien que je me suis mis en colère contre vous, et cela tout de bon? Comment pourrait-on ne point se fâcher? car

Du plus bel esprit de la France,
Du poëte le plus brillant,
Je n'ai reçu, depuis un an,
Ni vers, ni pièce d'éloquence.

C'est, dit-on, que Sémiramis
L'a retenu dans Babylone;
Cette nouvelle Tisiphone
Fait-elle oublier des amis?
Peut-être écrit-il de Louis

La campagne en exploits fameuse,
Où, vainqueur de ses ennemis,
Les bords orgueilleux de la Meuse
Arborèrent les fleurs de lis.

Jamais l'ouvrage ne dérange
Un esprit sublime et profond.
D'où vient donc ce silence étrange ?
On dirait qu'un beau jour Caron,
Inspiré par un mauvais ange,
Vous a transporté chez Pluton,
Dans ce manoir funeste et sombre
Où le sot vaut l'homme d'esprit,
D'où jamais ne sortit une ombre,
Où l'on n'aime, ne boit, ni rit.
Cependant un bruit court en ville :
De Paris l'on mande tout bas
Que Voltaire est à Lunéville ;
Mais quels contes ne fait-on pas !
Un instant m'en rappelle mille.

Deux rois, dit-on, sont vos galants ;
L'un roi sans peuple et sans couronne,
L'autre si puissant qu'il en donne
A ses beaux-fils, à ses parents.

Au nombre des rois vos amants
J'en ajouterais un troisième ;
Mais la décence et le bon sens
M'ont empêché depuis longtemps
D'oser vous parler de moi-même.

Malgré ce silence, j'exciterai d'ici votre ardeur pour l'ouvrage. Je ne vous dirai point : « Vaillant fils de Télamon, ranimez votre courage, aujourd'hui que tous vos généreux compagnons sont hors de combat, et que le sort des Grecs dépend de votre bras ; » mais : « Achevez l'histoire de Louis le Grand ; et, ayant eu l'honneur de donner à la France un Virgile, ajoutez-y la gloire de lui donner un Arioste. »

Les nouvelles publiques m'ont mis de mauvaise humeur. Je trouve que, comme vous n'êtes point à Paris, vous seriez tout aussi bien à Berlin qu'à Lunéville. Si Mme du Châtelet est une femme à composition, je lui propose de lui emprunter son Voltaire à gages. Nous avons ici un gros cyclope de géomètre [1] que nous lui engagerons contre le bel esprit ; mais qu'elle se détermine vite. Si elle souscrit au marché, il n'y a point de temps à perdre. Il ne reste plus qu'un œil à notre homme, et une courbe nouvelle, qu'il calcule à présent, pourrait le

---

1. Ce géomètre borgne est Léonard Euler, l'un des plus grands hommes de notre siècle. Il est très-vrai qu'il ne se connaissait pas en vers français (*Ed. de Kehl.*).

rendre aveugle tout à fait, avant que notre marché fût conclu. Faites-moi savoir sa réponse, et recevez en même temps de bonne part les profondes salutations que ma muse fait à votre puissant génie. Adieu.

FRÉDÉRIC.

MCDLXXXI. — A M. MARMONTEL, A PARIS.

A Lunéville, le 15 décembre.

Mon cher ami, voici ce qui m'est arrivé; vous verrez que je ne suis pas heureux. J'étais à la suite du roi de Pologne, dans une de ses maisons de campagne; un paquet, qui, dit-on, contenait des livres, arrive à Lunéville, et, comme il y avait ordre de renvoyer tous les gros paquets qui n'étaient pas contre-signés, on renvoie le paquet à Paris. Je soupçonne que c'était *Denis*, et je sens tout ce que j'ai perdu. Heureusement nous avons ici ce *Denis* si bien écrit, si rempli de belles choses, et si approuvé de tous les gens de goût. Mon cher ami, j'ai été attendri jusqu'aux larmes de votre charmante *Épître*. Elle me fait autant de plaisir que d'honneur; c'est un monument que vous érigez à l'amitié; c'est un exemple que vous donnez aux gens de lettres; c'est le modèle ou la condamnation de leur conduite; jamais le cœur n'a parlé avec plus d'éloquence; c'est le chef-d'œuvre de l'esprit et de la vertu. L'amitié d'un cœur comme le vôtre console de toutes les fureurs de l'envie, et ajoute au bonheur de mes jours. Ce que vous dites sur notre respectable ami Vauvenargues doit bien faire souhaiter d'être de vos amis. Tout ce que je désire, c'est d'hériter des sentiments que vous aviez pour lui. Donnez-moi la part qu'il avait dans votre cœur, voilà ma fortune faite. Je compte vous revoir incessamment, vous embrasser, vous dire à quel point je suis pénétré de l'honneur que vous m'avez fait, et vous jurer une amitié qui durera autant que ma vie. Je parie que je trouverai votre nouvelle tragédie¹ achevée. Je m'imagine que les plaisirs font chez vous les entr'actes un peu longs, et que vous quittez souvent Melpomène pour quelque chose de mieux; mais vous êtes comme les héros qui réunissent les plaisirs et la gloire. Adieu; vous faites la mienne. Je vous embrasse mille fois. Mme du Châtelet est charmée de vos talents, et vous fait ses compliments.

MCDLXXXII. — A M. LE COMTE D'ARGENTAL.

16 décembre.

Enfin je ris aux anges en recevant leur lettre. Vos conseils sont suivis ou plutôt prévenus, et partout j'ai rendu raison de l'inaction forcée d'Assur.

Il me semble que le point dont il s'agit, c'est la clarté. On voit bien nettement qu'Assur est entré dans ce mausolée (fait en labyrinthe, selon l'usage des anciens) par une issue secrète; et l'autre ange, M. Pont de Veyle, doit aimer cette idée-là. On voit par là pourquoi cet Assur n'est pas parvenu plus tôt à l'endroit du sacrifice. Ninias dit qu'il vient d'entendre quelqu'un qui précipitait ses pas derrière lui, dans ce tombeau; autre degré de lumière. Azéma répond : « C'est peut-

1. *Aristomène*, jouée le 30 avril 1749. (ÉD.)

être *votre mère qui a été assez hardie pour envoyer à votre secours dans cet asile inabordable et sacré.* » Ces mots préparent, ce me semble, la terreur, et fortifient le tragique de la catastrophe, loin de le diminuer, puisqu'il se trouve enfin que c'est la reine elle-même qui est venue au secours de son fils.

Assur est donc tout naturellement amené du tombeau sur la scène; et Azéma, se jetant au-devant du coup qu'Assur veut porter à Ninias, augmente la force de l'action, en rend le jeu noble et naturel. Il est absolument nécessaire que cette action se passe sous les yeux et non en récit, et que Ninias commence à apprendre son malheur de la bouche même d'Assur. Si vous êtes contents, madame et messieurs, je le suis aussi, et je me mets à l'ombre de vos ailes.

MCDLXXXIII. — A M. DE CIDEVILLE.

A Loisel, près de Bar, le 24 décembre.

Je ne suis plus qu'un prosateur bien mince,
Singe de Pline, orateur de province,
Louant tout haut mon roi, qui n'en sait rien,
Et négligeant, pour ennuyer un prince,
Un sage ami, qui s'en aperçoit bien.

Vous casanier, dans un séjour champêtre,
Pour des Philis vous me quittez peut-être;
L'amour encor vous fait sentir ses coups.
Heureux qui peut tromper des infidèles!
C'est votre lot. Vous courtisez des belles,
Et moi des rois; j'ai bien plus tort que vous.

Il est vrai, mon cher Cideville, que ma main est devenue bien paresseuse d'écrire, mais assurément mon cœur ne l'est pas de vous aimer. Je suis devenu courtisan par hasard; mais je n'ai pas cessé de travailler à Lunéville. J'ai presque achevé l'histoire de cette maudite guerre qui vient enfin de finir par une paix que je trouve très-glorieuse, puisqu'elle assure la tranquillité publique. Fatigué, excédé de confronter et d'extraire des relations, je n'écrivais plus à mes amis; mais soyez bien sûr qu'en compilant mes rapsodies historiques, je pensais toujours à vous. Je me disais : « Approuvera-t-il cet endroit ? y trouvera-t-il des vérités qui puissent être bien reçues ? n'en ai-je pas dit trop ou trop peu ? » Je vous attends à Paris pour vous montrer tout cela. J'y serai au mois de janvier. Nous allons passer les fêtes de Noël à Cirey, après quoi je compte rester presque tout l'hiver à Paris. J'ignore encore si j'y verrai *Catilina*. On dit qu'on l'a retiré; en ce cas, il faudra bien redonner *Sémiramis*, que j'ai retouchée avec assez de soin, et dont je me flatte que les décorations seront plus magnifiques sous l'empire du maréchal de Richelieu que sous le consulat du duc de Fleuri. J'ai un peu de peine à transporter Athènes dans Paris. Nos jeunes gens ne sont pas Grecs; mais je les accoutumerai au grand tragique, où je ne pourrai.

Adieu; je vous embrasse de tout mon cœur.

MCDLXXXIV. — A M. LE COMTE D'ARGENTAL.

Le 31 décembre.

Je ne suis point étonné de la chute de *Catilina*[1]; l'auteur n'avait pas consulté mes anges. Ce n'est pas avec une cabale, c'est avec des amis éclairés et sévères qu'on fait réussir un ouvrage.

Ce que vous me dites, mon cher et respectable ami, me persuade que *Catilina* ne durera pas longtemps. La cabale veut bien crier, mais elle ne veut pas s'ennuyer, et il n'y a personne qui aille bâiller deux heures, pour avoir le plaisir de me rabaisser. *Sémiramis* est entièrement à vos ordres; elle ne se remontrera que quand vous l'ordonnerez.

Je me conduis, je crois, un peu moins insolemment que Crébillon; il méritait un peu sa chute par tous les petits indignes procédés qu'il a eus avec moi; par la sottise qu'il a faite de mettre son nom au bas des brochures de la canaille qui le louait à mes dépens; par l'approbation qu'il a donnée à la parodie; par la mauvaise grâce avec laquelle il voulait retrancher de mon ouvrage des vers que vous approuviez. On ne peut pas abuser davantage de la misérable place qu'il a de censeur de la police. Sa conduite est cent fois plus mauvaise que celle de sa pièce; mais je ne dis cela qu'à vous, mes anges.

Je suis bien fâché de l'état languissant où est encore Mme d'Argental; je compte lui écrire quand je vous écris. Le digne coadjuteur devrait bien m'envoyer ses remarques sur *Catilina*. Un plan écrit de sa main, avec cette éloquence que je lui connais, amuserait bien Mme du Châtelet dans sa solitude. Nous ne reverrons qu'après les Rois; nous aurons le temps de recevoir de vos nouvelles.

Bonsoir, mes chers anges; je soupire après le moment de vous revoir.

M. de Betz ne marie-t-il pas incessamment sa seconde fille au fils du *Bon Dieu*[2]?

MCDLXXXV. — A M. LE PRÉSIDENT HÉNAULT,

A TABLE AVEC LES ORAGES.

Cirey, ce 3 janvier 1749.

Vous qui de la chronologie
Avez réformé les erreurs;
Vous dont la main cueillit les fleurs
De la plus belle poésie;
Vous qui de la philosophie
Avez sondé les profondeurs;
Malgré les plaisirs séducteurs
Qui partagèrent votre vie;
Hénault, dites-moi, je vous prie,

1. Tragédie de Crébillon. (ÉD.)
2. Choiseul-Beaupré, connu dans la société qu'il fréquentait sous le nom de Choiseul *Bon Dieu*. Le comte de Choiseul, son fils, épousa Marie-Françoise Lallemand de Betz. (ÉD.)

ANNÉE 1749.

>   Par quel art, par quelle magie,
>   Avec tant de succès flatteurs,
>   Vous avez désarmé l'envie, etc.

Voilà, mon illustre et charmant confrère, comment j'avais corrigé le commencement de l'Épître que j'ai eu l'honneur de vous adresser, et j'allais vous l'envoyer, quand j'ai reçu votre lettre. J'ai été très-fâché qu'on eût envoyé des copies de ce petit ouvrage, avant que je susse si le héros de la pièce était content. Et pour comble de disgrâce, les copies avaient été faites par une espèce d'aide de camp qui estropie terriblement les vers. Je ne suis pas tout à fait content de ce commencement; il est plus digne du public que les premiers vers, qui n'étaient que familiers, mais il me semble qu'il n'est pas frappé assez fortement. J'ai bien à cœur que ce petit ouvrage soit bon, et qu'il fasse aller un jour mon nom à côté du vôtre.

Au reste, les personnes qui ont condamné les *soupers* me paraissent indignes de souper; c'est, à mon sens, la critique du monde la plus ridicule. Mais les gens qui ont tort sont presque toujours les plus forts; pour moi qui ne soupe plus, je retranche les *soupers*, même en vers. Mme du Châtelet, à qui je ne donnerai plus mes vers que quand j'y aurai mis la dernière main, vous fait mille compliments. Voulez-vous bien permettre que j'assure Mme du Deffand de mon respect?

Je reçois aussi une lettre de vous, renvoyée de Lunéville à Paris et à Cirey. Je vous remercie de tant de faveurs. Conservez-moi une amitié aussi nécessaire à ma gloire, si j'en ai, qu'au bonheur de ma vie; cette vie est à vous.

On dit que vous logez près de mes confrères les Incurables; je me flatte que vous ne l'êtes pas. Les murs de Thèbes, d'Ilion et de Babylone ne sont plus; mais mon cœur restera inébranlable à la tendre amitié qu'il vous porte.

MCDLXXXVI. — DE STANISLAS, ROI DE POLOGNE, DUC DE LORRAINE ET DE BAR.

Le 9 janvier.

Peut-on s'attendre, mon cher Voltaire, qu'une si maudite cause produise un si bon effet? Je vous fais savoir toute l'horreur de la calomnie, et vous me dites tout ce qui est de plus flatteur pour moi! Il est certain qu'à juger de ce livre¹ par sa noirceur, il doit faire votre panégyrique. L'envie effrénée n'attaquant que le mérite. Je ne saurais cependant, malgré le mépris qu'on doit en avoir, qu'être touché sur tout ce qui regarde votre réputation. Elle m'est chère par l'amitié et la haute estime avec lesquelles je vous suis affectionné. STANISLAS, roi.

MCDLXXXVII. — A FRÉDÉRIC II, ROI DE PRUSSE.

Cirey, janvier.

Le jeune d'Arnaud, qui, par ses mœurs et par son esprit, paraît digne de servir Votre Majesté, me manda, il y a quelque temps, que

1. Le *Voltariana*. (ÉD.)

vous aviez daigné vous souvenir du plus ancien serviteur que vous ayez en France, et de l'admirateur le plus passionné que vous ayez en Europe; mais je ne suis pas né heureux. Je n'ai point reçu les ordres dont Votre Majesté m'honorait; j'étais en Lorraine, à la cour du roi Stanislas. Je sais bien que tous les gens de bon sens demanderont pourquoi je suis à la cour de Lunéville et non pas à celle de Berlin. Sire, c'est que Lunéville est près des eaux de Plombières, et que je vais là souvent pour faire durer encore quelques jours une malheureuse machine dans laquelle il y a une âme qui est toute à Votre Majesté. Je suis revenu de Lunéville à cet ancien Cirey, où vous m'avez donné tant de marques de vos bontés; où nous avons vu votre ambassadeur Kaiserling, dont nous déplorons la mort, et qui vous aimait si véritablement; où nous avons vos portraits en toile et en or, et où nous parlons tous les jours des espérances que vous donniez en ce temps-là et que vous avez tant passées depuis. Enfin, Sire, le courrier qui s'était chargé de votre paquet ne l'a rendu ni à Lunéville ni à Cirey. Je le fais chercher partout, et, en attendant, je vous expose ma douleur. Il n'y a pas d'apparence que le paquet soit perdu; mais il y a tant de contre-temps que probablement je ne l'aurai pas de plus de quinze jours. Soit prose, soit vers, je sens bien la perte que j'ai faite.

J'ai appris que Votre Majesté n'abandonnait pas tout à fait la poésie, et qu'en se donnant à l'histoire, elle se prêtait encore aux fictions. Vous mettez à vous instruire et à instruire les hommes un temps que d'autres perdent à suivre des chiens qui courent après un renard ou un cerf. Vous avez envoyé à M. de Maupertuis des vers charmants. Je vous assure qu'il n'y a aucun de nos ministres qui pût répondre en vers à Votre Majesté, et que tous les conseils des rois de l'Europe, pétris ensemble, ne pourraient pas seulement vous fournir une ode, à moins que milord Chesterfield ne fût du conseil d'Angleterre; encore ne vous donnerait-il que des vers anglais, dont Votre Majesté ne se soucie guère. Pour moi, Sire, qui aime passionnément vos vers, et qui n'en fais plus guère, je me borne à la prose, en qualité de chétif historiographe; je compte les pauvres gens qu'on a tués dans la dernière guerre, et je dis toujours vrai, à plusieurs milliers près. Je démolis les villes de la barrière hollandaise; je donne une vingtaine de batailles qui m'ennuient beaucoup; et, quand tout cela sera fait, je n'en ferai rien paraître; car, pour donner une histoire, il faut que les gens qui peuvent nous démentir soient morts. J'ai vu un temps où Votre Majesté s'amusait à un pareil ouvrage; mais c'était César qui faisait ses *Commentaires*; et moi je suis un commis de ministre, qui extrait, dans les bureaux, les archives vraies ou fausses des malheurs, des sottises et des méchancetés de notre siècle. Si Votre Majesté était curieuse de voir le commencement de ma bavarderie historique, j'aurais l'honneur de lui en envoyer, en la suppliant très-humblement de daigner corriger l'ouvrage de cette main qui écrit comme elle combat. Les maux continuels, auxquels je suis condamné pour ma vie ne m'ont pas permis d'avancer beaucoup ma besogne. L'honneur d'entretenir Votre Majesté quelques heures me fournirait plus de lumières que toutes les pancartes de nos ministres. Mais je suis d'une faiblesse inconcevable, et Berlin est loin des eaux chaudes. Je n'ai plus de ressources que dans l'espérance d'un petit voyage de Votre Majesté aux bains de Charlemagne, votre devancier, ou à quelques autres bains où on étouffe de chaud. En ce cas, je m'empaqueterais pour avoir encore la consolation de voir Frédéric le Grand avant de mourir, et pour rassasier mes yeux et mes oreilles; mais on passe sa vie à souhaiter et à faire le contraire de ce qu'on voudrait faire. On peut bien répondre de ses sentiments, mais il n'y a personne qui puisse dire ce qu'il fera demain. La destinée nous mène et se moque de nous. Ma destinée, Sire, sera de vous être attaché jusqu'au dernier soupir de ma vie, et je lui demande de me permettre de pouvoir voir encore le premier des rois et des hommes. Je lui renouvelle mes très-profonds respects; Mme du Châtelet y joint les siens.

MCDLXXXVIII. — DE STANISLAS, ROI DE POLOGNE, DUC DE LORRAINE ET DE BAR.

Le 19 janvier.

J'ai reçu, mon cher Voltaire, votre lettre avec le manuscrit des *Mensonges imprimés*. Rien de si vrai que ce que vous dites; mais il est trop bon pour servir de réponse au livre imprimé, je crois, au fond de l'enfer. Ainsi je crois qu'il faudrait se servir de l'usage ordinaire de mépriser la noirceur des malhonnêtes gens, et se contenter d'être estimé des gens d'honneur, comme vous l'êtes, ce qui doit faire votre satisfaction. La mienne sera toujours de vous marquer combien je suis votre très-affectionné, STANISLAS, *roi*.

J'embrasse la chère Mme du Châtelet.

MCDLXXXIX. — A M. LE COMTE D'ARGENTAL, A PARIS.

A Cirey, le 21 janvier.

O anges! j'aimerais mieux me jeter dans ce tombeau, que de faire tournoyer Assur alentour, que de faire donner de faux avis, que de replâtrer une conspiration et de la manquer, que de faire venir Assur enchaîné, que de prévenir la catastrophe et de la noyer dans un détail de faits, la plupart forcés, nullement intéressants, et dont l'exposé serait le comble de l'ennui. Un vraisemblable froid et glaçant ne vaut pas un colin-maillard vif et terrible. J'ai fait humainement tout ce que j'ai pu; et, quand on est arrivé aux bornes de son talent, il faut s'en tenir là. Le public s'accoutumera bien vite au colin-maillard du tombeau, quand il sera touché du reste. Voilà une très-petite partie de mes raisons; je remets le reste au bienheureux moment où je serai dans votre ciel.

Je ne sais pas quelles sont les choses essentielles dont il faut que je parle à M. de Richelieu; il nous mande qu'il a proscrit pour jamais les parodies. Je ne sais rien de plus essentiel pour le bon goût. Je voudrais bien être arrivé avec la petite caisse de Bar; mais il faut que Mme du Châtelet règle ses affaires avec son fermier, et que ses forges passent devant *Sémiramis*.

A l'égard des Slodtz, il vaut mieux leur parler le 1er février que de leur envoyer des plans de décorations; et pour vous, mes anges, je voudrais déjà être à vos pieds.

Mme du Châtelet vous fait les plus tendres compliments; elle vient d'achever une préface¹ de son *Newton*, qui est un chef-d'œuvre. Il n'y a personne à l'Académie des sciences qui eût pu faire mieux. Cela fait honneur à son sexe et à la France. En vérité, je suis saisi d'admiration.

Valete, angeli.

MCDXC. — A M. LE PRÉSIDENT HÉNAULT.

Je vous avais déjà mandé, monsieur, que j'étais très-fâché qu'on se fût hâté d'envoyer malgré moi des copies informes de cette petite pièce, qui d'ailleurs a, ce me semble, l'approbation de tous les gens de goût et de bon sens. Je suis encore plus fâché et moins surpris qu'il y ait des hommes assez méchamment bêtes pour trouver à redire qu'on mette parmi les agréments de la vie de bons soupers qu'on donne à la bonne compagnie dont on est les délices et le modèle. La seconde leçon vaut certainement mieux; mais, à votre place, j'aurais laissé subsister la première pour punir les sots. Les caillettes et les imbéciles du bel air, qu'il ne faut jamais écouter ni en fait d'ouvrages d'esprit, ni en autre chose, cherchent à mordre sur tout. Ces honnêtes gens-là ont fait tout ce qu'ils ont pu pour que M. de Richelieu trouvât mauvais que je lui écrivisse comme Voiture écrivait au prince de Condé; mais il n'a pas été leur dupe; et, en vérité, plus je vais en avant, plus je vois qu'il n'y a d'autre parti à prendre que de mépriser les sots discours qu'on ne peut jamais empêcher. Pour moi, je me console de toutes les plates critiques par l'honneur de votre approbation, et de la haine des demi-beaux esprits par l'honneur de votre amitié. Mme du Châtelet pense comme moi. Elle vous fait mille compliments. Elle vient d'achever une préface de *Newton*, qui est un chef-d'œuvre, et qui fait honneur à son sexe et à la France. Elle a résisté avec courage aux impertinences des caillettes, et passera, dans la postérité, pour un génie respectable. Si elle n'avait pas méprisé les mauvaises plaisanteries, elle n'aurait pas fait des choses admirables, que les ricaneurs n'entendront pas.

MCDXCI. — A FRÉDÉRIC II, ROI DE PRUSSE.

A Cirey, le 26 janvier.

Sire, je reçois enfin le paquet dont Votre Majesté m'a honoré, du 29 novembre. Un maudit courrier, qui s'était chargé de ce paquet enfermé très-mal à propos dans une boîte envoyée de Paris à Mme du Châtelet, l'avait porté à Strasbourg, et de là dans la ville de Troyes, où j'ai été obligé de l'envoyer chercher.

Tous les amiraux d'Albion
Auraient eu le temps de nous rendre

1. *Principes mathématiques de la philosophie naturelle.* (ÉD.)

> Les ruines du Cap-Breton,
> Et nous, le temps de les reprendre,
> Pendant que cet aimable don
> De mon Frédéric-Apollon
> A Cirey se faisait attendre.

On revient toujours à ses goûts; vous faites des vers quand vous n'avez plus de batailles à donner. Je croyais que vous vous étiez mis tout entier à la prose;

> Mais il faut que votre génie,
> Que rien n'a jamais limité,
> S'élance avec rapidité
> Du haut du mont inhabité
> Où bâille la Philosophie,
> Jusqu'aux lieux pleins de volupté
> Où folâtre la Poésie.

Vous donnez sur les oreilles aux Autrichiens et aux Saxons, vous donnez la paix dans Dresde, vous approfondissez la métaphysique, vous écrivez les *Mémoires* d'un siècle dont vous êtes le premier homme; enfin, vous faites des vers et vous en faites plus que moi, qui n'en peux plus, et qui laisse là le métier.

Je n'ai point encore vu ceux dont Votre Majesté a régalé M. de Maurepas; mais j'en avais déjà vu quelques-uns de l'*Épître* à votre président des *s s* et des beaux-arts.

> Le neveu de Dugai-Trouin,
> Demi-homme et demi-marsouin

avait déjà fait fortune. Nos connaisseurs disent: « Voilà qui est du bon ton, du ton de la bonne compagnie; » car, Sire, vous seriez cent fois plus héros, nos beaux esprits, nos belles dames, vous sauront gré surtout d'être du bon ton. Alexandre, sans cela, n'aurait pas réussi dans Athènes, ni Votre Majesté dans Paris.

L'*Épître sur la vanité et sur l'intérêt* m'a fait encore plus de plaisir que ce bon ton et que la légèreté des grâces d'une épître familière. Le portrait de l'insulaire,

> Qui de son cabinet pense agiter la terre,
> De ses propres sujets habile séducteur,
> Des princes et des rois dangereux corrupteur, etc.,

est un morceau de la plus grande force et de la plus grande beauté. Ce ne sont pas là des portraits de fantaisie. Tous les travers de notre pauvre espèce sont d'ailleurs très-bien touchés dans cette épître.

> Des fous qui s'en font tant accroire
> Vous peignez les légèretés;
> De nos vaines témérités
> Vos vers sont la fidèle histoire;
> On peut fronder les vanités
> Quand on est au sein de la gloire.

Je croirais volontiers que l'ode *sur la Guerre* est de quelque pauvre citoyen, bon poëte d'ailleurs, lassé de payer le dixième, et le dixième du dixième, et de voir ravager sa terre pour les querelles des rois. Point du tout, elle est du roi qui a commencé la noise, elle est de celui qui a gagné, les armes à la main, une province et cinq batailles. Sire, Votre Majesté fait de beaux vers, mais elle se moque du monde.

Toutefois, qui sait si vous ne pensez pas réellement tout cela quand vous l'écrivez ? Il se peut très-bien faire que l'humanité vous parle dans le même cabinet où la politique et la gloire ont signé des ordres pour assembler des armées. On est animé aujourd'hui par la passion des héros; demain on pense en philosophe. Tout cela s'accorde à merveille, selon que les ressorts de la machine pensante sont montés. C'est une preuve de ce que vous daignâtes m'écrire, il y a dix ans, sur la *Liberté*.

J'ai relu ici ce petit morceau très-philosophique; il fait trembler. Plus j'y pense, plus je reviens à l'avis de Votre Majesté. J'avais grande envie que nous fussions libres; j'ai fait tout ce que j'ai pu pour le croire. L'expérience et la raison me convainquent que nous sommes des machines faites pour aller un certain temps, et, comme il plaît à Dieu. Remerciez la nature de la façon dont votre machine est construite, et de ce qu'elle a été montée pour écrire *l'Épître à Hermotime*.

Le vainqueur de l'Asie, en subjuguant cent rois,
Dans le rapide cours de ses brillants exploits,
Estimait Aristote et méditait son livre.
Heureux si sa raison, plus docile à le suivre,
Réprimant un courroux trop fatal à Clitus,
N'eût par ce meurtre affreux obscurci ses vertus ! etc.

Personne en France n'a jamais fait de meilleurs vers que ceux-là. Boileau les aurait adoptés, et il y en a beaucoup de cette force, de cette clarté, et de cette élégance harmonieuse dans votre *Épître à Hermotime*. Votre Majesté a déjà peut-être lu *Catilina*; elle peut voir si nos académiciens écrivent aussi purement qu'elle.

Sire, grand merci de ce que, dans votre ode sur votre Académie, vous daignez, aux chutes des strophes, employer la mesure des trois petits vers de trois petits pieds ou de six syllabes[1]. Je croyais être le seul qui m'en étais servi; vous la consacrez. Il y a peu de mesures, à mon gré, aussi harmonieuses; mais aussi il y a peu d'oreilles qui sentent ces délicatesses; votre géomètre borgne, dont Votre Majesté parle, n'en sait rien. Nous sommes dans le monde un petit nombre d'adeptes qui nous y connaissons; le reste n'en sait pas plus qu'un géomètre suisse. Il faudrait que tous les adeptes fussent à votre cour.

J'avais en quelque sorte prévenu la lettre de Votre Majesté, en lui parlant de la cour de Lorraine, où j'ai passé quelques mois, entre le roi Stanislas et son apothicaire, personnage plus nécessaire pour moi

---

1. Dans l'ode sur le *Rétablissement de l'Académie*, les sept premiers vers de chaque strophe ont douze syllabes; les trois derniers, six. (*Note de M. Beuchot.*)

que pour son auguste maître, fût-il souverain dans la cohue de Varsovie.

> J'aime fort cette Épiphanie
> Des trois rois que vous me citez;
> Tous trois différents de génie,
> Tous trois de moi très-respectés.
> Louis, mon bienfaiteur, mon maître,
> M'a fait un fortuné destin;
> Stanislas est mon médecin;
> Mais que Frédéric veut-il être?

Vous daignez, Sire, vouloir que je sois assez heureux pour vous venir faire ma cour? Moi! voyager pendant l'hiver, dans l'état où je suis! Plût à Dieu! mais mon cœur et mon corps ne sont pas de la même espèce. Et puis, Sire, pourrez-vous me souffrir? J'ai eu une maladie qui m'a rendu sourd d'une oreille, et qui m'a fait perdre mes dents. Les eaux de Plombières m'ont laissé languissant. Voilà un plaisant cadavre à transporter à Potsdam, et à passer à travers vos gardes! Je vais me tapir à Paris, au coin du feu. Le roi mon maître a la bonté de me dispenser de tout service. Si je me raccommode un peu cet hiver, il serait bien doux de venir me mettre à vos pieds, dans le commencement de l'été; ce serait pour moi un rajeunissement. Mais dois-je l'espérer? Il me reste un souffle de vie, et ce souffle est à vous. Mais je voudrais venir à Berlin avec M. de Séchelles, que Votre Majesté connaît : elle en croirait peut-être plus à un intendant d'armée, qui parle gras et qui m'a rendu le service de faire arrêter, à Bruxelles, la nommée Desvignes, laquelle était encore saisie de tous les papiers qu'elle avait volés à Mme du Châtelet, et dont elle avait déjà fait marché avec les coquins de libraires d'Amsterdam. Votre Majesté pourrait très-aisément s'en informer. Je vous avoue, Sire, que j'ai été très-affligé que vous ayez soupçonné que j'eusse pu rien déguiser. Mais si les libraires d'Amsterdam sont des fripons à pendre, le grand Frédéric, après tout, doit-il être fâché qu'on sache, dans la postérité, qu'il m'honorait de ses bontés? Pour moi, Sire, je voudrais n'avoir jamais rien fait imprimer; je voudrais n'avoir écrit que pour vous, avoir passé tous mes jours à votre cour, et passer encore le reste de ma vie à vous admirer de près. J'ai fait une très-grande sottise de cultiver les lettres pour le public. Il faut mettre cela au rang des vanités dangereuses dont vous parlez si bien¹; et, en vérité, tout est vanité, hors de passer ses jours auprès d'un homme tel que vous.

Faites comme il vous plaira, mais mon admiration, mon très-profond respect, mon tendre attachement, ne finiront qu'avec ma vie.

MCDXCII. — A M. DARGET.

A Cirey, ce 26 janvier 1749.

M. d'Arnaud a dû vous mander ce qui est arrivé à votre paquet. J'espère que si Sa Majesté daigne m'honorer de quelques nouveaux or-

1. Dans l'Épître sur la gloire et l'intérêt. (ÉD.)

dres, on prendra de meilleures précautions pour me les faire tenir; au reste, d'Arnaud est un garçon très-aimable, fort attaché au roi votre maître, et il n'y a nullement de sa faute dans le retardement qui m'a privé un mois entier de la lettre de Sa Majesté et de la vôtre. Je crois que notre président retourne cet hiver dans votre charmante cour. Un homme qui a été au pôle peut bien aller à Berlin au mois de janvier. Les aigles voyagent dans toutes les saisons; mais un pauvre petit pinson qui ne bat plus que d'une aile, se niche dans un trou de muraille. Je suis si étonné d'être en vie, que cela me paraît quelquefois fort plaisant. Il est vrai que j'ai eu la force d'aller à la cour du roi Stanislas, qui s'est établi mon premier médecin, et qui est voisin des eaux de Plombières. Mais je ferai plutôt le voyage de saint Paul au troisième ciel, que celui de Berlin pendant l'hiver. Tout le feu du génie du grand Frédéric ne me réchaufferait pas, et je serais mort en arrivant, auquel cas je ne profiterais point du tout des agréments de ce voyage. Je dirai à bien plus juste titre qu'Horace :

Quamque dabas ægro, dabis ægrotare timenti,
Mæcenas, veniam.

Et je dirai encore avec lui : *Cum zephyris et hirundine prima*; encore Horace était gros et gras, et Rome était plus près de Tibur que Paris de Berlin. Il ne me reste qu'à faire des vœux pour que Sa Majesté daigne me conserver en été les mêmes bontés qu'en hiver. Je vous assure, et vous le croirez aisément, que ce voyage ferait le charme de ma vie. Je donnerais assurément la préférence à votre cour sur les bains de Plombières. Vespasien guérit un aveugle en le touchant, comme chacun sait. Le grand Frédéric, qui vaut assurément mieux que Vespasien, me guérirait une oreille très-sourde, en daignant me parler, et remettrait un peu de feu dans mon âme. Je vais, en attendant, passer l'hiver à Paris, au coin du feu terrestre. Je vous supplie, monsieur, de vouloir bien rendre compte à Sa Majesté de mes désirs et de ma misère. J'ai vu cette édition de Dresde : les libraires allemands ne sont pas des fripons comme ceux de Hollande; mais ils impriment bien incorrectement; toutes ces éditions-là ne sont bonnes qu'à jeter au feu. Il y a trop de livres; de quoi me suis-je avisé d'en grossir le nombre ? *Qui bene latuit, bene vixit.* Je voudrais *latere* à Berlin.

Adieu, monsieur; conservez-moi, je vous en supplie, une amitié qui me console des libraires. Je vous prie de vouloir bien présenter mes hommages aux personnes de votre cour, qui daignent se souvenir de moi; je compte toujours sur votre bienveillance, et j'ai l'honneur d'être bien véritablement, etc.

MCDXCIII. — DE STANISLAS, ROI DE POLOGNE, DUC DE LORRAINE
ET DE BAR.

À Lunéville, le 21 janvier.

Je vous suis redevable, mon cher Voltaire, des compliments du roi de Prusse, et de ceux que vous lui avez faits de ma part. Notre gent est d'accord sur votre sujet, et je suis bien flatté d'avoir les mêmes sentiments qu'un prince que j'aime et estime beaucoup. C'est à vous à partager les vôtres entre nous, sans exciter notre jalousie.

Je voudrais, à tel prix que ce soit, que la malheureuse *comète* vous amusât plus favorablement qu'elle n'a fait, et qu'il n'y ait rien qui vous ennuie à Lunéville. Ma troupe de qualité de la comédie, qui surpasse celle de profession, y suppléera.

Je crains que l'*original* du *héros* que vous voulez copier dans le roman soit romanesque en effet. Je ne me fie pas à la favorable prévention que vous avez pour lui. Si ce que vous imaginez d'avantageux en sa faveur est une fiction, rien de si réel qu'il est bien sensible à votre attachement et à votre amitié. Vous voilà donc, je crois, à Paris, sans que je puisse encore dire quand j'y serai. C'est le séjour de Mme l'infante qui me règlera. Je vous renvoie vos deux pièces. *Memnon* m'a endormi bien agréablement, et j'ai vu, dans un profond sommeil, que la sagesse n'est qu'un songe. Je suis de tout mon cœur à vous.

STANISLAS, *roi*.

MCDXCIV. — DU MÊME.

Le 5 février.

Ce n'est pas *Memnon* qui m'ennuie, mon cher Voltaire, c'est votre sciatique. Je désire avec impatience d'apprendre que vous en soyez quitte. Nous mangeons vos bonbons tout notre soûl. Vos soins à nous les envoyer en font la plus agréable douceur. À la place de cela, je vous envoie le *Philosophe chrétien*[1], qui a été continué depuis votre départ. Memnon dira bien qu'il y a de la folie de vouloir être sage; mais, du moins, il est permis de se l'imaginer. Ce *Philosophe* ne mérite pas un moment de votre temps perdu pour le parcourir, mais il connaît votre indulgence pour se présenter devant vous. Faites-lui donc grâce en faveur du bonheur qu'il cherche, et que vous lui procurerez, si vous le jugez digne de vous occuper un moment. Je vous embrasse de tout mon cœur.

STANISLAS, *roi*.

MCDXCV. — DE FRÉDÉRIC II, ROI DE PRUSSE.

A Potsdam, le 13 février.

Je reçois avec plaisir deux de vos lettres à la fois; avouez-moi que ce grand envoi de vers vous a paru assez ridicule. Il me semble que c'est Thersite qui veut faire assaut de valeur contre Achille. J'espérais qu'à vos lettres vous joindriez une critique des pièces, comme vous en usiez autrefois, lorsque j'étais habitant de Remusberg, où le pauvre Kaiserling, que je regrette et que je regretterai toujours, vous admirait. Mais Voltaire, devenu courtisan, ne sait donner que des louanges; le métier en est, je l'avoue, moins dangereux. Ne pensez pas cependant que ma gloire poétique se fût offensée de vos corrections; je n'ai point la fatuité de présumer qu'un Allemand fasse de bons vers français.

La critique douce et civile
Pour un auteur est un grand bien;

1. Par le roi Stanislas. (ÉD.)

> Dans son amour-propre imbécile,
> Sur ses défauts il ne voit rien.
> Ce flambeau divin qui l'éclaire
> Blesse à la vérité ses yeux,
> Mais bientôt il n'en voit que mieux ;
> Il corrige, il devient sévère.
> Qui tend à la perfection,
> Limant, polissant son ouvrage
> Distingue la correction
> De la satire et de l'outrage.

Ayez donc la bonté de ne point m'épargner ; je sens que je pourrai faire mieux, mais il faut que vous me disiez comment.

Ne pensez-vous pas que de bien faire des vers est un acheminement pour bien écrire en prose ? le style n'en deviendrait-il pas plus énergique, surtout si l'on prend garde de ne point charger la prose d'épithètes, de périphrases, et de tours trop poétiques ?

J'aime beaucoup la philosophie et les vers. Quand je dis philosophie, je n'entends ni la géométrie ni la métaphysique. La première, quoique sublime, n'est point faite pour le commerce des hommes ; je l'abandonne à quelque rêve creux d'Anglais ; qu'il gouverne le ciel comme il lui plaira, je m'en tiens à la planète que j'habite. Pour la métaphysique, c'est, comme vous le dites très-bien, un ballon enflé de vent. Quand on fait tant que de voyager dans ce pays-là, on s'égare entre des précipices et des abîmes ; et je me persuade que la nature ne nous a point faits pour deviner ses secrets, mais pour coopérer au plan qu'elle s'est proposé d'exécuter. Tirons tout le parti que nous pouvons de la vie, et ne nous embarrassons point si ce sont des mobiles supérieurs qui nous font agir, ou si c'est notre liberté. Si cependant j'osais hasarder mon sentiment sur cette matière, il me semble que ce sont nos passions et les conjonctures dans lesquelles nous nous trouvons qui nous déterminent. Si vous voulez remonter *ad priora*, je ne sais point ce qu'on en pourra conclure. Je sens bien que c'est ma volonté qui me fait faire des vers, tant bons que mauvais, mais j'ignore si c'est une impulsion étrangère qui m'y force ; toutefois lui devrais-je savoir mauvais gré de ne pas mieux m'inspirer.

Ne vous étonnez point de mon *Ode sur la Guerre*, ce sont, je vous assure, mes sentiments. Distinguez l'homme d'État du philosophe, et sachez qu'on peut faire la guerre par raison, qu'on peut être politique par devoir, et philosophe par inclination. Les hommes ne sont presque jamais placés dans le monde selon leur choix ; de là vient qu'il y a tant de cordonniers, de prêtres, de ministres, et de princes mauvais.

> Si tout était bien assorti
> Sur ce ridicule hémisphère,
> L'ouvrier, quittant son outil,
> Serait amiral ou corsaire ;
> Le roi, peut-être charbonnier ;
> Le général, un maltôtier ;

Le berger, maître de la terre;
L'auteur, un grand foudre de guerre;
Mais rassurons-nous là-dessus,
Chacun conservera sa place;
Le monde va par ses vieux us;
Et jusqu'à la dernière race
On y verra mêmes abus.

A propos de vers, vous me demandez ce que je pense de la tragédie de Crébillon. J'admire l'auteur de *Rhadamiste*, d'*Électre* et de *Sémiramis*, qui sont de toute beauté; et le *Catilina* de Crébillon me paraît l'*Attila* de Corneille, avec cette différence que le moderne est bien au-dessus de son prédécesseur pour la fabrique des vers. Il paraît que Crébillon a trop défiguré un trait de l'histoire romaine, dont les moindres circonstances sont connues. De tout son sujet, Crébillon ne conserve que le caractère de Catilina. Cicéron, Caton, la république romaine, et le fond de la pièce, tout est si fort changé et même avili, que l'on n'y reconnaît rien que les noms. Par cela même Crébillon a manqué d'intéresser ses auditeurs. Catilina y est un fourbe furieux que l'on voudrait voir punir, et la république romaine, un assemblage de fripons pour lesquels on est indifférent. Il fallait peindre Rome grande, et les supports de sa liberté aussi généreux que sages et vertueux; alors le parterre serait devenu citoyen romain, et aurait tremblé avec Cicéron sur les entreprises audacieuses de Catilina. De plus, il n'y a aucun endroit où le projet de la conjuration soit clairement développé; on ignore quel était le véritable dessein de Catilina, et il me semble que sa conduite est celle d'un homme ivre. Vous aurez remarqué encore que les interlocuteurs varient à chaque scène; il semble qu'ils n'y viennent que pour faire changer de dialogue à Catilina. On peut retrancher de la pièce, sans y rien changer, Lentulus et les ambassadeurs gaulois, qui ne sont que des personnages inutiles, pas même épisodiques. Le quatrième acte est le plus mauvais de tous; ce n'est qu'un persiflage; et, dans le cinquième acte, Catilina vient se tuer dans le temple, parce que l'auteur avait besoin d'une catastrophe. Il n'y a aucune raison valable qui l'amène là; il semble qu'il devait sortir de Rome, comme fit effectivement le vrai Catilina.

Ce n'est que la beauté de l'élocution et le caractère de Catilina qui soutiennent cette pièce sur le théâtre français. Par exemple, lorsque Catilina est amoureux, c'est comme un conjuré rempli d'ambition doit l'être.

C'est l'ouvrage des sens, non le faible de l'âme.
Acte I, scène 1.

Quelle force n'y a-t-il pas dans ces caractères rapides de Cicéron et de Caton :

Timide, soupçonneux, et prodigue de plaintes! etc.
Acte I, scène III.

En un mot, cette pièce me paraît un dialogue divinement rimé.

Souvenez-vous cependant que *la critique est aisée, et que l'art est difficile*.

Je n'ai compté vous revoir que cet été; si cela se peut, et que vous fassiez un tour ici au mois de juillet, cela me fera beaucoup de plaisir. Je vous promets la lecture d'un poëme épique[1] de quatre mille vers ou environ, dont Valori est le héros; il n'y manque que cette servante qui alluma dans vos sens des feux séditieux que sa pudeur sut réprimer vivement. Je vous promets même des belles plus traitables. Venez sans dents, sans oreilles, sans yeux, et sans jambes, si vous ne le pouvez autrement; pourvu que ce je ne sais quoi, qui vous fait penser et qui vous inspire de si belles choses, soit du voyage, cela me suffit. Je recevrai volontiers les fragments des campagnes de Louis XV, mais je verrai avec plus de satisfaction encore la fin du *Siècle de Louis XIV*. Vous n'achevez rien, et cet ouvrage seul ferait la réputation d'un homme. Il n'y a plus que vous de poëte français, et que Voltaire et Montesquieu qui écrivent en prose. Si vous faites divorce avec les Muses, à qui sera-t-il désormais permis d'écrire, ou, pour mieux dire, de quel ouvrage moderne pourra-t-on soutenir la lecture ?

Ne boudez donc point avec le public, et n'imitez point le dieu d'Abraham, d'Isaac et de Jacob, qui punit les crimes des pères jusqu'à la quatrième génération. Les persécutions de l'envie sont un tribut que le mérite paye au vulgaire. Si quelques misérables auteurs clabaudent contre vous, ne vous imaginez pas que les nations et la postérité en seront les dupes. Malgré la vétusté des temps, nous admirons encore les chefs-d'œuvre d'Athènes et de Rome; les cris d'Eschine n'obscurcissent point la gloire de Démosthène; et, quoi qu'en dise Lucain, César passe et passera pour un des plus grands hommes que l'humanité ait produits. Je vous garantis que vous serez divinisé après votre mort. Cependant ne vous hâtez pas de devenir dieu; contentez-vous d'avoir votre apothéose en poche, et d'être estimé de toutes les personnes qui sont au-dessus de l'envie et des préjugés, au nombre desquelles je vous prie de me compter.

MCDXCVI. — A Frédéric II, roi de Prusse.

Paris, le 17 février.

Sire, ce n'est pas le tout d'être roi, et d'être un grand homme dans une douzaine de genres, il faut secourir les malheureux qui vous sont attachés. Je suis arrivé à Paris paralytique, et je suis encore dans mon lit. Vespasien guérit bien un aveugle[2]; vous valez mieux que lui. Pourquoi ne me guéririez-vous pas? Je n'ai encore trouvé rien qui me fît plus de bien que les vraies pilules de Stahl, et nous n'en avons à Paris que de mal contrefaites. Je vois bien que tout mon salut est à Berlin. Votre Majesté me dira peut-être que le roi Stanislas est mon médecin, et elle me renverra à lui. Eh bien ! Sire, je prends le roi Stanislas pour mon médecin, et le roi de Prusse pour mon sauveur.

Je supplie Votre Majesté de daigner m'envoyer une livre des vraies

---

1. La Palladion. (ÉD.) — 2. Voy. Suétone, *Vespasien*, cap. vii. (ÉD.)

pilules de Stahl. Elle peut ordonner qu'on me les adresse par la poste, sous l'enveloppe de M. de La Reinière, fermier général des postes de France, si elle n'aime mieux m'envoyer ce petit restaurant par les sieurs Mettra, comme elle le faisait autrefois.

Mettez-moi, Sire, en état de pouvoir vous faire ma cour au commencement de cet été. Ce serait ce voyage-là qui me donnerait encore quelques années de vie. Je viendrais ranimer, auprès de mon soleil, le feu de mon âme qui s'éteint.

> Le flambeau du fils de Japet
> Et la fontaine de Jouvence
> Feraient sur moi bien moins d'effet
> Que deux jours de votre présence.

Recevez, Sire, avec votre bonté ordinaire, l'attachement, le profond respect, l'admiration de votre ancien serviteur, de votre ancien protégé, de celui dont l'âme a toujours été à genoux devant la vôtre.

MCDXCVII. — DE STANISLAS, ROI DE POLOGNE, DUC DE LORRAINE ET DE BAR, A MADAME LA MARQUISE DU CHATELET ET A VOLTAIRE.

Le 17 février.

A madame la marquise du Châtelet. — Je vous rends mille grâces, ma chère marquise, du compte que vous me rendez de ce que vous faites. J'envie le bonheur de tous les lieux où vous vous trouvez. J'espère avoir le plaisir de vous rejoindre immédiatement après Pâques; Mme l'infante m'en donnera le temps. Jusqu'à ce moment le carême me deviendra bien mortifiant. J'ai réfléchi sur ce que M. d'Argenson[1] vous a dit. Si vous ne faites rien avant mon arrivée, je crois que la gloire me reviendra, quand j'y serai, d'effectuer ce qu'on vous a promis. Du moins j'y emploierai tous mes soins, et tout l'empressement que vous me connaissez pour tout ce qui vous intéresse. Soyez-en, je vous en conjure, persuadée, car, en vérité, je suis de tout mon cœur votre très-affectionné,
STANISLAS, *roi*.

A M. de Voltaire. — P. S. Je n'ai pas le temps, mon cher Voltaire, de vous écrire aujourd'hui. Je me réduis à cette apostille pour vous dire que je viens d'exécuter ce que vous avez demandé au *philosophe*[2] par sa bonne amie, et de vous embrasser cordialement.

A madame du Châtelet. — Oserais-je vous prier de pouvoir me servir de vous pour témoigner à M. de Richelieu combien j'ai pris part à son expédition de Gênes, et à son avancement[3]? Cela me vaudra plus dans son amitié que tous les compliments que je lui aurais pu faire à cette occasion.

1. Le comte d'Argenson, ministre de la guerre. Mme du Châtelet, quelques semaines auparavant, lui avait écrit afin d'obtenir, en Lorraine, une lieutenance de roi pour son fils, alors à Gênes. (ÉD.)
2. Stanislas lui-même, auteur du *Philosophe chrétien*. (ÉD.)
3. Richelieu avait été créé maréchal de France le 11 octobre 1748. (ÉD.)

MCDXCVIII. — A M. L'ABBÉ D'OLIVET.

Tuum tibi mitto Ciceronem quem relegi ut barbari Crebillonii scelus expiarem. Te precor mihi *Semiramidem* mandare cum tuis animadversionibus. Timeo ne tempus me deficiat. Hanc comoediam *Semiramidem* requirunt, quod reverendi patris de Nivelle comoedia non placuerit. Sed die et nocte operam dabo ut consiliis tuis possim opus meum perficere.

MCDXCIX. — DE FRÉDÉRIC II, ROI DE PRUSSE.

De Potsdam, le 5 mars.

Il y a de quoi purger toute la France avec les pilules que vous me demandez, et de quoi tuer vos trois académies. Ne vous imaginez pas que ces pilules soient des dragées; vous pourriez vous y tromper. J'ai ordonné à Darget de vous envoyer de ces pilules qui ont une si grande réputation en France, et que le défunt Stahl faisait faire par son cocher; il n'y a ici que les femmes grosses qui s'en servent. Vous êtes, en vérité, bien singulier de me demander des remèdes, à moi qui fus toujours incrédule en fait de médecine.

> Quoi! vous avez l'esprit crédule
> A l'égard de vos médecins,
> Qui, pour vous dorer la pilule,
> N'en sont pas moins des assassins!
> Vous n'avez plus qu'un pas à faire,
> Et je vois mon dévot Voltaire
> Nasiller chez les capucins.

Faites ce que vous pourrez pour vous guérir; il n'y a de vrai bien en ce monde que la santé; que ce soient les pilules, le séné, ou les clystères, qui vous rétablissent, peu importe; les moyens sont indifférents, pourvu que j'aie encore le plaisir de vous entendre, car il ne sera plus possible de vous voir; vous devez être tout à fait invisible à présent.

> Malgré la Sorbonne plénière,
> J'avais fermement dans l'esprit
> Que l'homme n'est qu'une matière
> Qui naît, végète, et se détruit;
> De cette opinion qu'on blâme
> Je reconnais enfin les torts;
> Car j'admire votre belle âme,
> Et je ne vous crois plus de corps.

Je vous envoie encore une épître [1] qui contient l'apologie de ces pauvres rois contre lesquels tout l'univers glose, en enviant cent fois leur fortune prétendue. J'ai d'autres ouvrages que je vous enverrai successivement; c'est mon délassement que de faire des vers. Si je pèche du côté de l'élocution, du moins trouverez-vous des choses dans mes épîtres, et point de ce paralogisme vain, de cette crème fouettée qu'

1. *L'Apologie des rois*, épître à Darget. (ÉD.)

n'étale que des mots et point de pensées. Ce n'est qu'à vous autres, Virgiles et Horaces français, qu'il est permis d'employer cet *heureux choix de mots harmonieux*, cette variété de tours, de passer naturellement du style sérieux à l'enjoué, et d'allier les fleurs de l'éloquence aux fruits du bon sens.

Nous autres étrangers, qui ne renonçons pas pour notre part à la raison, nous sentons cependant que nous ne pouvons jamais atteindre à l'élégance et à la pureté que demandent les lois rigoureuses de la poésie française. Cette étude demande un homme tout entier; mille devoirs, mille occupations, me distraient. Je suis un galérien enchaîné sur le vaisseau de l'État, ou comme un pilote qui n'ose ni quitter le gouvernail, ni s'endormir, sans craindre le sort du malheureux Palinure. Les Muses demandent des retraites et une entière égalité d'âme dont je ne peux presque jouir. Souvent, après avoir fait trois vers, on m'interrompt; ma muse se refroidit, et mon esprit ne se remonte pas facilement. Il y a de certaines âmes privilégiées qui font des vers dans le tumulte des cours, comme dans les retraites de Cirey, dans les prisons de la Bastille comme sur des paillasses en voyage; la mienne n'a pas l'honneur d'être de ce nombre; c'est un ananas qui porte dans des serres, et qui périt en plein air.

Adieu; passez par tous les remèdes que vous voudrez, mais surtout ne trompez pas mes espérances, et venez me voir. Je vous promets une couronne nouvelle de nos plus beaux lauriers, une fillette pucelle à votre usage, et des vers en votre honneur.

MD. — DE STANISLAS, ROI DE POLOGNE, DUC DE LORRAINE ET DE BAR.

Le 15 mars.

Je serais, mon cher Voltaire, au désespoir, si je me trouvais aussi embarrassé à répondre à vos sentiments pour moi, qu'à la production de votre incomparable génie; car il n'y a ni vers ni prose qui soient capables de vous exprimer combien je suis sensible à tout ce que vous me dites. Toute mon éloquence est au fond de mon cœur. C'est par son langage que vous connaîtrez ma façon de m'expliquer pour vous marquer ma reconnaissance de la part que vous avez prise à ma légère incommodité, et pour vous assurer combien je suis de tout mon cœur à vous.   STANISLAS, roi.

MDI. — À FRÉDÉRIC II, ROI DE PRUSSE.

A Paris, le 17 mars.

Sire, cet éternel malade répond à la fois à deux lettres de Votre Majesté. Dans votre première, vous jugez de la conduite de *Catilina* avec ce même esprit qui fait que vous gouvernez bien un vaste royaume, et vous parlez comme un homme qui connaît à fond les gens qui gouvernaient autrefois le monde, et que Crébillon a défiguré. Vous aimez *Rhadamiste* et *Électre*. J'ai la même passion que vous, Sire; je regarde ces deux pièces comme des ouvrages vraiment tragiques, malgré leurs défauts, malgré l'amour d'Itys et d'Iphianasse, qui gâtent et qui refroidissent un des beaux sujets de l'antiquité, malgré l'amour d'Arsame, malgré beaucoup de vers qui pèchent contre la langue et contre la poésie. Le tragique et le sublime l'emportent sur tous ces défauts; et qui sait émouvoir sait tout. Il n'en est pas ainsi de *Sémiramis*. Apparemment Votre Majesté ne l'a pas lue. Cette pièce tomba absolument; elle mourut dans sa naissance, et n'est jamais ressuscitée; elle est mal écrite, mal conduite, et sans intérêt. Il me sied mal peut-être de parler ainsi, et je ne prendrais pas cette liberté, s'il y avait deux avis différents sur cet ouvrage proscrit au théâtre. C'est même parce que cette *Sémiramis* était absolument abandonnée que j'ai osé en composer une. Je me garderais bien de faire *Rhadamiste* et *Electre*.

J'aurai l'honneur d'envoyer bientôt à Votre Majesté ma *Sémiramis*, qu'on rejoue à présent avec un succès dont je dois être content. Vous la trouverez très-différente de l'esquisse que j'eus l'honneur de vous envoyer il y a quelques années. J'ai tâché d'y répandre toute la terreur du théâtre des Grecs, et de changer les Français en Athéniens. Je suis venu à bout de la métamorphose, quoique avec peine. Je n'ai guère vu la terreur et la pitié, soutenues de la magnificence du spectacle, faire un plus grand effet. Sans la crainte et sans la pitié, point de tragédies. Sire, voilà pourquoi *Zaïre* et *Alzire* arrachent toujours des larmes, et sont toujours redemandées. La religion, combattue par les passions, est un ressort que j'ai employé, et c'est un des plus grands pour remuer les cœurs des hommes. Sur cent personnes, il se trouve à peine un philosophe, et encore sa philosophie cède à ce charme et à ce préjugé qu'il combat dans le cabinet. Croyez-moi, Sire, tous les discours politiques, tous les profonds raisonnements, la grandeur, la fermeté, sont peu de chose au théâtre; c'est l'intérêt qui fait tout, et sans lui il n'y a rien. Point de succès dans les représentations, sans la crainte et la pitié; mais point de succès dans ces cabinet, sans une versification toujours correcte, toujours harmonieuse, et soutenue de la poésie d'expression. Permettez-moi, Sire, de dire que cette pureté et cette élégance manquent absolument à *Catilina*. Il y a dans cette pièce quelques vers nerveux; mais il n'y en a jamais dix de suite où il n'y ait des fautes contre la langue, ou dans lesquels cette élégance ne soit sacrifiée.

Il n'y a certainement point de roi dans le monde qui sente mieux le prix de cette élégance harmonieuse que Frédéric le Grand. Qu'il se ressouvienne des vers où il parle d'Alexandre, son devancier, dans une épître morale, et qu'il compare à ces vers ceux de *Catilina*, il verra s'il retrouvera dans l'auteur français le même nombre et la même cadence qui sont dans les vers d'un roi du Nord, qui m'étonnèrent. Quand je dis qu'il n'y a point de roi qui sente ce mérite comme Votre Majesté, j'ajoute qu'il y a aussi peu de connaisseurs à Paris qui aient plus de goût, et aucun auteur qui ait plus d'imagination.

Votre *Apologie des rois* a un autre mérite que celui de l'imagination; elle a la profondeur, la vérité et la nouveauté.

J'étais occupé à corriger une ancienne *Épître sur l'égalité des condi-*

tions, et je faisais quelques vers précisément sur le même sujet, lorsque j'ai reçu votre *Épître à Darget*. J'effleurais en passant ce que vous approfondissez.

Votre Majesté a bien raison de dire que je ne trouverai ni clinquant ni *crème fouettée*, dans cet ouvrage. C'est le chef-d'œuvre de la raison. Elle est remplie d'images vraies et bien peintes. Ne me dites pas, Sire, que je vous parle en *courtisan*; quand il s'agit de vers, je ne connais personne. Je révère, comme je le dois, Frédéric le Grand, qui a délivré son royaume des procureurs, et qui a donné la paix dans Dresde; mais je parle ici à mon confrère en Apollon.

Je ne suis pas sévère sur la rime, mais je ne peux passer la rime d'*ennuis et soucis*.

On ne se sert du mot *desservir* que pour une chapelle, un bénéfice. On ne l'emploie pas même pour la messe; car on dit *servir* la messe, et non pas *desservir* ; ainsi,

...............Les différents emplois
Qui *desservent* la cour, les finances, les lois,

est une expression vicieuse; mais elle est aisée à corriger.

Et lorsque dans les fers on pense l'enchaîner,
Il s'échappe, et revient hardiment vous braver.

Braver et *enchaîner* ne riment pas. Il faudrait *captiver*. *Enchaîner dans les fers* est un pléonasme; *enchaîner* seul suffit.

On ne dit point *faire l'or* ; on dit *faire de l'or*, comme on dit *cuire du pain, faire du velours, bâtir des maisons*, et non *cuire le pain, faire le velours, bâtir les maisons*, à moins que ce *les* ne se rapporte à quelque chose qui précède ou qui suit. D'ailleurs, en vers, il y a toujours plus de mérite à faire entendre les choses connues qu'à les nommer. Molière, par exemple, dans le style même familier, au lieu de faire dire à un de ses personnages *vous faites de l'or apparemment*, le fait parler ainsi :

Vous avez *donc* trouvé cette bénite pierre
Qui peut seule enrichir tous les rois de la terre [1].

Dans un des plus beaux morceaux de cette épître excellente, vous dites, *la haine embrasée !* Ce mot est impropre. La haine peut embraser des villes, et même des cœurs; mais la personne de la Haine ne peut être *embrasée*. Elle est ardente, étincelante, implacable, funeste, etc.

Privilégiés est de cinq syllabes, et non de quatre; et c'est un mot dont les syllabes sourdes et maigres déplaisent à l'oreille. Il ne doit point entrer dans la poésie.

Tout trafic est rompu. On rompt un traité. On interrompt, on arrête, on ruine, on fait languir un trafic. D'ailleurs le *trafic d'honneur et de droiture* est une expression qui veut dire la *mauvaise foi*

[1] Molière, *les Fâcheux*, acte III, scène III. (ÉD.)

Votre intention est de dire, *tout commerce d'honneur est détruit;* or *trafic* est un terme qui signifie *vendre son honneur;* et c'est précisément le contraire que vous entendez. Si vous dites :

Tout commerce est détruit d'honneur et de droiture,

ou quelque chose de semblable, cette faute ne subsistera plus.

Un monarque insensible et presque inanimé,
D'un marbre dur et blanc doit bien être estimé.

Il semble par cette construction que le monarque doive être estimé par un marbre dur et blanc. On peut aisément corriger cette faute.

Vous voyez que je ne suis pas si *courtisan,* et que je vous dis la vérité, parce que vous en êtes digne. C'est avec la même sincérité que je vous dirai combien j'admire cette épître, la sagesse qui y règne, le tour aisé et agréable, les vers bien frappés, les transitions heureuses, tout l'art d'un homme éloquent, et toute la finesse d'un homme dont l'esprit est supérieur. Vous êtes le seul homme sur la terre qui sachiez employer ainsi votre peu de loisir. C'est Achille qui joue de la flûte en revenant de battre les Troyens. Les Autrichiens valent bien les troupes de Troie, et votre lyre est bien au-dessus de la flûte d'Achille.

Voilà une lettre bien longue, pour être adressée à un roi, et pour être écrite par un malade; mais vous me ranimez un peu. Votre génie et vos bontés font sur moi plus d'effet que les pilules de Stahl.

J'ai pris la liberté de demander à Votre Majesté de ces pilules, parce qu'elles m'ont fait du bien; je ne crois que faiblement aux médecins, mais je crois aux remèdes qui m'ont soulagé. Le roi Stanislas me donnait de bonnes pilules de votre royaume, à Lunéville. Il y a un peu d'insolence à faire de deux rois ses apothicaires, mais ils auront la bonté de me le pardonner.

Si la nature traite mon individu, cet été, comme cet hiver, il n'y a pas d'apparence que j'aie la consolation de me mettre encore aux pieds de l'immortel et de l'universel Frédéric le Grand. Mais, s'il me reste un souffle de vie, je l'emploierai à venir lui faire ma cour. Je veux voir encore une fois au moins ce grand homme. Je vous ai aimé tendrement, j'ai été fâché contre vous; je vous ai pardonné, et actuellement je vous aime à la folle. Il n'y a jamais eu de corps si faible que le mien, ni d'âme plus sensible. J'ose enfin vous aimer autant que je vous admire.

Une fille pucelle ou non pucelle! Vraiment c'est bien là ce qu'il me faut! J'ai besoin de fourrure en été, et non de fille. Il me faut un bon lit, mais pour moi tout seul, une seringue, et le roi de Prusse.

Je me porte trop mal pour envoyer des vers à Votre Majesté; mais en voici qui valent mieux que les miens. Ils sont d'un capitaine dans les gardes du roi Stanislas; ils sont adressés au prince de Beauvau. L'auteur, nommé Saint-Lambert, prend un peu ma tournure, et l'embellit. Il est comme vous, Sire, il écrit dans mon goût. Vous êtes tous

deux mes élèves en poésie; mais les élèves sont bien supérieurs, pour
l'esprit, au pauvre vieux maître poète.
Songez combien vous devez avoir de bontés pour moi, en qualité de
mon élève dans la poésie, et de mon maître dans l'art de penser.

MDII. — A M. LE MARQUIS D'ARGENSON.

A Paris, le 18 mars.

Je vous envoie donc, monsieur, la copie de la lettre d'un prince qui
a autant d'esprit que vous, et dont je souhaite que le cœur vaille le
vôtre. Je vous demande en grâce de me la renvoyer et de n'en laisser
prendre aucune copie. Recommandez surtout le secret à M. de Valori;
il ne faut publier ni les faveurs des femmes ni celles des rois.

Permettez-moi seulement de me vanter des vôtres, et de m'honorer
toute ma vie de vos bontés.

Les personnes[1] qui vous ont ôté le ministère protégent *Catilina*,
cela est juste.

Brûlez ma lettre, et daignez continuer à m'aimer.

MDIII. — A FRÉDÉRIC II, ROI DE PRUSSE.

A Versailles, ce 19 avril.

Sire, vous vous plaignez que je vous traite avec trop de douceur. Il
est vrai que je ne dis pas de duretés à Votre Majesté; mais, quand je
loue et que je cite ce qui m'a paru bon dans les ouvrages qu'elle daigne
me communiquer, n'est-ce pas vous dire la vérité, n'est-ce pas vous
prier de la chercher et de la sentir vous-même? Ne pouvez-vous pas
comparer ces beaux morceaux avec les autres? N'est-ce pas à celui qui
les a faits d'en apercevoir la différence?

Par exemple, ce morceau, dans votre *Épître à Son Altesse royale
Mme la margrave de Bareuth*[2], est excellent, et vous devez, en le
relisant, vous rendre à vous-même ce témoignage:

« Il n'est rien de plus grand, *dans ton sort glorieux*,

(il faudrait pourtant un hémistiche moins faible)

Que ce vaste pouvoir de faire des heureux,
Ni rien de plus divin, dans ton beau caractère,
Que cette volonté toujours prête à les faire, »

Osait dire à César ce consul orateur
Qui de Ligarius se rendit protecteur.
Et c'est à tous les rois qu'il paraît encor dire :
« Pour faire des heureux vous occupez l'empire;
Astres de l'univers, votre éclat est pour vous;
Mais de vos doux rayons l'influence est pour nous. »

Vous devez sentir que, dans tous ces vers, la rime, la césure, le
nombre, ne coûtent rien au sens, que la netteté de la construction en

1. **Louis** XV et Mme de Pompadour. (ÉD.) — 2. *Sur l'usage de la fortune.* (ÉD.)

augmente la force. Les deux derniers surtout sont admirables. Je ne crois pas que Votre Majesté doive trouver mauvais que j'aie lu ce morceau singulier au roi Stanislas, qui, au moins, fait de la prose, et à la reine sa fille. Elle en a été bien étonnée. Ce ne sont pas là des vers de roi, ce sont des vers du roi des poëtes. Voilà comment il en faut faire. Une douzaine de vers dans ce goût marquent plus de génie et font plus de réputation que cent mille vers médiocres. D'ailleurs, je n'en laisse point tirer de copie, et jamais aucun des vers que vous m'avez daigné envoyer n'a couru, mais ceux-ci mériteraient d'être sus par cœur.

Voilà donc des pièces de comparaison que vous vous êtes faites vous-même. Voilà votre poids du sanctuaire. Pesez à ce poids tous les vers que vous ferez, et surtout avant que d'en envoyer à nos ministres[1]; et soyez bien sûr, Sire, qu'ils ne s'intéressent pas tant à ce petit avantage, aux charmes de ce talent, et à votre personne, que moi, et que je me connais mieux en vers qu'eux.

Quand vous avez fait un morceau aussi parfait que celui que je viens de vous citer, ne sentez-vous pas, Sire, dans le fond de votre cœur, combien cet art des vers est difficile? Je vous en crois convaincu; mais si vous ne l'étiez pas, je vous prierais de relire votre lettre à Darget, que je renvoie à Votre Majesté soulignée et chargée de notes. Ne croyez pas que j'aie tout remarqué. Dites-vous à vous-même tout ce que je ne vous dis point. Examinez ce que j'ose vous dire, et puis, Sire, si vous l'osez, accusez-moi d'en user avec trop de douceur.

Pourquoi vous parlé-je aujourd'hui si franchement? pourquoi vous fais-je des critiques si détaillées? pourquoi dorénavant vous traiterai-je durement (si cela ne déplaît pas à la majesté)? c'est que vous en êtes digne; c'est que vous faites en effet des choses excellentes; je ne dis pas excellentes pour un homme de votre rang, qu'on loue d'ordinaire comme on loue les enfants; je dis excellentes pour le meilleur de nos académiciens. Vous avez un prodigieux génie, et ce génie est cultivé. Mais si, dans l'heureux loisir que vous vous êtes procuré avec tant de gloire, vous continuez à vous occuper des belles-lettres, si cette passion des grandes âmes vous dure, comme je l'espère, si vous voulez vous perfectionner dans toutes les finesses de notre langue et de notre poésie, à qui vous faites tant d'honneur, il faudrait que vous eussiez la bonté de travailler avec moi deux heures par jour, pendant six semaines ou deux mois; il faudrait que je fisse avec Votre Majesté des remarques critiques sur nos meilleurs auteurs. Vous m'éclaireriez sur tout ce qui est du ressort du génie, et je ne vous serais pas inutile sur ce qui dépend de la mécanique, et sur ce qui appartient au langage, et surtout aux différents styles. La connaissance approfondie de la poésie et de l'éloquence demande toute la vie d'un homme. Je n'ai fait que ce métier, et, à l'âge de cinquante-cinq ans, j'apprends encore tous les jours. Ces occupations vaudraient bien des

1. **Frédéric** avait envoyé des vers à Maurepas. (Éd.)

parties de jeu, ou des parties de chasse. Les amusements de Frédéric le Grand doivent être ceux de Scipion.

Si vous me permettiez alors d'entrer dans les détails, j'ose croire que vous conviendriez que la *Sémiramis* ancienne, dont Votre Majesté me parle, ne vaut rien du tout, et que le public, qui jamais ne s'est trompé à la longue ni sur les rois ni sur les auteurs, a eu très-grande raison de la réprouver. Et pourquoi l'a-t-il condamnée unanimement? C'est que l'amour d'une mère pour son fils, cet amour qui brava les remords, est révoltant, odieux. L'amour de Phèdre avait besoin de remords, dans Euripide et dans Racine, pour trouver grâce, pour intéresser. Comment voulez-vous donc qu'on supporte l'amour d'une mère, quand d'ailleurs il joint à l'horreur d'un inceste dégoûtant, la fadeur des expressions d'un amour de ruelle, jointe à un style toujours dur et vicieux? Qu'est-ce qu'un Bélus qui parle toujours des dieux et de vertu, en faisant des actions de malhonnête homme? Quelle conspiration que la sienne! Comme elle est embrouillée et peu vraisemblable! comme le roman sur lequel tout cela est bâti est mal tissu, obscur et puéril! Enfin quelle versification! Voilà, Sire, les raisons qui justifient notre public, depuis trente ans que cette pièce fut donnée. Comment pouvez-vous soupçonner qu'une cabale ait fait tomber cet ouvrage? Tous les rois de la terre ne seraient pas assez puissants pour gouverner, pendant trente ans, le parterre de Paris. Passe pour quelques représentations. On ne s'acharne point contre Crébillon, en disant ainsi, avec tout le monde, que ce qui est mauvais est mauvais. On lui rend justice, comme quand on loue les très-belles choses qui sont dans *Électre* et dans *Rhadamiste*. Je parle de lui avec la même vérité que je parle de Votre Majesté à vous-même.

Ne croyez pas non plus que, dans notre Académie, nous nous reprochions sans cesse nos incorrections. Nous avons trouvé très-peu de fautes contre la pureté de la langue dans Racine, dans Boileau, dans Pascal; et ces fautes, qui sont légères, ne dérobent rien à l'éloquence, à la noblesse, à la douceur du style. L'Académie de la Crusca a repris beaucoup de fautes dans le Tasse; mais elle avoue qu'en général le style du Tasse est fort bon.

Je ne parlerai ici de moi que par rapport à mes fautes. J'en ai laissé échapper beaucoup de ce genre, et je les corrige toutes. Car actuellement je m'occupe à revoir toute l'édition de Dresde. Je change souvent des pages entières, afin de n'être pas indigne du siècle dans lequel vous vivez.

J'ai eu, en dernier lieu, une attention scrupuleuse à écrire correctement ma dernière tragédie; cependant, après l'avoir revue avec sévérité, j'avais encore laissé trois fautes considérables contre la langue, que l'abbé d'Olivet m'a fait corriger.

La difficulté d'écrire purement dans notre langue ne doit pas vous rebuter. Vous êtes parvenu, Sire, au point où beaucoup d'habitants de Versailles ne parviendront jamais. Il vous reste peu de pas à faire. Vous avez arraché les épines, il ne vous coûtera guère de cueillir les roses; et votre puissant génie triomphe des petits détails comme des grandes choses. Mais j'ai bien peur que vous n'alliez cueillir des lauriers aux dépens des Russes, au lieu de cultiver en paix ceux du Parnasse. Votre Majesté ne m'a point envoyé l'épître à *M. Algarotti*. Je crois qu'à la place on a mis dans le paquet une seconde copie de celle à *M. Darget*.

Je me mets aux pieds de Votre Majesté.

MDIV. — AU CARDINAL QUERINI.

Parigi, 22 aprile.

Ho ricevuto l'onore della sua lettera del 17 marzo, coi bellissimi versi che sono per me un nuovo cumulo di favore, di gloria, ed un nuovo stimolo che m'instigherebbe a correre più allegramente nella strada della virtù, se la mia debole salute non ritardasse il mio corso, e non fosse per infiacchire le mie piccole forze. Non posso credere che cotali versi sieno tutti composti da un giovane suo parente, et mi viene un piccolo dubbio, che Vostra Eminenza gli abbia dato un poco di ajuto. Dirò seriosamente, e con riverenza ed ammirazione ciò che dice Giunone da scherzo, o piuttosto con un amaro rimprovero :

Egregiam vero laudem, et spolia ampla refertis,
Tuque, puerque tuus.
Æn., lib. IV, v. 73.

E dirò ancora al nipote :

Avunculus excitat Hector
Æn., lib. III, v. 343.

Spero di ricevere, fra pochi giorni, il piego accennato nella di lei amabile lettera. Intanto le do avviso che ho presa la libertà di mandarle un piego per la via di Venezia, non sapendo allora che Vostra Eminenza fosse per andarsene a Roma. Questo piego contiene una piccola dissertazione intorno l'opinione volgare che pretende tutto il nostro globo esser stato spesso rovesciato e fracassato, e che asserisce le balene aver nuotato durante molti secoli sulla cima dell' Alpi. Credo io che la terra sia stata sempre come fu creata (li 150 giorni del diluvio in fuori).

Gli esemplari che ho mandati a Vostra Eminenza le capiteranno in Roma, e le saranno rimandati da Brescia. O che commercio! Mi cumula ella di perle e d'oro, e gli mando io contraccambio sciocccherie; ma, se i miei tributi sono leggieri, non è così frale il mio ossequio, et la mia costante ammirazione.

Sarò sempre coll' umiltà più rispettosa, e colle più ardenti brame del mio cuore, etc.

MDV. — A M. MARMONTEL.

Mercredi au soir.

Voici votre second triomphe, mon cher ami, dans un art bien difficile. Vous en avez deux autres par devers vous à l'Académie. Je vous avertis que je quitte ma place, si je n'ai pas, à la première occasion, le bonheur de vous avoir pour confrère. Je suis arrivé à Paris trop tard pour être témoin de vos succès. La première chose que j'ai faite a été de m'en informer, et la seconde, de vous dire que j'y suis aussi sensible que vous-même. Quelle joie pour notre cher Vauvenargues, s'il vivait! J'ai relu son livre¹ à Versailles; c'était bien là le germe d'un grand homme que les sots ne connaîtront pas. *Vale.*

MDVI. — À MADAME LA COMTESSE D'ARGENTAL
Ce vendredi, mat.

Cela n'est pas vrai, madame, vous ne pouvez pas être malade. On n'écrit point de si jolis billets quand on souffre. J'ai bien peur pourtant que cela ne soit trop vrai, et j'en suis au désespoir. Je viendrai ce soir, mort ou vif, savoir de vos nouvelles. Je travaille, mes chers et adorables anges, à mériter un peu tout ce que vous me dites de charmant.

Zaïre-Nanine-Gaussin sort de chez le moribond, qu'elle n'a point rappelé à la vie, toute jolie qu'elle est. Elle jouera Zaïre et puis Bevidera; point de *Sémiramis.* J'attendrai, et j'aurai plus de temps pour y mettre la dernière main, si jamais on peut mettre la dernière main à un ouvrage qu'on veut rendre digne des anges de ce monde.

J'ai fait cent vers à *Nanine*, mais je me meurs.

MDVII. — A M. MARMONTEL.
Vendredi au soir, mat.

« Je suis très-reconnaissant de l'honneur que me veut faire M. Marmontel. Je ne crains que le nom qu'il veut mettre à la tête de son ouvrage. On dit qu'il a eu le plus grand succès. Je vous en fais mon compliment à tous deux. »

Ces paroles sont tirées de l'épître de M. le maréchal de Richelieu, libérateur de Gênes, et grand trompeur de femmes, mais essentiel pour les hommes, écrite aujourd'hui, de Marli, à votre ami Voltaire.

Ayez la bonté, mon cher et aimable ami, de lui écrire un petit mot de douceur que vous enverrez chez moi, et que je lui ferai tenir. Il n'y a point de plaisirs purs dans la vie. Je ne pourrai voir demain le second jour de votre triomphe. Je suis obligé d'accompagner Mme du Châtelet toute la journée, pour des affaires qui ne souffrent aucun délai. Si vous recevez ma lettre ce soir, vous pourrez m'envoyer votre poulet pour M. de Richelieu, que je ferai partir sur-le-champ. *Te amo, tua fucor, te diligo, te plurimum*, etc.

MDVIII. — A FRÉDÉRIC II, ROI DE PRUSSE.
A Paris, le 15 mai.

J'aurai l'honneur d'être purgé
De la main royale et chérie
Qu'on vit, bravant le préjugé,
Saigner l'Autriche et la Hongrie.

Grand prince, je vous remercie
Des salutaires petits grains

1. *L'Introduction à la connaissance de l'esprit humain.* (B.D.)

Qu'avec des vers un peu malins
Me départ votre courtoisie.

L'inventeur de la poésie,
Ce dieu que si bien vous servez,
Ce dieu dont l'esprit vous domine,
Fut aussi, comme vous savez,
L'inventeur de la médecine.

Mais vous avez, aux champs de Mars,
Fait connaître à toute la terre
Que ce dieu qui préside aux arts
Est maître dans l'art de la guerre.

C'est peu d'avoir, par maint écrit,
Étendu votre renommée;
L'Autriche à ses dépens apprit
Ce que vaut un homme d'esprit
Qui conduit une bonne armée.

Il prévoit d'un œil pénétrant;
Il combine avec prud'homie;
Avec ardeur il entreprend;
Jamais sot ne fut conquérant,
Et pour vaincre il faut du génie.

Je crois actuellement Votre Majesté à Neiss ou à Glogau, faisant quelques bonnes épigrammes contre les Russes. Je vous supplie, Sire, d'en faire aussi contre le mois de mai, qui mérite si peu le nom de printemps, et pendant lequel nous avons froid comme dans l'hiver. Il me paraît que ce mois de mai est l'emblème des réputations mal acquises. Si les pilules dont Votre Majesté a honoré ma caducité peuvent me rendre quelque vigueur, je n'irai pas chercher les chambrières de M. de Valori; l'espèce féminine ne me ferait pas faire une demi-lieue; j'en ferais mille pour vous faire encore ma cour. Mais je vous prie de m'accorder une grâce qui vous coûtera peu; c'est de vouloir bien conquérir quelques provinces vers le midi, comme Naples et la Sicile, ou le royaume de Grenade et l'Andalousie. Il y a plaisir à vivre dans ces pays-là, où l'on a toujours chaud. Votre Majesté ne manquerait pas de les visiter tous les ans, comme elle va au grand Glogau, et j'y serais un courtisan très-assidu. Je vous parlerais de vers ou de prose sous des berceaux de grenadiers et d'orangers, et vous ranimeriez ma verve glacée; je jetterais des fleurs sur les tombeaux de Kaiserling et du successeur de Lacroze, que Votre Majesté avait si heureusement arraché à l'Église pour l'attacher à votre personne; et je voudrais comme eux mourir, mais fort tard, à votre service; car, en vérité, Sire, il est bien triste de vivre longtemps loin de Frédéric le Grand.

MDIX. — De Frédéric II, roi de Prusse.

Le 16 mai.

Voilà ce qui s'appelle écrire. J'aime votre franchise; oui, votre critique m'instruit plus en deux lignes que ne feraient vingt pages de louanges.

Ces vers, que vous avez trouvés passables, sont ceux qui m'ont le moins coûté. Mais quand la pensée, la césure, et la rime, se trouvent en opposition, alors je fais de mauvais vers, et je ne suis pas heureux en corrections.

Vous ne vous apercevez pas des difficultés qu'il me faut surmonter pour faire passablement quelques strophes. Une heureuse disposition de la nature, un génie facile et fécond, vous ont rendu poëte sans qu'il vous en ait rien coûté; je rends justice à l'infériorité de mes talents; je nage dans cet océan poétique avec des joncs et des vessies sous les bras. Je n'écris pas aussi bien que je pense; mes idées sont souvent plus fortes que mes expressions, et, dans cet embarras, je fais le moins mal que je peux.

J'étudie à présent vos critiques et vos corrections, elles pourront m'empêcher de retomber dans mes fautes précédentes; mais il en reste encore tant à éviter, qu'il n'y a que vous seul qui puissiez me sauver de ces écueils.

Sacrifiez-moi, je vous prie, ces deux mois que vous me promettez. Ne vous ennuyez point de m'instruire; si l'extrême envie que j'ai d'apprendre, et de réussir dans une science qui de tout temps a fait ma passion, peut vous récompenser de vos peines, vous aurez lieu d'être satisfait.

J'aime les arts par la raison qu'en donne Cicéron [1]. Je ne m'élève point aux sciences, par la raison que les belles-lettres sont utiles en tout temps, et qu'avec tout l'algèbre du monde on n'est souvent qu'un sot, lorsqu'on ne sait pas autre chose. Peut-être dans dix ans la société tirera-t-elle de l'avantage des courbes que des songe-creux d'algébristes auront carrées laborieusement. J'en félicite d'avance la postérité; mais, à vous parler vrai, je ne vois dans tous ces calculs qu'une scientifique extravagance. Tout ce qui n'est ni utile ni agréable ne vaut rien. Quant aux choses utiles, elles sont toutes trouvées; et, pour les agréables, j'espère que le bon goût n'y admettra point d'algèbre.

Je ne vous enverrai plus ni prose ni vers. Je vous compte ici au commencement de juillet, et j'ai tout un fatras poétique dont vous pourrez faire la dissection; cela vaut mieux que de critiquer Crébillon ou quelque autre, où certainement vous ne trouverez ni des fautes aussi grossières ni en aussi grand nombre que dans mes ouvrages.

Il n'y a que des chardons à cueillir sur les bords de la Neva, et point de lauriers. Ne vous imaginez point que j'aille là pour faire mon bonheur; vous me trouverez ici, pacifique citoyen de Sans-Souci, menant la vie d'un particulier philosophe.

Si vous aimez à présent le bruit et l'éclat, je vous conseille de ne

---

1. *Tusculanes*, V, xxxvi. (Éd.)

point venir ici ; mais si une vie douce et unie ne vous déplaît pas, venez, et remplissez vos promesses. Mandez-moi précisément le jour que vous partirez ; et, si la marquise du Châtelet est une usurière, je compte de m'arranger avec elle pour vous emprunter à gages, et pour lui payer par jour quelque intérêt qu'il lui plaira pour son poste, son bel esprit, son..., etc.

Adieu ; j'attends votre réponse. FÉDÉRIC.

MDX. — DE MADAME LA PRINCESSE D'ANHALT-ZERBST [1].

A Zerbst, ce 25 mai.

Monsieur, je suis trop sensible à la manière obligeante dont vous avez bien voulu vous prêter à la commission hardie dont j'avais osé charger Mme la comtesse de Bentinck, et trop véritablement reconnaissante pour ne pas me porter avec autant d'empressement que de plaisir à vous faire mes remercîments au sujet de la belle inscription et du précieux don que vous avez eu la politesse d'y ajouter ; mais vous n'avez peut-être pas senti, monsieur, ce que vous m'allez imposer par là. Vous me mettez dans l'obligation de former une bibliothèque pour soutenir la réputation de femme lettrée que votre présent me donne ; il y attirera les savants et les personnes de goût pour consulter ce rare exemplaire de vos œuvres, avec la même ardeur qu'on examine un manuscrit de Virgile ou de Cicéron.

Comptez cependant, monsieur, que cet exemplaire du recueil de vos ouvrages, pour n'être pas dans la bibliothèque d'un savant, n'en est pas moins entre les mains d'une personne qui a toujours su admirer les productions de votre plume, et qui saura conserver ce morceau inestimable comme un monument aussi flatteur que glorieux de l'attention d'un des plus grands hommes de notre siècle. Si l'estime, monsieur, qui vous est due à ce titre, est un tribut que votre mérite exige, celle que je conserverai pour vous très-particulièrement est propre à me mériter votre amitié, que je vous demande en faveur des sentiments avec lesquels je suis, monsieur, votre tout acquise amie et très-humble servante, ÉLISABETH.

MDXI. — A M. LE MARQUIS ROUILLÉ DU COUDRAY.

Voilà ce qu'un citoyen fort zélé, et peut-être un peu bavard, avait griffonné il y a quelques jours. Si cela amuse M. du Coudray, s'il daigne en amuser M. le contrôleur général, le bavard sera très-honoré.

M. du Coudray est très-humblement supplié de renvoyer le manuscrit à Paris, dans la rue Traversine, quand il s'en sera ennuyé.

MDXII. — DE FRÉDÉRIC II, ROI DE PRUSSE.

Le 10 juin.

Jamais on n'a fait d'aussi jolis vers pour des pilules ; ce n'est point parce que j'y suis loué ; je connais en cela l'usage des rois et des

1. Mère de Catharine II. (ÉD.)

poëtes; mais, en faisant abstraction de ce qui me regarde, je trouve ces vers charmants.

Si des purgatifs produisaient d'aussi bons vers, je pourrais bien prendre une prise de séné, pour voir ce qu'elle opérera sur moi.

Ce que vous avez cru être une épigramme se trouve être une ode[1]; je vous l'envoie avec une épigramme contre les médecins[2]. J'ai lieu d'être un peu de mauvaise humeur contre leurs procédés; j'ai la goutte, et ils ont pensé me tuer, à force de sudorifiques.

Écoutez : j'ai la folie de vous voir; ce sera une trahison si vous ne voulez pas vous prêter à me faire passer cette fantaisie. Je veux étudier avec vous; j'ai du loisir cette année, Dieu sait si j'en aurai une autre. Mais, pour que vous ne vous imaginiez pas que vous allez en Laponie, je vous enverrai une douzaine de certificats par lesquels vous apprendrez que de climat n'est pas tout à fait sans aménité.

On fait aller son corps comme l'on veut. Lorsque l'âme dit : « Marche, » il obéit. Voilà un de vos propres apophthegmes dont je veux bien vous faire ressouvenir.

Mme du Châtelet accouche dans le mois de septembre; vous n'êtes pas une sage-femme; aussi elle fera fort bien ses couches sans vous; et, s'il le faut, vous pourrez alors être de retour à Paris. Croyez d'ailleurs que les plaisirs que l'on fait aux gens, sans se faire tirer l'oreille, sont de meilleure grâce et plus agréables que lorsqu'on se fait tant solliciter.

Si je vous gronde, c'est que c'est l'usage des goutteux. Vous ferez ce qu'il vous plaira; mais je n'en serai pas la dupe, et je verrai bien si vous m'aimez sérieusement, ou si tout ce que vous me dites n'est qu'un verbiage de tragédie.

FÉDÉRIC.

MDXIII. — A M. DIDEROT.

Juin.

Je vous remercie, monsieur, du livre[3] ingénieux et profond que vous avez eu la bonté de m'envoyer; je vous en présente un[4] qui n'est ni l'un ni l'autre, mais dans lequel vous verrez l'aventure de l'aveugle-né plus détaillée dans cette nouvelle édition que dans les précédentes. Je suis entièrement de votre avis sur ce que vous dites des jugements que formeraient, en pareil cas, des hommes ordinaires qui n'auraient que du bon sens, et des philosophes. Je suis fâché que, dans les exemples que vous citez, vous ayez oublié l'aveugle-né, qui, en recevant le don de la vue, voyait les hommes comme des arbres.

J'ai lu avec un extrême plaisir votre livre, qui dit beaucoup, et qui fait entendre davantage. Il y a longtemps que je vous estime autant que je méprise les barbares stupides qui condamnent ce qu'ils n'entendent point, et les méchants qui se joignent aux imbéciles pour proscrire ce qui les éclaire.

1. *Ode sur les troubles du Nord* (dans les *OEuvres de Frédéric*). (ÉD.)
2. *Stances contre un médecin qui pensa tuer un pauvre goutteux à force de le faire suer*. (ÉD.)
3. *Lettre sur les aveugles, à l'usage de ceux qui voient*. (ÉD.)
4. *Les Éléments de la philosophie de Newton* (1748.)

Mais je vous avoue que je ne suis point du tout de l'avis de Saunderson[1], qui nie un Dieu parce qu'il est né aveugle. Je me trompe peut-être, mais j'aurais, à sa place, reconnu un être très-intelligent qui m'aurait donné tant de suppléments de la vue, et, en apercevant par la pensée des rapports infinis dans toutes les choses, j'aurais soupçonné un ouvrier infiniment habile. Il est fort impertinent de prétendre deviner ce qu'il est, et pourquoi il a fait tout ce qui existe ; mais il me paraît bien hardi de nier qu'il est. Je désire passionnément de m'entretenir avec vous, soit que vous pensiez être un de ses ouvrages, soit que vous pensiez être une portion nécessairement organisée d'une matière éternelle et nécessaire. Quelque chose que vous soyez, vous êtes une partie bien estimable de ce grand tout que je ne connais pas. Je voudrais bien, avant mon départ pour Lunéville, obtenir de vous, monsieur, que vous me fissiez l'honneur de faire un repas philosophique chez moi, avec quelques sages. Je n'ai pas l'honneur de l'être, mais j'ai une grande passion pour ceux qui le sont à la manière dont vous l'êtes. Comptez, monsieur, que je sens tout votre mérite, et c'est pour lui rendre encore plus de justice que je désire de vous voir et de vous assurer à quel point j'ai l'honneur d'être, etc.

MDXIV. — A M. MARMONTEL.

Le 16 juin.

Il n'entre, Dieu merci, dans ma maison, mon cher ami, aucune brochure satirique ; mais je n'ai pu empêcher qu'on fît ailleurs, devant moi, la lecture d'une feuille[2] qu'on dit qui paraît toutes les semaines, dans laquelle votre tragédie d'*Aristomène* est déchirée d'un bout à l'autre. Je vous assure que cette feuille excita l'indignation de l'assemblée comme la mienne. Les critiques que l'auteur fait par ses seules lumières ne valent rien ; le public avait fait les autres. S'il y a des défauts dans votre pièce, ils n'avaient pas échappé (et quel est celui de nos ouvrages qui soit sans défauts?) ; mais ce public, qui est toujours juste, avait senti encore mieux les beautés dont votre pièce est pleine, et les ressources de génie avec lesquelles vous avez vaincu la difficulté du sujet. Il y a bien de l'injustice et de la maladresse à n'en point parler. Tout homme qui s'érige en critique entend mal son métier, quand il ne découvre pas, dans un ouvrage qu'il examine, les raisons de son succès. L'abbé Desfontaines, de très-odieuse mémoire, fit dix feuilles d'observations sur l'*Inès* de M. de La Motte ; mais, dans aucune, il ne s'aperçut du véritable et tendre intérêt qui règne dans cette pièce. La satire est sans yeux pour tout ce qui est bon. Qu'arrive-t-il ? les satires passent, comme dit le grand Racine[3], et les bons écrits qu'elles attaquent demeurent ; mais il demeure aussi quelque chose de ces satires.

---

1. Aveugle âgé de quatorze ans, en 1728, lorsque Cheselden lui rendit la vue. (ÉD.).
2. L'*abbé* Fréron, qui porta ce titre, avec la soutane, jusqu'à la fin de 1745, commença à publier, en 1749, ses *Lettres sur quelques écrits de ce temps*; et c'est de cette *feuille* qu'il s'agit ici. (ÉD.)
3. Seconde préface de *Britannicus*. (ÉD.)

c'est la haine et le mépris que leurs auteurs accumulent sur leurs personnes. Quel indigne métier, mon cher ami! Il me semble que ce sont des malheureux condamnés aux mines qui rapportent de leur travail un peu de terre et de cailloux, sans découvrir l'or qu'il fallait chercher.

N'y a-t-il pas d'ailleurs une cruauté révoltante à vouloir décourager un jeune homme qui consacre ses talents, et de très-grands talents, au public, et qui n'attend sa fortune que d'un travail très-pénible, et souvent très-mal récompensé? C'est vouloir lui ôter ses ressources, c'est vouloir le perdre; c'est un procédé lâche et méchant que les magistrats devraient réprimer. Consolez-vous avec les honnêtes gens qui vous estiment; méprisons, vous et moi, ces mercenaires barbouilleurs de papier qui s'érigent en juges avec autant d'impudence que d'insuffisance, qui louent à tort et à travers quiconque passe pour avoir un peu de crédit, et qui aboient contre ceux qui passent pour n'en avoir point. Ils donnent au monde un spectacle déshonorant pour l'humanité; mais il est un spectacle plus noble encore que le leur n'est avilissant, c'est celui des gens de lettres qui, en courant la même carrière, s'aiment et s'estiment réciproquement, qui sont rivaux et qui vivent en frères; c'est ce que vous avez dit dans des vers admirables, et c'est un exemple que j'espère donner longtemps avec vous.

Votre véritable ami, etc.

MDXV. — A M. LE COMTE D'ARGENTAL, A PARIS.

Cirey, le 23 juin.

Vous saurez, cher et respectable ami, que nous sommes à Cirey, et qu'il est fort triste de quitter des appartements délicieux, ses livres, sa liberté, pour aller jouer à la comédie. Si je pouvais rester trois mois où je suis, vous auriez de moi, au bout de ce temps-là, d'étranges nouvelles.

Je vous prie d'ajouter à toutes vos bontés celle de me renvoyer une certaine *Nanine*, quand on ne la jouera plus. Le sieur Minet, homme fort dangereux en fait de manuscrits, et à qui je ne donnerais jamais ni pièces de vin ni pièces de théâtre à garder, doit remettre cette pauvre *Nanine* entre les mains de Mlle Gaussin, après la représentation; et Mlle Gaussin doit la serrer et vous la rendre après son enterrement. Cela fait, je vous supplie de me l'envoyer à la cour de Lorraine, sous l'enveloppe de M. Alliot, conseiller aulique de Sa Majesté, etc.

Comment va la santé de Mme d'Argental? Je crois qu'il fait assez chaud pour qu'elle soit à Auteuil. M. de Choiseul digère-t-il? M. de Pont de Veyle est-il toujours gras à lard? M. l'abbé de Chauvelin prend-il son lait tous les soirs chez vous? J'aimerais mieux y être avec eux qu'à la cour des rois, où je vais aller avec Mme du Châtelet. J'ai tant fait parler ces messieurs-là en ma vie! Tout ce que je leur fais dire et tout ce qu'ils disent ne vaut pas assurément le charme de votre société.

Adieu, mes chers anges; le parfait bonheur serait d'être à la fois à Cirey et à Paris.

MDXVI. — A Frédéric II, roi de Prusse.

A Cirey, le 29 juin.

Votre muse à propos s'irrite
Contre ce vilain Bestucheff,
Et ce gros buffle moscovite,
Qui voulait nous porter méchef,
Est traité selon son mérite.

Je crois qu'autrefois Apollon,
Avant que d'un trait redoutable
Il perçât le serpent Python,
Fit contre lui quelque chanson,
Ou quelque épigramme agréable.

De ce dieu beaucoup vous tenez,
Vous avez ses traits et sa lyre,
Vous battez et vous chansonnez
Les ennemis de votre empire.

Sire, on ne peut guère dire des choses plus fortes contre les Moscovites, ni faire de meilleures plaisanteries sur les médecins, que ce que j'ai lu dans les derniers vers que Votre Majesté a bien voulu m'envoyer.

Bien est-il vrai qu'il y a toujours quelques petites fautes contre la langue qui échappent à la rapidité de votre style et à la beauté de votre imagination.

Quel est le feu céleste
Ou quelle ardeur funeste
Embrasa ces glaçons?

M. le maréchal de Belle-Ile, qui est à présent l'un de nos Quarante, vous dira qu'après ce vers :

Quel est le feu céleste,

il faudrait un *qui*, ou bien il vous dira qu'on aurait pu mettre :

Quelle flamme funeste,
Infernale ou céleste,
Embrasa ces glaçons?

La strophe qui suit est admirable; mais des critiques sévères vous diront que la Discorde ne vomit guère de tisons. J'examinerais auprès de vous ces grandes beautés et ces petites fautes, si je pouvais partir, comme Votre Majesté me l'ordonne, et comme je le souhaite. Mais ni M. Bartenstein, ni M. Bestucheff, tout puissants qu'ils sont, ni même Frédéric le Grand, qui les fait trembler, ne peuvent à présent m'empêcher de remplir un devoir que je crois très-indispensable. Je ne suis ni faiseur d'enfants, ni médecin, ni sage-femme, mais je suis ami, et je ne quitterai pas, même pour Votre Majesté, une femme qui peut mourir au mois de septembre. Ses couches ont l'air d'être fort dangereuses; mais, si elle s'en tire bien, je vous promets, Sire, de venir vous faire ma cour au mois d'octobre. Je tiens toujours pour mon ancienne maxime que quand vous commandez à une âme, et que cette âme dit à son corps : « Marche, » le corps doit aller, quelque chétif et quelque cacochyme qu'il soit. En un mot, Sire, sain ou malade, je m'arrange pour partir en octobre, et pour arriver, tout fourré, auprès du Salomon du Nord, me flattant que, dans ce temps-là, vous n'assiégerez point Pétersbourg, que vous aimerez les vers, et que vous me donnerez vos ordres. Je remercie très-fort la Providence de ce qu'elle ne veut pas que je quitte ce monde avant de m'être mis à vos pieds.

MDXVII. — A M. DARGET.

Cirey, le 29 juin.

O gens profonds et délicats,
Lumières de l'Académie,
Chacun prend de vos almanachs:
Vous donnez des *certificats*!
Sur le beau temps et sur la pluie;
Mais il me faut un autre soin,
Et ma figure aurait besoin
D'un bon certificat de vie.
Chez vous tout brille, tout fleurit;
Tout vous y plaît, je dois le croire;
Je me doute bien qu'on chérit
Les climats dont on fait la gloire.
Vous et Frédéric, votre appui,
Que j'appelle toujours grand homme
Quand je ne parle pas à lui,
Ce roi, ce Trajan d'aujourd'hui,
Plus gai que le Trajan de Rome,
Ce roi dont je suis tant épris,
Et vous, très-graves personnages,
Qui passez pour ses favoris
Et pour heureux autant que sages;
Vous, dis-je, et Frédéric le Grand,
Vous, vos talents, et son génie,
Vous feriez un pays charmant
Des glaces de la Laponie.
Vous auriez beau certifier
Qu'on voit mûrir dans vos contrées
De Bacchus les grappes dorées
Tout aussi bien que le laurier,
De ma part je vous certifie
Que le devoir et l'amitié,
Qui depuis vingt ans m'ont lié,
Me retiennent près d'Émilie.

---

1. Le roi de Prusse avait envoyé à Voltaire des certificats sur la beauté du climat de Berlin, par Maupertuis, d'Argens, Algarotti, etc. (ED.)

Cette Émilie incessamment
Doit accoucher d'un gros enfant,
Et d'un bien plus gros commentaire;
Je veux voir cette double affaire.
Je les entends très-faiblement;
Mais, messieurs, ne voit-on donc faire
Que les choses que l'on entend ?

Vous m'avouerez, mon cher monsieur, que, si vous avez eu quelques beaux jours au commencement de mai, vous avez payé depuis un peu cher cette faveur passagère. Mes plus beaux jours seront en automne. Je viendrai dans votre charmante cour, si je suis en vie; c'est un tour de force dans l'état où je suis; mais que ne fait-on pas pour voir Frédéric le Grand et les hommes qu'il rassemble auprès de lui !

Souvenez-vous de moi dans votre royaume.

MDXVIII. — A MADAME LA COMTESSE D'ARGENTAL.

A Lunéville, le 21 juillet 1749.

Mais, ô anges ! quel excès d'indifférence ! Je n'entends point parler de vous, je ne revois point ma *Nanine*. En vérité, madame, je suis confondu d'étonnement et navré de douleur. Il y a un mois que j'ai écrit à M. d'Argental, et point de réponse ! passe encore de ne pas m'envoyer ma pièce; mais de ne pas me dire comment vous vous portez, cela est trop cruel. Vous ne sauriez croire dans quelles inquiétudes son silence me jette.

Mme du Châtelet, qui vous fait ses compliments, compte accoucher ici d'un garçon, et moi, d'une tragédie [1]; mais je crois que son enfant se portera mieux que le mien. Je vous conjure, mes anges, de ne pas oublier *Sémiramis*. Je vais écrire aux Slodtz, et leur recommander un beau mausolée. Adam en fait ici un pour la reine de Pologne, qui est digne de Girardon. Pourquoi faut-il que Ninus soit enterré comme un gredin ? Il faudra que de Curis [2] fasse de son mieux, et qu'il y mette au moins la dixième partie de l'activité avec laquelle il habilla ce magnifique sénat de *Catilina*.

Écrivez-moi donc, paresseux anges.

MDXIX. — A M. D'ARNAUD.

Lunéville, le 21 juillet.

Je vous aime cent fois davantage, mon cher d'Arnaud, depuis que j'ai lu votre lettre et vos vers. Vous avez un cœur tel que je le cherchais, et vous le faites parler avec la plus tendre éloquence.

Du temps que j'aimais, j'aurais pensé comme vous, si j'avais fait une telle perte; mais à présent je n'aime plus que mes amis. Pour vous,

---

1. *Rome sauvée*. (ÉD.)
2. Bay de Curis, intendant des menus plaisirs, qui, ayant, dans un prologue, tourné en ridicule les gentilshommes de la chambre, fut obligé de quitter sa charge. Quelque temps après, et en 1759, il fit cette parodie de *Cinna*, pour laquelle fut persécuté Marmontel, à qui on l'attribua. (*Note de M. Bouchot.*)

vous serez bientôt consolé par une nouvelle maîtresse, et, après avoir si bien exprimé vos regrets, vous chanterez vos nouveaux plaisirs.

VOLTAIRE.

MDXX. — A M. LE COMTE D'ARGENTAL.

Lunéville, le 24 juillet.

Enfin, je respire; j'ai des nouvelles de mes anges: je tremblais pour la santé de Mme d'Argental; je tremblais sur tout. Figurez-vous ce que c'est que d'être un mois entier sans recevoir un seul mot de ceux qui sont notre consolation et nos guides sur la terre! La lettre adressée à Cirey ne m'est jamais parvenue. La santé de Mme d'Argental était languissante, et je craignais aussi que M. d'Argental ne fût malade; je craignais encore qu'il ne fût fâché contre moi pour quelque opiniâtreté que j'aurais eue sur *Nanine*, pour quelques mauvais vers d'*Adélaïde*. Je faisais mon examen de conscience; j'étais au désespoir. J'ai écrit à Mlle Gaussin, j'avais écrit à ma nièce; je les avais priées d'envoyer chez vous. Mon ange, ne me laissez jamais dans ces tourments-là, tant que la santé de Mme d'Argental ne sera pas raffermie.

Je reçois donc *Nanine*, et je la mets dans le fond d'une armoire, pour y travailler à loisir. Savez-vous bien que je pourrais en faire cinq actes? Le sujet le comporte. La Chaussée avait bien fait cinq actes de sa *Paméla*, dans laquelle il n'y avait pas une scène. Je n'interromprai point notre tragédie¹. Ce n'est pas une pièce tout à fait nouvelle; ce n'est pas non plus *Adélaïde*; c'est quelque chose qui tient des deux; c'est une maison rebâtie sur d'anciens fondements. Vous aurez dans un mois cette esquisse, et vous y donnerez cent coups de crayon à votre loisir.

Savez-vous bien que vous avez donné une furieuse secousse à mes entrailles paternelles, en me faisant entrevoir qu'on pourrait jouer *Mahomet*? Je serais bien content, surtout si Roselli jouait Séide.

Pourquoi permet-on que ce coquin de Fréron succède à ce maraud de Desfontaines? Pourquoi souffrir Raffiat² après Cartouche? Est-ce que Bicêtre est plein?

Adieu, divins anges; mes tendres respects à tout ce qui vous entoure. Mme du Châtelet vous fait mille compliments. Je souhaite sa santé et son ventre à Mme d'Argental. Je suis inconsolable que vous ne laissiez pas de votre race; mais que Mme d'Argental se porte bien : il vaut mieux avoir de la santé que des enfants.

MDXXI. — DE FRÉDÉRIC II, ROI DE PRUSSE.

A Sans-Souci, le 25 juillet.

Des lois de l'homicide Mars
Belle-Ile peut m'instruire en maître;
Mais du bon goût et des beaux-arts
Il n'est que vous qui pouvez l'être,

---

1. *Amélie ou le duc de Foix*. (ÉD.)
2. Raffiat, Nivet et Poulailler étaient des voleurs célèbres, après la mort de Cartouche. (ÉD.)

> Vous qui parlez comme les dieux
> Leur sublime et charmant langage,
> Vous qu'un talent victorieux
> Rend immortel par chaque ouvrage
> Vous qui menez vingt arts de front,
> Et qui joignez dans votre style
> A la prose de Cicéron
> Des vers tels qu'en faisait Virgile.

Je ne veux que vous pour maître en tout ce qui regarde la langue, le goût, et le département du Parnasse. Il faut que chacun fasse son métier. Lorsque le maréchal de Belle-Ile veillera sur la pureté du langage, Brühl donnera des leçons militaires et fera des commentaires sur les campagnes du grand Turenne, et je composerai un traité sur la vérité de la religion chrétienne.

Votre Académie devient plaisante dans ses choix. Ces juges de la langue française vont abandonner Vaugelas pour le bréviaire [1]; cela paraît un peu singulier aux étrangers.

> Enfin donc votre Académie
> Va faire un couvent de dévots;
> L'art de penser et le génie
> En sont exclus par les cagots.
> Qui veut le suffrage et l'estime
> De ces quarante perroquets
> N'a qu'à savoir son catéchisme,
> Au demeurant point de français.
>
> Dans cette cohue indocile
> Apollon et les doctes Sœurs
> N'honoreront de leurs faveurs
> Que Richelieu, vous, et Belle-Ile.

Vous êtes, mon cher Voltaire, comme les mauvais chrétiens; vous renvoyez votre conversion d'un jour à l'autre. Après m'avoir donné des espérances pour l'été, vous me remettez à l'automne. Apparemment qu'Apollon, comme dieu de la médecine, vous ordonne de présider aux couches de Mme du Châtelet. Le nom sacré de l'amitié m'impose silence, et je me contente de ce qu'on me promet.

Je corrige à présent une douzaine d'épîtres que j'ai faites, et quelques petites pièces, afin qu'à votre arrivée vous y trouviez un peu moins de fautes. Vous pouvez voir par l'argument de mon poëme [2] quel en est le sujet. Le fond de l'histoire est vrai; Darget, alors secrétaire de Valori, fut enlevé de nuit, par un partisan autrichien, dans une chambre voisine de celle où couchait son maître. La surprise de Franquini fut extrême, quand il s'aperçut qu'il tenait le secrétaire au lieu de l'ambassadeur. Tout ce qui entre d'ailleurs dans ce poëme n'est

1. Venréal, évêque de Rennes, remplaça, à l'Académie française, le cardinal de Rohan. (ÉD.)
2. Le Palladion. (ÉD.)

que fiction; vous le verrez ici, car il n'est pas fait pour être rendu public. Si j'avais le crayon de Raphaël et le pinceau de Rubens, j'essayerais mes forces en peignant les grandes actions des hommes, mais avec les talents de Callot on ne fait que des charges et des caricatures.

J'ai vu ici de héros de la France, ce Turenne du siècle de Louis XV; je me suis instruit par ses discours, non pas dans la langue française, mais dans l'art de la guerre. Ce maréchal pourrait être le professeur de tous les généraux de l'Europe. Il a vu nos spectacles; il m'a dit, à cette occasion, que vous aviez donné une nouvelle comédie au théâtre, que *Nanine* avait eu beaucoup de succès. J'ai été étonné d'apprendre qu'il paraissait de vos ouvrages dont j'ignorais jusqu'au nom. Autrefois je les voyais en manuscrit, à présent j'apprends par d'autres ce qu'on en dit, et je ne les reçois qu'après que les libraires en ont fait une seconde édition.

Je vous sacrifie tous mes griefs, si vous venez ici; sinon, craignez l'épigramme; le hasard peut m'en fournir une bonne. Un poète, quelque mauvais qu'il soit, est un animal qu'il faut ménager.

Adieu; j'attends la chute des feuilles avec autant d'impatience qu'on attend, au printemps, le moment de les voir pousser.   FÉDÉRIC.

MDXXII. — A FRÉDÉRIC II, ROI DE PRUSSE.

À Lunéville, ce 26 juillet.

Sire, Votre Majesté m'a ramené à la poésie. Il n'y a pas moyen d'abandonner un art que vous cultivez. Permettez que j'envoie à Votre Majesté une *Épître*, un peu longue que j'ai faite, avant mon départ de Paris, pour une de mes nièces, qui est aussi possédée du démon de la poésie. Vous y verrez, Sire, *la vie de Paris* peinte assez au naturel. Celle qu'on mène à Potsdam, auprès de Votre Majesté, est un peu différente, et j'attends vos ordres pour jouir encore de l'honneur que vous daignez me faire. Sain ou malade, il n'importe; je vous ai promis que je partirais dès que Mme du Châtelet serait relevée de couche; ce sera probablement pour le milieu de septembre, ou, au plus tard, pour la fin. Ainsi, je ferai bientôt, pour voir mon Auguste, un voyage un peu plus long que Virgile n'en faisait pour voir le sien. J'apporterai à vos pieds tout ce que j'ai fait, et vous daignerez me faire part de vos ouvrages. Après cela, je mourrai content, et je pourrai bien me faire enterrer dans votre église catholique. Un Anglais fit mettre sur son tombeau : *Ci-gît l'ami du chevalier Sidney*. Je ferai mettre sur le mien : *Ci-gît l'admirateur de Frédéric le Grand*.

Il n'y a pas longtemps qu'un prince, en lisant une nouvelle édition qu'on vient de faire de votre *Anti-Machiavel*, fut fâché de ce que vous y dites de Charles XII. « Il a beau faire, dit-il en colère, il ne l'effacera pas. » On lui répondit : « Charles XII a été le premier des grenadiers, et le roi de Prusse est le premier des rois. »

Croyez, Sire, que mon enthousiasme pour vous a toujours été le même, et que si vous étiez roi des Indes, je ferais le voyage de Lahor et de Delhi. Croyez que rien n'égale le profond respect et l'éternel attachement de   V.

MDXXIII. — A M. LE COMTE D'ARGENTAL, A PARIS.

A Lunéville, le 29 juillet.

Anges, voici le cas de déployer vos ailes. M. de La Reinière doit vous envoyer une tragédie[1]; ce n'est pas lui pourtant qui en est l'auteur, c'est moi. Cela pourra amuser Mme d'Argental dans son superbe palais d'Auteuil. Je vous vois déjà assemblés, messieurs, et me jugeant en petit comité.

Mais *Nanine*, mais *Sémiramis*, que deviendront-elles? On m'a mandé que cet honnête homme, cet illustre poète Roi, outré, comme de raison, de ce qu'à la Comédie on avait préféré cette *Nanine* à une excellente pièce de sa façon, m'avait honoré de la lettre du monde la plus polie et la plus affectueuse. Il ne serait pas mal, pour mortifier ce scorpion qu'on ne peut écraser, de reprendre *Nanine* avant Fontainebleau, d'autant plus qu'il la faudra jouer à la cour, et qu'il y aura là des personnes qui, dans le fond du cœur, n'en seront pas mécontentes. Mais *Sémiramis! Sémiramis!* c'est là l'objet de mon ambition. Ninus sera-t-il toujours si mesquinement enterré? J'écris à M. de Richelieu, premier gentilhomme de la chambre; j'envoie à M. de Cury, intendant des menus *tombeaux*, un petit mémoire pour avoir une grande diable de porte qui se brise avec fracas aux coups du tonnerre, et une trappe qui fasse sortir l'ombre du fond des abîmes. Notre ami Legrand avait trop l'air du portier du mausolée. Ce coquin-là sera-t-il toujours gras comme un moine?

On ne m'a pas dit que *les Amazones*[2] aient fait une grande fortune. J'en suis fâché pour Mme du Boccage, qui prenait la chose fort à cœur; et j'en suis fâché pour ma nièce[3], qui veut vite réparer l'honneur du sexe; mais, si elle se presse, cet honneur-là restera comme il est. Elle devrait bien avoir pour vous autant de docilité que son oncle.

Bonsoir, mes divins anges. Quel barbare persécute donc ce pauvre Diderot? Je hais bien un pays où les cagots font coffrer un philosophe.

P. S. Je vous avais parlé de mettre *Nanine* en cinq actes; mais ce projet me paraît souffrir bien des difficultés, et il ferait tort à d'autres idées que j'ai dans ma pauvre tête. En attendant que je puisse l'exécuter, je vous supplie de faire donner, après les chaleurs, cinq ou six représentations de *Nanine*, quand ce ne serait que pour faire faire la grimace à Roi, et enlaidir encore le vilain.

MDXXIV. — A M. L'ABBÉ RAYNAL.

Lunéville, le 30 juillet.

Vous m'avez fait, monsieur, le plus sensible plaisir. Vos lettres sont, après votre conversation, l'une des choses que j'aime le mieux. Vous n'avez pas assurément diminué le goût que j'ai pour vous; j'aurais mieux aimé que vous m'eussiez annoncé votre ouvrage[4], que la plu-

---

1. *Amélie, ou le Duc de Foix.* (Éd.) — 2. Tragédie de Mme du Boccage. (Éd.)
3. Mme Denis désirait faire jouer sa *Coquette punie.* (Éd.)
4. *Les Anecdotes littéraires.* (Éd.)

part des livres dont vous me parlez. Je ne ferai venir que celui de M. de Buffon; il pourra m'apprendre des vérités. Les *Lettres* de Rousseau, qui sont en chemin, ne me diront que des mensonges, et encore ce seront des mensonges mal écrits. Il y a loin, assurément, entre ce forgeur de rimes recherchées et un homme d'esprit, et encore plus loin entre lui et un honnête homme. Si c'est Racine le fils, ou Racine fi ! comme disait l'abbé Gédoin, qui a fait imprimer ces *Lettres*, il a fait là une vilaine action; mais je ne veux pas l'en soupçonner. Il doit être dégoûté de faire imprimer des lettres; et, d'ailleurs, je lui crois trop de probité pour penser qu'il se soit avili à rendre publiques de plates et d'insipides calomnies. Il y a un autre homme que j'en soupçonne. Je ne désespère pas qu'on ne nous donne incessamment un recueil de lettres de l'abbé Desfontaines, de Chausson et de Deschaufours. Au reste, je puis vous assurer que, si je voulais publier des lettres originales que j'ai entre les mains, je ferais voir que Rousseau a vécu en méchant homme, et est mort en hypocrite. Mais à quoi lui ont servi ses méchancetés? à lui faire traîner une vie vagabonde et malheureuse, à le chasser de chez tous ses maîtres, à lui laisser pour toute ressource un juif condamné à Paris à être roué. Les honnêtes gens doivent être affligés que ce coquin-là ait fait de beaux vers.

L'homme dont vous parlez, qui fait de mauvaises épigrammes contre un corps dont il était exclu, est bien aussi méchant que Rousseau; mais il n'a pas, comme lui, de quoi racheter un peu ses vices.

Je connais de réputation Aaron Hill[1]; c'est un digne Anglais; il nous pille, et il dit du mal de ceux qu'il vole.

Mme du Châtelet a écrit au gouverneur de Vincennes, pour le prier d'adoucir, autant qu'il le pourra, la prison de *Socrate-Diderot*. Il est honteux que Diderot soit en prison, et que Roi ait une pension. Ces contrastes-là font saigner le cœur.

Adieu, monsieur, vous m'avez mis en goût, ne m'abandonnez pas, je vous en prie; écrivez quelquefois à votre zélé partisan, à votre ami, et ne faites pas plus de cérémonies que moi.

MDXXV. — A M. LE COMTE D'ARGENTAL.

A Lunéville, le 12 août.

O anges! j'oserai écrire pour ce brave meurtrier dont vous me parlez. Le service du roi de Prusse est un peu plus sévère que celui de nos partisans; mais aussi il aura le plaisir d'appartenir à un grand homme.

Ah! vraiment, il est bien question de ce pauvre ouvrage, de cette tragédie[2] dans le goût ordinaire ! je n'y veux pas assurément songer. Lisez, lisez seulement ce que je vous envoie; vous allez être étonnés, et je le suis moi-même. Le 3 du présent mois, ne vous en déplaise, le diable s'empara de moi, et me dit : « Venge Cicéron et la France, laye

---

1. Poète dramatique, auteur d'une *Mérope* imitée de Voltaire, et d'une traduction de *Zaïre*, sous le titre de *Zara*. (ÉD.)
2. *Amélie, ou le Duc de Foix.* (ÉD.)

la honte de ton pays. » Il m'éclaira, il me fit imaginer l'épouse de Catilina, etc. Ce diable est un bon diable, mes anges; vous ne feriez pas mieux. Il me fit travailler jour et nuit. J'en ai pensé mourir; mais qu'importe? En huit jours, oui, en huit jours et non en neuf, *Catilina* a été fait [1], et tel à peu près que les premières scènes que je vous envoie. Il est tout griffonné, et moi tout épuisé. Je vous l'enverrai, comme vous croyez bien, dès que j'y aurai mis la dernière main.

Vous n'y verrez point de Tullie amoureuse, point de Cicéron maquereau; mais vous y verrez un tableau terrible de Rome, et j'en frémis encore. Fulvie vous déchirera le cœur; vous adorerez Cicéron. Que vous aimerez César! que vous direz: « Voilà Caton! » Et Lucullus, Crassus, qu'en dirons-nous?

O mes chers anges! *Mérope* est à peine une tragédie en comparaison; mais mettons au moins huit semaines à corriger ce que nous avons fait en huit jours. Croyez-moi, croyez-moi, voilà la vraie tragédie. Nous en avions l'ombre, mais il s'agit qu'elle soit aussi bonne que le sujet est beau.

J'ai fait à peu près ce que vous avez voulu pour *Nanine*; c'est l'affaire de deux minutes.

Adieu, adieu; ma tendresse pour vous est l'affaire de ma vie. Mme du Châtelet vous fait mille compliments. Portez-vous comme elle, et perdez moins à la *comète* qu'elle et moi.

P. S. Je suis peu de votre avis, messieurs, sur bien des points qui concernent *Adélaïde*; mais c'est pour une autre fois. Réservons-la comme un pâté froid; on le mangera quand on aura faim.

MDXXVI. — A M. LE PRÉSIDENT HÉNAULT.
À Lunéville, ce 14 août.

Nous l'attendons avec impatience, ce présent dont mon illustre confrère nous veut bien flatter; ce livre [2] qu'il faudra réimprimer tous les ans, celui de tous les livres où l'on a dit le plus de choses en moins de paroles, qui soulage la mémoire, qui éclaire l'esprit, où tout est peint d'un trait, et d'un trait profond, plein de recherches singulières, de vérités utiles, de réflexions qui en font faire, ce livre enfin que j'aime à la folie.

Je vous demande pardon d'avoir oublié mon saint Paul, mais je lui aurais fait la même objection qu'à vous; et je soupçonne qu'on l'a mal transcrit en cet endroit. C'est ce qu'assurément je ne vérifierai pas. Mais en attendant que j'aie sur cela une conversation profonde avec mon voisin dom Calmet, j'achèverai, s'il vous plaît, mon *Catilina*, que j'ai ébauché entièrement en huit jours. Ce tour de force me surprend et m'épouvante encore. Cela est plus incroyable que de l'avoir fait en trente ans. On dira que Crébillon a trop tardé, et que je me suis trop pressé; on dira tout ce qu'on voudra. Les plus grands ouvrages ne sont, chez les Français, que l'occasion d'un bon mot. Cinq

1. *Rome sauvée*, ou *Catilina*. (ÉD.)
2. *Le Nouvel Abrégé chronologique de l'Histoire de France*. (ÉD.)

actes en huit jours, cela est très-ridicule, je le sais bien; mais si l'on savait ce que peut l'enthousiasme, et avec quelle facilité une tête malheureusement poétique, échauffée par les *Catilinaires* de Cicéron, et plus encore par l'envie de montrer ce grand homme tel qu'il est pour la liberté, le bien-être de son pays et de sa chère patrie, avec quelle facilité, dis-je, ou plutôt avec quelle fureur une tête ainsi préparée et toute pleine de Rome, idolâtre de son sujet, et dévorée par son génie, peut faire, en quelques jours, ce que, dans d'autres circonstances, elle ne ferait pas en une année; enfin, *si scirens donum Dei*[1], on serait moins étonné. Le grand point, c'est que la chose soit bonne; et il ne suffit pas qu'elle soit bonne, il faut encore qu'elle soit frappée au coin de la vérité, et qu'elle plaise. Vous aimez *Brutus*, ceci est cent fois plus fort, plus grand, plus rempli d'action, plus terrible, et plus pathétique. Je voudrais que vous eussiez la bonté de vous en faire lire les premières scènes, dont j'ai envoyé la première ébauche à M. d'Argental. Cela n'est pas encore limé; mais je me flatte que vous y reconnaîtrez Rome, comme je reconnais la France dans votre charmant ouvrage. Vous direz : « Voilà le père de la patrie! voici César, et voilà Caton! voilà des hommes, et voici des Romains! » Je me meurs d'envie de vous plaire. Lisez ce commencement, je vous en prie, tout informe qu'il est; et voyez si j'ai vengé Cicéron. Vous me ferez, mon cher confrère, un plaisir extrême de faire savoir à notre confrère l'abbé Le Blanc combien je m'intéresse à lui, et combien je désirais qu'il fût des nôtres. On me fait, je crois, des tracasseries avec ses protecteurs, tandis que je ne suis occupé que des intrigues de Céthégus et de Lentulus.

Voyez les méchantes gens! et ceux qui ont fait imprimer les *Lettres* de Rousseau n'ont-ils pas encore fait là une belle action? On m'impute aussi je ne sais quel livre dont le titre est si long que je ne m'en souviens pas, mais qu'importe? pourvu que vous aimiez une tragédie où le génie de Rome s'explique sans déclamation, où la terreur n'est pas fondée sur des aventures romanesques, où l'insipide galanterie ne déshonore point l'art des Sophocle et des Euripide. En voilà trop pour Rome; je reviens à la France, à votre livre que vous avez la bonté de nous donner. Mme du Châtelet vous en fait les plus tendres remercîments. Vous pouvez l'envoyer à mon adresse à Lunéville, chez M. de la Reinière, qui est le grand maître de mes postes, et le grand contre-signeur de tous mes paquets; si mieux n'aimez vous servir de M. d'Argenson. Tout comme il vous plaira, mais envoyez-nous nos amours.

Oh! la paix n'est pas comme vous, monsieur, elle n'a pas l'approbation générale; et, si vous poussiez votre charmant *Abrégé* de la chronologie jusque-là, vous pourriez dire que Louis XV voulut faire le bonheur du monde, à quelque prix que ce fût, et qu'on ne fut pas content. Pour vous, monsieur, qui me paraissez un des plus heureux hommes de ce monde (en cas que vous digériez), je vous jure que vous méritez bien votre bonheur. Le mien serait de vous plaire. Mon

1. Jean, IV, 10. (ÉD.)

petit *Panégyrique*[1] est d'un bon citoyen, et c'est déjà une grande avance pour être dans vos bonnes grâces; je n'ai rien dit qui n'ait été dans mon cœur. Vous m'appelez le poète de M. de Richelieu. J'ai bien envie d'être le vôtre; mais je voudrais faire pour vous une épître aussi bonne que celle que Marmontel a faite pour moi, et cela est difficile.

Permettez-moi, en qualité de votre commis historiographe, de vous dire combien je suis affligé qu'un de nos héros, le prince Édouard, ait essuyé à Paris l'aventure de Charles XII à Bender. Il est vrai qu'il n'a pas armé ses cuisiniers, mais il n'en avait point. Je suis un peu humilié que mes héros aillent aux Petites-Maisons. Pour M. de Richelieu, il n'ira qu'à celle des Porcherons; celui-là est très-sage, car il est guédé de gloire et de plaisir; et je crois qu'à soixante ans il y aura encore des femmes à qui il fera donner des coups de pied dans le cul.

Souffrez que je vous prie de me protéger toujours auprès de Mme du Deffand. Elle ne sait pas le cas que je fais d'elle, et que j'ai dans la tête de lui faire ma cour très-assidûment, quand je serai à Paris. Je trouve, comme dit Montaigne, que ses imaginations élancent les miennes; et, quand mon feu s'éteindra, j'irai le rallumer au sien.

Bonsoir, monsieur; je vous aime comme les autres font, mais je vous aime encore à cause de mon siècle. Les siècles produisent en abondance des tyrans tels que les Caligula, les Néron, etc., mais bien rarement des citoyens tels que vous. Conservez-moi vos bontés qui font le bien de ma vie.

Je vous recommande mon enfant; *Catilina*, le traître, est le seul pour lequel je sente mes entrailles s'attendrir.

MDXXVII. — A MADAME LA DUCHESSE DU MAINE.

Lunéville, ce 14 août.

Madame, Votre Altesse Sérénissime est obéie, non pas aussi bien, mais du moins aussi promptement qu'elle mérite de l'être. Vous m'avez ordonné *Catilina*, et il est fait. La petite-fille du grand Condé, la conservatrice du bon goût et du bon sens, avait raison d'être indignée de voir la farce monstrueuse du *Catilina* de Crébillon trouver des approbateurs. Jamais Rome n'avait été plus avilie, et jamais Paris plus ridicule. Votre belle âme voulait venger l'honneur de la France; mais j'ai bien peur qu'elle n'ait remis sa vengeance en d'indignes mains. Je ne réponds, madame, que mon zèle; il a été peut-être trop prompt. Je me suis tellement rempli l'esprit de la lecture de Cicéron, de Salluste et de Plutarque, et mon cœur s'est si fort échauffé par le désir de vous plaire, que j'ai fait la pièce en huit jours. Vous aurez la bonté, madame, d'y compter aussi huit nuits. Enfin l'ouvrage est achevé; je suis épouvanté de cet effort; il n'est pas croyable, mais il a été fait pour Mme la duchesse du Maine.

Mme du Châtelet, à qui j'apportais un acte tous les deux jours, était aussi étonnée que moi. Il y a ici trois ou quatre personnes qui ont le goût très-cultivé et même très-difficile; qui ne veulent point que l'a-

1. *Le Panégyrique de Louis XV.* (ÉD.)

mon avilisse un sujet si terrible ; qui me croiraient perdu si la galanterie de Racine venait affaiblir entre mes mains la vraie tragédie, qu'il n'a connue que dans *Athalie*; qui me croiraient perdu encore, si je tombais dans les déclamations de Corneille ; qui veulent une action continue, toujours vive, toujours intriguée, toujours terrible ; un tableau fidèle et agissant de Rome entière ; Cicéron dans sa grandeur, César dans l'aurore de la sienne et déjà au-dessus des autres hommes ; les *Catilinaires* en action ; la vérité fidèlement observée, et, pour toute fiction, Catilina éperdument épris de sa femme, avec qui il est marié en secret, femme vertueuse et qui aime véritablement son mari ; Catilina forcé de tuer le père de sa femme, dans l'instant que ce Romain va révéler la conspiration. Voilà en gros, madame, ce que l'on désirait et ce que l'on a trouvé pour le fond. Peut-être la longue habitude que j'ai de faire des vers, la sublimité du sujet, surtout l'ardeur de vous plaire, m'ont élevé au-dessus de moi-même. Mme du Châtelet me flatte que Votre Altesse trouvera *Catilina* le moins mauvais de mes ouvrages ; je n'ose m'en flatter. Je le souhaite pour l'honneur des lettres, si indignement déshonorées ; et il faut, de plus, qu'un ouvrage fait par vos ordres soit bon. Mais enfin, que mon obéissance et mon zèle me tiennent lieu de quelque chose. Protégez donc, madame, ce que vous avez créé.

On m'apprend que votre protection nous donne l'abbé Le Blanc pour confrère à l'Académie. Il vous est plus aisé, madame, de donner une place au mérite, que de donner le talent nécessaire pour faire *Catilina*.

Il faut à présent revoir avec un flegme sévère ce que j'ai fait avec le feu de l'enthousiasme ; il s'agit d'être correct et élégant ; voilà ce qui coûte plus qu'une tragédie. Je ne me console point de n'être point aux pieds de Votre Altesse dans Anet ; c'est là que j'aurais dû travailler ; mais votre royaume est partout.

J'ai combattu pour vous sur la frontière contre les *barbares*[1] ; c'est votre étendard que je porte.

Je suis avec un profond respect, etc.

MDXXVIII. — DE FRÉDÉRIC II, ROI DE PRUSSE.

À Sans-Souci, le 15 août.

Si mes vers ont contribué à l'*Épître*[2] que je viens de recevoir, je les regarde comme mon plus bel ouvrage. Quelqu'un qui assista à la lecture de cette *Épître* s'écria dans une espèce d'enthousiasme : « Voltaire et le maréchal de Saxe ont le même sort ; ils ont plus de vigueur dans leur agonie que d'autres en pleine santé. »

Admirez cependant la différence qu'il y a entre nous deux ; vous m'assurez que mes vers ont excité votre verve, et les vôtres ont pensé me faire abjurer la poésie. Je me trouve si ignorant dans votre langue, et si sec d'imagination, que j'ai fait vœu de ne plus écrire. Mais vous

1. Les partisans de Crébillon, et ce poëte lui-même. (ÉD.)
2. L'*Épître à Mme Denis*. (ÉD.)

savez malheureusement ce que sont les vœux des poëtes, les zéphyrs les emportent sur leurs ailes, et notre souvenir s'envole avec eux.

Il faut être Français et posséder vos talents pour manier votre lyre. Je corrige, j'efface, je lime mes mauvais ouvrages pour les purifier de quantité de fautes dont ils sont remplis. On dit que les joueurs de luth accordent leur instrument la moitié de leur vie et en touchent l'autre. Je passe la mienne à écrire et surtout à effacer. Depuis que j'entrevois quelque certitude à votre voyage, je redouble de sévérité sur moi-même.

Soyez sûr que je vous attends avec impatience, charmé de trouver un Virgile qui veut bien me servir de Quintilien. Lucine est bien oiseuse, à mon gré ; je voudrais que Mme du Châtelet se dépêchât, et vous aussi. Vous pensez ne faire qu'un saut du baptême de Cirey à la messe de notre nouvelle église. La charité est éteinte dans le cœur des chrétiens, les collectes n'ont pu fournir de quoi couvrir cette église ; et, à moins que de vouloir entendre la messe en plein vent, il n'y a pas moyen de l'y dire.

Marquez-moi, je vous prie, la route que vous tiendrez, et dans quel temps vous serez sur mes frontières, afin que vous trouviez des chevaux. Je sais bien que Pégase vous porte, mais il ne connaît que le chemin de l'immortalité. Je vous la souhaite le plus tard possible, en vous assurant que vous ne serez pas reçu avec moins d'empressement que vous êtes attendu avec impatience. FÉDÉRIC.

MDXXIX. — A M. LE COMTE D'ARGENTAL.

A Lunéville, le 16 août.

Cet ordinaire doit apporter à mes divins anges une cargaison des deux premiers actes de *Catilina*. Mais pourquoi intituler l'ouvrage *Catilina*? C'est Cicéron qui est le héros ; c'est lui dont j'ai voulu venger la gloire, lui qui m'a inspiré, que j'ai tâché d'imiter, et qui occupe tout le cinquième acte. Je vous en prie, intitulons la pièce : *Cicéron et Catilina*.

Voilà une plaisante guerre qui va s'allumer ! J'aurai pour moi tous les colléges. Je devrais avoir tous ceux qui aiment les grands hommes ; Cicéron l'était.

Je vous demande en grâce de lire le premier acte au président Hénault. Voilà le cas où il faut des amis. Il y a longtemps que je vous traite de conjurés ; mettez-vous tous de la conspiration. Cette aventure est plus guerre civile que *Sémiramis*. Courage, coadjuteur ! Aux armes, monsieur de Choiseul ! Animez-vous, monsieur de Pont de Veyle ! Soyez tous de vrais Romains ; battez les barbares.

MDXXX. — DE STANISLAS, ROI DE POLOGNE, DUC DE LORRAINE ET DE BAR.

A Commercy.

Mme de Boufflers, mon cher Voltaire, en partant précipitamment pour aller voir monsieur son père, m'a chargé de vous renvoyer votre livre. Je sacrifie l'empressement que j'ai eu de le parcourir à la nécessité que vous avez de le ravoir, espérant que vous me le communiquerez quand vous pourrez. Vous connaissez comme je suis gourmand de vos ouvrages.

Me voilà seul. Les agréments de Commercy ne remplacent pas le plaisir d'être avec ses amis; aussi je me prépare à le quitter bientôt. Je voudrais que Mme du Châtelet, que j'embrasse tendrement, employât le temps de l'absence à faire ses couches, et à le retrouver sur pied. Je vous embrasse, mon cher Voltaire, de tout mon cœur.

STANISLAS, roi.

MDXXXI. — A FRÉDÉRIC II, ROI DE PRUSSE.

A Lunéville, le 18 août.

J'ai reçu vos vers très-plaisants
Sur notre triste Académie.
Nos Quarante sont fort savants;
Des mots ils sentent l'énergie,
Et de prose et de poésie;
Ils donnent des prix tous les ans;
Ils font surtout des compliments;
Mais aucun n'a votre génie.

Votre Majesté pense bien que j'ai plus d'envie de lui faire ma cour qu'elle n'en a de me souffrir auprès d'elle. Croyez que mon cœur a fait très-souvent le voyage de Berlin, tandis que vous pensiez qu'il était ailleurs. Vous avez excité la crainte, l'admiration, l'intérêt, chez les hommes. Permettez que je vous dise que j'ai toujours pris la liberté de vous aimer. Cela ne se dit guère aux rois, mais j'ai commencé sur ce pied-là avec Votre Majesté et je finirai de même. J'ai bien de l'impatience de voir votre *Lutrin*[1], ou votre *Batrachomyomachie* homérique sur M. de Valori.

Mais un ministre d'importance,
Envoyé du roi très-chrétien,
Et sa bedaine, et sa prestance,
Le courage du Prussien,
La fuite de l'Autrichien,
Que votre active vigilance
A cinq fois battu comme un chien;
Tout ce grand fracas héroïque,
Vos aventures, vos combats,
Ont un air un peu plus épique
Que les grenouilles et les rats
Chantés par ce poëte unique
Qu'on admire et qu'on ne lit pas.

Votre Majesté, en me parlant des maréchaux de Belle-Ile et de Saxe, dit qu'il faut que chacun fasse son métier; vraiment, Sire, vous en parlez bien à votre aise, vous qui faites tant de métiers à la fois, celui

1. *Le Palladion*, voy. lettre MDXXII. (Éd.)

de conquérant, de politique, de législateur, et, qui pis est, le mien, qu'assurément vous faites le plus agréablement du monde. Vous m'avez remis sur les voies de ce métier que j'avais abandonné. J'ai l'honneur de joindre ici un petit essai d'une nouvelle tragédie de *Catilina*; en voici le premier acte; peut-être a-t-il été fait trop vite. J'ai fait en huit jours ce que Crébillon avait mis vingt-huit ans à achever; je ne me croyais pas capable d'une si épouvantable diligence; mais j'étais ici sans mes livres. Je me souvenais de ce que Votre Majesté m'avait écrit sur le *Catilina* de mon confrère; elle avait trouvé mauvais, avec raison, que l'histoire romaine y fût entièrement corrompue; elle trouvait qu'on avait fait jouer à Catilina le rôle d'un bandit extravagant, et à Cicéron, celui d'un imbécile. Je me suis souvenu de vos critiques très-justes; vos bontés polies pour mon vieux confrère ne vous avaient pas empêché d'être un peu indigné qu'on eût fait un tableau si peu ressemblant de la république romaine. J'ai voulu esquisser la peinture que vous désiriez; c'est vous qui m'avez fait travailler; jugez ce premier acte, c'est le seul que je puisse actuellement avoir l'honneur d'envoyer à Votre Majesté; les autres sont encore barbouillés. Voyez si j'ai réhabilité Cicéron, et si j'ai attrapé la ressemblance de César.

  Entre ces deux héros prenez votre balance,
   Décidez entre leurs vertus.
  César, je le prévois, aura la préférence;
  Quelque juste qu'on soit, c'est notre ressemblance
   Qui nous touche toujours le plus.

Je ne vous ai point envoyé cette comédie de *Nanine*. J'ai cru qu'une petite fille que son maître épouse ne valait pas trop la peine de vous être présentée. Mais, si Votre Majesté l'ordonne, je la ferai transcrire pour elle. Je suis actuellement avec le sénat romain et je tâche de mériter les suffrages de Frédéric le Grand,

  De qui je suis avec ardeur
  Le très-prosterné serviteur,
  Et l'éternel admirateur,
  Sans être jamais son flatteur. V.

MDXXXII. — A MADAME LA COMTESSE DE VERTRILLAC.

Lunéville, le 20 août.

La lettre dont vous m'avez honoré, madame, m'a été rendue fort tard à Lunéville. Mes sentiments vous avaient prévenue dans tout ce que vous me dites de l'abbé Trublet, et votre estime pour lui ne fait qu'augmenter celle qu'il m'a inspirée depuis longtemps. Mes voyages et ma mauvaise santé ne me permettent guère de me mêler des affaires de l'Académie; mais je m'intéresse trop à sa gloire pour ne pas souhaiter d'avoir l'abbé Trublet pour confrère. Ce désir, que vous augmenteriez en moi, madame, s'il n'était pas déjà très-vif, me procure au moins aujourd'hui le plaisir de vous dire combien j'honore votre ami. Je lui envie le bonheur qu'il a de vous voir, et je lui demanderais le

bonheur d'être admis dans votre cour avec plus d'empressement qu'il
ne souhaite d'être de celle des Quarante.
Je suis avec respect, etc.
VOLTAIRE.

MDXXXIII. — A MADAME DU BOCCAGE.

À Lunéville, le 21 août.

Mme du Châtelet, madame, a reçu votre présent[1]. Vous êtes deux *amazones* qui, dans des genres différents, êtes au-dessus des hommes. Orithye fait mille remercîments à Antiope. Pour moi, qui ne suis qu'un homme, et un assez pauvre homme, je suis fier de vos bontés, comme si j'étais un Thésée. Vous devez être excédée d'éloges, madame, et les miens sont bien faibles après tous ceux que vous avez reçus. Vous avez mis la fontaine d'Hippocrène au Thermodon. Vous vous êtes couronnée de roses, de myrtes, de lauriers ; vous joignez l'empire de la beauté à celui de l'esprit et des talents. Les femmes n'osent pas être jalouses de vous, les hommes vous aiment et vous admirent. Vous devez entendre ce langage-là soir et matin ; et, si vous n'en êtes pas excédée, si vous voulez que ma voix se mette de concert, vous essuierez de moi quelque grande diable d'ode fort ennuyeuse où je mettrai à vos pieds les Sapho, les Milton et les Amours. C'est une terrible affaire qu'une ode ; mais on m'avouera que le sujet est beau, et que ce sera bien ma faute si elle ne vaut rien. Je suis actuellement à courir comme un fou dans la carrière que vous venez d'embellir. Je me suis avisé, madame, de faire une tragédie de *Catilina*, et même de l'avoir faite prodigieusement vite ; ce qui m'obligera à la corriger longtemps. Ce n'est pas que j'aie voulu rien disputer à mon confrère et à mon maître, M. de Crébillon ; mais sa tragédie étant toute de fiction, j'ai fait la mienne en qualité d'historiographe. J'ai voulu peindre Cicéron tel qu'il était en effet. Figurez-vous le *François II* de M. le président Hénault[2] ; voilà à peu près mon *Catilina*. J'ai suivi l'histoire autant que je l'ai pu, du moins quant aux mœurs.

Je laisse à mon confrère les idées audacieuses, les jalousies de l'amour, l'heureuse invention de rendre la fille de Cicéron amoureuse de Catilina, enfin tout ce qui est en possession d'orner notre scène ; ainsi nous ne nous rencontrons en rien. Dès que j'aurai achevé de limer un peu cet ouvrage, et que j'aurai vaincu cette prodigieuse difficulté de parler français en vers, difficulté que vous avez si bien surmontée, je remonterai ma lyre pour vous, et je vous en consacrerai les fredons ; mais je vous supplie, en attendant, de croire que je suis en prose un de vos plus sincères admirateurs. Je vous remercie très-sérieusement de l'honneur que vous faites aux lettres. Permettez-moi de faire mes compliments à M. du Boccage. J'ai l'honneur d'être, madame, avec une reconnaissance respectueuse, etc.

1. La tragédie des *Amazones*. (ÉD.)
2. Titre d'un drame du président Hénault. (ÉD.)

MDXXXIV. — A M. LE COMTE D'ARGENTAL.

A Lunéville, le 21 août.

Je reçus hier la consolation angélique, et j'envoie aujourd'hui le reste de mon grimoire.

Je commence par vous supplier de le lire dans le même esprit que je l'ai fait. Dépouillez-moi le vieil homme, mes anges, et jetez jusqu'à la dernière goutte de l'eau rose qu'on a mise jusqu'à présent dans la tragédie française. C'est Rome ici qui est le principal personnage; c'est elle qui est l'amoureuse, c'est pour elle que je veux qu'on s'intéresse, même à Paris. Point d'autre intrigue, s'il vous plaît, que son danger; point d'autre nœud que les fureurs artificieuses de Catilina, la véhémence, la vertu agissante de Cicéron, la jalousie du sénat, le développement du caractère de César; point d'autre femme qu'une infortunée d'autant plus naturellement séduite par Catilina, qu'on dit dans l'histoire et dans la pièce que ce monstre était aimable.

Je ne sais pas si vous frémirez au quatrième acte, mais moi j'y frémis. La pièce n'a aucun modèle; ne lui en cherchez pas:

In nova fert animus...............
Ovid., *Metam.*, lib. I, v. 1.

Je sais que c'est un préjugé dangereux que la précipitation de mon travail. Il est vrai que j'ai fait l'ouvrage en huit jours, mais il y avait six mois que je roulais le plan dans ma tête, et que toutes ces idées se présentaient en foule pour sortir. Quand j'ai ouvert le robinet, le bassin s'est rempli tout d'un coup.

Ah! que Mme d'Argental a dit un beau mot! qu'il faut ne songer qu'à bien faire, et ne pas craindre les cabales. Ce que je crains, ce sont les acteurs; et je prendrai plutôt le parti de faire imprimer l'ouvrage que de le faire estropier; mais, avec vos bontés, les acteurs pourraient devenir Romains. Sarrasin Romain! quel conte! et César, où est-il? Du secret; vraiment oui; c'est bien cela sur quoi il faut compter! Une bonne pièce, bien neuve, bien forte, des vers pleins de grandeur d'âme d'un bout à l'autre, et point de secret. La première démarche que j'ai faite a été d'écrire à Mme de Pompadour; car il ne faut pas braver les Grâces, et c'est un point indispensable. Que de gens d'ailleurs qui aiment Cicéron, et qui seront de mon parti! Ah! si Sarrasin jouait ce rôle comme Cicéron déclamait ses *Catilinaires*, je vous répondrais bien d'une espèce de plaisir que nos Français musqués ne connaissent pas, et que l'*amoureux* et l'*amoureuse* ne connaissent point. Il est temps de tirer la tragédie de la fadeur. Je petille d'indignation, quand je vois une partie carrée dans *Electre*.

Que diable est donc devenue la lettre du coadjuteur? s'il l'a adressée à Cirey, tout est perdu. Coadjuteur, voyez si j'ai peint les chambres assemblées.

Bonsoir, vous tous que j'aime, que je respecte, à qui je veux plaire. Bonsoir, mon public. Mme du Châtelet est plus grosse que jamais.

ANNÉE 1749.

MDXXXV. — AU MÊME.
A Lunéville, le 23 août.

Je reçois, ô anges, votre foudroyante lettre du 17; ne contristez pas votre créature, et ne me demandez pas un secret qui m'aurait fait une affaire très-sérieuse avec une personne très-aimable et très-puissante. Il était impossible de faire secrètement *Catilina* dans cette cour-ci, et il eût été fort mal à moi de n'en pas instruire Mme de Pompadour. C'est un devoir indispensable que j'ai rempli avec l'approbation de tout ce qui est ici.

Je sais bien tout ce que j'aurai à essuyer; je sais bien que je fais la guerre, et je la veux faire ouvertement. Loin donc de me proposer des embuscades de nuit, armez-vous, je vous en prie, pour des batailles rangées, et faites-moi des troupes, enrôlez-moi des soldats, créez des officiers. Le président Hénault est l'homme de France qui m'est le plus nécessaire. Je vous prie très-instamment de le mettre dans mon parti. Il est assurément bien disposé; il est indigné de la monstrueuse farce dans laquelle Cicéron a été représenté comme le plus imbécile des hommes. Il m'en écrit encore avec émotion. Je lui ai promis un premier acte; dégagez ma parole, mon respectable ami.

Comptez que la scène de César et de Catilina fera plaisir à tout le monde, et surtout au président Hénault. Soyez sûr que tous ceux qui ont un peu de teinture de l'histoire romaine ne seront pas fâchés d'en voir un tableau fidèle. J'avais oublié de vous dire que le sujet de cette tragédie est encore moins *Catilina* que *Rome sauvée*. C'est là, je crois, son vrai nom, si on n'aime mieux l'appeler *Cicéron et Catilina*.

Ces misérables comédiens allaient jouer tranquillement *l'Amant précepteur*[1], où il y avait cinquante vers contre moi, que ce bon Crébillon avait autorisés gracieusement du sceau de la police. Ma nièce les a fait retrancher. C'est une obligation que j'ai aux attentions de Mlle Gaussin, malgré ses infâmes confrères, qui ne songeaient qu'à gagner de l'argent avec la boue qu'on me jette.

Me voilà comme Cicéron, je combats la canaille; j'espère ne point trouver de Marc Antoine, mais j'ai trouvé en vous un Atticus.

Mme du Châtelet joue la comédie, et travaille à Newton, sur le point d'accoucher.

Pas un mot de lettre de M. le coadjuteur.

MDXXXVI. — AU MÊME.
A Lunéville, le 25 août.

J'attends la décision de mes oracles; mais je les supplie de se rendre à mes justes raisons. Je viens de recevoir une lettre de Mme de Pompadour pleine de bonté; mais, dans ces bontés mêmes qui m'inspirent la reconnaissance, je vois que je lui dois écrire encore, et ne laisser aucune trace dans son esprit des fausses idées que des personnes qui ne cherchent qu'à me nuire ont pu lui donner.

1. C'est-à-dire *le Faux savant*, ou *l'Amour précepteur*, comédie de Duvaure. (ÉD.)

Soyez très-convaincu, mon cher et respectable ami, que j'aurais commis la plus lourde faute et la plus irréparable, si je ne m'étais pas hâté d'informer Mme de Pompadour de mon travail, et d'intéresser la justice et la candeur de son âme à tenir la balance égale, et à ne pas souffrir qu'une cabale envenimée, capable des plus noires calomnies, se vantât d'avoir à sa tête les grâces et la beauté. C'était, en un mot, une démarche dont dépendait entièrement la tranquillité de ma vie.

M'étant ainsi mis à l'abri de l'orage qui me menaçait, et m'étant abandonné, avec une confiance nécessaire, à l'équité et à la protection de Mme de Pompadour, vous sentez bien que je n'ai pu me dispenser d'instruire Mme la duchesse du Maine, que j'ai fait ce *Catilina*, qu'elle m'avait tant recommandé. C'était elle qui m'en avait donné la première idée longtemps rejetée, et je lui dois au moins l'hommage de la confidence. J'aurai besoin de sa protection ; elle n'est pas à négliger. Mme la duchesse du Maine, tant qu'elle vivra, disposera de bien des voix, et fera retentir la sienne.

Je vous recommande plus que jamais le président Hénault. J'ai lieu de compter sur son amitié et sur ses bons offices. Des amis qui ont quelque poids, et qu'on met dans le secret, font autant de bien qu'une lecture publique chez une caillette fait de mal. Je ne sais pas si je me trompe, mais je trouve *Rome sauvée* fort au-dessus de *Sémiramis*. Tout le monde, sans exception, est ici de cet avis. J'attends le vôtre pour savoir ce que je dois penser.

J'ai vu aujourd'hui une centaine de vers du poëme des *Saisons* de M. de Saint-Lambert. Il fait des vers aussi difficilement que Despréaux ; il les fait aussi bien, et, à mon gré, beaucoup plus agréables. J'ai là un terrible élève. J'espère que la postérité m'en remerciera ; car, pour mon siècle, je n'en attends que des vessies de cochon par le nez. Saint-Lambert, par parenthèse, ne met pas de comparaison entre *Rome sauvée* et *Sémiramis*. Savez-vous que c'est un homme qui trouve *Électre* détestable ? Il pense comme Boileau, s'il écrit comme lui. Électre amoureuse ! et une Iphianasse, et un plat tyran, et une Clytemnestre qui n'est bonne qu'à tuer ! et des vers durs, et des vers d'églogue après de l'emphase ! et, pour tout mérite, un Palamède, homme inconnu dans la fable, et guère plus connu dans la pièce ! Ma foi, Saint-Lambert a raison ; cela ne vaut rien du tout. Si je peux réussir à venger Cicéron, mordieu, je vengerai Sophocle.

Mme du Châtelet n'accouche encore que de problèmes.

Bonsoir, bonsoir, anges charmants ! Comment se porte Mme d'Argental ? Ma nièce doit vous prier de lui faire lire *Catilina* ; ma nièce est du métier¹ ; elle mérite vos bontés.

1. Elle avait fait *la Coquette punie*, comédie, et entrepris une tragédie, *Alceste*. (ED.)

MDXXXVII. — A M. ALLIOT[1], CONSEILLER AULIQUE.

Lunéville, le 29 août, à neuf heures du matin.

Je vous prie, monsieur, de vouloir bien avoir la bonté de me faire savoir si je puis compter sur les choses que vous m'avez promises, et s'il n'y a point quelque obstacle.

Le mauvais état de ma santé ne me permet ni de rester longtemps à la cour du roi, auprès de qui je voudrais passer ma vie, ni d'avoir l'honneur de manger aux tables auxquelles il faut se rendre à un temps précis, qui est souvent pour moi le temps des plus violentes douleurs. Il fait froid d'ailleurs, les matins et les soirs, pour les malades.

Il serait un peu extraordinaire que, malgré votre amitié, on refusât ici les choses nécessaires à un homme qui a tout quitté pour venir faire sa cour à Sa Majesté.

Je vous prie de me faire savoir s'il faut en parler au roi. VOLTAIRE.

MDXXXVIII. — AU MÊME.

Le 29 août, à neuf heures un quart du matin.

Je vous supplie, monsieur, de vouloir bien donner des ordres en vertu desquels je sois traité sur le pied d'un étranger; et ne me mettez pas dans la nécessité de vous importuner tous les jours.

Je suis venu ici pour faire ma cour au roi. Ni mon travail ni ma santé ne me permettent d'aller piquer des tables. Le roi daigne entrer dans mon état; je compte passer ici quelques mois.

Sa Majesté sait que le roi de Prusse m'a fait l'honneur de m'écrire quatre lettres pour m'inviter à aller chez lui. Je puis vous assurer qu'à Berlin je ne suis pas obligé à importuner pour avoir du pain, du vin, et de la chandelle. Permettez-moi de vous dire qu'il est de la dignité du roi et de l'honneur de votre administration, de ne pas refuser ces petites attentions à un officier de la cour du roi de France, qui a l'honneur de venir rendre ses respects au roi de Pologne.

MDXXXIX. — A STANISLAS, ROI DE POLOGNE, DUC DE LORRAINE ET DE BAR.

Le 29 août, à neuf heures trois quarts du matin.

Sire, il faut s'adresser à Dieu, quand on est en paradis. Votre Majesté m'a permis de venir lui faire ma cour jusqu'à la fin de l'automne, temps auquel je ne puis me dispenser de prendre congé de Votre Majesté. Elle sait que je suis très-malade, et que des travaux continuels me retiennent dans mon appartement autant que mes souffrances. Je suis forcé de supplier Votre Majesté qu'elle ordonne qu'on daigne avoir pour moi les bontés nécessaires et convenables à la dignité de sa maison, dont elle honore les étrangers qui viennent à sa cour. Les rois sont, depuis Alexandre, en possession de nourrir les gens de lettres,

---

1. Commissaire général de la maison du roi Stanislas. (ÉD.)

et quand Virgile était chez Auguste, Mécène, conseiller antique d'Auguste, faisait donner à Virgile du pain, du vin, et de la chandelle. Je suis malade aujourd'hui, et je n'ai ni pain ni vin pour dîner. J'ai l'honneur d'être avec un profond respect, Sire, de Votre Majesté, le très-humble, etc.

MDXL. — A Frédéric II, roi de Prusse.

Le ....

Sire, voici une des tracasseries que j'eus l'honneur de vous prédire il y a dix ans, lorsque après avoir envoyé votre *Anti-Machiavel* en Hollande, par les ordres de Votre Majesté, je fis ce que je pus pour supprimer cet ouvrage.

J'avais tort, à la vérité, de vouloir étouffer un si bel enfant, qui s'est conservé malgré moi, et qui est un des plus beaux monuments de votre génie et de votre gloire.

Mais vous vous exprimez dans cet ouvrage avec une liberté qui n'est guère permise qu'à un homme qui a cent mille hommes à ses ordres. Je courus, comme vous le savez, Sire, chez l'imprimeur, et j'osai raturer sur le manuscrit des endroits dont David pourrait se plaindre s'il revenait au monde, et ceux qui pourraient être désagréables à des princes contemporains, et surtout à des têtes couronnées que vous avez toujours aimées.

Votre Majesté peut se souvenir que le fripon Van Duren, qui se dit aujourd'hui votre libraire, n'eut pas plus d'égard à mes ratures que le grand pensionnaire à mes représentations. Ce coquin avait fait transcrire le manuscrit, et je ne pus obtenir des chefs de la république qu'on l'obligeât à rendre pour l'argent ce qu'on lui avait donné *gratis*.

Le livre parut donc, malgré tous mes efforts réitérés, et il parut avec quelques passages contre la personne d'un roi que vous avez imité par vos victoires, et contre un autre monarque que vous chérissez, et qui eût été votre allié naturel contre les Russes, si les Polonais avaient été assez heureux et assez fermes pour soutenir celui qu'ils ont si légitimement élu. Ses vertus et son alliance avec la maison de France sont des nœuds qui vous unissent avec lui. Ce monarque est très-affligé de la manière dont vous êtes expliqué sur Charles XII et sur lui-même. Il est très-aisé de réparer ce qui peut être échappé à votre plume sur ces deux princes qui vous sont chers. Je vous supplie, Sire, de faire une édition qui sera la seule authentique, et dans laquelle je ne doute pas que Votre Majesté ne rende plus de justice à deux rois ses amis.

Votre Majesté doit approuver aujourd'hui plus que jamais le dessein qu'avait Charles XII de chasser les Russes de la Livonie et de l'Ingrie, et de mettre une barrière entre eux et l'Europe. Si le roi de Pologne était sur le trône où il doit être, les Polonais pourraient alors se souvenir de ce qu'ils ont été, et contribuer à renvoyer les ours moscovites dans leurs forêts; ce sont là vos sentiments et vos désirs.

Quelques lignes, conformes à vos idées, et qui rendraient justice aux deux monarques, feraient un effet désiré de tous ceux qui admirent votre livre; et votre plume serait comme la lance d'Achille, qui guérit la blessure qu'elle avait faite.

MDXLI. — AU MÊME.

A Lunéville en Lorraine, ce 31 août.

Sire, j'ai le bonheur de recevoir votre lettre datée de votre Tusculum de Sans-Souci, du Linterne de Scipion. Je suis bien consolé que mon *agonie* vous amuse. Ceci est le chant du cygne; je fais les derniers efforts. J'ai achevé l'esquisse entière de *Catilina*, telle que Votre Majesté en a vu les prémices dans le premier acte. J'ai depuis commencé la tragédie d'*Electre*[1], que je voudrais bien venir au plus vite achever à Sans-Souci. Je roule aussi de petits projets dans ma tête, pour donner plus de force et d'énergie à notre langue, et je pense que si Votre Majesté voulait m'aider, nous pourrions faire l'aumône à cette langue française, à cette gueuse pincée et dédaigneuse qui se complaît dans son indigence. Votre Majesté saura qu'à la dernière séance de notre Académie, où je me trouvai pour l'élection du maréchal de Belle-Ile, je proposai cette petite question : Peut-on dire *un homme soudain dans ses transports, dans ses résolutions, dans sa colère*, comme on dit *un événement soudain ?* « Non, répondit-on ; car *soudain* n'appartient qu'aux choses inanimées. — Eh, messieurs ! l'éloquence ne consiste-t-elle pas à transporter les mots d'une espèce dans une autre ? N'est-ce pas à elle d'animer tout ? Messieurs, il n'y a rien d'inanimé pour les hommes éloquents. » J'eus beau faire, Sire, Fontenelle, le cardinal de Rohan, mon ami l'ancien évêque de Mirepoix, jusqu'à l'abbé d'Olivet, tout fut contre moi. Je n'eus que deux suffrages pour mon *soudain*.

Croit-on, Sire, que si M. Bestucheff, ou Bartenstein, disait de Votre Majesté :

Profond dans ses desseins, soudain dans ses efforts,
De notre politique il rompt tous les ressorts;

croit-on, dis-je, que Bartenstein ou Bestucheff, s'exprimât d'une manière peu correcte ? Si on laisse faire l'Académie, elle appauvrira notre langue, et je propose à Votre Majesté de l'enrichir. Il n'y a que le génie qui soit assez riche pour faire de telles entreprises. Le purisme est toujours pauvre.

Mme du Châtelet n'est point encore accouchée ; elle a plus de peine à mettre au monde un enfant qu'un livre. Tous nos accouchements, Sire, à nous autres poëtes, sont plus difficiles, à mesure que nous voulons faire de bonne besogne. Les vers didactiques surtout se font beaucoup plus difficilement que les autres. Belle matière à dissertation, quand je serai à vos pieds !

Mais voici un autre cas : il s'agit ici de prose.

Votre Majesté se souvient d'un certain *Anti-Machiavel*, dont on a fait

1. *Oreste*. (Éd.)

une vingtaine d'éditions. Une de ces éditions est tombée entre les mains du roi à la cour de qui on accouche. Il y a deux endroits où l'on rend une justice un peu sévère au roi de Suède, et où le monarque dont j'ai l'honneur de vous parler est traité un peu légèrement. Il y est infiniment sensible, et d'autant plus qu'il sent bien que le coup part d'une main trop respectable et faite pour peser les hommes. Vous vous en tirerez, Sire, comme vous voudrez, parce que les héros ont toujours beau jeu; mais moi, qui ne suis qu'un pauvre diable, j'essuie tout l'orage; et l'orage a été assez fort.

Autre affaire. Il a plu à mon cher *Isaac Onits*, fort aimable chambellan de Votre Majesté, et que j'aime de tout mon cœur, d'imprimer que j'étais très-mal dans votre cour. Je ne sais pas trop sur quoi fondé, mais la chose est moulée, et je le pardonne de tout mon cœur à un homme que je regarde comme le meilleur enfant du monde. Mais, Sire, si le maître de la chapelle du pape avait imprimé que je ne suis pas bien auprès du pape, je demanderais des *agnus* et des bénédictions à Sa Sainteté. Votre Majesté m'a daigné donner des pilules qui m'ont fait beaucoup de bien; c'est un grand point; mais si elle daigne m'envoyer une demi-aune de ruban noir, cela me servirait mieux qu'un scapulaire. Le roi auprès de qui je suis ne peut m'empêcher de courir vous remercier. Personne ne pourra me retenir. Ce n'est pas assurément que j'aie besoin d'être mené en laisse par vos faveurs; et je vous jure que j'irai bien me mettre aux pieds de Votre Majesté, sans ficelle et sans ruban. Mais je peux assurer à Votre Majesté que le souverain de Lunéville a besoin de ce prétexte pour n'être pas fâché contre moi de ce voyage. Il a fait une espèce de marché avec Mme du Châtelet, et je suis, moi, une des clauses du marché. Je suis logé dans sa maison, et tout libre qu'est un animal de ma sorte, il doit quelque chose au beau-père de son maître. Voilà mes raisons, Sire. J'ajouterai que je vous étais tendrement attaché, avant qu'aucun de ceux que vous avez comblés de vos bienfaits eût été connu de Votre Majesté, et je vous demande une marque qui puisse apprendre à Lunéville et sur la route de Berlin que vous daignez m'aimer. Permettez-moi encore de dire que la charge¹ que je possède auprès du roi mon maître, étant un ancien office de la couronne qui donne les droits de la plus ancienne noblesse, est non-seulement très-compatible avec cet honneur que j'ose demander, mais m'en rend plus susceptible. Enfin c'est l'ordre du *Mérite*, et je veux tenir mon *mérite* de vos bontés. Au reste, je me dispose à partir le mois d'octobre; et, que j'aie du *mérite* ou non, je suis à vos pieds.

MDXLII. — A M. LE COMTE D'ARGENTAL.

A Lunéville, le 1ᵉʳ septembre.

Il y a bien longtemps qu'on me fait attendre le décret céleste; je ne sais encore ce que je dois penser de *Rome sauvée*. J'attends vos ordres pour avoir une opinion.

Mme du Châtelet n'est point encore accouchée, mais Fulvie l'est. Je

1. Celle de gentilhomme ordinaire de la chambre. (ÉD.)

lui ai donné un enfant tout venu, au lieu de la présenter avec un gros ventre qui ne serait qu'un sujet de plaisanterie pour nos petits-maîtres.

En attendant, je vous envoie *Nanine* telle que vous avez voulu qu'elle fût. Je suis à l'ébauche du cinquième acte d'*Electre*[1], et d'*Electre* sans amour. Je tâche d'en faire une pièce dans le goût de *Mérope*; mais j'espère qu'elle sera d'un tragique supérieur. Je peux perdre mon temps, mais vous m'avouerez que je l'emploie.

M. de Gury m'a écrit qu'on avait ordonné un beau tombeau pour très-haut et très-puissant prince, Ninus, roi d'Assyrie. Détachez, je vous en prie, M. de Bachaumont aux sieurs Slodtz; Slodtz signifie paresseux en anglais.

Il y a quelques vers biscornus dans le commencement de *Catilina*; mais croyez qu'ils sont tous corrigés, et, j'ose dire, embellis. Si j'avais des copistes, vous auriez déjà la suite. Je vous le répète, mes chers et respectables amis, *Catilina* est ce que j'ai fait de moins indigne de vos soins. J'ai *Sémiramis* à cœur. Quand jouera-t-on cette *Sémiramis* ? quand viendra *Catilina* ? Vous ordonnerez de sa destinée. Je dois écrire à Mme de Pompadour. Il faut en être protégé, ou du moins souffert. Je lui rappellerai l'exemple de Madame, qui fit travailler Racine et Corneille à *Bérénice*.

Votre maudite grand'chambre vient de me faire perdre un procès de trente mille livres, malgré la loi précise; et cela parce que le rapporteur (je ne sais quel est ce bonhomme) s'est imaginé que mon acquisition n'était pas sérieuse, et que je n'étais pas assez riche pour avoir fait un marché de trente mille livres.

Je ne suis pas en train de dire du bien des sénats.

Adieu, consolation de ma vie.

MDXLIII. — De Frédéric II, roi de Prusse.

A Potsdam, le 4 septembre.

Je reçois votre *Catilina*, dont il m'est impossible de deviner la suite. Il n'est pas plus possible de juger d'une tragédie par un seul acte, que d'un tableau par une seule figure. J'attends d'avoir tout vu pour vous dire ce que je pense du dessein, de la conduite, de la vraisemblance, du pathétique et des passions. Il ne me convient pas d'exposer mes doutes à l'un des quarante juges de la langue française sur la partie de l'élocution; si cependant mon confrère en Apollon et mon concitoyen, le comte de Bar[2], m'avait envoyé cet acte, je vous demanderais si l'on peut dire :

Tyran par la parole, il faut finir ton règne.

Si le sens ne donne pas lieu à l'équivoque, je crois qu'on peut dire : *Son éloquence le rendra le tyran de sa patrie; il faut finir son règne.* Mais, selon la construction du vers, nous autres Allemands, qui peut-être n'entendons pas bien les finesses de la langue, nous comprenons que c'est par la parole qu'il faut finir son règne.

1. *Oreste.* (Éd.) — 2. Stanislas, duc de Lorraine et de Bar. (Éd.)

Je suis bien osé de vous communiquer mes remarques. Si cependant j'ai eu quelque scrupule sur ce vers-là, il ne m'a pas empêché de me livrer avec plaisir à l'admiration d'une infinité de beaux endroits où l'on reconnaît les traits de ce pinceau qui fit *Brutus*, *la Mort de César*, etc., etc.

Votre lettre est charmante; il n'y a que vous qui puissiez en écrire de pareilles. Il semble que la France soit condamnée d'enterrer avec vous dix personnes d'esprit que différents siècles lui avaient fait naître.

Puisque Mme du Châtelet fait des livres, je ne crois pas qu'elle accouche par distraction. Dites-lui donc qu'elle se dépêche, car j'ai hâte de vous voir. Je sens l'extrême besoin que j'ai de vous, et le grand secours dont vous pouvez m'être. La passion de l'étude me durera toute ma vie. Je pense sur cela comme Cicéron, et comme je le dis dans une de mes épîtres. En m'appliquant, je puis acquérir toutes sortes de connaissances; celle de la langue française, je veux vous la devoir. Je me corrige autant que mes lumières me le permettent; mais je n'ai point de puriste assez sévère pour relever toutes mes fautes. Enfin je vous attends, et je prépare la réception du gentilhomme *ordinaire* et du génie *extraordinaire*.

On dit à Paris que vous ne viendrez point, et je dis que si, car vous n'êtes point un faussaire; et, si l'on vous accusait d'être indiscret, je dirais que cela peut être; de vous laisser voler, j'y acquiescerais; d'être coquet, encore. Vous êtes enfin comme l'éléphant blanc pour lequel le roi de Perse et l'empereur du Mogol se font la guerre, et dont ils augmentent leurs titres, quand ils sont assez heureux pour le posséder. Adieu. Si vous venez ici, vous verrez à la tête des miens *Fédéric, par la grâce de Dieu, roi de Prusse, électeur de Brandebourg, possesseur de Voltaire*, etc.

MDXLIV. — A M. LE COMTE D'ARGENTAL.

À Lunéville, le 4 septembre.

Grâces vous soient rendues; mais je suis bien plus inquiet de la santé de Mme d'Argental que du sort de *Rome*. Je vous prie, mon cher et respectable ami, de me mander de ses nouvelles, car je ne travaillerai ni à *Catilina* ni à *Électre* que je n'aie l'esprit en repos.

Mme du Châtelet, cette nuit, en griffonnant son *Newton*, s'est senti un petit besoin; elle a appelé une femme de chambre, qui n'a eu que le temps de tendre son tablier, et de recevoir une petite fille qu'on a portée dans son berceau. La mère a arrangé ses papiers, s'est remise au lit; et tout cela dort comme un liron, à l'heure que je vous parle.

J'accoucherai plus difficilement de mon *Catilina*. Il faudra au moins quinze jours pour oublier cet ouvrage, et le revoir avec des yeux frais. Si Mme d'Argental se porte bien, j'emploierai ce long espace de temps à achever l'esquisse d'*Électre*, avant d'achever de sauver *Rome*. Je vous demande en grâce de faire au président Hénault la galanterie de lui montrer le premier acte. Qu'importe que l'épée de Catilina soit mal placée sur une table ? Ôtez-la de là. Et qu'importe une lettre dont on fera avec le temps un autre usage? L'objet de ce premier acte est de donner une grande idée de Cicéron, et de peindre César. Voilà, entre nous, ce dont je me pique. Je suis sûr que le président Hénault en sera très-content.

Je veux qu'on sache que la pièce est faite, mais je veux que le public la désire, et je ne la donnerai que quand on me la demandera.

Je vous supplie de m'envoyer, par le moyen de M. de La Reinière, l'ouvrage du docteur Smith[1]. C'est un excellent homme que ce Smith. Nous n'avons en France rien à mettre à côté, et j'en suis fâché pour mes chers compatriotes.

Je vous embrasse tendrement, mon cher et respectable ami. Est-il bien vrai que les échevins vont devenir connaisseurs, et que la ville a l'Opéra? Est-il bien vrai que la façade de Perrault, tant bernée par Boileau, sera découverte? qu'on fait une belle place devers la Comédie? Dites-moi, je vous prie, quel est l'architecte?

On dit aussi qu'on doit loger le roi à Versailles, et lui ôter cet œil-de-bœuf. Comment le fastueux Louis XIV avait-il pu se loger si mal? Voilà bien des choses à la fois. On n'en saurait trop faire; la vie est courte. Si on employait bien son temps, on en ferait cent fois davantage.

Chers conjurés, mille tendres respects.

MDXLV. — A M. L'ABBÉ DE VOISENON.

A Lunéville, le 4 septembre.

Mon cher abbé *greluchon* saura que Mme du Châtelet étant cette nuit à son secrétaire, selon sa louable coutume, a dit : *Mais je sens quelque chose !* Ce quelque chose était une petite fille qui est venue au monde sur-le-champ. On l'a mise sur un in-quarto qui s'est trouvé là, et la mère est allée se coucher. Moi qui, dans les derniers temps de sa grossesse, ne savais que faire, je me suis mis à faire un enfant tout seul; j'ai accouché en huit jours de *Catilina*. C'est une plaisanterie de la nature qui a voulu que je fisse, en une semaine, ce que Crébillon avait été trente ans à faire. Je suis émerveillé des couches de Mme du Châtelet, et épouvanté des miennes.

Je ne sais si Mme du Châtelet m'imitera, si elle sera grosse encore; mais, pour moi, dès que j'ai été délivré de *Catilina*, j'ai eu une nouvelle grossesse, et j'ai fait sur-le-champ *Électre*. Me voilà avec la charge de raccommodeur de moules, dans la maison de Crébillon.

Il y a vingt ans que je suis indigné de voir le plus beau sujet de l'antiquité avili par un misérable amour, par une partie carrée, et par des vers ostrogoths. L'injustice cruelle qu'on a faite à Cicéron ne m'a pas moins affligé. En un mot, j'ai cru que ma vocation m'appelait à venger Cicéron et Sophocle, Rome et la Grèce, des attentats d'un barbare. Et vous, que faites-vous? Mille respects, je vous en prie, à Mme de Voisenon.

1. *Compleat System of Optics.* (Cl.)

MDXLVI. — A M. LE MARQUIS D'ARGENSON.

À Lunéville, le 4 septembre.

Mme du Châtelet vous mande, monsieur, que cette nuit, étant à son secrétaire, et griffonnant quelque pancarte newtonienne, elle a eu un petit besoin. Ce petit besoin était une fille qui a paru sur-le-champ. On l'a étendue sur un livre de géométrie in-quarto. La mère est allée se coucher, parce qu'il faut bien se coucher; et, si elle ne dormait pas, elle vous écrirait. Pour moi, qui ai accouché d'une tragédie de *Catilina*, je suis cent fois plus fatigué qu'elle. Elle n'a mis au monde qu'une petite fille qui ne dit mot, et moi il m'a fallu faire un Cicéron, un César; et il est plus difficile de faire parler ces gens-là que de faire des enfants, surtout quand on ne veut pas faire un second affront à l'ancienne Rome et au théâtre français. Conservez-moi vos bontés; aimez Cicéron de tout votre cœur; il était bon citoyen comme vous, et n'était point m........ de sa fille, comme l'a dit Crébillon. Mille respects.

MDXLVII. — A MADAME LA MARQUISE DU DEFFAND.

Le 12 septembre.

Je viens de voir mourir, madame, une amie de vingt ans, qui vous aimait véritablement, et qui me parlait, deux jours avant cette mort funeste, du plaisir qu'elle aurait de vous voir à Paris à son premier voyage. J'avais prié M. le président Hénault de vous instruire d'un accouchement qui avait paru si singulier et si heureux; il y avait un grand article pour vous dans ma lettre; Mme du Châtelet m'avait recommandé de vous écrire, et j'avais cru remplir mon devoir en écrivant à M. le président Hénault. Cette malheureuse petite fille dont elle était accouchée, et qui a causé sa mort, ne m'intéressait pas assez. Hélas! madame, nous avions tourné cet événement en plaisanterie; et c'est sur ce malheureux ton que j'avais écrit par son ordre à ses amis. Si quelque chose pouvait augmenter l'état horrible où je suis, ce serait d'avoir pris avec gaieté une aventure dont la suite empoisonne le reste de ma vie misérable. Je ne vous ai point écrit pour ses couches, et je vous annonce sa mort! C'est à la sensibilité de votre cœur que j'ai recours dans le désespoir où je suis. On m'entraîne à Cirey, avec M. du Châtelet. De là je reviens à Paris, sans savoir ce que je deviendrai, et espérant bientôt la rejoindre. Souffrez qu'en arrivant j'aie la douloureuse consolation de vous parler d'elle, et de pleurer à vos pieds une femme qui, avec ses faiblesses, avait une âme respectable.

MDXLVIII. — A M. L'ABBÉ DE VOISENON.

Auprès de Bar, ce 14 septembre.

Mon cher abbé, mon cher ami, que vous avais-je écrit! quelle joie malheureuse, quelle suite funeste! quelle complication de malheurs, qui rendraient encore mon état plus affreux, s'il pouvait l'être! Conservez-vous, vivez; et, si je suis en vie, je viendrai bientôt verser dans votre sein des larmes qui ne tariront jamais.

Je n'abandonne pas M. du Châtelet, je vais à Cirey avec lui. Il faut y aller, il faut remplir ce cruel devoir. Je reverrai donc ce château que l'amitié avait embelli, et où j'espérais mourir dans les bras de votre amie! Il faudra bien revenir à Paris; je compte vous y voir. J'ai une répugnance horrible à être enterré à Paris; je vous en dirai les raisons. Ah! cher abbé, quelle perte!

MDXLIX. — A M. LE COMTE D'ARGENTAL.

A Cirey, le 21 septembre.

Je ne sais, mon adorable ami, combien de jours nous resterons encore dans cette maison que l'amitié avait embellie, et qui est devenue pour moi un objet d'horreur. Je remplis un devoir bien triste, et j'ai vu des choses bien funestes. Je ne trouverai ma consolation qu'auprès de vous. Vous m'avez écrit des lettres qui, en me faisant fondre en larmes, ont porté le soulagement dans mon cœur. Je partirai dans trois ou quatre jours, si ma malheureuse santé me le permet.

Je meurs dans ce château; une ancienne amie de cette infortunée femme y pleure avec moi; j'y remplis mon devoir avec le mari et avec le fils. Il n'y a rien de si douloureux que ce que j'ai vu depuis trois mois, et qui s'est terminé par la mort. Mon état est horrible; vous en sentez toute l'amertume, et vos âmes charmantes l'adoucissent.

Que deviendrai-je donc, mes chers anges gardiens? Je n'en sais rien. Tout ce que je sais, c'est que je vous aime tous deux assurément autant que je l'aimais. Vous portez l'attention de votre amitié jusqu'à chercher à me loger. Pourriez-vous disposer de ce devant de maison? J'en donnerai aux locataires tout ce qu'ils voudront; je leur ferai un pont d'or. J'aimerais mieux cela que le palais Bourbon ou le palais Bacquencourt. Voyez si vous pouvez me procurer la plus chère des consolations, celle de m'approcher de vous.

J'attends avec impatience le moment de vous embrasser; mais que je retrouve donc Mme d'Argental en bonne santé! Je me flatte que M. de Pont de Veyle et vos amis daignent prendre quelque part à mon cruel état.

MDL. — AU MÊME.

A Cirey, le 23 septembre.

Mon adorable ami, je suis encore pour deux jours à Cirey. De là je vais passer encore deux jours chez une amie de ce grand homme et de cette malheureuse femme, et je reviens à petites journées, par la route de Saint-Dizier et de Meaux. Enfin je n'aurai la consolation de vous revoir que les premiers jours d'octobre. J'ai relu plus d'une fois votre dernière lettre, et celle de Mme d'Argental. Vous faites ma consolation, mes chers anges; vous me faites aimer les malheureux restes de ma vie. Il n'y a guère d'apparence que je puisse, en arrivant, jouir de ce petit bouge qui serait un palais. Je prévois bien qu'on ne pourra pas faire déloger sur-le-champ des locataires, et que je serai obligé de loger chez moi. Je vous avouerai même qu'une maison qu'elle habitait, en m'accablant de douleur, ne m'est point désagréable. Je ne crains point mon affliction, je ne fuis point ce qui me parle d'elle. J'aime Cirey; je ne pourrais pas supporter Lunéville, où je l'ai perdue d'une manière plus funeste que vous ne pensez; mais les lieux qu'elle embellissait me sont chers. Je n'ai point perdu une maîtresse; j'ai perdu la moitié de moi-même, une âme pour qui la mienne était faite, une amie de vingt ans que j'avais vue naître. Le père le plus tendre n'aime pas autrement sa fille unique. J'aime à les retrouver partout l'idée; j'aime à parler à son mari, à son fils. Enfin les douceurs ne se ressemblent point, et voilà comme la mienne est faite. Comptez que mon état est bien étrange. Enfin donc, mon adorable ami, je ne vous verrai que dans huit ou dix jours; c'est un surcroît d'affliction. Ayez la bonté, je vous en prie, de m'écrire à Saint-Dizier. Que je puisse, en arrivant, trouver Mme d'Argental en bonne santé, et je me croirai capable de quelque plaisir. Adieu, le plus aimable et le plus digne des hommes.

MDLI. — A WALTHER.
Septembre 1749.

Je vous envoie les pièces curieuses que j'ai recouvrées, et qui feront valoir votre édition. Il faut les mettre dans le huitième tome ou à la fin du troisième. Je vous conseille de les placer à la fin du troisième, parce que la tragédie de *Sémiramis*, avec le discours qui la précède, suffira pour compléter le tome huitième. Vous aurez incessamment cette tragédie de *Sémiramis* qu'on joue depuis un mois à Paris avec un très grand succès. Votre intérêt doit être d'en tirer des exemplaires à part avant de faire paraître l'édition totale; vous en vendrez considérablement. Il y aura un petit avertissement dans lequel on annoncera les huit tomes, et on désavouera les autres éditions antérieures. Comptez que vous me remercierez du bien que je vous fais, et de la manière dont je conduis vos intérêts.

MDLII. — A M. LE COMTE D'ARGENTAL.
A Châlons, le 2 octobre.

Je vous avais bien dit, mes adorables anges, que je voyagerais à petites journées. Me voici à Châlons; j'irai passer deux ou trois jours à Reims, chez M. de Pouilli. C'est une âme comme la vôtre, et un esprit bien philosophique; c'est la seule société qui puisse me consoler quelque temps, et me tenir un peu lieu de la vôtre, s'il est possible. Je viens de relire des matériaux immenses de métaphysique que Mme du Châtelet avait assemblés avec une patience et une sagacité qui m'effrayent. Comment pouvait-elle pleurer avec cela à nos tragédies? C'était le génie de Leibnitz avec de la sensibilité. Ah! mon cher ami, on ne sait pas quelle perte on a faite.

Mme Denis m'a mandé que vous aviez lu sa pièce, et que vous en étiez plus content qu'autrefois; mais ce n'est pas là mon compte. Si elle n'est que mieux, ce n'est pas assez. Je voudrais qu'elle fût bonne, ou qu'elle ne la donnât point. Le bel honneur d'avoir le succès de Mme du Boccage ! Je l'ai conjurée d'avoir en vous autant de confiance que j'en ai, et je vous supplie de lui dire la vérité sur son ouvrage.

comme vous me la dites sur les miens. Mandez-moi du moins ce que vous en pensez. Il me semble qu'une femme ne doit point sortir de sa sphère pour s'étaler en public, et hasarder une pièce médiocre. Ayez la bonté de m'écrire à Reims, chez M. de Pouilli. Les lettres arrivent en moins de deux jours, et je vous avertis que j'y attendrai la vôtre, et que je n'en partirai qu'après l'avoir reçue. Vous me direz comment se portent Mme d'Argental, monsieur votre frère, M. de Choiseul, et notre coadjuteur. Dans la longueur de mes journées solitaires, j'ai achevé une seconde leçon de ce *Catilina* dont je vous avais envoyé l'esquisse au milieu du mois d'août. Depuis le 15 août jusqu'au 1ᵉʳ septembre, j'avais travaillé à *Électre*, et je l'avais même entièrement achevée, afin de perdre toutes les idées de *Catilina*, afin de revoir ce premier ouvrage avec des yeux plus frais, et de le juger moi-même avec plus de sévérité. J'en avais usé de même avec *Électre*, que j'avais laissée là après l'avoir faite, et j'avais repris *Catilina* avec beaucoup d'ardeur; lorsque cet accident funeste abattit entièrement mon âme, et ne me laissa plus d'autre idée que celle du désespoir. J'ai revu enfin *Catilina* dans ma route; mais qu'il s'en faut que je puisse travailler avec cette ardeur que j'avais quand je lui apportais un acte tous les deux jours! Les idées s'enfuient de moi. Je me surprends des heures entières sans pouvoir travailler, sans avoir d'idée de mon ouvrage. Il n'y en a qu'une qui m'occupe jour et nuit. Vous serez bien mécontent de moi; et sans doute vous me pardonnerez. Ah! mon divin ami, je ne recommencerai à penser que quand je vous verrai. Adieu, la plus aimable et la plus respectable société qui soit au monde.

MDLIII. — AU MÊME.

À Reims, le 5 au soir, en arrivant.

S'il n'y avait à Paris que votre maison, j'aurais volé, mon cher et respectable ami, et ma mauvaise santé ne m'aurait pas retenu; mais je vous avoue que j'ai craint la curiosité de bien des personnes qui aiment à empoisonner les plaies des malheureux, et j'ai beaucoup redouté Paris. Il fallait absolument, mes chers anges, mettre un temps entre le coup qui m'a frappé et mon retour. Permettez-moi de ne partir que mercredi prochain, et d'arriver à très-petites journées. Je ne peux guère faire autrement, parce que je voyage avec mon équipage. Mais, mon Dieu! que la santé de Mme d'Argental m'inquiète! cela est bien long! J'admire son courage, mais son état me désespère. Me voici à Reims, mais mon cœur, qui va un autre train que moi, est avec vous; il est dans votre petite maison d'Auteuil. Je suis bien content que vous la voyez un peu plus de l'ouvrage de ma nièce; mais je serais désolé qu'elle se mît dans le train de donner au public des pièces médiocres. C'est le dernier des métiers pour un homme, et le comble de l'avilissement pour une femme. Adieu, encore une fois, la consolation de ma vie. Mille tendres respects à toute votre société; mais que Mme d'Argental, qui en fait le charme, se porte donc mieux!

MDLIV. — AU MÊME.

A Reims, le 8 octobre.

J'ai cru pouvoir, mes chers anges, adoucir un peu mon état en songeant à vous plaire. J'ai fait copier à Reims *Catilina*, qui était trop plein de ratures pour pouvoir vous être montré à Paris. Je ne peux me refuser au petit plaisir de vous dire que j'ai trouvé dans Reims un copiste qui a voulu d'abord lire l'ouvrage avant de se hasarder à le transcrire; et voici ce que mon écrivain m'a envoyé après avoir lu la pièce. Ce n'est pas que je prétende captiver votre suffrage par le sien; mais vous m'avouerez qu'il est singulier qu'un copiste ait senti si bien, et ait si bien écrit. M. de Pouilli pense comme le copiste; mais je ne tiens rien sans vous. Ce M. de Pouilli, au reste, est peut-être l'homme de France qui a le plus le vrai goût de l'antiquité. Il adore Cicéron, et il trouve que je ne l'ai pas mal peint. C'est un homme que vous aimeriez bien que ce Pouilli; il a votre candeur, et il aime les belles-lettres comme vous. Il y avait ici un chanoine qui, pour s'être connu en vin, avait gagné un million; il a mis ce million en bienfaits, il vient de mourir. Mon Pouilli, qui est à Reims ce que vous devriez être à Paris, à la tête de la ville, a fait l'oraison funèbre de ce chanoine, qu'il doit prononcer. Je vous assure qu'il a raison d'aimer Cicéron, car il l'imite bien heureusement. Je pars, mes adorables anges; car, quoique je déteste Paris, je vous aime beaucoup plus que je ne hais cette grande, vilaine, turbulente, frivole, et injuste ville. Je me flatte de retrouver Mme d'Argental dans une meilleure santé. C'est là l'idée qui m'occupe, et je vous assure que j'ai des remords de n'être pas venu plus tôt.

Adieu, vous tous qui composez une société si délicieuse.

MDLV. — A MADAME DU BOCCAGE.

A Paris, ce 12 octobre.

J'arrive à Paris, madame; l'excès de ma douleur et de ma mauvaise santé ne m'empêche pas de vous dire à quel point je suis sensible à vos bontés. Il est d'une âme aussi belle que la vôtre de regretter une femme telle que Mme du Châtelet. Elle faisait, comme vous, la gloire de son sexe et de la France. Elle était en philosophie ce que vous êtes dans les belles-lettres; et cette même personne, qui venait de traduire et d'éclaircir Newton, c'est-à-dire de faire ce que trois ou quatre hommes au plus, en France, auraient pu entreprendre, cultivait sans cesse, par la lecture des ouvrages de goût, cet esprit sublime que la nature lui avait donné. Hélas! madame, il n'y avait pas quatre jours que j'avais relu votre tragédie avec elle. Nous avions lu ensemble votre *Milton* avec l'anglais. Vous la regretteriez bien davantage, si vous aviez été témoin de cette lecture. Elle vous rendait bien justice; vous n'aviez point de partisan plus sincère. Il a couru, après sa mort, quatre vers assez médiocres à sa louange. Des gens qui n'ont ni goût ni âme me les ont attribués. Il faut être bien indigne de l'amitié, et avoir un cœur bien frivole, pour penser que, dans l'état horrible où je suis, mon esprit eût la malheureuse liberté de faire des vers pour elle;

mais ce qu'il y a d'affreux et de punissable, c'est que ce monstre nommé Roi en a fait contre sa mémoire.

Je ne vous connais, madame, qu'une tache dans votre vie, c'est d'avoir été louée par ce misérable que la société devrait exterminer à frais communs. Faut-il qu'une telle horreur soit ajoutée à mon affliction! Adieu, madame; si je peux avoir quelque consolation sur la terre, ce sera de vous faire ma cour à Paris, et de vous dire à quel point je vous respecte et vous admire. Ce ne sont pas là les sentiments où l'on se borne quand on a l'honneur de vous connaître. Permettez mes compliments à M. du Boccage.

MDLVI. — À M. D'ARNAUD.

Ce 14 octobre.

Mon cher enfant, une femme qui a traduit et éclairci Newton, et qui avait fait une traduction de Virgile, sans laisser soupçonner dans la conversation qu'elle avait fait ces prodiges; une femme qui n'a jamais dit du mal de personne, et qui n'a jamais proféré un mensonge; une amie attentive et courageuse dans l'amitié; en un mot, un très-grand homme que les femmes ordinaires ne connaissaient que par ses diamants et le cavagnole, voilà ce que vous ne m'empêcherez pas de pleurer toute ma vie. Je suis fort loin d'aller en Prusse; je peux à peine sortir de chez moi. Je suis très-touché de votre sensibilité, vous avez un cœur comme il me le faut; aussi vous pouvez compter que je vous aime bien véritablement. Je vous prie de faire mes compliments à M. Morand.

Adieu, mon cher d'Arnaud; je vous embrasse.

MDLVII. — A M. LE CHEVALIER DE JAUCOURT.

15 octobre 1749.

J'arrivai ces jours passés à Paris, mon cher monsieur. J'y trouvai les marques de votre souvenir, et de la bonté de votre cœur; vous devez assurément être au nombre de ceux qui regrettent une personne unique, une femme qui avait traduit Newton et Virgile, et dont le caractère était au-dessus de son génie. Jamais elle n'abandonna un ami, jamais je ne l'ai entendue médire. J'ai vécu vingt ans avec elle dans la même maison. Je n'ai jamais entendu sortir un mensonge de sa bouche. J'espère que vous verrez bientôt son Newton. Elle a fait ce que l'Académie des sciences aurait dû faire. Quiconque pense honorera sa mémoire, et je passerai ma vie à la pleurer. Adieu, je vous embrasse tendrement.

V.

MDLVIII. — A FRÉDÉRIC II, ROI DE PRUSSE.

A Paris, ce 15 octobre.

Sire, je viens de faire un effort, dans l'état affreux où je suis, pour écrire à M. d'Argens; j'en ferai bien un autre pour me mettre aux pieds de Votre Majesté.

J'ai perdu un ami de vingt-cinq années, un grand homme qui n'avait de défaut que d'être femme, et que tout Paris regrette et honore.

On ne lui a pas peut-être rendu justice pendant sa vie, et vous n'avez peut-être pas jugé d'elle comme vous auriez fait, si elle avait eu l'honneur d'être connue de Votre Majesté. Mais une femme qui a été capable de traduire Newton et Virgile, et qui avait toutes les vertus d'un honnête homme, aura sans doute part à vos regrets.

L'état où je suis depuis un mois ne me laisse guère d'espérance de vous revoir jamais; mais je vous dirai hardiment que si vous connaissiez mieux mon cœur, vous pourriez avoir aussi la bonté de regretter un homme qui certainement dans Votre Majesté n'avait aimé que votre personne.

Vous êtes roi, et, par conséquent, vous êtes accoutumé à vous défier des hommes. Vous avez pensé, par ma dernière lettre, ou que je cherchais une défaite pour ne pas venir à votre cour, ou que je cherchais un prétexte pour vous demander une légère faveur. Encore une fois, vous ne me connaissez pas. Je vous ai dit la vérité, et la vérité la plus connue à Lunéville. Le roi de Pologne Stanislas est sensiblement affligé, et je vous conjure, Sire, de sa part et en son nom, de permettre une nouvelle édition de l'*Anti-Machiavel*, où l'on adoucira ce que vous avez dit de Charles XII et de lui; il vous en sera très-obligé. C'est le meilleur prince qui soit au monde; c'est le plus passionné de vos admirateurs, et j'ose croire que Votre Majesté aura cette condescendance pour sa sensibilité, qui est extrême.

Il est encore très-vrai que je n'aurais jamais pu le quitter pour venir vous faire ma cour, dans le temps que vous l'affligiez et qu'il se plaignait de vous. J'imaginai le moyen que je proposai à Votre Majesté; je crus et je crois encore ce moyen très-décent et très-convenable. J'ajoute encore que j'aurais dû attendre que Votre Majesté daignât me prévenir elle-même sur la chose dont je prenais la liberté de lui parler. Cette faveur était d'autant plus à sa place, que j'ose vous répéter encore ce que je mande à M. d'Argens : oui, Sire, M. d'Argens a constaté, a relevé le bruit qui a couru que vous me retiriez vos bonnes grâces; oui, il l'a imprimé. Je vous ai allégué cette raison, qu'il aurait dû appuyer lui-même. Il devait vous dire : « Sire, rien n'est plus vrai, ce bruit a couru; j'en ai parlé; voilà l'endroit de mon livre où je l'ai dit; et il sera digne de la bonté de Votre Majesté de faire cesser ce bruit, en appelant à votre cour un homme qui m'aime et qui vous adore, et en l'honorant d'une marque de votre protection. »

Mais, au lieu de lire attentivement l'endroit de ma lettre à Votre Majesté, où je le citais, au lieu de prendre cette occasion de m'appeler auprès de vous, il me fait un quiproquo où l'on n'entend rien. Il me parle de libelles, de querelles d'auteur; il dit que je me suis plaint à Votre Majesté qu'il *ait dit* de moi des choses *injurieuses*; en un mot, il se trompe, et il me gronde, et il a tort; car il sait bien que je vous ai dit dans ma lettre que je l'aime de tout mon cœur.

Mais vous, Sire, avez-vous raison avec moi? Vous êtes un très-grand roi, vous avez donné la paix dans Dresde; votre nom sera grand dans tous les siècles; mais toute votre gloire et toute votre puissance ne vous mettent pas en droit d'affliger un cœur qui est tout à vous. Quand je me porterais aussi bien que je me porte mal, quand je serais à dix lieues de vos États, je ne ferais pas un pas pour aller à la cour d'un grand homme qui ne m'aimerait point, et qui ne m'enverrait chercher que comme un souverain. Mais, si vous me connaissiez, et si vous aviez pour moi une vraie bonté, j'irais me mettre à vos pieds à Pékin. Je suis sensible, Sire, et je ne suis que cela. J'ai peut-être deux jours à vivre; je les passerai à vous admirer, mais à déplorer l'injustice que vous faites à une âme qui était si dévouée à la vôtre, et qui vous aime toujours comme M. de Fénelon aimait Dieu, pour lui-même. Il ne faut pas que Dieu rebute celui qui lui offre un encens si rare.

Croyez, encore, s'il vous plaît, que je n'ai pas besoin de petites vanités, et que je ne cherchais que vous seul.

MDLIX. — A MADAME LA COMTESSE DE STAAL[1].

Mademoiselle[2], si je n'étais l'homme du monde le plus infirme, je passerais pour le plus ingrat. J'ai toujours compté pouvoir venir me jeter aux pieds de Mme la duchesse du Maine, la remercier de ses bontés, et vous dire, mademoiselle, combien je suis pénétré des vôtres. Mais des souffrances continuelles m'arrachent à mes plaisirs et à mes devoirs. Je n'ai d'autres consolations que mes livres et un peu de travail, dans les moments de relâche que me donnent mes maux. Jugez, mademoiselle, si un homme condamné à ne vous point voir est malheureux! Je suis sûr que Mme la duchesse du Maine daignera plaindre un de ses sujets qui est exilé de son royaume. Où devrais-je passer ma vie, que dans la patrie du bon goût et du véritable esprit, aux pieds de la protectrice des arts? J'ose vous conjurer, mademoiselle, de vouloir bien me protéger auprès d'elle : son estime est le but de tous mes travaux; elle diminuera mes souffrances. Son Altesse Sérénissime a vu bien des gens de lettres qui valaient infiniment mieux que moi; mais jamais aucun d'eux n'a senti plus vivement son mérite, et n'a plus admiré la supériorité de ses lumières. Vous êtes faite, mademoiselle, pour lui faire oublier tout le monde; mais je vous prie de daigner la faire souvenir de moi. Je viendrai assurément, au premier rayon de santé, vous assurer que je voudrais passer mes jours auprès de vous.

Je suis avec bien du respect, mademoiselle, etc.

MDLX. — A M. D'AIGUEBERRE, CONSEILLER
AU PARLEMENT DE TOULOUSE.

Paris, le 26 octobre.

Mon cher ami, c'était vous qui m'aviez fait renouveler connaissance, il y a plus de vingt ans, avec cette femme infortunée qui vient de mourir de la manière la plus funeste, et qui me laisse seul dans le

1. Mlle de Launay, depuis baronne de Staal, auteur des Mémoires. (ÉD.)
2. Je vous demande mille pardons. J'étais plein du nom de Mlle Delaunay, que vous avez rendu si respectable et j'oubliais Mme de Staal.

monde. Je l'avais vue naître. Vous savez tout ce qui m'attachait à elle. Peu de gens connaissaient son extrême mérite, et on ne lui avait pas assez rendu justice; car, mon cher ami, à qui la rend-on? Il faut être mort pour que les hommes disent enfin de nous un peu de bien qui est très-inutile à notre cendre. Elle a laissé des monuments qui forceront l'envie et la frivolité maligne de notre nation à reconnaître en elle ce génie supérieur que l'on confondait avec le goût des pompons, et des diamants, et du cavagnole. Les bons esprits l'admireront; mais tous ceux qui connaissent le prix de l'amitié doivent la regretter. Elle était surtout moins paresseuse que vous, mon cher d'Argueberre, et son exemple devrait bien vous corriger. J'impute votre long silence à vos procès; mais, à présent qu'ils sont finis, je me flatte que vous donnerez à l'amitié ce que vous avez donné à la chicane. Vous revenez, dites-vous, à Paris; Dieu le veuille! Si vous faites cas d'une vie douce, avec d'anciens amis et des philosophes, je pourrais bien faire votre affaire. J'ai été obligé de prendre à moi seul la maison[1] que je partageais avec Mme du Châtelet. Les lieux qu'elle a habités nourrissent une douleur qui m'est chère, et me parleront continuellement d'elle. J'ai logé ma nièce, Mme Denis, qui pense aussi philosophiquement que celle que nous regrettons, qui cultive les belles-lettres, qui a beaucoup de goût, et qui, par-dessus tout cela, a beaucoup d'amis, et est dans le monde sur un fort bon ton. Vous pourriez prendre le second appartement, où vous seriez fort à votre aise; vous pourriez vivre avec nous, et vous seriez le maître des arrangements. Je vous avertis que nous tiendrons une assez bonne maison. Elle y entre à Noël; et même, si vous voulez, nous nous chargerons de vous acheter des meubles pour votre appartement; il me semble que vous êtes fait pour qu'on ait soin de vous. Je vous avoue que ce serait pour moi une consolation bien chère de passer avec vous le reste de mes jours. Songez-y et faites-moi réponse; je vous embrasse tendrement.

MDLXI. — A MADAME LA DUCHESSE DU MAINE.

Fontainebleau, le 2 novembre.

Ma protectrice, il n'y a pas d'apparence que les nouveaux chagrins qui m'arrivent me permettent d'être aux ordres de Votre Altesse Sérénissime, mardi prochain. On m'a volé à Lunéville la tragédie de *Sémiramis*, la petite comédie de *Nanine*, plusieurs autres manuscrits, et, ce qui est cent fois plus cruel, l'*Histoire* de la dernière guerre, que j'avais écrite avec vérité, quoique par ordre du roi. Tout cela est imprimé en province, plein de fautes absurdes, d'omissions, d'additions, de tout ce qui peut déshonorer les lettres et un pauvre auteur. Je suis forcé d'être à Fontainebleau, pour tâcher d'arrêter le cours de ces misères. Je me flatte que Votre Altesse Sérénissime, non-seulement me pardonne, mais daignera entrer dans ma peine, avec sa bonté ordinaire. Son *Catilina* ne s'en trouvera pas plus mal. La petite-fille du

---

1. Rue Traversière, près de celle de Richelieu. (Cl.)

grand Condé trouvait la place assez tenable; mais elle y verra, à mon retour, de nouvelles fortifications, et, puisqu'elle a été bâtie par ses ordres, j'espère qu'elle résistera aux assauts des *barbares*. O madame, que les petits *barbares* sont en grand nombre! que ce malheureux siècle a besoin de vous! Mais c'est moi qui en ai le plus grand besoin; il faut que je combatte sous vos étendards. Me voilà comme les anciens héros qui devaient purger la terre de monstres, avec le secours des déesses.

Ma protectrice, voici des Grecs en attendant des Romains. J'ai bien peur d'avoir mal peint les uns et les autres; mais je suis bien sûr d'avoir raison, si je dis que, dans la patrie d'Alcibiade et de César, il est bien difficile qu'il y ait eu des dames qui valussent Mme la duchesse du Maine. Des héros, on en trouve partout; des âmes comme la vôtre, cela est un peu plus rare. Jugez quel est mon sort, si cette belle âme est toujours la protectrice de
VOLTAIRE.

MDLXII. — A M. L'ABBÉ D'OLIVET.

Ne crois pas m'échapper, consul que je dédaigne;
Tyran par la parole, il faut finir ton règne.

Mon cher maître, ce *tyran par la parole* est-il, ou une hardiesse heureuse, ou une témérité condamnable? mettez, s'il vous plaît, votre avis au bas de ce billet.
V.

RÉPONSE DE L'ABBÉ D'OLIVET.

Je ne vois rien là qui ne soit très-grammatical. Je vous rends les papiers que vous m'avez confiés, et qui sûrement ne sont pas sortis de mes mains.

MDLXIII. — A FRÉDÉRIC II, ROI DE PRUSSE.

A Paris, 10 novembre.

Sire, j'ai reçu presque à la fois trois lettres de Votre Majesté; l'une, du 10 septembre, venue par Francfort, adressée de Francfort à Lunéville, renvoyée à Paris, à Cirey, à Lunéville et enfin à Paris, pendant que j'étais à la campagne dans la plus profonde retraite; les deux autres me parvinrent avant-hier, par la voie de M. Chambrier, qui est encore, je crois, à Fontainebleau.

Hélas! sire, si la première de ces lettres avait pu me parvenir, dans l'excès de ma douleur, au temps où je devrais l'avoir reçue, je n'aurais quitté que pour vous cette funeste Lorraine; je serais parti pour me jeter à vos pieds; je serais venu me cacher dans un petit coin de Potsdam ou de Sans-Souci; tout mourant que j'étais, j'aurais assurément fait ce voyage; j'aurais retrouvé des forces. J'aurais même des raisons que vous devinez pour aimer mieux mourir dans vos États que dans le pays où je suis né.

Qu'est-il arrivé? Votre silence m'a fait croire que ma demande vous avait déplu; que vous n'aviez réellement aucune bonté pour moi; que vous aviez pris ce que je vous proposais pour une défaite et pour une envie déterminée de rester auprès du roi Stanislas. Sa cour, où j'ai vu mourir Mme du Châtelet d'une manière cent fois plus funeste que vous ne pouvez le croire, était devenue pour moi un séjour affreux, malgré mon tendre attachement pour ce bon prince, et malgré ses extrêmes bontés. Je suis donc revenu à Paris; j'ai rassemblé autour de moi ma famille, j'ai pris une maison, et je me suis trouvé père de famille, sans avoir d'enfants. Je me suis fait ainsi, dans ma douleur, un établissement honorable et tranquille, et je passe l'hiver dans ces arrangements et dans celui de mes affaires, qui étaient mêlées avec celles de la personne que la mort ne devait pas enlever avant moi. Mais, puisque vous daignez m'aimer encore un peu, Votre Majesté peut être très-sûre que j'irai me jeter à ses pieds l'été prochain, si je suis en vie. Je n'ai plus besoin actuellement de prétexte, je n'ai besoin que de la continuation de vos bontés. J'irai passer huit jours auprès du roi Stanislas, c'est un devoir que je dois remplir; et le reste sera à Votre Majesté. Soyez, je vous en conjure, bien persuadé que je n'avais imaginé ce chiffon noir que parce qu'alors le roi Stanislas n'aurait pas souffert que je le quittasse. Je croyais que vous aviez fait cette grâce à M. de Maupertuis. Il est encore très-vrai, et je vous le répète, et ce n'est point une tracasserie, que le bruit avait couru, à mon dernier voyage à votre cour, que vous m'aviez retiré vos bonnes grâces. Je ne disais pas à Votre Majesté que M. d'Argens avait écrit contre moi; je vous disais et je vous dis encore que, dans un certain livre de morale dont le titre m'a échappé, et qui était rempli de portraits, il avait relevé ce bruit dont je vous ai parlé; je lui ai même cité, dans la lettre que je lui ai écrite, l'endroit où il parle de moi; il doit s'en souvenir. C'est après le portrait d'Orcan, qu'il dépeint comme un courtisan dangereux par sa langue. Il me fait paraître sous le nom d'Euripide. Il dit « qu'Euripide arrive à la cour d'un grand roi, qu'il y est d'abord bien reçu, mais que bientôt le roi se dégoûte; qu'alors les courtisans, comme de raison, le déchirent. Que faut-il, ajoute-t-il, pour que la cour dise du bien d'Euripide? qu'il revienne et que le roi jette un coup d'œil sur lui. »

Voilà à peu près les paroles de son livre, qu'il m'envoya lui-même, voilà ce que j'ai, en dernier lieu, remis dans sa mémoire, et ce que j'ai mandé à Votre Majesté. J'étais bien loin d'écrire et de penser qu'il eût écrit pour m'offenser. Encore une fois, Sire, je vous disais qu'il avait relevé le bruit qui courait que j'étais mal auprès de vous. C'est ce que j'affirme encore, non pas assurément pour me plaindre de lui, que j'aime tendrement, mais pour faire voir à Votre Majesté que j'avais besoin d'une marque publique de votre bonté pour moi, si vous vouliez que je parusse dans votre cour.

Voilà bien des paroles; mais il faut s'entendre, et ne rien laisser en arrière à ceux à qui on veut plaire, dût-on les fatiguer.

Vous avez bien raison, Sire, de me dire que je suis fait pour être volé, car on m'a volé *Sémiramis*, et cette petite comédie de *Nanine* dont on avait parlé à Votre Majesté. On les a imprimées de toutes manières à mes dépens, pleines de fautes absurdes, et de sottises beaucoup plus fortes que celles dont je suis capable. Je compte, dans quatre ou cinq jours, envoyer à Votre Majesté les véritables éditions que je fais faire.

Je vais aussi faire transcrire *Catilina*, ou plutôt *Rome sauvée*; car ce monstre de Catilina ne mérite pas d'être le héros d'une tragédie; mais Cicéron mérite de l'être.

Voici, en attendant, la réponse à votre objection grammaticale.

J'attends de votre plume d'autres présents, et je me flatte que la cargaison que vous recevrez de moi incessamment m'en attirera une de votre part. J'aurai l'honneur de faire ce petit commerce cet hiver; et je crois, Sire, sauf respect, que vous et moi nous sommes, dans l'Europe, les deux seuls négociants de cette espèce. Je viendrai ensuite revoir nos comptes, disserter, parler grammaire et poésie; je vous apporterai la grammaire raisonnée de Mme du Châtelet, et ce que je pourrai rassembler de son Virgile; en un mot, je viendrai mes poches pleines, et je trouverai vos portefeuilles bien garnis. Je me fais de ces moments-là une idée délicieuse; mais c'est à la condition expresse que vous daignerez m'aimer un peu, car sans cela je meurs à Paris.

MDLXIV. — A MADAME LA COMTESSE DE MONTREVEL[1].

Le 15 novembre.

Madame, permettez que je remette sous vos yeux le résultat de l'entretien que j'eus l'honneur d'avoir avec vous, il y a deux jours. M. le marquis du Châtelet se souvient que, de plus de quarante mille francs à lui prêtés pour bâtir Cirey et pour d'autres dépenses, je me restreignis à trente mille livres, en considération de sa fortune et de l'amitié dont il m'a toujours honoré; que, de cette somme réduite à trente mille livres, il me passa une promesse de deux mille livres de rente viagère que lui dicta Bronod, notaire. Vous savez, madame, si j'ai jamais touché un sou de cette rente, si j'en ai rien demandé, et si même je n'ai pas donné quittance, plusieurs années de suite, étant assurément très-éloigné d'en exiger le payement.

Vous n'ignorez pas, madame, et M. du Châtelet se souvient toujours avec amitié, qu'après avoir eu le bonheur d'accommoder son procès de Bruxelles, et de lui procurer deux cent mille livres d'argent comptant, je le priai de trouver bon que je transigeasse avec lui pour cette somme de trente mille livres; et pour les arrérages dont je n'avais pas donné quittance, et que je touchasse seulement, pour finir tout compte entre nous, une somme de quinze mille livres une fois payée. Il daigna accepter d'un ancien serviteur cet arrangement, qu'il n'eût pas accepté d'un homme moins attaché, et sa lettre est un témoignage de sa satisfaction et de sa reconnaissance. En conséquence, je reçus dix mille livres, savoir : deux mille livres qu'il me donna à Lunéville, et huit mille livres que me compta le sieur de Lacroix, à Paris.

Les cinq mille livres restant devaient être employées, par Mme du Châtelet, à mon appartement d'Argenteuil et à l'acquisition d'un terrain, et je remis une quittance générale à Mme du Châtelet.

1. Sœur du marquis du Châtelet. (ED.)

L'emploi de ces cinq mille livres n'ayant pu être fait, vous voulez que j'en agisse toujours avec M. du Châtelet comme j'en ai déjà usé. J'avais cédé trente mille livres pour quinze mille livres; eh bien, aujourd'hui, je céderai cinq mille livres pour cent louis, et ces cent louis encore je demande qu'ils me soient rendus en meubles; et en quels meubles! dans les mêmes effets qui viennent de moi, que j'ai achetés et payés, comme la commode de Boule, par moi achetée à l'inventaire de Mme Dutort, mon portrait garni de diamants, et autres bagatelles. Je prendrai d'ailleurs d'autres effets que je payerai argent comptant. Vous n'avez pas été mécontente de cet arrangement, et je me flatte que M. le marquis du Châtelet m'en saura quelque gré, et qu'il me conserve des bontés qui me sont aussi précieuses que les vôtres. Je fais plus de cas de son amitié que de cinq mille livres. J'ai l'honneur, etc.

MDLXV. — A Frédéric II, roi de Prusse
A Paris, 17 novembre.

Sire, voilà *Sémiramis*, en attendant *Rome sauvée*. Je suis très-sûr que *Rome sauvée* vous plaira davantage, parce que c'est un tableau vrai, une image des temps et des hommes que vous connaissez et que vous aimez. Votre Majesté s'intéressera aux caractères de Cicéron et de César. Elle regardera avec curiosité ce tableau que je lui en présenterai; elle sera empressée de voir s'il y a un peu de ressemblance. Mais il n'en sera pas ainsi avec Sémiramis et Ninias. Je m'imagine que ce sujet intéressera bien moins un esprit aussi philosophique que le vôtre. Il arrivera tout le contraire à Paris. Le parterre et les loges ne sont point du tout philosophes, pas même gens de lettres. Ils sont gens à sentiment, et puis c'est tout. Vous aimerez *la Mort de César*; nos Parisiennes aiment *Zaïre*. Une tragédie où l'on pleure est jouée cent fois; une tragédie où l'on dit : *Vraiment voilà qui est beau*; *Rome est bien peinte*; une telle tragédie, dis-je, est jouée quatre ou cinq fois. J'aurai donc fait une partie de mes ouvrages pour Frédéric le Grand, et l'autre partie pour ma nation. Si j'avais eu le bonheur de vivre auprès de Votre Majesté, je n'aurais travaillé que pour elle. Si j'étais plus jeune, je ferais une requête à la Providence; je lui dirais : « O Fortune! fais-moi passer six mois à Sans-Souci et six mois à Paris. »

MDLXVI. — De Frédéric II, roi de Prusse.
Le 25 novembre.

D'Olivet me foudroie, à ce que je vois. Je suis plus ignorant que je ne me l'étais cru. Je me garderai bien de faire le puriste, et de parler de ce que je n'entends pas; mon silence me préservera des foudres des d'Olivet et des Vaugelas. Je me garderai bien encore de vous envoyer de mes ouvrages; si vous laissez voler les vôtres, que serait-ce des miens? Vous travaillez pour votre réputation, et pour l'honneur de votre nation; si je barbouille du papier, c'est pour mon amusement; et on pourrait me le pardonner, pourvu que je déchirasse ces ouvrages après les avoir achevés. Lorsqu'on approche de quarante ans, et que l'on fait de mauvais vers, il faut dire comme le Misanthrope :

> ...... *Si j'en faisais* d'aussi méchants,
> Je me garderais *bien* de les montrer aux gens.
> Acte I, scène II.

Nous avions à Berlin un ambassadeur russe qui, depuis vingt ans, étudiait la philosophie sans y avoir compris grand'chose. Le comte de Kaiserling, dont je parle, et qui a soixante ans bien comptés, partit de Berlin avec son gros professeur. Il est à Dresde à présent; il étudie toujours, et il espère d'être un écolier passable dans vingt ou trente ans d'ici. Je n'ai point sa patience, et je ne songe pas à vivre aussi longtemps. Quiconque n'est pas poëte à vingt ans ne le deviendra de sa vie. Je n'ai point assez de présomption pour me flatter du contraire, ni je ne suis assez aveugle pour ne me pas rendre justice.

Envoyez-moi donc vos ouvrages par générosité, et ne vous attendez à rien de ma part qu'à des applaudissements. Je veux

> *Imiter* de Conrart le silence prudent;
> Boileau, ép. 1, v. 40

mais cela ne me rendra point insensible aux beautés de la poésie. J'estimerai d'autant plus vos ouvrages, que j'ai éprouvé l'impossibilité d'y atteindre.

Ne me faites plus de tracasseries sur les *on dit*. *On dit* est la gazette des sots. Personne n'a mal parlé de vous dans ce pays-ci. Je ne sais dans quel livre d'Argens bavarde sur Euripide; qui vous dit que c'est vous? S'il avait voulu vous désigner, n'aurait-il pas choisi Virgile plutôt qu'Euripide? Tout le monde vous aurait reconnu à ce coup de pinceau; et dans le passage que vous me citez je ne vois aucun rapport avec la réception qu'on vous a faite ici.

Ne vous forgez donc pas des monstres pour les combattre. Ferraillez, s'il le faut, avec les ennemis réels que votre mérite vous a faits en France, et ne vous imaginez pas d'en trouver où il n'y en a point; ou, si vous aimez les tracasseries, ne m'y mêlez jamais ; je n'y entends rien, ni ne veux jamais rien y entendre.

Je vois, par tous les arrangements que vous prenez, le peu d'espérance qu'il me reste de vous voir. Vous ne manquerez pas d'excuses; une imagination aussi vive que la vôtre est intarissable. Tantôt ce sera une tragédie dont vous voudrez voir le succès, tantôt des arrangements domestiques, ou bien le roi Stanislas, ou de nouveaux *on dit*. Enfin je suis plus incrédule sur ce voyage que sur l'arrivée du Messie, que les Juifs attendent encore.

Il paraît ici une *Élégie*.... serait-elle de vous? Voici le premier vers:

> Un sommeil éternel a donc fermé ses yeux, etc.

Mandez-le-moi, je vous prie; j'ai quelques doutes là-dessus; vous seul pouvez les éclaircir.

J'attends avec impatience le grand envoi que vous m'annoncez, et je vous admirerai, tout ingrat et absent que vous êtes, parce que je ne saurais m'en empêcher.

Adieu ; je vais voir les agréables folies de Roland, et les héroïques sottises de Coriolan. Je vous souhaite tranquillité, joie, et longue vie.

FRÉDÉRIC.

MDLXVII. — A MADAME LA DUCHESSE DU MAINE.

Le 25 novembre.

Promesse.

Je soussigné, en présence de mon génie et de ma protectrice, jure de lui dédier, avec sa permission, *Électre* et *Catilina*, et promets que la dédicace sera un long exposé de tout ce que j'ai appris dudit génie dans sa cour.

Fait au palais des Arts et des Plaisirs. LE PAUVRE.

MDLXVIII. — A FRÉDÉRIC II, ROI DE PRUSSE.

Le 27 novembre.

Ceci n'est guère digne de Votre Majesté ; mais il faut offrir à son dieu tous les fruits de sa terre. Vous aurez incessamment le manuscrit de *Rome sauvée*. Le sujet au moins sera plus digne d'un héros éloquent.

MDLXIX. — A MADAME LA DUCHESSE DU MAINE.

Ce samedi, novembre.

Ma protectrice, gardez mes sentiments dans votre cœur, et non mes lettres dans votre cassette ; elles vont comme elles peuvent ; mais, pour les sentiments, ils ont la hardiesse d'être dignes de toutes les bontés de Votre Altesse Sérénissime. Je défie les La Motte, les Fontenelle, et *tutti quanti*, ils n'ont point eu tant de zèle et tant d'envie de vous plaire. Permettez que je joigne à ce paquet le long et superbe rôle de M. le comte de Loss. Il ornera au moins le spectacle de sa belle figure, et cela vaut bien cent vers au moins, fussent-ils de Corneille.

Voici aussi un petit mémoire pour M. Martel, car je ne manque à rien, et il faut que vos sénateurs soient vêtus. Si nosseigneurs les comédiens du roi prêtent des manteaux, à la bonne heure ; sinon, on conspirera très-bien sans manteaux, et nous avons une douzaine de sénateurs romains qui sont, comme moi, à votre service ; mais il n'y en a aucun qui soit pénétré pour Votre Altesse Sérénissime d'un respect plus profond, et qui admire plus votre éloquence.

Il faut que votre protégé dise à Votre Altesse que j'ai suivi en tout les conseils dont elle m'a honoré. Elle ne saurait croire combien Cicéron et César y ont gagné. Ces messieurs-là auraient pris vos avis, s'ils avaient vécu de votre temps. Je viens de lire *Rome sauvée*. Ce que Votre Altesse Sérénissime a embelli a fait un effet prodigieux. L'abbé Le Blanc, qui a un peu travaillé au *Catilina* de Crébillon, ne veut pas que Cicéron se fie à César, et le pique d'honneur. Je ne le ferais pas, si j'étais l'abbé Le Blanc ; mais j'en userais ainsi, si j'étais Cicéron.

La scène de Cicéron avec Catilina était digne de Votre Altesse, quand elle était placée au premier acte, avant que Catilina ait pris ses darnières résolutions ; mais, quand ses résolutions sont prises, quand l'action est commencée, cette scène, renvoyée au second acte, ne fait plus le même effet. Cicéron doit soupçonner avant que le spectateur ait vu Catilina agir. Il est très-aisé de remettre les choses en leur lieu ; mais ce ne peut être pour lundi. Ainsi Votre Altesse aura la bonté, quand elle entendra, au second acte, ce bavard de Cicéron, de supposer que c'est au premier acte qu'il pérore. Ayez cette indulgence, et nous tâcherons de mieux jouer à la représentation qu'à la répétition.

Je débarrasse encore ma protectrice du logement des histrions. Je prie seulement l'intrépide et l'exact Gauchet de m'envoyer, lundi, à une heure précise, une gondole et un carrosse à quatre, qui amèneront et ramèneront conjurés et consuls.

Ah, ma protectrice ! je suis bien fâché, mais un jour, un jour viendra que *Rome sauvée* ne sera pas indigne de Ludovise.

Cicéron, le BAVARD.

MDLXX. — À LA MÊME.

Ce dimanche, novembre.

Ma protectrice, votre protégé Cicéron a changé la scène de Cicéron et de Catilina, au second acte (car il faut rendre compte de tout à sa souveraine). Nous avons répété aujourd'hui la pièce avec ces changements, et devant qui, madame ? devant des cordeliers, des jésuites, des pères de l'Oratoire, des académiciens, des magistrats, qui savent leurs *Catilinaires* par cœur ! Vous ne sauriez croire quel succès votre tragédie a eu dans cette grave assemblée. Ah, madame ! qu'il y a loin de Rome au cavagnole ! Cependant il faut plaire même à celles qui sont occupées d'un vieux plein. Ame de Corneille ! nous amènerons le sénat romain aux pieds de Votre Altesse, lundi ; après quoi, il y aura grand cavagnole, car vous réunissez tout ; et je sais l'histoire d'un problème de géométrie et des bouteilles de savon.

Il faut que vous sachiez, madame, que j'ai fait vos quatre vers, et que j'ai tâché de les faire du ton dont j'ai fait votre tragédie. C'est une critique digne du grand Condé, de vouloir que Cicéron, qu'un consul romain, que le chef de l'État ait des raisons indispensables pour envoyer un autre combattre à sa place. Où serait la vraie grandeur, madame, si elle n'était pas dans votre âme ? La reconnaissance, l'admiration, le plus tendre attachement, sont dans la mienne.

Le sénat et le peuple romain vous présentent leurs hommages.

MDLXXI. — DE FRÉDÉRIC II, ROI DE PRUSSE.

Décembre.

Dans votre prose délicate
Vous avancez très-poliment
Que je ne suis qu'un automate,
Un stoïque sans sentiment ;
Mes larmes coulent pour Électre,
Je suis sensible à l'amitié,
Mais le plus héroïque spectre
Ne m'inspire que la pitié.

Votre cardinal Querini est bien digne du temps des spectres et des sortiléges; vous connaissez votre monde, et c'était bien s'adresser de lui dire que tout catholique étant obligé de croire aux miracles, le parterre se trouvait obligé en conscience de trembler devant l'ombre de Ninus; je vous réponds que le bibliothécaire de Sa Sainteté approuvera fort cette doctrine orthodoxe. Pour moi, qui ne suis qu'un maudit hérétique, vous me permettrez d'être d'un sentiment différent, et de vous dire ingénument ce que je pense de votre tragédie. Quelque détour que vous preniez pour cacher le nœud de *Sémiramis*, ce n'en est pas moins l'ombre de Ninus; c'est cette ombre qui inspire des remords dévorants à sa veuve parricide; c'est l'ombre qui permet galamment à sa veuve de convoler en secondes noces. L'ombre fait entendre, du fond de son tombeau, une voix gémissante à son fils; il fait mieux, il vient en personne effrayer le conseil de la reine, et atterrer la ville de Babylone; il arme enfin son fils du poignard dont Ninias assassine sa mère. Il est si vrai que défunt Ninus fait le nœud de votre tragédie, que, sans les rêves et les apparitions différentes de cette âme errante, la pièce ne pourrait pas se jouer. Si j'avais un rôle à choisir dans cette tragédie, je prendrais celui du revenant; il y fait tout. Voilà ce que vous dit la critique. L'admiration ajoute, avec la même sincérité, que les caractères sont soutenus à merveille, que la vérité parle par vos acteurs, que l'enchaînure des scènes est faite avec un grand art. Sémiramis inspire une terreur mêlée de pitié. Le féroce et artificieux Assur, mis en opposition avec le fier et généreux Ninias, forme un contraste admirable; on déteste le premier; aussi ne lui arrive-t-il aucune catastrophe dans l'action, parce qu'elle n'aurait produit aucun effet. On s'intéresse à Ninias, mais on est étonné de la façon dont il tue sa mère; c'est le moment où il faut se faire la plus forte illusion. On est un peu fâché contre Azéma qu'elle porte des paquets, et que ses quiproquo soient la cause de la catastrophe. Toute la pièce est versifiée avec force; les vers me paraissent de la plus belle harmonie, et dignes de l'auteur de *la Henriade*. J'aime mieux cependant lire cette tragédie que de la voir représenter, parce que le spectre me paraîtrait risible, et que cela serait contraire au devoir que je me suis proposé de remplir exactement; de pleurer à la tragédie, et de rire à la comédie.

> Du temps de Plaute et d'Euripide
> Le parterre morigéné
> Suivait ce goût sage et solide;
> Par malheur il est suranné.

Vous dirai-je encore un mot sur la tragédie? Les grandes passions me plaisent sur le théâtre; je sens une satisfaction secrète lorsque l'auteur trouve moyen de remuer et de transporter mon âme par la force de son éloquence; mais ma délicatesse souffre lorsque les passions héroïques sortent de la vraisemblance. Les machines sont trop outrées dans un spectacle; au lieu d'émouvoir, elles deviennent puériles. S'il fallait opter, j'aimerais mieux dans la tragédie moins d'élévation et plus de naturel. Le sublime outré donne dans l'extravagance:

Charles XII a été le seul homme de tout ce siècle qui eût ce caractère théâtral; mais, pour le bonheur du genre humain, les Charles XII sont rares. Il y a une *Marianne* de Tristan qui commence par ce vers:

Fantôme injurieux qui troubles mon repos....

Ce n'est pas certainement comme nous parlons; apparemment que c'est le langage des habitants de la lune. Ce que je dis des vers doit s'entendre également de l'action. Pour qu'une tragédie me plaise, il faut que les personnages ne montrent les passions que telles qu'elles sont dans les hommes vifs et dans les hommes vindicatifs. Il ne faut dé peindre les hommes ni comme des démons ni comme des anges, car ils ne sont ni l'un ni l'autre, mais puiser leurs traits dans la nature.

Pardon, mon cher Voltaire, de cette discussion; je vous parle comme faisait la servante de Molière; je vous rends compte des impressions que les choses font sur mon âme ignorante. J'ai trouvé dans le volume que je viens de recevoir l'*Éloge* que vous faites des officiers qui ont péri dans cette guerre, ce qui est digne de vous; et j'ai été surpris que nous nous soyons rencontrés, sans le savoir, dans le choix du même sujet. Les regrets que me causait la perte de quelques amis me firent naître l'idée de leur payer, au moins après leur mort, un faible tribut de reconnaissance, et je composai ce petit ouvrage, où le cœur eut plus de part que l'esprit; mais ce qu'il y a de singulier c'est que le mien est en vers, et celui du poète en prose. Racine n'eut de sa vie de triomphe plus éclatant que lorsqu'il traitait le même sujet que Pradon. J'ai vu combien mon barbouillage était inférieur à votre *Éloge*. Votre prose apprend à mes vers comme ils auraient dû s'énoncer.

Quoique je sois de tous les mortels celui qui importune le moins les dieux par des prières, la première que je leur adresserai sera conçue en ces termes:

O dieux, qui douez les poètes
De tant de sublimes faveurs!
Ah! rendez vos grâces parfaites,
Et qu'ils soient un peu moins menteurs!

Si les dieux daignent m'exaucer, je vous verrai, l'année qui vient, à Sans-Souci; et, si vous êtes d'humeur à corriger de mauvais vers, vous trouverez à qui parler. *Vale.*

MDLXXII. — AU P. VIONNET[1].

Paris, le 14 décembre.

J'ai l'honneur, mon révérend père, de vous marquer ma très-faible reconnaissance d'un fort beau présent. Vos manufactures de Lyon valent mieux que les nôtres; mais j'offre ce que j'ai. Il me paraît que vous êtes un plus grand ennemi de Crébillon que moi. Vous avez fait plus de tort à son *Xerxès* que je n'en ai fait à sa *Sémiramis*. Vous et

1. Le jésuite Vionnet avait envoyé à Voltaire un exemplaire de sa tragédie de *Xerxès*. (Éd.)

moi nous combattons contre lui. Il y a longtemps que je suis sous les étendards de votre société. Vous n'avez guère de plus mince soldat, mais aussi il n'y en a point de plus fidèle. Vous augmentez encore en moi cet attachement, par les sentiments particuliers que vous m'inspirez pour vous, et avec lesquels j'ai l'honneur d'être, etc.

MDLXXIII — DE LA PRINCESSE ULRIQUE, PRINCESSE ROYALE DE SUÈDE.

A notre Apollon.

Je crois qu'il m'est permis de répondre aux vers galants d'un être que vous savez que je crois fort approcher de l'intelligence des anges. Vous autres habitants des cieux, je vous trouve fort dangereux pour les mortelles.

De l'esprit redoutons l'empire;
D'un amant tel que vous le prestige est trop fort;
Il séduit l'âme, étonne, et, tandis qu'on admire,
Le cœur est sans défense, et la raison s'endort.
La Vierge même (on nous l'atteste)
Céda contre un esprit céleste.

Je ne sais si l'on peut dire *céder contre*, mais n'importe. Si je ne parle pas français, du moins j'entends fort bien le vôtre, et je vais relire encore *Sémiramis*. L'instruction que vous donnez à votre cardinal m'a fait grand plaisir.

Je crois que vous avez des relations à Berlin. Si vous y envoyez un paquet, je vous prie de m'en faire avertir; je ferais tenir, en même temps, à M. Algarotti quelque chose qu'il me demande et qui est trop gros pour la poste. Ne vous croyez pas obligé à me répondre à ce billet; c'est bon pour moi qui ne veux rien faire; mais vous, monsieur, qui pouvez toujours, faites des tragédies et laissez-moi dire.

MDLXXIV. — A M. DESTOUCHES.

A Paris.

Auteur solide, ingénieux,
Qui du théâtre êtes le maître,
Vous qui fîtes *le Glorieux*,
Il ne tiendra qu'à vous de l'être;
Je le serai, j'en suis tenté,
Si mardi ma table s'honore
D'un convive si souhaité;
Mais je sentirai plus encore
De plaisir que de vanité.

Venez donc, mon illustre ami, mardi à trois heures; vous trouverez quelques académiciens, nos confrères; mais vous n'en trouverez point qui soit plus votre partisan et votre ami que moi. Mme Denis dispute avec moi, je l'avoue, à qui vous estime davantage; venez juger cette querelle. Savez-vous bien que vous devriez apporter votre pièce nouvelle¹? Vous nous donneriez les prémices des plaisirs que le public attend. L'abbé du Resnel ne va point aux spectacles, et il est très-bon juge; ma nièce mérite cette faveur par le goût extrême qu'elle a pour tout ce qui vient de vous; et moi, qui vous ai sacrifié *Oreste* de si bon cœur; moi qui, depuis si longtemps, suis votre enthousiaste déclaré, ne mérité-je rien ? A mardi, à trois heures, mon cher Térence.

MDLXXV. — A FRÉDÉRIC II, ROI DE PRUSSE.

A Paris, le 31 décembre.

Vous êtes pis qu'un hérétique;
Car ces gens, qu'un bon catholique
Doit pieusement détester,
Pensent qu'on peut ressusciter,
Et que la *Bible* est véridique;
Mais le héros de Sans-Souci,
En qui tant de lumière abonde,
Fait peu de cas de l'autre monde,
Et se moque de celui-ci.

Et moi aussi, Sire, je prends la liberté de m'en moquer. Mais, quand je travaille pour le public, je parle à l'imagination des hommes, à leurs faiblesses, à leurs passions. Je ne voudrais pas qu'il y eût deux tragédies comme *Sémiramis*; mais il est bon qu'il y en ait une, et ce n'est pas une petite affaire d'avoir transporté la scène grecque à Paris, et d'avoir forcé un peuple frivole et plaisant à frémir à la vue d'un spectre. Votre Majesté sent bien que je pouvais me passer de cette ombre. Rien n'était plus aisé; mais j'ai voulu faire voir qu'on peut accoutumer les hommes à tout, et qu'il n'y a que manière de s'y prendre. Vous les accoutumez à des choses plus rares et plus difficiles.

Ce que Votre Majesté me fait l'honneur de me mander à propos de la petite commémoration que j'ai faite de nos pauvres officiers tués et oubliés, me ravit en admiration. Quoi ! vous roi, vous avez eu la même idée, et l'avez exécutée en vers ! Vous avez fait ce que faisait le peuple d'Athènes. Vous valez bien ce peuple à vous tout seul. Il est bien juste qu'un roi qui fait tuer des hommes les regrette et les célèbre; mais où sont les monarques qui en usent ainsi? Ils se contentent de faire tuer. Mais, vous êtes roi et homme, homme éloquent, homme sensible; vous redoublez plus que jamais mon extrême envie de vous voir, encore avant que ma malheureuse machine se détruise, et cesse pour jamais de vous admirer et de vous aimer. La mort me fait de la peine. On vit trop peu. Je crois que le peu de temps que j'ai à pouvoir approcher d'un être tel que vous me fait encore envisager la brièveté de la vie avec plus de chagrin.

Je ne sais ce que c'est que ces vers dont Votre Majesté me parle sur la mort de Mme du Châtelet. Je n'ai rien vu de ce qu'on a publié pour et contre, dans notre nation frivole. Je me borne à regretter dans la retraite un grand homme qui portait des jupes, à respecter

1. *La Force du naturel.* (ÉD.)

sa mémoire, et à ne me point soucier du tout de ses faiblesses de femme.

Voici un petit recueil[1] où vous trouverez bien des vers corrigés et arrondis. On n'a jamais fait avec les vers. Quel métier! Pourquoi faut-il qu'il soit le plus inutile de tous et le plus difficile?

Je reprends cette lettre, Sire, que j'avais commencée il y a quelques jours. Je suis retombé malade. Me voilà à peu près guéri, et je reprends ma lettre. J'avertis Votre Majesté qu'elle n'aura pas sitôt une certaine *Rome sauvée*. J'ai beaucoup retravaillé cet ouvrage, parce qu'il s'agit de grands hommes que vous connaissez comme si vous aviez vécu avec eux. Quand il s'agit de peindre Rome pour Frédéric le Grand, il y faut un peu d'attention. On va jouer une *Électre* de ma façon, sous le titre d'*Oreste*. Je ne sais pas si elle vaudra celle de Crébillon, qui ne vaut pas grand'chose, mais, du moins, Électre ne sera pas amoureuse, et Oreste ne sera pas galant. Il faut petit à petit défaire le théâtre français des déclarations d'amour, et cesser de

Peindre Caton galant, et Brutus dameret.
L'Art poét., ch. III, v. 118.

J'ai actuellement un petit procès dont je fais Votre Majesté juge. Mme la duchesse d'Aiguillon croit avoir trouvé un manuscrit du *Testament politique* du cardinal de Richelieu, et un manuscrit authentique. Je crois la chose impossible, parce que je crois impossible que le cardinal de Richelieu ait écrit ce tatras de puérilités, de contradictions et de faussetés dont ce testament fourmille. On a estimé cet ouvrage, parce qu'on l'a cru d'un grand homme. Voilà comme on juge. J'ose le croire d'un homme au-dessous du médiocre. Si, par malheur, il était du cardinal, à quoi tiennent les réputations! La vôtre, Sire, est en sûreté. Je souhaite à Votre Majesté autant d'années que de gloire. Je lui renouvelle, pour l'année 1750, mes respects, mon admiration, et mon tendre dévouement.

MDLXXVI. — A M. LE COMTE D'ARGENTAL.
À Versailles, janvier 1750.

Vous saurez, mes anges, que votre créature s'est trouvée un peu mal à Versailles. Que dites-vous de Mme Denis, qui l'a su, je ne sais comment, et qui est partie sur-le-champ pour venir me servir de garde? Je souhaite qu'*Oreste* se porte mieux que moi; vous jugez bien que je n'ai guère pu travailler, pas même à *Catilina*.

Il n'y a point de vraie tragédie d'*Oreste* sans les cris de Clytemnestre. Si cette viande grecque est trop dure pour les estomacs des petits-maîtres de Paris, j'avoue qu'il ne faut pas d'abord la leur donner.

Que Clytemnestre s'en aille, et laisse là son mari, l'urne, le meurtrier, et aille bouder chez elle, cela me paraît abominable. Il y a quelques longueurs, je l'avoue, entre les scènes, surtout quand une Gaussin parle, il faut élaguer.

1. *Recueil de pièces en vers et en prose*, par l'auteur de la tragédie de *Sémiramis*, contenant les six premiers Discours sur l'homme, *Memnon*, etc. (Éd.)

Ce malheureux lieu commun des fureurs est une tâche rude. Vous en jugerez à l'heure qu'il vous plaira. Je n'ai certainement pas donné d'étendue à la scène de l'urne; elle est étranglée à la lecture. Il semble que tous les personnages soient hâtés d'aller; mais vous verrez les petites corrections que j'ai faites. Nous ne pourrons revenir que vendredi.

Je vous demande en grâce de me ménager les bontés de M. le duc d'Aumont. On répète *Oreste* dimanche. Je veux vivre pour avoir le plaisir de venger Sophocle, mais surtout pour vous faire ma cour; car ce n'est qu'à vous que je la veux faire, et je ne suis ici qu'en retraite.

MDLXXVII. — A MADAME LA DUCHESSE DU MAINE.

Paris, ce vendredi.

Madame, en arrivant à Paris, j'ai trouvé les comédiens assemblés, prêts à répéter une comédie nouvelle, en cas que je ne leur donnasse pas *Oreste* ou *Rome sauvée* à jouer en huit jours. Ce serait damner *Rome sauvée* que de la faire jouer si vite par des gens qui ont besoin de travailler six semaines. J'ai pris mon parti, je leur ai donné *Oreste*, cela se peut jouer tout seul. Me voilà délivré d'un fardeau. J'aurai encore le temps de travailler à *Rome*, et de la donner ce carême. Tout ce que je fais pour Rome et pour la Grèce vous appartient. Votre Altesse a ses raisons pour devoir aimer les grands hommes de ces pays-là. Daignez protéger toujours un Français que vos bontés élèvent au-dessus de lui-même.

MDLXXVIII. — A MADAME DE GRAFFIGNI[1].

Si j'avais un moment à moi, madame, je viendrais chez vous vous remercier de vos bontés, et vous prendre pour vous mener où vous savez. Je vous avertis que l'on commence de très-bonne heure, que ce n'est point une répétition, que c'est un arrangement de positions et de mines, que vous n'aurez aucun plaisir. Cependant, si vous voulez geler et vous ennuyer, vous êtes bien la maîtresse.

Je serai charmé de vous revoir, et de réparer tant de temps que j'ai perdu sans vous faire ma cour.

V.

MDLXXIX. — A LA MÊME.

M. de Voltaire fait mille tendres compliments à Mme de Graffigni. Il n'a pu venir, hier, à l'hôtel de Richelieu. Il est malade, et craint bien de ne pouvoir venir aujourd'hui.

MDLXXX. — DE FRÉDÉRIC II, ROI DE PRUSSE.

11 janvier 1750.

J'ai vu le roman de Nanine
Élégamment dialogué,
Par hasard, je crois, relégué
Sur la scène aimable et badine

1. Auteur des *Lettres péruviennes* et de *Cénie*. (Cl.)

Où triomphèrent les écrits
De l'inimitable Molière.

Si sa muse fut la première,
Sur le théâtre de Paris,
Qui donna des grâces aux ris
Gare qu'elle soit la dernière.

Il terrassa tous vos marquis,
Précieuses, faux beaux esprits,
Faux dévots à triple tonsure,
Nobles sortis de la roture,
Médecins, juges et badauds :
Molière voyait la nature,
Il en faisait de grands tableaux.

Les goûts frelatés et nouveaux,
Qu'introduisirent ses rivaux
Lassés de sa forte peinture ;
A la place de nos défauts,
Et d'une plaisante censure,
Qui pouvait corriger nos mœurs,
Surent affadir de Thalie
Le propos léger, la saillie
Dont sa morale est embellie ;
Et pour comble de leurs erreurs
Ils déguisèrent Melpomène,
Qui vient sur la comique scène
Verser ses héroïques pleurs
Dans les atours d'une bourgeoise
Languissante, triste et sournoise,
Disant d'amoureuses fadeurs.

Dans cette nouvelle hérésie
On connaît aussi peu le ton
Que doit avoir la comédie,
Qu'on trouve la religion
Sous les traits de l'apostasie.

Comme vous n'avez pu réussir à m'attirer dans la secte de La Chaussée, personne n'en viendra à bout : j'avoue cependant que vous avez fait de *Nanine* tout ce qu'on en pouvait espérer. Ce genre ne m'a jamais plu ; je conçois bien qu'il y a beaucoup d'auditeurs qui aiment mieux entendre des douceurs à la Comédie que d'y voir jouer leurs défauts, et qui sont intéressés à préférer un dialogue insipide à cette plaisanterie fine qui attaque les mœurs. Rien n'est plus désolant que de ne pouvoir pas être impunément ridicule. Ce principe posé, il faut renoncer à l'art charmant des Térence et des Molière, et ne se servir du théâtre que comme d'un bureau général de fadeurs où le public peut apprendre à dire : *Je vous aime*, de cent façons différentes. Mon zèle pour la bonne comédie va si loin, que j'aimerais mieux y être joué, que de donner mes suffrages à ce monstre bâtard et flasque que le mauvais goût du siècle a mis au monde.

Depuis *Nanine* je n'entends plus parler de vous, donnez-moi donc quelque signe de vie.

> Votre muse est-elle engourdie?
> L'hiver a-t-il pu la glacer?
> Le beau feu de votre génie
> Ne saurait-il plus s'élancer?
>
> Ah! c'est un feu que Prométhée
> Sut dérober aux dieux jaloux :
> De cette flamme respectée
> Ne parlons jamais qu'à genoux.
> Chez vous elle ne peut s'éteindre;
> Mais, pour que je n'ose m'en plaindre,
> J'exige quelques vers de vous.

C'est un défi dans toutes les formes; vous passerez pour un lâche, si vous n'y répondez : l'esprit ni les vers ne vous coûtent rien; n'imitez donc pas les Hollandais, qui, ayant seuls des clous de girofle, n'en vendent que par faveur. Horace, votre devancier, envoyait des épîtres à Mécène tant qu'il en voulait ; Virgile, votre aïeul, ne faisait pas des poëmes épiques pour tout le monde, mais bien des églogues; mais vous, dans l'opulence de l'esprit et possédant tous les trésors de l'imagination la plus brillante, vous êtes le plus grand avare d'esprit que je connaisse : faut-il être aussi difficile pour quelques vers de votre superflu qu'on vous demande? Ne me fâchez pas; mon impatience me pourrait tenir lieu d'Apollon, et peut-être ferais-je une satire sur les avares d'esprit : mais si je reçois de vous une lettre bien jolie, comme vous en faites souvent, j'oublierai mes sujets de plainte, et je vous aimerai bien. Adieu. FÉDÉRIC.

MDLXXXI. — À MADEMOISELLE CLAIRON.

Le 12 janvier au soir [1].

Vous avez été admirable ; vous avez montré dans vingt morceaux ce que c'est que la perfection de l'art, et le rôle d'Électre est certainement votre triomphe; mais je suis père, et, dans le plaisir extrême que je ressens des compliments que tout un public enchanté fait à ma fille, je lui ferai encore quelques petites observations pardonnables à l'amitié paternelle.

Pressez, sans déclamer, quelques endroits comme :

> Sans trouble, sans remords, Égisthe renouvelle
> De son hymen affreux la pompe criminelle....
> Vous vous trompiez, ma sœur, hélas! tout nous trahit, etc.

1. Après la première représentation d'*Oreste*. ÉD.)

Vous ne sauriez croire combien cette adresse met de variété dans le jeu, et accroît l'intérêt.
Dans votre imprécation contre le tyran :

L'innocent doit périr, le crime est trop heureux,

vous n'appuyez pas assez. Vous dites *l'innocent doit périr* trop lentement, trop langoureusement. L'impétueuse Electre ne doit avoir, en cet endroit, qu'un désespoir furieux, précipité, et éclatant. Au dernier hémistiche pesez sur *cri, le crime est trop heureux ;* c'est sur *cri* que doit être l'éclat. Mlle Gaussin m'a remercié de lui avoir mis le doigt sur *fou ; la foudre va partir.* « Ah ! que ce *fou* est favorable ! » m'a-t-elle dit.

La nature en tout temps est funeste en ces lieux....
Acte V, scène II.

vous avez mis l'accent sur *fu*, comme Mlle Gaussin sur *fou* ; aussi a-t-on applaudi ; mais vous n'avez pas encore assez fait résonner cette corde.

Vous ne sauriez trop déployer les deux morceaux du quatrième et du cinquième acte. Ces Euménides demandent une voix plus qu'humaine, des éclats terribles.

Encore une fois, débridez, avalez des détails, afin de n'être pas uniforme dans les récits douloureux. Il ne faut se négliger sur rien, et ce que je vous dis là n'est pas un rien.

Voilà bien des critiques. Il faut être bien dur pour s'apercevoir de ces nuances dans l'excès de mon admiration et de ma reconnaissance. Bonsoir, Melpomène ; portez-vous bien.

MDLXXXII. — A LA MÊME.

Janvier.

Votre courage résiste-t-il à l'assaut que la nature vous livre à présent, comme il a résisté aux mauvaises critiques, à la cabale, et à la fatigue ? Comment vous portez-vous, belle Electre ? Gardez-vous d'écrire jamais votre rôle si dru avec moi ; ce n'est pas là mon compte ; il me faut des espaces terribles. Vous demandez qu'on accourcisse la scène des deux sœurs, au second acte ; cela est fait, sans qu'il vous en coûte rien. J'ai coupé les cotillons d'Iphise, et n'ai point touché à la jupe d'Electre.

Je prie la divine Electre, dont je me confesse très-indigne, de ne point trouver mauvais que j'aie chargé son rôle de quelques avis. Je n'ai point prétendu noter son rôle, mais j'ai prétendu indiquer la variété des sentiments qui doivent y régner, et les nuances des sentiments qu'elle doit exprimer. C'est l'*allegro* et le *piano* des musiciens. J'en use ainsi depuis trente ans avec tous les acteurs, qui ne l'ont jamais trouvé mauvais ; et je n'en ai pas certainement moins de confiance dans ses grands talents, dont j'ai été toujours le partisan le plus zélé.

J'oserai en aller raisonner vers les cinq heures avec vous. C'est tout

ANNÉE 1750.   185

ce qui me reste que de raisonner, et j'en suis bien fâché. Je sens
pourtant ce que vous valez, tout comme un autre, et vous suis dévoué plus qu'un autre.

MDLXXXIII. — A MADAME LA DUCHESSE DU MAINE.

Paris, janvier.

Ma protectrice, quelle est donc votre cruauté de ne vouloir plus que
les pièces grecques soient du premier genre? Auriez-vous osé proférer
ces blasphèmes du temps de M. de Malezieu? Quoi ! j'ai fait *Électre*
pour plaire à Votre Altesse Sérénissime; j'ai voulu venger Sophocle et
Cicéron, en combattant sous vos étendards; j'ai purgé la scène française d'une plate galanterie dont elle était infectée; j'ai forcé le public
aux plus grands applaudissements; j'ai subjugué la cabale la plus envenimée; et l'âme du grand Condé, qui réside dans votre tête, reste
tranquillement chez elle à jouer au cavagnole et à caresser son chien !
et la princesse qui, seule, doit soutenir les beaux-arts et ranimer le goût
de la nation, la princesse qui a daigné jouer *Iphigénie en Tauride*, ne
daigne pas honorer de sa présence cet *Oreste* que j'ai fait pour elle,
cet *Oreste* que je lui dédie. Je vous demande en grâce, madame, de
ne me pas faire l'affront de négliger ainsi mon offrande. *Oreste* et *Cicéron* sont vos enfants, protégez-les également. Daignez venir lundi. Les
comédiens viendront à votre loge et à vos pieds. Votre Altesse leur
dira un petit mot de *Rome sauvée*, et ce petit mot sera beaucoup. Je
vais faire transcrire les rôles; mais il faut que Mme la duchesse du
Maine soit ma protectrice dans Athènes comme dans Rome. Montrez-
vous; achevez ma victoire. Je suis un de ces Grecs qui avaient besoin
de la présence de Minerve pour écraser leurs ennemis.

Votre admirateur, votre courtisan, votre idolâtre, votre protégé, V.
Je vous demande en grâce de ne venir que lundi.

MDLXXXIV. — DE FRÉDÉRIC II, ROI DE PRUSSE.

Janvier.

Quoi ! vous envoyez vos écrits
Au frondeur de *Sémiramis*,
A l'incrédule qui de l'ombre
Du grand Ninus n'est point épris,
Qui sur un ton caustique et sombre
Ose juger vos beaux esprits !
Ce trait désarme ma colère;
Enfin je retrouve Voltaire,
Ce Voltaire du temps jadis,
Qui savait aimer ses amis,
Et qui surtout savait leur plaire.

Voilà une lettre comme j'en recevais autrefois de Cirey. Je redouble
d'envie de vous revoir, de parler de littérature, et de m'instruire des

1. Traduite du grec d'Euripide, par Malezieu. (Éd.)

choses que vous seul pouvez m'apprendre. Je vous fais mes remercîments de votre nouvelle édition. Comme je savais vos vieilles épîtres par cœur, j'ai reconnu toutes les corrections et additions que vous y avez faites; j'en ai été charmé. Ces épîtres étaient belles, mais vous y avez ajouté de nouvelles beautés.

Vous accoutumerez le parterre à tout ce que vous voudrez; des vers de la beauté des vôtres peuvent, par leur imposture, faire illusion sur le fond des choses. Je suis curieux de voir *Oreste*; comment vous aurez remplacé Palamède¹, et de quelles autres beautés vous aurez enrichi cette tragédie; si vous pensiez à moi, vous me feriez la galanterie de me l'envoyer. Je suis prévenu pour vous, il ne tient donc qu'à vous de recevoir mes applaudissements; mais se soucie-t-on à Paris que des Vandales et des barbares sifflent ou battent des mains à Berlin ?

Cet *Éloge* de nos officiers tués à la guerre me rappelle une anecdote du feu czar. Pierre Iᵉʳ se mêlait de pharmacie et de médecine; il donnait des remèdes à ses courtisans malades ; et, lorsqu'il avait expédié quelques boyards pour l'autre monde, il célébrait leurs obsèques avec magnificence, et honorait leur convoi funèbre de sa présence. Je me trouve, à l'égard de ces pauvres officiers, dans un cas à peu près semblable; des raisons d'État m'obligèrent à les exposer à des dangers où ils ont péri; pouvais-je faire moins que d'orner leurs tombeaux d'épitaphes simples et véritables ? Venez au moins corriger ce morceau plein de fautes, pour lequel je m'intéresse plus que pour tous mes autres ouvrages. Des affaires m'appellent en Prusse, au mois de juin; mais, du premier de juillet jusqu'au mois de septembre, je pourrai disposer de mon temps, je pourrai étudier aux pieds de Gamaliel², je pourrai

> Vous admirer et vous entendre,
> Et du grand art de Cicéron,
> De Thucydide et de Maron,
> M'instruire, et par vos soins apprendre
> Le chemin du sacré vallon;
> Mais, pour y mériter un nom,
> Du feu que votre esprit recèle
> Daignez à ma froide raison
> Communiquer une étincelle,
> Et j'égalerai Crébillon.

Comment voulez vous que je juge qui de vous, ou de Mme d'Aiguillon a raison ? Si la duchesse produit le *Testament politique* du cardinal de Richelieu en original, il faudra bien l'en croire. Les grands hommes ne le sont ni tous les moments ni en toute chose. Un ministre rassemblera toutes ses forces, il emploiera toute la sagacité de son esprit dans une affaire qu'il juge importante, et il marquera beaucoup de négligence dans une autre qu'il croit médiocre. Si je me représente le cardinal de Richelieu rabaissant les grands du royaume, établissant soli-

1. Personnage de l'*Électre* de Crébillon. (Éd.)
2. Voy. les *Actes des Apôtres*, chap. v, verset 34. (Éd.)

dement l'autorité royale, soutenant la gloire des Français contre des ennemis puissants et étrangers, étouffant des guerres intestines, détruisant le parti des calvinistes, et faisant élever une digue à travers la mer pour assiéger la Rochelle; si je me représente cette âme ferme, occupée des plus grands projets, et capable des résolutions les plus hardies, le *Testament politique* me paraît trop puéril pour être son ouvrage. Peut-être est-ce des idées jetées sur le papier; peut-être ne voulait-il pas dire tout ce qu'il pensait, pour se faire regretter d'autant plus. Si j'avais vécu avec ce cardinal, j'en parlerais plus positivement; à présent je ne peux que deviner.

> Des grandeurs et des petitesses,
> Quelques vertus, plus de faiblesses,
> Font le bizarre composé
> Du héros le plus avisé :
> Il jette un rayon de lumière;
> Mais ce soleil, dans sa carrière,
> Ne brille pas d'un feu constan ;
> L'esprit le plus profond s'éclipse;
> Richelieu fit son *Testament*,
> Et Newton son *Apocalypse*.

Je ne souhaite, pour la nouvelle année, que de la santé et de la patience à l'auteur de *la Henriade*. S'il m'aime encore, je le verrai face à face, je l'admirerai à Sans-Souci, et je lui en dirai davantage.

MDLXXXV. — A MADEMOISELLE CLAIRON.

Janvier.

On a un peu forcé nature pour mériter les bontés de Mlle Clairon, et cela est bien juste. Elle trouvera dans son rôle plusieurs changements. On a fait d'ailleurs un cinquième acte tout nouveau; il est copié et porté sur les rôles. Mlle Clairon est suppliée de vouloir bien se trouver demain aux foyers. Elle sera le soutien d'*Oreste*, si *Oreste* peut se soutenir. Mme Denis lui fait les plus tendres compliments, et Voltaire est à ses pieds. Il lui demande pardon, à genoux, des insolences dont il a chargé son rôle. Il est si docile qu'il se flatte que des talents supérieurs aux siens ne dédaigneront pas, à leur tour, les observations que son admiration pour Mlle Clairon lui a arrachées. Il est moins attaché à sa propre gloire (si gloire y a) qu'à celle de Mlle Clairon.

En général je suis persuadé que si la pièce peut réussir chez les Français, toute grecque qu'elle est, votre rôle vous fera un honneur infini, et forcera la cour à vous rendre toute la justice que vous méritez. M. le maréchal de Richelieu dit que vous avez joué supérieurement, et que jamais actrice ne lui a fait plus d'impression; mais il trouve aussi que vous avez un peu trop mis d'*adagio*. Il ne faut pas aller à bride abattue; mais toute tirade demande à être un peu pressée, c'est un point essentiel.

Il y en a deux qui exigent une espèce de déclamation qui n'appartient qu'à vous, et qu'aucune actrice ne pourrait imiter. Ces deux couplets demandent que la voix se déploie d'une manière pompeuse et terrible, s'élevant par degrés, et finissant par des éclats qui portent l'horreur dans l'âme. Le premier est celui des Euménides :

Euménides, venez............
Acte IV, scène IV.

Le second :

Que font tous ces amis dont se vantait Pammène ?
Acte V, scène VI.

Tout le sublime de la déclamation dans ces deux morceaux, les passages que vous faites si admirablement dans les autres, de l'accablement de la douleur à l'emportement de la vengeance; ici du débit, là les mouvements entrecoupés de curiosité, d'espérance, de crainte, les reproches, les sanglots, l'abandonnement du désespoir, et ce désespoir même tantôt tendre, tantôt terrible; voilà ce que vous mettez dans votre rôle; mais surtout je vous demande de ne le jamais ralentir en vous appesantissant trop sur une prononciation qui en est plus majestueuse, mais qui cesse alors d'être touchante, et qui est un secret sûr pour sécher les larmes.

On ne pleure tant à *Mérope* que par la raison contraire.

Pour le coup, voilà mon dernier mot; mais ce ne sera pas la dernière de mes actions de grâces.

MDLXXXVI. — A MADAME DE GRAFFIGNI.
Ce lundi au soir.

Il faut que je répare, madame, la sottise que j'ai faite de vous mener à la comédie dans un poulailler, et de cacher Mlle de Ligneville dans un balcon. Souffrez que, mercredi, je vienne vous prendre; nous vous placerons dans la troisième loge. Il y a des choses nouvelles dont je veux que vous soyez juge. Vous n'imaginez pas l'envie que j'ai de vous plaire; elle égale mon respectueux attachement.

MDLXXXVII. — A LA MÊME.
Ce mardi.

Si Mme de Graffigni est toujours dans le dessein de voir *Oreste*, Voltaire viendra demain, mercredi, à quatre heures et demie, pour avoir l'honneur de la mener avec Mlle de Ligneville. Il leur présente ses respects.

MDLXXXVIII. — A MADEMOISELLE CLAIRON.
Janvier.

Vous avez dû recevoir, mademoiselle, un changement très-léger, mais qui est très-important. Je ne crois pas m'aveugler; je vois que tous les véritables gens de lettres rendent justice à cet ouvrage, comme on la rend à vos talents. Ce n'est que par un examen continuel et sévère de moi-même, ce n'est que par une extrême docilité pour de sages conseils, que je parviens chaque jour à rendre la pièce moins indigne des charmes que vous lui prêtez.

Si vous aviez le quart de la docilité dont je fais gloire, vous ajouteriez des perfections bien singulières à celles dont vous ornez votre rôle. Vous vous diriez à vous-même quel effet prodigieux font les contrastes, les inflexions de voix, les passages du débit rapide à la déclamation douloureuse, les silences après la rapidité, l'abattement morne et s'exprimant d'une voix basse, après les éclats que donne l'espérance, ou qu'a fournis l'emportement. Vous auriez l'air abattu, consterné, les bras collés, la tête un peu baissée, la parole basse, sombre entrecoupée. Quand Iphise vous dit :

Pammène nous conjure
De ne point approcher de sa retraite obscure;
Il y va de ses jours...

vous lui répondriez, non pas avec un ton ordinaire, mais avec tous ces symptômes du découragement, après un *ah* très-douloureux,

Ah!... que m'avez-vous dit?
Vous vous êtes trompée....
Acte II, scène VII.

En observant ces petits artifices de l'art, en parlant quelquefois sans déclamer, en nuançant ainsi les belles couleurs que vous jetez sur le personnage d'Électre, vous arriveriez à cette perfection à laquelle vous touchez, et qui doit être l'objet d'une âme noble et sensible. La mienne se sent faite pour vous admirer et pour vous conseiller; mais, si vous voulez être parfaite, songez que personne ne l'a jamais été sans écouter des avis, et qu'on doit être docile à proportion de ses grands talents.

MDLXXXIX. — DE J. J. ROUSSEAU

A Paris, le 30 de janvier 1750.

Monsieur, un Rousseau se déclara autrefois votre ennemi, de peur de se reconnaître votre inférieur; un autre Rousseau, ne pouvant approcher du premier par le génie, veut imiter ses mauvais procédés. Je porte le même nom qu'eux; mais, n'ayant ni les talents de l'un, ni la suffisance de l'autre, je suis encore moins capable d'avoir leurs torts envers vous. Je consens bien de vivre inconnu, mais non déshonoré; et je croirais l'être, si j'avais manqué au respect que vous doivent tous les gens de lettres, et qu'ont pour vous tous ceux qui en méritent eux-mêmes.

Je ne veux point m'étendre sur ce sujet, ni enfreindre, même avec vous, la loi que je me suis imposée de ne jamais louer personne en face. Mais, monsieur, je prendrai la liberté de vous dire que vous avez mal jugé d'un homme de bien, en le croyant capable de payer d'ingratitude et d'arrogance la bonté et l'honnêteté dont vous avez usé envers lui au sujet des fêtes de Ramire[1]. Je n'ai point oublié la lettre dont vous m'honorâtes dans cette occasion; elle a achevé de me convaincre que, malgré de vaines calomnies, vous êtes véritablement le

---

1. *La Princesse de Navarre.* (Éd. de Kehl.)

protecteur des talents naissants qui en ont besoin. C'est en faveur de ceux dont je faisais l'essai, que vous daignâtes me promettre de l'amitié. Leur sort fut malheureux, et j'aurais dû m'y attendre. Un solitaire qui ne sait point parler, un homme timide, découragé, n'osa se présenter à vous. Quel eût été mon titre? Ce ne fut point le zèle qui me manqua, mais l'orgueil; et n'osant m'offrir à vos yeux, j'attendis du temps quelque occasion favorable pour vous témoigner mon respect et ma reconnaissance.

Depuis ce jour, j'ai renoncé aux lettres et à la fantaisie d'acquérir de la réputation; et désespérant d'y arriver, comme vous, à force de génie, j'ai dédaigné de tenter, comme les hommes vulgaires, d'y parvenir à force de manége; mais je ne renoncerai jamais à mon admiration pour vos ouvrages. Vous avez peint l'amitié et toutes les vertus en homme qui les connaît et les aime. J'ai entendu murmurer l'envie, j'ai méprisé ses clameurs, et j'ai dit, sans crainte de me tromper : « Ces écrits qui m'élèvent l'âme, et m'enflamment le courage, ne sont point les productions d'un homme indifférent pour la vertu. »

Vous n'avez pas, non plus, bien jugé d'un républicain, puisque j'étais connu de vous pour tel. J'adore la liberté; je déteste également la domination et la servitude, et ne veux en imposer à personne. De tels sentiments sympathisent mal avec l'insolence; elle est plus propre à des esclaves, ou à des hommes plus vils encore, à de petits auteurs jaloux des grands.

Je vous proteste donc, monsieur, que non-seulement Rousseau de Genève n'a point tenu les discours que vous lui avez attribués, mais qu'il est incapable d'en tenir de pareils. Je ne me flatte pas de mériter l'honneur d'être connu de vous; mais si jamais ce bonheur m'arrive, ce ne sera, j'espère, que par des endroits dignes de votre estime.

J'ai l'honneur d'être avec un profond respect, monsieur, votre très-humble, etc.
J. J. ROUSSEAU, *citoyen de Genève.*

MDXC. — A FRÉDÉRIC II, ROI DE PRUSSE.

A Paris, le 5 février.

Du sein des brillantes clartés,
Et de l'éternelle abondance
D'agréments et de vérités
Dont vous avez la jouissance,
Trop heureux roi, vous insultez
Mon obscure et triste indigence.
Je vous l'avoue, un bon écrit
De ma part est chose très-rare;
Je ne suis que pauvre d'esprit,
Vous m'appelez d'esprit avare.
Mais il faut que le pauvre encor
Porte sa substance au trésor
De ces puissances trop altières;
Et le palais d'azur et d'or
Reçoit le tribut des chaumières.

Voici donc, Sire, un très-chétif tribut qui n'est pas dans le goût du comique larmoyant, car il faut bien se tourner de tous les sens pour vous plaire.

Comme j'allais continuer cette petite épître, j'en reçois une de Votre Majesté. Celle-là prouve bien mieux encore l'immensité des richesses de votre génie. Ni vous ni personne n'a jamais rien fait de si bien, ou du moins de mieux que ces vers :

<blockquote>
Des grandeurs et des petitesses,
Quelques vertus, plus de faiblesses, etc.
</blockquote>

Je sens, à la lecture de cette lettre, que, si j'avais un peu de santé, je partirais sur-le-champ, fussiez-vous à Kœnigsberg. Vous daignez demander *Oreste*; je vais le faire transcrire; mais que Votre Majesté ne s'attende pas à voir un Palamède; il n'y en a point dans Sophocle.

A l'égard du prétendu *Testament politique* du cardinal de Richelieu, je réponds bien que Mme d'Aiguillon n'en aura jamais l'original. Sire, on n'a jamais vu l'original de tous ces *testaments*-là. Indépendamment des misères dont ce livre est plein, je trouve qu'Armant est bien petit devant Frédéric.

<blockquote>
.... Ceux dont l'imprudence
Dans d'indignes mortels a mis sa confiance
</blockquote>

L'imprudence met sa confiance. L'imprudence ne *mettent* pas. Mais l'imprudence pourrait, à toute force, mettre *leur* confiance, en rapportant ce *leur* au *dont*. Ce serait une licence qui, en certains cas, serait permise.

Mon chancelier d'Olivet dirait le reste. Mais, quand j'écris au plus grand homme de notre siècle, je ne connais que le sentiment de l'admiration. L'enthousiasme fait oublier la grammaire. A vos genoux.

MDXCI. — A M. LE MARQUIS DES ISSARTS, AMBASSADEUR DE FRANCE A DRESDE.

A Paris, le 19 février.

Je vous renvoie, monsieur, ce que je voudrais rapporter moi-même sur-le-champ aux pieds de celle qui fait tant d'honneur à la France et à l'Italie. Je vous avoue que je suis bien étonné; il n'y a pas une faute de français dans tout l'ouvrage¹; il n'y en a pas deux contre les règles sévères de notre versification, et le style est beaucoup plus clair que celui de bien de nos auteurs. Rien ne marque mieux un esprit juste et droit que de s'exprimer clairement. Les expressions ne sont confuses que quand les idées le sont.

Cet ouvrage est le fruit d'une connaissance profonde et fine de la langue française et de l'italienne, et d'un génie facile et heureux. Un tel mérite est bien rare dans les conditions ordinaires; il est unique dans l'état où la personne respectable dont je tais le nom est née. Je

---

1. Tragédie en vers français, que la princesse de Saxe, sœur de Mme la Dauphine, avait envoyée à M. de Voltaire, pour l'examiner et lui en dire son sentiment. (*Ed. de Kehl.*)

lui dresse en secret des autels, et je voudrais pouvoir lui porter mon encens dans la partie du ciel qu'elle habite.

Quels talents divers elle allie !
Comme elle charme tour à tour,
Tantôt les dieux de ce séjour,
Et tantôt ceux de l'Italie !

Rome, la première cité,
Et Paris, au moins la seconde,
Ont dit dans leur rivalité :
« Son esprit, comme sa beauté,
Est de tous les pays du monde. »

On dit qu'autrefois de Saba
Certaine reine un peu savante
Devers Salomon voyagea,
Et s'en retourna fort contente;

Mais, s'il était un Salomon,
Je sais ce que ferait le Sage;
Il ferait à Dresde un voyage,
Et viendrait y prendre leçon.

Mais, retenu par les merveilles
Qui soumettent à leurs appas
Le cœur, les yeux et les oreilles,
Le Sage ne reviendrait pas.

MDXCII. — De Frédéric II, roi de Prusse.

20 février 1750.

La nuit, compagne du repos,
En nous dérobant la lumière,
Avait jeté sur ma paupière
Ses plus léthargiques pavots;
Mon âme était appesantie,
Et ma pensée anéantie,
Lorsqu'un songe, d'un vol léger,
Me fit passer comme un éclair
Aux bords fleuris de l'Élysée.
Là, sous un berceau toujours vert,
Je vis l'ombre immortalisée
De l'aimable Césarion.
Dans la plus vive émotion
Je m'élançai soudain vers elle :
« O ciel ! est-ce toi que je vois,
Disais-je, ami tendre et fidèle,
Toi que j'ai pleuré tant de fois,
Toi de qui la perte cruelle
M'est encor récente et nouvelle ? »

Là, dans ces transports véhéments,
Je vole à ses embrassements;
Mais trois fois cette ombre si chère,
Telle qu'une vapeur légère,
Semble s'échapper à mes sens.

« Le Destin, qui de nous décide,
Défend à tous ses habitants,
Dit-il, d'approcher des vivants,
Mais j'ose te servir de guide.
C'est tout ce que je puis pour toi;
Vers ces demeures fortunées
Où les vertus sont couronnées
Je vais te mener; viens, suis-moi. »

Sous des ombrages admirables,
Des myrtes mêlés de lauriers,
Je vis des plus fameux guerriers
Les fantômes incomparables :
« De ces illustres meurtriers
Fuyons, me dit-il, au plus vite;
Des beaux esprits cherchons l'élite. »

Plus loin, sous un bois d'oliviers
Entremêlé de peupliers,
Je vis Virgile avec Homère;
Tous deux paraissaient en colère;
Je vis Horace qui grondait,
Et Sophocle qui murmurait.
Une ombre qui de notre sphère
Dans ces lieux descendit naguère,
Tous quatre les entretenait,
Et j'entendis qu'elle contait,
Qu'en ce monde un certain Voltaire
De cent piques les surpassait.

C'était la divine famille,
Qui jusque dans ces lieux portait
L'image de ce qu'en sa vie
Le plus tendrement elle aimait.
Mais ces morts, entrant en furie,
Sentaient encor la jalousie
Qui lutine les beaux esprits.

Ils avisèrent par folie
De venger leur gloire avilie;
Ils appelèrent à grands cris
Un monstre qu'on nomme l'Envie,
Sotte et décrépite harpie,
Qui hait la gloire et les écrits

De tous les nourrissons chéris
De Mars, d'Apollon, de Minerve.

« Allez, dirent-ils, à Paris ;
Sur ce Voltaire et sur sa verve
Exercez toutes vos noirceurs ;
Complotez, tramez les horreurs ;
Allez soulever le Parnasse ;
Que le moindre scribe croasse ;
Envenimez les rimailleurs ;
Il est coupable, il nous surpasse
Punissez-le de son audace ;
Que sans cesse en butte à vos traits,
Il déteste tous ses succès ;
Embouchez le sifflet funeste,
Et, soutenant nos intérêts,
Faites surtout tomber *Oreste*. »

Le monstre partit à l'instant ;
Et moi soudain en tressaillant,
D'abord je m'éveille, et mon songe
Dans l'obscurité se replonge.

Voilà ce que je songeais dernièrement, et je pensai me ranger du parti de ces bons poëtes trépassés ; ils n'ont pas tort d'être de mauvaise humeur ; vous abusez trop étrangement du privilége de grand génie ; vous allez à la gloire par autant de chemins qui y mènent ; vous me revenez comme ce conquérant qui croyait n'avoir rien fait tant qu'il restait encore une partie du monde à conquérir. Vous venez d'entamer les États de Molière ; si vous le voulez fort, sa petite province sera dans peu conquise. Je vous remercie de ce nouvel Harpagon, qui est, selon moi, une comédie de mœurs ; si vous l'aviez faite plus longue, il y aurait eu apparemment plus d'intérêt.

Voyez combien je vous ménage ; je ne vous importune point pour vous voir à présent ; j'attends que Flore ait embelli ces climats, et que Pomone nous annonce d'abondantes moissons, pour vous prier d'entreprendre ce voyage ; j'attends que mes lauriers aient poussé de nouvelles branches pour vous en couronner ; au moins souvenez-vous qu'après le duc de Richelieu, personne n'a des droits plus incontestables sur vous que votre tudesque confrère en Apollon. *Vale.*

FÉDÉRIC.

MDXCIII. — A M. LE MARQUIS D'ARGENSON.

A Paris, le 15 mars.

J'arrive ; je suis assurément toute ma vie aux ordres de M. le marquis d'Argenson. Il y a bien longtemps que j'ai besoin de la consolation de passer quelques heures auprès de lui, mais j'arrive malingre ; je suis à pied ; s'il a beaucoup d'équipages, veut-il m'envoyer chercher après son dîner ? où aura-t-il le courage de venir dans la maison que j'ai le courage d'habiter, et où je nourris autant de douleur et de regrets que de sentiments inviolables de respect et d'attachement pour le meilleur citoyen qui ait jamais tâté du ministère?

MDXCIV. — A FRÉDÉRIC II, ROI DE PRUSSE.

À Paris, le 16 mars.

Enfin d'Arnaud, loin de Manon,
S'en va, dans sa tendre jeunesse,
A Berlin chercher la sagesse
Près de Frédéric-Apollon.
Ah! j'aurais bien plus de raison
D'en faire autant dans ma vieillesse.

Il va donc goûter le bonheur
De voir ce brillant phénomène,
Ce conquérant législateur
Qui sut chasser de son domaine
Toute sottise et toute erreur,
Tout dévot et tout procureur,
Tout fléau de l'engeance humaine.
Il verra couler dans Berlin
Les belles eaux de l'Hippocrène,
Non pas comme dans ce jardin
Où l'art avec effort amène
Les Naïades de Saint-Germain,
Et le fleuve altier de la Seine
Tout étonné d'un tel chemin;
Mais par un art bien plus divin,
Par le pouvoir de ce génie
Qui sans effort tient sous sa main
Toute la nature embellie.
Mon d'Arnaud est donc appelé
Dans ce séjour que l'on renomme!
Et, tandis qu'un troupeau zélé
De pèlerins au front pelé
Court à pied dans les murs de Rome
Pour voir un triste *jubilé*,
L'heureux d'Arnaud voit un grand homme.

Grand homme que vous êtes! que votre dernier songe est joli! Vous dormez comme Horace veillait. Vous êtes un être unique. J'enverrai à Votre Majesté, par la première poste, des fatras d'*Oreste*; je mettrai ces misères à vos pieds. Une seule de vos lettres, qui ne vous coûtent rien, vaut mieux que nos grands ouvrages qui nous coûtent beaucoup. Je suis plus que jamais aux pieds de Votre Majesté.

MDXCV. — AU MÊME.

À Paris, le 17 mars.

Grand juge et grand faiseur de vers,
Lisez cette œuvre dramatique,
Ce croquis de la scène antique,
Que des Grecs le pinceau tragique
Fit admirer à l'univers.
Jugez si l'ardeur amoureuse
D'une Électre de quarante ans
Doit, dans de tels événements,
Étaler les beaux sentiments
D'une héroïne doucereuse,
En massacrant ses chers parents
D'une main peu respectueuse.

Une princesse en son printemps,
Qui surtout n'aurait rien à faire,
Pourrait avoir, par passe-temps,
A ses pieds un ou deux amants,
Et les tromper avec mystère ;
Mais la fille d'Agamemnon
N'eut dans la tête d'autre affaire
Que d'être digne de son nom,
Et de venger monsieur son père.
Et j'estime encor que son frère
Ne doit point être un Céladon ;
Ce héros fort atrabilaire
N'était point né sur le Lignon.
Apprenez-moi, mon Apollon,
Si j'ai tort d'être si sévère,
Et lequel des deux doit vous plaire
De Sophocle ou de Crébillon.
Sophocle peut avoir raison,
Et laisser des torts à Voltaire.

J'ai l'honneur, Sire, d'envoyer à Votre Majesté les feuilles à mesure qu'elles sortent de chez l'imprimeur. Il faut bien que mon Apollon-Frédéric ait mes prémices bonnes ou mauvaises. J'ai pris la liberté de lui écrire par la voie de cet heureux d'Arnaud, qui verra mon Jéhovah prussien face à face, et à qui je porte la plus grande envie.

Votre Majesté aura incessamment d'autres petites offrandes, malgré ma misère ; car, tout malingre que je suis, je sens que vous donnez de la santé à mon âme ; vos rayons pénètrent jusqu'à moi, et me revivifient.

Voilà d'Arnaud à vos pieds ! Qui sera à présent assez heureux pour envoyer à Votre Majesté les livres nouveaux et les nouvelles sottises de notre pays ? On m'a dit qu'on avait proposé un nommé Fréron. Permettez-moi, je vous en conjure, de représenter à Votre Majesté qu'il faut, pour une telle correspondance, des hommes qui aient l'approbation du public. Il s'en faut beaucoup qu'on regarde Fréron comme digne d'un tel honneur. C'est un homme qui est dans un décri et dans un mépris général, tout sortant de la prison où il a été mis pour des choses assez vilaines[1]. Je vous avouerai encore, Sire, qu'il est mon ennemi déclaré, et qu'il se déchaîne contre moi dans de mauvaises feuilles périodiques, uniquement parce que je n'ai pas voulu avoir la bassesse de lui faire donner deux louis d'or, qu'il a eu la bassesse de demander à mes gens, pour dire du bien de mes ouvrages. Je ne crois pas assurément que Votre Majesté puisse choisir un tel homme. Si elle daigne s'en rapporter à moi, je lui en fournirai un dont elle ne sera pas mécontente; si elle veut même, je me chargerai de lui envoyer tout ce qu'elle me commandera. Ma mauvaise santé, qui m'empêche très-souvent d'écrire de ma main, ne m'empêchera pas de dicter les nouvelles. En un mot, je suis à ses ordres pour le reste de ma vie.

MDXCVI. — AU MÊME.

A Paris, le vendredi, 3 avril.

Sire, voici des rogatons qui m'arrivent dans l'instant de l'imprimerie. Jugez le procès des anciens et des modernes. Vous qui abrégez les procès dans votre royaume, mettez fin au nôtre d'un mot. Votre Majesté est accoutumée à décider toutes les querelles par la plume comme par l'épée, sans y perdre beaucoup de temps. Je n'ai que celui de lui envoyer ces bagatelles; la poste va partir. Voyez, Sire, combien l'heure presse; vous n'aurez pas seulement quatre vers cette fois-ci. Mais tous les moments de ma vie ne vous en sont pas moins consacrés.

MDXCVII. — AU MÊME.

A Paris, le 13 avril.

Grand roi, voici donc le recueil
De ma dernière rapsodie.
Si j'avais quelque grain d'orgueil,
De Frédéric un seul coup d'œil
Me rendrait de la modestie.
Votre tribunal est l'écueil
Où notre vanité se brise;
L'œuvre que votre goût méprise
Dès ce moment tombe au cercueil;
Rien n'est plus juste; votre accueil
Est ce qui nous immortalise.

A propos d'immortalité, Sire, j'aurai l'honneur de vous avouer que c'est une fort belle chose; il n'y a pas moyen de vous dire du mal de ce que vous avez si bien gagné. Mais il vaut mieux vivre deux ou trois mois auprès de Votre Majesté, que trente mille ans dans la mémoire

[1]. Le motif de la détention de Fréron, en 1746, fut d'avoir plaisanté sur une pension de mille écus, que Mme de Pompadour avait fait accorder à l'abbé de Bernis. (ED.)

des hommes. Je ne sais pas si d'Arnaud sera immortel; mais je le tiens fort heureux dans cette courte vie.

La mienne ne tient plus qu'à un petit fil; je serai fort en colère si ce petit fil est coupé avant que j'aie encore eu la consolation de revoir le grand homme de ce siècle. Vos vers sur le cardinal de Richelieu ont été retenus par cœur. Le moyen de s'en empêcher?

Richelieu fit son *Testament*,
Et Newton son *Apocalypse*.

Cela est si naturel, si aisé, si vrai, si bien dit, si court, si dégagé de superfluités, qu'il est impossible de ne s'en pas souvenir. Ces vers sont déjà un proverbe. Vous êtes assurément le premier roi de Prusse qui ait fait des proverbes en France. Votre Majesté verra, dans la rapsodie ci-jointe, mes *Raisons* contre Mme d'Aiguillon.

Jugez ce *Testament* fameux,
Qu'en vain d'Aiguillon veut défendre;
Vous en avez bien jugé deux[1]
Plus difficiles à comprendre.

Je ne verrai donc jamais, Sire, votre Valoriade[2]? il y a une ode dans un recueil de votre Académie; je n'ai ni le recueil, ni l'ode. C'est bien la peine de vous aimer pour être traité ainsi! O le mauvais marché que j'ai fait là!

Je vous donne toute mon âme sans restriction.

MDXCVIII. — A M. DARGET.

A Paris, 21 avril 1750.

Je profite avec un extrême plaisir, monsieur, de cette occasion de me rappeler un peu à votre souvenir, et de vous renouveler mes sentiments.

Voici une espèce d'essai de la manière dont le roi votre maître pourrait être servi en fait de nouvelles littéraires. L'abbé Raynal, qui commence cette correspondance, a l'honneur de vous écrire et de vous demander vos instructions. C'est un homme d'un âge mûr, très-sage, très-instruit, d'une probité reconnue, et qui est bienvenu partout. Personne, dans Paris, n'est plus au fait que lui de la littérature, depuis les in-folio des bénédictins jusqu'aux brochures du comte de Caylus; il est capable de rendre un compte très-exact de tout, et vous trouverez souvent ses extraits beaucoup meilleurs que les livres dont il parlera. Ce n'est pas d'ailleurs un homme à vous faire croire que les livres sont plus chers qu'ils ne le sont en effet; il les met à leur juste prix, pour l'argent comme pour le mérite. Je peux vous assurer, monsieur, qu'il est de toutes façons digne d'une telle correspondance. Soyez persuadé qu'il était de l'honneur de ceux qui approchent votre respectable maître, de ne pas être en liaison avec un homme aussi

1. L'Ancien et le Nouveau Testament. (ÉD.) — 2. *Le Palladion*. (ÉD.)

ANNÉE 1750.

publiquement déshonoré que Fréron. Ses friponneries son. connues, ainsi que le châtiment qu'il en a reçu ; et il n'y a pas encore longtemps que la police l'a obligé de reprendre une balle de livres qu'il avait envoyée en Allemagne, et qu'il avait vendue trois fois au-dessus de sa valeur. Vous sentez quel scandale c'eût été de voir un tel homme honoré d'un emploi qui ne convient qu'à un homme qui ait de la sagesse et de la probité. J'ai osé mander à Sa Majesté ce que j'en pensais. J'ai ajouté même que Fréron était mon ennemi déclaré ; et je n'ai pas craint que Sa Majesté pensât que mes mécontentements particuliers m'aveuglassent sur cet écrivain. Fréron n'a été mon ennemi que parce que je lui ai refusé tout accès dans ma maison, et je ne lui ai fait fermer ma porte que par les raisons qui doivent l'exclure de votre correspondance. Quant à l'abbé Raynal, je vous supplie, monsieur, de vouloir bien l'excuser si, pour cette première fois, il a manqué à quelque chose, ou s'il a rempli ses feuilles d'anecdotes littéraires déjà connues. Vous voyez par la rapidité de son style, et par sa facilité, qu'il sera en état de se plier à toutes les formes qui lui seront prescrites. Je vous donne ma parole d'honneur que je ne peux faire à Sa Majesté un meilleur présent. Non-seulement, monsieur, je vous prie de le protéger, mais je vous demande en grâce de ne mander à personne que c'est moi qui vous le présente. C'est une chose que j'ose attendre de votre ancienne amitié pour moi. Vous sentez combien de gens de lettres désirent un tel emploi. Le nom de Frédéric est devenu un terrible nom ; et quand il n'y aurait que de l'honneur à lui faire tenir des nouvelles et des livres, on se disputerait cet emploi comme on se dispute ici un bénéfice ou une place de sous-fermier. Ne me commettez donc, je vous en conjure, avec personne, et laissez-moi vous servir paisiblement. Envoyez-moi un petit mot pour l'abbé Raynal, par lequel vous l'instruirez de la manière dont il faut s'y prendre ; il attend vos ordres et vos bontés. Quant à moi, monsieur, je compte être bientôt plus heureux que vos correspondants, j'espère vous voir. Il faut, avant que je meure, que je me mette encore aux pieds de ce grand homme, si simple, de ce philosophe roi, si aimable. Je sais bien qu'il est ridicule que je voyage dans l'état où je suis, mais les passions font tout faire. Autant vaut, après tout, être malade à Berlin qu'à Paris. Et s'il fallait partir de ce monde, il me semble qu'on prend congé dans ce pays-là avec des cérémonies moins lugubres que dans le nôtre. En un mot, si j'ai seulement la force de me mettre dans un carrosse, vous verrez arriver le Scarron tragique de son siècle, et je prendrai sur la route le titre de malade du roi de Prusse.

Adieu, monsieur, si quelqu'un se souvient de moi, recommandez-moi à lui, surtout, conservez-moi votre amitié.

MDXCII. — DE FRÉDÉRIC II, ROI DE PRUSSE.

A Potsdam, le 25 avril.

J'espérais qu'au premier signal
Les Grâces et votre génie
Viendraient sans cérémonial

Réveiller ma muse assoupie;
Mais de ce bonheur idéal
L'espérance est évanouie,
Et dans ce séjour martial,
D'Arnaud, votre charmant vassal,
N'est arrivé qu'en compagnie
De sa muse aimable et polie.
Lorsqu'on n'a point l'original,
Heureux qui retient la copie!

Il est enfin venu, ce d'Arnaud qui s'est tant fait attendre. Il m'a remis votre lettre, ces vers charmants qui font toujours honte aux miens; et je redouble d'impatience de vous revoir. A quoi sert-il que la nature m'ait fait naître votre contemporain, si vous m'empêchez de profiter de cet avantage?

Depuis deux mille ans nous lisons
Les vers de Virgile et d'Horace;
Avec eux plus ne conversons.
Qui pourrait les voir face à face
S'instruirait bien par leurs leçons.

Oui, la mort ainsi que l'absence
Sépare les pauvres humains;
L'Homère même de la France
Est pour nous, ses contemporains,
Qui vivons loin de sa présence,
Aussi mort que ces grands Romains.

Tous les siècles seront les maîtres
De vos ouvrages immortels;
Ils pourront à leur tour connaître
Tant de talents universels.
Pour moi, j'ose un peu plus prétendre;
Avide de tous vos écrits,
Je veux, de vos charmes épris,
Vous voir, vous lire, et vous entendre.

Dans ce moment je reçois le tome où se trouvent *Oreste*, une lettre sur les *Mensonges*, etc., et une autre au maréchal de Schulembourg. Vous m'avez placé tout au milieu d'une lettre où je suis surprise de me trouver. Vous savez relever les petites choses par la manière dont vous les mettez en œuvre. Je vois combien vous êtes un grand maître en éloquence. Oui, si l'éloquence ne transporte pas des montagnes, comme la foi, elle abaisse les hauteurs, elle relève les fonds, elle est maîtresse de la nature, et surtout du cœur humain. La belle science! qu'heureux sont ceux qui la possèdent, et surtout qui la manient avec autant de supériorité que vous!

J'ai cru que vous aviez, il y a longtemps, ces Mémoires de notre académie. On les relie actuellement, et on vous les enverra incontinent. Vous y trouverez répandus quelques-uns de mes ouvrages; mais je dois vous avertir que ce ne sont que des esquisses. J'ai employé, depuis un temps considérable, à les corriger. On en fait actuellement une édition avec des augmentations et des corrections nombreuses, qui sera plus digne de votre attention. Vous l'aurez dès que l'imprimeur aura achevé sa besogne.

Vous me demandez mon poëme; mais il ne peut point se montrer. D'Arnaud vous mandera ce qu'il contient.

> J'osais de mes pinceaux hardis
> Croquer le ciel du fanatique,
> Son enfer et son paradis,
> Et me gausser en hérétique
> De ces foudres hors de pratique
> Dont Rome écrase les maudits;
> Mais de mes vers tant étourdis,
> Dont je connais le ton caustique,
> Je cache le recueil épique
> A vos indiscrets de Paris.

> Certain Boyer, qui chez vous brille,
> Grand frondeur de plaisants écrits,
> Ferait condamner par ses cris
> Mes pauvres vers à la Bastille.
> Je hais ces funestes lambris;
> Ma Muse, les Jeux, et les Ris,
> Dans ma demeure tant gentille
> Ne craignent point pareils mépris.
> C'est assez lorsqu'en sa jeunesse
> On a tâté de la prison;
> Mais dans l'âge de la sagesse
> Y retourner, c'est déraison.

Ainsi, mon cher Voltaire, si vous voulez voir de mes sottises, il faut venir sur les lieux; il n'y a plus moyen de reculer. Le poëme, à la vérité, ne vous payera pas des fatigues du voyage; mais le poëte qui vous aime en vaut peut-être la peine. Vous verrez ici un philosophe qui n'a d'autre passion que celle de l'étude, et qui sait, par les difficultés qu'il trouve dans son travail, reconnaître le mérite de ceux qui, comme vous, y réussissent aussi supérieurement.

Il est ici une petite communauté qui érige des autels au dieu invisible; mais, prenez-y bien garde, des hérétiques élèveront sûrement quelques autels à Baal, si notre dieu ne se montre bientôt. Je n'en dis pas davantage. Adieu. **Fédéric.**

MDC. — A M. DARGET.

À Paris, le 6 mai 1750.

Voici une seconde fafféc des nouvelles de l'abbé Raynal. Je souhaite qu'elles puissent adoucir la tristesse où vous êtes encore. Ma mélancolie cadrerait bien avec la vôtre.

Oderunt hilarem tristes, tristemque jocosi[1].

Mais, mon cher monsieur, j'ai par-dessus vous des souffrances de corps continuelles. Que ferait un malingre, un cadavre ambulant à la cour d'un jeune roi qui se porte bien, et qui a de l'imagination et de l'esprit du soir au matin? Cependant je vous avoue ma faiblesse; je n'aurais point de plus grande consolation que celle de le voir et de l'entendre encore avant d'aller rendre visite aux Antonin, aux Chaulieu, aux Chapelle, ses devanciers.

Je suis enchanté de tout le bien que vous me dites de mon cher d'Arnaud. Je voudrais bien qu'il fût, quand il n'aura rien à faire, le rogaton que je vous envoie. Buvez tous deux à ma santé; cela me fera peut-être du bien.

MDCI. — A FRÉDÉRIC II, ROI DE PRUSSE.

À Paris, le 8 mai.

Oui, grand homme, je vous le dis,
Il faut que je me renouvelle.
J'irai dans votre paradis
Du feu qui m'embrasait jadis
Ressusciter quelque étincelle,
Et dans votre flamme immortelle
Tremper mes ressorts engourdis.
Votre bonté, votre éloquence,
Vos vers coulant avec aisance,
De jour en jour plus arrondis,
Sont ma fontaine de Jouvence.

Mais il ne faut pas tromper son héros. Vous verrez, Sire, un malingre, un mélancolique, à qui Votre Majesté fera beaucoup de plaisir, et qui ne vous en fera guères; mon imagination jouira de la vôtre. Ayez la bonté de vous attendre à tout donner sans rien recevoir. Je suis réellement dans un très-triste état; d'Arnaud peut vous en avoir rendu compte. Mais enfin, vous savez que j'aime cent fois mieux mourir auprès de vous qu'ailleurs. Il y a encore une autre difficulté ; je vais parler, non pas au roi, mais à l'homme qui entre dans le détail des misères humaines. Je suis riche, et même très-riche pour un homme de lettres. J'ai ce qu'on appelle à Paris monté une maison où je vis en philosophe, avec ma famille et mes amis. Voilà ma situation; malgré cela, il m'est impossible de faire actuellement une dépense extraordinaire; premièrement, parce qu'il m'en a beaucoup coûté pour

---

1. Horace, livre II, épître XVIII, vers 89. (ÉD.)

établir mon petit ménage; en second lieu, parce que les affaires de Mme du Châtelet, mêlées avec ma fortune, m'ont coûté encore davantage. Mettez, je vous en prie, selon votre coutume philosophique, la majesté à part, et souffrez que je vous dise que je ne puis pas vous dire l'affaire. Je ne peux ni avoir un bon carrosse de voyage, ni partir avec les secours nécessaires à un malade, ni pourvoir à mon ménage pendant mon absence, etc., à moins de quatre mille écus d'Allemagne. Si Mettra, un des marchands correspondants de Berlin, veut me les avancer, je lui ferai une obligation, et le rembourserai sur la partie de mon bien la plus claire qu'on liquide actuellement. Cela est peut-être ridicule à proposer, mais je peux assurer Votre Majesté que cet arrangement ne me gênera point. Vous n'auriez, Sire, qu'à faire dire un mot à Berlin au correspondant de Mettra, ou de quelque autre banquier résidant à Paris; cela serait fait à la réception de la lettre, et quatre jours après je partirais. Mon corps aurait beau souffrir, mon âme le ferait bien aller, et cette âme, qui est à vous, serait heureuse. Je vous ai parlé naïvement, et je supplie le philosophe de dire au monarque qu'il ne s'en fâche pas. En un mot, je suis prêt; et si vous daignez m'aimer, je quitte tout, je pars, et je voudrais partir pour passer ma vie à vos pieds.

MDCII. — A M. D'ARNAUD.

À Paris, le 19 mai.

Vous voilà donc, mon cher enfant,
Dans votre gloire de niqué
Près du bel esprit triomphant
Par qui Minerve heureusement
Ainsi que Mars est invoquée,
Et que l'Autriche provoquée
Admire encore enragéant !
Quant à notre muse attachée
Par maint rimailleur indigent,
Dont la cervelle est détraquée,
Cette canaille assurément
Du public est peu remarquée.
Que le seul Frédéric le Grand
Tienne votre vue appliquée,
Si l'Envie est un peu piquée
Contre votre bonheur présent,
Laissons sa rage suffoquée,
Honteuse, impuissante, et moquée,
Se débattre inutilement.
Une belle est-elle choquée
Par le propos impertinent
De quelque vieille requinquée?
Elle en rit, l'on doit faire autant.

Qu'importe, mon cher d'Arnaud, que ce soit ou Mouhi ou Fréron qui fasse la Bigarrure, le Réservoir, le Glaneur, et toutes les sottises

que nous ne connaissons pas dans ce pays-ci? Les Allemands et les
Hollandais sont bien bons de lire ces fadaises. Voilà une plaisante
façon de connaître notre nation. J'aimerais autant juger de l'Italie par
la troupe italienne qui est à Paris.

Je voudrais pouvoir porter dans votre Parnasse royal la comédie de
Mme Denis. C'est une terrible affaire que de faire huit cents lieues
d'allée et de venue, à mon âge, avec les maladies dont je suis lutiné
sans relâche. Un jeune homme comme vous peut tout faire gaiement
pour les belles et pour les rois;

  Mais un vieillard fait pour souffrir,
  Et tel que j'ai l'honneur de l'être,
  Se cache, et ne saurait servir
  Ni de maîtresse ni de maître.

Il n'y a au monde que Frédéric le Grand qui pût me faire entreprendre un tel voyage. Je quitterais pour lui mon ménage, mes affaires, Mme Denis; et je viendrais, en bonnet de nuit, voir cette tête
couverte de lauriers. Mais, mon cher enfant, j'ai bien plus besoin
d'un médecin que d'un roi. Le roi de Sardaigne a envoyé chercher
l'abbé Nollet par une espèce de maître d'hôtel, qui lui donnait des indigestions sur la route; il faudrait que le roi de Prusse m'envoyât un
apothicaire.

Vous me faites quelque plaisir en me disant que mon cher *Isaac*[1] a
des vapeurs; je mettrais les miennes avec les siennes. On dit que
M. Darget n'est pas encore consolé[2]; ma tristesse n'irait pas mal avec
sa douleur. Je me remettrais à la physique avec M. de Maupertuis;
je cultiverais l'italien avec M. Algarotti; je m'égayerais avec vous;
mais que ferais-je avec le roi?

  Hélas! quelle étrange folie
  D'aller au gourmet le plus fin
  Présenter tristement la lie
  Et les restes de mon vieux vin!

  Un danseur avec des béquilles
  Dans les bals se présente peu;
  La Paris veut des jeunes filles;
  Les vieilles sont au coin du feu;
  J'y suis, et j'en enrage. Adieu.

MDCIII. — A LA PRINCESSE ULRIQUE, PRINCESSE ROYALE DE SUÈDE.

Madame, j'ai eu la consolation de voir ici M. Escourleman, dont
j'estropie peut-être le nom, mais qui n'estropie pas les nôtres, car il
parle français comme Votre Altesse royale. Il m'a assuré, madame,
du souvenir dont vous daignez m'honorer, et il augmente, s'il se peut,
mes respects et mon attachement pour votre personne. Je n'ai jamais

---

1. Le marquis d'Argens. (Cl.) — 2. Darget avait perdu sa femme. (Cl.)

eu plus de plaisir que dans sa conversation; il ne m'a cependant rien appris de nouveau. Il m'a dit combien Votre Altesse royale est idolâtrée de toute la Suède. Qui ne le sait pas, madame, et qui ne plaint pas les pays que vous n'embellissez point? Il dit qu'il n'y a plus de glaces dans le Nord, et que je n'y trouverai plus que des zéphyrs, si jamais je peux aller faire ma cour à Votre Altesse royale. Rempli, la nuit, de ces idées, je vis en songe un fantôme d'une espèce singulière.

    A sa jupe courte et légère,
    A son pourpoint, à son collet,
    Au chapeau garni d'un plumet,
    Au ruban ponceau qui pendait
    Et par devant et par derrière,
    A sa mine galante et fière
    D'amazone et d'aventurière,
    A ce nez de consul romain,
    A ce front altier d'héroïne,
    A ce grand œil tendre et hautain,
    Moins beau que le vôtre, et moins fin,
    Soudain je reconnus Christine :
    Christine des arts le soutien,
    Christine qui céda pour rien
    Et son royaume et votre Église,
    Qui connut tout, et ne crut rien,
    Que le saint-père canonise,
    Que damne le luthérien,
    Et que la gloire immortalise.

Elle me demanda si tout ce qu'on disait de Mme la princesse royale était vrai. Moi, qui n'avais pas l'esprit assez libre pour adoucir la vérité, et qui ne faisais pas réflexion que les dames, et quelquefois les reines, peuvent être un peu jalouses, je me laissai aller à mes transports, et je lui dis que Votre Altesse royale était à Stockholm, comme à Berlin, les délices, l'espérance et la gloire de l'État. Elle poussa un grand soupir, et me dit ces mots :

    Si comme elle j'avais gagné
    Le cœur et les esprits de la patrie entière;
    Si comme elle toujours j'avais eu l'art de plaire,
    Christine aurait toujours régné.
    Il est beau de quitter l'autorité suprême;
    Il est encor plus beau d'en soutenir le poids.
    Je cessai de régner, pouvant donner des lois;
    Ulric règne sans diadème.
    Je descendis pour m'élever;
    Je recherchais la gloire, et son cœur la mérite;
    J'étonnai l'univers, qu'elle a su captiver.
    On a pu m'admirer, mais il faut qu'on l'imite.

Je pris la liberté de lui répondre que ce n'était pas là un conseil aisé à suivre, et elle eut la bonne foi d'en convenir. Il me parut qu'elle aimait toujours la Suède, et que c'était la véritable raison pour laquelle elle vous pardonnait toutes vos grandes qualités, qui feront le bonheur de sa patrie. Elle me demanda si je n'irais point faire ma cour à Votre Altesse royale, dans ce beau palais que M. Escourleman vous fait bâtir. « Descartes vint bien me voir, dit-elle, pourquoi ne feriez-vous pas le voyage? »

Ah! lui dis-je, belle immortelle,
Descartes, ce rêveur dont on fut si jaloux,
Mourut de froid auprès de vous,
Et je voudrais mourir de vieillesse auprès d'elle.

On me dira peut-être, madame, que je rêve toujours en parlant à Votre Altesse royale, et que mon second rêve ne vaut pas le premier. Il est bien sûr, au moins, que je ne rêve point quand je porte envie à tous ceux qui ont le bonheur de vous voir et de vous entendre, et quand je proteste que je serai toute ma vie avec un attachement inviolable, et avec le plus profond respect, etc.

MDCIV. — A MADAME LA MARQUISE DE MALADEE.

A Sceaux, ce dimanche.

Aimable Colette, dites à Son Altesse Sérénissime qu'elle souffre nos hommages et notre empressement de lui plaire. Il n'y aura pas, en tout, cinquante personnes au delà de ce qui vient journellement à Sceaux. Mme la duchesse du Maine est bien bonne de croire qu'il ne lui convienne plus de donner le ton à Paris; elle se connaît bien peu. Elle ne sait pas qu'un mérite aussi singulier que le sien n'a point d'âge; elle ne sait pas combien elle est supérieure même à son rang. Je veux bien qu'elle ne donne pas le bal; mais, pour des comédies nouvelles, jouées par des personnes que la seule envie de lui plaire a fait comédiens, il n'y a qu'un janséniste convulsionnaire qui puisse y trouver à redire. Tout Paris l'admire, et la regarde comme le soutien du bon goût. Pour moi, qui en fais ma divinité, et qui regarde Sceaux comme le temple des arts, je serais au désespoir que la moindre tracasserie pût corrompre l'encens que nous lui offrons et que nous lui devons.

Mille tendres respects.

MDCV. — DE FRÉDÉRIC II, ROI DE PRUSSE.

A Potsdam, ce 24 mai.

Pour une brillante beauté,
Qui tentait son désir lubrique,
Jupiter avec dignité
Sut faire l'amant magnifique.
L'or plut, et son pouvoir magique
De cette amante trop pudique
Fléchit l'austère chasteté.

Ah! si, dans sa gloire éternelle,
Ce dieu si galant s'attendrit
Sur les appas d'une mortelle
Stupide, sans talent, mais belle,
Qu'aurait-il fait pour votre esprit?

Pour rendre son ciel plus aimable,
Près d'Apollon, près de Bacchus,
Il vous aurait mis à sa table,
Pour moitié vous donnant Vénus.
Son fils, enfant plein de malice,
Et dont l'arc est si dangereux,
Vous aurait blessé par caprice;
Mais, dans ce séjour de délice,
Ses traits ne font que des heureux.

Hébé vous eût offert un verre
Rempli du plus exquis nectar;
Mais vous le connaissez, Voltaire,
Vous en avez bu votre part :
C'était le lait de votre mère.

Voilà comme le roi des dieux
Vous aurait traité dans ces lieux.
Pour moi, qui n'ai point l'honneur d'être
L'image de ce dieu puissant,
Je veux dans ce séjour champêtre
Vous en procurer tout autant;
Je veux imiter cette pluie
Que sur Danaé le galant
Répandit très-abondamment;
Car de votre puissant génie
Je me suis déclaré l'amant.

Mais, comme le sieur Mettra pourrait réprouver une lettre de change en vers, j'en fais expédier une en bonne forme par son correspondant, qui vaudra mieux que mon bavardage. Vous êtes comme Horace, vous aimez à réunir l'utile à l'agréable ; pour moi, je crois qu'on ne saurait assez payer le plaisir; et je compte avoir fait un très-bon marché avec le sieur Mettra. Je payerai le marc d'esprit à proportion que le change hausse. Il en faut dans la société; je l'aime; et l'on n'en saurait trouver davantage que dans la boutique de Mettra.

Je vous avertis que je pars pour la Prusse, que je ne serai de retour ici que le 22 de juin, et que vous me ferez grand plaisir d'être ici vers ce temps. Vous y serez reçu comme le Virgile de ce siècle ; et le *gentilhomme ordinaire* de Louis XV cédera, s'il lui plaît, le pas au grand poète. Adieu; les coursiers rapides d'Achille puissent-ils vous conduire, les chemins montueux s'aplanir devant vous ! puissent les auberges d'Allemagne se transformer en palais pour vous recevoir!

les vents d'Éole puissent-ils se renfermer dans les outres d'Ulysse, le pluvieux Orion disparaître, et nos nymphes potagères se changer en déesses, pour que votre voyage et votre réception soient dignes de l'auteur de *la Henriade!*
FRÉDÉRIC.

MDCVI. — A FRÉDÉRIC II, ROI DE PRUSSE.

A Paris, le 9 juin.

Votre très-vieille Danaé
Va quitter son petit ménage
Pour le beau séjour étoilé
Dont elle est indigne, à son âge.
L'or par Jupiter envoyé
N'est pas l'objet de son envie.
Elle aime d'un cœur dévoué
Son Jupiter, et non sa pluie.
Mais c'est en vain que l'on médit
De ces gouttes très-salutaires;
Au siècle de fer où l'on vit,
Les gouttes d'or sont nécessaires.

On peut du fond de son taudis,
Sans argent, l'âme timorée,
Entouré de cierges bénits,
Aller tout droit en paradis;
Mais non pas dans votre empyrée.

Je ne pourrai pourtant, Sire, être dans votre ciel que vers les premiers jours de juillet. Je ferai, soyez-en sûr, tout ce que je pourrai pour arriver à la fin de juin. Mais la vieille Danaé est trop avisée pour promettre légèrement; et, quoiqu'elle ait l'âme très-vive et très-impatiente, les années lui ont appris à modérer ses ardeurs. Je viens d'écrire à M. de Raesfeld que je serai, au plus tard, dans les premiers jours de juillet, dans vos États de Clèves, et je le prie de songer au *vorspann*. Je vous fais, Sire, la même requête. Faites de belles revues dans vos royaumes du Nord, imposez à l'empire des Russes, soyez l'arbitre de la paix, et revenez présider à votre Parnasse. Vous êtes l'homme de tous les temps, de tous les lieux, de tous les talents. Recevez-moi au rang de vos adorateurs; je n'ai de mérite que d'être le plus ancien. Le titre de doyen de ce chapitre ne peut m'être contesté. Je prendrai la liberté de dire de Votre Majesté ce que La Fontaine, à mon âge, disait des femmes : « Je ne leur fais pas grand plaisir, mais elles m'en font toujours beaucoup. »

Je me mets aux pieds de Votre Majesté.

ANNÉE 1750.

MDCVII. — A MADAME LA DUCHESSE DU MAINE.

Je suis aux ordres de Votre Altesse Sérénissime, sans réserve; je les attends dimanche à cinq heures. Je ne suis pas ingrat comme votre petit chien, et je suis à jamais, de votre belle âme, l'adorateur le plus soumis, le plus respectueux et le plus fidèle, sans condition aucune. Je serai donc à vos ordres dimanche; mais je vous supplie de m'envoyer mercredi à Versailles, où j'ai une affaire indispensable. Cette affaire n'est que la seconde qui m'intéresse; la première est de vous plaire, de vous apporter mes vers, ma toux, mon cœur, mon admiration pour votre esprit, et ma respectueuse reconnaissance pour vos bontés.

MDCVIII. — A LA MÊME.

A Paris, ce dimanche.

Ma protectrice, en arrivant de Versailles, et non de la cour, j'ai appris que Votre Altesse Sérénissime voulait me donner de nouveaux ordres et de nouveaux conseils lundi. Elle est la maîtresse de tous les jours de ma vie, et j'ai assurément pour elle autant de respect que La Motte. J'attendrai demain les Pégases qui doivent me mener au seul Parnasse que je connaisse, et aux pieds de ma protectrice.

Si Votre Altesse Sérénissime le permet, je coucherai à Sceaux.

MDCIX. — A M. LE CHEVALIER GAYA.

Dimanche.

A six heures du matin, à six heures du soir, à toutes les heures de ma vie, monsieur, je suis aux ordres du sublime génie qui combat Sophocle, qui protège Voltaire, qui prêche contre la barbarie, et qui soutient l'honneur de la France.

Présentez, je vous en conjure, mes profonds respects à Son Altesse Sérénissime.

J'attendrai demain ses Pégases à l'heure que vous voulez bien me marquer.

Portez-vous bien? Moi point trop.

MDCX. — A MADAME LA DUCHESSE DU MAINE.

Ma protectrice, Cicéron, César, Catilina, seront jeudi, comme de raison, aux pieds de Votre Altesse; le languissant autour de tout cela reprendra des forces pour vous plaire. Il voudrait bien être digne de Mme la duchesse du Maine, mais il a grand'peur de n'être digne que du siècle.

MDCXI. — DU PRINCE LOUIS DE WURTEMBERG.

Que je suis fâché, monsieur, de n'avoir pu assister aux représentations de *Rome sauvée*, que vous avez bien voulu accorder à Mme la duchesse du Maine! Les personnes qui ont été plus heureuses que moi ne peuvent assez m'exprimer leur contentement. Je vous prie de ne pas douter de la part que j'y prends. J'en suis pénétré de joie, mais je n'en suis point étonné; vous êtes fait pour nous donner du parfait, et on doit l'attendre d'un génie tel que le vôtre. Mais pourquoi être ingrat à votre patrie? Pourquoi nous soustraire un morceau digne des Romains, que vous dépeignez si bien, pour l'emporter dans des contrées éloignées? Est-ce pour nous priver du plaisir de vous applaudir? ou est-ce que vous ne nous croyez pas dignes de posséder du bon? Je crois, à vous dire la vérité, avoir deviné juste, et ne puis que vous donner raison. Vous n'êtes pas fait, monsieur, pour être en concurrence avec l'auteur d'*Aristomène* et de *Cléopâtre*[1]. Quoi de plus insultant pour nous que de voir réussir ces deux pièces avec tant d'éclat? Quoi de plus cruel et de plus insultant pour la France que de voir son plus beau génie s'éloigner d'elle, lui à qui on devrait élever des autels, et qu'on devrait encenser comme un dieu? Et que de gloire pour vous d'être le seul, dans ce siècle lâche et efféminé, qui pensiez avec force et avec élévation!

Je vous le répète encore, monsieur, rien ne m'a plus flatté que les adoucissements que mes amis vous ont justement accordés. Je désirerais pouvoir vous prouver tout le plaisir que cela m'a fait, et, en même temps, l'amitié et l'attachement avec lesquels je suis, monsieur, votre très-humble et très-obéissant serviteur,

Louis, prince de *Wurtemberg*.

MDCXII. — A MADAME LA DUCHESSE DU MAINE.

Juin, ce mercredi.

Ame du grand Condé! il n'y a pas moyen de reculer, et il faut absolument que je parte demain à cinq heures du matin. Je me trouve une espèce d'héroïsme dans le cœur, puisque j'ai le courage de partir après la lettre de ma protectrice. Ce voyage est devenu un devoir indispensable, et ce n'est que parce qu'il est devoir, que je n'ose résister à vos bontés, à vos raisons, et à mon cœur.

Quoique je n'aie guère de moments dont je puisse disposer, il faut commander au temps; quand ma protectrice parle, il y a trop de plaisir à lui obéir. Eh bien! madame, j'aurai fait toutes mes affaires à six heures: j'attendrai vos ordres et votre voiture; je viendrai me jeter à vos pieds; je viendrai chercher de nouveaux sujets de regret; mais aussi, ce sera pour moi une consolation bien flatteuse de partir rempli de l'idée de vos bontés, et du bonheur d'avoir vu encore Louise de Bourbon. Je lui dirai que je lui suis plus attaché qu'à tous les rois du Nord; mais je lui soutiendrai que son rival le roi de Prusse, qui ne la vaut pas, est pourtant un homme admirable.

Pourvu que je sois de retour à Paris à onze heures du soir, je suis aux ordres de ma protectrice.

MDCXIII. — DE FRÉDÉRIC II, ROI DE PRUSSE.

Potsdam, le 26 juin 1760.

Vieux palefrois de vos routiers,
Volez, rétives haridelles,

1. Marmontel. (ÉD.)

Devenez de fameux coursiers,
De Pégase empruntez les ailes;
Les beaux chevaux du dieu du goût
Vous ont cédé leur ministère;
Vous conduirez le dieu, son frère,
De Versailles à cette cour.

Que Rabican, que Paragon
Seraient piqués de jalousie,
S'ils voyaient que dans ce canton
Fringants, à force réunie,
Vous mènerez de l'Hélicon,
Le dieu du goût et du génie!

Vos destins seront glorieux;
Ce dieu, sentant son âme émue,
Vous délivrant de la charrue,
Daignera vous placer aux cieux.

L'astronome à quelque heure indue,
De sa lunette à longue vue
Examinant le firmament,
Frappé d'extase en vous voyant,
Pourra penser assurément
Que la lunette a la berlue.

Voilà ce que j'ai dit aux chevaux qui auront l'honneur de vous conduire. On dit que la langue allemande est faite pour parler aux bêtes; et, en qualité de poëte de cette langue, j'ai cru ma muse plus propre à haranguer vos chevaux de poste, qu'à vous adresser ses accents. Vous êtes à présent armé de toutes pièces, de voiture, de passe-port, et de tout ce qu'il faut à un homme qui veut se rendre de Paris à Berlin; mais je crains que vous ne soyez prodigue de votre temps à Paris, et chiche de vos minutes à Berlin. Venez donc promptement, et souvenez-vous qu'un plaisir fait de bonne grâce acquiert un double mérite.

FÉDÉRIC.

MDCXIV. — A M. LE COMTE D'ARGENTAL.

A Compiègne, ce 26 juin.

Pourquoi suis-je ici? pourquoi vais-je plus loin? pourquoi vous ai-je quittés, mes chers anges? Vous n'êtes point mes gardiens, puisque me voilà livré au démon des voyages;

.... video meliora, proboque,
Deteriora sequor......
Ovid., Metam., lib. VII, v. 20.

M. le duc d'Aumont vous écrit sans doute aujourd'hui que Lekain aura son ordre quand il voudra. Je conseille à Mme Denis de lui faire réciter Hérode, Titus, et Zamore, de le faire crier à tue-tête dans les endroits de débit où sa voix est toujours, jusqu'à présent, faible et sourde. C'est peut-être le défaut le plus essentiel et le plus difficile à corriger. Je voudrais bien qu'il jouât un jour Cicéron. J'espère que je ferai quelque chose d'Aurélie; mais je me saurai toujours bon gré de n'en avoir pas fait un personnage aussi important que le consul, Catilina et César. Elle ne peut avoir que la quatrième place. Les femmes trouveront cela bien mauvais; mais ma pièce n'est guère française; elle est romaine. Vous me jugerez à mon retour. Condamnez, si vous voulez, mon travail, mais pardonnez à mon voyage, et obtenez-moi l'indulgence de M. de Choiseul et de M. l'abbé de Chauvelin. Mes chers anges, ne me grondez point; il me suffit de mes remords. Si vous avez des ordres à me donner, envoyez-les chez moi; on les fera tenir à votre errante créature.

MDCXV. — A FRÉDÉRIC II, ROI DE PRUSSE.

A Compiègne, le 26 juin.

Ainsi dans vos galants écrits
Qui vont courant toute la France,
Vous flattez donc l'adolescence
De ce d'Arnaud que je chéris,
Et lui montrez ma décadence.
Je touche à mes soixante hivers;
Mais si tant de lauriers divers
Ombragent votre jeune tête,
Grand homme, est-il donc bien honnête
De dépouiller mes cheveux blancs
De quelques feuilles négligées,
Que déjà l'Envie et le Temps
Ont, de leurs détestables dents,
Sur ma tête à demi rongées?

Quel diable de Marc-Antonin!
Et quelle malice est la vôtre!
Égratignez-vous d'une main
Lorsque vous protégez de l'autre?
Croyez, s'il vous plaît, que mon cœur,
En dépit de mes onze lustres,
Sent encor la plus noble ardeur
Pour le premier des rois illustres.
Bientôt nos beaux jours sont passés.
L'esprit s'éteint, le temps l'accable,
Les sens languissent émoussés,
Comme des convives lassés
Qui sortent tristement de table;
Mais le cœur est inépuisable,
Et c'est vous qui le remplissez.

Je ne suis à Compiègne, Sire, que pour demander au plus grand roi du Midi la permission d'aller me mettre aux pieds du plus grand du Nord, et les jours que je pourrai passer auprès de Frédéric le Grand seront les plus beaux de ma vie. Je pars de Compiègne après-demain. Je suis exact; je compte les heures, elles seront longues de Compiègne à Sans-Souci. Il y a cent mille sots qui ont été à Rome cette année; s'ils avaient été des hommes, ils seraient venus voir vos miracles.

A Clèves, ce 2 juillet.

Sire, j'avais envoyé ma lettre à votre chancelier de Clèves, et j'arrive aussitôt qu'elle; je la rouvre pour remercier encore Votre Majesté. Je suis arrivé me portant très-mal. En vérité, je vais à votre cour comme les malades de l'antiquité allaient au temple d'Esculape.

Ici j'acquiers un double grade;
Je suis de Votre Majesté
Et le sujet et le malade.
Je fais la cour à la Naïade
De ce beau lieu peu fréquenté;
De son onde je bois rasade.
La nymphe, pleine de bonté,
A mes yeux a daigné paraître;
Elle m'a dit : « Ce lieu champêtre
Pourrait te donner la santé,
Mais vole auprès du roi mon maître;
Il donne l'immortalité. »

J'y vole, Sire, j'arriverai mort ou vif. Je pars d'ici le 5; mon misérable état, et plus encore mon carrosse cassé, me retiennent trois jours.

Je supplie Votre Majesté d'avoir la bonté d'envoyer l'ordre pour le *corespon* au commandant de Lipstadt, et de daigner me recommander à lui. C'est une chose affreuse pour un malade français, qui n'a que des domestiques français, de courir la poste en Allemagne. Érasme s'en plaignait il y a deux cents ans. Ayez pitié de votre malade errant.

Je recachette ma lettre, et je renouvelle à Votre Majesté mon profond respect et ma passion de voir encore ce grand homme.

MDCXVI. — A M. DARGET.

A Clèves, 2 juillet 1750.

Un pauvre malade errant se recommande à vous, monsieur : Frédéric le Grand m'a ordonné de venir, et mon âme a commandé à mon corps de marcher. Je ne sais où est le roi : mais si je dois être quelque temps à Berlin, comme dans mes précédents voyages, je vous supplie de vouloir bien me faire trouver quelque logement, pour moi et pour trois personnes. Le plaisir de vous embrasser me fera oublier mes maux. Je crois que mon cher d'Arnaud sera bien étonné de me voir courir la poste, lui qui ne m'a vu qu'en robe de chambre et en bonnet de nuit. Il faut mettre cette entreprise au rang des prodiges du roi. Vous ne sauriez croire le plaisir que j'ai de faire pour lui des choses extraordinaires. Tout chétif que je suis, j'ai fait paraître chez moi, à Paris, sur mon petit théâtre, Cicéron et César. Je vais voir un homme qui les représente tous deux sur le théâtre du monde, et je vous envie le bonheur d'être toujours auprès de lui.

J'embrasse mon cher d'Arnaud, et je veux qu'il vous engage à m'aimer un peu. Puissé-je arriver immédiatement après ce billet, et vous assurer au plus tôt de tous les sentiments que vous m'avez déjà inspirés et que vous fortifierez encore! Je supprime pour jamais les inutiles formules, car je vous aime de tout mon cœur.

Cette lettre ne partira que le 3; c'est encore un jour de perdu.

MDCXVII. — DE LA PRINCESSE ULRIQUE, PRINCESSE ROYALE DE SUÈDE.

Drottningholm, ce 12-23 juillet.

Je m'étais réservé, monsieur, le plaisir de vous témoigner moi-même combien j'ai été satisfaite de votre lettre, accompagnée d'une nouvelle édition de vos ouvrages. J'avoue que le remercîment aurait dû être plus prompt, et je serais fâchée si le retardement pouvait faire faire naître en vous des idées qui seraient désavantageuses à ma façon de penser pour vous. Vous me rendrez toujours justice quand vous serez persuadé de l'estime infinie que j'ai pour votre esprit et vos talents, et je me ferai toujours un plaisir de vous le témoigner, quand les occasions s'en présenteront. En attendant, je vous envoie une bagatelle qui servira de souvenir de ces mêmes assurances. Vous m'obligerez infiniment, si vous voulez continuer de me faire part de vos nouvelles productions. Je ne saurais assez vous dire la satisfaction que je trouve en les lisant. Vous y rassemblez l'utile à l'agréable, chose si rare dans tous les écrits de nos jours. La comparaison flatteuse que vous faites de la reine Christine et de moi ne peut que me faire rougir; je me trouve si inférieure en tout point à cette princesse, dont le génie était infiniment au-dessus de celui de notre sexe! Je désirerais de pouvoir attirer comme elle les beaux esprits à ma cour; mais la mort de Descartes sert toujours de prétexte à éluder toutes les tentatives que je peux faire. Souvenez-vous, je vous prie, que Maupertuis a été en Suède, et même en Laponie; qu'il vit à Berlin en parfaite santé; qu'il a changé la figure de la terre, et que ce changement a si bien opéré sur ces climats, que les glaces n'y ont plus leur empire. L'hiver saura respecter des jours consacrés par Apollon et par Minerve à l'honneur de notre siècle. Vous voyez que jamais vie n'a été plus en sûreté que la vôtre. J'espère qu'à présent vous serez détrompé sur tous ces préjugés désavantageux à notre climat, et que vous me mettrez un jour à même de vous assurer de bouche de l'estime infinie avec laquelle je suis votre affectionnée.

ULRIQUE.

MDCXVIII. — A M. LE COMTE D'ARGENTAL.

A Potsdam, ce 24 juillet.

Mes divins anges, je vous salue du ciel de Berlin; j'ai passé par le purgatoire pour y arriver. Une méprise m'a retenu quinze jours à

Clèves, et malheureusement ni la duchesse de Clèves¹ ni le duc de Nemours n'étaient dans le château. Les ordres du roi pour les relais ont été arrêtés quinze jours entiers; j'aurais dû consacrer ces quinze jours à Aurélie, et je ne les ai employés qu'à me donner des indigestions. Je vous fais ma confession, mes anges. Enfin me voici dans ce séjour autrefois sauvage, et qui est aujourd'hui aussi embelli par les arts qu'ennobli par la gloire. Cent cinquante mille soldats victorieux, point de procureurs, opéra, comédie, philosophie, poésie, un héros philosophe et poëte, grandeur et grâces, grenadiers et Muses, trompettes et violons, repas de Platon, société et liberté ! Qui le croirait ? Tout cela pourtant est très-vrai, et tout cela ne m'est pas plus précieux que nos petits soupers. Il faut avoir vu Salomon dans sa gloire; mais il faut vivre auprès de vous, avec M. de Choiseul et M. l'abbé de Chauvelin. Que cette lettre, je vous en prie, soit pour eux; qu'ils sachent à quel point je les regrette, même quand j'entends Frédéric le Grand. Je suis tout honteux d'avoir ici l'appartement de M. le maréchal de Saxe. On a voulu mettre l'historien dans la chambre du héros.

A de pareils honneurs je n'ai point dû m'attendre;
Timide, embarrassé, j'ose à peine en jouir.
Quinte-Curce lui-même aurait-il pu dormir,
S'il eût osé coucher dans le lit d'Alexandre?

Mais dans quel lit couchez-vous, vous autres ? Est-ce auprès du bois de Boulogne ? est-ce à Plombières ? est-ce à Paris ? Mme d'Argental a-t-elle eu besoin des eaux? Il y a un mois que j'ignore ce que j'ai le plus d'envie de savoir. On m'a mandé que l'*Esprit et le sentiment* de Mme de Graffigni avait réussi. Ma troupe a joué chez moi *Jules César*. Mais je ne sais point ce que font mes anges; j'ai attendu, pour leur écrire, que je fusse un peu stable, et que je pusse recevoir de leurs nouvelles. J'en attends avec la double impatience de l'absence et de l'amitié.

Adieu, mes anges, mon Frédéric le Grand fait un peu de tort à *Aurélie*. Il prend mon temps et mon âme. La caverne d'Euripide vaut mieux, pour faire une tragédie, que les agréments d'une cour. Les devoirs et les plaisirs sont les ennemis mortels d'un si grand ouvrage.

Conservez-moi tous des bontés qui me feront adorer votre société, et chérir *poemata tragica et omnes has nugas*, jusqu'au dernier moment de ma vie.

MDCXIX. — A M. LE MARQUIS DE THIBOUVILLE.

A Potsdam, le 1ᵉʳ août.

Je mérite votre souvenir, monsieur, par mon tendre attachement; mais *Aurélie* n'est pas encore digne de *Catilina*. Comment voulez-vous que je fasse ? Trouver tous les charmes de la société dans un roi qui a gagné cinq batailles; être au milieu des tambours, et entendre la lyre d'Apollon; jouir d'une conversation délicieuse, à quatre cents lieues

---

1. Allusion à *la Princesse de Clèves* de Mme de La Fayette. (ÉD.)

de Paris; passer ses jours moitié dans les fêtes, moitié dans les agréments d'une vie douce et occupée, tantôt avec Frédéric le Grand, tantôt avec Maupertuis; tout cela distrait un peu d'une tragédie.

Nous aurons dans quelques jours à Berlin un carrousel digne en tout de celui de Louis XIV; on y accourt des bouts de l'Europe; il y a même des Espagnols. Qui aurait dit, il y a vingt ans, que Berlin deviendrait l'asile des arts, de la magnificence et du goût? Il ne faut qu'un homme pour changer la triste Sparte en la brillante Athènes. Tout cela doit exciter le génie; mais tout cela dissipe et prend du temps. Il me faudrait un recueillement extrême. J'ai ici trop de plaisir.

Je vous recommande *Hérode* et *le duc d'Alençon*; je les mets, avec mon petit théâtre, sous votre protection. Si vous voyez César¹, dites-lui, je vous en supplie, à quel point je lui suis dévoué. Je ne veux pas le fatiguer de lettres. Moins je lui écris, plus il doit être content de moi.

Adieu, digne successeur de Baron. Il n'y a que votre aimable commerce qui soit au-dessus de votre déclamation. Conservez-moi votre amitié; je vous serai bien tendrement attaché toute ma vie.

MDCXX. — A MADAME DE FONTAINE, A PARIS.

Potsdam, le 7 août.

Je vous jure, ma chère *Atide*², que vous n'avez été oubliée ni dans mes lettres, ni dans mon cœur. J'ai souvent recommandé *Atide* à *Zulime*², et je suis aussi fâché que *Ramire* le serait d'être parti sans vous. Le hasard, dont je reconnais de plus en plus l'empire, nous a bien soudainement dispersés. Je vous ai quittée dans le temps que je vous aimais le mieux; vous êtes assurément aussi aimable dans la société que dans le rôle d'*Atide* ou de Mme la comtesse de *Pimbesche*. Vous m'affligez de me dire que vos beaux yeux noirs ne sont pas accompagnés de joues rebondies, et que le lait ne vous a pas engraissée. Si un régime aussi austère que le vôtre ne vous a pas rendu la santé, que faire donc? Nous sommes donc destinés, vous et moi, à souffrir? Je n'ai rien à dire à la Providence, quand elle fait naître des arbres rabougris, et qu'elle fait périr les boutons à fruit. Qu'elle traite comme elle voudra les êtres insensibles; mais nous donner, à nous, êtres sensibles, le sentiment de la douleur pendant toute notre vie, en vérité cela est trop fort.

Le palais de Sans-Souci a beau être aussi joli que celui de Trianon, le héros de l'Allemagne a beau être aussi charmant que vous dans la société, me combler des attentions les plus touchantes, cultiver avec moi les beaux-arts qu'il idolâtre, et descendre vers moi chétif d'un assez beau trône, en ai-je moins la colique tous les matins? J'ai passé ici des jours délicieux; et l'on va donner à Berlin des fêtes qui pour

1. Lekain, qui avait joué le rôle de César. (ED.)
2. Rôle que Mme de Fontaine avait joué plusieurs fois dans *Zulime*. (Éd. de Kehl.)
3. Mme Denis. (ED.)

ront bien égaler les plus belles de Louis XIV; mais il n'y a que les gens bien sains qui jouissent de tout cela. Nous autres, ma chère nièce, nous n'avons que les ombres du plaisir.

Mandez-moi, je vous en prie, si votre santé va un peu mieux à présent, et si d'ailleurs vous êtes heureuse autant qu'on peut l'être avec un mauvais estomac. Embrassez pour moi votre frère; je songe à lui plus qu'il ne pense. Mes compliments à M. de Fontaine, et ne m'oubliez pas avec vos amis.

MDCXXI. — A M. LE COMTE D'ARGENTAL.

A Potsdam, ce 7 août.

Mes divins anges! votre Sans-Souci est donc à Neuilly? vous avez moins de colonnes de marbre, moins de balustrades de cuivre doré; votre salon, quelque beau qu'il soit, n'a pas une coupole magnifique; le roi très-chrétien ne vous a pas envoyé des statues dignes d'Athènes, et vous n'avez pas même encore pu réussir à vous défaire de vos bustes. Avec tout cela, je tiens que Neuilly vaut encore Sans-Souci; mais je détesterai Neuilly et votre bois de Boulogne, si Mme d'Argental n'y retrouve pas la santé, si M. de Choiseul ne soupe pas à fond, si M. le *Coadjuteur* a mal à la poitrine. Je vous passe à vous une indigestion. Heureux les gens qui ne sont malades que quand ils veulent!

Tout ce que j'apprends des spectacles de Paris fait que je ne regrette que Neuilly et mon petit théâtre. Le mauvais goût a levé l'étendard dans Paris. Vous en avez encore pour quelques années; c'est une maladie épidémique qui doit avoir son cours, et l'on ne reviendra au bon que quand vous serez fatigués du mauvais. La profusion vous a perdus; l'excès de l'esprit a égaré, dans presque tous les genres, le talent et le génie; et la protection donnée à *Catilina*[1] a achevé de tout perdre. J'avoue que les Prussiens ne font pas de meilleures tragédies que nous; mais vous aurez bien de la peine à donner pour les couches de Mme la Dauphine un spectacle aussi noble et aussi galant que celui qu'on prépare à Berlin. Un carrousel composé de quatre quadrilles nombreuses, carthaginoises, persanes, grecques et romaines, conduites par quatre princes qui y mettent l'émulation de la magnificence, le tout à la clarté de vingt mille lampions qui changeront la nuit en jour; les prix distribués par une belle princesse, une foule d'étrangers qui accourent à ce spectacle, tout cela n'est-il pas le temps brillant de Louis XIV qui renaît sur les bords de la Sprée? Joignez à cela une liberté entière que je goûte ici, les attentions et les bontés inexprimables du vainqueur de la Silésie, qui porte tout son fardeau de roi depuis cinq heures du matin jusqu'à dîner, qui donne absolument le reste de la journée aux belles-lettres, qui daigne travailler avec moi trois heures de suite, qui soumet à la critique son grand génie, et qui est à souper le plus aimable des hommes, le lien et le charme de la société. Après cela, mes anges, rendez-moi justice. Qu'ai-je à regretter que vous seuls? J'y mets aussi Mme Denis. Vous

[1]. Tragédie de Crébillon, qui fut imprimée au Louvre. (Éd.)

seuls êtes pour moi au-dessus de ce que je vois ici. Je ne vous parlerai point aujourd'hui d'*Aurélie*, et des éditions de mes œuvres dont on me menace encore de tous côtés. J'apprends du roi de Prusse à corriger mes fautes. Le temps que je ne passe pas auprès de lui, je le mets à travailler sans relâche autant que ma santé le permet. O sages habitants de Neuilly, conservez-moi une amitié plus précieuse pour moi que toute la grandeur d'un roi plein de mérite ! Mon âme se partage entre vous et Frédéric le Grand.

MDCXXII. — A M. DARGET.

A Sans-Souci, ce 9 ou 10 1750.

Mon cher ami, vous êtes tout ébaubi de recevoir de moi une lettre datée de Sans-Souci. Mme la margrave a bien voulu permettre que j'eusse l'honneur de l'y suivre ; mais, par malheur, elle y a eu un accès de fièvre. Si le maître de la maison eût été là, elle n'y serait pas tombée malade. J'ai apporté avec moi le troisième tome du philosophe de la vigne.

> Ma foi, plus je lis, plus j'admire
> Le philosophe de ces lieux :
> Son sceptre peut briller aux yeux,
> Mais mon oreille aime encor mieux
> Les sons enchanteurs de sa lyre.
> Ce feu, que dans les cieux vola
> Le demi-dieu qui modela
> Notre première mijaurée,
> Ce feu, cette essence sacrée
> Dont ailleurs assez peu l'on a,
> Est donc tout en cette contrée !
> Ou bien, du haut de l'empyrée
> L'esprit d'Horace s'en alla
> Sur le rivage de la Sprée,
> Et sur le trône d'Attila ;
> Le feu roi, s'il voyait cela,
> En aurait l'âme pénétrée.

Le philosophe de Sans-Souci n'aura pas quinze jours à employer à mettre ce volume dans sa perfection ; mais quand il y travaillerait trois mois, il n'aurait rien à regretter. Il ne faut pas qu'il y ait un doigt trop long, ni un ongle mal fait à la Vénus de Médicis. Les statues qui ornent les jardins ne vaudront pas les monuments de la bibliothèque. Que d'esprit, et de toutes sortes d'esprit ! Et où diable a-t-il pêché tout cela ? Et comment imaginer qu'il y ait tant de fleurs dans vos sables, et comment tant de grâces avec tant d'occupations profondes ! Je crois que je rêve. J'ai écrit à du Vernage : j'ai, Dieu merci, donné ma démission de tout ; je ne veux plus tenir qu'à Frédéric le Grand. Bonsoir ! je ne sais pas trop les jours de poste. Ce chiffon arrivera à Stettin quand il pourra.

P. S. Il pleut des fièvres. J'ai deux domestiques sur le grabat. Je me sauve par les pilules de Stahl. Je suis constant

MDCCXXIII. — A MADAME LA MARQUISE DE POMPADOUR.

À Potsdam, le 10 août.

Dans ces lieux jadis peu connus,
Beaux lieux aujourd'hui devenus
Dignes d'éternelle mémoire,
Au favori de la Victoire,
Vos compliments sont parvenus.
Vos myrtes vont dans ces asile
Avec les lauriers confondus ;
J'ai l'honneur, de la part d'Achille,
De rendre grâces à Vénus.

S'il vous remerciait lui-même, madame, vous auriez de plus jolis vers, car il en fait aussi aisément qu'un autre roi et lui gagnent des batailles.

De deux rois qu'il faut adorer
Dans la guerre et dans les alarmes,
L'un est digne de soupirer
Pour vos vertus et pour vos charmes,
L'autre de les célébrer.

MDCCXXIV. — A MADAME DENIS.

Potsdam, le 11 août.

Je ne suis point du tout de votre avis, ma chère enfant, ni de celui de MM. d'Argental et de Thibouville. *Rome sauvée* ne me parait point faite pour les jeunes et belles dames qui viennent parer vos premières loges. Je crois que notre élève Lekain jouerait très-bien, mais la conjuration de Catilina n'est bonne que pour messieurs de l'Université, qui ont leur Cicéron dans la tête, et peu de galanterie dans le cœur. Contentons-nous de l'avoir vu jouer, à Paris, sur le théâtre de mon grenier, devant de graves professeurs, des moines, et des jurisconsultes. D'ailleurs il faudrait que je fusse à Paris pour arranger tout ce sénat romain ; et, si j'étais là, l'envie y serait aussi avec ses aiglets.

Le *Catilina* de Crébillon a eu une vingtaine de représentations, dites-vous ; c'est précisément par cette raison que le mien n'en aurait guère. Votre parterre aime la nouveauté. On irait deux ou trois fois pour comparer et pour juger, et puis on serait las de Cicéron et de sa république romaine. Les vers bien faits ne sont guère sentis par le parterre. Mon enfant, croyez-moi, il s'en faut bien que le goût soit général chez notre nation ; il y a toujours un petit reste de barbarie que le beau siècle de Louis XIV n'a pu déraciner. On a souffert les vers énigmatiques et visigoths du *Catilina* de Crébillon. Ils sont sifflés aujourd'hui ; oui, mais au théâtre ils ont passé. Les jours d'une première représentation sont de vraies assemblées de peuple ; on ne sait jamais si on couronnera son homme, ou si on le lapidera.

Dites au marquis d'Adhémar que je pense efficacement à lui et à ses desseins ; il aura bientôt de mes nouvelles. J'ai oublié de vous dire que, quand je pris congé de Mme de Pompadour à Compiègne, elle me chargea de présenter ses respects au roi de Prusse. On ne peut donner une commission plus agréable et avec plus de grâce ; elle y mit toute la modestie, et des *si j'osais*, et des *pardons au roi de Prusse*, de prendre cette liberté. Il faut apparemment que je me sois mal acquitté de ma commission. Je croyais, en homme tout plein de la cour de France, que le compliment serait bien reçu ; il me répondit sèchement : *Je ne la connais pas. Ce n'est pas ici le pays du Lignon*. Je n'en mande pas moins à Mme de Pompadour que Mars a reçu, comme il le devait, les compliments de Vénus.

Mme la margrave de Bareuth est ici ; tout est en fêtes. On croirait presque, aux apparences, qu'on n'est ici que pour se réjouir.

MDCXXV. — A LA MÊME.

À Charlottenbourg, le 14 août.

Voici le fait, ma chère enfant. Le roi de Prusse me fait son chambellan, me donne un de ses ordres, vingt mille francs de pension, et à vous quatre mille assurés pour toute votre vie, si vous voulez venir tenir ma maison à Berlin, comme vous la tenez à Paris. Vous avez bien vécu à Landau avec votre mari ; je vous jure que Berlin vaut mieux que Landau, et qu'il y a de meilleurs opéras. Voyez, consultez votre cœur. Vous me direz qu'il faut que le roi de Prusse aime bien les vers. Il est vrai que c'est un auteur français né à Berlin. Il a cru, toutes réflexions faites, que je lui serais plus utile que d'Arnaud. Je lui ai pardonné, comme à Heurtaud, les petits vers galants que Sa Majesté prussienne avait faits pour mon jeune élève, dans lesquels il le traitait de *soleil levant* fort lumineux, et moi de *soleil couchant* assez pâle. Il égratigne encore quelquefois d'une main, quand il caresse de l'autre ; mais il n'y faut pas prendre garde de si près. Il aura le *levant* et le *couchant* auprès de lui, si vous y consentez ; et il sera, lui, dans son *midi*, faisant de la prose et des vers tant qu'il voudra, puisqu'il n'a point de batailles à donner. J'ai peu de temps à vivre. Peut-être est-il plus doux de mourir à sa mode, à Potsdam, que de la façon d'un habitué de paroisse, à Paris. Vous vous en retournerez après cela avec vos quatre mille livres de douaire. Si ces propositions vous convenaient, vous feriez vos paquets au printemps ; et moi j'irais, sur la fin de cet automne, faire mon pèlerinage d'Italie, voir Saint-Pierre de Rome, le pape, la Vénus de Médicis, et la ville souterraine. J'ai toujours sur le cœur de mourir sans voir l'Italie. Nous nous rejoindrions au mois de mai. J'ai quatre vers du roi de Prusse pour Sa Sainteté. Il serait plaisant d'apporter au pape quatre vers français d'un monarque allemand et hérétique, et de rapporter à Potsdam des indulgences. Vous voyez bien qu'il traite mieux les papes que les belles. Il ne fera point de vers pour vous ; mais vous trouverez ici bonne compagnie, vous y auriez une bonne maison. Il faut d'abord que le roi, notre maître, y consente. Cela lui sera, je pense, fort indifférent. Il importe peu à un roi de France en quel lieu le plus inutile de ses vingt-deux ou vingt-trois millions de sujets passe sa vie ; mais il serait affreux de vivre sans vous.

MDCXXVI. — A M. LE COMTE D'ARGENTAL.

À Charlottenbourg, le 20 août.

Mes chers anges, si je vous disais que nous avons eu ici un feu d'artifice dans le goût de celui du pont Neuf, que nous allons aujourd'hui à Berlin voir *Phaéthon*, dont les décorations seront de glace, que tous les jours sont des fêtes, que d'Arnaud a fait jouer son *Mauvais riche*, et qu'il a été jugé ici, pour le fond et pour les détails, tout comme à Paris, vous ne vous en soucieriez peut-être que très-médiocrement. J'ai d'ailleurs le cœur plus rempli et plus déchiré de ma résolution que je ne suis ébloui de nos fêtes; et je sens bien que le reste de mes jours sera empoisonné, malgré la liberté, malgré la douceur d'une vie tranquille, malgré les excessives bontés d'un roi qui me paraît ressembler en tout à Marc-Aurèle, à cela près que Marc-Aurèle ne faisait point de vers, et que celui-ci en fait d'excellents, quand il se donne la peine de les corriger. Il a plus d'imagination que moi, mais j'ai plus de routine que lui. Je profite de la confiance qu'il a en moi pour lui dire la vérité plus hardiment que je ne la dirais à Marmontel, ou à d'Arnaud, ou à ma nièce. Il ne m'envoie point aux carrières pour avoir critiqué ses vers; il me remercie, il les corrige, et toujours en mieux. Il en a fait d'admirables. Sa prose vaut ses vers pour le moins; mais dans tout cela il allait trop vite. Il y avait de bons courtisans qui lui disaient que tout était parfait; mais ce qui est parfait, c'est qu'il me croit plus que ses flatteurs, c'est qu'il aime, c'est qu'il sent la vérité. Il faut qu'il soit parfait en tout. Il ne faut pas dire : *Cæsar est supra grammaticam*. César écrivait comme il combattait. Frédéric joue de la flûte comme Blavet; pourquoi n'écrirait-il pas comme nos meilleurs auteurs? Cette occupation vaut bien le jeu et la chasse. Son *Histoire de Brandebourg* sera un chef-d'œuvre, quand il l'aura revue avec soin; mais un roi a-t-il le temps de prendre ce soin? un roi qui gouverne seul une vaste monarchie? oui; voilà ce qui me confond; je n'en suis point de surprise. Sachez encore que c'est le meilleur de tous les hommes, ou bien je suis le plus sot. La philosophie a encore perfectionné son caractère. Il s'est corrigé, comme il corrige ses ouvrages. Voilà précisément, mes anges, pourquoi j'ai le cœur déchiré; voilà pourquoi je ne vous reverrai qu'au mois de mars. Comptez qu'ensuite, quand je reviendrai en France, je n'y reviendrai que pour vous seuls, pour vous, mes anges, qui faites toute ma patrie. Je vous demande en grâce d'encourager Mme Denis à venir avec moi s'établir au mois de mars, à Berlin, dans une bonne maison où elle vivra dans la plus grande opulence. Le roi de Prusse lui assure, à Paris, une pension après ma mort. Il m'a promis que les reines (qui ne savent encore rien de nos petits desseins) l'honoreront des distinctions et des bontés les plus flatteuses. Elle fera ma consolation dans ma vieillesse. Disposez-la à cette bonne œuvre. Il n'y a plus à reculer; le roi de Prusse m'a fait demander au roi, et je ne suis pas un objet assez important pour qu'on veuille me garder en France. Je servirai le roi dans la personne du roi de Prusse, son allié et son ami. Ce sera une chose honorable pour notre patrie qu'on soit obligé de nous appeler quand on veut faire fleurir les arts. Enfin je ne crois pas qu'on refuse le roi de Prusse; et si, par un hasard que je ne prévois pas, on le refusait, vous sentez bien que, la première démarche étant faite, il la faudrait soutenir, et obtenir, par des sollicitations pressantes, ce qu'on n'aurait pas accordé d'abord à ses prières, et que je ne peux plus vivre en France, après avoir voulu la quitter. Il y a un mois que je suis à la torture, j'en ai été malade; un tel parti coûte sans doute. Vous êtes bien sûr que c'est vous qui déchirez mon âme; mais encore une fois, quand je vous parlerai, vous m'approuverez. Ne me condamnez point avant de m'entendre, conservez-moi des bontés qui me sont aussi précieuses pour le moins que celles du roi de Prusse. J'ai les yeux mouillés de larmes en vous écrivant. Adieu.

MDCXXVII. — A Madame Denis.

A Berlin, le 22 août.

Je reçois votre lettre du 8, en sortant de *Phaéthon*; c'est un peu Phaéthon travesti[1]. Le roi a un poëte italien, nommé Villati, à quatre cents écus de gages. Il lui donne des vers pour son argent, qui ne coûtent pas grand'chose ni au poëte, ni au roi. Cet Orphée prend le matin un flacon d'eau-de-vie, au lieu d'eau d'Hippocrène, et, dès qu'il est un peu ivre, les mauvais vers coulent de source. Je n'ai jamais vu rien de si plat dans une si belle salle. Cela ressemble à un temple de la Grèce, et on y joue des ouvrages tartares.

Pour la musique, on dit qu'elle est bonne. Je ne m'y connais guère; je n'ai jamais trop senti l'extrême mérite des doubles croches. Je sens seulement que la signora Astrua, et *i signori castrati* ont de plus belles voix que vos actrices, et que les airs italiens ont plus de brillant que vos ponts-neufs que vous nommez ariettes. J'ai toujours comparé la musique française au jeu de dames, et l'italienne au jeu des échecs. Le mérite de la difficulté surmontée est quelque chose. Votre dispute contre la musique italienne est comme la guerre de 1701; vous êtes seuls contre toute l'Europe.

Mme la margrave de Bareuth voudrait bien attirer auprès d'elle Mme de Graffigni, et je lui propose aussi le marquis d'Adhémar. Il n'y a point ici de place pour lui dans le militaire. Il faut, de plus, savoir bien l'allemand, et c'est le moindre des obstacles. Je crois que, pendant la paix, il n'a rien de mieux à faire, qu'à se mettre à la cour de Bareuth. La plupart des cours d'Allemagne sont actuellement comme celles des anciens paladins, aux tournois près; ce sont de vieux châteaux où l'on cherche l'amusement. Il y a là de belles filles d'honneur, de beaux bacheliers; on y fait venir des jongleurs. Il y a dans Bareuth opéra italien et comédie française, avec une jolie bibliothèque dont la princesse fait un très-bon usage. Je crois, en vérité, que ce sera un excellent marché dont ils me remercieront tous deux.

1. Le véritable *Phaéthon* est un opéra de Quinault et de Lulli. (*Note de M. Clogenson.*)

Pour Mme la Péruvienne[1], elle est plus difficile à transplanter. La voilà établie à Paris, avec une considération et des amis qu'on ne quitte guère à son âge. Je me fais là mon procès; mais, ma chère enfant, les mauvais auteurs ne poursuivent point une femme; ils font pour elle de plats madrigaux; mais ils feront éternellement la guerre à leur confrère l'auteur de *la Henriade*. Les inimitiés, les calomnies, les libelles de toute espèce, les persécutions, sont la sûre récompense d'un pauvre homme assez malavisé pour faire des poëmes épiques et des tragédies. Je veux essayer si je trouverai plus de repos auprès d'un poëte couronné, qui a cent cinquante mille hommes, qu'avec les poëtes des cafés de Paris. Je vais me coucher dans cette idée.

MDCXXVIII. — DE FRÉDÉRIC II, ROI DE PRUSSE.

Berlin, 23 août 1750.

J'ai vu la lettre que votre nièce vous écrit de Paris; l'amitié qu'elle a pour vous lui attire mon estime. Si j'étais Mme Denis, je penserais de même; mais étant ce que je suis, je pense autrement. Je serais au désespoir d'être cause du malheur de mon ennemi, et comment pourrais-je vouloir l'infortune d'un homme que j'estime, que j'aime, et qui me sacrifie sa patrie et tout ce que l'humanité a de plus cher? Non, mon cher Voltaire, si je pouvais prévoir que votre transplantation pût tourner le moins du monde à votre désavantage, je serais le premier à vous en dissuader. Oui, je préférerais votre bonheur au plaisir extrême que j'ai de vous voir. Mais vous êtes philosophe, je le suis de même; qu'y a-t-il de plus naturel, de plus simple et de plus dans l'ordre, que des philosophes faits pour vivre ensemble, réunis par la même étude, par le même goût, et par une façon de penser semblable, se donnant cette satisfaction? Je vous respecte comme mon maître en éloquence et en savoir; je vous aime comme un ami vertueux. Quel esclavage, quel malheur, quel changement, quelle inconstance de fortune y a-t-il à craindre dans un pays où vous êtes estimé autant que dans votre patrie, et chez un ami qui a le cœur reconnaissant? Je n'ai point la folle présomption de croire que Berlin vaut Paris. Si les richesses, la grandeur, et la magnificence, font une ville aimable, nous le cédons à Paris. Si le bon goût, peut-être plus généralement répandu, se trouve dans un endroit du monde, je sais et je conviens que c'est à Paris. Mais vous, ne portez-vous pas ce goût partout où vous êtes? Nous avons des organes qui nous suffisent pour vous applaudir, et en fait de sentiments nous ne le cédons à aucun pays du monde. J'ai respecté l'amitié qui vous liait à Mme du Châtelet; mais après elle, j'étais un de vos plus anciens amis. Quoi! parce que vous vous retirez dans ma maison, il sera dit que cette maison devient une prison pour vous? Quoi! parce que je suis votre ami, je serais votre tyran? Je vous avoue que je n'entends pas cette logique-là; que je suis fermement persuadé que vous serez fort heureux ici tant

1. Mme de Graffigny. (É.

que je vivrai, que vous serez regardé comme le père des lettres et des gens de goût, et vous trouverez en moi toutes les consolations qu'un homme de votre mérite peut attendre de quelqu'un qui l'estime. Bonsoir. FÉDÉRIC.

MDCXXIX. — A MADAME DENIS.

À Berlin, le 24 août.

Pardonnez-moi d'égayer un peu la noirceur que ma transplantation répand dans mon âme, et comptez que je n'en ai pas le cœur moins déchiré, en vous parlant de l'aventure d'un cul, à laquelle j'ai part malgré moi. Ne vous scandalisez pas; il ne s'agit point ici de passions malhonnêtes.

Un marquis de Montperni, attaché à Mme la margrave de Bareuth, et qui est venu avec elle, tombe très-dangereusement malade. Il est catholique; car on est ici ce que l'on veut. Un domestique, encore meilleur catholique, a été cause d'un assez singulier quiproquo. Le malade, tourmenté d'une colique violente, envoie chercher l'apothicaire; le valet, occupé du salut de son maître, va chercher le viatique: un prêtre arrive; Montperni, qui ne songe qu'à sa colique, et qui a la vue fort mauvaise, ne doute point que ce ne soit un lavement qu'on lui apporte; il tourne le derrière; le prêtre étonné veut une posture plus décente; il lui parle des quatre fins de l'homme; Montperni lui parle de seringue; le prêtre se fâche; Montperni l'appelle toujours monsieur l'apothicaire. Vous croyez bien que cette scène a été un peu commentée dans un pays où on respecte fort peu ce que M. de Montperni prenait pour un lavement. J'ai un secrétaire champenois qui est une espèce de poëte d'antichambre; il a mis l'aventure en vers d'antichambre; mais on me les attribue, et ils passent dans tous les cabinets de l'Allemagne, et ils seront bientôt dans ceux de Paris.

Mon destin me suit partout. D'Arnaud fait des stances à la glace, pour des beautés qu'on prétend être à la glace aussi, et aussitôt les gazettes les débitent sous mon nom. C'est bien pis ici que dans le fond d'une province de France. Les Berlinois veulent avoir de l'esprit, parce que le roi en a. Qui l'aurait dit qu'on se piquerait un jour de se connaître en vers dans le pays des Vandales? On y prend pour du vin de Beaune le vinaigre que les marchands de Liége vendent fort cher; et, en vérité, c'est ainsi qu'en général le gros du public juge de tout. Le goût est un don de Dieu fort rare. Si toutes ces sottises viennent à Paris, je vous prie de me défendre contre les Vandales de notre patrie, car il y en a toujours. Nous nous préparons à jouer Rome sauvée. Vous ne vous douteriez pas que nous trouvassions ici des acteurs. Ce qui vous étonnera, c'est que le prince Henri, frère du roi, et la princesse Amélie, sa sœur, récitent très-bien des vers, et sans le moindre accent. La langue qu'on parle le moins à la cour, c'est l'allemand. Je n'en ai pas encore entendu prononcer un mot. Notre langue et nos belles-lettres ont fait plus de conquêtes que Charlemagne. Je fais, comme vous voyez, ce que je peux pour me justifier; mais je n'en ai pas moins de remords de vous avoir quittée. La destinée se joue de nous. Je cherche la gaieté aux soupers des reines, et, quand je suis rentré chez moi, je trouve la tristesse. Mon inquiétude m'ôte le sommeil. J'attends votre première lettre pour fixer mon âme, qui ne sait plus où elle en est.

MDCXXX. — A M. LE COMTE D'ARGENTAL.

A Berlin, ce 28 août.

Jugez en partie, mes très-chers anges, si je suis excusable. Jugez-en par la lettre que le roi de Prusse m'a écrite de son appartement au mien, lettre qui répond aux très-sages, très-éloquentes, et très-fortes raisons que ma nièce alléguait, sur un simple pressentiment. Je lui envoie cette lettre; qu'elle vous la montre : lisez-la, je vous en prie, et vous croirez lire une lettre de Trajan ou de Marc-Aurèle. Je n'en ai pas moins le cœur déchiré. Je me livre à ma destinée, et je me jette, la tête la première, dans l'abîme de la fatalité qui nous conduit tous. Ah, mes chers anges! ayez pitié des combats que j'éprouve, et de la douleur mortelle avec laquelle je m'arrache à vous. J'en ai presque toujours vécu séparé; mais autrefois c'était la persécution la plus injuste, la plus cruelle, la plus acharnée; aujourd'hui c'est le premier homme de l'univers, c'est un philosophe couronné qui m'enlève. Comment voulez-vous que je résiste? comment voulez-vous que j'oublie la manière barbare dont j'ai été traité dans mon pays? Songez-vous bien qu'on a pris le prétexte du *Mondain*, c'est-à-dire du badinage le plus innocent (que je lirais à Rome au pape); que d'indignes ennemis et d'infâmes superstitieux ont pris, dis-je, ce prétexte pour me faire exiler? Il y a quinze ans, direz-vous, que cela est passé. Non, mes anges, il y a un jour, et ces injustices atroces sont toujours des blessures récentes. Je suis, je l'avoue, comblé des bienfaits de mon roi. Je lui demande, le cœur pénétré, la permission de le servir en servant le roi de Prusse, son allié et son ami. Je serai toujours son sujet; mais puis-je regretter les cabales d'un pays où j'ai été si maltraité? Tout cela ne m'empêcherait pas de songer à *Zulime*, à *Adélaïde*, à *Aurélie*; mais je n'ai point ici les deux premières. Je comptais, en partant, n'être auprès du roi de Prusse que six semaines; je vois bien que je mourrai à ses pieds. Sans vous, que je serais heureux de passer dans le sein de la philosophie et de la liberté, auprès de mon Marc-Aurèle, le peu de jours qui me restent! Mais on ne peut être heureux. Adieu; je ne vous parlerai ni de l'Opéra, ni de *Phaéthon*; ni du spectacle d'un combat de dix mille hommes, ni de tous les plaisirs qui ont succédé ici aux victoires. Je ne suis rempli que de la douleur de m'arracher à vous. Que Mme d'Argental conserve sa santé; que M. de Choiseul, M. l'abbé de Chauvelin, fassent à Neuilly des soupers délicieux; que M. de Pont de Veyle se souvienne de moi avec bonté. Adieu, divins anges, adieu.

Il n'y a pas moyen de tenir au carrousel que je viens de voir; c'était à la fois le carrousel de Louis XIV, et la fête des lanternes de la Chine. Quarante-six mille petites lanternes de verre éclairaient la place, et formaient, dans les carrières où l'on courait, une illumination bien dessinée. Trois mille soldats sous les armes bordaient toutes les avenues; quatre échafauds immenses fermaient de tous côtés la place. Pas la moindre confusion, nul bruit, tout le monde assis à l'aise, et attentif en silence, comme à Paris à une scène touchante de ces tragédies que je ne verrai plus, grâce à .... Quatre quadrilles, ou plutôt quatre petites armées de Romains, de Carthaginois, de Persans, et de Grecs, entrant dans la lice, et en faisant le tour au bruit de la musique guerrière; la princesse Amélie entourée des juges du camp, et donnant le prix. C'était Vénus qui donnait la pomme. Le prince royal a eu le premier prix. Il avait l'air d'un héros des Amadis. On ne peut pas se faire une juste idée de la beauté, de la singularité de ce spectacle; le tout terminé par un souper à dix tables, et par un bal. C'est le pays des fées. Voilà ce que fait un seul homme. Ses cinq victoires, et la paix de Dresde, étaient un bel ornement à ce spectacle. Ajoutez à cela que nous allons avoir une compagnie des Indes. J'en suis bien aise pour nos bons amis les Hollandais. Je crois que M. de Pont de Veyle avouera sans peine que Frédéric le Grand est plus grand que Louis XIV. Il serait cent fois plus grand que je n'en aurais pas moins le cœur percé d'être loin de vous.

MDCXXXI. — A M. DARGET.

A Potsdam, août 1750.

Je n'ai point vu le bal, mais le carrousel était digne de Frédéric le Grand : je croyais être dans le pays des fées. Ce que j'ai admiré le plus, c'est l'ordre qui a régné dans une fête où il devait y avoir vingt têtes cassées. Je suis plus idolâtre que jamais de votre maître, et chaque jour m'enchaîne par de nouveaux liens. Cher ami, vivons ici : admirons et aimons.

MDCXXXII. — A M. LE MARÉCHAL DUC DE RICHELIEU.

Août.

Mon *héros*, cette lettre partira quand il plaira à Dieu; mais il faut que je me livre au plaisir de vous dire combien mon cœur vous donne la préférence sur tous les rois de la terre. Je ne vous parlerai, cette foisci, ni de l'ancienne Rome, ni de Cicéron, ni de Louis XIV; mais, puisque vous avez daigné entrer avec tant de bonté dans ma situation, je crois remplir un devoir en vous rendant un compte fidèle de tout.

Votre élévation ne vous permet guère d'être instruit de tout ce qu'un homme qui s'est consacré aux lettres a à essuyer en France; mais vous savez, en général, que j'ai souffert des persécutions de toute espèce. Je fus poursuivi jusque dans la retraite de Cirey, et le théatin Boyer m'obligea, en 1736, de me réfugier en Hollande.

Quel était le prétexte de cette tempête excitée par des prêtres, et à laquelle se prêtait *la vieille mie* qu'on appelait le cardinal de Fleuri? C'était la plaisanterie très-innocente du *Mondain*, l'ouvrage du monde le moins digne d'attirer des persécutions à son auteur. Le garde des sceaux Chauvelin me poursuivit avec acharnement.

Je pouvais alors trouver auprès du roi de Prusse un asile honorable; mais j'avais promis à Mme du Châtelet, votre amie, de ne l'abandonner jamais. Je lui tins parole; je revins auprès d'elle, et la mort seule nous a séparés. Vos bontés me firent obtenir les places de gentilhomme ordinaire du roi et de son historiographe. Vous savez si j'en conserve une juste reconnaissance. J'aurais voulu passer auprès de vous ma vie, et je vous proteste que, si quelque hasard heureux ou malheureux vous avait fait prendre le parti de passer à Richelieu une partie de l'année, je vous aurais demandé la permission de vous y suivre toujours, et j'aurais voulu cultiver l'esprit de M. le duc de Fronsac [1]. C'était là un de mes châteaux en Espagne; mais je me suis trouvé à Paris un objet de jalousie pour tous ceux qui se mêlent d'écrire, et un objet de persécution pour les dévots.

Lorsque j'étais à Lunéville, le roi Stanislas s'avisa de composer un assez médiocre ouvrage, intitulé *le Philosophe chrétien*. Il en fit corriger les fautes de français par son secrétaire Solignac, et envoya le manuscrit à la reine sa fille, la priant de lui en dire son avis. Je soupçonne fort celui que la reine consulta; mais, n'ayant pas de certitude, je me contenterai de vous dire que la reine manda au roi son père que le manuscrit était l'ouvrage d'un athée; qu'on voyait bien que j'en étais l'auteur; et que Mme du Châtelet et moi nous le pervertissions. La reine s'imagina que nous étions les confidents du goût du roi Stanislas pour Mme de Boufflers; que nous l'entraînions dans l'irréligion pour lui ôter ses remords. Jugez de là quelles impressions elle a données de moi à M. le Dauphin et à ses filles. Le théatin Boyer a donné encore de moi à M. le Dauphin et à Mme la Dauphine des idées plus funestes.

Je n'avais donc de ressource que dans Mme de Pompadour; mais tous les gens de lettres faisaient ce qu'ils pouvaient pour l'éloigner de moi, et le roi ne me témoignait jamais la moindre bonté. Je songeai alors à me faire une espèce de rempart des académies contre les persécutions qu'un homme qui a écrit avec liberté doit toujours craindre en France. Je m'adressai à M. d'Argenson, lorsqu'il eut ce département. Je demandais qu'il fît pour son ancien camarade de collège ce que M. de Maurepas m'avait promis, avant qu'il lui plût de me persécuter; c'était de me faire entrer dans l'Académie des sciences et dans celle des belles-lettres [2], comme associé libre ou surnuméraire. La grâce était petite; je devais l'attendre de lui, et je ne l'obtins point. Je restai en butte à des ennemis toujours acharnés. La place d'historiographe n'était qu'un vain titre; je voulus la rendre réelle, en travaillant à l'histoire de la guerre de 1741; mais, malgré mes travaux, Moncrif eut ses entrées chez le roi, et moi je ne les eus pas.

Dans ces circonstances, le roi de Prusse, après une correspondance suivie de seize [3] années, m'appelle à sa cour, me presse de le venir voir. Je me rends, j'arrive au milieu des fêtes, des carrousels, et des plaisirs. Je connaissais toute cette cour depuis longtemps. Le roi de

1. Fils unique du duc de Richelieu. (ÉD.)
2. Maurepas et Boyer étaient membres de ces deux académies, où Voltaire ne fut jamais admis. (ÉD.)
3. Lisez *quatorze*. (ÉD.)

Prusse me traite aussi bien qu'on me traitait mal chez moi. Il me promet de me faire passer le reste de ma vie heureusement. Il m'écrit même une lettre que ma nièce a entre les mains, lettre qui lui ferait tort dans la postérité, s'il manquait à sa parole. Ma nièce veut bien alors venir passer auprès de moi une partie du temps qui me reste à vivre. Je lui fais assurer une pension de quatre mille livres, payable à Paris, après ma mort, par le roi. Mais, m'apercevant que la vie de Potsdam, qui me plaît beaucoup, désespérerait une femme, je consens à me priver de ma nièce ; je lui laisse à Paris ma maison, ma vaisselle d'argent, mes chevaux ; j'augmente sa fortune.

Il fallait bien que j'acceptasse une pension du roi, parce que les autres en ont, parce que les déplacements coûtent cher ; parce que, lorsque je la rendrai, il y aura beaucoup plus de noblesse à la remettre que de honte à la recevoir, s'il peut être honteux de recevoir une pension d'un grand roi qui en fait à tant de princes.

Au reste, le roi de Prusse m'a tenu parole, et a été même au delà de ce qu'il m'a promis. J'ai eu un petit moment de bouderie ; mais l'explication a bientôt tout raccommodé. Je jouis d'une liberté entière, je jouis surtout de mon temps ; je ne suis gêné en rien. Croiriez-vous bien, monseigneur, que les reines[1] m'ont dit de venir dîner ou souper chez elles quand je voudrais, et trouvent encore bon que j'y aille très-rarement ? Les soupers avec le roi sont très-agréables ; je m'y amuse ; cela tient l'esprit en haleine. La conversation est souvent très-instructive, et nourrit l'âme. Je m'en dispense quand ma très-mauvaise santé l'ordonne. Si vous voyez milord Maréchal[2], il peut vous dire comment tout cela se passe, et vous avouerez que la vie philosophique de Potsdam est aussi heureuse que singulière. Elle convient surtout à une santé aussi délabrée que la mienne.

Maupertuis est devenu, à la vérité, insociable, mais Algarotti et d'autres sont des gens de la meilleure compagnie. Que faut-il de plus à mon âge ? et quelle retraite plus honorable et plus douce peut-on imaginer sur la terre ? Elle l'est au point que la considération nécessairement attachée à ceux qui vivent avec le souverain est comptée pour rien dans mon calcul. Je ne fais pas plus de cas des petits honneurs qu'il faut avoir, seulement afin que les sentinelles vous laissent passer. J'abandonnerais volontiers et les clefs d'or, et les croix, et les vingt mille francs que vous me reprochez, pension si rare en France ; j'abandonnerais tout pour avoir l'honneur de vivre avec vous, et pour retrouver ma nièce et mes amis. Il y a vingt ans que je vous ai dit que ma passion était d'achever auprès de vous ma vie.

Mais vous m'avouerez qu'il faut au moins être moralement sûr d'être bien reçu dans sa patrie, pour faire un tel sacrifice. Je n'ai achevé le *Siècle de Louis XIV* que pour me préparer les voies, en méritant l'estime des honnêtes gens. La matière est si délicate, que j'ai cru ne la devoir traiter que de loin. J'ai tâché d'écrire en sage ; je crains que des fous ne me jugent. L'histoire d'ailleurs exige une vérité si libre,

1. La mère et la femme de Frédéric. (ÉD.) — 2. Le maréchal Keith. (ÉD.)

qu'un historiographe de France ne peut écrire que hors de France. Au reste, rendez-moi la justice de croire que je n'ai point fait le parallèle de Louis XIV avec un électeur de Brandebourg ; ce ne sont pas choses de même genre. Il faut pardonner au roi de Prusse cette petite complaisance pour son grand-père. J'ai corrigé son ouvrage[1], mais je me suis bien donné de garde de lui faire la moindre remontrance sur cet endroit, et d'ailleurs je n'ai pas du tout corrigé.

Il a fait cet ouvrage pour lui, et moi j'ai fait le *Siècle de Louis XIV* pour la France. Vous me rendez sans doute assez de justice, vous êtes assez au fait de tout, pour ne pas trouver mauvais que je ne vienne en France que quand je saurai comment une histoire qui intéresse tous les ordres de l'État, la religion, le gouvernement, aura été reçue. Je vous avais promis, monseigneur, au commencement de ma lettre, de ne vous point parler de Louis XIV ; mais on va toujours un peu plus loin qu'on ne croyait d'abord, quand on ouvre son cœur ; j'abuse à l'excès de votre indulgence.

Je vous ai exposé ma situation, mes raisons, ma fortune, et mes désirs. Ces désirs seront toujours de vous faire ma cour, de vivre avec mes amis ; mais, en vérité, serait-il prudent de revenir en France dans les circonstances où je suis, et de quitter une vie honorable et tranquille, pour m'exposer à des humiliations et à des orages ?

Vous m'avez fait l'honneur de me mander que le roi et Mme de Pompadour, qui ne me regardaient pas quand j'étais en France, ont été choqués que j'en fusse sorti. Comment serai-je donc traité si je reviens ? Mme de Pompadour, en dernier lieu, semblait s'être éloignée de moi. Renoncerai-je à la faveur, à la familiarité d'un des plus grands rois de la terre, d'un homme qui ira à la postérité, pour aller briguer à une toilette un mot que je n'obtiendrai pas ? pour solliciter auprès de M. d'Argenson, dans ma vieillesse, la permission de passer une heure quelquefois aux assemblées de l'Académie des sciences et des inscriptions, après qu'il aurait dû m'offrir lui-même cette consolation ?

Je sais qu'avec un peu de philosophie et une très-mauvaise santé, on peut fort bien rester chez soi à Paris ; et c'est le parti que probablement mes maladies et la caducité avancée où je touche me feront prendre. Mais alors quel triste rôle ! quelle condition équivoque ! quelle dépendance de ceux qui pourront me faire sentir que j'ai eu tort de m'en aller, et tort de revenir ! Ma vieillesse ne serait-elle pas empoisonnée par les gens de lettres et par ceux qui ont donné de moi à M. le Dauphin des impressions si dangereuses sur mon compte ?

Daignez donc, monseigneur, je vous en conjure, peser toutes ces raisons ; puisque vous conservez pour moi tant de bontés, ayez celle de ne me point exposer. Serait-il mal à propos que vous poussassiez vos bons offices jusqu'à montrer naturellement à Mme de Pompadour ma situation et mes raisons ? ne pourriez-vous pas lui dire qu'en quittant la France, je n'ai fait que me soustraire à la mauvaise volonté

---

1. Les *Mémoires pour servir à l'histoire de Brandebourg*. (Éd.)

des gens qui ne m'aiment pas? L'ancien évêque de Mirepoix a éclaté contre moi au sujet d'un petit écrit qu'on m'imputait, intitulé : *la Voix du sage et du peuple*; écrit qui en a fait éclore tant d'autres, comme *la Voix du pape*, *la Voix du prêtre*, *la Voix du laïque*, *la Voix du capucin*, etc.

Celui qu'on m'imputait soutenait les droits du roi; mais le roi ne se soucie guère qu'on soutienne ses droits; et ceux qui les usurpent persécutent tant qu'ils peuvent ceux qui les défendent. Mais au moins Mme de Pompadour et les ministres devraient m'en savoir quelque gré.

Voici enfin, si vous n'êtes pas lassé de mes remontrances, voici, je crois, le point où tout se termine.

Ne pourriez-vous pas avoir la bonté de représenter à Mme de Pompadour que j'ai précisément les mêmes ennemis qu'elle? Si elle est piquée de ma désertion, si elle ne me regarde que comme un transfuge, il faut rester où je suis bien; mais, si elle croit que je puisse être compté parmi ceux qui, dans la littérature, peuvent être de quelque utilité; si elle souhaite que je revienne, ne pourriez-vous pas lui dire que vous connaissez mon attachement pour elle; qu'elle seule pourrait me faire quitter le roi de Prusse; que je n'ai quitté la France que parce que j'y ai été persécuté par ceux qui la haïssent ? Il me semble que de telles insinuations, employées à propos, et avec cet ascendant que votre esprit doit avoir sur le sien, ne seraient pas sans effet; et, si elle ne les goûtait pas, ce serait m'avertir que je dois me tenir auprès du roi de Prusse.

Ce ne sont pas des conditions que je propose, ce sont seulement des essais que je vous supplierais de faire sans vous compromettre, et sans préjudice du voyage que je prétends faire. Je ne suis point un exilé qui demande son rappel, je ne suis point un homme nécessaire qui veut se faire acheter; je suis votre ancien serviteur, votre attaché, qui désire passionnément de vivre auprès de vous d'une manière convenable et également honorable pour elle, qui me protéger, et pour moi, qui quitterais une cour où je n'ai besoin de personne; et où je n'ai rien à craindre ni des prêtres ni des ministres. Je ne suis point ici dans l'antichambre d'un secrétaire d'État, mais dans la chambre de son maître.

Je renoncerai à tout, monseigneur, quand il le faudra. Je vous aime, j'aime ma patrie, j'aime les lettres plus que jamais, et je vais vous parler encore de *Rome sauvée*, malgré mes serments.

J'ai fait à cette *Rome* tout ce que j'ai pu; je vous demande en grâce de la protéger, de la faire jouer. Vous avez été le parrain de cet enfant-là, ne l'abandonnez pas. Elle réussira, si elle est bien jouée, autant qu'un ouvrage un peu austère peut réussir chez des Français. Il est bon que vous fassiez voir à Mme de Pompadour qu'il y a du moins quelque différence entre un ouvrage bien conduit et bien écrit, et la farce allobroge qu'elle a protégée.

Enfin je mets mon destinée entre vos mains. Ma pièce viendra recevoir vos ordres; elle a avec moi un petit chiffre d'autant plus indéchiffrable qu'il n'a point du tout l'air de mystère. Elle m'instruira avec sûreté de ses volontés. Elle vous fera tenir ce que je pourrai du *Siècle de Louis XIV*. Je suis enchanté que son caractère ait eu le bonheur de vous plaire. Je la regarde comme ma fille. Ma tendresse pour elle, et mon extrême attachement pour vous, sont les seules raisons qui puissent me rappeler en France. J'aurai sacrifié quelque temps, à la cour d'un grand roi, à la nécessité d'amortir l'envie; je donnerai le reste à l'amitié, si pourtant ce reste peut encore être quelque chose, si mes maux ne me jettent pas enfin dans un état absolument inutile à la société. Je suis menacé d'une vieillesse bien cruelle, ou d'une mort prompte. En ce cas, je souffrirai mes maux très-patiemment, et je mourrai en vous aimant.

Vivez, monseigneur; jouissez longtemps de votre réputation, de vos amis, de votre considération personnelle. Soyez père heureux et heureux grand-père. La philosophie et les belles-lettres amuseront les moments que vous ne donnerez pas aux affaires. Vous aurez longtemps des plaisirs, et vous ferez toujours ceux de la société. Vous serez le seul homme de France dont on parlera dans les pays étrangers. Vous avez des égaux dans les places, vous n'en avez point dans l'estime du monde. Vous avez été à la gloire par tous les chemins.

Adieu, monseigneur; je ne sais si je vaux Saint-Évremont; mais quel plaisant *héros* que son comte de Gramont! et que sont les d'Épernon et les Candale au prix de vous! Adieu, mon *héros*, pour qui je suis pénétré de la plus vive tendresse.

P. S. Je n'ai point à Potsdam les rogatons de La Mettrie. J'aurai l'honneur de vous les envoyer avec l'*Histoire de Brandebourg*, non pas celle qui est imprimée en Hollande, et où il manque la vie du feu roi, mais celle que le roi m'a donnée, et dont je crois qu'il n'y a plus d'exemplaires. Je vous demanderai le secret sur ce petit envoi. Le volume est trop gros pour en charger le courrier. Cela vaut un peu mieux que les folies incohérentes de La Mettrie. Au reste, il demande s'il peut revenir en France, s'il peut y passer une année sans être recherché. Il prétend que quand on y a passé une année, on peut y rester toute sa vie. Je vous supplie, monseigneur, de vouloir bien me mander si le *vin de Hongrie se gâte sur mer*; s'il ne se gâte pas, La Mettrie partira; s'il se gâte, La Mettrie restera. Il ne vous en coûtera qu'un mot pour décider de sa fortune.

Pardon de ce volume dont je vous ennuie; que ne puis-je vous ennuyer tête à tête, et vous dire combien je vous suis attaché!

MDCXXXIII. — A M. LE COMTE D'ARGENTAL.

A Berlin, ce 1ᵉʳ septembre.

Ne m'écrivez jamais, mon divin ange, une lettre aussi cruelle que celle du 20 d'août. Vous me rendriez malade de chagrin, vous feriez mon malheur pour ma vie. Je vous écrivis, je vous rendis compte à peu près de tout, dans le temps que j'écrivis à ma nièce; mais, dans le tumulte de tant de fêtes, dans un déplacement continuel, il arrive trop aisément qu'on vient vous enlever au milieu d'une lettre commencée et prête à cacheter; on remet à la poste suivante, et il n'y a ici que deux postes par semaine; souvent même les lettres d'une poste attendent à Wesel celles de l'autre, afin de faire un paquet plus fort. Ainsi il ne faut pas s'étonner de recevoir des nouvelles tantôt de dix, tantôt de vingt jours. Vous devez à présent être au fait; vous devez savoir tout ce que j'ai mandé à ma nièce pour vous, comme vous aurez eu la bonté de lui communiquer ce que je vous ai écrit pour elle. Vous m'accusez de faiblesse; comptez qu'il a fallu une étrange force pour me résoudre à achever mes jours loin de vous, et que j'ai été plus longtemps que vous ne pensez à me déterminer. Il n'y a pas d'apparence qu'après la lettre du roi de Prusse, que vous avez vue, je puisse jamais me repentir de m'être attaché à lui; mais certainement je me repentirai toute ma vie de m'être arraché à vous et à vos amis. Il est vrai que je n'aurai pas beaucoup d'autres regrets à dévorer. L'égarement et le goût détestable où le public semble plongé aujourd'hui ne doivent pas avoir pour moi de grands charmes. Vous savez d'ailleurs tout ce que j'ai essuyé. Je trouve un port après trente ans d'orages. Je trouve la protection d'un roi, la conversation d'un philosophe, les agréments d'un homme aimable, tout cela réuni dans un homme qui veut, depuis seize ans, me consoler de mes malheurs, et me mettre à l'abri de mes ennemis. Tout est à craindre pour moi dans Paris, tant que je vivrai, malgré les protections que j'y ai, malgré mes places et bonté même du roi. Ici je suis sûr d'un sort à jamais tranquille. Si l'on peut répondre de quelque chose, c'est du caractère du roi de Prusse. J'avais été autrefois fort fâché contre lui, au sujet d'un officier français[1], condamné cruellement par son père, et dont j'avais demandé la grâce. Je ne savais pas que cette grâce avait été accordée. Le roi de Prusse fait de très-belles actions sans en avertir son monde. Il vient d'envoyer cinquante mille francs, dans une petite cassette fort jolie, à une vieille dame[2] de la cour que son père avait condamnée à l'amende autrefois d'une manière tout à fait turque. On reparla, il y a quelque temps, de cette ancienne injustice despotique du feu roi; il ne voulut ni flétrir la mémoire de son père, ni laisser subsister le tort. Il choisit exprès une terre de cette dame, pour y donner ce beau spectacle d'un combat de dix mille hommes, espèce de spectacle digne du vainqueur de l'Autriche; il prétendit que, pendant la pièce, on avait coupé une haie dans la terre de la dame en question. On ne lui avait pas abattu une branche; mais il s'obstina à dire qu'il y avait eu du dégât, et envoya les cinquante mille francs pour la réparer. Mon cher et respectable ami, comment sont donc faits les grands hommes, si celui-là n'en est pas un? Je ne vous en regrette pas moins; je ne suis pas moins affligé; je ne viendrai en France que pour vous y voir. Mon cœur ne donnera jamais la préférence au roi de Prusse, et, si je suis obligé de vivre davantage auprès de lui, vous serez toujours les premiers dans mon souvenir. Il part pour la Silésie; je resterai chez lui, pendant son absence, pour quelques arrangements littéraires. Je ne

1. Il s'appelait Courtils. (ÉD.) — 2. La baronne de Knipansen. (ÉD.)

sais plus quand je contenterai ma fantaisie de voir Venise, Herculanum, Saint-Pierre, et le pape ; mais, si je vais voir ces raretés, ce sera en postillon ; rien n'est meilleur pour la santé. Je vous jure que vous accourcirez mon voyage. Écrivez-moi, je vous en prie, à Berlin, jusqu'à ce que je vous informe de mon départ. Je vous ai déjà mandé que je n'avais ici ni *Zulime* ni *Adélaïde*, mais j'ai *Aurélie*. Le roi de Prusse est de votre avis ; il trouve que *Rome sauvée* est ce que j'ai fait de plus fort. Ce serait une raison pour faire tomber, à Paris, cette pièce, et pour faire dire à la cour que cela n'approche pas de la belle pièce de *Catilina*, imprimée au Louvre. Mille tendres respects à Mme d'Argental, à votre famille, à vos amis. Soit que je voie Rome ou non, je vous embrasserai sûrement, cet hiver, avant de repartir pour Berlin. Donnez-moi, je vous en conjure, des nouvelles de Mme d'Argental. Adieu, encore une fois ; quand je vous parlerai, vous me direz que j'ai raison.

A propos, vous me reprochez de faire avec joie des portraits flatteurs à ma nièce ; voudriez-vous que je la dégoûtasse, et que je me privasse de la consolation de vivre à Berlin avec elle, et d'y parler de vous ? voudriez-vous que je fusse insensible aux fêtes de Lucullus et aux vertus de Marc-Aurèle ?

MDCXXXIV. — A M. FORMEY[1].

Le 9 septembre.

Ma mauvaise santé, monsieur, et encore plus celle de Mme la margrave de Bareuth, m'ont empêché de venir vous voir. Voilà tout ce que j'ai de mes guenilles imprimées. Je n'ai jamais fait d'édition complète. Je voudrais que toutes celles qu'on s'est avisé de faire fussent dans le feu. On est inondé de livres ; j'ai honte des miens.

Je m'occupe à présent, comme je peux, à corriger l'édition de Dresde. Plus on avance en âge, plus on connaît ses fautes.

Votre très-humble....

VOLTAIRE.

MDCXXXV. — A MADAME DENIS.

Berlin, le 12 septembre.

Qui donc peut vous dire que Berlin est ce qu'était Paris du temps de Hugues Capet? Je vous prie seulement, ma chère enfant, d'aller voir votre ancienne paroisse, l'église de Saint-Barthélemi, où vous n'avez, je crois, jamais été. C'était là le palais de ce Hugues. Le portail subsiste encore dans toute sa barbarie. Venez, après cela, voir la salle d'Opéra de Berlin.

Je voudrais que vous eussiez été au carrousel dont je vous ai déjà dit un petit mot ; remarquez en passant qu'on ne donne plus de carrousels à présent ailleurs qu'ici. Si vous aviez vu le prince royal de Prusse, avec sa mine noble et douce, habillé en consul romain, couper des têtes de Maures, et enfiler des bagues, vous l'auriez pris pour le jeune Scipion. Il est sûr que les peintres qui s'avisent de peindre la

---

1. Secrétaire perpétuel de l'Académie de Berlin. (ÉD.)

continence de Scipion ne le prendront pas pour modèle; vous l'auriez peut-être prié de vous faire violence, si vous l'aviez vu dans ce bel équipage. Nous avons eu deux fois ce carrousel, une aux flambeaux, et l'autre en plein jour; ensuite nous avons joué *Rome sauvée* sur un petit théâtre assez joli que j'ai fait construire dans l'antichambre de la princesse Amélie. Moi, qui vous parle, j'ai joué Cicéron. J'aurais bien voulu que le marquis d'Adhémar eût été là en César, et que M. de Thibouville eût joué son rôle de Catilina; mais on ne peut pas avoir tout.

Nous avons eu l'opéra d'*Iphigénie en Aulide*. Quinault n'a plus à se plaindre[1]; Racine a été encore plus maltraité que lui. Je vous avouerai, si vous voulez, que les vers des opéras qu'on donne ici sont dignes du temps de Hugues Capet; mais, en vérité, Berlin est un petit Paris. Il y a de la médisance, de la tracasserie, des jalousies de femmes, des jalousies d'auteurs, et jusqu'à des brochures. J'attends avec impatience ce que vous et Versailles vous déciderez sur ma destinée, et ce que vous direz de la lettre du roi de Prusse.

J'ai écrit à notre cher d'Argental. J'ai dit à Algarotti que nous avions lu ensemble, à Paris, son *Congresso di Citera*; il en est flatté. Vous savez que les Italiens ont été les premiers maîtres en amour, quand ils ont fait revivre les beaux-arts; mais nous le leur avons bien rendu. Adieu; je n'ai pas un moment et je vous embrasse en courant.

MDCXXXVI. — A M. LE COMTE D'ARGENTAL

Berlin, ce 14 septembre.

Vous devez, mon cher et respectable ami, avoir reçu plusieurs lettres de moi, et Mme Denis doit vous en avoir rendu une; elle doit vous avoir dit que je vous sacrifie le pape; mais, pour le roi de Prusse, cela est impossible. Je n'irai point en Italie, cet automne, comme je l'avais projeté. Je viendrai vous voir au mois de novembre. J'aurai la consolation de passer l'hiver avec vous, et je reverrai souvent ma patrie, parce que vous y demeurez. J'ai remis mon voyage en Italie à un an, et je vous embrasserai, par conséquent, dans un an. Ces points de vue-là sont bien agréables, et les voyages sont charmants quand on vous retrouve au bout. L'Italie et le roi de Prusse sont chez moi de vieilles passions qu'il faut satisfaire; mais je ne peux traiter Frédéric le Grand comme le saint-père; je ne peux le voir en passant. Je vous répète encore que vous approuverez mes raisons; oui, vous me plaindrez de m'être séparé de vous et vous ne pourrez me condamner. Je ne sais comment vont les tracasseries de Lekain. Pour nous, nous jouons ici *Rome sauvée* sans tracasserie; je gronde comme je faisais à Paris, et tout va bien. Nous avons déjà fait trois répétitions; j'essayerai le rôle d'Aurélie, et au mois de novembre vous en jugerez. Je retrouverai mon petit théâtre; nous tâcherons d'amuser Mme d'Argental. Tout ce tracas-là fait du bien à la santé. Voyager et jouer la comédie vaut presque les pilules de Stahl. Qu'est-ce que trois ou quatre cents

1. Allusion à l'opéra de *Phaéton* refait par Villati. (Ed.)

lieues? bagatelles. Voyez les Romains, ces anciens maîtres de nous autres barbares; ils couraient de Rome en Afrique, au fond des Gaules, dans l'Asie; c'était une promenade. Nous nous effrayons d'aller à dix lieues. Les Parisiens sont de francs sybarites. Vive le roi de Prusse, il va à Kœnisberg comme vous allez à Neuilly; mais, mes anges, de tous ces voyages, les plus gais seront ceux que je ferai pour vous. Messieurs de Neuilly, je suis à vous pour la vie. Mandez-moi des nouvelles de la santé de Mme d'Argental.

Adieu, adieu; aimez-moi toujours, je vous en prie.

MDCXXXVII. — A M. LE DUC D'UZÈS.

A Berlin, le 14 septembre.

Je dois à votre goût pour la littérature, monsieur le duc, la lettre dont vous m'honorez; ce goût augmente encore ma sensibilité, et c'est pour moi un nouveau sujet de remercîments. Vous ne pouvez assurément mieux faire, dans le loisir que votre gloire, vos blessures et la paix vous ont donné, que de cultiver un esprit aussi solide que le vôtre. Il n'y a que du vide dans toutes les choses de ce monde; mais il y en a moins dans l'étude qu'ailleurs : elle est une grande ressource dans tous les temps et nourrit l'âme jusqu'au dernier moment. Je suis auprès d'un grand roi qui, tout roi qu'il est, s'ennuierait s'il ne pensait pas comme vous; et je ne me suis rendu auprès de lui, après seize ans d'attachement, que parce qu'il joint à toutes ses grandes qualités celle d'aimer passionnément les arts. J'ai résisté à la tentation de vivre auprès de lui tant qu'a vécu Mme du Châtelet, dont je vois avec consolation que vous n'avez pas perdu la mémoire. Je crois que Mme la duchesse de La Vallière, votre sœur, et Mme de Luxembourg, m'ont un peu abandonné depuis ma désertion; mais je leur serai toujours fidèlement dévoué. Je ne suis guère à portée, à la cour du roi de Prusse, de lire des thèmes que des écoliers composent pour des prix de l'Académie de Dijon; mais, sur l'exposé que vous me faites, je suis bien de votre avis; il me paraît même très-indécent qu'une académie ait paru douter si les belles-lettres ont *épuré les mœurs*.

Messieurs de Dijon voudraient-ils qu'on les crût de malhonnêtes gens? Des gens de lettres ont quelquefois abusé de leurs talents; mais de quoi n'abuse-t-on pas? J'aimerais autant qu'on dît qu'il ne faut pas manger, parce qu'on peut se donner des indigestions. Irai-je dire à ces Dijonnais que toutes les académies sont ridicules, parce qu'ils ont donné un sujet qui a l'air de l'être? Tout cela n'est autre chose qu'une méprise et qu'une fausse conclusion du particulier au général.

Je ne connais pas non plus les petites brochures contre M. de Montesquieu. J'aurais souhaité que son livre eût été aussi méthodique et aussi vrai qu'il est plein d'esprit et de grandes maximes; mais, tel qu'il est, il m'a paru utile. L'auteur pense toujours, et fait penser; *c'est un roide jouteur*, comme dit Montaigne; ses imaginations élancent les miennes. Mme du Deffand a eu raison d'appeler son livre *de l'esprit sur les lois*; on ne peut mieux, ce me semble, le définir. Il faut avouer que peu de personnes ont autant d'esprit que lui, et sa noble hardiesse doit plaire à tous ceux qui pensent librement. On dit qu'il n'a été attaqué que par les esclaves des préjugés; c'est un des mérites de notre siècle que ces esclaves ne soient pas dangereux. Ces misérables voudraient que le reste du monde fût garrotté des mêmes chaînes qu'eux.

Vous ne paraissez pas fait pour partager ces chaînes avilissantes de l'esprit humain, et vous pensez surtout *en magnanime pair de France*. Vous m'annoncez une correspondance qui me flatte beaucoup. J'espère être à Paris dans quelques mois, et y recevoir les marques de confiance dont vous m'honorerez. Je m'en rendrai digne par ma discrétion, et par la vérité avec laquelle je vous parlerai.

Je suis, avec beaucoup de respect, etc.

MDCXXXVIII. — A M. G. C. WALTHER.

19 septembre 1750.

Je vous adresse, mon cher Walther, un exemplaire de votre édition que j'ai enfin trouvé le temps de corriger. J'y joins des pièces nouvelles qui ont été imprimées à Paris depuis la publication de votre dernier volume.

Vous trouverez marquées, avec des papiers blancs, toutes les fautes d'impression. J'ai fait refaire de nouvelles feuilles à quelques endroits qui étaient imprimés sur des copies trop défectueuses; j'ai ajouté deux feuillets au commencement du troisième tome; j'ai inséré deux feuilles entières au tome second; il y a un nouveau feuillet pour le tome troisième, page 224, un autre nouveau feuillet, page 137, beaucoup de pages presque entières corrigées à la main, beaucoup de passages rétablis.

Je vous envoie trois exemplaires de ces feuilles nouvelles que j'ai fait imprimer ici, et que j'ai insérées dans votre exemplaire. Je vous prie de vouloir bien faire relier trois exemplaires complets avec ces additions, et conformément à celui dont vous resterez en possession, et qui vous servira de modèle. Vous me tiendrez ces trois exemplaires prêts, et vous me les enverrez à la fin d'octobre à Berlin, par les chariots de poste.

A l'égard de l'exemplaire corrigé qui doit vous rester, et qui sera votre modèle, voici ce que vous pourriez faire. Je vous conseillerais de réformer toute votre édition sur ce plan autant que vous le pourrez, d'ajouter un nouveau titre qui annoncerait une édition nouvelle plus complète et très-corrigée. J'y ferais une nouvelle épître dédicatoire à madame la princesse royale, et une nouvelle préface. Je serais alors autorisé, par les soins que vous auriez pris, à vous soutenir contre les libraires de Hollande, et à faire valoir votre ouvrage; je le ferais annoncer dans les gazettes comme le seul qui contient mes œuvres véritables. Je vous exhorte à prendre ce parti. Je crois que c'est le seul moyen de faire tomber les éditions de Hollande, et de décrier ces corsaires. Je ne peux vous dissimuler que votre édition est décriée en France; mais quand vous l'aurez un peu corrigée par le moyen que je vous indique, et avec les secours d'un correcteur habile, je ferai entrer dans Paris tant d'exemplaires que vous voudrez, et je vous procurerai un débit très-avantageux.

Je comptais vous parler de tout cela à Dresde au mois d'octobre prochain, et j'avais surtout la plus forte envie de faire ma cour à madame la princesse royale. J'étais venu en Allemagne dans l'espérance d'admirer de plus près cette princesse qui fait tant d'honneur à l'esprit humain, et qui étonne également la France et l'Italie; mais je suis obligé de retourner en France, et ce ne sera que l'année prochaine que je pourrai contenter le désir extrême que j'ai toujours eu de me mettre aux pieds de cette respectable princesse. Si vous pouvez par quelque voie lui faire parvenir mes sentiments, je vous serai beaucoup plus obligé encore que de la réforme que je demande à votre édition. Je suis tout à vous, VOLTAIRE, *chambellan du roi de Prusse*.

MDCXXXIX. — A MADAME DE FONTAINE.

A Berlin, le 23 septembre.

Quand vous vous y mettez, ma chère nièce, vous écrivez des lettres charmantes, et vous êtes, en vérité, une des plus aimables femmes qui soient au monde. Vous augmentez mes regrets, vous me faites sentir toute l'étendue de mes pertes. J'aurais joui avec vous d'une société délicieuse; mais enfin j'espère que mon malheur sera bon à quelque chose. Je pourrai être plus utile à votre frère ici qu'à Paris. Peut-être qu'un roi hérétique protégera un prédicateur catholique. Tous chemins mènent à Rome; et, puisque *Mahomet* m'a si bien mis avec le pape, je ne désespère pas qu'un huguenot ne fasse du bien au prédicateur des carmélites.

Quand je vous dis, mon aimable nièce, que tous chemins mènent à Rome, ce n'est pas qu'ils m'y mènent. J'avais la rage de voir cette Rome et ce bon pape¹ que nous avons; mais vous et votre sœur vous me rappelez en France; je vous sacrifie le saint-père. Je voudrais de même pouvoir vous faire le sacrifice du roi de Prusse; mais il n'y a pas moyen. Il est aussi aimable que vous; il est roi, mais c'est une passion de seize ans; il m'a tourné la tête. J'ai eu l'insolence de penser que la nature m'avait fait pour lui. J'ai trouvé une conformité si singulière entre tous ses goûts et les miens, que j'ai oublié qu'il était souverain de la moitié de l'Allemagne, que l'autre tremblait à son nom; qu'il avait gagné cinq batailles; qu'il était le plus grand général de l'Europe; qu'il était entouré de grands diables de héros hauts de six pieds. Tout cela m'aurait fait fuir mille lieues; mais le philosophe m'a apprivoisé avec le monarque, et je n'ai vu en lui qu'un grand homme bon et sociable. Tout le monde me reproche qu'il a fait pour d'Arnaud des vers qui ne sont pas ce qu'il a fait de mieux; mais songez qu'à quatre cents lieues de Paris, il est bien difficile de savoir si un homme qu'on lui recommande a du mérite ou non; de plus, c'est toujours des vers; et, bien ou mal appliqués, ils prouvent que le vainqueur de l'Autriche aime les belles-lettres, que j'aime de tout mon

---

1. Benoît XIV (Lambertini). (ÉD.)

cœur. D'ailleurs d'Arnaud est un bon diable qui, par-ci par-là, ne laisse pas de rencontrer de bonnes tirades. Il a du goût; il se forme; et, s'il arrive qu'il se déforme, il n'y a pas grand mal. En un mot, la petite méprise du roi de Prusse n'empêche pas qu'il ne soit le plus aimable et le plus singulier de tous les hommes.

Le climat n'est point si dur qu'on se l'imagine. Vous autres Parisiennes vous pensez que je suis en Laponie; sachez que nous avons eu un été aussi chaud que le vôtre, que nous avons mangé de bonnes pêches et de bons muscats; et que, pour trois ou quatre degrés du soleil de plus ou de moins, il ne faut pas traiter les gens du haut en bas.

Vous voyez jouer chez moi, à Paris, des *Mahomet*; mais moi, je joue à Berlin, des *Rome sauvée*, et je suis le plus enroué Cicéron que vous ayez vu. D'ailleurs, mon aimable enfant, digérons; voilà le grand point. Ma santé est à peu près comme elle était à Paris; et, quand j'ai la colique, j'envoie promener tous les rois de l'univers. J'ai renoncé à ces divins soupers, et je m'en trouve un peu mieux. J'ai une grande obligation au roi de Prusse; il m'a donné l'exemple de la sobriété. « Quoi! ai-je dit, voilà un roi né gourmand qui se met à table sans manger, et qui y est de bonne compagnie, et moi je me donnerais des indigestions comme un sot! »

Que je vous plains, vous qui êtes au lait, qui quittez votre ânesse pour Forges, qui mangez comme un moineau, et qui, avec cela, n'avez point de santé! Dédommagez-vous donc ailleurs. On dit qu'il y a d'autres plaisirs.

Adieu; mes compliments à tout le monde. J'espère, au mois de novembre, vous embrasser très-tendrement. J'écris à votre sœur; mais je veux que vous lui disiez que je l'aimerai toute ma vie, et même plus que mon nouveau maître.

MDCXL. — A M. LE COMTE D'ARGENTAL
A Berlin, ce 23 septembre.

Mon cher et respectable ami, vous m'écrivez des lettres qui percent l'âme et qui l'éclairent. Vous dites tout ce qu'un sage peut dire sur des rois; mais je maintiens mon roi une espèce de sage. Il n'est pas un d'Argental; mais, après vous, il est ce que j'ai vu de plus aimable. « Pourquoi donc, me dira-t-on, quittez-vous M. d'Argental pour lui? » Ah! mon cher ami, ce n'est pas vous que je quitte, ce sont les petites cabales et les grandes haines, les calomnies, les injustices, tout ce qui persécute un homme de lettres dans sa patrie. Je la regrette sans doute, cette patrie, et je la reverrai bientôt. Vous me la ferez toujours aimer; et d'ailleurs je me regarderai toujours comme le sujet et comme le serviteur du roi. Si j'étais bon Français à Paris, à plus forte raison le suis-je dans les pays étrangers. Comptez que j'ai bien prévenu vos conseils, et que jamais je n'ai mieux mérité votre amitié; mais je suis un peu comme *Chie-en-pot-la-Perruque*. Vous ne savez peut-être pas son histoire; c'était un homme qui quitta Paris parce que les petits garçons couraient après lui; il alla à Lyon par la diligence; et, en descendant, il fut salué par une huée de polissons. Voilà à peu près mon cas. D'Arnaud fait ici des chansons pour les filles, et on imprime dans les feuilles : *Chanson de l'illustre Voltaire pour l'auguste princesse Amélie*. Un chambellan de la princesse de Bareuth, bon catholique, ayant la fièvre et le transport au cerveau, croit demander un lavement, on lui apporte le viatique et l'extrême-onction ; il prend le prêtre pour un apothicaire, tourne le cul, et de rire. Une façon de secrétaire que j'ai amené avec moi, espèce de rimailleur, fait des vers sur cette aventure, et on imprime : *Vers de l'illustre Voltaire sur le cul d'un chambellan de Bareuth, et sur son extrême-onction*. Ainsi je porte glorieusement les péchés de d'Arnaud et de Tinois ; mais malheureusement j'ai peur que les mauvais vers de Tinois, portés par la beauté du sujet, ne parviennent à Paris, et ne causent du scandale. J'ai grondé vivement le poëte ; et je vous prie, si cette sottise parvient dans le pays natal de ces fadaises, de détruire la calomnie ; car, quoique les vers aient l'air à peu près d'être faits par un laquais, il y a d'honnêtes gens qui pourraient bien me les imputer, et cela n'est pas juste. Il faut que chacun jouisse de son bien. Franchement, il y aurait de la cruauté à m'imputer des vers scandaleux, à moi qui suis, à mon corps défendant, un exemple de sagesse dans ce pays-ci. Protestez donc, je vous en prie, dans le grand livre de Mme Doublet, contre les impertinents qui m'attribueraient ces impertinences. Je vous écris un peu moins sérieusement qu'à mon ordinaire ; c'est que je suis plus gai. Je vous reverrai bientôt, et je compte passer ma vie entre Frédéric, le modèle des rois, et vous, le modèle des hommes. On est à Paris en trois semaines, et on travaille chemin faisant ; on ne perd point son temps. Qu'est-ce que trois semaines dans une année ? Rien n'est plus sain que d'aller. Vous m'allez dire que c'est une chimère ; non, croyez tout d'un homme qui vous a sacrifié le pape.

Nous jouâmes, avant-hier *Rome sauvée* ; le roi était encore en Silésie. Nous avions une compagnie choisie ; nous jouâmes pour nous réjouir. Il y a ici un ambassadeur anglais qui sait par cœur les *Catilinaires*. Ce n'est pas milord Tyrconnell, c'est l'envoyé d'Angleterre. Il m'a fait de très-beaux vers anglais sur *Rome sauvée* ; il dit que c'est mon meilleur ouvrage. C'est une vraie pièce pour des ministres ; Mme la chancelière en est fort contente. Nos d'Aguesseaux aiment ici la comédie en réformant les lois. Adieu ; je suis un bavard ; je vous aime de tout mon cœur.

MDCXLI. — A M. G. C. WALTHER.

À Berlin, ce 28 septembre 1750.

On m'a dit, monsieur, que l'on avait publié sous mon nom, dans les gazettes, des vers qu'un jeune Français a faits ici pour les dames de Berlin. Il y a longtemps que je suis accoutumé à de pareilles méprises ; mais on a publié ces vers comme adressés à Son Altesse royale Mme la princesse Amélie, et cette méprise est trop forte.

Permettez-moi de me servir de cette occasion pour faire sentir au public combien on lui en impose en mettant souvent sur mon compte des ouvrages que je n'ai jamais lus. Il n'y a pas jusqu'aux compilateurs hollandais de mes prétendues œuvres qui ne les aient défigurées par les plus absurdes imputations. C'est un inconvénient attaché à la littérature; et tout ce que je peux faire, c'est de me servir des papiers publics, et surtout des gazettes sages et autorisées, pour réclamer contre un abus dont tous les honnêtes gens se plaignent, et qui demande d'être réprimé par les magistrats.

Vous me ferez beaucoup de plaisir de rendre ma lettre publique. Je suis parfaitement, monsieur, votre très-humble et très-obéissant serviteur,
VOLTAIRE.

MDCXLII. — A M. FORMEY.

A Potsdam, le 3 octobre.

Monsieur, Dieu vous bénira, puisque, étant philosophe, vous faites des vers. Je voudrais bien, moi qui ai fait trop de vers, être aussi philosophe. Mais, depuis quelque temps, je mets toute ma philosophie à croire que deux et deux font quatre, et que les trois angles d'un triangle sont égaux à deux droits. Je doute de tout ce qui n'est pas de cette évidence, et je le répète sans cesse : *Vanitas vanitatum*, et *metaphysica vanitas*. Si quelqu'un est capable de m'éclairer dans ces abîmes, c'est vous.

Je vous remercie de votre livre; il me paraît que vous défendez votre cause avec une grande sagacité, mais ce n'est pas à moi de la juger.

Je me borne à tâcher de mériter les marques d'amitié que vous me donnez, et à vous assurer de la sensibilité avec laquelle je suis, etc...
VOLTAIRE.

MDCXLIII. — A M. LEKAIN.

A Potsdam, ce 7 octobre 1750.

Que ne puis-je vous être bon à quelque chose, mon cher monsieur! que ne puis-je être témoin de vos succès, et contribuer de ma faible voix à vous faire avoir les récompenses que vous méritez! Je n'ai pas manqué d'écrire à Berlin (où je ne vais presque jamais) pour faire réussir la petite affaire que vous m'avez proposée. Si j'en viens à bout, je vous le manderai; mais si vous ne recevez point de lettres de moi, ce sera une preuve que je n'aurai pas eu le bonheur de réussir. Ce ne sera pas assurément faute de zèle; j'en aurai toujours un très-vif pour tout ce qui vous regarde, et vous pouvez compter sur l'estime et l'amitié de
V.

MDCXLIV. — A FRÉDÉRIC II, ROI DE PRUSSE.

Dans votre Parnasse de Pharsamane, ce 3 octobre.

Vous êtes roi *sacré*, et *citoyen humain*;
Vous l'avez dit; la chose est véritable.
Comme roi, je vous sers; vous m'admettiez à table
En qualité de citoyen;
Et comme un être fort humain,
Vous excusez un misérable

Qui ne put assister à ce souper divin,
Par la raison qu'il souffrait comme un diable.

Daignez, grand homme, daignez, Sire, me pardonner. Je ne vous dirai pas : « Plaignez-moi, » car je ne souffre pas plus ici qu'ailleurs, et j'y suis beaucoup plus heureux. On est heureux par l'enthousiasme, et vous savez si vous m'en inspirez. Vous, Sire, et le travail, voilà tout ce qu'il faut à un être pensant. Continuez à faire de beaux vers, mais ne mettez jamais la tragédie de *Sémiramis* en opéra italien, quand même Mme la margrave vous en prierait ; c'est un ouvrage diabolique.

Quelque jour, vous ferez *Conradin* en trois actes, et nous la jouerons. Je me prosterne devant votre sceptre, votre lyre, votre plume, votre épée, votre imagination, votre justesse d'esprit, et votre universalité.

MDCXLV. — A MADAME DENIS.

A Potsdam, le 13 octobre.

Nous voilà dans la retraite de Potsdam ; le tumulte des fêtes est passé, mon âme en est plus à son aise. Je ne suis pas fâché de me trouver auprès d'un roi qui n'a ni cour ni conseil. Il est vrai que Potsdam est habité par des moustaches et des bonnets de grenadier ; mais, Dieu merci, je ne les vois point. Je travaille paisiblement dans mon appartement, au son du tambour. Je me suis retranché les dîners du roi ; il y a trop de généraux et de princes. Je ne pouvais m'accoutumer à être toujours vis-à-vis d'un roi en cérémonie, et à parler en public. Je soupe avec lui en plus petite compagnie. Le souper est plus court, plus gai et plus sain. Je mourrais au bout de trois mois, de chagrin et d'indigestion, s'il fallait dîner tous les jours avec un roi en public.

On m'a cédé, ma chère enfant, en bonne forme, au roi de Prusse. Mon mariage est donc fait ; sera-t-il heureux ? Je n'en sais rien. Je n'ai pas pu m'empêcher de dire *oui*. Il fallait bien finir par ce mariage, après des coquetteries de tant d'années. Le cœur m'a palpité à l'autel. Je compte venir, cet hiver prochain, vous rendre compte de tout, et peut-être vous enlever. Il n'est plus question de mon voyage d'Italie ; je vous ai sacrifié sans remords le saint-père et la ville souterraine ; j'aurais dû peut-être vous sacrifier Potsdam. Qui m'aurait dit, il y a sept ou huit mois, quand j'arrangeais ma maison avec vous, à Paris, que je m'établirais à trois cents lieues, dans la maison d'un autre ? et cet autre est un maître ! Il m'a bien juré que je ne m'en repentirais pas ; il vous a comprise, ma chère enfant, dans une espèce de contrat qu'il a signé avec moi, et que je vous enverrai ; mais viendrez-vous gagner votre douaire de quatre mille livres ?

J'ai bien peur que vous ne fassiez comme Mme de Rothembourg, qui a toujours préféré les opéras de Paris à ceux de Berlin. O destinée ! comme vous arrangez les événements, et comme vous gouvernez les pauvres humains !

Il est plaisant que les mêmes gens de lettres de Paris qui auraient voulu m'*exterminer*, il y a un an, crient actuellement contre mon éloignement, et l'appellent désertion. Il semble qu'on soit fâché d'avoir perdu sa victime. J'ai très-mal fait de vous quitter, mon cœur me le dit tous les jours plus que vous ne pensez; mais j'ai très-bien fait de m'éloigner de ces messieurs-là.

Je vous embrasse avec tendresse et avec douleur.

MDCXLVI. — A M. LE COMTE D'ARGENTAL.

A Potsdam, le 15 octobre.

Mon cher ange, il faut que je fasse une petite réflexion. Vous me battez en ruine sur trois cents lieues, et je vous ai vu sur le point d'en faire deux mille, et assurément vous n'auriez pas trouvé, au bout de vos deux mille, ce que je trouve au bout de mes trois cents. Vous ne seriez pas revenu sur une de mes lettres comme je reviens sur les vôtres; vous n'auriez pas voyagé de l'autre monde à Paris, comme je voyagerai pour vous. Croyez, mes anges, qu'il me sera plus aisé de venir vous voir, qu'il ne me l'a été de me transplanter. Je me tiens en haleine pour vous. Je viens de jouer la *Mort de César*. Nous avons déterré un très-bon acteur dans le prince Henri, l'un des frères du roi. Nous bâtissons ici des théâtres aussi aisément que leur frère aîné gagne des batailles et fait des vers. *Chie-en-pot-la-Perruque* est ici plus content, plus fêté, plus accueilli, plus honoré, plus caressé qu'il ne le mérite :

Nisi *quod non simul esses*, cætera lætus.

Hor., lib. I, ep. x, v. 50.

Il vous apportera bientôt des gouttes d'Hoffman, des pilules de Stahl. Si mon voyage contribuait à la santé de Mme d'Argental et de vos amis, ne serais-je pas le plus heureux des hommes? L'aventure de Lekain et des évêques[1] ne contribue pas peu à me faire aimer la France. Je vous réponds que le roi mon maître approuve infiniment le roi mon maître. On ne sait guère, dans mon nouveau pays, ce que c'est que des évêques; mais on y est charmé d'apprendre que, dans mon ancien pays, on met à la raison des personnes assez sacrées[2] pour croire ne devoir rien à l'État dont elles ont tout reçu; et mon ancienne cour sait combien elle est approuvée de ma nouvelle cour. Je ne sais pas, mon cher et respectable ami, d'où peut venir le bruit qui s'est répandu qu'il était entré un peu de dépit dans ma transmigration. Il s'en faut bien que j'y aie donné le moindre sujet; le contraire respire dans toutes les lettres que j'ai écrites à ceux qui pouvaient en abuser.

J'ai cru avoir des raisons bien fortes de me transplanter. Je mène d'ailleurs ici une vie solitaire et occupée qui convient à la fois à ma

1. Lekain, après avoir débuté le 14 septembre 1750, n'était pas encore admis à l'essai, et ne le fut que le 1er décembre, avec cent francs par mois. (ED.)
2. Un arrêt du conseil, du 15 septembre 1750, ordonnait, malgré les remontrances du clergé de France, de lever sur ses biens une somme de quinze cent mille francs pendant cinq ans. Voy. la *Liberté*, par M. Jules Simon, Introduction, chap. II, seconde édition, t. I, p. 86. (ED.)

santé et à mes études. De mon cabinet je n'ai que trois pas à faire pour souper avec un homme plein d'esprit, de grâces, d'imagination, qui est le lien de la société, et qui n'a d'autre malheur que d'être un très-grand et très-puissant roi. Je goûte le plaisir de lui être utile dans ses études, et j'en prends de nouvelles forces pour diriger les miennes. J'apprends, en le corrigeant, à me corriger moi-même. Il semble que la nature l'ait fait exprès pour moi; enfin toutes mes heures sont délicieuses. Je n'ai pas trouvé ici le moindre bout d'épine dans mes roses. Eh bien! mon cher ami, avec tout cela je ne suis point heureux, et je ne le serai point; non, je ne le serai point, et vous en êtes cause. J'ai bien encore un autre chagrin, mais ce sera pour notre entrevue; le bonheur de vous revoir l'adoucira. Si je vous en parlais à présent, je m'attristerais sans consolation. Je ne veux vous montrer mes blessures que quand vous y verserez du baume.

Préparez-vous à voir encore *Rome sauvée*, sur notre petit théâtre du grenier; je me soucie fort peu de celui du faubourg Saint-Germain. Adieu, vous qui me tenez lieu de public, vous que j'aimerai tendrement toute ma vie. Adieu, vous que je n'ai pu quitter que pour Frédéric le Grand. Mille tendres respects au bois de Boulogne.

MDCXLVII. — DU PRINCE LOUIS DE WURTEMBERG.

Stuttgard, ce 17 octobre.

J'ai reçu, monsieur, la lettre dont il vous a plu m'honorer. J'y vois avec plaisir les raisons qui vous ont engagé à vous établir à la cour de Berlin; elles sont dignes de vous, et d'un sage qui cherche son pareil; vous le trouverez sur le trône. Il est à même de répandre sa vertu sur un peuple innombrable, et toutes ses actions tendent à ce but élevé. Quel bonheur pour vous de pouvoir l'admirer, et de voir de plus près les rayons divins qui partent de son génie! La Divinité a vengé la nature, en nous rendant un Marc-Aurèle.

Il est temps actuellement de plaider ma cause. Vous dites, monsieur, que je me suis expatrié, et vous ne voulez point entrevoir les raisons qui m'invitent à servir en France. J'imagine que j'y suis plus à même de rendre des services importants à ma patrie que dans son sein même. Voilà, monsieur, ce qui m'y a engagé. Trouvez-vous encore que je lui sois rebellé, et oserez-vous encore me désapprouver? Le but de tout homme de bien doit être le bonheur de ses concitoyens. Je puis vous assurer que ce sont là mes vues, et que jamais je ne m'en écarterai. Vous me dites encore que le séjour de Paris est plus fait pour moi que pour vous. Les plaisirs brillants qu'on y rencontre ne me tentent nullement. J'en cherche de plus solides, et celui d'oser et de pouvoir me respecter est le seul que j'envie. Les fêtes agréables dont Paris est surchargé me paraissent insipides et maussades. J'y trouve un vide affreux, indigne de tout homme qui pense. J'envisage Paris d'un côté tout opposé; c'est un théâtre immense. Les acteurs qui le montent ne sont pas tous égaux; mais la représentation, la plupart du temps, en est fort comique. Le rôle que j'y veux remplir est difficile, mais il est convenable. Voilà mes plaisirs, monsieur, le dîner que vous me proposez n'est point de refus; au contraire, il me flatte infiniment. J'ai une grâce à vous demander, et je suis persuadé d'avance que vous ne me l'accorderez pas; j'en conçois l'impossibilité; mais on me force à vous en parler. C'est la duchesse régnante, ma belle-sœur, qui est très-sensible à votre souvenir, qui désirerait lire votre *Rome sauvée*, et vous fait sommer de la lui envoyer. C'est vous embarrasser cruellement. Il ne fait pas bon vous ennuyer plus longtemps; je finis donc en vous assurant de toute l'amitié et de tout l'attachement possibles, avec lesquels je suis, monsieur, votre très-humble et très-obéissant serviteur, Louis, *prince de Wurtemberg*.

MDCXLVIII. — Au marquis de Thibouville.

A Potsdam, ce 24 octobre.

Non-seulement je suis un transfuge, mon cher *Catilina*, mais j'ai encore tout l'air d'être un paresseux. Je m'excuserai d'abord sur ma paresse, en vous disant que j'ai travaillé à *Rome sauvée*, que je me suis avisé de faire un opéra italien de la tragédie de *Sémiramis*, que j'ai corrigé presque tous mes ouvrages, et tout cela sans compter le temps perdu à apprendre le peu d'allemand qu'il faut pour n'être pas à *quia* en voyage, chose assez difficile à mon âge. Vous trouverez fort ridicule, et moi aussi, qu'à cinquante-six ans l'auteur de *la Henriade* s'avise de vouloir parler allemand à des servantes de cabaret; mais vous me faites des reproches un peu plus vifs, que je ne mérite assurément pas. Ma transmigration a coûté beaucoup à mon cœur; mais elle a des motifs si raisonnables, si légitimes, et, j'ose le dire, si respectables, qu'on me plaignant de n'être plus en France, personne ne peut m'en blâmer. J'espère avoir le bonheur de vous embrasser vers la fin de novembre. *Catilina* et le *duc d'Alençon* se recommanderont à vos bonnes grâces, dans mon grenier, et les nouveaux rôles de *Rome sauvée* arriveront à ma nièce dans peu de temps. Je n'attends qu'une occasion pour les lui faire parvenir. Comment puis-je mieux mériter ma grâce auprès de vous que par deux tragédies et un théâtre? Nous étions faits pour courir les champs ensemble, comme les anciens troubadours. Je bâtis un théâtre, je fais jouer la comédie partout où je me trouve, à Berlin, à Potsdam. C'est une chose plaisante d'avoir trouvé un prince et une princesse de Prusse, tous deux de la taille de Mlle Gaussin, déclamant sans aucun accent et avec beaucoup de grâce. Mlle Gaussin est, à la vérité, supérieure à la princesse; mais celle-ci a de grands yeux bleus qui ne laissent pas d'avoir leur mérite. Je me trouve ici en France. On ne parle que notre langue. L'allemand est pour les soldats, et pour les chevaux; il n'est nécessaire que pour la route. En qualité de bon patriote je suis un peu flatté de voir ce petit hommage qu'on rend à notre patrie, à trois cents lieues de Paris. Je trouve des gens élevés à Kœnigsberg, qui savent mes vers par cœur, qui ne sont point jaloux, qui ne cherchent point à me faire des niches.

A l'égard de la vie que je mène auprès du roi, je ne vous en ferai point le détail; c'est le paradis des philosophes; cela est au-dessus de toute expression. C'est César, c'est Marc-Aurèle, c'est Julien, c'est quelquefois l'abbé de Chaulieu, avec qui on soupe; c'est le charme de la retraite, c'est la liberté de la campagne, avec tous les petits agréments de la vie qu'un seigneur de château, qui est roi, peut procurer à ses très-humbles convives. Pardonnez-moi donc, mon cher Catilina, et croyez que quand je vous aurai parlé, vous me pardonnerez bien davantage. Dites à *César*[1] les choses les plus tendres. Gardez avec *César* un secret inviolable; cela est de conséquence. Bonsoir; je vous embrasse tendrement.

MDCXLIX. — A M. LE COMTE D'ARGENTAL.

Potsdam, le 27 octobre.

Mon *historiographerie* est donnée[2], mes anges; Mme de Pompadour, qui me l'écrit, me mande en même temps que le roi a la bonté de me conserver une ancienne pension de deux mille livres. Je n'ai que des grâces à rendre. Le bien que je dis de ma patrie en sera moins suspect; n'étant plus historiographe, je n'en serai que meilleur historien. Les éloges que le chambellan du roi de Prusse donnera au roi de France ne seront que la voix de la vérité. Mon cher et respectable ami, voici le temps où il ne faut plus faire que de la prose. Un vieux poëte, un vieil amant, un vieux chanteur, et un vieux cheval, ne valent rien. Il vous reviendra *Rome sauvée*, *Zulime*, *Adélaïde*; cela est bien honnête; et je viendrai prendre congé sur le théâtre de mon grenier. J'espère que Mme d'Argental viendra nous entendre. Mes derniers travaux seront pour mes anges. Je voudrais déjà être auprès de vous; je voudrais me consoler avec vous de mon bonheur. Pourquoi faut-il que je sois si heureux à Potsdam, quand vous êtes à Paris! Pourquoi tous les êtres pensants et bien pensants, les gens de goût, les bons cœurs, ne font-ils pas un petit peloton dans quelque coin de ce monde! Quand vous reverrai-je? il n'y a pas moyen de se mettre en route dans le terrain fangeux de l'Allemagne. On ne se tire point des boues dans ce temps-ci, surtout dans les abominables campagnes de la Vestphalie; il faudra absolument attendre les gelées, alors on va comme le vent du nord, et on n'a jamais froid; car on est tout fourré dans son carrosse, et on ne descend que dans des étuves. Il ne fait froid qu'en France, en hiver, parce qu'on y oublie, au mois de juin, qu'il y aura un mois de décembre.

Je ne vous oublierai jamais, mes anges, dans aucun mois de l'année, dans aucun lieu de la terre; mais, encore une fois, et cent fois, je n'ai pu ni dû refuser les bontés du roi de Prusse. Je vois tous les jours des gens qui s'en vont au diable pour de bien moins fortes raisons. Non-seulement on les approuve, mais on les regarde comme des gens favorisés de la fortune. Or je vous jure qu'il n'y a aucune comparaison à faire de mon état à celui de tous ceux qui s'expatrient pour aller dire: *Le roi mon maître*. Comptez que j'ai toutes sortes de raisons, et que je n'ai qu'un seul chagrin; je n'ai aussi qu'un seul désir.

1. Lekain. (ÉD.) — 2. A. Duclos. (ÉD.)

Tout cela sera tiré au clair au mois de décembre; et, s'il gelait plus tôt, je partirais plus tôt. Moi, qui redoutais tant le vent du nord, je l'invoque à présent, comme les poëtes grecs invoquaient le zéphyr. Que faites-vous cependant? avez-vous reçu Lekain? y a-t-il bien des tracasseries à la Comédie? applaudit-on toujours des sottises qui ont l'air de l'esprit? joue-t-on des opéras détestables? fait-on de mauvaises chansons? qui est-ce qui fait un plat discours à l'Académie, en succédant à Gilles le philosophe¹? Duclos n'est-il pas historiographe? Mlle Dumesnil boit-elle toujours pinte? en perd-elle sa santé et son talent? Mlle Gaussin croit-elle toujours être grande tragique? a-t-elle quelque notaire ou quelque prince? Adieu, adieu, mes anges; aimez-moi toujours un peu.

MDCL. — A M. DARGET.

A Potsdam, octobre 1750.

Mon cher ami, la permission du roi de France est arrivée. Me voici votre compatriote et sous les lois du philosophe de Sans-Souci. Les lettres de Versailles sont un peu à la glace. On m'ôte mes charges, à la bonne heure; je sais confondre un petit mal dans un grand bien. J'attends votre retour avec la plus vive impatience pour écrire à M. du Vernay. *Vale.* Samedi.

MDCLI. — A MADAME DENIS.

A Potsdam, le 26 octobre.

Je ne sais pas pourquoi le roi me prive de la place d'historiographe de France, et qu'il daigne me conserver le brevet de son gentilhomme ordinaire ; c'est précisément parce que je suis en pays étranger que je suis plus propre à être historien ; j'aurais moins l'air de la flatterie ; la liberté dont je jouis donnerait plus de poids à la vérité. Ma chère enfant, pour écrire l'histoire de son pays, il faut être hors de son pays.

Me voilà donc à présent à deux maîtres. Celui qui a dit qu'on ne peut servir deux maîtres à la fois avait assurément bien raison; aussi, pour ne point le contredire, je n'en sers aucun. Je vous jure que je m'enfuirais s'il me fallait remplir les fonctions de chambellan comme dans les autres cours. Ma fonction est de ne rien faire. Je jouis de mon loisir. Je donne une heure par jour au roi de Prusse pour arrondir un peu ses ouvrages de prose et de vers; je suis son grammairien, et point son chambellan. Le reste du jour est à moi, et la soirée finit par un souper agréable. Il arrivera qu'en dépit des titres dont je ne fais nul cas, je n'exercerai point du tout la chambellanie, et que j'écrirai l'histoire.

J'ai apporté ici heureusement tous mes extraits sur Louis XIV. Je ferai venir de Leipsick les livres dont j'aurai besoin, et je finirai ici ce *Siècle de Louis XIV*, que peut-être je n'aurais jamais fini à Paris. Les pierres dont j'élevais ce monument, à l'honneur de ma patrie, auraient servi à m'écraser. Un mot hardi eût paru une licence effrénée; on

1. Fontenelle, qui ne fit place à un successeur qu'en 1757. (ÉD.)

aurait interprété les choses les plus innocentes avec cette charité qui empoisonne tout. Voyez ce qui est arrivé à Duclos, après son *Histoire de Louis XI*. S'il est mon successeur en *historiographerie*, comme on le dit, je lui conseille de n'écrire que quand il fera, comme moi, un petit voyage hors de France.

Je corrige à présent la seconde édition que le roi de Prusse va faire de l'*Histoire* de son pays. Un auteur comme celui-là peut dire ce qu'il veut sans sortir de sa patrie. Il use de ce droit dans toute son étendue. Figurez-vous que, pour avoir l'air plus impartial, il tombe sur son grand-père de toutes ses forces. J'ai rabattu les coups tant que j'ai pu. J'aime un peu ce grand-père, parce qu'il était magnifique, et qu'il a laissé de beaux monuments. J'ai eu bien de la peine à faire adoucir les termes dans lesquels le petit-fils reproche à son aïeul la vanité de s'être fait roi ; c'est une vanité dont ses descendants retirent des avantages solides, et le titre n'en est point du tout désagréable. Enfin je lui ai dit : « C'est votre grand-père, ce n'est pas le mien, faites-en tout ce que voudrez ; » et je me suis réduit à éplucher des phrases. Tout cela amuse et rend la journée pleine ; mais, ma chère enfant, ces journées se passent loin de vous. Je ne vous écris jamais sans regrets, sans remords, et sans amertume.

MDCLII. — A M. Darget.

Mon cher confrère, votre laquais s'est enfui avant que j'aie ouvert le paquet le plus intéressant. Je viens de jeter les yeux sur l'épître du Salomon du Nord à son frère. Si tout le reste est du même ton, je n'aurai pas un coup de ciseau à donner à l'Hercule Farnèse. L'épître est admirable en tout sens. Mon cher ami, tout ce que je vois et tout ce que j'entends me confirme dans la résolution que j'ai prise.

On a toujours la rage de m'envoyer de Paris des paquets énormes, qui ne valent pas dix lignes de ce que nous lisions hier. Quel exemple pour l'Académie de Berlin, et que je voudrais que Sa Majesté me permît de lui chercher un homme de lettres qui fournît son académie de mémoires utiles, dans le goût du sien ! le monde est rassasié d'*x* et de courbes.

Quelle pitié de consumer son temps à calculer ce qui n'est pas notre bien, et que Cicéron est au-dessus d'Euler ! *Vale.*

MDCLIII. — A Madame Denis.

A Potsdam, le 6 novembre.

On sait donc à Paris, ma chère enfant, que nous avons joué à Potsdam la *Mort de César*, que le prince Henri est bon acteur, n'a point d'accent, et est très-aimable, et qu'il y a ici du plaisir ? Tout cela est vrai... mais.... les soupers du roi sont délicieux, on y parle raison, esprit, science ; la liberté y règne ; il est l'âme de tout cela ; point de mauvaise humeur, point de nuages, du moins point d'orages. Ma vie est libre et occupée ; mais.... mais.... opéras, comédies, carrousels, soupers à Sans-Souci, manœuvres de guerre, concerts, études, lectures; mais.... mais.... la ville de Berlin, grande, bien mieux percée que Paris, palais, salles de spectacle, reines affables, princesses charmantes, filles d'honneur belles et bien faites, la maison de Mme de Tyrconnell toujours pleine, et souvent trop,.... mais,.... mais...., ma chère enfant, le temps commence à se mettre à un beau froid.

Je suis en train de dire des *mais*, et je vous dirai : Mais il est impossible que je parte avant le 15 de décembre. Vous ne doutez pas que je ne brûle d'envie de vous voir, de vous embrasser, de vous parler. Ma rage de voir l'Italie n'approche pas des sentiments qui me rappellent à vous; mais, mon enfant, accordez-moi encore un mois, demandez cette grâce pour moi à M. d'Argental; car je dis toujours au roi de Prusse que, quoique je sois son chambellan, je n'en appartiens pas moins à vous et à ce M. d'Argental. Mais est-il vrai que notre *Isaac* d'Argens est allé se confiner à Monaco avec sa femme, qui est grande virtuose? Il y a là un petit grain de folie ou une grande dose de philosophie. Il ferait bien de venir ici augmenter notre colonie.

Maupertuis n'a pas les ressorts bien liants; il prend ses dimensions durement avec son quart de cercle. On dit qu'il entre un peu d'envie dans ses problèmes. Il y a ici, en récompense, un homme trop gai; c'est La Métrie. Ses idées sont un feu d'artifice toujours en fusées volantes. Ce fracas amuse un demi-quart d'heure, et fatigue mortellement à la longue. Il vient de faire, sans le savoir, un mauvais livre imprimé à Potsdam, dans lequel il proscrit la vertu et les remords, fait l'éloge des vices, invite son lecteur à tous les désordres, le tout sans mauvaise intention¹. Il y a dans son ouvrage mille traits de feu, et pas une demi-page de raison; ce sont des éclairs dans une nuit. Des gens sensés se sont avisés de lui remontrer l'énormité de sa morale. Il a été tout étonné; il ne savait pas ce qu'il avait écrit; il écrira demain le contraire, si on veut. Dieu me garde de le prendre pour mon médecin! il me donnerait du sublimé corrosif au lieu de rhubarbe, très-innocemment, et puis se mettrait à rire. Cet étrange médecin est lecteur du roi; et ce qu'il y a de bon, c'est qu'il lui lit à présent l'*Histoire de l'Église*. Il en passe des centaines de pages, et il y a des endroits où le monarque et le lecteur sont prêts à étouffer de rire.

Adieu, ma chère enfant; on veut donc jouer à Paris *Rome sauvée?* mais.... mais.... Adieu; je vous embrasse de tout mon cœur.

MDCLIV. — A M. DARGET.

Amice, credo hanc epistolam, quamvis grandem et verbosam, mittendam esse *philosopho sine cura*. Norum erit calcar ejus animo studii et consilii avido. Perspiciet quam difficile sit scribere, quanta cum sedulitate oporteat incudi opus suum sæpius reddere, et præsertim quantum gloriæ suæ, dicam etiam nostræ, intersit, ut qui maximus est in cæteris, maximus semper sit in hac ardua scribendi arte. Scribe illi; meam epistolam confidenter mitte. Loquere de me, et a me amatus, me redama.

1. *L'Homme machine.* (Ed.)

ANNÉE 1750.

MDCLV. — A FRÉDÉRIC II, ROI DE PRUSSE.

Sire, je me confie, comme de raison, au plus honnête homme et au plus discret de votre royaume. Je ne suis venu ici que pour lui; j'ai tout abandonné pour m'attacher uniquement à lui; il me rend heureux; je compte passer le peu de jours qui me reste à ses pieds. Je ne dois rien lui cacher.

D'Arnaud a semé la zizanie dans le champ du repos et de la paix. Il a fait confidence à Mgr le prince Henri du tour cruel qu'il voulait me jouer à Paris, et il a abusé de la confiance dont Son Altesse Royale d'honore, pour le tromper et pour se ménager, à ce qu'il prétendait, une ressource et une excuse, lorsque la calomnie serait découverte. Le respect pour Votre Majesté me défend d'entrer dans les détails de la conduite de d'Arnaud. Mais, Sire, voyez ce que vous voulez que je fasse. J'ai passé par-dessus les bienséances de mon âge; j'ai représenté des rôles pour la famille royale; j'ai obéi avec joie aux moindres ordres que j'ai reçus, et, en cela, je crois avoir fait mon devoir; mais puis-je jouer la comédie chez Mgr le prince Henri avec d'Arnaud, qui m'accable de tant d'ingratitude et de perfidie? Cela est impossible. Mais je ne veux pas faire le moindre éclat; je crois que je dois garder sur tout un profond silence. Il me semble, Sire, que si d'Arnaud, qui va aujourd'hui à Berlin dans les carrosses du prince Henri, y restait pour travailler, pour fréquenter l'Académie, en un mot, sur quelque prétexte, je serais par là délivré de l'extrême embarras où je me trouve. Son absence mettrait fin aux tracasseries sans nombre qui déshonorent le palais de la gloire, et troublent l'asile du repos le plus doux. Je m'en remets à la prudence, à la bonté de Votre Majesté. Je ne parlerai pas même à Darget de tout ce que j'ai l'honneur de vous écrire. Soyez très-sûr que la conduite de d'Arnaud peut faire un éclat très-fâcheux dans l'Europe, par la foule des gazetiers et des barbouilleurs de papier, qui veulent deviner tout ce qui se passe chez Votre Majesté. Au nom de votre gloire, Sire, prévenez tout cela, et soyez sûr que mon attachement pour votre personne surpasse beaucoup l'embarras où je me trouve. Quels petits chagrins ne sont pas noyés dans l'extrême bonheur de voir et d'entendre Frédéric le Grand!

MDCLVI. — A M. LE COMTE D'ARGENTAL.

A Potsdam, ce 14 novembre.

*Chic-fi-poï-la-Perruque*¹ a été fidèle à sa destinée, et il est juste qu'il vous dise que les petits garçons courent toujours après lui. Vous saurez, mon cher ange, que j'ai eu le malheur d'inspirer à mon élève d'Arnaud la plus noble jalousie. Cet illustre rival était arrivé ici recommandé par le sage d'Argens, et attendu comme celui qui consolait Paris de ma *décadence*. Il arriva donc par le coche, tout seul de sa bande, et se donna pour un seigneur qui avait perdu sur les chemins

¹ Voltaire lui-même. (ÉD.)

ses titres de noblesse, ses poésies, et les portraits de ses maîtresses; le tout enfermé dans un bonnet de nuit.

... Il fut un peu fâché de n'avoir que quatre mille huit cents livres d'appointements, de ne point souper avec le roi, de ne point coucher avec les filles d'honneur; et enfin, quand il me vit arrivé, il fut désespéré, quoique en vérité je n'aie pas plus les bonnes grâces des filles d'honneur que lui; mais le roi me traite avec des bontés distinguées; mais *Rome sauvée* a été très-bien reçue, et son *Mauvais riche* assez mal. Il a fait de mauvais vers pour des filles; et comme les gazetiers, qui ont du goût, les avaient imprimés comme de beaux vers de ma façon, adressés à la princesse Amélie, quel parti a pris mon Baculard d'Arnaud? mon Baculard a voulu aussi désavouer une mauvaise *Préface* qu'il avait voulu mettre au-devant d'une mauvaise édition qu'on a faite à Rouen de mes ouvrages. Il ne savait pas que j'avais expressément défendu qu'on fît usage de cette rapsodie, dont, par parenthèse, j'ai l'original écrit et signé de sa main. Il s'adresse donc à mon cher ami Fréron, il lui mande que je l'ai perdu à la cour; que j'ai mis en usage une politique profonde pour le perdre dans l'esprit du roi; que j'ai ajouté à sa *Préface* des choses horribles contre la France, et que, en un mot, il prie l'illustre Fréron d'annoncer au public, qui a les yeux sur Baculard, qu'il se lave les mains de cet ouvrage. Les regrattiers de nouvelles littéraires, qui écrivent ici les sottises de Paris, mandent ce beau désaveu. Par hasard le roi avait vu une ancienne épreuve de cette belle *Préface*. Il l'a relue, et il a vu qu'il n'y avait pas un seul mot contre la France; que, par conséquent, Baculard est un peu menteur. Il a été un peu courroucé de ce procédé; et il avait quelque envie de renvoyer ce beau fils comme il était venu. J'ai cru qu'il était des règles du théâtre de parler en sa faveur, et des règles de la prudence de ne faire aucun éclat. Baculard d'Arnaud ne sait pas que son petit crime est découvert; je le mets à son aise, je ne lui parle de rien. Cependant le roi veut être instruit; il veut savoir s'il est vrai que d'Arnaud ait écrit à Fréron que je l'avais desservi dans l'esprit de Sa Majesté, etc. Il est bien aise d'être au fait. On m'a mandé cependant que cette affaire avait fait du bruit à Paris; que M. Berryer avait voulu voir la lettre de d'Arnaud à Fréron; que cette lettre était publique. Franchement vous me rendrez, mon cher ange, un service essentiel, en me mettant au fait de toute cette impertinence. Et savez-vous bien quel service vous me rendrez? celui de me procurer plus tôt le bonheur de vous embrasser; car je ne puis partir d'ici que cette affaire ne soit éclaircie. Vous me direz : « Voilà ces épines que j'avais prédites; pourquoi aller chercher des tracasseries à Berlin? n'en aviez-vous pas assez à Paris? que ne laissez-vous Baculard briller seul sur les bords de la Sprée? » Mais, mon cher ami, pouvais-je deviner qu'un jeune homme que j'ai élevé, et qui me doit tout, me jouât un tour si perfide? Qu'on mette au bout du monde deux auteurs, deux femmes, ou deux dévots, il y en aura un qui fera quelque niche à l'autre. L'espèce humaine étant faite ainsi, il n'y a d'autre parti à prendre que celui de se tirer d'affaire le plus prudemment et le plus honnêtement qu'il se pourra. Je vous supplie donc de me mander tout ce que vous savez. Ne pourrait-on pas avoir une copie de la lettre de d'Arnaud à Fréron ? je ne dis pas de la lettre contenue dans les feuilles *fréroniques*, dans laquelle d'Arnaud désavoue la *Préface* en question; je parle de la lettre particulière dans laquelle il se déchaîne, lettre que Fréron aura sans doute communiquée.

A l'égard de cette *Préface* que j'ai proscrite il y a longtemps, j'ignore si le libraire de Rouen m'a tenu parole. J'ai fait ce que j'ai pu; mais à trois cents lieues on court risque d'être mal servi. Je voudrais que la *Préface*, et l'édition, et d'Arnaud, fussent à tous les diables. Je vous demande très-humblement pardon de vous entretenir de ces niaiseries; mais ne me suis-je pas fait un devoir de vous rendre toujours compte de ma conduite et de mes petites peines? Chacun a les siennes, rois, bergers, et moutons. J'attends tout de votre amitié Communiquez ma lettre au coadjuteur qui est si caresseux d'écrire, et qui ne l'est jamais d'être bienfaisant.

P. S. J'écris à M. Berryer; je lui envoie cette *Préface*, afin qu'il soit convaincu par ses yeux de l'imposture; qu'il impose silence à Fréron, ou qu'il l'oblige à se rétracter.

MDCLVII. — A MADAME DENIS.

Potsdam, le 17 novembre.

Je sais, ma chère enfant, tout ce qu'on dit de Potsdam dans l'Europe. Les femmes surtout sont déchaînées, comme elles l'étaient, à Montpellier, contre M. d'Assouci; mais tout cela ne me regarde pas.

J'ai passé l'âge heureux des honnêtes amours,
Et n'ai point l'honneur d'être page.
Ce qu'on fait à Paphos, et dans le voisinage,
M'est indifférent pour toujours.

Je ne me mêle ici que de mon métier de raccommoder la prose et les vers du maître de la maison. Algarotti me disait, il y a quelque temps, qu'il avait vu, à Dresde, un prêtre italien fort assidu à la cour. Vous noterez qu'à Dresde presque tout le monde est luthérien, hors le roi. On demandait à cet *abate* ce qu'il faisait : *Io sono*, répondit-il, *il catolico di Sua Maestà*; pour moi, je suis *il pedagogo di Sua Maestà*. Je me flatte que, en me renfermant dans mes bornes, je vivrai tranquillement.

J'ignore parfaitement tout ce qui se fait ici. Si j'avais été dans le palais de Pasiphaé, je l'aurais laissée faire avec son taureau, et j'aurais dit comme cet Anglais à peu près en pareil cas : « Je ne me mêle pas de leurs amours. » Les *mais*, ces éternels *mais* qui sont dans ma dernière lettre, ne tombent point du tout sur ce qu'on dit dans le monde, ni sur les reproches qu'on me fait en France d'être ici. Je vous expliquerai mon énigme quand nous nous verrons.

En attendant, je vous envoie *Rome* par le courrier de milord Tyrconnell. Faites de la république romaine tout ce qui vous plaira. Je suis toujours d'avis que cela est bon à jouer dans la grande salle du palais, devant *messieurs* des enquêtes ou devant l'Université. J'aime mieux, à la vérité, une scène de *César* et de *Catilina*, que tout *Zaïre*; mais cette *Zaïre* fait pleurer les saintes âmes et les âmes tendres. Il y en a beaucoup, et à Paris il y a bien peu de Romains.

Puisque le courrier me donne du temps, je ne peux m'empêcher de vous donner la clef d'un de ces *mais*, de peur que votre imagination ne fasse de fausses clefs. J'ai bien peur de dire au roi de Prusse comme Jasmin : « Vous n'êtes pas trop corrigé, mon maître. » J'avais reçu une lettre touchante, pathétique, et même fort chrétienne, que le roi avait daigné écrire à Darget, sur la mort de sa femme. J'ai appris que le même jour Sa Majesté avait fait une épigramme contre la défunte; cela ne laisse pas de donner à penser. Nous sommes ici trois ou quatre étrangers comme des moines dans une abbaye. Dieu veuille que le père abbé[1] se contente de se moquer de nous! Cependant il y a ici une dose assez honnête di *questa rabbia detta gelosia*. Où l'envie ne se fourre-t-elle pas, puisqu'elle est ici? Ah! je vous jure qu'il n'y a rien à envier. Il n'y aurait qu'à vivre paisiblement; mais les rois sont comme les coquettes, leurs regards font des jaloux, et Frédéric est une très-grande coquette; mais, après tout, il y a cent sociétés dans Paris beaucoup plus infectées de tracasseries que la nôtre.

Le plus cruel de tous les *mais*, c'est que je vois bien, ma chère enfant, que ce pays-ci n'est pas fait pour vous. Je vois qu'on passe dix mois de l'année à Potsdam. Ce n'est point une cour, c'est une retraite dont les dames sont bannies. Nous ne sommes cependant pas dans un couvent d'hommes réguliers. Toutes choses mûrement considérées, attendez-moi à Paris. Adieu; que votre amitié me soutienne.

MDCLVIII. — A MADAME DENIS.

À Potsdam, le 24 novembre.

Le soleil levant s'est allé coucher. Ce pauvre d'Arnaud s'ennuyait ici mortellement de ne voir ni roi ni comédienne, et de n'avoir que des baïonnettes devant le nez. Il avait épuisé son crédit à faire jouer à Charlottenbourg, il y a quelque temps, sa comédie du *Mauvais riche*; mais les pièces tirées du *Nouveau Testament* ne réussissent pas ici; elle fut mal reçue. Il s'est regardé comme Ovide, dont on aurait sifflé une élégie chez les Gètes. Tout cela, joint à un peu de chagrin de voir moi, soleil couchant, passablement bien traité, l'a porté à demander son congé fort tristement. Le roi lui a ordonné très-durement de partir dans vingt-quatre heures; et, comme les rois sont accablés d'affaires, il a oublié de lui payer son voyage. Mon enfant, mon triomphe m'attriste. Cela fait faire de profondes réflexions sur les dangers de la grandeur. Ce d'Arnaud avait une des plus belles places du royaume. Il était garçon-poète du roi, et Sa Majesté prussienne avait fait pour lui des versiculets très-galants. Nous n'avons

---

1. Le roi de Prusse. (ÉD.)

point, depuis Bélisaire, de plus terrible chute. Comme le monarque traite un de ses deux soleils ! Je lui avais écrit sur la route, quand j'allais à sa cour :

Quel diable de Marc Antonin !
Et quelle malice est la vôtre !
Vous égratignez d'une main,
Lorsque vous caressez de l'autre.

On me fait plus que jamais patte de velours ; mais.... Adieu, adieu ; je brûle de venir vous embrasser.

MDCLIX. — DU COMTE D'ARGENTAL.

Paris, ce 24 novembre 1750.

Je vous demande pardon d'avance, mon cher ami, de la lettre que je vais vous écrire. Je ne vous y parlerai que du sieur Baculard d'Arnaud. C'est une matière bien abjecte, bien peu intéressante, et j'avais dédaigné jusqu'à présent de la traiter ; mais cet homme s'est rendu célèbre à la manière d'Érostrate ; il me force à rompre le silence et à vous le découvrir tout entier. Il y a déjà longtemps que j'ai la plus mauvaise opinion de lui : outre que je le connaissais médiocre en talents et en esprit, supérieur en mensonge, en fatuité et folie, je savais que dans le temps qu'il recevait vos bienfaits, il parlait d'une manière indigne de vous. Moitié par mépris pour le personnage, moitié par égard pour sa misère, j'avais négligé de vous en avertir. Enfin j'appris avec la plus grande surprise qu'un très-grand roi avait daigné l'appeler à sa cour. Le public ne fut pas moins étonné que moi. Je ne pus m'empêcher de me réjouir de l'occasion qui vous en délivrait, et je n'eus garde de vous conseiller de vous opposer à ce voyage. Je ne prévoyais pas alors celui que vous méditiez, et qu'en vous éloignant des insectes qui fourmillent à Paris, vous en trouveriez un à Berlin, d'autant plus dangereux qu'on était persuadé d'un attachement qu'il vous devait à tant de titres. Depuis que vous êtes en Prusse, il n'y a sorte d'impertinence qu'il n'ait écrite sur votre compte, et il a couronné ses procédés par une lettre qui est un tissu de calomnies, de noirceur et d'ingratitude. Il a osé mander, à qui ? à Fréron, qu'*après lui avoir fait composer une préface pour mettre à la tête de l'édition de Rouen, vous aviez jugé à propos d'y ajouter des choses si graves et d'une si grande importance, qu'il ne pouvait ni ne voulait les adopter, attendu qu'il était bon Français, et qu'il n'était pas dans l'intention de s'expatrier comme vous aviez fait.* Cette affreuse calomnie est des plus lourdes et des plus maladroites, puisqu'elle est démentie par la préface que plusieurs personnes ont vue, et que d'autres verront encore. Cependant vous ne sauriez imaginer le bruit que cette histoire a fait. Après s'être répandue dans les cafés et autres tripots, elle a pénétré dans les honnêtes maisons. Fréron a fait trophée de la lettre de ce misérable, et s'en allait la publiant sur les toits. Il est vrai qu'il en a reçu une seconde, dans laquelle Baculard, touché de repentir et non de remords, lui a mandé de ne plus montrer la première, et que la préface de l'édition était l'ouvrage du libraire. Il joint à cet article toutes les impertinences les plus folles, disant que les reines se l'arrachent, qu'il est las de souper avec elles, qu'il les refuse le plus souvent, et qu'il va se servir de sa grande faveur pour être le protecteur des lettres, des arts, et de ceux qui les cultivent. Au moyen de cette seconde lettre, Fréron n'a pas voulu donner de copie de la première, de manière qu'il est impossible de l'avoir. Mais ce que je vous ai dit est conforme à la plus exacte vérité, et d'après le témoignage de gens non suspects, très-dignes de foi, qui ont vu, tenu et lu la lettre. Je ne doute pas que le roi de Prusse n'ait déjà fait justice de ce malheureux, et je vous avoue que je vous blâmerais extrêmement de demander sa grâce; ce serait une générosité de votre part trop contraire à la justice et à ce que vous devez au roi de Prusse, qu'il ne vous est pas permis de laisser plus longtemps dans l'erreur. C'est par une très-grande méprise qu'il l'a fait venir, et il ne peut assez tôt le renvoyer avec toute l'ignominie que la noirceur de son procédé mérite.

Adieu, mon cher ami; j'ai à peine l'espace de vous embrasser
D'ARGENTAL.

MDCLX. — DE M. LE MARQUIS D'ADHÉMAR.

A Paris, le 25 de novembre 1760.

J'avais été instruit dans le temps, monsieur, de l'ingratitude et de l'insolence du petit d'Arnaud envers vous, et j'en avais marqué mon indignation. Je priai même M. d'Argental de remonter à l'origine de la lettre à Fréron, et d'en prendre copie. Cette lettre était lue de tout le monde, et se débitait d'une manière si désavantageuse, que je voulus voir la préface dont on se plaignait, et qu'on accusait d'être tronquée. Elle me parut aussi simple que je pouvais le désirer; et je n'y trouvai à redire que le nom de l'auteur et son style. Enfin, monsieur, je ne doute point que le grand roi que vous servez ne vous rende promptement justice. On est heureux d'avoir à défendre la vérité devant le monarque qui l'éclaire et qui la protège.

Cependant, malgré cette assurance, je vous exhorte encore, monsieur, au plus grand courage. Les grandes réputations et la parfaite tranquillité ne vont guère de compagnie.

Mais, pour revenir à notre petit homme, on me dit dans le moment qu'il vient d'écrire une nouvelle lettre à Fréron, où il assure que tout est raccommodé. Au nom de Dieu, monsieur, en soutenant les vrais talents, gardez-vous de ces lourds frelons; ils ne se souviennent de ce qu'ils vous doivent que pour en punir leur bienfaiteur. Je me rappelle à ce propos qu'une personne me disait un jour, qu'étant placé à l'amphithéâtre auprès de l'abbé Desfontaines et de d'Arnaud, il entendit le premier reprocher à l'autre quelque attachement pour vous. « Mais, monsieur, répondit d'Arnaud, vous ne faites pas attention qu'il m'oblige, et que je lui dois de la reconnaissance. » — Eh bien, reprit l'abbé, on peut prendre de lui lorsqu'on a des besoins, mais il faut en dire du mal. »

Vous voyez que l'homme s'est souvenu de la morale, et qu'il n'a pas tardé de la mettre en pratique.

Adieu, monsieur; méprisez cette vile engeance, et tâchez de vous armer de philosophie sur les événements. La vérité triomphe toujours à la longue, et l'envie se trouve abattue sous le poids des grandes réputations.

MDCLXI. — A M. LE COMTE D'ARGENTAL.

A Potsdam, le 28 novembre.

Mon cher ange, vous me rendrez bien la justice de croire que j'attends avec quelque impatience le moment de vous revoir; mais ni les chemins d'Allemagne, ni les bontés de Frédéric le Grand, ni le palais enchanté où ma chevalerie errante est retenue, ni mes ouvrages, que je corrige tous les jours, ni l'aventure de d'Arnaud ne me permettent de partir avant le 15 ou le 20 de décembre.

Croiriez-vous bien que votre chevalier de Mouhi s'est amusé à écrire quelquefois des sottises contre moi, dans un petit écrit intitulé *la Bigarrure*? Je vous l'avais dit, et vous n'avez pas voulu le croire; rien n'est plus vrai ni si public. Il n'y a aucun de ces animaux-là qui n'écrivît quelques pauvretés contre son ami, pour gagner un écu, et point de libraire qui n'en imprimât autant contre son propre frère. On ne fait pas assurément d'attention à *la Bigarrure* du chevalier de Mouhi; mais vous m'avouerez qu'il est fort plaisant que ce Mouhi me joue de ces tours-là. Il vient de m'écrire une longue lettre, et il se flatte que je le placerai à la cour de Berlin. Je veux ignorer ses petites impertinences qu'on ne peut attribuer qu'à de la folie; il ne faut pas se fâcher contre ceux qui ne peuvent pas nuire. J'ai mandé à ma nièce qu'elle fît réponse pour moi, et qu'elle l'assurât de tous mes sentiments pour lui et pour la chevalière.

Votre *Aménophis* est de Linant; c'est l'*Artaxerce* de Metastasio. Ce pauvre diable a été sifflé de son vivant et après sa mort[1]. Les sifflets et la faim l'avaient fait périr; digne sort d'un auteur. Cependant vos badauds ne cessent de battre des mains à des pièces qui ne valent guère mieux que les siennes. Ma foi, mon cher ange, j'ai fort bien fait de quitter ce beau pays-là, et de jouir du repos auprès d'un héros, à l'abri de la canaille qui me persécutait, des graves pédants qui ne me défendaient pas, des dévots qui, tôt ou tard, m'auraient joué un mauvais tour, et de l'envie, qui ne cesse de sucer le sang que quand on n'en a plus. La nature a fait Frédéric le Grand pour moi. Il faudra que le diable s'en mêle, si les dernières années de ma vie ne sont pas heureuses auprès d'un prince qui pense en tout comme moi, et qui daigne m'aimer autant qu'un roi en est capable. On croit que je suis dans une cour, et je suis dans une retraite philosophique; mais vous me manquez, mes chers anges. Je me suis arraché la moitié du cœur pour mettre l'autre en sûreté, et j'ai toujours mon grand chagrin dont nous parlerons à mon retour. En attendant, je joins ici, pour vous amuser,

---

1. La tragédie d'*Aménophis*, qu'on venait de représenter à Paris sans succès, est de Saurin. (ÉD.)

une page d'une épître que j'ai corrigée. Il me semble que vous y êtes pour quelque chose; il s'agit de la vertu et de l'amitié. Dites-moi si l'allemand a gâté mon français, et si je me suis rouillé comme Rousseau. N'allez pas croire que j'apprenne sérieusement la langue tudesque; je me borne prudemment à savoir ce qu'il en faut pour parler à mes gens, à mes chevaux. Je ne suis pas d'un âge à entrer dans toutes les délicatesses de cette langue si douce et si harmonieuse; mais il faut savoir se faire entendre d'un postillon. Je vous promets de dire des douceurs à ceux qui me mèneront vers mes chers anges. Je me flatte que Mme d'Argental, M. de Pont de Veyle, M. de Choiseul, M. l'abbé de Chauvelin, auront toujours pour moi les mêmes bontés, et qui sait si un jour.... car.... Adieu; je vous embrasse tendrement. Si vous m'écrivez, envoyez votre lettre à ma nièce. Je baise vos ailes de bien loin.

MDCLXII. — A M. THIRIOT.

Potsdam, novembre.

Quoique vous paraissiez m'avoir entièrement oublié, je ne puis croire que vous m'ayez effacé de votre cœur; vous êtes toujours dans le mien. Vous devez être un peu consolé d'avoir été remplacé par un homme tel que d'Arnaud. La manière dont il s'acquittait, à Paris, de la commission dont il était honoré, devait servir à vous faire regretter; et la manière dont il s'est conduit ici a achevé de le faire connaître. Je ne me repens point du bien que je lui ai fait, mais j'en suis bien honteux. S'il n'avait été qu'ingrat envers moi, je ne vous en parlerais pas; je le laisserais dans la foule de ses semblables; mais je suis obligé de vous apprendre que, par sa mauvaise conduite, il vient de forcer le roi à le chasser. Ses égarements ont commencé par la folie, et ont fini par la scélératesse.

Il débuta, en arrivant en cour par le coche, par dire qu'il était un homme de grande condition; qu'il avait perdu ses titres de noblesse et les portraits de ses maîtresses, avec son bonnet de nuit. On l'avait recommandé comme un homme à talent, et le roi lui donnait environ cinq mille livres de pension. Ce beau fils, tiré de la boue et de la misère, affectait de n'être pas content, et disait tout haut que le roi se faisait tort à lui-même en ne lui donnant que cinq mille écus de pension, et en ne le faisant pas souper avec lui. Il dit qu'il soupait tous les jours, à Paris, avec M. le duc de Chartres et M. le prince de Conti. Il crut qu'il était du bon air de parler avec mépris de la nation et des finances.

A cet excès d'impertinence et de démence succédèrent les plus grandes bassesses. Il escroqua de l'argent à M. Darget et à bien d'autres; il se répandit en calomnies, et enfin, devenu l'exécration et le mépris de tout le monde, il a forcé Sa Majesté à le renvoyer. Il a eu encore la vanité de demander son congé, après l'avoir reçu, pour faire croire, à Paris, qu'un homme de sa naissance et de son mérite n'avait pu s'accoutumer de la simplicité des mœurs qui règnent dans cette cour.

Vous savez peut-être que, quand il a vu l'orage prêt à fondre sur lui, le perfide a prétendu se ménager une ressource en France en écrivant à cet autre scélérat de Fréron, et en prétendant qu'on avait inséré des traits contre la France dans une *Préface* qu'il avait faite, il y a environ dix-huit mois, pour une édition de mes ouvrages. Vous noterez que, ayant fait cette *Préface* pour obtenir de moi quelque argent, il me l'a laissée écrite et signée de sa main; qu'il n'y avait pas un mot dont on pût seulement tirer la moindre induction maligne; mais qu'elle était si mal écrite que, il y a huit mois, je défendis qu'on en fît usage. Malgré tout cela, ce beau fils s'est donné le plaisir d'essayer jusqu'où l'on pouvait pousser l'ingratitude, la folie et la noirceur. Les pervers sont d'étranges gens; ils se liguent à trois cents lieues l'un de l'autre; mais il arrivera tôt ou tard à Fréron ce qui vient d'arriver au nommé Baculard; il sera chassé, si mieux n'est; et peut-être, tout *Prussien* que je suis, je trouverai au moins le secret de faire taire ce dogue.

Voilà, mon cher ami, ce que sont ces hommes qui prétendent à la littérature; voilà de nos monstres! *O inhumaniores litteræ!* Je gémis sur les belles-lettres, si elles sont ainsi infectées; et je gémis sur ma patrie si elle souffre les serpents que les cendres des Desfontaines ont produits. Mais, après tout, en plaignant les méchants et ceux qui les tolèrent; en plaignant jusqu'à d'Arnaud même, tombé par l'opprobre dans la misère, je ne laisse pas de jouir d'un repos assez doux, de la faveur et de la société d'un des plus grands rois qui aient jamais été, d'un philosophe sur le trône, d'un héros qui méprise jusqu'à l'héroïsme, et qui vit dans Potsdam comme Platon vivait avec ses amis. Les dignités, les honneurs, les bienfaits, dont il me comble, sont de trop. Sa conversation est le plus grand de ses bienfaits. Jamais on ne vit tant de grandeur et si peu de morgue; jamais la raison la plus pure et la plus ferme ne fut ornée de tant de grâces. L'étude constante des belles-lettres, que tant de misérables déshonorent, fait son occupation et sa gloire. Quand il a gouverné, le matin, et gouverné seul, il est philosophe le reste du jour, et ses soupers sont ce qu'on croit que sont les soupers de Paris; ils sont toujours délicieux; mais on y parle toujours raison; on y pense hardiment; on y est libre. Il a prodigieusement d'esprit, et il en donne. Ma foi, d'Arnaud avait raison de vouloir souper avec lui; mais il fallait en être un peu plus digne.

Adieu; quand vous souperez avec M. de La Popelinière, songez aux soupers de Frédéric le Grand; félicitez-moi de vivre de son temps, et pardonnez à l'envie si mon bonheur extrême et inouï lui fait grincer les dents.

MDCLXIII. — A MADAME LA COMTESSE D'ARGENTAL.

A Potsdam, le 8 décembre.

Recevez, madame, mes hommages, mes regrets, mes souhaits, des gouttes d'Hoffman, et des pilules de Stahl, par M. d'Hamon, mon camarade en chambellanie, et mon très-supérieur en négociations. Il est envoyé du roi de Prusse; il vient resserrer les liens des deux nations. Il aura bien de la peine à les rendre aussi forts et aussi durables que ceux qui m'attachent à vous. Que n'ai-je pu l'accompagner! mais sa jeunesse et sa santé lui permettent d'affronter les glaces. J'avais trop présumé de moi; mon cœur m'avait séduit, selon sa louable coutume; il m'avait fait accroire que je pourrais bientôt revoir mes chers anges; mais l'archange Frédéric, et le froid, et ma poitrine serrée, me retiendront le mois de janvier. Je vous apporterai, madame, dans une autre cargaison un peu plus ample de gouttes et de pilules. Le médecin du roi, qui doit me les donner, est allé accompagner Mme la margrave de Bareuth, et il est difficile de trouver à Potsdam, qui est à huit lieues de Berlin, de ces pilules de Stahl, dont personne ne fait ici usage. Il en est de ces pilules comme de moi; elles ne sont point prophètes dans leur pays. Il semble qu'il faille se transplanter pour réussir. On va chercher bien loin le bonheur et la santé; tout cela est à présent chez vous. M. d'Argental m'a mandé que votre santé était raffermie; ainsi me voilà un peu consolé. Si les ministres ont à cœur autre chose que les intérêts politiques, M. d'Hamon vous dira, madame, le tort extrême que vous faites ici à mon bonheur; il vous dira que, sans vous, je serais un des plus heureux hommes de ce monde. Le ciel n'a pas voulu que le royaume de Frédéric le Grand et le vôtre fussent dans le même climat. Il y a loin de là rue Saint-Honoré à Potsdam, mais vous étendez votre empire partout. Je suis à Potsdam votre sujet comme à Paris. J'ai crié, dans toutes mes lettres, après M. de Pont de Veyle, M. de Choiseul, M. l'abbé de Chauvelin; ils sont tous deux indifférents; ils ne pensent à moi que quand il est question d'une tragédie. Le roi de Prusse n'en use pas ainsi; Paris endurcit le cœur. Vous avez trop de plaisirs, vous autres, pour penser à un homme de l'autre monde, que quarante ans de tracasseries, de cabales, d'injustices, et de méchancetés, ont forcé enfin de venir chercher le repos dans le séjour de la gloire. Adieu, madame; conservez-moi des bontés qu'en vérité mon cœur mérite. J'ai reçu une lettre de M. d'Argental, du 24 novembre, toute en Baculard. Vous savez que le roi l'a chassé honteusement, comme il le méritait. Il s'est réfugié à Dresde, où il dit qu'il était le favori des rois et des reines, et qu'une grande passion d'une grande princesse pour ce grand Baculard l'a obligé de s'arracher aux plaisirs de Berlin, et de venir faire les délices de Dresde. Bonsoir, mes divins anges; je vous recommande l'envoyé de Prusse, et j'espère le suivre bientôt. Comptez qu'il m'a été absolument impossible d'avancer mon voyage, et que, quand je vous parlerai, vous ne me condamnerez sur rien.

MDCLXIV. — A MADAME LA DUCHESSE DU MAINE.

Potsdam, ce 8 décembre.

Madame, au lieu des ambassadeurs gaulois, que j'ai retranchés de *Rome sauvée*, en voici un qui n'est témoin que je porte toujours à la cour du roi son maître les chaînes de Votre Altesse Sérénissime, et qui vous répondra de ma fidélité, quoique j'aie l'air d'être inconstant. Il peut dire si Votre Altesse Sérénissime a ici des adorateurs, et si elle n'est pas de ces divinités qui ont des temples chez toutes les nations. M. d'Hamon, chambellan de Sa Majesté le roi de Prusse, et son envoyé extraordinaire en France, aura l'honneur de vous adresser son encens de plus près que moi; mais je me flatte de le suivre bientôt. J'ai cru, madame, que mes hommages en seraient mieux reçus, s'ils vous étaient présentés par des mains qui vont resserrer encore les liens de l'amitié de deux grands rois. Il n'y avait au monde que Frédéric le Grand qui pût m'enlever à la cour de Mme la duchesse du Maine; mais tous les héros passés et présents ne diminueront jamais rien de mon admiration et de l'attachement que je lui ai voué pour toute ma vie. Les grands hommes me rappelleraient sans cesse son idée, si elle pouvait s'effacer jamais de mon cœur.

Je suis avec le plus profond respect, madame, etc.

MDCLXV. — DE MADAME LA MARGRAVE DE BAREUTH.

Le 10 décembre.

Je vous ai promis, monsieur, de vous écrire, et je vous tiens parole. J'espère que notre correspondance ne sera pas aussi maigre que nos deux individus, et que vous me donnerez souvent sujet de vous répondre. Je ne vous parlerai point de mes regrets, ce serait les renouveler. Je suis sans cesse transportée dans votre abbaye, et vous jugez bien que celui qui en est abbé m'occupe toujours. Je me suis acquittée de vos commissions auprès du margrave. Il me charge de vous assurer de son amitié, et vous prie de mettre à fin l'affaire du marquis d'Adhémar. Il sera charmé de le prendre à son service, en qualité de chambellan, et lui fera des conditions dont il pourra être content. Quoique votre recommandation suffise auprès du margrave, il serait pourtant nécessaire, pour l'agrément du marquis, d'en avoir une, ou de M. de Puisieux, ou de M. d'Argenson, qu'il pût produire à la cour. Je vous serai bien obligée si vous pouvez le déterminer à venir bientôt ici, où nous avons grand besoin de secours pour remplir les vides de la conversation. Nos entretiens me semblent comme la musique chinoise, où il y a de longues pauses qui finissent par des sons discordants. Je crains que ma lettre ne s'en ressente; tant mieux pour vous, monsieur, il faut des moments d'ennuis dans la vie, pour faire valoir d'autant plus ceux qui font plaisir. Après la lecture de cette lettre, les soupers vous paraîtront bien plus agréables. Pensez-y quelquefois à moi, je vous en prie, et soyez persuadé de ma parfaite estime.

WILHELMINE.

MDCLXVI. — A M. LE COMTE D'ARGENTAL.

A Potsdam, ce 11 décembre.

Me voilà toujours Sancho-Pança dans mon île[1], après avoir été *Chie-en-pot-la-Perruque* parfois. Mes divins anges, comment voulez-vous que je me mette en chemin avec ma chétive santé, et que je sorte du coin du feu pour m'embourber dans la Vestphalie? Je m'étais

1. Potsdam est dans une île formée par la Sprée et le Havel. (ED.)

cru capable de revenir au mois de janvier; vous me faisiez oublier mon âge, ma faiblesse, et enfin le roi de Prusse lui-même; mais, quand il s'agit de s'empaqueter par ces temps-ci pour faire trois cents lieues, quand on va avoir de beaux opéras italiens, quand ce grand roi a encore un peu besoin de moi, lorsque enfin la ridicule et désagréable aventure de ce maudit Baculard demande absolument ma présence, ne me pardonnerez-vous pas de rester encore un peu? Mes anges, pardon : je ne peux m'en dispenser, mille raisons m'y forcent; mais, ô anges! Belzébuth aurait-il un plus damné projet que celui de faire jouer *Rome sauvée* à présent, et de me livrer à la rage de la malice et de l'envie ? Le public a été pour moi, quand Boyer, *l'ancien âne* de Mirepoix, me persécutait; quand il avait, avec l'eunuque Bagoas¹, l'insolence et le crédit de m'exclure de l'Académie; mais, à présent qu'on me croit heureux, tout est devenu Boyer. Mon éloignement ramènerait les esprits, si c'était un exil; mais on m'a regardé comme un homme piqué, comblé d'honneurs et de biens, et on voudrait me faire entendre les sifflets de Paris dans le cabinet du roi de Prusse. Je suis né plus impatient que vous, et cependant j'ai ici plus de patience. Je sais attendre, et je vois évidemment que jamais je n'ai eu plus besoin d'être un petit Fabius *Cunctator*. Si on pouvait me rendre un vrai service, ce serait de faire jouer *Sémiramis* et *Oreste*. On va bien les représenter ici; pourquoi leur préférerait-on, à Paris, *le Comte d'Essex*, et je ne sais combien de plats ouvrages qui sont en possession d'être joués et méprisés? Cependant, dites-moi si M. Maboul, ce savant homme, est encore à la tête de la littérature. Quel fortuné mortel a les sceaux ? quel autre est à la tête des lois, ou du moins de ce qu'on appelle de ce beau nom? Il y a un an que je plaide par humeur, en France, contre un coquin qui s'est avisé de vouloir être jugé en la prévôté du Louvre, sous prétexte que j'étais de la maison du roi. J'ai voulu le remettre dans les règles, le renvoyer à son juge naturel, et ce beau règlement de juges n'a pu encore être fait. Si pareille chose arrivait ici, le magistrat qui en serait coupable serait sévèrement puni; car le roi a dit lui-même :

J'appris à distinguer l'homme du souverain,
Et je fus roi sévère et citoyen humain.

En effet, il est tout cela, et tout va bien, et oh est heureux. Salomon était un pauvre homme en comparaison de lui. Il ne lui manque que de connaître un peu plus tôt ses Baculards. Je vous remercie, mon cher et respectable ami, de la lettre que vous m'avez écrite sur ce malheureux correspondant de Fréron. Et on souffre des Frérons ! et ils sont protégés! et on veut que je revienne !

Virtutem incolumem odimus,
Sublatam ex oculis quærimus, invidi!
Hor., lib. III, od. xxiv, v. 31.

1. Maurepas. (ÉD.)

On a tant fait, à force d'équité et de bonté, qu'on m'a chassé de mon pays. Les orages m'ont conduit dans un port tranquille et glorieux; je ne le quitterai absolument que pour vous.

MDCLXVII. — DE MADAME LA MARGRAVE DE BAREUTH.

Le 25 décembre.

Sœur Guillemette à frère Voltaire, salut; car je me compte parmi les heureux habitants de votre abbaye, quoique je n'y sois plus; et je compte très-fort, si Dieu me donne bonne vie et longue, d'y aller reprendre ma place un jour. J'ai reçu votre consolante épître. Je vous jure mon grand juron, monsieur, qu'elle m'a infiniment plus édifiée que celle de saint Paul à la dame élue[1]. Celle-ci me causait un certain assoupissement qui valait l'opium, et m'empêchait d'en apercevoir les beautés. La vôtre a fait un effet contraire; elle m'a tirée de ma léthargie, et a remis en mouvement mes esprits vitaux.

Quoique vous ayez remis votre voyage de Paris, j'espère que vous me tiendrez parole, et que vous viendrez me voir ici. Apollon vint jadis se familiariser avec les mortels, et ne dédaigna pas de se faire pasteur, pour les instruire. Faites-en de même, monsieur, vous ne pouvez suivre de meilleur modèle.

Que dites-vous de l'arrivée du Messie[2] à Dresde? Pourrez-vous après cela révoquer en doute les miracles? Si j'avais été le prince royal de Saxe, j'en aurais laissé tout l'honneur au Saint-Esprit; mais il pense comme Charles VI. Lorsque l'impératrice accoucha de l'archiduc, on cria que c'était à Népomucène qu'on en avait l'obligation : « A Dieu ne plaise! dit l'empereur; je serais donc cocu. »

Mais laissons là le Saint-Esprit et le Messie. Quoiqu'il soit né aujourd'hui, je vous assure que je n'aurais pas pensé à lui, sans l'aventure merveilleuse de Saxe. J'aime mieux penser aux beaux esprits de Potsdam, à son abbé, et à ses moines. Ressouvenez-vous quelquefois en revanche des absents, et comptez toujours sur moi, comme sur une véritable amie.

WILHELMINE.

MDCLXVIII. — A MADAME DENIS.

A Berlin, au château, le 26 décembre.

Je vous écris à côté d'un poêle, la tête pesante et le cœur triste, en jetant les yeux sur la rivière de la Sprée, parce que la Sprée tombe dans l'Elbe, l'Elbe dans la mer, et que la mer reçoit la Seine, et que notre maison de Paris est assez près de cette rivière de Seine; et je dis : « Ma chère enfant, pourquoi suis-je dans ce palais, dans ce cabinet qui donne sur cette Sprée, et non pas au coin de notre feu? » Rien n'est plus beau que la décoration du palais du soleil dans *Phaëthon*. Mlle Astrua est la plus belle voix de l'Europe; mais fallait-il vous quitter pour un gosier à roulades et pour un roi? Que j'ai de remords,

---

1. Ce n'est pas saint Paul, c'est saint Jean qui a adressé sa seconde épître à la dame élue. (ÉD.)
2. Frédéric-Auguste III. (ÉD.)

ma chère enfant! que mon bonheur est empoisonné! que la vie est courte! qu'il est triste de chercher le bonheur loin de vous! et que de remords si on le trouve!

Je suis à peine convalescent; comment partir? Le char d'Apollon s'embourberait dans les neiges détrempées de pluie qui couvrent le Brandebourg. Attendez-moi, aimez-moi, recevez-moi, consolez-moi, et ne me grondez pas. Ma destinée est d'avoir affaire à Rome, de façon ou d'autre. Ne pouvant y aller, je vous envoie *Rome* en tragédie, par le courrier de Hambourg, telle que je l'ai retouchée; que cela serve du moins à amuser les douleurs communes de notre éloignement. J'ai bien peur que vous ne soyez pas trop contente du rôle d'Aurélie. Vous autres femmes vous êtes accoutumées à être le premier mobile des tragédies, comme vous l'êtes de ce monde. Il faut que vous soyez amoureuses comme des folles, que vous ayez des rivales, que vous fassiez des rivaux; il faut qu'on vous adore, qu'on vous tue, qu'on vous regrette, qu'on se tue avec vous. Mais, mesdames, Cicéron et Caton ne sont pas galants; César et Catilina couchaient avec vous, j'en conviens, mais assurément ils n'étaient pas gens à se tuer pour vous. Ma chère enfant, je veux que vous vous fassiez homme pour lire ma pièce. Envoyez prier l'abbé d'Olivet de vous prêter son bonnet de nuit, sa robe de chambre, et son *Cicéron*, et lisez *Rome sauvée* dans cet équipage.

Pendant que vous vous arrangerez pour gouverner la république romaine sur le théâtre de Paris, et pour travestir en Caton et en Cicéron nos comédiens, je continuerai paisiblement à travailler au *Siècle de Louis XIV*, et je donnerai à mon aise les batailles de Nervinde et d'Hochstedt. Variété, c'est ma devise. J'ai besoin de plus d'une consolation. Ce ne sont point les rois, ce sont les belles-lettres qui la donnent.

MDCLXIX. — A MADAME LA DUCHESSE DU MAINE.

Berlin, en 1ᵉʳ janvier 1751.

Madame, j'ai appris la maladie de Votre Altesse Sérénissime avec douleur, avec effroi; et son rétablissement avec des transports de joie. On fait des vœux dans le pays où je suis, où les beaux-arts commencent à naître, comme on en fait en France, où ils dégénèrent. On y souhaite ardemment votre conservation si nécessaire au maintien du bon goût et de la vraie politesse de l'esprit, dont Votre Altesse est le modèle. Vivez, madame, aussi longtemps que M. de Fontenelle; mais, quand vous vivriez encore plus longtemps, vous ne verriez jamais un temps tel que celui dont vous avez été l'ornement et la gloire.

Je suis avec un profond respect et un attachement inviolable, madame, etc.

MDCLXX. — A FRÉDÉRIC II, ROI DE PRUSSE.

Sire, mon secrétaire m'a avoué que d'Arnaud l'avait séduit, et lui avait tourné la tête au point de l'engager à voler le manuscrit en question, pour le faire imprimer. Il m'a demandé pardon, il m'a rendu tous mes papiers.

Votre Majesté verra que je mettrai à la raison le juif Hirschell[1] aussi facilement. Je suis très-affligé d'avoir un procès; mais, s'il n'y a point d'autre moyen d'avoir justice; si Hirschell veut abuser de ma facilité pour me voler environ onze mille écus; si quelques conseillers ou avocats, ou M. de Kircheisen, ne peuvent être chargés de prévenir le procès et d'être arbitres; s'il faut que je plaide contre un juif que j'ai convaincu d'avoir agi contre sa signature, c'est un malheur qu'il faut soutenir comme bien d'autres; la vie en est semée. Je n'ai pas vécu jusqu'à présent sans savoir souffrir; mais le bonheur de vous admirer et de vous aimer est une consolation bien chère.

MDCLXXI. — A MADAME DENIS.

A Berlin, le 3 janvier.

Ma chère enfant, je vais vous confier ma douleur. Je ne veux plus garder de filles. Vous connaissez *Jeanne*, cette brave *Pucelle d'Orléans*, qui nous amusait tant, et que j'ai chantée dans un autre goût que celui de Chapelain: Cette *Pucelle*, faite pour être enfermée sous cent clefs, m'a été volée. Ce grand flandrin de Tinois n'a pas résisté aux prières et aux présents du prince Henri, qui mourait d'envie d'avoir *Jeanne* et *Agnès* en sa possession. Il a transcrit le poëme, il a livré mon sérail au prince Henri pour quelques ducats. J'ai chassé Tinois; je l'ai renvoyé dans son pays. J'ai été me plaindre au prince Henri; il m'a juré qu'elle ne sortirait jamais de ses mains. Ce n'est, à la vérité, qu'un serment de prince, mais il est honnête homme. Enfin il est aimable, il m'a séduit; je suis faible, je lui ai laissé *Jeanne*; mais s'il arrive jamais un malheur, si l'on fait une seconde copie, où me cacher? ma barbe devient fort grise, le poëme de *la Pucelle* jure avec mon âge et le *Siècle de Louis XIV*.

Quand j'étais jeune, j'aurais volontiers souffert qu'on m'eût dit: *Dove avete pigliato tante coglionerie*[2]? mais aujourd'hui cela serait trop ridicule. Savez-vous bien que le roi de Prusse a fait un poëme dans le goût de cette *Pucelle*, intitulé *le Palladium*[3]? Il s'y moque de plus d'une sorte de gens; mais je n'ai point d'armée comme lui; je n'ai point gagné de batailles; et vous savez que,

Selon ce que l'on peut être,
Les choses changent de nom.

Enfin j'éprouve deux sentiments bien désagréables, la tristesse et la crainte; ajoutez-y les regrets, c'est le pire état de l'âme.

Je vous ai priée, par ma dernière lettre, de faire préparer mon appartement pour un chambellan du roi de Prusse, qu'il envoie en France pour un beau traité concernant les toiles de Silésie. Puisqu'il

---

1. Voltaire gagna son procès contre lui le 5 février 1751; ce qui n'empêcha pas le roi de Prusse de composer, à ce sujet, sa comédie de *Tantale en procès*, où Voltaire est appelé *Angoule-tout*. (ED.)
2. Mot du cardinal Hippolyte d'Este à l'Arioste. (ED.)
3. Le *Palladion*. (ED.)

me loge, il est juste que je loge son envoyé; mais ayez surtout soin de notre petit théâtre. Je compte toujours le revoir. Ah! faut-il vivre d'espérance! Adieu; je vous embrasse tristement.

MDCLXXII. — DE MADAME LA MARGRAVE DE BAREUTH.

Le 3 janvier.

Je profite d'un moment qui me reste pour vous avertir, monsieur, que le duc de Wurtemberg a dessein d'engager le marquis d'Adhémar dans son service. Il a fait connaissance avec lui, à Paris, et j'ai appris, par un cavalier de la suite du duc, que le marquis d'Adhémar se proposait de venir ici. Je vous prie de le prévenir et de l'engager à se rendre bientôt en cette cour. Je vous souhaite dans le cours de cette année une santé parfaite. C'est la seule chose qui vous manque pour vous rendre heureux. Nous histrionons ici comme vous le faites à Berlin. Adieu; il faut que je vous quitte pour repasser mon rôle. Soyez persuadé de ma parfaite estime.
WILHELMINE.

MDCLXXIII. — A M. DARGET.

A Berlin, 4 janvier 1751.

Mon cher ami, je vous renvoie les nouvelles dont votre amitié m'a fait part. Je ne crois point que ma nièce épouse le marquis de Chimène; mais tout Paris le dit, et tout peut arriver. Votre correspondant n'est pas d'ailleurs trop bien informé. Il est faux que Granval joue Caton, il joue César. Il n'est pas plus vrai qu'on ait laissé indécis ce grand procès entre Clairon et Gaussin. Mme de Pompadour et le duc de Fleuri ont donné gain de cause à Clairon. Il est vrai que cette grande affaire fait une guerre civile. Peuple heureux, qui n'a d'autre trouble ni d'autre inquiétude! N'admirez-vous pas l'importance avec laquelle Morand traite à fond ces misères? Au moins, mon ami, ces amusements valent mieux que de l'ennui, de la neige, une mauvaise santé et des inégalités. J'envoie au roi un exemplaire et demi, cela fait deux avec le premier tome que vous avez. J'espère que ce n'est que pour ses bibliothèques. Je mets des cartons tant que je peux. Il faut passer sa vie à se corriger. Dès que l'ouvrage sera en état, je commencerai assurément par vous.

Je me flatte que je viendrai vous voir lundi; mais je ne peux répondre d'un quart d'heure dans l'état où je suis.

Voici la copie d'une lettre dont vous pourrez amuser le roi. Il est plaisant qu'on ne veuille pas que je rende justice au prince Eugène. Bonsoir; je vous embrasse tendrement.

MDCLXXIV. — A M. LE COMTE D'ARGENTAL.

Le 9 janvier.

Ce climat-ci me tue, mes anges; et vous me tuez encore par vos reproches, par vos rigueurs, par vos injustices. Vous me rendez responsable des saisons, de ma mauvaise santé, des affaires qui me retiennent, d'une édition qu'il faut que je corrige tout entière, et qui demande un travail immense. J'ai été retenu de mois en mois, de semaine en semaine. Une petite partie de mon âme est ici, l'autre est avec vous. Je n'ose plus, de peur de mentir, vous dire : « Je partirai dans huit jours, dans quinze; » mais ne soyez point surpris de me revoir bientôt; ne le soyez pas non plus, si je ne peux être dans votre paradis qu'au mois de mars. Mes anges, la destinée se joue des faibles mortels; elle vous force, vous, M. d'Argental, à courir par la ville dès que quatre heures après midi sont sonnées; elle fait rester Mme d'Argental dans sa chaise longue; elle fait mourir le fade Roselly par l'insipide Ribou[1]; elle tue le maréchal de Saxe à Chambord, après l'avoir respecté à Lawfelt; elle a fait jouer des parades à votre frère; elle oblige le roi de Prusse d'aller tous les jours à la parade de ses soldats, et à faire des vers; elle m'a tiré de mon lit pour m'envoyer de Paris à Potsdam en bonnet de nuit. Je sais bien qu'il eût été plus doux de continuer notre petite vie douce et sybarite, de jouer de temps en temps la comédie dans mon grenier, de jouir de votre société charmante. Je sens mon tort, mon cher et respectable ami; je suis venu mourir à trois cents lieues. Un héros, un grand homme a beau faire, il ne remplace point un ami.

J'ai tort; ne croyez pas que je sois avec vous comme les pécheurs avec Dieu, qui se tournent vers lui quand ils sont malades. Au contraire, la maladie est presque la seule raison qui a retardé mon départ; car, dès que j'ai un rayon de santé, je suis prêt à demander des chevaux de poste. On vous dira peut-être que, tout languissant que je suis, je ne laisse pas de jouer la comédie; mais vous remarquerez que je suis le bonhomme Lusignan; je le représente d'après nature; et tout le monde a avoué qu'on ne pouvait pas avoir l'air plus mourant. On dit que Bellecour ne réussit pas si bien avec sa belle figure; mais, mon cher ange, ne parlons des délices du théâtre que quand je serai à Paris. Puisque vous êtes toujours, comme le peuple romain, fou des spectacles, j'ai de quoi vous amuser.

Il y avait, depuis un mois, une grande lettre pour Mme d'Argental, avec un paquet, entre les mains d'un envoyé prussien qui devait loger chez moi à Paris. Cet envoyé ne part pas sitôt, et peut-être le devancerai-je. Bonsoir, mes divins anges.

Non, non, vraiment; notre Prussien partira avant moi, et comptez, mes anges, que j'en suis pénétré de douleur.

MDCLXXV. — A MADAME DENIS.

A Berlin, le 12 janvier.

Enfin voici notre chambellan d'Hamon. Il vous remettra mon gros paquet; il couchera dans mon lit. J'aimerais mieux y être que dans celui où je suis; c'est pourtant le lit du grand électeur. C'est le bisaïeul du roi régnant. Chaque pays a son grand homme. Il avait du moins un bon lit, chose assez rare de son temps. Le dernier roi ne connais-

---

1. Roselly, acteur du Théâtre-Français, mort des suites de deux blessures reçues dans un duel avec son camarade Ribou, fils du libraire. (Kn.)

sait pas ce luxe-là. Il serait bien étonné de me voir ici, et encore plus d'y voir un opéra italien. Il avait beaucoup d'argent et des chaises de bois. Les choses ont un peu changé. On a conservé l'argent, on a gagné des provinces et on a rembourré les fauteuils. Ce n'est pas que je sois logé ici aussi bien que chez moi; mais je le suis beaucoup mieux que je ne mérite.

Nous avons joué *Zaïre*. La princesse Amélie était Zaïre, et moi le bonhomme Lusignan. Notre princesse joue bien mieux Hermione; aussi est-ce un plus beau rôle. Mme Tyrconnell s'est très-honnêtement tirée d'Andromaque. Il n'y a guère d'actrices qui aient de plus beaux yeux. Pour milord Tyrconnell, c'est un digne Anglais. Son rôle est d'être à table. Il a le discours serré et caustique, je ne sais quoi de franc que les Anglais ont, et que les gens de son métier n'ont guère. Le tout fait un composé qui plaît.

Vous m'avouerez qu'un Anglais, envoyé de France en Prusse, des tragédies françaises jouées à la cour de Berlin, et moi transplanté à cette cour, auprès d'un roi qui fait autant de vers que moi, pour le moins, voilà des choses auxquelles on ne devait pas s'attendre. Lisez bien mon gros paquet que d'Hamon doit vous rendre, et envoyez-moi vos ordres par le courrier de Hambourg. D'Hamon est un vrai nom de comédie: mais il ne joue que sa comédie de négociateur. Pour moi, je ne m'accoutume ni au rôle que je joue ni à votre absence, soyez-en bien convaincu.

MDCLXXVI. — A M. DARGET.

A Berlin, 18 janvier 1751.

Mon aimable ami, on me mande toujours de Paris que je ne dois compter que sur vous; on a bien raison. Ce n'est pas des âmes cachées ou dures qu'il faut attendre de la consolation dans ce monde. C'est d'un cœur tendre, ouvert et vrai comme le vôtre. Je me garderai bien de détailler mon affaire à des gens qui raisonnent sèchement sur le bonheur; mais à vous qui faites celui de la société, je vous dirai que j'ai reçu une lettre de Leipsick; elle est du sieur Homan, fameux négociant, qui même est dans la magistrature. Le juif ajoutait à toutes ses fraudes celle de redemander cinq cents écus pour les frais, au nom de ce Homan, outre près de deux cents que cet échappé d'Amalec m'avait extorqués pour ses prétendus frais de lettres de change. Homan m'a mandé qu'il n'y a eu aucuns frais, qu'il n'a jamais rien redemandé, ni au juif, ni à personne, pour cette affaire. J'ai, sur-le-champ, remis le témoignage d'Homan entre les mains des juges.

Ce même Homan a eu la probité de renvoyer des lettres de Hirschell, par lesquelles il est évident que j'aurais perdu les dix mille écus de lettres de change si je ne m'étais adressé à la justice. J'apprends en même temps de Dresde que ce juif y a acheté beaucoup de billets de la Steuer. Apparemment que ceux qui les ont n'ont pas été fâchés de mettre sur mon compte l'avantage qu'ils ont eu. Il y a eu sur cela bien des mystères d'iniquité depuis deux mois. On dit d'abord au roi que j'avais envoyé Hirschell à Dresde, dans le temps même que je lui faisais défense de rien acheter pour moi, et que je protestais, à Paris, les lettres de change que les séductions de ce misérable avaient arrachées à ma facilité.

On a depuis dicté tout au long des lettres à Hirschell contre moi, que ce juif a osé adresser à Sa Majesté. On l'a assuré d'une protection continuelle. Le frère d'Hirschell est venu même menacer un des juges de cette protection; et c'est un fait dont je crois que MM. Heikel et Federsdorf sont instruits. Ce n'est là, mon cher ami, qu'une petite partie des persécutions adroites et suivies que vous m'avez prédites, et que j'éprouve depuis quatre mois sans avoir proféré une seule plainte, et sans avoir jamais dit un seul mot qui ait pu offenser personne. Je ne m'étais transplanté que pour un grand homme qui daignait faire le bonheur de ma vie; ses bontés ont excité tout d'un coup l'envie. Vous savez comme on s'est élevé contre l'amitié qui vous unit avec moi, et qui resserrait encore les liens qui m'attachent à ce grand homme; après avoir renoncé à Paris pour lui, on m'a voulu apparemment envoyer mourir à Menton.

Cependant de nouveaux désastres me sont survenus, et la maladie qui me séquestre de la société m'a achevé. Je vous prie, mon cher ami, de demander pour moi une grâce au roi; c'est de permettre que je m'établisse dans le Marquisat jusqu'à la fin de mars; j'y prendrai le petit-lait que La Métrie et Codénius m'ont conseillé, avec des anti-scorbutiques. J'ai déjà achevé ici toute l'*Histoire de Louis XIV* pour ce qui regarde les affaires générales. J'ai assez de matériaux pour faire au Marquisat la partie de la religion. J'achèverai d'ailleurs d'y corriger le reste de mes ouvrages dont on va commencer une nouvelle édition à Dresde. Ainsi j'aurai la plus grande consolation dans les malheurs, c'est le travail. J'aurai aussi celle de vous voir, et je me flatte que vous m'apporterez quelquefois de nouvelles productions de ce génie unique, pour qui j'ai quitté tout ce que j'avais de cher au monde. Je sais que ceux qui ont voulu me perdre auprès de lui m'ont accusé de ne pas faire assez de dépense. J'ai eu ici le plaisir de rassembler pour deux mille écus de quittances, sans compter pour environ quatre mille écus de diamants et d'autres effets achetés à Berlin, quatre cents écus par mois que me coûte mon ménage à Paris, et environ dix-huit mille livres de revenu que vous savez que j'ai abandonnées, sans compter enfin le voyage d'Italie que le roi m'a permis quand je me suis donné à lui, et par lequel je vais commencer au printemps. Mon cher ami, s'il m'était permis, dis-je, de remettre à ses pieds la pension dont il m'honore, je prouverais bien à ceux qui en ont été jaloux que je ne m'attache point à lui par intérêt, et je n'en passerais pas moins assurément le peu de jours qui me restent auprès de sa personne. Je ne connais ici que lui seul et le travail. Voilà mes dieux, et vous êtes mon saint. Je souhaite que ceux qu'il a comblés de bontés lui soient aussi attachés que nous deux. Mon cher Darget, portez mes sentiments dans son grand cœur, et ne parlez de moi qu'à lui. Vous voyez comme je m'abandonne à vous. Faites, je vous en prie, mes très-sincères compliments à M. Federsdorf.

MDCLXXVII. — AU MÊME.

À Berlin, 18 janvier au soir, 1744.

Mon cher ami, je reçois votre lettre aussi aimable que raisonnable. Le juif est condamné dans tous les points, et, de plus, il est condamné à une amende qui emporte infamie, s'il y avait infamie pour un juif.

Mais tout cela ne me rend pas ma santé. Je suis dans un état qui ferait pitié même à un juif. Je n'ai voulu qu'une retraite commode; j'en ai besoin, et le voisinage me la rendra délicieuse. J'avoue qu'il me paraissait très-impertinent que je prétendisse toucher une pension du roi avec tant de bienfaits. Plus les bontés sont grandes, moins il faut en abuser.

Il faut à présent faire priser les diamants. J'en ai perdu un de trois cent cinquante écus, je ne sais comment. Il n'y a pas grand mal, je gagne assez en confondant la calomnie. Je voudrais seulement que le plus grand homme du monde voulût bien penser qu'un juif, l'instrument d'une cabale, ayant trompé la justice, peut bien aussi avoir trompé son roi. Je voudrais qu'il vît combien il est absurde que j'aie envoyé cet homme à Dresde; combien il est ridicule que je lui aie promis une charge de joaillier de la couronne, etc.

Je voudrais qu'il sût combien de billets de la Steuer ce malheureux a achetés à Dresde et vendus à Berlin.

Je voudrais qu'il sût que le 23 novembre j'allai consulter M. de Kirkeisen pour savoir ce que c'était que ces effets de Dresde, à moi proposés par le juif, et que le lendemain, 24, je révoquai mes lettres de change. Tout cela est prouvé.

Je voudrais que le roi jugeât du rapport qu'on lui fit, le 29 novembre au matin, que j'avais acheté pour quatre-vingt mille écus de billets de la Steuer.

Je voudrais qu'il daignât juger des efforts que l'envie, irritée de ses bontés pour moi, a faits pour me perdre auprès de lui.

Je voudrais enfin qu'il sût que je ne me suis plaint de personne, que je ne me plaindrai jamais, et que je passe le temps de ma tribulation et de ma maladie à travailler.

Mais, mon cher ami, il s'agit de nous arranger. Je veux être à portée de ce grand homme et de vous. Solitude pour solitude, je préfère le Marquisat : neiges pour neiges, je préfère celles des environs de Potsdam.

Puisque le roi veut absolument que je jouisse de ma pension, je renonce au projet d'être à ses frais au Marquisat; j'aurai aisément tout ce qu'il me faut; et, s'il permet que j'y demeure jusqu'en mai, je m'y ferai un petit établissement fort honnête. Si M. Federsdorf peut m'aider de quelque secours, avec la permission du roi, à la bonne heure.

Mon ami, l'état où est ma santé demande absolument le régime et la retraite. Il faut savoir mourir; mais il faut savoir conserver sa vie.

Ma nièce consent à vivre avec moi dans une campagne; si nous n'avons pas le Marquisat, nous en chercherons une autre. Je vous écris longuement, quoiqu'il me coûte d'écrire dans l'état où je suis;

mais l'amitié est bavarde. Le roi est étonné que j'aie eu un procès avec un juif; mais n'ai-je pas tout tenté pour n'avoir point ce procès? N'ai-je pas proposé au juif, chez M. de Charat, quatre cents écus qu'il pouvait gagner, et qu'il a perdus en s'obstinant? N'ai-je pas conjuré le roi de faire terminer la chose à l'amiable par M. de Kirkeisen? N'a-t-on pas mis de l'humeur dans cette affaire? Ne m'a-t-on pas calomnié auprès du roi? Ne l'a-t-on pas aigri? Aurais-je gagné mon procès dans tous les points, si je n'avais eu terriblement raison? Le roi n'a-t-il pas ouvert les yeux? Le prince Radzevil n'a-t-il pas eu un procès avec le juif Ephraïm, sans qu'on y ait trouvé à redire? Que Sa Majesté pèse tout cela avec les balances de sa raison supérieure, et qu'il agisse avec la bonté de son cœur envers un homme âgé, infirme, malheureux, qui lui a tout sacrifié, à qui on a prédit les tours qu'on lui ferait, et qui n'a d'espérance sur la terre que dans sa bienveillance, dans ses promesses, et dans sa belle âme. Adieu.

MDCLXXVIII. — DE MADAME LA MARGRAVE DE BAREUTH.
Le 23 janvier.

Il faut que je me sois très-mal expliquée dans ma dernière lettre, puisque vous n'en avez pas compris le sens. Peut-être étais-je dans ce moment-là inspirée du Saint-Esprit. Comme vous n'êtes pas apôtre, vous avez trouvé fort obscur ce que je croyais fort clair. J'en viens à l'explication. Le duc de Wurtemberg m'a marqué qu'il avait dessein d'engager le marquis d'Adhémar à son service. J'ai craint qu'il ne vous prévînt, et vous ai prié de faire en sorte que le marquis refuse les propositions qu'on lui fera de la part du duc. Le margrave ne vous démentira point par rapport aux quinze cents écus d'appointements que vous lui avez offerts. Je vous prie de dépêcher cette affaire, et d'engager M. d'Adhémar à se rendre bientôt ici. On lui destine une charge de cour au-dessus de celle de chambellan, et vous pouvez compter que le margrave aura pour lui toutes les attentions imaginables.

Je crois que votre séjour en Allemagne inspire dans tous les cœurs la fureur de réciter des vers. La cour de Wurtemberg revient exprès ici pour histrioner avec nous. Le sensé Uriot nous a choisi, selon moi, la plus détestable pièce de théâtre qu'il y ait pour la versification; c'est *Oreste et Pylade*, de La Motte¹. J'admire les différentes façons de penser qu'il y a dans le monde. Vous excluez les femmes de vos tragédies de Potsdam, et nous voudrions, si nous avions un Voltaire, retrancher les hommes de celles que nous jouons ici. N'y aurait-il pas moyen que vous pussiez nous accommoder une de vos pièces, et y donner les deux principaux rôles aux femmes? Le duc et ma fille jouent joliment; mais c'est tout. Le pauvre Montperni est encore trop languissant pour prendre un grand rôle, et le reste ne fait qu'estropier vos pièces. Je n'ai osé proposer *Sémiramis*, la duchesse mère ayant représenté cette pièce à Stuttgard.

J'ai vu, ces jours passés, un personnage singulier; c'est un réfé-

1. *Oreste et Pylade* est de Lagrange-Chancel. (ÉD.)

rendaire du pape, prélat, chanoine de Sainte-Marie, et, malgré tout cela, homme sensé, déchaîné contre les moines, à l'abri du préjugé, et ne parlant que de tolérance.

Votre petit acteur est arrivé. Comme j'ai été tout ce temps fort incommodée, je ne l'ai point encore vu; mais on m'en a dit beaucoup de bien.

Venez bientôt nous voir dans notre couvent; c'est tout ce que nous souhaitons. Le margrave vous fait bien des amitiés. Saluez tous les frères qui se souviennent encore de moi, et soyez persuadé que l'abbesse de Bareuth ne désire rien tant que de pouvoir convaincre frère Voltaire de sa parfaite estime.

WILHELMINE.

MDCLXXIX. — A. M. DARGET.

Ce 25 janvier 1751.

Je vous prie, mon cher ami, de me mander si le roi veut bien avoir la bonté de me laisser rétablir ma santé dans cette maison de campagne auprès de Potsdam. J'ai absolument tout ce qu'il me faut, et je partirai sans délai. J'ai bien envie de deux choses, de vous et de la solitude.

Dites-moi, ou faites-moi dire par M. Federsdorf, si je peux compter sur cette permission du roi.

MDCLXXX. — AU MÊME.

1751.

Mon cher ami, j'ai tout terminé, dans la crainte que la prise des diamants et un appel ridicule que le juif voulait faire, ne me retînt encore quinze jours, et ne m'empêchât d'aller dans cette retraite du Marquisat, après laquelle je soupire. Il ne tenait qu'à moi de pousser à bout ce scélérat d'Hirschell; mais j'ai mieux aimé en user trop généreusement après l'avoir fait condamner, que de le punir par la bourse, comme je le pouvais. Enfin ce chien de procès est absolument fini; je n'attends que la permission du roi, de venir m'établir pour quelque temps dans la solitude; j'ose espérer qu'il me sera permis de venir travailler dans la bibliothèque de Sans-Souci, et que le philosophe qui a bâti ce palais n'oubliera pas tout à fait un homme qui lui a consacré sa vie. Peut-être que ce voisinage me rendra ma santé; mais, si je suis condamné à toujours souffrir, je souffrirai à Potsdam moins qu'ailleurs; et si l'Apollon de ces climats veut encore me faire lire, ce qui a fait jusqu'ici mon bonheur, j'oublierai tous mes maux. Il est comme les anciens magiciens, qui guérissaient tout avec des paroles enchantées.

J'attends, encore une fois, la permission que je demande, sans quoi j'aurais fait un bien mauvais marché. Demandez-la-lui donc pour moi, mon cher ami, et nous arriverons, mes petits meubles et moi, pour venir vivre en ermite. Je vous embrasse.

MDCLXXXI. — A M. LE COMTE D'ARGENTAL.

A Berlin, le dernier de janvier.

Mon cher ange, mon cher ami, j'ai écrit à ma nièce que tout ce que je lui disais était pour vous, et je vous en dis autant pour elle. Ma santé est devenue bien déplorable. Je ne peux pas écrire longtemps. Je commencerai d'abord par vous dire qu'il faut absolument attendre un temps plus doux pour revenir au colombier. J'ajouterai que je crains beaucoup de me trouver à Paris au milieu de toutes les tracasseries que vont causer vos éditions, d'essuyer les querelles des libraires, de compromettre les examinateurs des livres, d'essuyer les murmures des dévots, et d'être exposé aux Frérons. Il est impossible qu'un homme de lettres qui a pensé librement, et qui passe pour être heureux, ne soit pas persécuté en France. La fureur publique poursuit toujours un homme public qu'on n'a pu rendre infortuné. Je n'ai jamais éprouvé de faveur que quand l'ancien évêque de Mirepoix me persécutait.

Lambert a très-mal fait d'entreprendre une édition de mes sottises en vers et en prose sans m'en avertir; il a mal fait, après l'avoir entreprise, de n'en pas précipiter l'exécution, et il a plus mal fait de demander des examinateurs. Pour peu que ces examinateurs craignent, malgré leur philosophie et leur bonne volonté, de se commettre avec des gens qui n'ont ni bonne volonté ni philosophie, il en naîtra une hydre de tracasseries, et je n'aurai fait alors un voyage en France que pour essuyer des peines et des reproches. On dira que j'ai pris le parti de me retirer dans les pays étrangers pour y faire imprimer des choses trop libres qu'on ne peut mettre au jour en France, même avec une permission tacite. Je vous avoue, mon cher et respectable ami, que je voudrais bien ne reparaître que quand tous ces petits orages seront détournés.

Je vous remercie tendrement des démarches que vous avez eu la bonté de faire. Votre amitié est à l'épreuve du temps et de l'absence. Vous ne me verrez plus jouer Cicéron. Je l'ai représenté sur le petit théâtre que j'ai créé dans le palais de Berlin, et je vous assure que je l'ai bien mieux joué qu'à Paris; mais, pour jouer Cicéron, il faut avoir des dents, et ma maladie me les a fait perdre en grande partie. Je ne suis plus qu'un vieux radoteur,

> Et je ne vis pas un moment
> Sans sentir quelque changement
> Qui m'avertit de la ruine.

Il vient un temps où il ne faut plus se prodiguer au monde. J'aurais voulu passer avec vous les derniers jours de ma vie, vous n'en doutez pas; mais je vous répète que, quand j'aurai la consolation de vous entretenir, vous serez forcé d'approuver le parti que j'ai pris. Il m'a coûté bien cher, puisqu'il m'a séparé de vous. Mme d'Argental a dû

1. Chaulieu, *Sur la première attaque de goutte que j'eus en 1695*, v. 7-9. (Éd.)

recevoir une lettre de moi, avec quelques pilules de Stahl, que je lui adressai au commencement de décembre, quand le chambellan d'Hamon fut nommé pour aller à Paris conclure une petite affaire. Son départ a été longtemps retardé. Je le crois arrivé à présent. Un ministre qui se porte bien peut voyager au milieu des neiges; mais, dans l'état où je suis, il faut que j'attende une saison moins rude. Adieu ; je ne ferai plus de compliments à aucun de vos amis, ils me croient trop un homme de l'autre monde.

MDCLXXXII. — A M. DARGET.

A Berlin, ce 30 janvier, à minuit, 1751.

Mon cher ami, je vous avertis que j'ai du courage contre les neiges, et que j'en ferai des pelotes pour jeter au nez de la Nature et de la Fortune. D'ailleurs, le feu de Prométhée, qui brûle dans la chambre du roi, m'enverra des étincelles au Marquisat. Je ne fais plus de vers; je suis dans la prose du *Siècle de Louis XIV* jusqu'au cou; et j'ai besoin des vers d'un grand homme pour me réchauffer. Vous m'avez mandé que je pouvais, avec la permission du roi, aller m'établir dans cette solitude. Il n'y a qu'une seule chose que je demanderai à votre amitié ; c'est d'envoyer un laquais chez la concierge du marquis de Menton. Ce n'est pas vraiment dans le corps du logis du jardin, sur la rivière, que je veux demeurer; c'est dans le poulailler. Il ne s'agit que de savoir s'il y a une chambre à cheminée, et une avec un poêle; s'il y avait de quoi me faire rôtir une oie, et de quoi mettre de la viande dans un pot : la concierge me fera de bon potage. J'ai un peu de vaisselle d'argent, un peu de linge, des tables, des fauteuils, et des lits ; avec cela on peut se mettre dans sa chartreuse. M. de Federsdorf pourra bien m'envoyer un carrosse pour venir à Potsdam ; d'ailleurs j'aurai dans peu quatre chevaux. Ainsi ne blâmez plus mon goût, mais ayez la bonté de le favoriser. Je serai aux ordres du roi, s'il veut quelquefois d'un homme qui ne s'est expatrié que pour lui ; et si la maladie cruelle qui me ronge ne me permet pas des soupers, elle me pourra permettre de le voir et de l'entendre dans les moments où il voudra continuer à me confier les fruits de cette raison qu'il habille des livrées de l'imagination. Puisqu'il est le Salomon du Nord ; il est juste qu'on passe par-dessus les neiges pour l'aller entendre.

Je lui ai écrit une lettre comme un disciple de la reine de Saba l'aurait écrite ; car elle est pleine de pourquoi ? Je lui demandais, comme à Salomon, les raisons de la petite malignité du cœur humain qui se glisse jusque dans le séjour de la paix. Pour moi, mon cher enfant, je pardonne tout, j'oublie tout, et je ne songe qu'à souffrir avec patience, et à travailler avec constance. L'étude est la seconde des consolations, l'amitié est la première. Je vous prie de dire à M. le comte de Podewils l'Autrichien, que je suis très-podevilisé; il y a longtemps que je lui suis tendrement dévoué. Adieu, mon cher ami ; dites au docteur que je suis toujours à lui.

P. S. Je rouvre ma lettre pour vous dire ce qui s'est passé après la condamnation du juif; car il faut instruire son ami de tout. J'ai voulu tout finir généreusement, et prévenir la prisée juridique des diamants, qui prendra du temps, et qui retardera le bonheur de me jeter aux pieds du roi. M. le comte de Rothembourg sait tout ce que je sacrifiais pour la paix, qui est préférable à des diamants. J'ignore par qui le juif est conseillé; mais il est plus absurde que jamais. On lui a fait entendre qu'il devait s'adresser au roi, et que le roi casserait lui-même l'arrêt donné par son grand chancelier. Concevez-vous cet excès? Adieu, mon cher ami; on ne peut terminer cette affaire que par la plus exacte justice, conformément à l'arrêt rendu; la discussion tiendra un peu de temps; c'est un malheur qu'il faut encore essuyer. Il faudra encore quinze jours pour accomplir toute justice. Mon Dieu, que j'ai d'envie de vous embrasser.

MDCLXXXIII. — Au même.

1751.

Mon cher ami, ce n'est qu'après les affirmations à moi adjugées, et par moi faites, que j'ai eu la vanité de proposer au juif, au plus scélérat de tous les hommes, de reprendre pour deux mille écus ce qu'il m'a donné pour trois mille; et j'irai encore plus loin, s'il le faut, pour pouvoir m'approcher de Potsdam. J'ai demandé seulement au roi qu'il daignât me laisser encore ici jusqu'au 4 ou 5 mars. Le temps est bien dur, et, en vérité, l'état de ma santé mérite de la compassion. Mon cher ami, en vous remerciant de la bonté que vous avez eue d'envoyer au Marquisat¹. Si je peux m'y transporter avant le 4 de mars, l'envie d'être votre voisin précipitera mon pèlerinage. Il faudra regarder cette aventure comme une maladie dont j'aurai guéri. Les petits désagréments passent, l'amitié reste. Voilà pourquoi il faut aimer la vie. Adieu, ami charmant.

MDCLXXXIV. — Au même.

Janvier 1751.

Mon cher ami, quand je vous écris, c'est pour vous seul, c'est à vous seul que j'ouvre mon cœur. Je suis si malade, que je ne sens plus mes afflictions. Mon âme est morte, et mon corps se meurt. Je vous conjure de vous jeter, s'il le faut, aux pieds du roi, et d'obtenir de lui que je me retire au Marquisat à la fin de ce mois, et que j'y reste jusqu'au mois de mai. Il est vrai que je ne pourrais guère m'y passer des mêmes bontés et des mêmes générosités dont il daigne m'honorer à Berlin, et qu'il est impertinent à moi d'en abuser à ce point. Mais, mon cher ami, tâchez d'obtenir bien respectueusement, bien tendrement, que ma pension soit retranchée à compter depuis février jusqu'au temps de mon retour. J'aime infiniment mieux raccommoder ma santé au Marquisat, que de toucher de l'argent. Ce que le roi daigne faire pour moi coûte autant qu'une forte pension : ce double emploi n'est pas juste. Je n'ai que faire d'argent, mon cher ami; je veux de

---

1. Maison de plaisance du roi de Prusse, aux portes de Potsdam. (Éd.)

la campagne, du petit-lait, de bon potage, des livres, votre société, et les nouveaux ouvrages d'un grand homme qui a juré de ne me pas rendre malheureux. Ce que je lui demande adoucira tous mes maux; qu'il dise seulement à M. Federsdorf[1] qu'on ait soin de moi au Marquisat. J'ai des meubles, que j'y ferai porter. J'ai presque tout ce qu'il me faut, hors un cuisinier et des carrosses. Je n'aurai cela que quand je reviendrai avec ma nièce, qui prend enfin pitié de mon état, et qui consent de se retirer avec moi à la campagne pour me consoler. En un mot, il dépend du roi de me rendre à la vie. J'ai tout quitté pour lui; il ne peut me refuser ce que je lui demande. Il s'agit de rétablir ma santé pendant deux mois et demi au Marquisat, et d'y vivre à ma fantaisie. Mais je veux absolument que la pension me soit retranchée pendant tout ce temps-là, et pendant celui de mon absence, jusqu'à mon retour avec ma nièce. Elle fera partir tous mes meubles de Paris, le 1ᵉʳ juin, et je vous réponds que le reste de ma vie sera tranquille et philosophique. Soyez sûr que son amitié et la mienne contribueront à la douceur de votre vie. Elle ne me parle que de vous; elle vous aime déjà de tout son cœur, et je vous demanderai bientôt votre protection auprès d'elle. Comptez que c'est une femme charmante, et que personne n'a plus de goût, plus de raison et plus de douceur. Elle est plus capable de sentir le mérite des ouvrages du Salomon du Nord, que tout ce qui l'entoure. Si je peux espérer de rester au Marquisat avec elle, ma vie sera aussi heureuse qu'elle a été horrible depuis trois mois. Je vous embrasse tendrement; réussissez dans votre négociation: il le faut absolument.

La vraie amitié réussit toujours.

MDCLXXXV. — A M. LE MARQUIS DE THIBOUVILLE.

A Berlin, ce 5 février.

Je reçois à la fois vos deux lettres, mon cher duc d'Alençon. Vous ignorez peut-être qu'il a plu à la divine Providence de me faire deux niches; l'une par le moyen d'un échappé de l'*Ancien Testament*, qui a voulu me voler à Berlin cinquante mille livres, et l'autre par un échappé du *Système*, nommé André, qui s'est avisé de faire saisir tout mon bien, à Paris, pour une prétendue dette de billets de banque qu'il a la mauvaise foi et l'impudence de renouveler juste au bout de trente ans. Il a retrouvé un torche-cul du temps du *visa*; il a vendu, sans m'en dire un mot, ce torche-cul à un procureur, et ce procureur me poursuit avec toutes les horreurs de son métier. Voilà le cas où je me trouve, et cette aventure imprévue ne me tourmenterait pas sans vous. Si je peux réussir à plâtrer une trêve avec ce maraud de procureur, je suis à vous sur-le-champ et dans tous les quarts d'heure de ma vie. Quand je dis que je suis à vous, c'est de ma bourse et de mon cœur que je parle; car pour ma *présence réelle*, n'y comptez pas sitôt. Ni ma santé, ni d'autres raisons, ne peuvent me permettre d'aller à Paris dans le temps que je m'étais prescrit. Aimez-moi, dites aux sages

1. Ancien soldat devenu valet de chambre et favori de Frédéric II. (Cl.)

et à ma nièce qu'il faut qu'ils m'aiment. Je n'écris à personne cet ordinaire, pas même à Mme Denis. Ma santé est misérable. Adieu; je vous embrasse tendrement, mon cher Catilina.

MDCLXXXVI. — A Frédéric II, roi de Prusse.

Sire, eh bien! Votre Majesté a raison, et la plus grande raison du monde; et moi, à mon âge, j'ai un tort presque irréparable. Je ne me suis jamais corrigé de la maudite idée d'aller toujours en avant dans toutes les affaires; et, quoique très-persuadé qu'il y a mille occasions où il faut savoir perdre et se taire, et quoique j'en eusse l'expérience, j'ai eu la rage de vouloir prouver que j'avais raison contre un homme avec lequel il n'est pas même permis d'avoir raison. Comptez que je suis au désespoir, et que je n'ai jamais senti une douleur si profonde et si amère. Je me suis privé, de gaieté de cœur, du seul objet pour qui je suis venu: j'ai perdu des conférences qui m'éclairaient et qui me ranimaient, j'ai déplu[1] au seul homme à qui je voulais plaire. Si la reine de Saba avait été dans la disgrâce de Salomon, elle n'aurait pas plus souffert que moi. Je peux répondre au Salomon d'aujourd'hui que tout son génie n'est pas capable de me faire sentir ma faute au point où mon cœur me la fait sentir. J'ai une maladie bien cruelle; mais elle n'approche pas, en vérité, de mon affliction, et cette affliction n'est égale qu'à ce tendre et respectueux attachement qui ne finira qu'avec ma vie.

MDCLXXXVII. — A M. Darget.

A Berlin, samedi au soir, 1751.

Voici, mon cher ami, ce que le médecin des eaux de Clèves m'envoie. En qualité de malade, cette affaire est de mon département: faites-en l'usage que vous voudrez. Je suis, Dieu merci, débarrassé de ma querelle avec l'*Ancien Testament*, et je suis au désespoir de l'avoir eue; mais on est homme; les affaires s'enfournent, je ne sais comment. J'ai fait une folie, mais je ne suis pas fou. Je voudrais guérir aussi vite que j'oublie tout cela. Ma foi, il faut aussi que Frédéric le Grand l'oublie; car je défie tous les juifs, et même leurs prophètes, d'être plus sensibles que moi à ses beaux vers et à son beau génie.

Je vous avoue que je serais bien content d'aller travailler, tous les matins, dans la bibliothèque de Sans-Souci, où il y a des livres dont je peux faire usage. Ce n'est pas l'unique objet de mes désirs, comme vous le jugez bien, et le maître me tient plus au cœur que sa bibliothèque. J'ai des chevaux; quand vous voudrez venir manger le potage du malade, nous philosopherons comme nous pourrons, et nous jouirons, dans le jardin, du premier rayon de soleil. Bonsoir, mon cher ami.

A propos, je prends la liberté d'écrire à Frédéric le Grand, dans

1. Voltaire avait reçu ordre de ne plus paraître en présence de Frédéric, en attendant l'issue du procès. (Éd.)

l'effusion de mon cœur; j'ai mis la lettre dans le paquet de M. Federsdorf.

P. S. Je reçois votre lettre. Je suis bien inquiet pour vos yeux; voici le temps des fluxions. Je compte être votre voisin au 5 de mars, et cela me console. Me voici comme le meunier de La Fontaine; tout le monde me disait ici: « Envoyez f.... f..... ce juif généreusement, après l'avoir confondu; » je l'ai fait, et à présent on dit: « Pourquoi vous êtes-vous accommodé? » Mon ami, j'en ai usé avec une générosité sans exemple dans l'*Ancien Testament*. *Nea me vi tute involvo.*

Le 8 février, le procès du juif Abraham Hirschell, négociant à Berlin, a été jugé définitivement par-devant Son Excellence monseigneur le grand chancelier.

Abraham Hirschell a été condamné à restituer dix mille écus de lettres de change sans répéter aucuns frais; la saisie de sa personne déclarée bonne et juste. Les diamants, par lui fournis, seront prisés à leur juste valeur intrinsèque, par des experts que les juges nommeront : il est condamné à dix écus d'amende.

MDCLXXXVIII. — AU MÊME.

Février 1751.

Mon chien de procès n'étant point encore fini, et l'*Ancien Testament* me persécutant toujours, je ne sais que vous mander, mon cher ami. Ma maladie augmente, j'ai besoin d'un peu de courage; car, en vérité, si vous songez qu'après avoir suscité contre moi un d'Arnaud, après avoir corrompu mon secrétaire, et après m'avoir exposé par là aux suites les plus funestes, après m'avoir attaqué auprès du roi jusqu'à entrer dans les détails les plus bas, on me poursuit encore; si vous songez à toutes les mauvaises nouvelles que j'ai reçues à la fois de chez moi; si vous ajoutez à tout cela une maladie affreuse, et la privation de la vue de Sa Majesté; vous m'avouerez qu'il me faudrait quelque fermeté. Je n'ai plus le bonheur de lire de beaux vers, de voir et d'entendre le seul homme sur la terre pour qui j'ai pu quitter ma patrie. Je me console en travaillant à l'histoire du *Siècle de Louis XIV*, dans les heures où mes maux me laissent quelque relâche. Je suis continuellement dans la chambre que Sa Majesté a daigné m'accorder, pénétré de ses bontés, attendant la fin de ses rigueurs. Le roi ne sait pas tout ce que j'ai essuyé; peut-il connaître tous les trous que font les taupes dans les jardins de Sans-Souci? Bonsoir, mon très-cher ami. Ma nièce me mande que je dois trouver dans vous bien de la consolation, et elle a bien raison. On a créé pour Moncrif la place de secrétaire général des postes de France. Moncrif est plus vieux que moi. Il ne fait peut-être pas mieux des vers, mais il se porte bien. Ah! mon cher ami, la perte de la santé, à trois cents lieues de sa famille, est bien horrible! conservez la vôtre, et goûtez le bonheur d'être auprès de votre adorable maître.

MDCLXXXIX. — A M. FORMEY.

Le 14 février.

Je vous demande en grâce, monsieur, de ne pas refuser aujourd'hui e petit dîner philosophique. Il faut absolument que nous mangions le rôt du roi philosophe. Vous serez aussi libre et aussi à votre aise que chez vous, et je serai charmé de pouvoir vous entretenir de suite. Ce ne serait point la peine d'être venu à Berlin pour ne pas profiter de votre société. Voyez si vous voulez que je vous envoie un carrosse, à deux heures précises. *Vale*; c'est le plus beau des compliments.

MDCXC. — A M. DARGET.

Berlin, 15 février 1751.

Mon cher ami, on a beau faire le plaisant, les maladies, telles que la diablesse qui me mine, sont comme les gens de mauvaise compagnie, qui n'entendent point raillerie. Milord Tyrconnell est encore plus mal que moi. Nous verrons à qui partira le premier. Je crois que cela se passera fort galamment de part et d'autre, et que nous ne mourrons point en imbéciles. Songez à vivre, vous qui êtes encore jeune, qui avez des ressources, et qui trouverez à Paris des remèdes. Mais, entre nous, je crois qu'il n'y en a point pour M. de Tyrconnell ni pour moi. Chaque être apporte en naissant le principe de sa destruction, et il faut aller ranimer la nature sous une autre forme, quand le moment de la dissolution totale est venu: on meurt après avoir fait tout juste le nombre de folies, de sottises, après avoir eu le nombre d'illusions auxquelles on était destiné. J'ai rempli ma tâche assez complètement. J'ai peut-être encore cinq ou six mois à donner à la société; je tâcherai de les employer gaiement. Le roi fait fort bien de lire des Montecuculli et des Turenne, il passe d'Horace et de Virgile à eux. Il a raison; on aime ses semblables. Celui-là est d'une autre pâte que le reste des hommes. Il faudrait que les trois sœurs filandières, qu'on appelle les Parques, eussent un fil pour lui, cinq ou six fois plus long que pour les autres humains. Il est ridicule qu'il n'ait qu'un corps quand il a plusieurs âmes. Je compte, samedi, venir mettre mon âme faible et misérable aux pieds des siennes. Il faut rentrer au bercail; je suis une brebis galeuse, mais il sera le bon pasteur. Adieu, mon cher ami, je viendrai malgré Liberkuhn. Je vous embrasse de tout mon cœur d'avance.

MDCXCI. — DE MADAME LA MARGRAVE DE BAREUTH.

Le 18 février.

Si vous désirez grandement de me revoir, je vous rends le réciproque; partant frère Voltaire sera le bienvenu, en quelque temps que ce soit, et nous tâcherons de lui rendre notre abbaye agréable autant que faire se ra possible. Ne vous émerveillez pas de mon langage de jadis. Il était naïf, et qui dit naïf dit sincère. Bref, je lis les *Mémoires de Sully*, et j'ai parcouru tous ceux que j'ai sur l'histoire de France. Ces mémoires secrets mettent infiniment mieux au fait que les histoires générales, où les auteurs attribuent souvent les belles actions, tant politiques que militaires, à ceux qui n'y ont eu que peu de part. J'ai conclu que vous avez eu de très-grands hommes, et des rois très-ordinaires. Henri IV n'aurait peut-être jamais régné, ou ne se serait pas maintenu sans un Sully; et Louis XIV, sans les Louvois, les Colbert et les Turenne, n'aurait jamais acquis le surnom de *Grand*. Tel est le monde; on sacrifie à la grandeur, et rarement au mérite.

Vous me mandez des choses bien extraordinaires. Apollon est en procès avec un juif! Fi donc! monsieur, cela est abominable. J'ai cherché dans toute la mythologie, et n'ai trouvé ombre de plaidoyer dans ce goût au Parnasse. Quelque comique qu'il soit, je ne veux point le voir représenter sur la scène. Les grands hommes n'y doivent paraître que dans leur lustre. Je veux vous y contempler juge de l'esprit, des talents et des sciences, triomphant des Racine et des Corneille, et dictateur perpétuel de la république des belles-lettres. J'espère que votre Israélite aura porté la peine de sa fourberie, et que vous aurez l'esprit tranquille.

Envoyez-nous bientôt le marquis d'Adhémar; songez à la joie; renoncez à la repentance; portez-vous bien; pensez quelquefois à moi, et comptez sur ma parfaite estime. WILHELMINE.

MDCXCII. — A M. DARGET.

A Berlin, 18 février 1751.

Mon cher ami, j'ai compté sans mon hôte, et cet hôte est un diable qui ne me laisse pas compter sur un moment.

Durum sed levius fit patientia
Quidquid corrigere est nefas[1]!

Peut-être serai-je en état de partir lundi ou mardi. Le Fils de l'Homme dit que nous ne savons ni le jour ni l'heure. Je vous supplie de présenter mes remercîments à M. Federsdorf; pour ses attentions obligeantes dont je profiterai aussitôt qu'il me sera possible. Je ne sais point par moi-même, depuis deux jours, comment va mylord Tyrconnel, parce que j'ai gardé le lit; on dit qu'il va mieux : mais quel mieux! mon pis, à moi, est de n'être pas à Potsdam; car, vous m'en croirez si vous voulez, ce n'est pas pour Mme Book que je suis venu dans ce pays-ci, et que j'ai quitté, à mon âge, ma patrie et mes amis. Ménagez votre santé, mon cher ami, et que le roi conserve la sienne. C'est un bien fort au-dessus de tous les trônes de la terre.

Je vous embrasse avec une extrême impatience de vous voir.

MDCXCIII. — A MADAME DENIS.

A Berlin, le 20 février.

Je vous remercie tendrement de tout ce que vous m'envoyez. Je m'amuse, ma chère enfant, pendant les intervalles de ma maladie, à finir ce *Siècle de Louis XIV*. Il serait plus rempli de recherches, plus

1. Horace, livre Ier, ode XXIV, v. 19-20. (ÉD.)

curieux, plus plein, s'il était achevé dans son pays natal; mais il ne serait pas écrit si librement. Je me trouverais le matin avec des jansénistes, le soir avec des molinistes; la préférence m'embarrasserait; au lieu qu'ici je jouis de mon indifférence et de la plus parfaite impartialité. Votre intention est donc de redonner *Mahomet* avant *Catilina*? Nous verrons si vous y réussirez.

Franchement, je n'ai jamais trop conçu comment le prophète de la Mecque avait scandalisé les dévots de Paris. J'imagina bien qu'à Constantinople on trouverait mauvais que j'eusse ainsi traité le prophète des Osmanlis; mais quel intérêt y prennent vos rigoristes? En vérité, c'est un plaisant exemple de ce que peuvent la cabale et l'envie. Qui pourra jamais croire qu'un homme tel que l'abbé Desfontaines eût persuadé à quelques gens de robe, mal instruits, que cette tragédie était dangereuse à la religion? Encore, si j'avais fait l'embrasement de Sodome, cet honnête abbé aurait eu quelque prétexte de se plaindre; mais rien ne l'attachait à Mahomet. Enfin il parvint à exciter le zèle d'un homme¹ en place, et quelquefois un homme en place est un sot. Le préjugé subsiste toujours, et je crois que votre négociation trouvera bien des obstacles. M. le maréchal de Richelieu aura beau faire, les Turcs ne s'endormiront pas. Quelle pitié! Si cet ouvrage avait été d'un inconnu, on n'aurait rien dit; mais il était de moi, et il fallait crier. La méchanceté et le ridicule de vos cabales me consolent souvent d'être ici. Ce n'est point de l'enthousiasme qu'il faut à nous autres chétifs enfants d'Apollon, c'est de la patience, et ce n'est pas là d'ordinaire notre vertu.

Faites tout ce qu'il vous plaira. Je vous remets *Rome* et *la Mecque* entre les mains; ce sont deux saintes villes. Pour moi, je ne sais plus à quel saint me vouer depuis que je me suis avisé si mal à propos de vivre loin de vous. Je suis bien malade et justement puni.

MDCXCIV. — A M. DARGET.

A Berlin, dimanche 20 février 1751.

Mon cher ami, j'espère encore être en état de venir vous embrasser mercredi ou jeudi; mais sur quoi peut-on compter? Milord Tyrconnell se porte mieux, et moi j'empire. Être absolument seul, sans secours, sans consolation d'aucune espèce, presque sans espérance, à quatre cents lieues de sa famille et de ses amis; être privé, par la violence de ses maux, de la ressource de la lecture et de l'étude; se voir mourir pièce à pièce, entre deux toits couverts de neige! voilà mon état; profitez de cet exemple. Ménagez-vous jusqu'au temps où vous irez chercher à Paris une guérison sûre. J'ai peur que vos jours et vos nuits ne soient tristes. Je voudrais pouvoir vous consoler; et, si mes maux me donnent un peu de relâche, je viendrai vous dire, mercredi ou jeudi, quel tendre intérêt je prends aux vôtres. Je vous supplie de bien faire mes compliments à M. le comte Algarotti et à M. le marquis d'Argens.

1. Le cardinal de Fleuri. (*Note de M. Clogenson.*)

MDCXCV. — A FRÉDÉRIC II, ROI DE PRUSSE.

Sire, Votre Majesté joint à ses grands talents celui de connaître les hommes. Mais, pour moi, je ne comprends pas comment, dans ma retraite (royale à la vérité, mais encore plus philosophique) dans laquelle on n'a rien à se disputer, et qui devrait être l'asile de la paix, le diable peut encore semer sa zizanie. Pourquoi soulevât-on d'Arnaud contre moi ? pourquoi le rendit-on méchant ? pourquoi corrompit-on mon secrétaire [1] ? pourquoi m'a-t-on attaqué auprès de vous par les rapports les plus bas et par les détails les plus vils ? pourquoi vous fit-on dire, dès le 29 novembre, que j'avais acheté pour quatre-vingt mille écus de billets de *la Stère* [2], tandis que je n'en ai jamais eu un seul, et qu'ayant été publiquement sollicité par le juif Hirschell d'en prendre comme les autres, et ayant consulté le sieur Kircheisen sur la nature de ces effets, j'avais, dès le 24 novembre, révoqué mes lettres de change, et défendu à Hirschell de prendre pour moi un seul billet en question ? Pourquoi dicta-t-on à Hirschell une lettre calomnieuse adressée à Votre Majesté, lettre dont tous les points sont reconnus autant de mensonges par un jugement authentique ? Pourquoi osa-t-on dire à Votre Majesté que l'arrêt nécessaire de la personne de ce juif, arrêt sans lequel j'aurais perdu dix mille écus de lettres de change, arrêt fait selon toutes les règles, était contre toutes les règles ? Pardon, Sire ; que votre grand cœur me permette de continuer. Pourquoi poursuivre ainsi auprès de vous un malheureux étranger, un malade, un solitaire, qui n'est ici que pour vous seul, à qui vous tenez lieu de tout sur la terre, qui a renoncé à tout pour vous entendre et pour vous lire, que son cœur seul a conduit à vos pieds, qui n'a jamais dit un seul mot qui pût blesser personne, et qui, malgré ce qu'il a essuyé, ne se plaindra de personne ? Pourquoi m'avait-on prédit ces persécutions, prédictions que vous avez lues, et que votre bonté me promit de détourner et de rendre inutiles ? Pourquoi a-t-on forcé d'Argens de partir ? pourquoi m'a-t-on accablé si cruellement ? Voilà, je vous le jure, un problème que je ne peux résoudre.

Ce procès que j'ai eu, que j'ai gagné dans tous ses points, n'ai-je pas tout tenté pour ne le point avoir ? On m'a forcé à le soutenir, sans quoi j'étais volé de treize mille écus ; tandis que je soutiens depuis huit mois, à Paris, la dépense d'une grosse maison, et que, par le désordre où j'ai laissé mes affaires, comptant passer deux mois à vos pieds, je souffre, depuis cinq mois, sans le dire, la saisie de tous mes revenus à Paris. Cependant on m'a fait passer auprès de Votre Majesté pour un homme bassement intéressé. Voilà pourquoi, Sire, j'avais prié Darget de se jeter pour moi à vos pieds, et de vous supplier de supprimer ma pension ; non pas assurément pour rejeter vos bienfaits dont je suis pénétré, mais pour convaincre Votre Majesté qu'elle est mon unique objet. Suis-je venu cher-

1. Tinois; voy. lettres MDLIV et MDCLXII. (ÉD.)
2. Le mot allemand *Steuer* signifie *bourse*. (ÉD.)

cher ici de l'éclat, de la grandeur, du crédit? Je voulais vivre dans une solitude, et admirer quelquefois votre personne et vos ouvrages, travailler, souffrir patiemment les maux où la nature me condamne, et attendre doucement la mort. Voilà ce que je désire encore. Je ne serai pas plus solitaire auprès de Postdam que dans votre palais de Berlin. Si Darget vous a parlé des prières que j'osais vous faire pour cet arrangement, je vous supplie, Sire, de les oublier, et de me pardonner les propositions que j'avais hasardées. Je vivrai très-bien auprès de Potsdam, avec ce que Votre Majesté daigne m'accorder. J'y resterai, sous le bon plaisir de Votre Majesté, jusqu'au printemps, et alors j'irai faire un tour à Paris pour mettre un ordre certain pour jamais dans mes affaires. J'ose me flatter que l'assurance de ne pas déplaire à un grand homme pour qui seul je vis, je sens, et je pense, adoucira la maladie dont je suis tourmenté, laquelle demande du repos, et surtout la paix de l'âme, sans quoi la vie est un supplice. Permettez-moi donc, Sire, d'aller m'établir au Marquisat jusqu'au printemps; j'irai dans quelques jours, dès que la lie du procès sera bue et que tout sera fini. Voilà la grâce que je supplie Votre Majesté de daigner faire à un homme qui voudrait passer à vos pieds le peu de jours qui lui restent. J'avais, Sire, minuté cette lettre, pour la transcrire d'une manière plus respectueuse ; mais mes souffrances ne me permettent pas de la recommencer, et j'espère que Votre Majesté aura assez de compassion de mon accablement pour daigner recevoir ma lettre avec bonté, dans l'état où je le lui présente, avec le plus profond respect et le plus tendre attachement.

MDCXCVI. — AU MÊME. Février.

Sire, je conjure Votre Majesté de substituer la compassion aux sentiments de bonté qui m'ont enchanté, et qui m'ont déterminé à passer à vos pieds le reste de ma vie. Quoique j'aie gagné ce procès, je fais encore offrir à ce juif de reprendre pour deux mille écus les diamants qu'il m'a vendus trois mille, afin de pouvoir me retirer dans la maison que Votre Majesté permet que j'habite auprès de Potsdam. L'état où je suis ne me permet guère de me montrer, et j'ai besoin de faire des remèdes à la campagne pendant plus d'un mois. Permettez-moi de m'y aller établir la première semaine de mars, et de rester jusqu'au 5 ou 6 mai dans votre château. C'est un homme assurément très-malade qui vous demande cette grâce. Songez aussi que c'est un homme qui n'a eu, en renonçant à sa patrie, que votre seule personne pour objet, et dont l'attachement ne peut être douteux. Puisque vous avez la bonté de me dire les choses qui vous ont déplu, cette bonté même m'assure que je ne vous déplairai plus. Il est bien sûr que je ne suis pas donné à vous pour ne pas chercher à vous rendre ma conduite agréable, et que, quand on est conduit par le cœur, les devoirs sont bien doux.

Permettez-moi, Sire, de dire à Votre Majesté que j'avais beaucoup connu Gross à Paris; qu'il m'était venu voir à Berlin, et que j'allai le prier de me faire venir un ballot de livres et de cartes de géographie que M. de Razomowsky me devait envoyer. Je ne savais pas un mot de son rappel. Ce fut lui qui me l'apprit; et quand il m'en dit la raison, je me mis à rire. Je lui dis en vérité ce qui convenait, en pareille occasion, à un homme qui apprenait cette aventure de sa bouche. C'est l'unique fois que je lui aie parlé, et l'unique ministre que j'aie vu, et je peux assurer Votre Majesté que je n'en verrai aucun en particulier. Pardonnez-moi si je vous ai présenté des lettres de Mme de Bentinck. Je ne vous en présenterai plus.

A l'égard de la société, j'ose dire, Sire, que je ne crois pas y avoir mis la moindre apparence d'aigreur ni de trouble. S'il y avait même quelqu'un dont je pusse avoir à me plaindre, je jure à Votre Majesté que tout serait oublié dans un instant, et que le bonheur d'être dans vos bonnes grâces me rendrait agréables ceux même qui, étant mal instruits de l'affaire du juif, auraient trop pris parti contre moi. Je ne crois pas qu'il puisse être revenu à Votre Majesté que j'aie jamais dit un seul mot qui ait pu déplaire à personne. Daignez être très-sûr que jamais je ne mettrai même la moindre froideur dans le commerce avec aucun de ceux qui vous approchent; et sur cela je n'aurai pas à me vaincre.

Pour le juif, daignez, Sire, vous informer des juges, s'il y a un homme plus inique et de plus mauvaise foi sur la terre. Il refuse, tout condamné qu'il est, les mille écus que je lui offre de gagner. Mais cela ne m'empêchera pas de profiter de la grâce que Votre Majesté daigne me faire, et d'habiter la maison près de Potsdam, dont Votre Majesté est encore suppliée de me laisser la jouissance jusqu'au printemps. Je sacrifierai tout pour venir goûter le repos auprès du séjour que vous rendez si célèbre par tout ce que vous y faites. Daignez me laisser espérer que je verrai vos dernières productions. Il n'y a point pour moi de consolation plus chère. Vous ne pouvez pas assurément douter, Sire, que je ne sois tendrement attaché à votre personne, et j'ose dire que je le suis à un point, que j'espère que Votre Majesté me pardonnera tout.

MDCXCVII. — AU MÊME.

Ce samedi.

Sire, toutes choses mûrement considérées, j'ai fait une lourde faute d'avoir un procès contre un juif, et j'en demande bien pardon à Votre Majesté, à votre philosophie et à votre bonté. J'étais piqué, j'avais la rage de prouver que j'avais été trompé. Je l'ai prouvé, et après avoir gagné ce malheureux procès, j'ai donné à ce maudit Hébreu plus que je ne lui avais offert d'abord, pour reprendre ses maudits diamants, qui ne conviennent point à un homme de lettres. Tout cela n'empêche pas que je ne vous aie consacré ma vie. Faites de moi tout ce qu'il vous plaira. J'avais mandé à Son Altesse royale Mme la margrave de Bareuth que frère Voltaire était en pénitence. Ayez pitié de frère Voltaire. Il n'attend que le moment de s'aller fourrer dans la cellule du Marquisat. Comptez, Sire, que frère Voltaire est un bon homme, qu'il n'est mal avec personne, et surtout qu'il prend la liberté d'aimer Votre Majesté de tout son cœur. Et à qui montrez-vous les fruits de votre beau génie, si ce n'est à votre ancien admirateur ? Il n'a plus de talent, mais il a du goût; il sent vivement, et votre imagination est faite pour son âme. Il est tout pétri de faiblesses, mais assurément sa plus grande est pour vous. Il n'est point intéressé comme on vous l'a dit, et il ne cherche dans Votre Majesté que vous-même. Il est bien malade, mais vos bontés lui rendront peut-être la santé; en un mot, sa vie est entre vos mains. V.

J'apprends que Votre Majesté me permet de m'établir pour ce printemps au Marquisat. Je lui en rends les plus humbles grâces. Elle fait la consolation de ma vie.

MDCXCVIII. — A M. DARGET.

Ce dimanche.

Mon cher ami, voici une lettre pour le roi, que je vous prie de lui remettre. Ma foi, j'ai tort d'avoir voulu avoir publiquement raison contre un misérable; et le roi a plus de bon sens que moi, comme il a plus de talent. Je ne sais pas comment diable il fait pour être si sage en faisant des vers. Il serait plaisant que je mourusse de cela. Je voudrais déjà être au Marquisat, mais ce ne sera que pour le 6 ou le 7; car l'humeur s'est un peu jetée sur la poitrine, et les gencives ne sont pas mieux. Malgré le peu d'approbation qu'a eue la saignée de M. de Rothembourg, j'ai très-grande foi à La Métrie. Qu'on me montre un élève de Boerhaave qui ait plus d'esprit et qui ait mieux écrit sur son métier.

Mais qu'il guérisse vos yeux, voilà d'abord ce que je lui demande. J'étais fort en peine de M. d'Hamon et d'un gros paquet pour l'édition qu'on fait à Paris de mes rêveries, édition qui, par parenthèse, ne vaudra pas mieux que les autres, parce qu'elle a été faite sans me consulter, et pendant mon absence.

Ce d'Hamon, en arrivant chez moi, a trouvé des Damis, des Érase et des Angélique¹ et des Clarisse, qui l'attendaient à souper. On va le voir par curiosité, comme un homme venant de la part de Frédéric le Grand. Un certain marquis¹, un peu bavard, lui ayant fait une enfilade de questions fort longues, M. de Thibouville, qui n'avait encore rien dit, s'approcha de l'oreille de d'Hamon et lui dit : « Monsieur, je prends acte que tous les Français ne sont pas si pressants. » Il a été huit jours enfermé chez moi, sans sortir, parce qu'il fallait qu'il ne fît point de visite avant d'avoir été présenté; et le roi de France est à Versailles tout le moins qu'il peut. M. de Boufflers, colonel des gardes du roi Stanislas, a été tué sans qu'on sache trop comment. Tout le monde en raisonne, et demain personne n'en parlera. Vanité des vanités, l'adieu.

MDCXCIX. — AU MÊME.

A huit heures et demie du soir, ce dimanche, 1751.

Mon cher ami, je reçois votre consolante lettre; n'en soyez point en peine, je vous garde toutes celles que vous m'avez écrites. Nous

1. Ximenès. (Éd.)

avons bu à votre sa．．．é avec MM. de Cagnoni et Bodiani, quoique je ne boive guère ; car, en vérité, mon état est bien éloigné des plaisirs. Il est vrai que le juif, ayant demandé à faire serment sur des points contestés, a été déclaré, par la sentence, personnellement indigne de faire serment, et que l'affirmation m'a été adjugée ; ainsi tout est absolument pour moi dans l'arrêt, sans en excepter la moindre clause. Le juif est assez fou pour en appeler ; il est bien cruellement et bien mal conseillé. J'ai écrit au roi comme je vous l'ai dit ; c'était la lettre d'un malade qui n'envisageait que la vérité, mon attachement pour lui, et la mort qui finit tout. *Vale.*

MDCC. — A M. LE COMTE D'ARGENTAL.

Des neiges de Berlin, le 22 février.

O destinée ! destinée ! ô neiges ! ô maladies ! ô absence ! Comment vous portez-vous, mes anges ? Sans la santé tout est amertume. Le roi de Prusse m'a donné la jouissance d'une maison charmante ; mais, tout Salomon qu'il est, il ne me guérira pas. Tous les rois de la terre ne peuvent rendre un malingre heureux. Il faut que je vous parle d'une autre anicroche. André, cet échappé du *Système*, s'avise, au bout de trente ans, un jour avant la prescription, de faire revivre un billet que je lui fis en jeune homme, pour des billets de banque qu'il me donna dans la décadence du *Système*, et que je voulus faire en vain passer pour un *visa*, en faveur de Mme de Winterfeld, qui était alors dans le besoin. Ces billets de banque d'André étaient des feuilles de chêne. Il m'avait dit depuis qu'il avait brûlé mon billet avec toutes les paperasses de ce temps-là ; aujourd'hui, il le retrouve pendant mon absence, il le vend à un procureur, et fait saisir tout mon bien. Ne trouvez-vous pas l'action honnête ? J'ai trouvé ici une espèce d'André qui m'a voulu voler une somme un peu plus considérable ; mais il n'y a pas réussi, et j'ai eu bonne justice. Mais, pour l'André de Paris, je crois que je serai obligé de le payer et de le déshonorer, attendu que mon billet est pur et simple, et qu'il n'y a pas moyen de plaider contre sa signature et contre un procureur.

J'ai appris avec délices que M. de La Bourdonnais avait gagné son procès ; mais qui lui rendra ses dents, qu'il a perdues à la Bastille ? Mon cher ange, je perds ici les miennes. Une affection scorbutique m'a attaqué. Qui croirait qu'on eût les mêmes maux dans le palais du roi de Prusse et à la Bastille ? Ma santé est bien déplorable ; sans cela il me semble que j'aurais fait bien des choses qui vous auraient plu, et vous auriez avoué que je n'ai pas perdu mon temps à Berlin, et que, dans les glaces de mon âge, il s'était glissé quelque étincelle du feu dont le Salomon du Nord est animé.

Mon cher ami, la maladie avance ma caducité. Allons, courage. La nature est une souveraine despotique contre laquelle il ne faut pas murmurer. Portez-vous bien, encore une fois, tout tant que vous êtes, et aimez mon ombre, qui vous aime de tout son cœur.

ANNÉE 1751.

MDCCI. — DE FRÉDÉRIC II, ROI DE PRUSSE.

Potsdam, 24 février 1751.

J'ai été bien aise de vous recevoir chez moi; j'ai estimé votre esprit, vos talents, vos connaissances, et j'ai dû croire qu'un homme de votre âge, lassé de s'escrimer contre les auteurs, et de s'exposer à l'orage, venait ici pour se réfugier comme en un port tranquille; mais vous avez d'abord, d'une façon assez singulière, exigé de moi de ne point prendre Fréron pour m'écrire des nouvelles. J'ai eu la faiblesse ou la complaisance de vous l'accorder, quoique ce n'était pas à vous de décider de ceux que je prendrais en service. D'Arnaud a eu des torts envers vous; un homme généreux les lui eût pardonnés : un homme vindicatif poursuit ceux qu'il prend en haine. Enfin, quoique d'Arnaud ne m'ait rien fait, c'est par rapport à vous qu'il est parti d'ici. Vous avez été chez le ministre de Russie lui parler d'affaires dont vous n'aviez pas à vous mêler, et l'on a cru que je vous en avais donné la commission. Vous vous êtes mêlé des affaires de Mme de Bentinck sans que ce fût certainement de votre département. Vous avez la plus vilaine affaire du monde avec le juif. Vous avez fait un train affreux dans toute la ville. L'affaire des billets saxons est si bien connue en Saxe, qu'on m'en a porté de grièves plaintes. Pour moi, j'ai conservé la paix dans ma maison jusqu'à votre arrivée; et je vous avertis que si vous avez la passion d'intriguer et de cabaler, vous vous êtes très-mal adressé. J'aime des gens doux et paisibles, qui ne mettent point dans leur conduite les passions violentes de la tragédie : en cas que vous puissiez vous résoudre à vivre en philosophe, je serai bien aise de vous voir; mais si vous vous abandonnez à toutes les fougues de vos passions, et que vous en vouliez à tout le monde, vous ne me ferez aucun plaisir de venir ici, et vous pouvez tout autant rester à Berlin.

FRÉDÉRIC.

MDCCII. — DU MÊME.

Potsdam, du 28 février 1751.

Si vous voulez venir ici, vous en êtes le maître. Je n'y entends parler d'aucun procès, pas même du vôtre. Puisque vous l'avez gagné, je vous en félicite, et je suis bien aise que cette affaire soit finie. J'espère que vous n'aurez plus de querelles ni avec le *Vieux* ni avec le *Nouveau Testament*; ces sortes de compromis sont flétrissants, et avec les talents du plus bel esprit de France, vous ne couvririez pas les taches que cette conduite imprimerait à la longue à votre réputation. Un libraire Gosse, un violon de l'Opéra¹, un juif joaillier, ce sont en vérité des gens dont, dans aucune sorte d'affaires, les noms ne devraient se trouver à côté du vôtre. J'écris cette lettre avec le gros bon sens d'un Allemand, qui dit ce qu'il pense, sans employer de termes équivoques et de flasques adoucissements qui défigurent la vérité; c'est à vous d'en profiter.

FRÉDÉRIC.

MDCCIII. — A M. DARGET.

A Berlin, 2 mars 1751.

Mon cher ami, vous ne répondez ni à mes empressements, ni à mes questions, ni à mes doléances. Je suis toujours très-malade, et je présume que le roi daignera me recevoir avec bonté quand je serai en état de lui aller faire ma cour. Je m'imagine aussi que c'est pour ses bibliothèques qu'il destine les exemplaires que j'ai eu l'honneur de lui envoyer. Milord m'avait effrayé avant-hier. J'avais traîné ma mourante machine chez la sienne qui n'était pas en meilleur état. C'était une visite d'un bord du Styx à l'autre. Le crieur d'enterrement du docteur Patridor aurait pu nous soutenir à tous deux que nous étions ses pratiques; mais cela va au mieux aujourd'hui chez le gros et vigoureux corps anglais, et fort mal chez mon maigre individu. Ayez soin de votre santé, et n'oubliez pas tout à fait les misérables.

MDCCIV. — A M. FORMEY.

Mars.

Voulez-vous, monsieur, venir manger le rôt du roi, aujourd'hui jeudi, philosophiquement, et chaudement, et doucement, à deux heures? Deux philosophes peuvent, sans être courtisans, dîner dans le palais d'un roi philosophe. Je prendrai même la liberté de vous envoyer un carrosse de Sa Majesté, à deux heures précises.

Vous vous trouveriez après dîner à portée de votre académie.

Envoyez vos ordres à l'antileibnitzien, mais au forméien. V.

MDCCV. — A M. DARGET.

A Berlin, ce 7 mars 1751.

Il se peut faire, mon cher ami, qu'il y ait quelque lettre pour moi à Potsdam, car j'avais donné cette adresse, comptant pouvoir y être il y a longtemps. Je vous prie de vouloir bien faire dire à la poste, par un de vos gens, qu'on me renvoie mes lettres, s'il y en a; je vous serai bien obligé. Voici un petit rayon de soleil, mais il faudrait que Dieu, sous son bon plaisir, redoublât la dose. Ayez soin de vous; je vous embrasse tendrement.

MDCCVI. — AU MÊME.

A Berlin, ce 8 mars 1751.

Mon cher ami, je vais vous écrire en gros caractères, à cause de vos yeux. Il ne faut pas offenser la prunelle de son ami. Je vous avertis que, pour cette maladie, il ne faut que du régime, très-peu de vin, et se bassiner les yeux les matins avec de l'eau tiède. Je voudrais être déjà à Potsdam; mes meubles ne pourront partir qu'après-demain. Je suis en marché de deux chevaux; c'est tout ce qu'il me faudra pour aller à la bibliothèque de Sans-Souci, et pour vous venir voir. J'en trouve ici à cent écus la paire; mais je ne m'y connais pas. Si notre actif ami, l'aimable Vigne, veut m'en faire avoir à Potsdam, le petit enfant, plus intelligent que moi, n'a qu'à les retenir sur-le-champ, et commander harnais de campagne, mors et bride; et à peine serai-je dans mon Marquisat, que j'aurai ma cavalerie. Je suis comme une araignée qui fait sa toile dans un coin, et qui s'établit jusqu'à ce qu'un coup de balai la fasse déloger. Je bâtis un corps de logis à Cirey, et je l'abandonne tout meublé; je monte une bonne maison à Paris, et je la quitte au bout de deux mois; je m'établis au Marquisat, et je vais en Italie au mois de mai. Mais, mon cher ami, je pourrais bien être enterré au Marquisat. Mon affaire avec la nature va mal. J'ai pris mon parti sur tout, et je jette mon bonnet par-dessus les moulins, afin de n'avoir plus la tête si près du bonnet. Bonsoir ! je me fais un plaisir extrême de vous revoir, de vous embrasser. Songez à vos yeux. Mille compliments à M. Federsdorf, au docteur joyeux[1], *a tutti quanti*.

MDCCVII. — AU MÊME.

A Berlin, ce 9 mars 1751.

Tout mon corps est en désarroi ;
Cul, tête et ventre sont, chez moi,
Fort indignes de notre maître.
Un cœur me reste; il est peut-être
Moins indigne de ce grand roi.
C'est un tribut que je lui doi;
Mais, hélas ! il n'en a que faire.
Fatigué de vœux empressés,
Il peut croire que c'est assez
D'être bienfaisant et de plaire.
Né pour le grand art de charmer,
Pour la guerre et la politique,
Il est trop grand, trop héroïque,
Et trop aimable pour aimer;
Tant pis pour mes flammes secrètes,
J'ose aimer le premier des rois :
Je crains de vivre sous les lois
De la première des coquettes.
Du moins, pour prix de mes désirs,
J'entendrai sa docte harmonie,
Ces vers qui feraient mon envie,
S'ils ne faisaient pas mes plaisirs.
Adieu, monsieur son secrétaire;
Soyez toujours mon tendre appui :
Si Frédéric ne m'aimait guère,
Songez que vous paierez pour lui.

Bonsoir; pardon de mes coquetteries : j'ai été bien malade; ce ne m'empêchera pas de vous revoir demain. Je vous embrasse du meilleur de mon cœur.

1. La Métrie. (ÉD.)

MDCCVIII. — AU MÊME.

A Potsdam, ce 11 mar 1751.

Mon cher ami, je porte au Marquisat le cinquième chant[1], des pilules et de la casse, tous les dons d'Apollon et d'Esculape : je n'ai jamais tant souffert. Je vous supplie de dire à Sa Majesté que je vais penser à son cinquième chant et à ma santé. Je serai privé aujourd'hui de l'honneur et du plaisir de l'entendre, mais j'aurai celui de le lire. Mes entrailles font leurs très-humbles compliments à votre cul et à votre vessie, et mon cœur aime tendrement le vôtre.

MDCCIX. — A M. LE MARQUIS DE XIMÉNÈS.

A Potsdam, ce 13 mars.

J'espère, monsieur, que je lirai l'ouvrage que vous voulez bien me confier, avec autant de plaisir que je l'attends avec impatience. Vous savez combien je m'intéresse à l'honneur que vous voulez faire aux lettres. Je conserve précieusement votre poëme[2], qui méritait le prix; c'est le sort des Ximenés[3] d'être vengés de l'Académie par le public. Ma santé a été bien mauvaise depuis trois mois; mais les bontés extrêmes du grand homme auprès de qui j'ai l'honneur d'être, m'ont bien consolé. Elles me consolent tous les jours des bruits ridicules de Paris. En vérité, il faut remonter jusqu'aux beaux temps de la Grèce pour trouver un prince victorieux qui fasse un tel usage de son loisir, et qui daigne avoir pour un particulier étranger des attentions si distinguées. Il faut me pardonner de n'avoir pu le quitter; il ne m'empêche pas de regretter mes amis, mais il me rend excusable auprès d'eux. Permettez-moi, monsieur, de présenter mes respects à madame votre mère, et recevez les miens.

MDCCX. — A M. DARGET.

1751.

Mon cher ami, j'arrivais hier chez moi comme vous en sortiez, et le mauvais temps m'empêcha d'aller chez vous. Mon sorcier de cocher prétend qu'il est assez sorcier pour faire reprendre mes chevaux qui, dit-il, ne valent pas vingt écus, et pour m'en acheter de bons; mais il dit qu'il ne peut rien faire sans M. Vigne, qui a fait le marché. A la bonne heure, s'il peut réussir.

Voulez-vous bien permettre que M. Vigne aille à Berlin avec mon cocher? je vous serai bien obligé.

1. De l'*Art de la guerre*, poëme de Frédéric. (ÉD.)
2. Il était intitulé : *Les lettres ont autant contribué à la gloire de Louis XIV qu'il avait contribué à leurs progrès*, et n'eut pas le prix. Voltaire le fit imprimer, en 1773, à la suite des *Lois de Minos*, dans un volume qui contient d'autres écrits presque tous de Voltaire. (*Note de M. Beuchot.*)
3. Voltaire écrivait *Chimène*. Allusion à la Chimène du *Cid*. (ÉD.)

ANNÉE 1751.

MDCCXI. — AU MÊME.

A Potsdam, 1751.

Mon cher ami, je vous prie de remercier M. Morand de son attention. S'il croit qu'en effet sa préface ait l'air de me désigner, il lui est bien aisé d'y remédier. Au reste, qu'on me tue à Paris, pourvu que je vive ici avec vous dans les douceurs de votre amitié. Si je n'étais pas un peu malade aujourd'hui, je courrais pour vous voir et vous remercier. Je compte vous embrasser demain. Le Marquisat est trop loin; mais l'amitié rapproche tout. Je suis absorbé dans le *Siècle de Louis XIV*. Le roi, qui forme ici un nouveau siècle, devrait bien s'y intéresser, et me prêter tous ses livres. Un prêtre peut prêter sa patène à un sous-diacre. Si je manque de livres je deviendrai bien malheureux. Que Frédéric le Grand s'intéresse un peu à Louis le Grand! Bonsoir.

MDCCXII. — AU MÊME.

1751.

Le saint diacre, mon cher ami, était conseiller-clerc, et un très-grand imbécile.

Si le stathouder n'était pas mort d'une inflammation à la gorge, je croirais qu'il serait mort de quelque dîner avec un bourgmestre. Durand se trouve là dans un beau moment. Voilà de ces occasions où je voudrais un homme comme vous.

Je n'ai point eu non plus de nouvelles de Paris. Peut-être aurons-nous nos lettres par Berlin.

Portez-vous mieux que moi, et n'ayez jamais le scorbut.

MDCCXIII. — A M. LE COMTE D'ARGENTAL.

A Potsdam, le 15 mars.

Mon adorable ange, vous avez donc vu mon Prussien. J'aurais assurément voulu être du voyage, et resouper avec Mme d'Argental et avec vos amis, et vous embrasser cent fois et vous dire cent choses, et vous montrer cent vers recousus à *Rome sauvée*, à *Adélaïde*, à *Zulime*, et cent feuilles du *Siècle de Louis XIV*; car je serai historiographe de France, en dépit des jaloux; et je n'ai jamais eu tant d'envie de faire bien ma charge que depuis que je ne l'ai plus. Cet immense tableau d'un beau siècle me tourne la tête. M. de Pont de Veyle avouera que si Louis XIV n'est pas grand, son siècle l'est. Je n'ai pu accompagner notre chambellan dans les fanges et dans les neiges, où j'aurais été enterré; j'étais malade. D'Arnaud et compagnie, et les petits barbouilleurs, auraient été trop aises. D'Arnaud, animé du vrai désir de la gloire, n'ayant pu encore se faire un nom assez illustre par ses immortels ouvrages, s'en est fait un par son ingratitude envers moi, et par ses procédés. Il s'est noblement lié avec un Rozemberg, mauvais comédien sifflé à Berlin, et avec les Frérons sifflés à Paris; et que de belles nouvelles envoyées de canaille à canaille, et perçant chez les oisifs honnêtes gens du beau monde de Paris! A entendre ces beaux messieurs, j'avais perdu un grand procès, j'avais trompé un honnête banquier juif; et le roi, qui sans doute prend contre moi le parti de l'*Ancien Testament*, m'avait disgracié; et j'étais perdu, et Fréron riait, et Nivelle de La Chaussée racontait tout cela aussi froidement qu'il en est capable, et on imprimait ma *Pucelle*, et ensuite on me faisait mort. Je suis pourtant encore en vie; et le roi a eu tant de bonté pour moi pendant ma maladie, que je serais le plus ingrat des hommes si je ne passais pas encore quelques mois auprès de lui. J'étais le seul animal de mon espèce qu'il logeât dans son palais, à Berlin; et quand il partit pour Potsdam, et que je ne pus le suivre, il me laissa, équipages, cuisiniers, *et cætera*; et ses muets et ses chevaux conduisaient mes meubles de passade à une maison délicieuse, dont il m'a laissé la jouissance, aux portes de Potsdam; et il me conservait un appartement charmant dans son palais de Potsdam, où je couche une partie de la semaine; et j'admire toujours de près ce génie unique, et il daigne se communiquer à moi; et, enfin, si je n'étais pas à trois cents lieues de vous, si je ne vous aimais pas avec la plus vive tendresse, et si j'avais un peu de santé, je serais le plus heureux des hommes. J'en demande pardon aux successeurs des Desfontaines, et aux petits esprits, aux cuistres qui disent : « Est-il possible qu'il ait vingt mille francs de pension, tandis que nous n'en avons point? qu'il ait une clef d'or à sa poche, tandis que nous n'y avons point de mouchoir? et une grande croix bleue à son cou, quand nous voudrions l'étrangler? » Ils ne savent pas, les vilains, que ni ma croix, ni ma clef, ni ma pension, ne me touchent; que j'abandonnerais tout cela sans le moindre regret, si je n'étais pas uniquement attaché à la personne d'un grand homme qui fait mon bonheur. Ils ne savent pas que je vis heureux, et que je serai encore plus heureux quand je pourrai vous embrasser et vous consacrer les derniers moments de ma vie. Mille tendres respects à toute votre maison et à vos amis.

MDCCXIV. — A M. DARGET.

Mon très-aimable ami, le ciel confonde les marquis qui m'envoient des tragédies par la poste, et bénisse les rois pleins de génie et de bonté! J'ai reçu un petit mot consolant de la part d'un homme dont le génie m'épouvante, et dont le cœur me rassure. Puisse votre cul être aussi sain que votre âme! J'ai passé une nuit bien cruelle, dans la crainte de passer pour indiscret, et avoir révélé les mystères de Mars-Apollon. Je suis sensible comme vous, et ma tendre amitié compte sur la vôtre.

MDCCXV. — A MADAME DENIS.

A Potsdam, le 20 mars.

Me voici rencloîtré dans notre couvent moitié militaire, moitié littéraire. Le mois de mars, l'air et l'eau de ce pays-ci ne sont pas trop favorables à un convalescent. Je n'espère que dans le régime. J'ai repris mon petit train de vie, et je suis entre Louis XIV et Frédéric. Je ferais bien mieux de corriger assidûment mes ouvrages que de corriger ceux d'un roi. C'est être dans le cas de l'abbé de Villiers, qui avait fait un livre intitulé *Réflexions sur les défauts d'autrui.* Il alla au sermon d'un capucin; le moine dit en nasillant à son auditoire : « Mes très-chers frères, j'avais dessein aujourd'hui de vous parler de l'enfer; mais j'ai vu afficher à la porte de l'église : *Réflexions sur les défauts d'autrui;* eh ! mon ami, que n'en fais-tu sur les tiens ! Je vous parlerai donc de l'orgueil. »

Envoyez-moi, ma chère enfant, cette édition de Paris sitôt qu'elle sera achevée; pour celle de Rouen, je ne veux pas seulement en entendre parler. Voilà trop de bâtards. Je voudrais déshériter toute cette famille-là. Ne croyez pas que je sois plus content de la famille des autres. On ne m'envoie de Paris que de plates niaiseries. Le bon n'a jamais été si rare. Il faut qu'il le soit, sans quoi il ne serait plus bon. Que de mauvais livres faits par des gens d'esprit!

Tout le monde a de l'esprit aujourd'hui, mon enfant, parce que le siècle passé a été le précepteur du nôtre; mais le génie est un don de Dieu; c'est la grâce, c'est le partage du très-petit nombre des élus. Ne laissez pourtant pas de m'envoyer les rapsodies du jour; elles amusent parce qu'elles sont nouvelles. Cela est honteux. Quelle pitié de quitter Virgile et Racine pour les feuilles volantes de nos jours! Don Quichotte fit une infidélité d'un moment à Dulcinée pour Maritorne. Adieu, adieu; quand je songe aux infidélités, je suis si honteux que je me tais.

MDCCXVI. — A M. DARGET.

Jeudi, 1751.

Mon cher ami, vous souviendriez-vous par hasard de l'ermite V***? Vous êtes sans doute dans les plaisirs jusqu'au cou. Je fais mille compliments à vos plaisirs; j'espère avoir bientôt celui de vous voir. Il n'y a guère que vous qui puissiez me tirer de ma solitude. Heureux qui peut vivre avec vous! Faites-moi l'amitié de dire à M. et Mme de Tyrconnell que, de tous les ermites, je suis celui pour qui ils doivent avoir le plus de bonté. Faites-leur ma cour, je vous en prie, et aimez-moi tant que vous pourrez. J'aime à avoir place dans un cœur comme le vôtre.

MDCCXVII. — A M. LE COMTE D'ARGENTAL.

A Potsdam, le 27 avril.

Mon cher ange, j'apprends que vous avez perdu Mlle Guichard. Vous ne m'en dites rien; vous ne me confiez jamais vos plaisirs ni vos peines, comme si je ne les partageais pas, comme si trois cents lieues étaient quelque chose pour le cœur, et pouvaient affaiblir les sentiments. Voilà donc cette pauvre petite fleur, si souvent battue par la grêle, à la fin coupée pour jamais ! Mon cher ange, conservez bien Mme d'Argental; c'est une fleur d'une plus belle espèce, et plus forte; mais elle a été exposée bien des années à un mauvais vent. Mandez-moi donc comment elle se porte. Aurez-vous votre porte Maillot cette année? Vous me direz que je devrais bien venir vous y voir; sans doute, je le devrais et je le voudrais; mais ma porte Maillot est à Potsdam et à Sans-Souci. J'ai toutes mes paperasses, il faut finir ce que l'on a commencé. J'ai regardé le caractère d'historiographe comme indélébile. Mon *Siècle de Louis XIV* avance. Je profite du peu de temps que ma mauvaise santé peut me laisser encore pour achever ce grand bâtiment dont j'ai tous les matériaux. Ne suis-je pas un bon Français? n'est-il pas bien honnête à moi de faire ma charge quand je ne l'ai plus?

Potsdam est plus que jamais un mélange de Sparte et d'Athènes. On y fait tous les jours des revues et des vers. Les Algarotti et les Maupertuis y sont. On travaille, on soupe ensuite gaiement avec un roi qui est un grand homme de bonne compagnie. Tout cela serait charmant; mais la santé! Ah! la santé, et vous, mon cher ange, vous me manquez absolument. Quel chien de train que cette vie! Les uns souffrent, les autres meurent à la fleur de leur âge; et pour un Fontenelle, cent Guichard. Allons toujours pourtant; on ne laisse pas d'avoir quelques roses à cueillir dans ce champ d'épines. Monsieur sort tous les jours, sans doute, à quatre heures; monsieur va aux spectacles, et porte ensuite à souper sa joie douce et son humeur égale; et moi, tel j'étais, tel je suis, tenant mon ventre à deux mains, et ensuite ma plume; souffrant, travaillant, soupant, espérant toujours un lendemain moins tourmenté de maux d'entrailles, et trompé dans mon lendemain. Je vous le dis encore, sans ces maux d'entrailles, sans votre absence, le pays où je suis serait mon paradis. Être dans le palais d'un roi, parfaitement libre du matin au soir; avoir abjuré les dîners trop brillants, trop considérables, trop malsains; souper, quand les entrailles le trouvent bon, avec ce roi philosophe; aller travailler à son *Siècle*, dans une maison de campagne dont une belle rivière baigne les murs; tout cela serait délicieux, mais vous me gâtez tout. On dit que je n'ai pas grand'chose à regretter à Paris en fait de littérature, de beaux-arts, de spectacle et de goût. Quand vous ne me croirez pas de trop à Paris, avertissez-moi, et j'y ferai un petit tour, mais après la clôture de mon *Siècle*, s'il vous plaît. C'est un préliminaire indispensable.

Adieu; je vous écris en souffrant comme un diable, et en vous aimant de tout mon cœur. Adieu; mille tendres respects et autant de regrets pour tout ce qui vous entoure.

MDCCXVIII. — A M. FORMEY.

A Potsdam, le 30 avril (si je ne me trompe).

Il me paraît, monsieur, qu'il y a dans l'ouvrage que vous m'avez fait l'honneur de m'envoyer beaucoup d'images qui caractérisent un homme de génie, et des beautés qui décèlent un homme de goût. Peut-être faudrait-il encore un peu de travail pour rendre la pièce digne de son auteur, qui me paraît avoir bien du mérite. Les vers exigent une correction et une précision dont la difficulté m'effraye toujours.

M. Darget m'a dit que vous vous souvenez toujours de moi avec bonté; pour moi, je me souviens de vous avec reconnaissance.

J'ai à vous un gros tome que je vous renverrai à la première occasion, et que je voudrais bien vous apporter moi-même. J'ai grande envie de me trouver entre vous et M. de Jarrige; on apprend plus dans votre conversation que dans les livres. Je vous supplie d'assurer M. de Jarrige des sentiments que je vous conserverai toujours pour lui.

Interim vale; tuus sum. V.

MDCCXIX. — A M. LE COMTE D'ARGENTAL.

Le 4 mai.

Mon cher ange, le roi de Prusse, tout roi et tout grand homme qu'il est, ne diminue point le regret que j'ai de vous avoir perdu. Chaque jour augmente ces regrets; ils sont bien justes. J'ai quitté la plus belle âme du monde, et le chef de mon conseil, mon ami, ma consolation. On a quatre jours à vivre; est-ce auprès des rois qu'il faut les passer? J'ai fait un crime envers l'amitié. Jamais on n'a été plus coupable; mais, mon cher ange, encore une fois, daignez entrer dans les raisons de votre esclave fugitif. Était-il bien doux d'être écrasé par ceux qui se disent dévots, d'être sans considération auprès de ceux qui se disent puissants, et d'avoir toujours des rivaux à craindre? ai-je fort à me louer de vos confrères du parlement? ai-je de grandes obligations aux ministres? et qu'est-ce qu'un public bizarre qui approuve et qui condamne tout de travers? et qu'est-ce qu'une cour qui préfère Bellecour à Lekain, Coipel à Vanloo, Royer à Rameau? N'est-il pas bien permis de quitter tout cela pour un roi aimable, qui se bat comme César, qui pense comme Julien, et qui me donne vingt mille livres de rente et des honneurs pour souper avec lui? A Paris, je dépendrais d'un lieutenant de police; à Versailles, je serais dans l'antichambre de M. Mesnard. Malgré tout cela, mon cœur me ramènera toujours vers vous; mais il faut que vous ayez la bonté de me préparer les voies. J'avoue que, si je suis pour vous une maîtresse tendre et sensible, je suis une coquette pour le public, et je voudrais être un peu désiré. Je ne vous parlerai point d'une certaine tragédie d'*Oreste*, plus faite pour des Grecs que pour des Français; mais il me semble qu'on pourrait reprendre cette *Sémiramis* que vous aimiez, et dont M. l'abbé de Chauvelin était si content.

Puisque j'ai tant fait de courir la carrière épineuse du théâtre, n'est-il pas un peu pardonnable de chercher à y faire reparaître ce que vous avez approuvé? Les spectacles contribuent plus que toute autre chose, et surtout plus que du mérite, à ramener le public, du moins la sorte de public qui crie. J'espère que le *Siècle de Louis XIV* ramènera les gens sérieux, et n'éloignera pas de moi ceux qui aiment les arts et leur patrie. Je suis si occupé de ce *Siècle*, que j'ai renoncé aux vers et à tout commerce, excepté vous et Mme Denis. Quand je dis que j'ai renoncé aux vers, ce n'est qu'après avoir refait une oreille à *Zulime* et à *Adélaïde*. Savez-vous bien que mon *Siècle* est presque fait, et que lorsque j'en aurai fait transcrire deux bonnes copies, je revolerai vers vous? C'est, ne vous déplaise, un ouvrage immense. Je le reverrai avec des yeux sévères; je m'étudierai surtout à ne rendre jamais la vérité odieuse et dangereuse. Après mon *Siècle*, il me faut mon ange. Il me reverra plus digne de lui. Mes tendres respects à la porte Maillot. Voyez-vous quelquefois M. de Miran? voulez-vous bien le faire souvenir de moi? Son ennemi[2] est un homme un peu dur, médiocrement sociable, et assez baissé; mais point de vérité odieuse. *Valete, o cari!*

MDCCXX. — DE FRÉDÉRIC II, ROI DE PRUSSE.

Je viens d'accoucher de six jumeaux[2] qui demandent d'être baptisés, au nom d'Apollon, aux eaux d'Hippocrène. La *Henriade* est priée pour marraine; vous aurez la bonté de l'amener ce soir, à cinq heures, dans l'appartement du père. Darget-Lucine s'y trouvera, et l'imagination de l'*Homme-Machine*[3] tiendra les nouveau-nés sur les fonts.

MDCCXXI. — A M. DEVAUX.

A Potsdam, le 8 mai.

Mon cher Panpan (car il n'y a pas moyen d'oublier le nom sous lequel vous étiez si aimable), le jour même que je reçus vos ordres de servir votre ami (prière est ordre en ce cas), je courus chez un prince, et puis chez un autre, et les places étaient prises. J'écrivis le lendemain à la sœur d'un héros, à la digne sœur du Marc-Aurèle du Nord, pour savoir si elle avait besoin de quelqu'un d'aimable, qui fût à la fois de bonne compagnie et de service. Point de décision encore. Je comptais ne vous écrire que pour vous envoyer quelque brevet signé Wilhelmine, pour votre ami; mais, puisqu'on tarde tant, je ne peux pas tarder à vous remercier de vous être souvenu de moi.

Quand vous recevrez une seconde lettre de moi, ce sera sûrement l'exécution de vos volontés, et M. de Liébaud pourra partir sur-le-champ. Si je ne vous écris point, c'est qu'il n'y aura rien de fait.

Mon cher Panpan, mettez-moi, je vous prie, aux pieds de la plus aimable veuve[4] des veuves. Je ne l'oublierai jamais, et quand je retournerai en France, elle sera cause assurément que je prendrai ma route par la Lorraine. Vous y aurez bien votre part, mon cher et ancien ami. Je viendrai vous prier de me présenter à votre académie.

Notre séjour à Potsdam est une académie perpétuelle. Je laisse le roi faire le Mars tout le matin, mais le soir il fait l'Apollon, et il ne paraît pas à souper qu'il ait exercé cinq ou six mille héros de six pieds; ceci est Sparte et Athènes; c'est un camp et le jardin d'Épicure; des trompettes et des violons, de la guerre et de la philosophie. J'ai tout mon temps à moi; je suis à la cour, je suis libre; et, si je n'étais pas entièrement libre, ni une énorme pension, ni une clef d'or qui déchire la poche, ni un licou qu'on appelle *cordon d'un ordre*, ni même les soupers avec un philosophe qui a gagné cinq batailles, ne

---

1. Maupertuis avait voulu, avant de quitter Paris, dépouiller Mairan de la place de secrétaire perpétuel de l'Académie des sciences. (ÉD.)
2. Les six chants du poëme de l'*Art de la guerre*. (ÉD.)
3. La Métrie. (ÉD.) — 4. Mme de Boufflers. (ÉD.)

pourraient me donner un grain de bonheur. Je vieillis, je n'ai guère de santé, et je préfère d'être à mon aise avec mes paperasses, mon *Catilina*, mon *Siècle de Louis XIV*, et mes pilules, aux soupers des rois, et à ce qu'on appelle *honneur et fortune*. Il s'agit d'être content, d'être tranquille; le reste est chimère. Je regrette mes amis, je corrige mes ouvrages, et je prends médecine. Voilà ma vie, mon cher Panpan. S'il y a quelqu'un par hasard dans Lunéville qui se souvienne du solitaire de Potsdam, présentez mes respects à ce quelqu'un.

Il a été un temps où tout ce qui porte le nom de Beauvau me prenait sous sa protection; ce temps est-il absolument passé? Mme la marquise de Boufflers daigne-t-elle me conserver quelques bontés? serait-elle bien aise de me revoir à sa cour? serait-elle assez bonne de dire au roi de Pologne, qui ne s'en souciera peut-être guère, que je serai toute ma vie pénétré des bontés et des vertus de Sa Majesté? C'est le meilleur des rois, car il fait tout le bien qu'il peut faire.

Adieu, mon très-cher Panpan. Aimez toujours les vers, et n'aimez que les bons; et conservez quelque bonne volonté pour un homme qui a toujours été enchanté de votre caractère. *Vale et me ama.*

MDCCXXII. — A FRÉDÉRIC II, ROI DE PRUSSE.

Vous qui daignez me départir
Les fruits d'une muse divine,
O roi! je ne puis consentir
Que, sans daigner m'en avertir,
Vous alliez prendre médecine.
Je suis votre malade-né,
Et sur la casse et le séné
J'ai des notions non communes.
Nous sommes de même métier;
Faut-il de moi vous défier,
Et cacher vos bonnes fortunes?

Sire, vous avez des crampes, et moi aussi; vous aimez la solitude, et moi aussi; vous faites des vers et de la prose, et moi aussi; vous prenez médecine, et moi aussi: de là je conclus que j'étais fait pour mourir aux pieds de Votre Majesté.

MDCCXXIII. — A M. LE COMTE ALGAROTTI.

Le ....

Ducite ab urbe domum, mea carmina, ducite Daphnin.
Virg., ecl. VIII, v. 68.

Se ella è ammalata, complango; se sta bene, me ne rallegro; se si trastulla, lodo; se si ferma in Berlino, fa bene; se ella ritorna al nostro monastero, farà gran piacere ai frati, e mi porgerà una gran consolazione. Ma comunque si sia del come e del perchè, la prego di rimandarmi le bagatelle istoriche, le quali ha portate seco a Berlino. Intanto bacio le leggiadre mani che scrivono, che toccano le più delicate cose.

> Adieu, belle fleur d'Italie,
> Transplantée aux climats des géants grenadiers ;
> Revenez, mêlez-vous aux forêts de lauriers
> Que fait croître en ces lieux l'Apollon des guerriers ;
> Quelle terre par vous ne serait embellie ?

Voulez-vous bien avoir la bonté de faire souvenir de moi l'estomac de milord et milady Tyrconnell, la poitrine de M. le maréchal Keith, les uretères de M. le comte de Rothembourg ? Je me flatte que, par un si beau temps, il n'y aura plus de malade que moi.

MDCCXXIV. — A M. LE COMTE D'ARGENTAL.

Potsdam, le 29 mai.

Mon très-cher ange, si vous êtes à Lyon, j'irai à Lyon ; si vous êtes à Paris, j'irai à Paris ; mais quand ? je n'en sais rien. J'ai mon *Siècle* en tête, et c'est parce que je suis le meilleur Français du monde que je reste à Berlin et à Potsdam si longtemps. La retraite d'un archevêque dans son archevêché prouve que chacun doit être chez soi ; mais, mon ange, je commence par vous envoyer mes enfants. *Rome sauvée*, toute musquée, n'est-ce rien ? et puis mon *Siècle*, que vous aurez dans trois mois ? Cela vous amusera du moins. Cette pauvre petite Guichard valait mieux ; *la mort ravit tout sans pudeur*[1]. Tâchons de faire des choses qui ne meurent point. Je me flatte que ce *Siècle* vous plaira encore plus que les onze volumes pour lesquels j'avais tant d'aversion. Si j'ai eu le malheur de vous quitter, je me console par mes efforts pour vous plaire. Le roi de Prusse vient de donner trois ou quatre spectacles dignes du dieu Mars. J'ai vu trente mille hommes qui m'ont fait trembler. De là il court au fond de ses États, voir si tout va bien, et faire que tout aille mieux ; et moi, son chétif admirateur, je reste chez lui avec mon *Siècle*. Quelle reconnaissance dois-je lui témoigner pour toutes ses bontés ? Je ne peux faire autre chose que de les publier, je lui dois mon bonheur et mon loisir. Personne n'est logé dans son palais plus commodément que moi. Je suis servi par ses cuisiniers. J'ai une reine à droite, une reine à gauche, et je les vois très-rarement ; *Louis XIV* a la préférence. Point de gêne, point de devoir. Il faut que vous disiez tout cela, mon cher et respectable ami, afin que la bonne compagnie m'excuse, que les méchants soient un peu punis, et que l'on sache comment nos belles-lettres sont accueillies par un si grand monarque.

Enfin voilà donc M. de Chauvelin en passe de faire tout le bien qu'il a la rage de vouloir faire ; car le bien public est sa passion dominante. Il est beau pour le roi que le nom de Chauvelin ne lui ait pas nui, et que son mérite lui ait servi. Je crois que monsieur l'abbé, son frère, me garde toujours rancune ; je veux que mon *Siècle* me raccommode

1. La Fontaine, liv. VIII, fable I. (ÉD.)

avec lui. Algarotti en est bien content; ce serait un *gran traditore*, s'il me flattait; il y aurait conscience, car je suis bien loin d'être incorrigible. Je lui dis comme Dufresni : *Faites-moi bien peur;* car il faut que, dans une histoire moderne, tout soit aussi sage que vrai, et je veux forcer la France à être contente de moi.

Ma nièce est devenue bien respectable à mes yeux. Je n'avais presque songé qu'à l'aimer de tout mon cœur; mais ce qu'elle a fait en dernier lieu me pénètre d'estime et de reconnaissance. Elle s'est conduite avec l'habileté d'un ministre et toutes les vertus de l'amitié. A quels fripons j'avais affaire! Je détesterais les hommes s'il n'y avait pas des cœurs comme le vôtre et comme le sien. Comptez que mon cœur revole vers mes amis, mais aussi soyez bien persuadé que je n'ai pas mal fait de mettre quelque temps et quelques lieues entre moi et l'Envie. Je me suis fait ancien pour qu'on me rendît un peu plus de justice. Peut-être actuellement s'apercevra-t-on de quelque petite différence entre *Catilina*[1] et *Rome sauvée*. Je ne demande pas que ma *Rome* soit imprimée au Louvre; mais je me flatte qu'elle ne déplaira pas à ceux qui aiment une fidèle peinture des Romains, en vers français qui ne soient pas goths.

Virtutem incolumem odimus,
Sublatam ex oculis quærimus, invidi.
Hor., lib. III, od. xxiv, v. 31.

Vous me donnez des espérances de retrouver Mme d'Argental en bonne santé, donnez-moi aussi celle de retrouver son amitié.

Dites-moi ce que c'est que des *Mémoires* qui ont paru sur Mlle de Lenclos. Je m'y intéresse en qualité de légataire. Il y a ici un ministre[2] du saint Évangile qui m'a demandé des anecdotes sur cette célèbre fille; je lui en ai envoyé d'un peu ordurières, pour apprivoiser les huguenots.

Bonsoir; mes tendres respects à tout ce qui vous entoure, à tout ce qui partage les agréments de votre délicieux commerce. Je vous embrasse tendrement.

MDCCXXV. — A M. G. C. WALTHER.
26 mai 1751.

Si vous avez besoin d'argent, j'ai mille écus à votre service, que je vous prêterai sans intérêt. Ils sont entre les mains de mon banquier Schwigger. Vous n'auriez qu'à vous adresser au banquier Hauman, qui ferait son billet à Schwigger; car cet homme ne veut traiter qu'avec des banquiers, et ne recevrait pas d'autre signature. Ainsi donc, en cas que vous ayez besoin de cet argent, vous n'avez qu'à faire votre billet pur et simple de mille écus à Hauman, lequel fera son billet à Schwigger. Je vous répète que je vous prêterai ces mille écus pour un an sans intérêt.

1. Tragédie de Crébillon, imprimée au Louvre. (ÉD.) — 2. Formey. (ÉD.)

MDCCXXVI. — AU MÊME.

30 mai 1751.

Je suis fort occupé de l'*Histoire du Siècle de Louis XIV*, mais cet ouvrage ne sera pas sitôt prêt. J'attends des manuscrits de Paris. J'ai encore besoin de quelques livres, mais surtout j'ai besoin de temps pour rendre l'ouvrage moins indigne de l'impression; plus je l'aurai travaillé avec soin, et plus il vous deviendra utile. Comptez que je n'y perdrai pas un moment, et que je vous donnerai cet ouvrage avant que vous ayez achevé l'édition que vous allez faire. Je n'exigerai rien de vous, que des exemplaires en grand papier, et je serais assez récompensé de mes travaux si un libraire, qui paraît aussi honnête homme que vous, peut y faire quelque fortune.

MDCCXXVII. — A FRÉDÉRIC II, ROI DE PRUSSE.

Ce mardi.

Sire, si je ne suis pas court, pardonnez-moi.

Hier le fidèle Darget m'apprit avec douleur qu'on parlait dans Paris de votre poëme[1]. Je viens de lui montrer les dix-huit lettres que je reçus hier. Elles sont de Cadix. Il n'est pas question de vers.

Permettez que je montre à Votre Majesté les six dernières lettres de ma nièce, l'unique personne avec qui je suis en correspondance. Elles sont toutes six numérotées de sa main. Elle me parle avec confiance de vous et de tout. Si je lui avais écrit un mot du poëme, elle en parlerait. Je ne lui ai pas même envoyé l'énigme que j'avais faite et que je vous ai montrée, de peur qu'elle ne la devinât.

Ce ne sont pas les confidents de vos admirables amusements qui en parlent. Je réponds de Darget et de moi.

Daignez jeter les yeux sur les endroits soulignés de ces lettres, où il est question de Votre Majesté, de d'Argens, de Potsdam, de d'Hamon, etc. Votre Majesté n'y perdra rien. Elle verra mon innocence, mes sentiments et mes desseins.

Il y a onze mois que je suis parti, je comptais en passer deux à vos pieds.

Je peux avoir en France un privilége d'imprimer le *Siècle de Louis XIV*. Je suis prêt à l'imprimer à Berlin, si cela vous fait plaisir, et je le demande à Votre Majesté.

Je ne vous flatte pas (que je sache), et vous savez, par mes hardiesses sur vos beaux ouvrages, si j'aime et si je dis la vérité. Je vous admire comme le plus grand homme de l'Europe, et j'ose vous chérir comme le plus aimable. Ne croyez pas que je sois ici pour une troisième raison.

Vous savez que je le suis sensible; soyez sûr que je le suis avec enthousiasme à toutes vos bontés, et que votre personne fait le bonheur de ma vie.

Après vous, j'aime le travail et la retraite. Qui que ce soit ne se plaint de moi. Je demande à Votre Majesté une grâce pour ne point

---

1. Le *Palladion*. (ÉD.)

altérer ce bonheur que je lui dois, c'est de ne me point chasser de l'appartement qu'elle a daigné me donner à Berlin, jusqu'à mon voyage à Paris.

Si j'en sortais, on mettrait dans les gazettes que Votre Majesté m'a chassé de chez elle, que je suis mal avec elle; ce serait une nouvelle amertume, un nouveau procès, une nouvelle justification aux yeux de l'Europe, qui a les yeux fixés sur vos moindres démarches..., et sur les miennes, parce que je vous approche. J'en sortirai dès qu'il viendra quelque prince, dont il faudra loger la suite, et alors la chose sera honnête.

J'ai eu le malheur d'être traité par Chazot comme le curé de Meckelbourg. On a dit alors que Votre Majesté ne souffrirait plus que je logeasse dans son palais de Berlin. Je n'ai pas proféré la moindre plainte contre Chazot. Je ne me plaindrai jamais de lui ni de quiconque a pu l'aigrir. J'oublie tout; je vis tranquille; je souffre mes maladies avec patience, et je suis trop heureux auprès de vous.

Si Votre Majesté voulait seulement s'informer du comte de Rothembourg et de M. Jarrige comment je me suis conduit dans l'affaire Hirschell, elle verrait que j'ai agi en homme digne de sa protection, et digne d'être venu auprès de lui.

Mon nom ira peut-être à la suite du vôtre à la postérité, comme celui de l'affranchi de Cicéron. J'espère que, en attendant, le Cicéron, l'Horace et le Marc-Aurèle de l'Allemagne me fera achever ma vie en l'admirant et en le bénissant.

Je supplie Votre Majesté de daigner me renvoyer les lettres.

MDCCXXVIII. — A MADAME LA MARQUISE DU DEFFAND.

A Potsdam, ce dernier de mai.

Apparemment, madame, que mon camarade d'Hémon sert son roi aussi vite qu'il rend tard les lettres des particuliers. J'aurais bien voulu faire, dans ce mois de juin où nous sommes, ce voyage dont il parle; et, en vérité, madame, vous en seriez un des principaux motifs. J'aurais pu même prendre l'occasion du voyage que fait le roi mon nouveau maître dans le pays qu'habitait autrefois la princesse de Clèves; mais ce voyage sera fort court, et je lui ai promis de rester chez lui jusqu'au mois de septembre. Il faut tenir sa parole aux rois, et surtout à celui-là; d'ailleurs il m'inspire tant d'ardeur pour le travail, que, si je n'avais pas appris à m'occuper, je l'apprendrais auprès de lui. Je n'ai jamais vu d'homme si laborieux. Je rougirais d'être oisif, quand je vois un roi qui gouverne quatre cents lieues de pays tout le matin, et qui cultive les lettres toute l'après-dînée. Voilà le secret d'éviter l'ennui dont vous me parlez; mais pour cela il faut avoir la rage de l'étude comme lui, et comme moi son serviteur chétif.

Quand il vient de Paris quelques livres nouveaux, tout pleins d'esprit qu'on n'entend point, tout hérissés de vieilles maximes rebrochées et rebrodées avec du clinquant nouveau, savez-vous bien, madame, ce que nous faisons? nous ne les lisons point. Tous les bons livres du siècle passé sont ici; et cela est fort honnête; on les relit pour se préserver de la contagion.

Vous me parlez de deux éditions de mes sottises. Il est bien clair, madame, que la moins ample est la moins mauvaise. Je n'ai vu encore ni l'une ni l'autre. Je les condamne toutes, et je pense que, comme il ne faut point publier tout ce qu'ont fait les rois, mais seulement ce qu'ils ont fait de mémorable, il ne faut point imprimer tout ce qu'ont écrit de pauvres auteurs, mais seulement ce qui peut, à toute force, être digne de la postérité.

On me mande que l'édition de Paris est incomparablement moins mauvaise que celle de Rouen, qu'elle est plus correcte; j'aurais l'honneur de vous la présenter, si j'étais à Paris. On veut que j'en fasse une ici à ma fantaisie; mais je ne sais comment m'y prendre. Je voudrais jeter dans le feu la moitié de ce que j'ai fait, et corriger l'autre. Avec ces beaux sentiments de pénitence, je ne prends aucun parti, et je continue à mettre en ordre le *Siècle de Louis XIV*. J'ai apporté tous mes matériaux; ils sont d'or et de pierreries; mais j'ai peur d'avoir la main lourde.

Ce siècle était beau; il a enseigné à penser et à parler à celui-ci; mais gare que les disciples ne soient au-dessous de leurs maîtres, en voulant faire mieux! Je tâche au moins de m'exprimer tout naturellement, et j'espère que quand je reverrai Paris, on ne m'entendra plus. M. le président Hénault, pour qui je crois vous avoir dit des choses assez tendres, parce que je les pense, m'aurait-il tout à fait oublié? Il ne faut pas que les saints dédaignent ainsi leurs dévots. J'ai d'autant plus de droits à ses bontés qu'il est du siècle de Louis XIV.

Vous allez donc toujours à Sceaux, madame? J'avais pris la liberté de donner une lettre à d'Hamon pour Mme la duchesse du Maine; il la rendra dans quelques années. Vous avez fait deux pertes à cette cour un peu différentes l'une de l'autre; Mme de Staal et Mme de Malause.

Conservez-vous, ne mangez point trop; je vous ai prédit, quand vous étiez si malade, que vous vivriez très-longtemps. Surtout ne vous dégoûtez point de la vie, car, en vérité, après y avoir bien rêvé, on trouve qu'il n'y a rien de mieux. Je conserverai pendant toute la mienne les sentiments que je vous ai voués, et j'aimerai toujours Paris, à cause de vous et du petit nombre des élus.

MDCCXXIX. — A FRÉDÉRIC II, ROI DE PRUSSE.

A ce qu'on appelle le Marquisat, ce 5 juin.

Du fond du désert que j'habite
J'écris à mon héros errant.
Vous courez, Sire, et je médite;
Mais vous pensez plus en courant
Que moi dans mon logis d'ermite
D'un œil surpris, d'un œil jaloux
L'Europe entière vous observe.

Vous courez ; mais Mars et Minerve
Voyagent en poste avec vous.

Je songe, dans mon ermitage,
A faire encore un peu d'usage
De mon esprit trop épuisé ;
A goûter, sans être blasé,
Ce qui reste de ce breuvage ;
A m'armer pour le long voyage
Dont m'a'ertit mon corps usé ;
A voir d'un œil apprivoisé
La fin de mon pèlerinage.
Mais, hélas ! il est plus aisé
D'être ermite que d'être sage.

La plupart des gens ne sont ni l'un ni l'autre. On court, on aime les grandes villes comme si le bonheur était-là. Sire, croyez-moi, j'étais fait pour vous ; et, puisque je vis seul quand vous n'êtes plus à Potsdam, apparemment que je n'y étais venu que pour vous ; ceci soit dit en passant.

J'envoie à Votre Majesté ce dialogue de *Marc-Aurèle*. J'ai tâché de l'écrire à la manière de Lucien. Ce Lucien est naïf, il fait penser ses lecteurs, et on est toujours tenté d'ajouter à ses *Dialogues*. Il ne veut point avoir d'esprit. Le défaut de Fontenelle est qu'il en veut toujours avoir ; c'est toujours lui qu'on voit, et jamais ses héros ; il leur fait dire le contraire de ce qu'ils devraient dire ; il soutient le pour et le contre ; il ne veut que briller. Il est vrai qu'il en vient à bout ; mais il me semble qu'il fatigue à la longue, parce qu'on sent qu'il n'y a presque rien de vrai dans tout ce qu'il vous présente. On s'aperçoit du charlatanisme, et il rebute. Fontenelle me paraît dans cet ouvrage le plus agréable joueur de passe-passe que j'aie jamais vu. C'est toujours quelque chose, et cela amuse.

Je joins à *Marc-Aurèle* deux rogatons que Votre Majesté n'a peut-être pas vus, parce qu'ils sont imprimés à la suite d'un grimoire sur le carré des distances, lequel n'est point du tout amusant.

Mais en récompense des chiffons que j'envoie, j'attends le sixième chant de votre *Art* : j'attends le toit du temple de Mars. C'est à vous seul à bâtir ce temple, comme c'était à Ovide de chanter l'Amour, et à Horace de donner la Poétique. Sire, faites des revues, des ports, des heureux :

Sous vos aimables lois, je me flatte de l'être.
Aux yeux de l'avenir vous serez un grand roi,
Et, grâce à votre gloire, on voudra me connaître.
On dira quelque jour, si l'on parle de moi :
« Voltaire avait raison de choisir un tel maître. »

MDCCXXX. — DE MADAME LA MARGRAVE DE BAREUTH.

Le 12 juin.

Le marquis d'Adhémar n'est point encore arrivé ici, mais nous l'attendons à toute heure. Il a été malade, ce qui a différé son départ. Je crois qu'il est beaucoup plus facile d'avoir des Adhémar et des Graffigni, que des Voltaire. Il n'y a que le roi qui soit en droit de posséder ceux-ci. Vous me faites éprouver le sort de Tantale. Vous me flattez toujours par la promesse de venir faire un tour ici; et lorsque je m'attends à vous voir, mes espérances s'évanouissent. Si vous en aviez eu bonne envie, vous auriez pu profiter de l'absence du roi; mais vous suivez la maxime de beaucoup de grands ministres, qui payent de belles paroles sans effet. J'ai écrit au roi ce que vous me mandez sur son sujet. Il est difficile de le connaître sans l'aimer et sans s'attacher à lui. Il est du nombre de ces phénomènes qui ne paraissent, tout au plus, qu'une fois dans un siècle. Vous connaissez mes sentiments pour ce cher frère; ainsi je tranche court sur ce sujet. Nous menons présentement une vie champêtre. Je partage mon temps entre mon corps et mon esprit : il faut bien soutenir l'un pour conserver l'autre; car je m'aperçois de plus en plus que nous ne pensons et n'agissons que selon que notre machine est montée. Vous semblez devenu bien misanthrope. Vous restez à Potsdam tandis que le roi est à Berlin, et vous vous imaginez qu'un philosophe ne convient point à mes noces. On voit bien que vous n'avez jamais tâté du mariage, et que vous ignorez qu'un des points essentiels dans cet état est d'être bon philosophe, surtout en Allemagne. Les quatre vers que vous faites sur ce sujet me paraissent un peu épicuriens, et cet épicurianisme est incompatible avec la misanthropie. Il ne vous faudrait qu'une nouvelle *Uranie* pour vous tirer de vos réflexions noires, et pour vous remettre dans le goût des plaisirs.

La margrave vous fait bien des amitiés. Montperni est toujours de vos amis. Nous parlons souvent de vous; mais, cacochyme, et d'ailleurs accablé d'affaires, il ne peut vous écrire. Ses douleurs diminuent, mais il les a tous les jours pendant quelques heures, et vit comme un moine pour tâcher de se rétablir. Je ne le vois qu'un moment par jour. Il faisait la meilleure pièce de notre petite société. J'espère qu'Adhémar y suppléera.

Soyez persuadé que je ne cherche que les occasions de vous convaincre de ma parfaite estime. WILHELMINE.

P. S. Le roi me dit, lorsque j'étais à Berlin, qu'il voulait faire écrire l'*Esprit de Bayle*. Si cet ouvrage a eu lieu, et qu'on puisse l'avoir, je vous prie de me le procurer. J'ai reçu un supplément au dictionnaire fait en Angleterre. Selon moi, il répond très-mal à son original.

MDCCXXXI. — A M. DE MONCRIF.

A Potsdam, le 17 juin.

J'ai tardé longtemps à vous remercier, mon cher confrère, du beau présent que vous avez bien voulu me faire. Je me flattais de venir vous porter mes remerciments à Paris; mais ma mauvaise santé ne m'a pas encore permis d'entreprendre ce voyage. Je vous aurais dit de bouche ce que je vous dirai dans cette lettre : que tous vos ouvrages respirent les agréments de votre société et la douceur bienfaisante de votre caractère. Je ferai plus; ils m'enhardissent à m'ouvrir à vous, et à vous demander une marque d'amitié. Je sais qu'on m'a beaucoup condamné à la cour d'avoir accepté les bienfaits dont le roi de Prusse m'honore. J'avoue qu'on a raison, si on ne regarde ma démarche que comme celle d'un homme qui a quitté son maître naturel pour un maître étranger. Mais vous savez mieux que personne la triste situation où j'étais en France. Vous savez que j'essuyais, depuis vingt ans, tout ce que l'envie acharnée de ceux qui déshonorent les lettres plus qu'ils ne les cultivent avait pu imaginer pour me décrier et pour me perdre. Vous savez que l'abbé Desfontaines, qui vendait impunément des poisons dans sa boutique, avait des associés, et qu'il a laissé des successeurs. S'ils s'en étaient tenus aux grossièretés et aux libelles diffamatoires, j'aurais pu prendre encore patience : quoique à la longue cette foule de libelles avilisse, j'aurais supporté cet avilissement, trop attaché en France à la littérature. Mais je savais avec quel artifice et avec quelle fureur on m'avait noirci auprès des personnes les plus respectables du royaume. J'étais instruit que des gens à qui je n'ai jamais donné le moindre sujet de plainte m'avaient attaqué par des calomnies cruelles. La douleur et la crainte devenaient le seul fruit de quarante ans de travail; et cela, pourquoi? pour avoir cultivé un faible talent, sans jamais nuire à personne. Mme la marquise de Pompadour, M. le comte d'Argenson, et d'autres qui ont blâmé ma retraite, sont dans une trop grande élévation pour en avoir vu les causes. Ils ne savent pas ce que des hommes obscurs, mais dangereux, et infatigables dans leur acharnement à nuire, machinaient contre moi. Je suis sûr que la bonté de votre cœur serait effrayée, si j'entrais avec vous dans ces détails. Je veux bien qu'on sache que ces cabales indignes m'ont contraint de chercher ailleurs un honorable asile; mais, en même temps, je vous avoue que la douceur de ma vie serait changée en amertume, si des personnes à qui j'ai obligation, et à qui je serai toujours attaché, croyaient avoir des reproches à me faire. Croyez, mon cher confrère, qu'il en a bien coûté à mon cœur pour prendre le parti que j'ai pris. Je n'ai point recherché de vains honneurs; mais à la cour toute militaire où je suis, il y a de certaines distinctions qu'il faut absolument avoir pour n'être pas arrêté à tout moment aux portes par les gardes. Je ne pouvais guère demeurer auprès du roi de Prusse qu'avec ces légères distinctions, qui ne tirent d'ailleurs à aucune conséquence. Je vous jure qu'à mon âge je ne suis attaché ni à une clef d'or, ni à une croix, ni à une pension de vingt mille livres dont j'ai su ne pas avoir besoin, ni à d'autres avantages flatteurs dont je jouis. Je n'ai voulu que le repos; et, si j'avais pu alors espérer de le goûter en France, je ne l'aurais pas cherché ailleurs. Je vous demande en grâce d'exposer mes sentiments à M. le comte d'Argenson. Je serais au désespoir qu'il blâmât ma conduite. Je lui suis attaché dès ma plus tendre jeunesse, et il est l'homme du royaume dont j'ambitionne le plus les suffrages et les bontés. J'avoue encore que je ne me consolerais pas si Mme de Pompadour, à qui je dois une éternelle reconnaissance, pouvait me soupçonner de la moindre ombre d'ingratitude. Je vous conjure donc, mon cher confrère, de faire valoir auprès de l'un et de l'autre mes raisons, mes regrets, mon attachement. Comptez que je ne vous oublie pas parmi ceux que je regrette souvent. Vous êtes tous les jours dans la maison de M. le duc et Mme la duchesse de Luines; ayez la bonté de présenter mes respects à toute cette maison, dont la vertu est respectée ici. Le roi de Prusse se souvient d'avoir vu M. le duc de Chevreuse, et en parle souvent avec éloge.

Je n'ose vous prier de faire mention de moi à la reine. Je ne me flatte pas d'être dans son souvenir; mais je suis auprès d'un roi qui est le meilleur ami du roi son père. Je n'ai que ce titre pour prétendre à sa protection; mais peut-être que, si vous lui disiez un mot de moi, elle pourrait s'en souvenir avec cette bonté indulgente qu'elle a pour tout le monde. Ne soyez point surpris de la confiance avec laquelle je me suis expliqué à vous; c'est vous qui me l'avez donnée. L'usage que vous voudrez bien en faire augmentera la félicité dont je jouis auprès d'un roi philosophe, et rendra plus agréable le voyage que j'espère toujours faire à Paris, et qui sera hâté par le plaisir de venir vous faire les remerciments les plus sincères, et de vous renouveler les assurances d'un attachement et d'une estime que je conserverai toujours.

MDCCXXXII. — A M. DE LA MÉTRIE.

A Potsdam.

Allez, courez, joyeux lecteur,
Et le verre à la main, coiffé d'une serviette,
De vos désirs brûlants communiquez l'ardeur
    Au sein de Phyllis et d'Annette.
Chaque âge a ses plaisirs; je suis sur mon déclin
    Il me faut de la solitude;
    A vous, des amours et du vin.
De mes jours trop usés j'attends ici la fin,
    Entre Frédéric et l'étude,
Jouissant du présent, exemp. d'inquiétude,
    Sans compter sur le lendemain.

Mes compliments à la cousine. Partez donc avec le gai-mélancolique Darget, et aimez-moi en chemin.

MDCCXXXIII. — A M. DEVAUX.

Mon cher Panpan, je vous assure que je ressens bien vivement la douleur de vous être inutile. Croyez que ce n'est pas le zèle qui m'a manqué. Vous ne doutez pas de la satisfaction extrême que j'aurais eue à faire réussir ce que vous m'avez recommandé; mais ce qui est difficile en Lorraine est encore plus difficile en Prusse, où la quantité de surnuméraires est prodigieuse.

Je compte bien profiter des bontés du roi Stanislas, et venir me mettre aux pieds de Mme de Boufflers, au premier voyage que je ferai en France; et assurément je postulerai fort et ferme une place dans votre académie. J'aurais le bonheur d'appartenir par quelque titre à un roi qu'on ne peut s'empêcher de prendre la liberté d'aimer de tout son cœur. Cette place, mon cher et ancien ami, me serait encore plus précieuse, si je me comptais au nombre de vos confrères.

Je ne me porte guère mieux que Mme de Bassompierre, et c'est en partie ce qui m'a privé longtemps du plaisir de vous écrire. J'aurais bien de la vanité si je supportais mes maux avec cette douceur et cette égalité d'humeur qu'elle oppose à ses souffrances et qu'ont si rarement les gens qui se portent bien. Je vous supplie de me conserver dans son souvenir, et de ne me pas oublier auprès de Mme de Boufflers. Est-ce que M. le marquis du Châtelet est actuellement à Lunéville? Présentez-lui, je vous prie, mes respects. J'ignore si son fils est à Commercl. Tout ce que je sais de votre cour, c'est que je la regrette, même dans la société du héros philosophe auprès de qui j'ai l'honneur de vivre.

Je sais bien bon gré à M. de Saint-Lambert d'avoir exclu Roi, ce méchant homme. Voudra-t-il se souvenir de moi avec amitié? Je vous assure que j'en ressentirais une grande consolation. Quoique j'aie absolument renoncé à la *comète*, cependant je n'ai point oublié la maison de M. Alliot, et vous me ferez grand plaisir de me protéger un peu dans cette maison.

Mon cher Panpan, vous ne sauriez croire combien je suis affligé de n'avoir pu faire ce que vous m'avez recommandé. Je serais inconsolable si vous pouviez penser que j'ai manqué de bonne volonté.

Je vous embrasse du meilleur de mon cœur.

MDCCXXXIV. — A M. LE MARQUIS DE XIMENÈS.

A Potsdam.

J'ai reçu assez tard, monsieur, à Potsdam un paquet qui a redoublé mon attachement pour vous, et qui a augmenté mon envie de faire un petit tour d'une des collines du Parnasse où je suis, à l'autre que vous habitez. Savez-vous bien qu'il y a des choses admirables dans ce que vous m'avez envoyé; et que, si le cœur vous en dit, vous pouvez faire de ces ouvrages quelque chose qui mettra le nom de Chimène aussi en vogue au théâtre qu'il y a jamais été? Je vis auprès d'un monarque qui fait tant d'honneur aux lettres, que je ne m'étonne plus de voir qu'on fait, dans la maison du cardinal Ximenès, ce qu'on a fait dans celle de Witikind.

Je voudrais pouvoir raisonner avec vous, papier sur table, comme je fais quelquefois avec ce grand homme. Il faudrait un volume pour s'entendre de si loin, encore ne s'entendrait-on guère. Permettez donc que je réserve pour le mois d'octobre le plaisir de vous entretenir sur ce que vous m'avez confié.

J'aurais voulu pouvoir profiter du voyage que le roi de Prusse a fait à Clèves, pour venir faire un tour à Paris; mais je suis accablé de travail; je n'ai pas un moment à perdre. Mon voyage aurait été trop court; et j'ai promis au roi de rester auprès de lui jusqu'au mois d'octobre. Je lui tiendrai parole, et je n'y aurai pas grand mérite : il daigne faire le bonheur de ma vie. Si j'avais imaginé un plan pour arranger ma destinée et une manière de vivre conforme à mon humeur, à mes goûts, à mon âge, à ma mauvaise santé, je n'en aurais pas choisi d'autre.

S'il plaisait seulement à la nature de me traiter comme fait le roi de Prusse, je me croirais en paradis; mais des maladies continuelles gâtent tout le bien que me fait un grand roi. Je lui ai sacrifié du meilleur de mon cœur l'envie que j'avais de voir l'Italie et de passer par la France; mais ce qui est différé n'est pas perdu. Il faut qu'un être pensant ait vu Rome et le roi de Prusse, et ait vécu à Paris; après cela on peut mourir quand on veut.

Comptez, monsieur, que je mets au nombre des choses qui me font aimer ce monde les belles choses que vous m'avez envoyées, et dont j'ai grande envie de vous parler à tête reposée. Mille respects à Mme votre mère; comptez sur les sentiments inaltérables de

VOLTAIRE.

MDCCXXXV. — A M. LE COMTE D'ARGENTAL.

A Potsdam, le 13 juillet.

Mon cher ange, vous avez donc suivi le conseil du meilleur général[1] qu'il y ait à présent en Europe? Il n'y a point de poltronnerie à bien prendre son temps, et à attendre que le génie de *Rome* suscite un autre César que Drouin pour la *sauver*. Je me flatte d'ailleurs que des conjurés tels que vous en seront plus encouragés, quand je ferai des efforts pour leur fournir de meilleures armes. J'avais envoyé quelques légers changements; mais ils étaient faits trop à la hâte, et trop insuffisants. Je crois toujours qu'il faut rendre Aurélie un peu plus complice de Catilina. Ce ne serait pas la peine de l'avoir épousé en secret pour ne pas prendre son parti. Il me semble qu'il y aura quelque nouveauté, et peut-être quelque beauté, à représenter Aurélie comme une femme qui voit le précipice et qui s'y jette. D'ailleurs je ne peux rien changer au fond de son rôle et de ses situations. La tragédie ne s'appelle point *Aurélie*; le sujet est Rome, Cicéron, Caton, César. C'est beaucoup qu'une femme, parmi tous ces gens-là, ne soit pas une bégueule impertinente. Je sais bien, quand le parterre et les loges voient paraître une femme, qu'on s'attend à voir une amoureuse et une confidente, des jalousies, des ruptures, des raccommodements. Aussi je ne compte pas sur un grand succès au théâtre; mais peut-être que l'appareil de la scène, le fracas du théâtre qui règne dans cet ouvrage, les rôles de Cicéron, de Catilina, de César, pourront frapper pendant quelques représentations; après quoi on jugera à l'impression entre cet ouvrage et les vers[2] allobroges imprimés au Louvre.

On m'a fait de objections dont quelques-unes sont annoncées et réfutées par votre lettre. Je me rends avec plus de docilité que

1. Voltaire parle du maréchal de Richelieu. (ÉD.)
2. Ceux du *Catilina* de Crébillon. (ÉD.)

personne aux bonnes critiques; mais les mauvaises ne m'épouvantent pas.

Je crois qu'au quatrième acte, avant qu'Aurélie arrive, on peut augmenter encore la chaleur de la contestation, sans faire sortir César de son caractère, et donner une espèce de triomphe à Catilina, afin que l'arrivée d'Aurélie produise un plus grand coup de théâtre; mais il faut que ce débat soit court et vif. On m'a cité bien mal à propos la délibération de la scène d'Auguste avec Cinna et Maxime. Les cas sont bien différents, et le goût consiste à mettre les choses à leur place.

La première scène du cinquième acte est absolument nécessaire, cependant elle est froide; ce n'est pas sa faute, c'est la mienne. Ce qui est nécessaire ne doit jamais refroidir. Il faut supposer, il faut dire que le danger est extrême dès le premier vers de cette scène, que Cicéron est allé combattre dans Rome avec une partie du sénat, tandis que l'autre reste pour sa défense. Il faut que les reproches de Caton et de Clodius soient plus vifs, et qu'on voie que Cicéron sera puni d'avoir sauvé la patrie; c'est là un des objets de la pièce. Cicéron, sauvant le sénat malgré lui, est la principale figure du tableau; il ne reste qu'à donner à ce tableau tout le coloris et toute la force dont il est susceptible. L'ouvrage d'ailleurs vous paraît raisonnablement conduit; il est une peinture assez fidèle et assez vive des mœurs de Rome. J'ose espérer qu'il ne sera pas mal reçu de tous ceux qui connaissent un peu l'antiquité, et qui n'ont pas le goût gâté par les idées et par le style d'aujourd'hui.

Je vais donc, mon cher et respectable ami, mettre tous mes soins à fortifier et à embellir, autant que ma faiblesse le permettra, tous les endroits de cet ouvrage qui me paraissent en avoir besoin. J'ai déjà fait bien des changements; mais je ne suis pas encore content. J'enverrai la pièce avant qu'il soit un mois. Vous aurez tout le temps de dire votre dernier avis, et de disposer l'armée avec laquelle vous daignez me soutenir.

Vous ne m'avez point répondu sur une petite question que je vous avais faite, laquelle a peu de rapport avec la république romaine. Il s'agissait du nombre des curés de France, qui est très-fautif dans tous les livres, et sur lequel le receveur du clergé doit avoir une notion sûre, notion qu'il peut très-bien communiquer, sans nuire à l'arche du Seigneur.

On parle d'un mandement de l'évêque[1] de Marseille très-singulier. Les remontrances du parlement n'ont pas fait plus de fortune ici qu'à votre cour; mais je ne conçois pas comment le roi est réduit à emprunter. Nous n'empruntons point, et toutes les charges du royaume sont payées le premier du mois. Adieu, société charmante, qui valez mieux que tous les royaumes.

1. Belzunce. (ÉD.)

MDCCXXXVI. — A Frédéric II, roi de Prusse.

Sire, j'ai lu, la nuit et ce matin, depuis le Grand Électeur jusqu'à la fin[1], parce qu'on ne peut pas lire deux moitiés à la fois. Quand vous n'auriez fait que cela dans votre vie, vous auriez une très-grande réputation. Mais cet ouvrage, unique en son genre, joint aux autres, et, par parenthèse, à cinq victoires et tout ce qui s'ensuit, fait de vous l'homme le plus rare qui ait jamais existé. Je remercie mille fois Votre Majesté du beau présent qu'elle a daigné me faire. Grand Dieu! que tout cela est net, élégant, précis, et surtout philosophique! On voit un génie qui est toujours au-dessus de son sujet. L'histoire des mœurs, du gouvernement et de la religion, est un chef-d'œuvre. Si j'avais une chose à souhaiter, et une grâce à vous demander, ce serait que le roi de France lût surtout attentivement l'article de la religion, et qu'il envoyât ici l'ancien évêque de Mirepoix.

Sire, vous êtes adorable; je passerais mes jours à vos pieds. Ne me faites jamais de niches. Si des rois de Danemark, de Portugal, d'Espagne, etc., m'en faisaient, je ne m'en soucierais guère; ce ne sont que des rois. Mais vous êtes le plus grand homme qui peut-être ait jamais régné.

Et notre sixième chant[2]! Sire, l'aurons-nous?

MDCCXXXVII. — A madame la marquise du Deffand.

A Potsdam, le 20 juillet.

Votre souvenir et vos bontés, madame, me donnent bien des regrets. Je suis comme ces chevaliers enchantés qu'on fait souvenir de leur patrie, dans le palais d'Alcine. Je peux vous assurer que, si tout le monde pensait comme vous à Paris, j'aurais eu bien de la peine à me laisser enlever. Mais, madame, quand on a le malheur, à Paris, d'être un homme public, dans le sens où je l'étais, savez-vous ce qu'il faut faire? s'enfuir.

J'ai choisi heureusement une assez agréable retraite; mon pâté d'anguilles ne vaut pas assurément vos ragoûts, mais il est fort bon. La vie est ici très-douce, très-libre, et son égalité contribue à la santé. Et puis, figurez-vous combien il est plaisant d'être libre chez un roi, de penser, d'écrire, de dire tout ce qu'on veut. La gêne de l'âme m'a toujours paru un supplice. Savez-vous que vous étiez des esclaves à Sceaux et à Anet? oui, des esclaves, en comparaison de la vraie liberté que l'on goûte à Potsdam, avec un roi qui a gagné cinq batailles; et, par-dessus cela, on mange des fraises, des pêches, des raisins, des ananas, au mois de janvier. Pour les honneurs et les biens, ils ne sont précisément bons à rien ici; et c'est un *superflu* qui n'est pas *chose très-nécessaire*.

Avec tout cela, madame, je vous regrette très-sincèrement, vous et M. le président Hénault, et M. Dalembert, pour qui j'ai une grande

1. *Mémoires.... de Brandebourg.* (Éd.)
2. Du poème de l'*Art de la guerre*. (Éd.)

inclination, et que je regarde comme un des meilleurs esprits que la France ait jamais eus. Si je ne peux pas voir M. le président Hénault, je le lis, et je crois que je sais son livre à présent mieux que lui. Il m'a bien servi pour le *Siècle de Louis XIV*. Il y a un ou deux endroits où je lui demande la permission de n'être pas de son avis, mais c'est avec tout le respect qu'il mérite; c'est un petit coin de terre que je dispute à un homme qui possède cent lieues de pays.

Vous daignez me parler de *Rome sauvée!* vous me prenez par mon faible, madame. Des gens malins expliqueront ce que je vous dis là, en disant que cette pièce est mon côté faible ; mais ce n'est pas tout à fait cela que j'entends. J'y ai travaillé avec tout le soin, toute l'ardeur et toute la patience dont je suis capable. J'aimerais bien mieux la faire lire à des personnes de votre espèce, que de l'exposer au public. Il me semble qu'il y a si loin de Paris à l'ancienne Rome, et de nos jeunes gens à Caton et à Cicéron, que c'est à peu près comme si je faisais jouer *Confucius*.

Vous me direz que le *Catilina* de Crébillon a réussi ; mais l'auteur a été plus adroit que moi : il s'est bien donné de garde de l'écrire en français. A propos, madame, ne montrez point ma lettre, à moins que ce ne soit au président indulgent, et au discret d'Argental; si j'écris en français, c'est pour vous et pour eux.

J'ai toujours compté de mois en mois venir vous faire ma cour, et mon enchantement m'a retenu; je craindrais de ne plus retourner à Potsdam. Je reste volontiers où je me trouve à mon aise; cependant je hasarderai cette infidélité, je ne sais pas quand; je ne peux répondre que de mes sentiments; la destinée se joue de tout le reste.

Nous aurons incessamment ici l'*Encyclopédie*, et peut-être Mlle Puvigné[1]. N'a-t-elle point eu quelques dégoûts de la part de l'ancien évêque de Mirepoix ou de la Sorbonne? On disait que cette Sorbonne voulait condamner le système de Buffon, et les saillies du président de Montesquieu. On prétend qu'ils ont mis les *Étrennes de la Saint-Jean* sur le bureau, et *messieurs du clergé*.... Adieu, madame; je suis si accoutumé à parler librement, que je suis toujours prêt à écrire une sottise.

P. S. Vous voyez donc souvent M. l'abbé de Chauvelin? Il me rend jaloux de mes ouvrages; il les aime, et il ne m'aime point. Vous daignez m'écrire, il me laisse là; il s'imagine qu'il faut rompre avec les gens, parce qu'ils sont à Potsdam ; il met sa vertu à cela. J'ai le cœur meilleur que lui. Conservez-moi vos bontés, madame, et faites-moi bien sentir combien il serait doux de passer auprès de vous les dernières années d'une vie philosophique.

MDCCXXXVIII. — A M. LE COMTE D'ARGENTAL.
Juillet.

Je viens de lire *Manlius*[2]. Il y a de grandes beautés, mais elles sont plus historiques que tragiques; et, à tout prendre, cette pièce ne me

1. Danseuse de l'Opéra. (ÉD.) — 2. De Lafosse. (ÉD.)

paraît que la *Conjuration de Venise* de l'abbé de Saint-Réal, gâtée. Je n'y ai pas trouvé, à beaucoup près, autant d'intérêt que dans l'abbé de Saint-Réal; et en voici, je crois, les raisons :

1° La conspiration n'est ni assez terrible, ni assez grande, ni assez détaillée.

2° Manlius est d'abord le premier personnage, ensuite Servilius le devient.

3° Manlius, qui devrait être un homme d'une ambition respectable, propose à un nommé Rutile (qu'on ne connaît pas, et qui fait l'entendu sans avoir un intérêt marqué à tout cela) de recevoir Servilius dans la troupe, comme on reçoit un voleur chez les cartouchiens. Cela est intéressant dans la conspiration de Venise, et nullement vraisemblable dans celle de Manlius, qui doit être un chef impérieux et absolu.

4° La femme de Servilius devine, sans aucune raison, qu'on veut assassiner son père; et Servilius l'avoue par une faiblesse qui n'est nullement tragique.

5° Cette faiblesse de Servilius fait toute la pièce, et éclipse absolument Manlius, qui n'agit point, et qui n'est plus là que pour être pendu.

6° Valérie, qui pourrait deviner ou ignorer le secret, qui, après l'avoir su, pourrait le garder ou le révéler, prend le parti d'aller tout dire et de faire son traité, et vient ensuite en avertir son imbécile de mari, qui ne fait plus qu'un personnage aussi insipide que Manlius.

7° Autre événement qui pourrait arriver dans la pièce, ou n'arriver pas, et qui n'est pas plus prévu, pas plus contenu dans l'exposition que les autres; le sénat manque honteusement de parole à Valérie.

8° Manlius une fois condamné, tout est fini, tout le reste n'est encore qu'un événement étranger qu'on ajoute à la pièce comme on peut.

Il me semble que, dans une tragédie, il faut que le dénoûment soit contenu dans l'exposition comme dans son germe. Rome sera-t-elle saccagée et soumise? ne le sera-t-elle pas? Catilina fera-t-il égorger Cicéron, ou Cicéron le fera-t-il pendre? quel parti prendra César? que feront Aurélie et son père, dont on prend la maison pour servir de retraite aux conjurés? Tout cela fait l'objet de la curiosité, dès le premier acte jusqu'à la dernière scène. Tout est en action, et l'on voit de moment en moment Rome, Catilina, Cicéron, dans le plus grand danger. Le père d'Aurélie arrive, Catilina prend le parti de le tuer, parti bien plus terrible, bien plus théâtral, bien plus décisif, que l'inutile proposition que fait un coupe-jarret subalterne, comme Rutile, de tuer un sénateur romain, sur ce qu'il a paru un peu rêveur; proposition d'ailleurs inutile à la pièce.

Je ne sais si je me trompe, mais j'ose croire que la pièce de *Rome sauvée* a beaucoup plus d'unité, est plus tragique, est plus frappante et plus attachante. Il me paraît plus dans la nature, et par conséquent plus intéressant, qu'Aurélie soit principalement occupée des dangers de son mari, que si elle lui disait des lieux communs pour le ramener à son devoir. Il me paraît qu'étant cause de la mort de son père, elle est un personnage assez tragique, et que sa situation dans le sénat peut faire un très-grand effet. Je m'en rapporte aux juges du comité; mais je le supplie encore très-instamment de mettre un très-long intervalle entre *Manlius* et *Rome sauvée*; on serait las de conjurations et de femmes de conjurés. Cet article est un point capital.

J'ajoute encore qu'un beau fils comme Drouin ferait tomber César sur le nez; j'aimerais mieux que La Noue jouât Cicéron, et Grandval, César; mais, en ce cas, il faudrait mettre La Noue trois mois au soleil, en espalier; et s'il ne jouait pas aux répétitions avec la chaleur et la véhémence nécessaires, il faudrait retirer la pièce.

Ce considéré, messeigneurs, il vous plaise avoir égard à la requête du suppliant.

MDCCXXXIX. — A. M. LE COMTE ALGAROTTI.

A Potsdam, 27 ....

Ecco il vostro Dubos; quando potrò io dire in Potsdam : Ecco il mio caro conte, ecco la consolazione della mia monastica vita? La ringrazio pel suo libro, per tutti i suoi favori, e specialmente per la sua lettera sopra il Cartesio. *Le gros abbé Dubos* è un buon autore, e degno d'esser letto attentamente. Non dirò di lui :

Molto egli oprò col senno, *e collo stile.*
Jérus. déliv., ch. 1.

Il senno è grande, lo stile cattivo; bisogna leggerlo, ma rileggerlo sarebbe tedioso. Questa bella prerogativa d'esser spesso riletto è il privilegio dell' ingegno, e quello dell' Ariosto. Io lo rileggo ogni giorno, mercè alle vostre grazie. Addio, mio cigno del canal grande; vi amerò sempre.

MDCCXL. — DE M. LE COMTE D'ARGENTAL.

A Paris, ce 8 août.

Je n'ai rien à ajouter, mon cher ami, à ce que M. de Richelieu et Mme Denis vous mandent. Ils ont épuisé la matière, je ne pourrais que répéter ce qu'ils ont dit, et je l'affaiblirais, puisque je ne l'exposerais pas avec autant d'agrément et d'éloquence. Mais je ne saurais me refuser à la satisfaction de vous entretenir en liberté, pour la première fois.

Vous savez combien votre départ m'a affligé; votre résolution de quitter ce pays-ci m'a désespéré; j'ai été touché et piqué au dernier point; mais le dépit n'a pas duré, la douleur seule est restée. Je n'ai pas douté de vos remords; ils sont venus. Vous avez senti dans toute son étendue le regret d'avoir quitté la patrie la plus aimable, la société la plus douce, et les amis les plus tendres. Le roi pour qui vous avez tout abandonné ne pouvait pas vous dédommager de tant de sacrifices. Personne ne rend plus de justice que moi à ses grandes et excellentes qualités; mais on ne dépouille point la peau du lion; il faut payer le tribut à l'humanité, et encore plus à la royauté. L'amour rapproche tout, l'amitié veut un peu d'égalité; il ne faut vivre qu'avec ceux à qui l'on peut dire ce qu'on pense, et qu'on ose contredire quelquefois.

Je ne vous parle point de ce que vous avez éprouvé au sujet de d'Arnaud, du procès, etc. Je me reprocherais de vous rappeler des souvenirs douloureux, qui regardent des objets que vous n'avez que trop sentis, et qui vous sont encore présents. Le roi, malgré ses torts, est encore la seule consolation que vous puissiez trouver dans le pays où vous êtes. Vous êtes entouré d'ennemis, d'envieux, de tracassiers. On se dispute, on s'arrache une faveur, une confiance que personne ne possède véritablement. Le roi est une coquette qui, pour conserver plusieurs amants, n'en rend aucun heureux. Cette cour orageuse est cependant le seul endroit où vous puissiez vivre; hors de là, il n'y a aucun être qui mérite que vous lui parliez. Vous dépendez des caprices d'un seul homme, et cet homme est un roi. Enfin vous avez fui des ennemis que du moins vous ne voyiez pas, pour en trouver d'autres avec lesquels vous vivez sans cesse. Vous avez cherché la liberté, et vous vous êtes soumis à la contrainte la plus grande. Vous avez cru vous mettre à couvert de l'envie, et vous n'avez fait que vous approcher des envieux, et vous exposer à tous leurs traits.

Il faut cependant avouer que votre absence au milieu de tant de maux a produit un bien; on sent la perte qu'on a faite. On vous regrette sincèrement; on désire vivement votre retour; mais il faut saisir ce moment, et ne pas risquer de perdre des dispositions favorables, en différant d'en profiter. Vous êtes trop supérieur pour vouloir, par mauvaise honte, persister dans un mauvais parti; vous savez si bien corriger vos ouvrages; il est beaucoup plus essentiel de corriger votre conduite. Vous avez fait une grande faute; vous ne sauriez assez tôt la réparer.

Ce qu'on a obtenu [1] à l'égard de *Mahomet* doit vous prouver qu'il n'y a plus d'acharnement ni d'animosité contre vous, et que vous avez dans M. de Richelieu un ami qui vous sert de la manière la plus vive, la plus essentielle, et dont, jusqu'à présent, vous n'avez pas fait assez d'usage. Le succès de *Mahomet*, qui n'est pas douteux, augmentera encore le désir de vous revoir, et préparera votre réception. *Rome sauvée* sera sûrement votre meilleur ouvrage. Il est impossible de la donner sans vous; il y a une perfection à mettre à la pièce que vous n'apercevrez que quand vous verrez les choses de plus près; et les acteurs ne sauraient la bien jouer sans vos avis. Vous rendrez les bons excellents, et les médiocres supportables. Il est sûr que, réflexion faite, nous ne nous chargerons jamais, vous absent, de donner un ouvrage dont le succès sans vous peut être incertain, qui est assuré lorsque vous y serez, et que vous achèverez de rendre la pièce digne de vous, et les acteurs dignes de la pièce.

Votre gloire, votre bonheur, sont intéressés à votre retour. Occupé tout entier de votre intérêt, je ne vous parle pas du mien. Si vous daignez y faire attention, vous penserez qu'il ne tient qu'à vous de m'as-

---

1. La permission de jouer *Mahomet* (Éd.)

cabler de douleur, ou de me combler de joie. Mme d'Argental partage mes sentiments, et il n'y en a point qui vous soient plus connus que ceux qui m'attachent à vous.

Le coadjuteur, Choiseul, etc., vous attendent avec la plus vive et la plus tendre impatience. Vous serez reçu à bras ouverts; et, si vous êtes touché de l'amitié (comme je n'en saurais douter), vous éprouverez le plus sensible plaisir qu'elle puisse procurer.

MDCCXLI. — A M. LE COMTE D'ARGENTAL.

Potsdam, le 7 août.

Mon adorable ami, je reçois votre lettre du 30 juillet; et la poste, qui repart presque au même instant qu'elle arrive, me laisse un petit moment pour vous remercier de tant d'attentions et de bontés. Vraiment vous n'avez rien vu. Je vous enverrai une nouvelle *Rome* avant qu'il soit peu, peut-être par M. le maréchal de Lowendahl, peut-être par une autre voie, mais vous aurez une *Rome*. Je vous avertis que ce n'est plus Flavius qu'on tue, c'est Nonnius. Ce M. Nonnius n'est connu dans le monde que pour avoir été tué, et il ne faut pas le priver de son droit. Je me souviens même que Crébillon, dans sa belle tragédie de *Catilina*, avait fait

.... égorger Nonnius cette nuit,
Acte I, scène I.

sans trop en dire la raison. Je prétends, moi, avoir de fort bonnes raisons de le tuer. Vous serez encore plus content d'Aurélie; et je crois qu'il est absolument nécessaire que Catilina ait dans le sénat un si grand parti, qu'il puisse s'évader impunément, lors même que sa femme l'a convaincu.

Le grand point encore est que Cicéron puisse un peu concentrer en lui l'intérêt de Rome. La pièce ne sera jamais *Zaïre*, ni *Inès*, ni *Bérénice*; mais j'ai la sottise de croire qu'une scène de Catilina et de César vaut mieux que tout cela. Je n'espère pas un succès suivi, je m'attends pas même d'être rejoué après le premier cours de la pièce. Il faudrait trop de ressorts pour remonter sur le théâtre une machine si compliquée; mais vous m'avez autorisé à penser que les gens raisonnables ne verraient pas sans quelque plaisir une peinture assez fidèle des mœurs de l'ancienne Rome; et, pourvu que je plaise à la saine partie de Paris, je serai fort content.

Je corrigerai encore très-volontiers tous les détails. Je ne plains pas ma peine, ou, pour mieux dire, je ne plains pas mon plaisir; et c'en est un grand de travailler pour vous.

Savez-vous bien que je viens de refaire cent vers à *la Henriade*? Je repasse ainsi toutes mes anciennes erreurs. C'est ici une confession générale continuelle. Je me suis mis à être un peu sévère avec des gens pour qui on l'est rarement; mais je le suis encore plus pour moi-même.

Enfin, quand vous aurez *Rome*, il faudra absolument la faire jouer, n'importe quand; mais je veux en avoir le cœur net. Ça sera une belle négociation, et assez amusante pour vos conjurés. Vous déciderez entre un singe et un coq d'Inde qui des deux représentera César. Il est bien douloureux de n'avoir à choisir qu'entre de tels héros; mais nous avons du temps d'ici à notre condamnation. Je vous prie, si ma nièce a le bonheur de vous voir, de lui dire que je ne lui écris point cette poste-ci. La raison est que je ne peux plus vous écrire, qu'il faut fermer ma lettre, qu'il n'y a pas un moment à perdre, et que je n'ai que celui de vous dire que je suis à vous pour jamais, sain, malade, triste, ou gai, Prussien, Français, bon ou mauvais poëte, plat historien. Adieu, adorables anges.

MDCCXLII. — A Frédéric II, roi de Prusse.

Sire, je demande pardon à Votre Majesté de mes importunités; mais il s'agit d'affaires graves. Il me manque deux vers dans *la Henriade*, et ces deux vers se trouveront probablement dans l'édition corrigée à la main, qui est chez Votre Majesté, ou dans l'édition de Paris. Je vous présente ma très-humble requête, en vous suppliant de m'envoyer pour un moment les deux premiers volumes de ces deux éditions.

Si vous pouviez m'envoyer un peu de votre génie par votre coureur!

Vous avez répandu tant de bien sur ma vie!
Achevez ma félicité;
Et, de grâce, un peu de génie!
Mais les dieux donnent tout, hors leur divinité.

MDCCXLIII. — Au même.

Sire, je rends à Votre Majesté ce premier volume. Ce n'est pas moi qui l'ai couvert d'encre. Un petit mot de réflexion sur la misère de l'esprit humain. J'ai refait aujourd'hui, de cinq manières différentes, un petit passage de *la Henriade*, sans pouvoir jamais retrouver la manière dont je l'avais tourné il y a un mois. Qu'est-ce que cela prouve? Que le génie n'est jamais le même, qu'on n'a jamais précisément la même pensée deux fois en sa vie, qu'il faut attendre continuellement le moment heureux. Quel chien de métier! mais il a ses charmes, et la solitude occupée est, je crois, la vie la plus heureuse.

Mon pauvre génie tout usé baise très-humblement les pieds et les ailes du vôtre.

MDCCXLIV. — A madame de Fontaine.

Potsdam, le 17 août.

J'ai reçu assez tard votre lettre de Plombières, ma chère nièce; elle est du 17 juillet, et ne m'est parvenue qu'au bout d'un mois. Ou elle est mal datée, ou les postes de vos montagnes *cornues* ne sont pas trop régulières. Ma réponse ira probablement vous trouver à Paris. Enfin vous vous êtes donc souvenue de votre déserteur, dans l'oisiveté du séjour des eaux. Elles me firent autrefois beaucoup de bien; mais le cuisinier de M. de Richelieu me fit beaucoup de mal. Je me flatte que vous avez un meilleur régime que moi. Votre estomac est un peu fait sur le modèle du mien, mais soyez plus sage si vous pouvez. Pour moi, après avoir tâté des eaux froides, des eaux chaudes, et de toutes les espèces de bon et de mauvais régime, après avoir passé par les mains des charlatans, des médecins, et des cuisiniers; après avoir été malade à Berlin le dernier hiver, je me suis mis à souper, à dîner, et même à déjeuner : on dit que je m'en porte mieux, et que je suis rajeuni; je sens bien qu'il n'en est rien; mais j'ai vécu doucement six mois presque de suite avec mon roi, mangeant comme un diable, et prenant, ainsi que lui, un peu de rhubarbe en poudre de deux jours l'un. Si jamais vous en voulez faire autant, voilà mon secret, essayez-en; il est bon pour les rois et pour leurs chambellans, il sera peut-être bon pour vous; mais je crains furieusement l'hiver pour vous et pour moi. Il me semble que c'est là notre plus dangereuse saison : elle serait pour moi la plus agréable si je la passais avec vous, mais je doute fort que je puisse vous embrasser l'hiver à Paris. J'ai quelques petites occupations de mon métier que je crains qui ne me mènent plus loin que je ne voulais; et si l'hiver commence avant que ma besogne soit finie, il n'y aura pas moyen de partir. Je n'ai pas dans la cour où je suis les consolations que vous avez à Paris; je deviens bien vieux, mon cœur, mais il y a des fleurs et des fruits en tout temps. Je n'ai jamais joui d'une vie plus heureuse et plus tranquille. Figurez-vous un château admirable, où le maître me laisse une liberté entière, de beaux jardins, bonne chère, un peu de travail, de la société, et des soupers délicieux, avec un roi philosophe qui oublie ses cinq victoires et sa grandeur. Vous m'avouerez que je suis excusable d'avoir quitté Paris : cependant je ne me pardonne pas encore d'être si loin de vous et de ma famille. Il s'en est peu fallu que je n'aie été sur le point de faire un voyage à Paris. J'aurais passé par Strasbourg et par Lunéville, et je serais venu prendre les eaux avec vous à Plombières. Je suis obligé de différer longtemps mon voyage; mais, si Dieu me donne vie, je compte bien vous embrasser au plus tard au printemps prochain.

MDCCXLV. — A Frédéric II, roi de Prusse.

Sire, eh, mon Dieu! comment faites-vous donc? J'ai rapetassé cent cinquante vers, depuis huit jours, à *Rome sauvée*, et Votre Majesté en a, peut-être fait quatre ou cinq cents. Je n'en peux plus, et vous êtes frais; je me démène comme un possédé, et vous êtes tranquille comme un élu; j'appelle le génie, et il vous vient. Vous travaillez comme vous gouvernez, comme on dit que les dieux font mouvoir le monde, sans effort. J'ai un petit secrétaire gros comme le pouce, qui est malade pour avoir transcrit deux actes de suite. Votre Majesté veut-elle permettre que je diligent, l'infatigable Vigne vous transcrive le reste? Je demande en grâce à Votre Majesté de lire ma *Rome*. Votre gloire est intéressée à ne laisser sortir de Potsdam que des ouvrages qui soient dignes du Mars-Apollon qui consacre cette retraite à la postérité. Sire, il faut, sauf respect, que vous et moi, pardon du vous et du moi, nous ne fassions que du bon, ou que nous meurions à la peine. Je n'enverrai *Rome* à ma virtuose de nièce que quand Mars-Apollon sera content. Je me mets à ses pieds.

MDCCXLVI. — A MADAME DENIS.

A Potsdam, le 24 août.

Vous recevrez, ma chère plénipotentiaire, le paquet ci-joint, par un héros danois, russe, polonais, et français. Je crois que ce sera le premier guerrier du Nord qui aura porté une liasse de vers alexandrins de Berlin à Paris. Je ne crois pas, quoi qu'on en dise, que M. le maréchal de Lowendahl soit chargé d'autres négociations. Il est venu en Allemagne pour ses affaires, et, en qualité de preneur de Berg-op-Zoom, il est venu voir le preneur de la Silésie. Le roi lui montrera ses soldats, et ne lui montrera point ses ouvrages, qu'il fait imprimer. Vous prenez mal votre temps pour me faire des reproches. Il faudrait avoir plus de pitié des étrangers et des malades. Je perds ici les dents et les yeux. Je reviendrai à Paris, aveugle comme La Motte; et messieurs les écumeurs littéraires n'en seront pas moins déchaînés contre moi.

Ma santé dépérit tous les jours; l'abbé de Bernis ne me louera jamais d'être devenu vieux, comme il vient de louer Fontenelle d'avoir su parvenir à l'âge de quatre-vingt-seize ans; je suis plus près d'une épitaphe que de pareils éloges.

Puisque le parlement fait actuellement si grand bruit pour un hôpital, et qu'il ne se mêle plus que des malades, j'ai envie de me venir mettre sous sa protection. Soyez bien sûre que je serais à Paris sans les imprimeurs de Berlin, qui ne me servent pas si vite que le roi. Je supporte Maupertuis, n'ayant pu l'adoucir. Dans quel pays ne trouve-t-on pas des hommes insociables avec qui il faut vivre ? Il n'a jamais pu me pardonner que le roi lui ait ordonné de mettre l'abbé Raynal de son Académie. Qu'il y a de différence entre être philosophe et parler de philosophie ! Quand il eut bien mis le trouble dans l'Académie des sciences de Paris, et qu'il s'y fut fait détester, il se mit en tête d'aller gouverner celle de Berlin. Le cardinal de Fleuri lui cita, quand il prit congé, un vers de Virgile qui revient à peu près à celui-ci :

Ah ! réprimez dans vous cette ardeur de régner [1].

On aurait pu en dire autant à Son Éminence ; mais le cardinal de Fleuri régnait doucement et poliment. Je vous jure que Maupertuis n'en use pas ainsi dans son tripot, où, Dieu merci, je ne vais jamais. Il a fait imprimer une petite brochure [2] sur le bonheur ; elle est bien sèche et bien douloureuse. Cela ressemble aux affiches pour les choses perdues ; il ne rend heureux ni ceux qui le lisent ni ceux qui vivent avec lui ; il ne l'est pas, et serait fâché que les autres le fussent.

Point du tout, ma chère enfant, mon paquet ne partira pas par M. le maréchal de Lowendahl. Il va à Hambourg, et ne retourne pas sitôt à Paris ; mais vous verrez un autre maréchal qui aura la bonté de s'en charger. C'est un Anglais qu'on appelle Milord maréchal tout

---

1. *Géorgiques*, I, 37. (ÉD.) — 2. *Essai de philosophie morale*. (ÉD.)

court¹, parce qu'il était ci-devant grand maréchal d'Écosse; il est rebelle et philosophe, attaché à la maison de Stuart, condamné dans son pays depuis longtemps, et retiré à Berlin après avoir servi en Espagne. Son frère, le maréchal Keith², alla battre les bons musulmans à la tête des Russes, il y a quelques années. Enfin les deux frères sont ici, et le milord *maréchal* est déclaré envoyé extraordinaire du roi de Prusse en France. Vous verrez une assez jolie petite Turque qu'il emmène avec lui; on la prit au siége d'Oczakow, et on en fit présent à notre Écossais, qui paraît n'en avoir pas trop besoin. C'est une fort bonne musulmane. Son maître lui laisse toute liberté de conscience. Il a dans son équipage une espèce de valet de chambre tartare, qui a l'honneur d'être païen ; pour lui, il est, je crois, anglican, ou à peu près. Tout cela forme un assez plaisant assemblage qui prouve que les hommes pourraient très-bien vivre ensemble, en pensant différemment. Que dites-vous de la destinée qui envoie un Irlandais³ ministre de France à Berlin, et un Écossais ministre de Berlin à Paris? Cela a l'air d'une plaisanterie. Milord maréchal part incessamment. Vous verrez sa Turque, et vous aurez mon paquet. Ne soyez donc point étonnée que je sois encore à Potsdam, quand vous verrez une mahométane à Paris ; et concluez que la Providence se moque de nous.

MDCCXLVII. — A Frédéric II, roi de Prusse.

Mais, Sire, Votre Majesté n'avait donc pas lu la lettre et les vers du chevalier de Quinsonas; car le tout était cacheté de son cachet. Il y a des vers bien faits; mais il est difficile de donner à un ouvrage ce tour piquant qui force les gens à lire malgré eux.

Quel chevalier ! il chante l'univers. Son poëme peut être en deux ou trois cent mille chants. Il semble qu'il veut être chevalier de la vérité. Vous encouragez de tous côtés la liberté de penser, et vous ferez un siècle de philosophes.

Ce chevalier de Quinsonas est celui qui sondait la nature de milady Wortley Montague.

Daignez, Sire, recevoir les profonds respects de votre malingre, et les regrets de n'avoir pu approcher hier de celui que Quinsonas admire et invoque. J'en fais autant que lui.

MDCCXLVIII. — A M. le marquis d'Argens.

Potsdam.

Mon cher *Isaac*, soyez le bien revenu dans votre terre promise. Je viendrais y adorer le Dieu des armées avec vous, et me mettre aux pieds de votre Rebecca⁴, si je me portais bien; et même, sain ou malade, je viendrai vous voir, en cas que vous m'aimiez un peu ; car, si mon cher *Isaac* me traite en Ismaélite, je ne ferai point de pèlerinage pour lui.

1. George Keith. (Éd.) — 2. Jacques Keith. (Éd.)
3. Milord Tyrconnell. (Éd.) — 4. La marquise d'Argens. (Éd.)

MDCCXLIX. — A FRÉDÉRIC II, ROI DE PRUSSE.

Je suis dans une grande affliction. Votre Majesté sait ce que c'est que cinquante vers, quand il faut qu'ils soient bons, et que ce ne sont pas là de petites affaires. J'avais donc fait ces cinquante vers pour Aurélie, dans *Catilina*, avec bien de la peine; et j'envoyais à Paris un mémoire raisonné pour empêcher Aurélie de se mêler d'être une Mme Caton, et de faire la patriote et l'héroïne. Je voulais consulter Votre Majesté sur tout cela; et, en vérité, Sire, vous me devez vos avis, après la liberté que je prends si souvent de vous dire le mien. Je monte dans vos antichambres pour tâcher de trouver quelqu'un par qui je puisse faire demander la permission de vous parler. Je ne trouve personne; je m'en retourne, et mes vers partent sans votre approbation. Mais je déclare à Votre Majesté que je me suis vanté que je vous ai dans mon parti, que vous trouvez très-bon qu'Aurélie ne s'avise point de vouloir être le soutien de Rome. J'ai encore ajouté, pour arrêter l'impatience de mes amis, que vous me faites l'honneur de penser comme moi, qu'il ne faut pas sitôt donner cet ouvrage au public, et que, s'ils donnent bataille malgré l'opinion d'un général tel que vous, ils seront battus. J'avais bien encore d'autres vers à vous montrer. J'avais à vous demander votre protection pour l'édition de ce *Siècle de Louis XIV*, que je fais imprimer à Berlin; mais je voulais encore demander à Votre Majesté une autre grâce. Voici quelle est ma requête, Sire :

Je suis malade, et né malade. Je suis obligé de travailler presque autant que Votre Majesté. Je passe toute la journée seul. Si vous vouliez permettre que j'habitasse l'appartement voisin du mien, où M. de Bredow a couché l'hiver dernier, j'y travaillerais plus commodément. J'y aurais un peu de soleil, ce qui est un grand point pour moi. L'appartement est tourné de façon que je pourrais travailler avec mon secrétaire. Les deux appartements sont d'ailleurs égaux; et si Votre Majesté veut souffrir que je loge dans l'autre, elle me fera le plus grand plaisir du monde. C'est une fantaisie de malade peut-être, mais en ce cas Votre Majesté en aura pitié. Elle m'a promis de me rendre heureux.

MDCCL. — A M. LE COMTE D'ARGENTAL.

A Berlin, le 28 août.

Mon cher et respectable ami, milord *Maréchal*, qui est une espèce d'ancien Romain, apporte *Rome* à Mme Denis. Cicéron ne se doutait pas qu'un jour un Écossais apporterait de Prusse à Paris ses *Catilinaires* en vers français. C'est d'ailleurs une assez bonne épigramme contre le roi George que deux braves rebelles de chez lui ambassadeurs en France et en Prusse. Il est vrai que le milord *Maréchal* a plus l'air d'un philosophe que d'un conjuré; cependant il a été conjuré. C'est peut-être en cette qualité qu'il m'a paru assez content de *Rome sauvée*, quand j'ai eu l'honneur de jouer Cicéron. Enfin il apporte la pièce, et Nonnius est le père d'Aurélie; ce qui est beaucoup mieux, parce que Nonnius est fort connu pour avoir été *tué*.

Si j'avais reçu votre lettre plus tôt, j'aurais glissé quatre vers à Catilina pour accuser ce Nonnius d'être un perfide qui trompait Cicéron. Je vous jure que la scène est toujours dans le temple de Tellus, et que Caton, au cinquième acte, dit au reste des sénateurs qui sont là qu'il a marché avec Cicéron et l'autre partie du Sénat. S'il faut encore des coups de rabot, ne m'épargnez pas. Mais milord *Maréchal* peut vous dire qu'il m'est impossible de partir de quelques mois; car non-seulement j'ai encore quelques petites besognes littéraires avec mon roi philosophe, mais j'ai un *Siècle* sur les bras. Je suis dans les angoisses de l'impression et de la crainte. Je tremble toujours d'avoir dit trop ou trop peu. Il faut montrer la vérité avec hardiesse à la postérité, et avec circonspection à ses contemporains. Il est bien difficile de réunir les deux devoirs.

Je vous enverrai l'ouvrage; je vous prierai de le montrer à M. de Malesherbes, et je ferai tant de cartons que l'on voudra. M. le maréchal de Richelieu doit un peu s'intéresser à l'histoire de ce siècle; lui et M. le maréchal de Belle-Ile sont les deux seuls hommes vivants dont je parle; mais, en même temps, il doit sentir l'impossibilité physique où je suis de venir faire un tour en France avant que ce *Siècle* soit imprimé, corrigé, et bien reçu. Figurez-vous ce que c'est que de faire imprimer à la fois son *Siècle* et une nouvelle édition de ses pauvres œuvres; de se tuer du soir au matin à tâcher de plaire à ce *public ingrat*; de courir après toutes ses fautes, et de travailler à droite et à gauche; je n'ai jamais été si occupé. Laissez-moi bâtir ces deux maisons avant que je parte; les abandonner, ce serait les jeter par terre. Mon cher ange, représentez vivement à M. le maréchal de Richelieu la nécessité indispensable où je me trouve, de toutes façons, de rester encore quelques mois où je suis. Ma santé va mal; elle n'a jamais été bien; je suis étonné de vivre. Il me semble que je vis de l'espérance de vous revoir. Je viens de lire *Zarès*[1]; l'imprimera-t-on au Louvre? Adieu; mille tendres respects à tous les anges.

Vraiment j'oubliais le bon, et j'allais fermer ma lettre sans vous parler de ce prophète de la Mecque, pour lequel je vous remercie d'aussi bon cœur que j'ai remercié le pape. Nous verrons si je séduirai le parterre comme la cour de Rome. Il y a un malheur à ce *Mahomet*, c'est qu'il finit par une pantalonnade; mais Lekain dit si bien :

I est donc des remords?[1]...........

A propos de remords, j'en ai bien d'être si loin de vous, et si longtemps! Mais je ne peux plus faire de tragédies. Vous ne m'aimerez plus.

MDCCLI. — A M. LE MARQUIS D'ARGENS.

J'ai reçu votre lettre et celle de Mme Denis; je vous en remercie. Ah! ah! vous m'appelez monsieur; et moi, sur la parole du maréchal de Richelieu et de ma nièce, croyant que vous m'aimiez toujours, je vous disais bonnement, mon cher *Isaac!* Eh bien! monsieur, je vous aime de tout mon cœur, je grille de vous embrasser.

Je vous prie de me mettre aux pieds de votre muse, Mme la marquise d'Argens, et je vous prie surtout de me conserver une amitié qui fera ici le bonheur de ma vie.

1. Tragédie de Palissot, appelée depuis *Ninus II*. (ÉD.) — 2. Acte V, scène IV.

MDCCLII. — A FRÉDÉRIC II, ROI DE PRUSSE.

A Berlin.

Par ma foi, ces Anglais, que j'avais crus si sages,
N'ont plus ni rime ni raison.
Avec Pope, avec Addison,
Le bon goût et les bons ouvrages
Ont passé la barque à Caron.
Le soleil sur leur horizon
N'amène plus que des nuages;
Il faut que chaque nation
Tour à tour ait ses avantages.
Minerve, Thémis, Apollon,
Sont allés sur d'autres rivages,
Assez loin de George second;
Et c'est à Sans-Souci, dit-on,
Qu'il faut chercher dans ses voyages
Ce qu'on perdit dans Albion.

Sire, le fait est qu'un Anglais atrabilaire vient d'émouvoir ma bile. Cet homme, dans un écrit pédantesque, reproche à l'auteur des *Mémoires de Brandebourg* de se contredire; et sa preuve est que l'illustre auteur loue et blâme *les mêmes personnes*, croit que la réforme était *nécessaire dans l'Église*, et ensuite avoue *les fautes des réformés*, etc. Si je voulais, moi, louer l'auteur de ces *Mémoires*, je me servirais des mêmes raisons que cet Anglais apporte contre lui. Il faut avoir une tête bien enivrée de l'esprit de parti et de l'esprit de système, pour exiger qu'un historien approuve ou condamne sans restriction! Est-il possible que ce critique n'ait pas senti combien il est digne d'un philosophe et d'un homme qui est à la tête des autres, de peser le bien et le mal, d'estimer dans Louis XIV ce qu'il avait de grand, et de montrer ce qu'il avait de faible, d'approuver la réforme, et de faire voir les défauts des réformateurs? Mais un Anglais veut qu'on soit toujours partial, ou tout whig, ou tout tory, et la raison, qui est impartiale, ne l'accommode pas. J'ai bien envie de m'escrimer contre cet impertinent, et de me moquer de lui; il le mérite, mais il n'en vaut pas la peine.

Votre Majesté arrange à présent des bataillons en attendant qu'elle arrange des strophes et des épisodes. Ses odes l'attendent à Potsdam, à moins qu'elle ne veuille m'en envoyer quelqu'une de Silésie.

Chaque chose à la fin dans sa place est remise.
Isac[1], après mille détours,
Vient de fixer ses pas, son caprice et ses jours
Auprès de Sans-Souci, dans sa terre promise.
Moi je vais fixer mon destin
Dans la chambre où Jourdan, de savante mémoire,
Commentait à la fois saint Paul et l'Arétin,
Sans savoir des deux à qui croire.

1. Le marquis d'Argens. (ÉD.)

Unir les opposés est un secret bien doux;
Il tient l'âme en haleine, il exerce le sage.
Je connais un héros dont l'âme a tous les goûts,
Tous les talents, tout l'art de les mettre en usage,
Et je ne sais encor s'il est connu de vous.

Je mets aux pieds de Votre Majesté   V.

MDCCLIII. — A M. LE MARÉCHAL DUC DE RICHELIEU.

Berlin, 31 août.

Mon *héros*, un domestique de ma nièce m'apporta hier deux lettres de vous, qui m'ont fait tant de plaisir, qui m'ont pénétré de tant de reconnaissance, que moi, qui suis *prime-sautier*, comme dit Montaigne, je partirais sur-le-champ pour venir vous remercier, si je pouvais partir. Vous avez les mêmes bontés pour mes musulmans que pour vos calvinistes des Cévennes. Dieu vous bénira d'avoir protégé la liberté de conscience. Faire jouer le prophète Mahomet à Paris, et laisser prier Dieu en français dans vos montagnes du Languedoc, sont deux choses qui m'édifient merveilleusement; mais vous croyez bien que je suis plus sensible à la première. Je vous dois des cantiques d'actions de grâces. Je vous ai cent fois plus d'obligation qu'au pape, car enfin il n'a point fait jouer *Mahomet* publiquement à Rome; mais la pièce traduite a été représentée dans des assemblées particulières. Elle a été jouée publiquement à Bologne, qui est, comme vous savez, terre papale. Vous voyez que vous pouvez, en sûreté de conscience, donner mon Prophète à Paris. Je vous remercie encore de n'avoir point hasardé le *Catilina*; car, quoique celui de Crébillon ait réussi, on exige peut-être plus de moi que de mon confrère Crébillon, parce que je ne suis pas si vieux.

Si vous permettez que je raisonne ici littérature avec vous, j'aurai l'honneur de vous dire que ma pièce aurait été bien reçue, courue, mise aux nues du temps de la Fronde. Heureusement les conspirations sont passées de mode: heureusement, pour l'État s'entend, et très-malheureusement pour le théâtre. Il n'y a guère que des jeunes gens et de belles dames bien mises, très-françaises, et peu romaines, qui aillent à nos spectacles; il faut leur parler de ce qu'elles font, et sans amour point de salut. Je ne peux pas réformer ma nation; mais il faut dire pourtant à son honneur qu'il y a des ouvrages qui ont réussi sans être fondés sur une intrigue amoureuse. Je ne dis pas que ma *Rome sauvée* fut jouée aussi souvent que *Zaïre*; mais je crois que, si elle était bien représentée, les Français pourraient se piquer d'aimer Cicéron et César; et je vous avoue que j'ai la faiblesse de penser qu'il y a dans cet ouvrage je ne sais quoi qui ressent l'ancienne Rome. Je l'ai travaillé de mon mieux. Je n'entrerai ici dans aucune discussion, quoique j'en aie bien envie. J'ai envoyé ma *Rome* par milord Maréchal, ancien conjuré d'Écosse, tout propre à se charger de ma conspiration de Catilina; vous en jugerez; ainsi je laisse là tous les raisonnements que je voulais faire, et je m'en rapporte à vos lumières et à vos bontés.

J'aimerais bien mieux vous amuser, en vous envoyant quelques petits morceaux du *Siècle de Louis XIV*. C'est ce *Siècle* qui me prive à présent du bonheur de vous faire ma cour. J'ai commencé l'édition; je ne peux l'abandonner. Je travaille comme un bénédictin. Une édition du *Siècle*, une autre de mes anciennes sottises, qu'on réimprime et que je dirige, des *Rome sauvée* à la traverse, voyez si je peux quitter, et si j'ai un instant dont je puisse disposer. Vous me direz que je suis un franc pédant, et vous aurez raison; mais il ne faut jamais abandonner ce qu'on a commencé, et peut-être ne serez-vous pas fâché de voir mon *Siècle*.

Dites-moi, je vous en prie, monseigneur, si je me trompe. J'ai pensé qu'il était fort difficile de faire imprimer dans son pays l'histoire de son pays. M. d'Aguesseau tyrannisait la littérature quand je quittai Paris; et vous sentez bien qu'il n'y avait pas un petit censeur de livres qui ne se fût fait un mérite et un devoir de mutiler mon ouvrage, ou de le supprimer. Vous ne savez pas la centième partie des tribulations que j'ai éprouvées de la part de mes chers confrères les gens de lettres, et de ceux qui se mettent à persécuter quand on n'implore pas leur protection.

Je vous avouerai encore ingénument que j'avais le malheur de déplaire beaucoup à ce théatin Boyer, très-vénérable d'ailleurs, mais qui a très-peu chrétiennement donné d'assez méchantes idées de mon style à M. le Dauphin et à Mme la Dauphine. Je vous écrirais sur tout cela des volumes, si je voulais, ou plutôt si vous vouliez; mais venons à mon *Siècle*. Je me suis constitué, de mon autorité privée, juge des rois, des généraux, des parlements, de l'Église, des sectes qui la partagent; voilà ma charge. Tout barbouilleur de papier, qui se fait historien, en use ainsi. Ajoutez à ce fardeau celui d'être obligé de rapporter des anecdotes très-délicates qu'on ne peut supprimer.

Comment imprimer à Paris tout ce qui regarde Mme de Montespan, et Mme de Maintenon, et son mariage? Il faut pourtant ou renoncer à l'histoire, ou ne rien supprimer des faits. Il faut faire sentir ce que les suites très-mal ménagées de la révocation de l'édit de Nantes ont coûté à la France; il faut avouer la mauvaise conduite du ministère dans la guerre de 1701. J'ai dû et j'ai osé remplir tous ces devoirs, peut-être dangereux; mais, en disant ainsi la vérité, j'ose me flatter jusqu'à présent (car je peux me tromper) que j'ai élevé à la gloire de Louis XIV un monument plus durable que toutes les flatteries dont il a été accablé pendant sa vie. On a fait beaucoup d'histoires de lui; peut-être ne le trouvera-t-on véritablement *grand* que dans la mienne.

Vous dirai-je encore que j'ai poussé l'*Histoire du Siècle* jusqu'au temps présent, dans un *Tableau raccourci de l'Europe, depuis la paix d'Utrecht jusqu'en* 1750? Vous dirai-je que j'ai peint le cardinal de Fleuri comme je crois, en ma conscience, qu'il doit l'être? Vous sentez que tout cela est à vue d'oiseau, presque point de détails; j'ai voulu seulement montrer comme on a ou suivi ou changé les vues de Louis XIV, perfectionné ce qu'il avait établi, ou réparé les malheurs qu'il avait essuyés sur la fin de sa vie; et, comme j'ai commencé son siècle par un portrait de l'Europe, je le finis de même.

Aucun contemporain vivant n'est nommé, excepté vous et M. le maréchal de Belle-Ile, mais sans aucune affectation. Encore une fois, je peux me tromper; mais je me flatte que, si le roi avait le temps de lire cet ouvrage, il n'en serait pas mécontent. Je crois surtout que Mme de Pompadour pourrait ne pas désapprouver la manière dont je parle de Mmes de La Vallière, de Montespan, et de Maintenon, dont tant d'historiens ont parlé avec une grossièreté révoltante et avec des préjugés outrageants.

Enfin, malgré tous mes soins et malgré celui de plaire, la nature de l'ouvrage est telle que, malgré mon zèle pour ma patrie, j'ai cru devoir imprimer cette histoire en pays étranger. Un historiographe de France ne vaudra jamais rien en France.

J'ajouterai encore que peut-être les éloges que je donne à ma patrie acquerront plus de poids lorsque je serai loin d'elle, et que ce qui passerait pour adulation, s'il était d'abord imprimé à Paris, passera seulement pour vérité quand il sera dit ailleurs.

S'il arrivait, après tous les ménagements et toutes les précautions possibles, que je parusse trop libre en France, jugez alors si ma retraite en Prusse n'aura pas été très-heureuse; mais je me flatte de ne point déplaire, surtout après avoir sondé les esprits et préparé l'opinion publique par le commencement de cet *Essai sur Louis XIV*, et par les anecdotes où je dis des choses très-fortes, et où je n'ai nullement ménagé la conduite inexcusable du parlement dans la régence d'Anne d'Autriche.

Je vais actuellement répondre à la question que vous me faites, pourquoi je suis en Prusse; et je répondrai avec la même vérité que j'écris l'histoire, dussent tous les commis de toutes les postes ouvrir ma lettre.

J'étais parti pour aller faire ma cour au roi de Prusse, comptant ensuite voir l'Italie, et revenir après avoir fait imprimer le *Siècle de Louis XIV* en Hollande. J'arrive à Potsdam : les grands yeux bleus du roi, et son doux sourire, et sa voix de sirène, ses cinq batailles, son goût extrême pour la retraite et pour l'occupation, et pour les vers, et pour la prose, enfin des bontés à tourner la tête, une conversation délicieuse, de la liberté, l'oubli de la royauté dans le commerce, mille attentions qui seraient séduisantes dans un particulier, tout cela me renverse la cervelle. Je me donne à lui par passion, par aveuglement, et sans raisonner. Je m'imagine que je suis dans une province de France. Il me demande au roi son frère, et je crois que le roi son frère le trouvera fort bon. Je vous le jure, comme si j'allais mourir, il ne m'est pas entré dans la tête que ni le roi ni Mme de Pompadour pussent seulement garde à moi, et qu'ils pussent être piqués le moins du monde. Je me disais : « Qu'importe à un roi de France un atome comme moi de plus ou de moins ? » J'étais en France, harcelé, ballotté, persécuté depuis trente ans par des gens de lettres et par des bigots. Je me trouve ici tranquille; je mène une vie entièrement convenable à ma mauvaise santé; j'ai tout mon temps à moi, nul devoir à rendre; le roi me laisse dîner toujours dans ma chambre, et souvent y souper. Voilà comme je vis depuis un an; et je vous avouerai que, sans l'envie extrême de venir vous faire ma cour, qui me trouble sans cesse, et sans une nièce que j'aime de tout mon cœur, je serais trop heureux.

Il serait impertinent à moi de vous parler si longtemps de moi-même, si vous ne me l'aviez ordonné; ainsi encore un petit mot, je vous en prie. Vous me demandez pourquoi j'ai pris la clef de chambellan, la croix, et vingt mille francs de pension? Parce que je croyais alors que ma nièce viendrait s'établir avec moi; elle y était toute préparée; mais la vie de Potsdam, qui est délicieuse pour moi, serait affreuse pour une femme; ainsi me voilà malheureux dans mon bonheur, chose fort ordinaire à nous autres hommes. Mais ce qui augmente à la fois mon bonheur, ma sensibilité, et mes regrets, ce qui me ravit et ce qui me déchire, c'est cette bonté avec laquelle vous daignez entrer dans mes erreurs et dans mes misères. Comment avez-vous eu le temps d'avoir tant de bonté? Quoi, vous avez du temps! Ah! si vous étiez un peu sédentaire, comme mon roi de Prusse!... mais.... Vous auriez mis le comble à vos grâces, si vous m'aviez dit un petit mot de Mlle de Richelieu et de M. le duc de Fronsac. Vous me dites que vous devenez vieux; vous ne le serez jamais: la nature vous a donné ce feu avec lequel on ne sent jamais la langueur de l'âge. Vous serez plus philosophe, mais vous ne serez jamais vieux; c'est moi, indigne, qui le suis devenu terriblement, et j'ai bien peur d'être dans peu hors d'état de profiter des charmes des rois et des maréchaux de Richelieu. Il faut au moins avoir des jambes pour marcher, et des dents pour parler. Le roi de Prusse m'assure qu'il me trouvera fort bien sans dents; mais voyez la belle conversation quand on ne peut plus articuler! On meurt ainsi en détail, après avoir vu mourir presque tous ses amis, et ce songe pénible de la vie est bientôt fini.

Je doute fort que vous puissiez avoir le volume qui a été envoyé au roi; il me semble qu'il n'y en a plus. On en avait tiré un fort petit nombre d'exemplaires qui ont été, je crois, tous distribués. Le président Hénault, qui semblait y avoir quelque droit, comme cité dans la préface, s'y est pris trop tard pour en avoir un exemplaire. Au reste, le roi de Prusse est à présent en Silésie, et ne revient que dans quinze jours.

Je vous ferai tenir, par la première occasion, les incohérentes hardiesses de ce La Métrie. Cet homme est le contraire de don Quichotte, il est sage dans l'exercice de sa profession, et un peu fou dans tout le reste. Dieu l'a fait ainsi. Nous sommes comme la nature nous a pétris, automates pensants, faits pour aller un certain temps, et puis c'est tout. Je n'ai point vu encore mon cher *Isaac* d'Argens; il est à la campagne auprès de Potsdam, et moi à Berlin avec mon *Siècle*. Dès que j'aurai fini et fait parvenir cette besogne à Paris, pour y être examinée, je viendrai assurément me mettre à vos pieds, moi et *Rome*. Soyez sûr que personne au monde ne sent plus vivement et tout ce que vous valez et toutes vos bontés. Je voudrais vivre pour avoir l'honneur de vivre auprès de vous. Vous êtes aussi respectable dans l'amitié que vous avez été charmant dans l'amour; vous êtes l'homme de tous les temps, plein d'agréments, comblé de gloire. Je n'aime pas excessivement votre oncle le cardinal, mais j'ai pour vous tous les sentiments que je lui refuse. En vérité, vous devez sentir que si je ne suis pas parti à la réception de vos lettres, c'est que la chose est impossible. Laissez-moi finir mes travaux, mes éditions, sans quoi vous seriez aussi injuste qu'aimable. Recevez mes tendres respects et mon éternel dévouement.

MDCCLIV. — A M. DARGET.

1751.

Mon cher ami, il est bon de connaître la bonne foi germanique. Il y a trois mois que, malgré ses protestations, Henning donna au docteur Houl, professeur à Francfort-sur-l'Oder, toutes les feuilles imprimées; Houl en a fait la traduction. Dès ce temps-là, un libraire de Breslau, nommé Korn, ami de Henning, fit mettre dans les gazettes allemandes qu'on devait s'adresser à lui pour avoir mon livre en français et en allemand. Ainsi on me perçait mon tonneau des deux côtés.

Houl est arrivé à Berlin; Henning intimidé prétend que ce docteur lui remit hier l'exemplaire et la traduction. Mais, si cela est, il faut que Henning me rende en mains propres cet exemplaire et cette traduction, avec un certificat, par lequel il doit se rendre garant de l'événement; il faut aussi qu'il fasse ses diligences pour arrêter la vente de l'édition de Korn, auquel il a vendu le même livre.

Il pleure à présent chez Francheville; il dit que c'est un de ses garçons qui a fait toute cette manœuvre, et qu'il faut que je le fasse arrêter. Il ne sait pas que je suis instruit de tout. Voilà un vrai tour de dévot. Croyez qu'il peut avoir usé de la même perfidie pour les ouvrages du roi. Mais pour moi, je me garderai bien de m'adresser à la justice, dans un pays dont je n'entends point la langue, et où l'on opprime les étrangers. Le roi fera ce qu'il voudra. Je suis las de l'injustice des hommes.

Bonjour, mon cher ami.

MDCCLV. — A MME DENIS.

A Berlin, le 2 septembre.

J'ai encore le temps, ma chère enfant, de vous envoyer un nouveau paquet. Vous y trouverez une lettre de La Métrie pour M. le maréchal de Richelieu; il implore sa protection. Tout lecteur qu'il est du roi de Prusse, il brûle de retourner en France. Cet homme si gai, et qui passe pour rire de tout, pleure quelquefois comme un enfant d'être ici. Il me conjure d'engager M. de Richelieu à lui obtenir sa grâce. En vérité, il ne faut jurer de rien sur l'apparence.

La Métrie, dans ses préfaces, vante son extrême félicité d'être auprès d'un grand roi qui lui lit quelquefois ses vers, et en secret il pleure avec moi. Il voudrait s'en retourner à pied; mais moi!... pourquoi suis-je ici ? Je vais bien vous étonner.

Ce La Métrie est un homme sans conséquence, qui cause familièrement avec le roi, après la lecture. Il me parle avec confiance; il m'a juré que, en parlant au roi, ces jours passés, de ma prétendue faveur et de la petite jalousie qu'elle excite, le roi lui avait répondu : « J'aurai besoin de lui encore un an, tout au plus; on presse l'orange, et on en jette l'écorce. »

Je me suis fait répéter ces douces paroles; j'ai redoublé mes interrogations; il a redoublé ses serments. Le croirez-vous? dois-je le croire? Cela est-il possible? Quoi! après seize ans de bontés, d'offres, de promesses; après la lettre qu'il a voulu que vous gardassiez comme un gage inviolable de sa parole! et dans quel temps encore, s'il vous plaît? Dans le temps que je lui sacrifie tout pour le servir, que non-seulement je corrige ses ouvrages, mais que je lui fais à la marge une rhétorique, une poétique suivie, composée de toutes les réflexions que je fais sur les propriétés de notre langue, à l'occasion des petites fautes que je peux remarquer; ne cherchant qu'à aider son génie, qu'à l'éclairer, et qu'à le mettre en état de se passer en effet de mes soins.

Je me faisais assurément un plaisir et une gloire de cultiver son génie; tout servait à mon illusion. Un roi qui a gagné des batailles et des provinces, un roi du Nord qui fait des vers en notre langue; un roi enfin que je n'avais pas cherché, et qui me disait qu'il m'aimait, pourquoi m'aurait-il fait tant d'avances? Je m'y perds! je n'y conçois rien. J'ai fait ce que j'ai pu pour ne point croire La Métrie.

Je ne sais pourtant. En relisant ses vers, je suis tombé sur une épître à un peintre nommé Pesne, qui est à lui; en voici les premiers vers :

Quel spectacle étonnant vient de frapper mes yeux!
Cher Pesne, ton pinceau te place au rang des dieux.

Ce Pesne est un homme qu'il ne regarde pas. Cependant c'est *le cher Pesne*, c'est un *dieu*. Il pourrait bien en être autant de moi, c'est-à-dire pas grand'chose. Peut-être que, dans tout ce qu'il écrit, son esprit seul le conduit, et le cœur est bien loin. Peut-être que toutes ces lettres, où il me prodiguait des bontés si vives et si touchantes, ne voulaient rien dire du tout.

Voilà de terribles armes que je vous donne contre moi. Je serai bien condamné d'avoir succombé à tant de caresses. Vous me prendrez pour M. Jourdain, qui disait : « Puis-je rien refuser à un seigneur de la cour qui m'appelle son cher ami¹? » Mais je vous répondrai : « C'est un roi aimable. »

1. Molière, *le Bourgeois gentilhomme*, acte III, scène III. (ÉD.)

Vous imaginez bien quelles réflexions, quel retour, quel embarras, et, pour tout dire, quel chagrin l'aveu de La Métrie fait naître. Vous m'allez dire : « Partez; » mais moi je ne peux pas dire : « Partons. » Quand on a commencé quelque chose, il faut le finir; et j'ai deux éditions sur les bras, et des engagements pris pour quelques mois. Je suis en presse de tous les côtés. Que faire ? ignorer que La Métrie m'ait parlé, ne me confier qu'à vous, tout oublier, et attendre. Vous serez sûrement ma consolation. Je ne dirai point de vous : « Elle m'a trompé en me jurant qu'elle m'aimait. » Quand vous seriez reine, vous seriez sincère.

Mandez-moi, je vous en prie, fort au long, tout ce que vous pensez par le premier courrier qu'on dépêchera à milord Tyrconnell.

MDCCLVI. — A M. LE COMTE D'ARGENTAL.

A Potsdam, le...., septembre.

Mon cher ange, parlons d'abord de Catilina et de Nonnius; car, si je me mettais d'abord sur vos bontés, sur les regrets que vous, et ma nièce, et mes amis, m'inspirent continuellement, je ne finirais jamais; il n'y aurait plus de place pour *Rome sauvée*.

Sans doute il y a beaucoup d'obscurité dans la manière dont on expédiait ce pauvre Nonnius; mais il est aisé d'éclaircir tout cela en deux mots.

Je commence par faire dire à Aurélie, au troisième acte :

Et je te donne au moins, quoi qu'on puisse entreprendre,
Le temps de quitter Rome et d'oser t'y défendre;
Je vole et je reviens.
Scène III.

Cette promesse de revenir fait déjà voir qu'elle ne sera pas longtemps avec son père, et donne à Catilina le loisir d'exécuter son projet, dès qu'Aurélie aura quitté Nonnius. Il faut qu'on sente aussi qu'il ne compte point du tout sur le pouvoir de sa femme auprès de Nonnius. Ainsi il dit à part

Ciel! quel nouveau danger!
Écoutez.... le sort change, il me force à changer....
Je me rends, je vous cède, il faut vous satisfaire....
Mais songez qu'un époux est pour vous plus qu'un père, etc.
Scène III.

Ensuite, quand il a laissé sortir Aurélie voici l'ordre précis qu'il donne à Martian et à Septime :

Vous, fidèle affranchi, brave et prudent Septime,
Et toi, cher Martian, qu'un même zèle anime,
Observez Aurélie, observez Nonnius;
Allez, et, dans l'instant qu'ils ne se verront plus,
Abordez-le en secret, parlez-lui de sa fille,

> Peignez-lui son danger, celui de sa famille,
> Attirez-le en parlant vers ce détour obscur, etc.
>
> Scène IV.

Il me semble qu'à présent tout est éclairci. Vous savez qu'il a dit, quelques vers auparavant, que l'entretien de Nonnius et d'Aurélie lui donnerait le temps nécessaire à son dessein; c'est donc cet entretien qui facilite évidemment la mort de Nonnius; Aurélie a donc très-grande raison de dire que c'est en demandant grâce à son père qu'elle l'a conduit à la mort; et alors ces deux vers :

> Et pour mieux l'égorger, le prenant dans mes bras,
> J'ai présenté sa tête à ta main sanguinaire;
>
> Acte IV, scène VI.

ces deux vers, dis-je, n'ont plus de sens équivoque, et en ont un très-touchant.

A l'égard du vers .

> Vous nous perdez tous trois; je vous en averti,

qui rime à *démenti*, il rime très bien; il est permis d'ôter l's aux verbes en *ir*. Racine a usé de cette permission en pareil cas :

> Vizir........ ...je vous en averti,
> Et, sans compter sur moi, prenez votre parti.
>
> *Bajazet*, act. II, sc. III.

Il faut, dans une tragédie, certains vers qui semblent prosaïques, pour relever les autres, et pour conserver la nature du dialogue. Cependant j'aimerais infiniment mieux les vers suivants :

> Ne vous aveuglez point, vous nous perdez tous trois.
> Je sais qu'en vos conseils on compte peu ma voix,
> Qu'on y ménage à peine une épouse timide;
> Je sais, Catilina, que ton âme intrépide
> Sacrifiera sans trouble et ta femme et ton fils
> A l'espoir incertain d'accabler ton pays, etc.
> ....
> Tu n'es plus qu'un tyran, tu ne vois plus en moi
> Qu'une épouse tremblante, indigne de ta foi, etc.

Je vous supplie donc de communiquer à ma chère nièce toutes ces petites corrections, qu'elle aura la bonté de faire copier sur la pièce. Votre critique du vers, *ont écrit dans le sang*, est très-juste. Voici comme je corrige en cet endroit :

> Achevez son naufrage, allez, braves amis,
> Les destins du sénat en vos mains sont remis;
> Songez que ces destins font celui de la terre.
> Ce n'est point conspirer, c'est déclarer la guerre;
> C'est reprendre vos droits, et c'est vous ressaisir
> De l'univers dompté qu'on osait vous ravir,

ANNÉE 1751.

L'univers votre bien, le prix de votre épée;
Au sein de vos tyrans je vais la voir trempée.
Jurez tous de périr ou de vaincre avec moi.

UN CONJURÉ.

Nous attestons Sylla, nous en jurons par toi.

UN CONJURÉ.

Périsse le sénat!

UN AUTRE.

Périsse l'infidèle!
Acte II, scène VI.

Et à l'égard du vers :

L'ambition l'emporte, évanouissez-vous;

ce mot *évanouissez-vous* appartient à tout le monde. Dieu me garde de voler *vains fantômes d'État*[1]! Je ne sais pas ce que c'est qu'un *fantôme d'État*. Plus je lis ce Corneille, plus je le trouve le père du galimatias, aussi bien que le père du théâtre.
Mon cher ange, voilà à peu près tout ce que vous avez demandé; mais, comme j'aime à vous obéir en tout, j'ajouterai encore un vers. Vous n'aimez pas :

Voilà tout ton service, et voilà tous tes titres.

Aimez-vous mieux :

Ce sont là tes exploits, ton service et tes titres?
Acte IV, scène IV.

Il ne s'agit plus que de copier ces rapetassages. Vous m'avouerez que vous devez vous intéresser un peu à un ouvrage qui est devenu le vôtre par les bons conseils que vous m'avez donnés. Vous sentez par combien de raisons il est essentiel que la pièce soit donnée au public, après avoir été promise. Il ne s'agit pas ici seulement d'une vaine réputation, toujours combattue par l'envie; le succès de l'ouvrage est devenu un point capital pour moi, et un préalable nécessaire, sans lequel je ne pourrais faire à Paris le voyage que je projette. O Athéniens!

MDCCLVII. — A M. LE COMTE ALGAROTTI.

Le...

Io sono un poco casalingo e pigro, mio caro signor conte; voi sapete qual sia il cattivo stato della mia sanità. Non ho gran cura di fare otto miglia[2] per ritornare alla mia cella. Aspetterò dunque il mio gentil frate nel nostro manastero; e, quando egli avrà disposto del pomo in favor della polputa Venere Astrua, quando avrà goduto abbastanza i

---

1. *Rodogune*, acte II, scène I. (ÉD.)
2. Distance de Berlin à Potsdam. (ÉD.)

favori della sua Elena, quando avrà vedutto tutte le regine, tutti i principi, e tutti quanti, ritornerà piacevolmente a noi poveri romiti, ritornerà a suoi dotti e leggiadri lavori, a quelle ingegnose ed istruttive lettere che faranno l'onor della bella Italia, e le delizie di tutte le nazioni. Le bacio di cuore le mani.

MDCCLVIII. — A M. LE MARQUIS D'ARGENS.

Très-cher frère, vous me faites un grand plaisir. Je lirai le tout avec avidité, et je voudrais avoir les autres tomes. En vérité, il faudrait abolir la sottise, une fois pour toutes; ce serait un petit amusement. Frère, j'ai corrigé les morceaux de la dernière partie qui vous avaient paru équivoques, ainsi que j'ai corrigé le vers sur Despréaux, que le roi avait condamné avec raison.

Mon frère, il faut passer sa vie à se corriger. Bonjour, digne ennemi du fanatisme et de la friponnerie.

MDCCLIX. — A FRÉDÉRIC II, ROI DE PRUSSE.

Au Salomon du Nord une foule d'auteurs
Présente à l'envi leurs ouvrages;
Vos écrits sont pour nous les plus rares faveurs;
Les miens ne sont que des hommages.

Sire, en arrivant, et en croyant Votre Majesté à peine arrivée; ainsi, en me trompant d'un jour....

MDCCLX. — A M. LE MARQUIS D'ARGENS.

Frère, vous avez un don de Dieu pour connaître les hommes. Je bénirai le Dieu de nos pères, si on découvre que ce saint de Marseille est un fripon d'Italie. N'est-il pas parent du révérend père Mecenati? Frère, il faut approfondir cette affaire, et ne point porter de jugements téméraires. Cet homme est prêtre; il a son obédience en bonne forme, sa croix de Mathurin; il parle latin.... Un matelot piémontais ne parle point latin. Invoquons le Saint-Esprit, et examinons cet homme, avant de le condamner.

Vis content et heureux.

MDCCLXI. — A FRÉDÉRIC II, ROI DE PRUSSE.

Marc-Aurèle autrefois disait
Des choses dignes de mémoire;
Tous les jours même il en faisait,
Et sans jamais s'en faire accroire.
Certain amateur de sa gloire
Un jour à souper lui parlait
D'un des beaux traits de son histoire.
Mais qu'arriva-t-il? Le héros

ANNÉE 1751.

> N'écouta qu'avec répugnance.
> Il se tut, et ce beau silence
> Fut encore un de ses bons mots.

Pardonnez, Sire, à des cœurs qui sont pleins de vous. J'ose, pour me justifier, supplier Votre Majesté de daigner seulement jeter un coup d'œil sur les lignes marquées par un tiret de cette lettre de M. de Chauvelin, neveu du fameux garde des sceaux. Ne soyez fâché ni contre lui, qui m'écrit de l'abondance du cœur, ni contre moi, qui ai la témérité de vous envoyer sa lettre. Il faut bien, après tout, que Votre Majesté connaisse ce que pensent les hommes de l'Europe qui pensent le mieux.

Je supplie Votre Majesté de me renvoyer ma lettre, car je ne veux pas perdre à la fois vos bonnes grâces et la lettre de M. de Chauvelin.

MDCCLXII. — A M. LE MARQUIS D'ARGENS.

Frère, *si loquela sua manifestum hunc facit*[1], s'il est Piémontais, matelot et fripon, Dieu soit loué, et les méchants confondus! Mais cette belle obédience! mais cette croix! mais ces lettres! Frère, il y a de grandes présomptions contre ce saint. Cependant tremblons de condamner nos frères légèrement, examinons encore. Craignons les justes jugements de Dieu.

Je me recommande à vos prières, et je m'anéantis devant le Tout-Puissant. La paix soit avec vous.

MDCCLXIII. — A FRÉDÉRIC II, ROI DE PRUSSE.

Sire, je supplie Votre Majesté de daigner jeter les yeux sur ce petit billet qui finit par un *que*. Il est adressé à votre ministre d'Hamon. Je n'ose prier Votre Majesté d'achever ma phrase. *Plût à Dieu que*, etc. M. d'Hamon me servirait dans ma détresse, si vous daigniez, Sire, mettre *que*, *que*, *que*, vous n'en serez pas fâché; du moins je me flatte que Votre Majesté me permettra de le dire. Il faut s'attendre dans ce monde à des tribulations; mais, quand on est auprès du digne auteur de l'*Art de la guerre*, on est bien consolé. J'attends vos beaux vers avec plus d'impatience que mon *que*. Ils me sont aussi nécessaires que votre protection.

MDCCLXIV. — A M. LE COMTE D'ARGENTAL.

Vous voyez ce qu'il m'en coûte pour trouver grâce devant vous. J'ai déjà envoyé à Mme Denis trois feuilles du *Siècle de Louis XIV*. Je ne crois pas qu'elles réussissent auprès d'un certain homme de beaucoup d'esprit, à qui j'ai grande envie de plaire. Louis XIV est sa bête, et il me semble que j'en ai fait un bien grand homme, dans l'administration intérieure de son État. Je ne crois pas d'ailleurs qu'on puisse m'accuser d'avoir élevé le siècle passé aux dépens du siècle présent; mais

---

1. Matthieu, XXVI, 73. (ÉD.)

enfin quiconque écrit, et surtout sur des matières aussi délicates, a tout à craindre. Vous savez qu'on s'avisa de saisir le premier chapitre de cette histoire, quand je le donnai pour essayer le goût du public. Il n'y a peut-être jamais eu de persécution si injuste et si ridicule; c'est aujourd'hui ce même chapitre qui a donné, j'ose le dire, à toute l'Europe l'envie de voir le reste. J'ai réfléchi trop tard sur l'acharnement de l'envie qui voulait exterminer un citoyen, parce qu'il est le seul qui ait donné à sa patrie un poëme épique, et qu'il a réussi dans d'autres ouvrages qui ont plu à cette même patrie; et cette lâche envie ne se borne pas aux gens de lettres, elle s'étend aux plus indifférents. Le Français est de tous les peuples celui qui se plaît le plus à écraser ceux qui le servent, en quelque genre que ce puisse être.

Vous savez tout ce que j'ai essuyé. Si j'étais resté plus longtemps à Paris, on m'y aurait fait mourir de chagrin. Certainement il n'y avait pour moi d'autre parti à prendre que de m'enfuir au plus vite. Ce parti est cruel pour un cœur aussi sensible à l'amitié que le mien; mais comptez que j'ai bien fait de le prendre. Dieu veuille que les cabales ne subsistent plus, et qu'elles ne se déchaînent pas contre *Rome sauvée* et contre l'histoire du *Siècle!* J'enverrai incessamment à Mme Denis le premier tome tout entier; je vous donnerai encore *Adélaïde* toute refondue; il n'était pas praticable de faire un parricide d'un prince du sang connu.

Quodcumque ostendis mihi sic, incredulus odi.
Hor., *de Art poet.*, v. 188.

J'ai transporté la scène dans des temps plus reculés, qui laissent un champ plus libre à l'invention. La peinture des maires du palais, et des Maures qui ravageaient alors la France, vaudra bien Charles VII et les Anglais. Du moins, mon cher ami, je répare autant que je peux mon absence par de fréquents hommages; j'aurais moins travaillé à Paris.

Adieu; je vous recommande *Rome* et mon *Siècle*. Votre amitié, votre zèle, et mon éloignement, font beaucoup. Je me flatte que vous engagerez fortement M. de Richelieu dans votre parti. Je n'ai plus le temps d'écrire à ma nièce, cet ordinaire; la poste va partir; montrez-lui ma lettre, qui est pour elle comme pour vous. Ma santé est bien mauvaise; mais je travaillerai jusqu'au dernier moment à mériter votre amitié et votre suffrage. Je me recommande aux bontés de toute votre société. Je prie ma nièce de me faire réponse sur tous les petits articles qu'elle a peut-être oubliés en faveur de *Rome* et de *La Mecque* qui l'occupent. Adieu, comptez que vous n'avez jamais été aimé si tendrement à Paris que vous l'êtes à trois cents lieues.

MDCCLXV. — A FRÉDÉRIC II, ROI DE PRUSSE.

Sire, si vous aimez des critiques libres, si vous souffrez des éloges sincères, si vous voulez perfectionner un ouvrage que vous seul, dans l'Europe, êtes capable de faire, Votre Majesté n'a qu'à ordonner à un solitaire de monter.

Ce solitaire est aux ordres de Votre Majesté pour toute sa vie.

MDCCLXVI. — A M. DAROET.

1751.

Mon cher et aimable ami, *misericis hominum succurrere discis*. Dans le temps que la mort, escortée du scorbut, me talonne, le sieur Henning *facit meos canos descendere cum amaritudine ad inferos*[1]. Ce monsieur, qu'on dit dévot, a fait mettre dans les gazettes de Hambourg qu'il avait à vendre la traduction allemande du *Siècle de Louis XIV*. Il est évident qu'il n'a nul droit d'avoir fait traduire cet ouvrage, qu'il viole un dépôt, et qu'il me vole. Il est soupçonné d'une autre perfidie, d'avoir vendu l'original à des libraires, et les présomptions contre lui sont très-fortes. Je vous supplie, au nom de notre amitié et de votre caractère bienfaisant, de lui représenter sa turpitude, et de lui dire que je me plaindrai au roi, et qu'il sera perdu dans ce monde-ci et dans l'autre. Parlez-lui fortement, employez votre vertu et votre éloquence. Ne serai-je venu dans ce pays-ci que pour être volé, tantôt par un juif, tantôt par un imprimeur? pour essuyer tant de malheurs, et pour y mourir dans le désespoir d'avoir sacrifié ma patrie à mon inutile tendresse pour le roi? Adieu.

MDCCLXVII. — AU MÊME.

1751.

Mon cher ami, j'avais bien raison de soupçonner Henning : ou il m'a fait une bien cruelle infidélité, ou il a permis qu'un de ses ouvriers en fût coupable. On vend l'*Histoire du Siècle de Louis XIV* publiquement à Francfort-sur-l'Oder et à Breslau. Je n'ai point vu l'édition de Breslau, mais M. de Bielfeld a vu celle de Francfort-sur-l'Oder. Je regrette peu les deux mille écus que cette impression de Berlin peut m'avoir coûtés; mais il est bien triste qu'on ait imprimé l'ouvrage avec toutes les fautes que je m'occupe jour et nuit à corriger, malgré les maladies dont je suis accablé. Il n'y aurait qu'un moyen d'arrêter le mal : ce serait que le roi eût la bonté d'envoyer un ordre à Francfort et à Breslau, de faire saisir l'ouvrage chez le libraire. S'il le fallait, j'irais moi-même à Francfort, et j'enverrais en même temps à Leipsic, où, sans doute, on aura envoyé l'édition subreptice. Voilà une friponnerie pire, s'il est possible, que celle d'Hirschell; mais je suis accoutumé à ces perfidies; je vois que les libraires de tous les pays se ressemblent. Mon cher ami, il faut souffrir beaucoup de la part de la nature et de la part des hommes. S'ils étaient tous comme vous, on serait trop heureux.

MDCCLXVIII. — AU MÊME.

1751.

Voici, mon cher ami, la lettre que Henning a écrite à Francheville,

1. *Genèse*, XLVI, 29. (ÉD.)

et ma réponse. Je vous supplie de jeter un coup d'œil sur l'une et sur l'autre, et de me les renvoyer.

Je ferai parvenir ma réponse à Francheville par le courrier. Si vous avez le temps de faire écrire au sieur Henning qu'on pourrait se plaindre au roi, et que le roi aime qu'on tienne ses marchés, vous pouvez écrire un petit mot, si vous avez le temps et si cela ne vous gêne pas; je vous serai très-obligé.

MDCCLXIX. — A Mme Denis.

À Potsdam, le 20 septembre.

Voici une douzaine de feuilles du *Siècle de Louis XIV*; il est juste que vous en ayez les prémices. Je voudrais bien que M. de Malesherbes eût le temps et la bonté de les lire. Il me semble que, dans cet abrégé, il y a des détails utiles, des traits de citoyen. La plupart des historiens s'appesantissent dans leur cabinet sur des détails de guerre qui ne conviennent qu'aux gens du métier et qui, étant presque toujours très-infidèles, ne sont bons pour personne. J'ai tâché de faire connaître Louis XIV et la nation. Je conçois bien que Paris est à présent ivre de joie de la naissance d'un duc de Bourgogne; mais que voulez-vous que j'en dise? Je ne verrai sûrement pas son règne, et je ne suis occupé que de celui de son trisaïeul. Son berceau sera couvert des odes de nos poètes; on lui prédira des victoires, on lui dira qu'il fera les délices du genre humain.

> Rejeton de cent rois, espoir fragile et tendre
> D'un héros adoré de nous,
> Que vous êtes heureux de ne pouvoir entendre
> Les mauvais vers qu'on fait pour vous!

Depuis ma dernière lettre, je vais bride en main sur la louange. J'attends impatiemment votre réponse, et je prends patience sur le reste.

MDCCLXX. — A M. le comte Algarotti.

À Potsdam, 24 septembre.

Non posso immaginare, caro mio conte, quali siano i comenti fatti in Roma intorno alla dannazione del nostro re più che eretico. Se io l'avessi posto in purgatorio, ben converrebbe alla corte romana di concedergli alcune indulgenze; ma, giacchè l'ho dannato affatto senza misericordia, non veggo ciò che i moderni romani abbiano a fare coll' emulatore degli antichi. Vi ringrazio della vostra savia e leggiadra risposta a questo indefesso scrittore, ha questo valente cardinal Querini; egli mi ha favorito d'una lettera, e d'alcune nuove stampe, dove la sua modestia è vigorosamente combattuta. Non gli ho ancora risposto, ma lo farò coll'ajuto di Dio, e di voi, mio angelo di Padova e di Berlino,

*Si, Mimnermus uti censet, sine amore jocisque
Nil est jucundum, vivas in amore jocisque.*
Hor., lib. I, ep. VI, v. 25.

ma non vi scordate del vostro ammiratore ed amico.

MDCCLXXI. — A M. FORMEY.

A Berlin, chez Mme Bork, ce mardi.

Les embarras du déplacement, monsieur, et encore plus les nouvelles atteintes de ma maladie, m'ont empêché de vous répondre plus tôt.

Parmi les vérités contingentes, vous pouvez ajouter foi à l'anecdote de Mlle de Lenclos.

Il est très-vrai qu'elle m'a mis sur son testament pour m'engager à faire des vers. Je n'ai que trop exécuté sa dernière volonté.

Vous voulez l'*Éloge historique de Mme du Châtelet*, femme qui faisait assurément plus d'honneur à son siècle que Ninon de Lenclos. Pardonnez-moi mon incrédulité sur les *Monades* et *l'harmonie préétablie*. Hélas! qu'y a-t-il de vrai, sinon que deux fois huit font seize? Si vous voulez faire imprimer cet *Éloge*, à la bonne heure; je vous prierai seulement de m'en donner un exemplaire, que j'enverrai au libraire de Paris qui imprime la traduction de Newton; sinon ayez la bonté de me rendre le manuscrit, parce que le libraire en a besoin pour s'y conformer. *Vale.* V.

MDCCLXXII. — DE FRÉDÉRIC II, ROI DE PRUSSE.

1751.

J'ai lu votre premier article qui est très-bon. Vous aurez commencé la table alphabétique des articles; je crois qu'il faudrait l'achever, avant de commencer l'ouvrage, afin de se fixer à un nombre d'articles, de mieux choisir les principaux, et de ne point permettre d'entrée aux petits détails; car si quelques articles subordonnés aux autres ont l'entrée dans le dictionnaire, ce serait une nécessité ou de mettre un plus grand détail, ou de changer de projet en travaillant, ce qui ne répondrait pas, il me semble, à l'unité du but qu'il faut se proposer dans un ouvrage de ce genre.

MDCCLXXIII. — DU MÊME.

1751.

Si vous continuez du train dont vous allez, le *Dictionnaire* sera fait en peu de temps. L'article de l'AME que je reçois est bien fait; celui de BAPTÊME y est supérieur. Il semble que le hasard vous fait dire ce qui pourtant est la suite d'une méditation. Votre dictionnaire imprimé, je ne vous conseille pas d'aller à Rome; mais qu'importe Rome, Sa Sainteté, l'inquisition, et tous les chefs tondus des ordres religieux qui crieront contre vous! L'ouvrage que vous faites sera utile par les choses, et agréable par le style; il n'en faut pas davantage. Si l'âme de vos nerfs demeure dans un état de quiétude, je serai charmé de vous voir ce soir; sinon, je croirai qu'elle se venge sur votre corps du tort que votre esprit lui fait. Ce qu'il y a de sûr, c'est que je ne crois pas que moi ni personne soit double. Les grands, en parlant d'eux, disent *nous*; ils n'en sont pas multipliés pour cela. Mettons la main sur la conscience, et parlons franchement; l'on avouera de bonne foi que la pensée et le mouvement, dont notre corps a la faculté, sont des attributs de la machine animée, formée et organisée comme l'homme. Adieu.

MDCCLXXIV. — A FRÉDÉRIC II, ROI DE PRUSSE.

Le 3 octobre.

Faible réponse à votre belle ode, en attendant que j'aie l'honneur de la renvoyer avec très-peu d'apostilles.

La mère de la mort, la Vieillesse pesante,
A de son bras d'airain courbé mon faible corps, etc.

MDCCLXXV. — DE FRÉDÉRIC II, ROI DE PRUSSE.

1751.

La nature, pour moi plus marâtre que mère,
 Ne m'a point accordé le don
 D'entonner au sacré vallon
Les chants mélodieux de Virgile et d'Homère;
 Et lorsqu'elle doua Voltaire
D'un plus vaste génie et des traits d'Apollon,
 Me laissant un regard sévère,
 Elle me donna la raison.

C'est mon lot que cette vieille raison, ce bon sens qui trotte par les rues; il peut suffire pour ne pas se noyer dans la rivière quand on voit un pont sur lequel on peut la passer. Ce bon sens est ce qu'il faut pour se conduire dans la vie commune; mais cette même raison qui m'avertit d'éviter un précipice quand j'en vois un sur mon passage, m'apprend à ne pas sortir de ma sphère et à ne point entreprendre au-dessus de mes forces. C'est pourquoi, en me rendant justice, et en avouant que mes vers sont mal faits, ma raison est assez éclairée pour me faire admirer les vôtres. Je vous remercie de M. de Coucy, qui est, selon moi, votre chef-d'œuvre tragique. Quant à l'empereur Julien, il pourra devenir excellent si vous y ajoutez les raisons pour et contre sa conversion, et que vous retranchiez, dans ce que j'ai lu, l'endroit où vous effleurez ce sujet, qui est trop faible en comparaison des arguments forts que vous ajouterez.

MDCCLXXVI. — DU MÊME.

1751.

Cet article me paraît très-beau; il n'y a que le pari que je vous conseillerais de r'anger, à cause que vous vous êtes moqué de Pascal qui se sert de la même figure. Remarquez encore, s'il vous plaît, que vous citez Épicure, Protagoras, etc., qui vivaient tranquilles dans la même ville; je crois qu'il ne faudrait pas citer des gens de lettres pour vivre tranquilles ensemble. Remarquez que de querelles dans l'Académie des sciences de Paris pour Newton et Descartes, et dans celle d'ici pour et contre Leibnitz ! Je suis sûr qu'Épicure et Protagoras se seraient disputés s'ils avaient habité le même lieu; mais je crois de même que Cicéron, Lucrèce et Horace auraient soupé ensemble en bonne union. Je vous demande pardon des remarques que mon ignorance s'émancipe de vous faire. Je suis comme la servante de Molière, qui, lorsqu'elle ne riait pas, faisait changer ses pièces au premier auteur comique de l'univers.

MDCCLXXVII. — A FRÉDÉRIC II, ROI DE PRUSSE.

A Berlin, le 14.

J'ai quitté la rive fleurie
Où j'avais fixé mon séjour,
Pour aller près de Rothembourg,
De qui la personne chérie
Chez Pluton allait faire un tour,
Pour un peu de gloutonnerie.
Lieberkind et sa prud'homie
L'allaient dépêcher sans retour
Pour en faire une anatomie;
Mais votre lecteur La Métrie
Vient de le rappeler au jour.
La grave charlatanerie
A tout à fait l'air d'un Caton;
Pour moi, j'aime assez la raison
Sous le masque de la folie.
Que la veine hémorroïdale
De votre personne royale
Cesse de troubler le repos!
Quand pourrai-je d'un style honnête
Dire : « Le cul de mon héros
Va tout aussi bien que sa tête? »

Abraham Hirschell vient de jouer à monseigneur le margrave Henri à peu près le même tour qu'à moi. Pardonnez, Sire, j'ai toujours cela sur le cœur, et je mourrais de douleur sans vos bontés.

MDCCLXXVIII. — AU MÊME.

Ce vendredi, à neuf heures du soir.

Sire, le médecin joyeux [1] a sans doute mandé à Votre Majesté que, lorsque nous sommes arrivés, le malade dormait tranquillement, et que Codenius [2] nous a assuré, en latin, qu'il n'y avait aucun danger. Je ne sais pas ce qui s'est passé depuis, mais je suis persuadé que Votre Majesté a approuvé mon voyage. Je me flatte que je viendrai bientôt me remettre aux pieds de Votre Majesté.

1. La Métrie. (ÉD.) — 2. Médecin de Frédéric. (ÉD.)

MDCCLXXIX. — A M. LE COMTE D'ARGENTAL.

16 octobre.

Mon cher ami, je vous suis bien obligé de vos petites notes. Je ne puis concevoir comment le mot de *dernière fille* a pu échapper, puisque je dis précisément le contraire page 49, tome II. Je crois que vous n'avez pas cette page 49. Je vous supplie d'ôter seulement ce mot de *dernière*, en attendant que je mette un carton. Figurez-vous qu'on imprime à huit lieues de moi, et qu'il se glisse bien des fautes. M. de Caumartin (j'entends le vieux conseiller d'État) m'assura que le roi avait assisté deux fois au conseil des parties. C'est une anecdote qu'il faudrait approfondir, et dont vous êtes à portée de vous instruire.

Croyez-vous qu'il faille absolument ôter de ce char le duc de Bretagne? J'en suis fâché; cela était touchant; cependant il faudra bien s'y résoudre. Je n'écrirai point, cet ordinaire, à ma nièce; j'ai un peu de fièvre, et je n'écris qu'avec peine. Je vous prie de lui dire qu'elle ne montre qu'à peu de personnes les feuilles imprimées que je lui ai envoyées; mais que surtout elle raye ce mot de *dernière*.

Je suis persuadé qu'elle réussira dans la conspiration de *Rome* comme dans celle de *la Mecque*. Tout le monde dit que Dubois est devenu un grand acteur; voilà une bonne aubaine pour notre *Rome*, que je recommande toujours à vos soins paternels.

Je vous supplierai d'examiner un peu scrupuleusement le premier tome de *Louis XIV*, que vous aurez probablement bientôt. Je mettrai ici tant de cartons qu'on voudra. Vous savez que je ne plains pas ma peine, et que j'aime à me corriger.

Adieu, mon cher ange; dites bien à Mme Denis combien elle est adorable. J'ai été tenté de partir sur la jument Borac de Mahomet pour venir l'embrasser; mais je n'ai pas assez de santé pour voyager à présent. Je suis tout malingre.

.... *et dulces moriens reminiscitur Argos.*
Virg., *Énéide*, X, v. 789.

Adieu; mes respects aux anges; vous êtes mon Argos.

MDCCLXXX. — A FRÉDÉRIC II, ROI DE PRUSSE.

Sire, je me suis traîné à votre opéra, espérant y voir Votre Majesté. J'y ai appris qu'elle était indisposée, et j'ai quitté le palais du soleil,

> Car vous savez que je préfère
> Votre cabinet d'Apollon
> A ce palais où Phaéton
> Aborda d'un pied téméraire.
> Il voulut porter la lumière
> Que vous répandez aujourd'hui.
> Vous nous éclairez mieux que lui,
> Sans tomber dans votre carrière.

MDCCLXXXI. — A Mme Denis.

À Potsdam, le 29 octobre.

Vous êtes de mon avis; cela me fait croire que j'ai raison; sans cela je n'en croirais rien. Nous nous sommes entendus de bien loin. Je me conseillais tout ce que vous me conseillez; mais vraiment, je dois plus que jamais admirer votre savoir-faire; vous triomphez des cabales, et même des dévots; vous faites jouer la religion mahométane. Il n'appartenait assurément qu'aux musulmans de se plaindre; car j'ai fait Mahomet un peu plus méchant qu'il n'était; aussi milord *Maréchal* me mande-t-il que sa jeune Turque, qu'il a menée à *Mahomet*, a été très-scandalisée. Elle prétend que je lui avais dit beaucoup de bien de son prophète, à Berlin. Cela peut être; il faut être poli. Comment ne pas louer Mahomet devant les femmes, qui sont notre récompense dans son paradis?

Je me flatte que vous vous donnerez bien de garde de passer sitôt de *la Mecque* à *Rome*. Laissons dormir quelque temps *Cicéron*, et prions Dieu qu'il n'endorme point son monde.

Ma chère plénipotentiaire, j'ai bien peur que mes lettres ne passent pas longtemps par milord Tyrconnell. Il s'est avisé de se rompre un gros vaisseau dans la poitrine. C'est la plus large et la plus forte poitrine du monde; mais l'ennemi est dans la place, et il y a tout à craindre.

Je rêve toujours à l'*écorce d'orange*; je tâche de n'en rien croire, mais j'ai peur d'être comme les cocus, qui s'efforcent à penser que leurs femmes sont très-fidèles. Les pauvres gens sentent au fond de leur cœur quelque chose qui les avertit de leur désastre.

Ce dont je suis très-sûr, c'est que mon gracieux maître m'a honoré d'un bon coup de dent, dans les mémoires qu'il a faits de son règne, depuis 1740. Il y a, dans ses poésies, quelques épigrammes contre l'empereur et contre le roi de Pologne. A la bonne heure; qu'un roi fasse des épigrammes contre les rois, cela peut même aller jusqu'aux ministres; mais il ne devrait pas grêler sur le persil.

Figurez-vous que Sa Majesté, dans ses goguettes, a affublé son secrétaire Darget d'un bon nombre de traits dont le secrétaire est très-scandalisé. Il lui fait jouer un plaisant rôle dans son poème du *Palladium*, et le poème est imprimé. Il y en a, à la vérité, peu d'exemplaires.

Que voulez-vous que je vous dise? il faut se consoler, s'il est vrai que les grands aiment les petits, dont ils se moquent; mais aussi, s'ils s'en moquent et ne les aiment point, que faire? se moquer d'eux à son tour tout doucement, et les quitter de même. Il me faudra un peu de temps pour retirer les fonds que j'avais fait venir dans ce pays-ci. Ce temps sera consacré à la patience et au travail; le reste de ma vie doit vous l'être.

Je suis très-aise du retour de frère *Isaac* d'Argens. Il a d'abord été un peu ébouriffé, mais il s'est remis au ton de l'orchestre... Je l'ai rapatrié avec Algarotti. Nous vivons comme frères; ils viennent dans ma chambre dont je ne sors guère; de là nous allons souper chez le roi, et quelquefois assez gaiement. Celui qui tombait du haut d'un clocher, et qui, se trouvant fort mollement dans l'air, disait : *Bon, pourvu que cela dure*, me ressemblait assez.

Bonsoir, ma très-chère plénipotentiaire; j'ai grande envie de tomber à Paris, dans ma maison.

MDCCLXXXII. — A M. FORMEY.

Voici, monsieur, l'*Éloge*[1] d'un grand homme qui portait des jupes. Si Mme du Châtelet vivait encore, je ne serais pas ici.

Je me flatte que nous nous porterons mieux l'un et l'autre; je trouverai dans votre société de nouvelles consolations, comme de nouvelles lumières. Pardonnez-moi les blasphèmes que vous trouverez sur la métaphysique. Vous êtes tolérant; souffrez les libertés de l'Église gallicane. *Vale.*

MDCCLXXXIII. — A M. LE MARÉCHAL DUC DE RICHELIEU.

A Potsdam, le 13 novembre.

Ce La Métrie, cet *homme-machine*, ce jeune médecin, cette vigoureuse santé, cette folle imagination, tout cela vient de mourir pour avoir mangé, par vanité, tout un pâté de faisan aux truffes. Voilà, mon héros, une de nos farces achevée. La Métrie est mort précisément de la même maladie dont le roi réchappa si heureusement en 1744. Il laisse à Berlin une maîtresse éplorée, qui malheureusement n'est pas jolie, et à Paris des enfants qui meurent de faim. Il a prié milord Tyrconnell, par son testament, de le faire enterrer dans son jardin.

Vous avez peut-être reçu, monseigneur, une grande ennuyeuse lettre de moi, où j'avais l'honneur de vous parler de ce pauvre diable. Je vous importunais encore d'une certaine terre d'Assai qui est dans votre censive, et pour laquelle il y a un procès que vous pourriez, dit-on, avoir la bonté de terminer un jour par un doux accord. Ma nièce veut qu'on vende cette terre. Hélas! très-volontiers. Vous êtes mon seigneur suzerain, et vous ferez de moi tout ce que vous voudrez. Elle prétend aussi que vous ne voulez pas qu'Aurélie soit traitée en petite fille, et que Catilina et Céthégus la renvoient faire de la tapisserie, au premier acte. Vous la voulez plus nécessaire, plus résolue, plus respectée dans la maison. Je suis entièrement de votre avis. Les trois premiers actes sont absolument changés et envoyés. Je ne veux pas en avoir le démenti. Ce petit triomphe, si c'en est un, sera amusant. Nous vous fournirons d'autres batelages pour votre année.

En attendant, je vous prie, à vos heures perdues, de parcourir ce que ma nièce doit avoir l'honneur de vous confier du *Siècle de Louis XIV*. J'aurais bien voulu en raisonner avec vous à Richelieu; mais on ne peut pas être partout. Il y a plus d'un ciel dans ce monde. Celui de Potsdam me plaît toujours beaucoup; sans me faire oublier le

1. *L'Éloge historique de Mme du Châtelet.* (CL.)

vôtre. La société est douce et délicieuse. Ma machine va fort mal, mais mon âme va bien, elle est tranquille; et cette âme est toute à vous. Je serais bien fâché qu'elle quittât mon corps sans vous avoir fait sa cour. De près ou de loin, sain ou malade, philosophe ou faible, je vous suis bien tendrement dévoué jusqu'au dernier moment de ma drôle de vie.

Adieu, monseigneur; daignez m'aimer toujours un peu, et vous souvenir un peu de votre ancien serviteur, dans le chien de tourbillon où vous êtes. Jouissez, digérez tout le plus longtemps qu'il est possible, et goûtez ce songe de la vie.

MDCCLXXXIV. — A M. LE COMTE D'ARGENTAL.

Potsdam, le 19 novembre.

Mon cher ange, j'ai pour principe qu'il faut croire ses amis. Vous ne me paraissez pas tout à fait du parti d'Aurélie; elle vous a paru faible; et, dans le fond, vous ne seriez pas fâché qu'elle eût le nez un peu plus à la romaine; pour moi, j'avais du penchant à la faire douce et tendre. Si j'étais peintre, je peindrais Catilina les yeux égarés et l'air terrible; Cicéron faisant de grands gestes, Caton menaçant, César se moquant d'eux, et Aurélie craintive et éplorée; mais on veut au théâtre de Paris, dans le royaume des femmes, que les femmes soient plus importantes. J'avais oublié cette loi de votre nation si contraire à la loi salique. Il n'est pas étonnant que je sois devenu si peu galant dans le couvent de *frère Philippe*, où il n'y a point d'*oies*; mais enfin j'ai cédé; la pluralité l'a emporté. J'ai repeint la femme de Catilina, et je lui ai donné des traits un peu plus mâles. Enfin j'ai refait trois actes. Les deux premiers surtout sont entièrement différents. Algarotti prétend que cela est beaucoup mieux; vous en jugerez; pour moi, je suis jusqu'à présent de son avis. Il y a près de quinze jours que ces trois premiers actes sont partis escortés d'un quatrième. J'ai fait tout ce que j'ai pu; mes maladies ne m'ont point découragé; les contradictions ne m'ont point rebuté. J'ai imaginé qu'il fallait que Catilina aimât sa femme; il ne l'aime, à la vérité, qu'en Catilina; mais, s'il ne la regardait que comme une personne indifférente, dont il se sert pour cacher des armes dans sa cave, cette femme serait trop peu de chose. Un personnage n'intéresse guère que quand un autre personnage s'intéresse à lui, à moins qu'il n'ait une violente passion; et ce n'est pas ici le cas des passions violentes. Enfin vous verrez la façon dont j'ai remanié tout cela. Un *Siècle* à finir, une édition nouvelle de toutes mes rêveries, que je réforme d'un bout à l'autre, et *Rome sauvée* pardessus, en voilà beaucoup pour un malade. Je vous prie d'encourager Mme Denis à donner *Rome sauvée*. Je ne puis en refuser l'impression à mon libraire, qui fait ma nouvelle édition, et à qui je l'ai promise; c'est une parole à laquelle je ne peux manquer.

J'ai envoyé aussi l'ancienne *Adélaïde*, pour laquelle vous vous sentiez un peu de faible; mais gardez-vous bien de la préférer à *Rome*. Croyez fermement, malgré le ton doucereux de notre théâtre, qu'une scène de César et de Catilina vaut mieux que toute *Adélaïde*. Je ne sais pas trop ce que Mme Denis a été faire à Fontainebleau, avant qu'on donne *Rome sauvée;* c'est après le succès (supposé que nous en ayons) qu'il fallait aller là. Je crains un peu cette entrevue pour le moment présent. On croit le *Catilina* de Crébillon un chef-d'œuvre ; il n'y a que le succès d'un bon ouvrage et le temps qui puissent détromper.

On dit que l'abbé de Bernis va être ambassadeur à Venise. Je plains le procurateur de Saint-Marc, s'il a une jolie femme.

Adieu, mes chers anges; je baise toujours le petit bout de vos ailes. Aviez-vous entendu parler d'un médecin nommé La Métrie, brave athée, gourmand célèbre, ennemi des médecins, jeune, vigoureux, brillant, regorgeant de santé? Il va secourir milord Tyrconnell, qui se mourait; notre Irlandais lui fait manger tout un pâté de faisan, et le malade tue son médecin. Astruc en rira, s'il peut rire.

MDCCLXXXV. — A Mme Denis.

A Potsdam, le 14 novembre.

Protectrice de l'Alcoran[1], nous sommes tous ici malades. Milord Tyrconnell empire, le comte de Rothembourg se meurt, Darget se plaint à Dieu et aux dames du col de sa vessie; pour le major Chazot, qui a dû vous rendre une lettre, il s'était emmaillotté la tête, et avait feint une grosse maladie pour avoir permission d'aller à Paris. Il se porte bien, celui-là, et si bien qu'il ne reviendra plus; il avait pris son parti depuis longtemps. Mais notre fou de La Métrie n'a point fait semblant; il vient de prendre le parti de mourir. Notre médecin est crevé à la fleur de son âge, brillant, frais, alerte, respirant la santé et la joie, et se flattant d'enterrer tous ses malades et tous les médecins : une indigestion l'a emporté.

Je ne reviens point de mon étonnement. Milord Tyrconnell envoie prier La Métrie de venir le voir pour le guérir ou pour l'amuser. Le roi a bien de la peine à lâcher son lecteur, qui le fait rire, et avec qui il joue. La Métrie part, arrive chez son malade dans le temps que Mme Tyrconnell se met à table; il mange et boit, et parle, et rit plus que tous les convives; quand il en a jusqu'au menton, on apporte un pâté d'aigle déguisé en faisan, qu'on avait envoyé du Nord, bien farci de mauvais lard, de hachis de porc et de gingembre; mon homme mange tout le pâté, et meurt le lendemain chez milord Tyrconnell, assisté de deux médecins dont il s'était moqué. Voilà une grande époque dans l'histoire des gourmands.

Il y a actuellement une grande dispute pour savoir s'il est mort en chrétien ou en médecin. Le fait est qu'il pria le comte de Tyrconnell de le faire enterrer dans son jardin. Les bienséances n'ont pas permis qu'on eût égard à son testament. Son corps, enflé et gros comme un tonneau, a été porté, bon gré, mal gré, dans l'Église catholique, où il est tout étonné d'être. Ma chère enfant, les *chênes* tombent, et les *roseaux* demeurent. Le roi a fait pour moi une ode pour m'exhorter à

---

1. Mme Denis avait obtenu la reprise de *Mahomet.* (Éd.)

vieillir et à mourir. J'ai bien corrigé son ode[1], et je ne m'en porte pas mieux. Il me traite vraiment de *divin*, comme le peintre Pesne. Nous savons ce que ces mots-là signifient. Cette lettre vous sera rendue par le Tartare païen de milord *Maréchal*, qu'il a dépêché ici. Dieu conduise ce bon Calmouck au plus vite!

MDCCLXXXVI. — A M. LE DUC D'UZÈS.

A Potsdam, le 4 décembre.

C'est par un heureux hasard, monsieur le duc, que je reçus, il y a quinze jours, votre lettre du 2 octobre par la voie de Genève. Il y avait longtemps que deux Génevois, qui s'étaient mis en tête d'entrer au service du roi de Prusse, m'envoyaient régulièrement de si gros paquets de vers et de prose, qui coûtaient un louis de port, et qui ne valaient pas un denier, qu'enfin j'avais pris le parti de faire dire au bureau des postes de Berlin que je ne prendrais aucun paquet qui me serait adressé de Genève. Je fus averti, le 15 novembre, qu'il y en avait un d'arrivé avec un beau manteau ducal; ce magnifique symbole d'une dignité peu républicaine me fit douter que ce n'était pas de la marchandise génevoise qu'on m'adressait. J'envoyai retirer le paquet, et j'en fus bien récompensé en lisant les réflexions pleines de profondeur et de justesse que vous m'avez fait l'honneur de m'adresser. J'y aurais répondu sur-le-champ; mais il y a quinze jours que je suis au lit, et je ne peux pas encore écrire. Ainsi vous permettrez que je dicte tout ce que l'estime la plus juste et le plaisir de trouver en vous un philosophe peuvent inspirer à un pauvre malade.

Il paraît, monsieur le duc, que vous connaissez très-bien les hommes et les livres, et les affaires de ce monde. Vous faites l'histoire de la cour, quand vous dites que, de quarante années, on en passe souvent trente-neuf dans des inutilités. Rien n'est plus vrai, et la plupart des hommes meurent sans avoir vécu. Vous vivez beaucoup, puisque vous pensez beaucoup; c'est du moins une consolation pour une âme bien faite : il y en a peu qui soient capables de se supporter elles-mêmes dans la retraite. Le tourbillon du monde étourdit toujours, et la solitude ennuie quelquefois. Je m'imagine que vous n'êtes pas solitaire à Uzès, que vous y avez quelque compagnie digne de vous, à qui vous pouvez communiquer vos idées. Il faut que les âmes pensantes se frottent l'une contre l'autre pour faire jaillir de la lumière. Ne seriez-vous point à Uzès à peu près comme le roi de Prusse à Potsdam, soupant avec trois ou quatre philosophes, après avoir expédié les affaires de votre duché? Cette vie serait assez douce. Il y a apparence que c'est la meilleure, puisque c'est celle qu'a choisie un homme qui pourrait vivre avec tout le fracas de la puissance et tout l'attirail de la vanité. Il me semble encore que vos idées philosophiques sont semblables aux siennes. Ce n'est pas une chose ordinaire qu'il y ait des rois et des

1. *Ode à Voltaire, qu'il prenne son parti sur les approches de la vieillesse et de la mort.* (ÉD.)

ducs et pairs philosophes. Pour rendre la ressemblance plus complète, vous m'annoncez quelques poésies. En vérité, c'est tout comme ici, et je crois que la nature vous avait fait naître pour être duc et pair à Potsdam. Je comptais passer l'hiver à Paris; mais les bontés du roi d'un côté, et mes maladies de l'autre, m'ont retenu, et je me suis partagé entre mon héros et mon apothicaire. Si vous voulez ajouter à la félicité de mon âme et diminuer les souffrances de mon corps, envoyez-moi les ouvrages dont vous me parlez. Je garderai le secret le plus inviolable; je ne les montrerai au roi qu'en cas que vous me l'ordonniez, et je vous dirai ce que je croirai la vérité. Ayez la bonté de recommander d'adresser les paquets par Nuremberg et par les chariots de poste, comme on envoie les marchandises; car les gros paquets de lettres qui sont portés par les courriers sont toujours ouverts dans trois ou quatre bureaux de l'empire; chaque prince se donne ce petit plaisir : ces messieurs-là sont fort curieux.

Pardonnez, monsieur le duc, à un pauvre malade, et recevez les respects, etc.

MDCCLXXXVII. — A M. FORMEY.

Si votre fortune, monsieur, est aussi bonne que votre livre sur la fortune, j'ai un double compliment à vous faire. Le plaisir que me cause votre nouvel ouvrage m'a fait relire vos recherches sur les éléments de la matière; votre antagoniste a bien de l'esprit, mais vous en avez encore plus.

. . . . *Si Pergama dextra*
Defendi possent, etiam hac defensa fuissent.
Virg., *Énéide*, lib. II, v. 291.

Je ne crois pas que les premiers principes, qui sont les secrets de l'éternel Géomètre, soient faits pour être connus par des êtres finis; mais

Non proprius fas est mortali attingere divos.

A l'égard des sottises des chétifs mortels, sous le nom de *Siècle de Louis XIV*, vous serez assurément un des premiers que j'en ennuierai. Je vous prie de faire souvenir de moi M. le président de Jarrige, dont je révère les lumières et l'équité, et pour qui j'ai autant d'amitié que d'estime. C'est avec les mêmes sentiments que je suis, de tout mon cœur, votre, etc.
V.

MDCCLXXXVIII. — A M. LE COMTE D'ARGENTAL.
Le 14 décembre.

Mon cher ami, le nez à la romaine doit être allongé de quelques lignes, car notre Aurélie ne dit plus :

Ne suis-je qu'une esclave au silence réduite,
Par un maître absolu dans le piége conduite?

1. Vers de Halley. (*Éd.*)

> Une esclave trop tendre, encor trop peu soumise;

mais elle dit :

> J'ignore à quels desseins ta fureur s'est portée;
> S'ils étaient généreux, tu m'aurais consultée.
> > Acte I, scène III.

Elle parle dans ce goût; elle est tendre, mais elle est ferme. Elle s'anime par degrés, elle aime, mais en femme vertueuse; et on sent que, dans le fond, elle impose un peu à Catilina, tout impitoyable qu'il est. J'ai tâché de ne mettre, dans l'amour de Catilina pour elle, que ce respect secret qu'une vertu douce et ferme arrache des cœurs les plus corrompus ; et, quoique Catilina aime en maître, on voit qu'il tremblerait devant cette femme aimable et généreuse, s'il pouvait trembler. Ces nuances-là étaient délicates à saisir. Je ne sais si je les ai bien exprimées, mais je sais qu'il sera difficile à une actrice quelconque de les rendre. Ne me faites point de procès, mon cher ange, sur ce que Cicéron dit à Catilina :

> Je t'y protégerai, si tu n'es point coupable;
> Fuis Rome, si tu l'es....
> > Acte I, scène v.

C'est précisément ce que Cicéron a dit de son vivant; ce sont des mots consacrés, et assurément ils sont bien raisonnables.

Quel est l'homme qui prononcera :

> Eh bien ! ferme Caton......................
> > Acte I, scène VI.

comme on prononcerait, *Allons, ferme, Caton!* On peut aisément prévenir le ridicule où un acteur pourrait tomber en récitant ce vers. Mais n'aurons-nous point de plus grand embarras? n'y a-t-il pas bien des tracasseries à la Comédie? Il me semble qu'à présent tout est cabale chez vous autres de tous les côtés.

Je ne voudrais me trouver en concurrence avec personne; je ne voudrais point combattre pour donner *Catilina ;* je voudrais plutôt être désiré que d'entrer par la brèche. Il me semble qu'il faut laisser passer les plus pressés, et attendre que le public soit rassasié de mauvais ouvrages. Je crains encore qu'au parti de Crébillon il ne se joigne un plaisir secret d'humilier à Paris un homme qu'on croit heureux à Berlin. On ne sait comment faire avec le public. Il n'y a qu'un seul secret pour lui plaire de son vivant, c'est d'être souverainement malheureux. Il n'y aura qu'à faire afficher mon agonie avec la pièce; encore le secret n'est-il pas sûr.

Je tremble aussi pour ce *Siècle de Louis XIV.* On ne me passera peut-être pas ce que l'on a passé à Reboulet, et à Larrai, et à Limiers, et à La Martinière[1], et à tant d'autres. C'est donc assez d'avoir

---

1. Auteurs qui ont tous écrit sur la vie de Louis XIV. (ÉD.)

été ou d'être historiographe de France, pour ne devoir point écrire l'histoire? Duclos fait fort bien d'écrire des romans [1]; voilà comme il faut faire sa charge pour réussir. Ses romans sont détestables, à ce qu'on dit; mais n'importe, l'auteur triomphe.

Quels malentendus n'y a-t-il pas eu pour ces *Siècles!* J'en avais envoyé deux paquets à Mme Denis; il y en avait un pour vous, pour votre société des anges. Un de ces paquets a été arrêté à la douane, sur la frontière; l'autre, qui est arrivé, lui a été enlevé par ceux qui se sont jetés dessus; et le livre court, et les mauvaises impressions seront prises, et je suis bien fâché, et je ne sais comment faire.

Je vous demande en grâce de dire ou de faire dire au président Hénault qu'il y a plus d'un mois que je lui ai adressé aussi un gros paquet, avec une longue lettre. La malédiction est sur tout ce que j'envoie à Paris. Vous me direz qu'en désertant j'ai mérité cette malédiction; mais, mon cher ange, en restant, n'étais-je pas exposé à une suite éternelle de tribulations? Après avoir été persécuté trente ans, devais-je expirer sous la haine implacable de ceux que l'envie armait contre moi? Il faut que les blessures aient été bien profondes, puisque j'ai été forcé de m'arracher à des amis tels que vous, qui faisaient ma consolation et mon secours. Comptez que, quand je pense à tout cela (et j'y pense souvent), je suis partagé entre l'horreur et la tendresse. Je vais écrire à M. le comte de Choiseul, et lui envoyer des *Siècles*. Je ne peux prendre la voie de la poste, cela est impraticable à Berlin. Plût à Dieu que ma nièce eût rattrapé ceux qu'elle a donnés, ou qu'on lui a pris! *Louis XIV* et *Catilina* me coûtent bien des tourments, mais à Paris ils m'auraient fait mourir.

Mille tendres respects à tous les anges. Vous ne me parlez point de la santé de Mme d'Argental. Je vous embrasse bien tendrement.

MDCCLXXXIX. — A MME DENIS.

A Potsdam, le 24 décembre.

Je ne vous écris plus, ma chère enfant, que par des courriers extraordinaires, et pour cause. Celui-ci vous remettra six exemplaires complets du *Siècle de Louis XIV*, corrigés à la main. Point de privilége, s'il vous plaît; on se moquerait de moi. Un privilége n'est qu'une permission de flatter, scellée en cire jaune. Il ne faudrait qu'un privilége et une approbation pour décrier mon ouvrage. Je n'ai fait ma cour qu'à la vérité, je ne dédie le livre qu'à elle. L'approbation qu'il me faut est celle des honnêtes gens et des lecteurs désintéressés.

J'aurais voulu demander à La Métrie, à l'article de la mort, des nouvelles de *l'écorce d'orange*. Cette belle âme, sur le point de paraître devant Dieu, n'aurait pu mentir. Il y a grande apparence qu'il avait dit vrai. C'était le plus fou des hommes, mais c'était le plus ingénu. Le roi s'est fait informer très-exactement de la manière dont il était

---

[1]. Nommé en 1750 à la place d'historiographe ôtée à Voltaire, il avait publié les *Mémoires pour servir à l'histoire des mœurs du dix-huitième siècle*. (ÉD.)

mort, s'il avait passé par toutes les formes catholiques, s'il y avait eu quelque édification ; enfin il a été bien éclairci que ce gourmand était mort en philosophe : *J'en suis bien aise*, nous a dit le roi, *pour le repos de son âme*; nous nous sommes mis à rire, et lui aussi.

Il me disait hier, devant d'Argens, qu'il m'aurait donné une province pour m'avoir auprès de lui ; cela ne ressemble pas à *l'écorce d'orange*. Apparemment qu'il n'a pas promis de province au chevalier de Chazot. Je suis très-sûr qu'il ne reviendra point. Il est fort mécontent, et il a d'ailleurs des affaires plus agréables. Laissez-moi arranger les miennes. Est-il possible qu'on crie toujours contre moi dans Paris, et qu'on me prenne pour un déserteur qui est allé servir en Prusse ? Je vous répète que cette clef de chambellan, que je ne porte jamais, n'est qu'un bénéfice simple ; que je n'ai point fait de serment ; que ma croix est un joujou auquel je préfère mon écritoire ; en un mot, je ne suis point naturalisé Vandale, et j'ose croire que ceux qui liront l'*Histoire de Louis XIV* verront bien que je suis Français. Cela est étrange qu'on ne puisse avoir un titre inutile chez un roi de Prusse, qui aime les belles-lettres, sans soulever nos compatriotes ! Je désire plus mon retour que ceux qui me condamnent de m'être en allé, et vous savez que ce ne sera pas pour eux que je reviendrai. *Le Meunier, son Fils et l'Âne*, n'ont pas essuyé plus de contradictions que moi.

On voit de loin les objets bien autrement qu'ils ne sont. Je reçois des lettres de moines qui veulent quitter leur couvent pour venir auprès du roi de Prusse, parce qu'ils ont fait quatre vers français. Des gens que je n'ai jamais connus m'écrivent : « Comme vous êtes l'ami du roi de Prusse, je vous prie de faire ma fortune. » Un autre m'envoie un paquet de rêveries ; il me mande qu'il a trouvé la pierre philosophale, et qu'il ne veut dire son secret qu'au roi. Je lui renvoie son paquet, et je lui mande que c'est le roi qui a la pierre philosophale. D'autres, qui vivaient avec moi dans la plus parfaite indifférence, me reprochent tendrement d'avoir quitté mes amis. Ma chère enfant, il n'y a que vos lettres qui me plaisent et qui me consolent ; elles font le charme de ma vie.

MDCCXC. — A M. DARGET.

Décembre 1751.

Mon cher ami, j'ai tenté toutes les voies possibles pour racheter à prix d'argent la quatrième persécution que j'essuie depuis que je suis ici. On a empêché Hirschell de s'accommoder dans le temps que j'avais en main de quoi le faire mettre en prison. Enfin je me suis adressé à la justice ; et la justice, qui ne connaît rien aux intrigues et aux tracasseries, l'a fait arrêter. Un homme considérable m'a dit ce matin : « Je vous plains fort, on voudrait que vous fussiez hors d'ici, voilà la source de tout. »

Mon cher ami, je vous réponds que toutes les friponneries seront reconnues, que toute justice sera accomplie. Vous êtes ma consolation.

Voulez-vous manger avec moi aujourd'hui du rôt du roi, et me rendre le petit griffonnage que je vous donna. avant-hier? Bonjour. Quand le petit Vigne commencera-t-il?

MDCCXCI. — A. WALTHER.

28 décembre 1751.

J'examine avec soin votre édition. Il y a beaucoup de fautes. Jugez où nous en aurions été si je vous avais donné d'abord à imprimer le *Siècle de Louis XIV*. Il a fallu l'imprimer chez l'imprimeur du roi de Prusse. C'est M. de Francheville, conseiller aulique, qui s'est chargé de l'édition, et il y a encore des cartons à faire. Mon nom n'est point à la tête de l'édition. On sait assez, dans l'Europe, que j'en suis l'auteur; mais je ne veux pas m'exposer à ce qu'on peut essuyer en France de désagréable quand on dit la vérité. J'ai donc pris le parti de ne point envoyer d'exemplaire en France. Ce n'est pas moi qui a' le privilége impérial; et celui de Prusse est sous le nom de M. de Francheville. Il y a, comme je vous l'ai mandé, trois mille exemplaires de tirés, dont quatre-vingts ou à peu près peuvent être ou gâtés ou incomplets; j'en envoie cinq cents à un de mes amis à Londres. Ce débit ne passera point par les mains des libraires, c'est une affaire particulière. Reste donc deux mille cinq cents exemplaires dont je puis disposer : j'en prends cent pour faire des présents, et je me déferai des deux mille quatre cents exemplaires restants avec un seul libraire auquel je transporterai le privilége, le droit de copie et de faire traduire. Les deux volumes contiennent chacun à peu près cinq cents pages, ou quatre cent quatre-vingts, ou approchant; c'est de quoi je serai plus parfaitement instruit quand la table des matières sera achevée. On peut vendre les deux mille quatre cents exemplaires deux rixdalers, ou au moins deux florins chacun. Je ne veux pas assurément y gagner; mais je ne veux pas y perdre. L'ouvrage m'a coûté, avec le secrétaire et M. de Francheville qu'il a fallu payer, environ deux mille écus, parce qu'il y a des feuilles que j'ai refaites trois fois. Je vous donnerai volontiers la préférence sur d'autres libraires qui m'en offrent davantage ; et encore je ne vous demanderai ces deux mille écus qu'au 1ᵉʳ juillet, et vous donnerez un présent de cinquante écus à M. de Francheville. Si je vous abandonnais seulement cinq cents exemplaires, vous ne pourriez avoir ni le privilége, ni le droit de traduction, parce qu'il faudrait nécessairement donner ces droits à ceux qui prendraient la plus grosse partie ; mais si vous vous chargiez du total, alors le même homme[1] qui a traduit les tragédies de *Phèdre* et d'*Alzire* en allemand avec beaucoup de succès, traduirait pour vous le *Siècle de Louis XIV*, et il ne vous en coûterait rien, et vous pourriez ensuite joindre cet ouvrage à mes Œuvres. Je me déterminerai suivant votre réponse.

Il se présente une plus grande entreprise : c'est d'imprimer et de débiter volume à volume les auteurs classiques de France, avec des

1. M. de Stieven. (Éd.)

notes très-instructives sur la langue, sur le goût, et quantité d'anecdotes au bas des pages; on commencerait par La Fontaine, Corneille, Molière, Bossuet, Fléchier, etc. Rien ne serait plus utile pour donner aux étrangers l'intelligence parfaite du français, et pour former le goût. J'ose dire qu'une telle entreprise fera la fortune de celui qui en fera les frais. Nous commencerions à la Saint-Jean, et cela irait sans interruption. Vous pouvez voir que je ne songe qu'à vous rendre service. C'est à vous à voir si vous voulez joindre votre peine à mes soins. Je vous embrasse.
VOLTAIRE.

MDCCXCII. — A FRÉDÉRIC II, ROI DE PRUSSE.

Sire, comme vos ouvrages sont plus tentants que les miens, il pourra bien quelque jour arriver à Votre Majesté ce qui m'arrive. A mesure qu'on imprimait, chez Henning, les feuilles du *Siècle de Louis XIV*, on les envoyait à Francfort-sur-l'Oder. Non-seulement on y débite le livre publiquement, mais l'ouvrage est plein de fautes absurdes. Je ne parle pas de la perte que j'essuie; mais le pauvre Francheville perd tout le fruit de six mois de peine, et je suis déshonoré par une friponnerie de libraire. Les fins d'années ne me sont pas heureuses. Mais je vous ai consacré ma vie, et avec cela on n'est point à plaindre.

Votre Majesté peut d'un mot, non-seulement faire arrêter le libraire à Francfort, faire saisir son édition, et savoir d'où vient le vol, mais donner ordre qu'on examine sur le chemin de Leipsick les voitures de Francfort qui contiendront des livres, et qu'on saisisse celui qui portera le titre de *Siècle de Louis XIV*. Car le libraire de Francfort-sur-l'Oder envoie sans doute son vol à Leipsick.

Votre Majesté sait mieux que moi ce qu'elle doit faire, mais j'attends tout de sa justice et de ses bontés. Je me jette à ses pieds, et entre les bras de sa philosophie. Mais je compte bien sur votre protection.

Souffrez, Sire, que je renouvelle à Votre Majesté, à la fin de cette année, les sentiments du profond respect et de la tendresse qui m'attachent à elle.

MDCCXCIII. — AU MÊME.

Ce mercredi matin.

Ah! mon Dieu, Sire, que je vous demande pardon! J'avais écrit à Votre Majesté, cette nuit, sur une affaire particulière qui n'en vaut pas la peine, et je ne savais pas que, pendant ce temps-là, vous perdiez M. de Rothembourg. Quel songe que la vie! et quel songe funeste! Votre Majesté perd un homme dont elle était véritablement aimée. J'ose dire qu'elle perd près de Votre Majesté le seul homme[1] qui connût mon cœur et mes sentiments pour vous. Dieu veuille que vous retrouviez des gens aussi sincèrement attachés!

1. Voltaire fut mieux informé après: Voyez la lettre MDCCCIV. (ED.)

Je ne sais pas ce que deviendra ma malheureuse vie, mais elle sera toujours à vous, et vous serez convaincu que je n'étais pas indigne de vos bontés.

MDCCXCIV. — A M. DARGET.

1751.

Je ne savais pas cette mort funeste. J'ai écrit au roi ce matin à six heures sur cette sotte affaire d'Henning, et j'ai écrit à neuf, pour témoigner au roi ma douleur, et pour lui demander pardon de lui avoir parlé d'affaire.

Je ne ferai certainement point de procès dans ce pays-ci. J'aime beaucoup mieux tout perdre. Cela est bien plus aisé; et l'expérience doit servir. Rien ne serait d'ailleurs plus impertinent qu'un procès contre un voleur inconnu. Je me soucie même fort peu que le roi se mêle de cette bagatelle, et je vous prie de lui dire que je ne suis occupé que sa douleur et de la mienne.

MDCCXCV. — A M. FORMEY.

Le 2 janvier 1752.

J'ai lu, toute la nuit, l'*Histoire du Manichéisme*. Voilà ce qui s'appelle un bon livre; voilà de la théologie réduite à la philosophie.

M. Beausobre raisonne mieux que tous les Pères; il est évident qu'il est déiste, du moins évident pour moi. Mandez-moi, je vous prie, quel était son nom de baptême, et l'année de sa mort. Je voudrais qu'il vécût encore. Vivez, vous!

MDCCXCVI. — AU CARDINAL QUERINI.

Berlin, 7 gennajo 1752.

La morte del conte di Rotembourg, l'uno de' Direttori di questa Chiesa tanto favorita da V. E., a cagionato qui un grand ramarico; io sarei molto sorpreso se egli non avesse lasciato nel suo testamento una considerabil somma di danari, per contribuire alla fabrica del vostro Edifizio. I continui assalti della malatia che mi distrugge, mi fanno augurare anderò dove è gito il povero conte di Rotembourg, e dove non s'edificano case nè per Iddio, ne per gli uomini. L'ultime mie voglie saranno in favore della Chiesa di Berlino; ma darò poco, giacchè sono un uomo da poco. E bisogna pigliar cura de' suoi parenti ed amici prima di pensare alle pietre d'un monumento. Tocca a un vescovo, a un gran cardinale, a un celebratissimo benefattore come voi siete, di segnalare la sua beneficenza dovunque va la sua gloria. Rimango con ogni riverenza del suo imparegiabile merito, si come di Sua Eminenza

Umilissimo e devotissimo servitore, VOLTAIRE.

MDCCXCVII. — A M. LE PRÉSIDENT HÉNAULT.

A Berlin, le 8 janvier.

Une des plus grandes obligations qu'un homme puisse avoir à un homme, c'est d'être instruit; j'ai donc pour vous, mon cher confrère, la plus tendre et la plus vive reconnaissance. Je profiterai sur-le-champ de la plupart de vos remarques; mais il faut d'abord que je vous en remercie.

Il y a quelques endroits sur lesquels je pourrais faire quelques représentations, comme sur le prince de Vaudemont; il ne s'agit pas là du père, mais du fils, qui était dans le parti des Impériaux, et qu'on appelait alors le prince de Commerci.

Si vous pouvez croire sérieusement que le vicomte de Turenne changea de religion, à cinquante ans, par persuasion, vous avez assurément une bonne âme. Cependant si, en faveur du préjugé, il faut adoucir ce trait, de tout mon cœur; je ne veux point choquer d'aussi grands seigneurs que les préjugés.

A l'égard du canon que Mademoiselle fit tirer, l'ordre ne fut signé qu'après coup, et vous reconnaissez bien là l'incertitude et la faiblesse de Gaston.

Je pourrais, si je voulais, me justifier du reproche que vous me faites d'avilir le grand Condé; il me semble que rien ne serait plus aisé. Si c'est du premier tome que vous parlez, sa retraite à Chantilli est celle de Scipion à Linterne, et de Marlborough à Bleinheim; si c'est du deuxième volume, il s'en faut bien que je dise qu'il mourut pour avoir été courtisan. Je réponds seulement à tous les historiens qui ont faussement avancé qu'il s'était opposé au mariage de son fils avec une fille de Mme de Montespan. C'est vous autres, messieurs, qui avez la tête pleine de la faiblesse qu'eut le prince de Condé, les dernières années de sa vie; et vous croyez que j'ai dit ce que vous pensez. Mais, en vérité, je n'en dis rien, quoiqu'il fût très-permis de l'écrire. Au reste, je jetterais mon ouvrage au feu, si je croyais qu'il fût regardé comme l'ouvrage d'un homme d'esprit.

J'ai prétendu faire un grand tableau des événements qui méritent d'être peints, et tenir continuellement les yeux du lecteur attachés sur les principaux personnages. Il faut une exposition, un nœud et un dénoûment dans une histoire, comme dans une tragédie; sans quoi on n'est qu'un Reboulet, ou un Limiers, ou un La Hode. Il y a d'ailleurs, dans ce vaste tableau, des anecdotes intéressantes. Je hais les petits faits; assez d'autres en ont chargé leurs énormes compilations.

Je me suis piqué de mettre plus de grandes choses dans un seul petit volume qu'il n'y en a dans les vingt[1] tomes de Lamberti. Je me suis surtout attaché à mettre de l'intérêt dans une histoire que tous ceux qui l'ont traitée ont trouvé jusqu'à présent le secret de rendre ennuyeuse. Voilà pourquoi j'ai vu des princes qui ne lisent jamais et qui entendent médiocrement notre langue, lire ce volume avec avidité, et ne pouvoir le quitter.

Mon secret est de forcer le lecteur à se dire à lui-même : « Philippe V sera-t-il roi? sera-t-il chassé d'Espagne? La Hollande sera-t-elle détruite? Louis XIV succombera-t-il? » En un mot, j'ai voulu émouvoir,

1. La seconde édition des *Mémoires* de Lamberti n'a que quatorze volumes. (Éd.)

même dans l'histoire. Donnez de l'esprit à Duclos tant que vous voudrez, mais gardez-vous bien de m'en soupçonner.

Peut-être j'ai mérité davantage le reproche d'être un philosophe libre; mais je ne crois pas qu'il me soit échappé un seul trait contre la religion. Les fureurs du calvinisme, les querelles du jansénisme, les illusions mystiques du quiétisme, ne sont pas la religion. J'ai cru que c'était rendre service à l'esprit humain de rendre le fanatisme exécrable, et les disputes théologiques ridicules; j'ai cru même que c'était servir le roi et la patrie. Quelques jansénistes pourront se plaindre; les gens sages doivent m'approuver.

La liste raisonnée des écrivains, etc., que vous daignez approuver, serait plus ample et plus détaillée, si j'avais pu travailler à Paris; je me serais plus étendu sur tous les arts : c'était mon principal objet; mais que puis-je à Berlin?

Savez-vous bien que j'ai écrit de mémoire une grande partie du second volume? mais je ne crois pas que j'en eusse dit davantage sur le gouvernement intérieur. C'est là, ce me semble, que Louis XIV paraît bien grand, et que je donne à la nation une supériorité dont les étrangers sont forcés de convenir.

Oserais-je vous supplier, monsieur, de m'honorer de vos remarques sur ce second volume? ce serait un nouveau bienfait. Vous qui avez bâti un si beau palais, mettez quelques pierres à ma maisonnette. Consolez-moi d'être si loin de vous; vos bontés augmentent bien mes regrets. Jugez de la persécution de la canaille des gens de lettres, puisqu'ils m'ont forcé d'accepter, ailleurs que dans ma patrie, des biens et des honneurs, et qu'ils m'ont réduit à travailler pour cette patrie même, loin de vos yeux.

MDCCXCVIII. — A M. LE COMTE D'ARGENTAL.

Berlin, ce 3 janvier.

Article par article, mon cher ange :

1° Je vois que Mme Denis ou n'a point reçu mes paquets, ou ne vous a pas montré, ou que vous n'avez pas lu ce nouveau premier acte où Cicéron dit expressément, en parlant de Catilina à Caton :

Je viens de lui parler; j'ai vu sur son visage,
J'ai vu dans ses discours son audace et sa rage,
Et la sombre hauteur d'un esprit affermi,
Qui se lasse de feindre, et parle en ennemi.

Scène VI.

Non-seulement cela doit être dans la copie de Mme Denis, mais je vous en ai déjà importuné dans mes dernières lettres, ou je suis bien trompé.

2° Il y a aussi, au second acte, la correction que vous demandez.

Ce coup prématuré
Armerait le sénat, qui flotte et qui s'arrête;
L'orage, au même instant, doit fondre sur leur tête.

3° Si vous voulez que Catilina recommande son fils à sa femme, cela se trouve dans les premières leçons :

> Que mon fils au berceau, mon fils né pour la guerre,
> Soit porté dans vos bras aux vainqueurs de la terre.
>
> Acte III, scène II.

Ce sera un peu de peine pour Mme Denis de rassembler tous les membres épars de ce pauvre *Catilina*, et d'en former un corps ; mais elle s'en donne tant d'autres pour moi, elle met dans toutes les choses qui me regardent une activité et une intelligence si singulières, et une amitié si éclairée et si courageuse, qu'elle me rendra bien encore ce service.

Vous avez raison, mon cher ange, quand vous dites qu'il faut que Cicéron, au commencement du cinquième acte, instruise ce public du décret qui lui donne par intérim la puissance de dictateur ; mais il faut qu'il le dise avec l'éloquence de Cicéron, et avec quelques mouvements passionnés qui conviennent à sa situation présente. Je demande pardon à l'orateur romain et à vous de le faire si mal parler ; mais voici tout ce que je peux faire dans l'embarras horrible où me met ce *Siècle de Louis XIV*, et dans l'épuisement de forces où mes maladies continuelles me laissent.

> Allez ; de tous côtés poursuivez ces pervers,
> Et que, malgré César, on les charge de fers.
> Sénat, tu m'as remis les rênes de l'empire ;
> Je les tiens pour un jour, ce jour peut me suffire.
> Je vengerai l'État ; je vengerai la loi ;
> Sénat, tu seras libre, et même malgré toi.
> Rome, reçois ici mes premiers sacrifices, etc.

Ma nièce aura la bonté de faire coudre tout cela à l'habit de Catilina. Je ne crois pas qu'elle ait absolument toutes les corrections ; par exemple, il y avait deux fois dans la pièce : *Assis dans le rang des maîtres de la terre*, ou quelque chose d'approchant qui paraît se répéter.

Il faut qu'à la première scène du premier acte Catilina dise :

> Orateur insolent qu'un vil peuple seconde,
> Plébéien qui régis les souverains du monde.

Si avec tous ces changements, avec tout l'art que j'ai pu mettre dans le rôle ingrat et hasardé d'Aurélie, avec les traits dont j'ai tâché de peindre les mœurs romaines et les caractères des personnages, avec les peines continuelles et redoublées que j'ai prises pour faire tolérer un sujet si peu fait pour les têtes françaises de nos jours, on croit que *Rome sauvée* peut être jouée, je ne m'y oppose pas ; mais je tremble beaucoup. Je dois tomber, puisque la farce allobroge de Crébillon a réussi. Le même vertige qui a fait avoir vingt représentations à cet ouvrage, qui déshonore la nation dans toute l'Europe, doit faire siffler le mien. Les cabales, petites et grandes, sont plus fortes et plus insensées que jamais. Enfin je me remercierais de m'être échappé de ce temps de décadence et de ce séjour de folie dangereuse, si la douceur de ma retraite n'était empoisonnée par votre absence, et si je ne m'étais arraché à tout ce que j'aime; mais j'ai été longtemps traité avec bien de l'indignité, et j'ai cela furieusement sur le cœur.

Il s'est certainement perdu un paquet qui contenait des exemplaires du *Siècle de Louis XIV* corrigés à la main.

Ces corrections, avec les cartons qu'il a fallu faire, tout cela prend du temps, et on n'a pas toutes ses aises où je suis. Des ouvriers allemands sont de terribles gens. Enfin vous recevrez ce *Siècle*. Je supplie instamment M. de Choiseul, M. de Chauvelin, aussi bien que vous, mon cher ange, de m'envoyer force remarques; on ne peut faire un bon ouvrage qu'avec le secours de ses amis, et surtout d'amis tels que vous.

Je ne vous envoie point ce livre, messieurs, pour amuser votre loisir, mais pour exercer votre critique et votre amitié. Ce n'est point du tout un petit plaisir que je veux vous faire, un petit devoir que je veux remplir; c'est un très-grand service que je vous demande. Préparez-vous d'ailleurs à l'horrible combat qui va se donner pour *Rome*. Il y a une conspiration contre moi plus forte que celle de Catilina; soyez mes Cicérons. Je ne sais comment va la santé de Mme d'Argental. Je lui présente mes respects, et lui souhaite une meilleure santé que la mienne.

MDCCXCIX. — A Frédéric II, roi de Prusse.

Sire, Votre Majesté peut savoir que, de tous les Français qui sont à votre cour, j'étais le plus tendrement attaché à M. de Rothembourg. Il m'avait promis, en dernier lieu, qu'il me ferait l'honneur d'être mon exécuteur testamentaire, et je ne m'attendais pas qu'il dût périr avant moi. Je vous fis demander, il y a quelques jours, de me mettre à vos pieds, et de mêler un moment ma douleur à la vôtre, et je sortis de mon lit, où je suis presque toujours retenu, pour venir m'informer dans votre antichambre de l'état de votre santé, craignant que votre sensibilité ne vous rendît malade.

Au reste, je demande pardon à Votre Majesté de lui avoir écrit sur une autre affaire, dans le temps où j'ignorais la mort de M. de Rothembourg. Je suis bien éloigné de m'être occupé de cette bagatelle. Je ne le suis que de la perte que vous avez faite; et je peux encore ajouter que Votre Majesté doit s'apercevoir, par mon genre de vie, et qu'elle sera toujours convaincue, par toutes mes démarches, que je ne suis ici uniquement que pour elle.

Il n'y a assurément que l'excès de vos bontés qui puisse me faire supporter de si longues maladies, privé de toute consolation.

MDCCC. — A Mme Denis.

A Berlin, le 18 janvier.

Nous avons perdu, au commencement de l'année, ce comte de Rothembourg, qui voulait que vous vinssiez faire un petit tour à Berfin avec Mme sa femme; je ne sais si elle y viendra disputer son douaire. Il est mort à l'âge d'environ quarante ans. On dit toujours, quand on voit de ces morts prématurées, que la vie est un songe; que les hommes ne sont que des ombres passagères; qu'il ne faut pas compter sur un moment. On le dit; et puis on agit, on fait des projets comme si on était immortel. Je ne suis pas sûr du lendemain; pourquoi ne suis-je donc pas aujourd'hui auprès de vous? J'aurai retiré mes fonds avant que l'édition de Dresde soit finie, et alors je retirerai ma personne.

Nous avons su, après la mort du comte de Rothembourg, qu'il ne nous épargnait pas toujours dans les petites conférences qu'il avait avec Sa Majesté. C'est là l'étiquette des cours : on y dit du mal de son prochain aux rois, quand ce ne serait que pour les amuser. Je vois que tout le monde est courtisan. Un valet de chambre du comte de Rothembourg a bien assuré le roi qu'il n'était point entré de prêtres chez son maître, et que ceux qui disaient le contraire étaient des calomniateurs qui voulaient faire tort à sa mémoire.

Je me tâte pour savoir si je suis en vie; cet hiver m'est encore plus fatal que le précédent. On n'a pourtant chaud en hiver que dans les pays froids. Vos petites cheminées de Paris où l'on se rôtit les jambes pour avoir le dos gelé, ne valent pas nos poêles. Il semble qu'on ne se doute pas en France, pendant l'été, qu'il y a quatre saisons, et que l'hiver en est une. On dit que c'est bien pis en Italie, les maisons n'y sont faites que pour respirer le frais; et, quand les gelées viennent, toute la nation grelotte.

C'est une chose plaisante de voir ici les courtisans monter l'escalier avec un grand manteau doublé de peaux de loup ou de renard, et très-souvent la fourrure en dehors. Cette procession fourrée m'étonne toujours, tandis que les dames vont les bras nus, la gorge découverte, et l'amplitude bouffante du panier ouverte à tous les vents. Je maintiens que les femmes ont plus de courage que les hommes, ou qu'elles ont plus de chaleur naturelle. Moi, qui en ai fort peu, je reste chez moi à mon ordinaire.

Ce qu'on vous a dit contre l'orthographe du *Siècle de Louis XIV* ne me convertira pas. Je suis toujours pour qu'on écrive comme on parle, cette méthode serait bien plus facile pour les étrangers. Comment est-ce qu'un palatin de Pologne distinguerait François I*er*, ou saint François, d'avec un Français? ne se croirait-il pas en droit de prononcer il *voyoit*, il *croyoit*, au lieu de dire il *voyait*, il *croyait?* Nous avons conservé l'habitude barbare d'écrire avec un *o* ce qu'on prononce avec un *a*; pourquoi? parce qu'on prononçait durement tous ces *o* autrefois; parce que *voyoit*, *lisoit*, rimait avec *exploit*. Nous avons adouci la prononciation, il faut donc adoucir aussi l'orthographe, afin que tout soit d'une même parure.

Pardon de la dissertation. Je suis bien heureux qu'on ne me fasse que ces chicanes. Je vous embrasse de tout mon cœur.

MDCCCI. — A M. Formey.

Le 19 janvier.

Je vous renvoie, monsieur, ce petit livre. Je disposais mon corps cacochyme à ne me pas refuser le service demain, et à grimper à l'Académie, pour vous entendre ; mais j'apprends que la fête s'est faite aujourd'hui. Je n'ai point reçu de billet. Je vous embrasse. V.

MDCCCII. — A M. Formey.

Le 29 janvier.

Je vous souhaite toutes les *commodités de la vie*[1], et même

Le superflu, chose très-nécessaire,

pour en avoir dit tant de bien. Je vous envoie, mon cher philosophe, une farce en revanche de votre belle pièce. La farce est un tant soit peu leibnitzienne, vraiment. *Vale.*

MDCCCIII. — A M. LE MARÉCHAL DUC DE RICHELIEU.

A Berlin, le 27 janvier.

J'envoie à mon héros des folies qu'il m'a demandées, et qui orneront sa bibliothèque par la belle impression et les grandes marges. Il est vrai qu'il n'y a pas une bonne page dans tout cela ; mais il y a quelques bonnes lignes. Au reste, ce n'est pas la meilleure morale du monde, et il est heureux que de tels livres soient mal faits. Il y a une grande différence entre combattre les superstitions des hommes, et rompre les liens de la société et les chaînes de la vertu. La Métrie aurait été trop dangereux s'il n'avait pas été tout à fait fou. Son livre contre les médecins est d'un enragé et d'un malhonnête homme ; avec cela c'était un assez bon diable dans la société. Comment concilier tout cela ? c'est que la folie concilie tout. Il a laissé une mémoire exécrable à tous ceux qui se piquent de mœurs un peu austères. Il est fort triste qu'on ait lu son *Éloge*[2] à l'Académie, *écrit de main de maître.* Tous ceux qui sont attachés à ce maître en gémissent. Il semble que la folie de La Métrie soit une maladie épidémique qui se soit communiquée. Cela fera grand tort à l'écrivain ; mais, avec cent cinquante mille hommes, on se moque de tout, et on brave les jugements des hommes.

Mme de Pompadour m'a écrit que « mes amis avaient fait ce qu'ils avaient pu pour lui faire croire que je n'avais quitté la France que parce que j'étais au désespoir qu'elle protégeât Crébillon. » Ce serait bien là une autre folie, dont assurément je suis incapable. J'ai quitté la France parce que j'ai trouvé ailleurs plus de considération et de liberté, et que je me suis laissé enchanter par les empressements et les

---

1. Formey venait de lire, à l'Académie de Berlin, un discours sur l'*Obligation de se procurer les commodités de la vie.* (Éd.)
2. Par Frédéric. (Éd.)

prières d'un roi qui a de la réputation dans le monde. Mme de Pompadour peut, tant qu'elle voudra, protéger de mauvais poëtes, de mauvais musiciens, et de mauvais peintres, sans que je m'en mette en peine.

D'ailleurs mes maladies, qui augmentent, me mettent dans un état à ne plus guère m'embarrasser ni des faveurs des rois ni du goût des belles dames. Je fais plus de cas d'un rayon du soleil et d'un bon potage que de toutes les cours du monde. Je serais fâché seulement de mourir sans avoir vu Saint-Pierre de Rome, la ville souterraine, votre statue, et sans avoir encore eu l'honneur de vous embrasser.

J'ai écrit à M. le maréchal de Noailles, et j'ai pris la liberté de le prier de m'aider un peu de ses lumières. Peut-être sera-t-il un peu mortifié que son nom ne se trouve pas dans l'histoire militaire du *Siècle*, et que le vôtre s'y trouve. Le président Hénault est plus content du deuxième tome que du premier. Il est bien aisé de se corriger, et c'est à quoi je passe ma vie. Ma nièce, à qui j'avais donné le gouvernement de *Rome sauvée*, en use despotiquement; elle fait jouer la pièce malgré mes craintes, et même malgré les vôtres; cela doit faire un beau conflit de cabales! Je suis bien aise de ne pas me trouver là. Mais où je voudrais me trouver, c'est au coin de votre feu, monseigneur; c'est auprès de votre belle âme et de votre charmante imagination. Je vous regrette tous les jours. Le temps va bien rapidement, et j'ai bien peur de ne reparaître que quand la décrépitude avancée m'aura imposé la nécessité de ne me plus montrer. Je perds loin de vous ce qui me reste de vie. Quelquefois, quand je m'aime un peu à souper, je me dis tout bas : « Ah! si M. le maréchal de Richelieu était là! » Le roi de Prusse en pense autant; mais il serait jaloux de vous; car, il faut l'avouer, il n'est que le second des hommes séduisants. Adieu, monseigneur; n'oubliez pas votre ancien courtisan.

MDCCCIV. — A M. LE PRÉSIDENT HÉNAULT.

A Berlin, le 28 janvier.

Je vous dois de nouveaux remercîments, mon cher et illustre confrère, et c'est à vous que je dois dédier le *Siècle de Louis XIV*, si on en fait en France une édition qui aille la tête levée. J'ai envoyé à Paris le premier tome corrigé selon vos vues. Je me flatte qu'on ne s'opposera pas à l'impression d'un ouvrage qui est, autant que je l'ai pu, l'éloge de la patrie, et qui va inonder l'Europe.

Je suis bien étonné de l'apparence d'ironie que vous trouvez dans ce premier tome; j'ai voulu n'y mettre que de la philosophie et de la vérité. J'ai voulu passer légèrement sur ce fatras de détails de guerres, qui, dans leur temps, causent tant de malheurs et tant d'attention, et qui, au bout d'un siècle, ne causent que de l'ennui. J'ai même fini ainsi ce premier tome :

« Voilà le précis, peut-être encore trop long, des plus importants événements de ce siècle; ces grandes choses paraîtront petites un jour, quand elles seront confondues dans la multitude immense des révolutions qui bouleversent le monde; et il n'en resterait alors qu'un faible souvenir, si les arts perfectionnés ne répandaient sur ce siècle une gloire unique qui ne périra jamais. »

Vous voyez par là que mon second tome est mon principal objet ; et cet objet aurait été bien mieux rempli, si j'avais travaillé en France. Les bontés d'un grand roi et l'acharnement de mes ennemis m'ont privé de cette ressource. Je vous supplie, monsieur, d'ajouter à toutes vos bontés celle de dire à M. d'Argenson que je compte sur les siennes. On m'a dit qu'il a été mécontent d'un parallèle entre Louis XIV et le roi Guillaume.

Il est vrai que malheureusement on a omis dans l'impression le trait principal qui donne tout l'avantage au roi de France. Le voici :

« Ceux qui estiment plus un roi de France qui sait donner l'Espagne à son petit-fils qu'un gendre qui détrône son beau-père, ceux qui admirent davantage le protecteur que le persécuteur du roi Jacques, ceux-là donneront la préférence à Louis XIV. »

D'ailleurs, M. d'Argenson ne peut ignorer que Louis XIV et Guillaume ont toujours été deux objets de comparaison dans l'Europe. Il ignore encore moins que l'histoire ne doit point être un fade panégyrique ; et, s'il a eu le temps de lire le livre, il a pu s'apercevoir que, sans m'écarter de la vérité, j'ai loué, autant que je l'ai pu, et autant que je l'ai dû, la nation et ceux qui l'ont bien servie. L'article de son père n'a pas dû lui déplaire.

Enfin, monsieur, j'ai prétendu ériger un monument à la vérité et à la patrie, et j'espère qu'on ne prendra pas les pierres de cet édifice pour me lapider. Je me flatte encore que vous ne vous bornerez pas au service de m'avoir éclairé. Je voudrais que la postérité sût que l'homme du royaume le plus capable de me donner des lumières a été celui dont j'ai reçu le plus de marques de bonté.

Je vous supplie de ne me pas oublier auprès de Mme du Deffand, et de me conserver une amitié qui fait ma gloire et ma consolation.

P. S. J'avais toujours ouï dire que le prince de Condé était mort à Chantilly de sa maladie de courtisan, prise à Fontainebleau. Je n'ai point ici de livres; si vous me trompez, je mets cela sur votre conscience.

A propos, je suis bien malade; et je meurs, dites, je vous en prie, comme frère Jean : « J'y perds un bon ami. »

MDCCCV. — A Frédéric II, roi de Prusse.

Le 30 janvier.

Sire, quant à Pascal, je vous supplie de lire la page 274 du second tome, que j'ai eu l'honneur d'envoyer à Votre Majesté, et vous jugerez si sa cause est bonne.

Quant à Mme de Bentinck, elle n'a point de cuisine, et j'en ai une ici et une à Paris.

Quant aux procès et aux tracasseries, je n'en ai qu'avec la maladie cruelle qui me mène au tombeau.

Je vis dans la plus grande solitude et dans les plus grandes souffrances, et je conjure Votre Majesté de ne pas briser le frêle roseau que vous avez fait venir de si loin.

M. de Bielfeld a fait restituer, il y a longtemps, les exemplaires que votre imprimeur avait donnés à un professeur de Francfort-sur-l'Oder. J'étais affligé, avec raison, qu'un autre en eût avant Votre Majesté. Voilà tout le procès et toute la tracasserie.

Est-il possible que la calomnie ait pu aller jusqu'à m'accuser d'un mauvais procédé dans cette affaire? C'est ce que je ne puis comprendre. L'ouvrage est à moi, comme l'*Histoire de Brandebourg* est à Votre Majesté, permettez-moi l'insolence de la comparaison. Quel démêlé, quelle discussion puis-je avoir pour une chose qui m'appartient, et qui est entre mes mains? Que deviendrai-je, Sire, si une calomnie si peu vraisemblable est écoutée? La franchise, qui est le caractère de la capitale de France et le mien, mérite que vous daigniez m'instruire de ma faute si j'en ai fait une; et, si je n'en ai pas commis, je demande justice à votre cœur.

Vous savez qu'un mot de votre bouche est un coup mortel. Tout le monde dit, chez la reine mère, que je suis dans votre disgrâce. Un tel état décourage et flétrit l'âme, et la crainte de déplaire ôte tous les moyens de plaire. Daignez me rassurer contre la défiance de moi-même, et ayez du moins pitié d'un homme que vous avez promis de rendre heureux.

Vous avez dans le cœur les sentiments d'humanité que vous mettez dans vos beaux ouvrages. Je réclame cette bonté, afin que je puisse paraître devant Votre Majesté avec confiance, dès que mes maux le permettront. Soyez sûr que, soit que je meure ou que je vive, vous serez convaincu que je n'étais pas indigne de vous, et qu'en me donnant à Votre Majesté je n'avais cherché que votre personne.

MDCCCVI. — A M. LE PRÉSIDENT HÉNAULT.

A Berlin, le 1er février.

J'apprends que vous avez été malade, mon cher et illustre confrère; je crains que vous ne le soyez encore.

Qui connaît mieux que moi le prix de la santé? Je l'ai perdue sans ressource; mais comptez que personne au monde ne s'intéresse comme moi à la vôtre; car j'aime la France, je regrette la perte du bon goût, et je vous suis véritablement attaché. Je compte aller prendre les eaux dès que le soleil fondra un peu nos frimas; mais quelles eaux? je n'en sais rien. Si vous en preniez, les vôtres seraient les miennes.

J'ai envoyé à ma nièce deux volumes où j'ai réformé, autant que je l'ai pu, tout ce que vous avez eu la bonté de remarquer dans le *Siècle de Louis XIV*. Je vous avertis très-sérieusement que, si on imprime cet ouvrage en France, corrigé selon vos vues, je vous le dédie, par la raison que, si Corneille vivait, je lui dédierais une tragédie.

Permettez que je vous envoie deux petits morceaux que j'ajoute à ce *Siècle*; ils sont bien à la gloire de Louis XIV. Je vous supplie, quand vous les aurez lus, de les envoyer à ma nièce, afin qu'elle les joigne à l'imprimé corrigé qu'elle doit avoir entre les mains.

Je vous avoue que j'ai peine à comprendre cet air d'ironie que vous me reprochez sur Louis XIV. Daignez relire seulement cette page imprimée, et voyez si on peut faire Louis XIV plus grand.

J'ai traité, je crois, comme je le devais, l'article de la conversion du maréchal de Turenne. J'ai adouci les teintes, autant que le peut un homme aussi fermement persuadé que moi qu'un vieux général, un vieux politique, et un vieux galant, ne change point de religion par un coup de la grâce.

Enfin j'ai tâché en tout de respecter la vérité, de rendre ma patrie respectable aux yeux de l'Europe, et de détruire une partie des impressions odieuses que tant de nations conservent encore contre Louis XIV et contre nous. Si j'en avais dit davantage, j'aurais révolté. On parle notre langue dans l'Europe, grâce à nos bons écrivains; nous avons enseigné les nations; mais on n'en hait pas moins notre gouvernement; croyez-en un homme qui a vu l'Angleterre, l'Allemagne, et la Hollande.

Si vous pouvez, par votre suffrage et par vos bons offices, m'obtenir la permission tacite de laisser publier en France l'ouvrage tel que je l'ai réformé, vous empêcherez que l'édition imparfaite, qui commence à percer en Allemagne, ne paraisse en France. On ne pourra certainement empêcher que les libraires de Rouen et de Lyon ne contrefassent cette édition vicieuse, et il vaut mieux laisser paraître le livre bien fait que mal fait.

Ces difficultés sont abominables. J'ai sans peine un privilége de l'empereur pour dire que Léopold[1] était un poltron; j'en ai un en Hollande pour dire que les Hollandais sont des ingrats, et que leur commerce dépérit; je peux hardiment imprimer sous les yeux du roi de Prusse, que son aïeul[2], le grand électeur, s'abaissa inutilement devant Louis XIV, et lui résista aussi inutilement. Il n'y aura donc qu'en France où il ne me serait pas permis de faire paraître l'éloge de Louis XIV et de la France! et cela, parce que je n'ai eu ni la bassesse ni la sottise de défigurer cet éloge par de honteuses réticences et par de lâches déguisements. Si on pense ainsi parmi vous, ai-je eu tort de finir ailleurs ma vie? Mais, franchement, je crois que je la finirai dans un pays chaud; car le climat où je suis me fait autant de mal que les désagréments attachés en France à la littérature me font de peine.

Voyez, mon cher et illustre confrère, si vous voulez avoir le courage de me servir. En ce cas, vous me procurerez un très-grand bonheur, celui de vous voir. Permettez-moi de vous prier d'assurer de mes respects M. d'Argenson et Mme du Deffand. Bonsoir; je me meurs et vous aime.

P. S. Que je vous demande pardon d'avoir dit qu'il y avait quarante

---

1. Léopold Ier. (ÉD.) — 2. Lisez bisaïeul. (ÉD.)

à cinquante pas à nager au passage du Rhin; il n'y en a que douze; Pélisson même le dit. J'ai vu une femme qui a passé vingt fois le Rhin sur son cheval, en cet endroit, pour frauder la douane de cet épouvantable fort du Tholus[1]. Le fameux fort de Schenck, dont parle Boileau, est une ancienne gentilhommière qui pouvait se défendre du temps du duc d'Albe. Croyez-moi, encore une fois, j'aime la vérité et ma patrie; je vous prie de le dire à M. d'Argenson.

MDCCCVII. — A M. LE COMTE D'ARGENTAL.

Berlin, le 6 février.

Mon très-cher ange, l'état où je suis ne me laisse guère de sensibilité que pour vos bontés et pour votre amitié. Ma santé est sans ressource. J'ai perdu mes dents, mes cinq sens, et le sixième s'en va au grand galop. Cette pauvre âme, qui vous aime de tout son cœur, ne tient plus à rien. Je me flatte encore, parce qu'on se flatte toujours, que j'aurai le temps d'aller prendre des eaux chaudes et des bains. Je ne veux pas perdre le fond de la boîte de Pandore; mais l'hiver est bien rude, et sera bien long. Je doute que *Rome sauvée* me sauve. Je mettrai dans ma confession générale, *in articulo mortis*, que j'ai affligé Mlle Gaussin; je m'en accuse très-sérieusement devant les anges. C'est une vraie peine pour moi de lui en faire; ce n'est pas à moi de poignarder *Zaïre*. Je vous assure que, si j'étais en sa présence, je n'y tiendrais pas; mais, mon cher et respectable ami, pourquoi m'a-t-on forcé de changer le rôle tendre que j'avais fait pour elle? Je suis aussi docile que des Crébillons sont opiniâtres. J'ai sacrifié mes idées, mon goût aux sentiments des autres. Je voulais un contraste de douceur, de naïveté, d'innocence, avec la férocité de Catilina. Il y a assez de Romains dans cette pièce; je ne voulais pas d'un Caton en cornettes, on m'y a forcé, et M. le maréchal de Richelieu a été las, pour la première fois, des femmes tendres et complaisantes. J'aimais que la femme de Catilina se bornât à aimer, qu'elle dît:

J'ai vécu pour vous seul, et ne suis point entrée
Dans ces divisions dont Rome est déchirée.

Il me semble que sa mort eût été plus touchante. On ne plaint guère une grosse diablesse d'héroïne qui menace, qui dit *Je menace*, qui est fière, qui se mêle d'affaires, qui fait la républicaine. Il est clair que ce gros rôle d'amazone n'est pas fait pour les grâces attendrissantes de Mlle Gaussin. Je l'aurais déparée; ce serait donner des bottes et des éperons à Vénus. Je vous prie de lui montrer cet article de ma lettre.

A l'égard du *Siècle*, on me fait des chicanes révoltantes, et vous me faites des remarques judicieuses. J'ai réformé tout ce que vous avez repris. Je crois qu'en ôtant l'épithète de *petit* au concile d'Embrun, l'article peut passer. Je n'en dis ni bien ni mal, et cela est fort hon-

1. Tolhuis. (Éd.)

nête. Voilà l'effet du népotisme[1]. Je remercie Mme d'Argental de ses anecdotes, et surtout des deux filles d'honneur et de joie ; mais elle parle de l'établissement que le grand Duquêne (dont je vous fais mon compliment d'être l'allié) voulut faire en Amérique, et il s'agit d'une colonie établie par son neveu en Afrique, près du cap de Bonne-Espérance, après la mort de l'oncle, et deux ans après la révocation de l'édit de Nantes.

Je ne sais si les exemplaires qui vous sont enfin parvenus sont corrigés ou non ; mais il y en a un entre les mains de Mme Denis, où il y a plus de corrections que de feuillets. C'est celui-là qui est destiné pour l'impression, en cas que le président Hénault ait, comme je l'espère, la vertu et le courage de dire à M. d'Argenson qu'une histoire n'est point un panégyrique, et que, quand le mensonge paraît à Paris sous les noms de Limiers, de La Martinière, de Larrei, et de tant d'autres, la vérité peut paraître sous le mien.

J'envoie aussi à ma nièce une préface pour *Rome*, en cas que La Noue ne fasse pas siffler cette pièce. La Noue, Cicéron! cela est bien pis que de préférer Mlle Clairon à Mlle Gaussin. Je vous avoue que ce singe me fait trembler. Quoi ! ni voix, ni visage, ni âme, et jouer Cicéron ! Cela seul serait capable d'augmenter mes maux ; mais je ne veux pas mourir des coups de La Noue. Je laisserai paisiblement le parterre de Paris tourner Cicéron en ridicule. Nos Français sont tous faits pour se moquer des grands hommes, surtout quand ils paraissent sous de si vilains masques. Mlle Clairon ne fera certainement pas pleurer, et Lanoue fera rire. Je suis bien aise d'être malade avant cette catastrophe, car on dirait que c'est la chute de *Rome* qui m'écrase. Bonsoir, portez-vous bien. Il est juste que le *Catilina* de Crébillon soit honoré, et le mien honni ; mais vous êtes mon public, mes chers anges.

MDCCCVIII. — A FRÉDÉRIC II, ROI DE PRUSSE.

Sire, je mets aux pieds de Votre Majesté un ouvrage que j'ai composé en partie dans votre maison, et je lui en présente les prémices longtemps avant qu'il soit publié. Votre Majesté est bien persuadée que dès que ma malheureuse santé me le permettra, je viendrai à Potsdam sous son bon plaisir.

Je suis bien loin d'être dans le cas d'un de vos bons mots, qu'on *vous demande la permission d'être malade*. J'aspire à la seule permission de vous voir et de vous entendre. Vous savez que c'est ma seule consolation, et le seul motif qui m'a fait renoncer à ma patrie, à mon roi, à mes charges, à ma famille, à des amis de quarante années ; je ne me suis laissé de ressource que dans vos promesses sacrées, qui me soutiennent contre la crainte de vous déplaire.

Comme on a mandé à Paris que j'étais dans votre disgrâce, j'ose vous

---

1. M. d'Argental est neveu du cardinal de Tencin, qui avait présidé, en 1727 l'odieux et ridicule concile d'Embrun. (*Ed. de Kehl.*)

supplier très-instamment de daigner me dire si je vous ai déplu en quelque chose. Je peux faire des fautes où par ignorance, ou par trop d'empressement, mais mon cœur n'en fera jamais. Je vis dans la plus profonde retraite, donnant à l'étude le temps que des maladies cruelles peuvent me laisser. Je n'écris qu'à ma nièce. Ma famille et mes amis ne se rassurent contre les prédictions qu'ils m'ont faites que par les assurances respectables que vous leur avez données. Je ne lui parle que de vos bontés, de mon admiration pour votre génie, du bonheur de vivre auprès de vous. Si je lui envoie quelques vers, où mes sentiments pour vous sont exprimés, je lui recommande même de n'en jamais tirer de copie, et elle est d'une fidélité exacte.

Il est bien cruel que tout ce qu'on a mandé à Paris la détourne de venir s'établir ici avec moi, et d'y recueillir mes derniers soupirs. Encore une fois, Sire, daignez m'avertir s'il y a quelque chose à reprendre dans ma conduite. Je mettrai cette bonté au rang de vos plus grandes faveurs. Je la mérite, m'étant donné à vous sans réserve. Le bonheur de me sentir moins indigne de vous me fera soutenir patiemment les maux dont je suis accablé.

MDCCCIX. — A M. DARGET.

A Berlin, ce 11 février 1752.

Mon cher ami, je n'ai pu encore envoyer au roi le quatrième exemplaire de mon *Siècle*. Le relieur travaille pour Sa Majesté. Il est juste qu'elle soit servie avant moi. Je ne sais pas s'il occupe à présent ses moments de loisir par des vers ou de la prose; mais je sais qu'en prose et en vers il est parvenu à pouvoir se passer aisément de ma pédanterie grammaticale. Il a joint à son génie l'exactitude et la finesse de notre langue. Je peux lui devenir inutile; mais il me devient très-nécessaire; car que fais-je dans ma solitude derrière le Packhoff? Ce n'est ni pour Mme Bock, ni pour Achard le neveu, ni pour un comte aveugle, qui vient, dit-on, de se marier, et qui, dit-on, demeure dans la même maison que moi; ce n'est pas pour eux, en un mot, que je suis venu. Je suis dans un pauvre état, il est vrai; et je sens que je serai un triste convive; mais il me reste des oreilles pour entendre, et une âme pour sentir. Je porterai donc mes oreilles et mon âme à Potsdam, dès que mon corps pourra aller. Je me fais quelquefois traîner, les soirs, chez milord Tyrconnell; je mets mes misères avec les siennes.

J'aurais plus besoin d'avoir ma nièce auprès de moi, que de la marier au marquis de Chimène. Si elle prend ce parti, ce que je ne crois pas, je vais sur-le-champ demander Mlle Tetau en mariage. Nous aurons un apothicaire pour maître d'hôtel, et je lui donnerai de la rhubarbe et du séné pour présent de noces. Il sera juste que vous ayez un bel appartement dans la maison, avec un lavement tous les jours à votre déjeuné. Voilà, mon ami, ma dernière ressource.

Milord Tyrconnell a toujours des sueurs, et quelquefois le dévoiement; cependant on espère. Le fond de la boîte de Pandore est un joli présent fait au genre humain. Adieu mon cher ami; je me suis acquitte de votre commission auprès de M. et de Mme la comtesse de Tyrconnell; ils vous remercient de tout leur cœur, et je vous aime de tout le mien.

MDCCCX. — A M. LE COMTE D'ARGENSON.

A Berlin, le 15 février.

Votre très-ancien courtisan a été bien souvent tenté d'écrire à son ancien protecteur; mais, quand je songeais que vous receviez par jour cent lettres quelquefois importunes, que vous donniez autant d'audiences, qu'un travail assidu emportait tous vos autres moments, je n'osais me hasarder dans la foule. Il faut pourtant être un peu hardi; et j'ai tant de remerciments à vous faire de la part des *Musulmans* et des anciens *Romains* que vous protégez; j'aurais même tant de choses flatteuses à vous dire de la part de Louis XIV, qu'il faut bien que vous me pardonniez de vous importuner. Je sais que Mahomet et Catilina sont peu de chose, mais Louis XIV est un objet important et digne de vos regards. Je mourrais content, si je pouvais me flatter d'avoir laissé à ma patrie un monument de sa gloire qui ne lui fût pas désagréable, et qui méritât votre suffrage et vos bontés. Mon premier soin a été de vous en soumettre un exemplaire, quoique la dernière main n'y fût pas mise. J'ai pris, depuis, tous les soins possibles pour que cet ouvrage pût porter tous les caractères de la vérité et de l'amour de la patrie. Personne ne contribue plus que vous à me rendre cette patrie chère et respectable, et je me flatte que vous me continuerez des bontés sur lesquelles j'ai toujours compté. Vous ne doutez pas du tendre et respectueux attachement que je vous conserverai toute ma vie. Permettriez-vous que M. de Paulmi trouvât ici l'assurance de mes respects?   V.

P. S. Je me flatte que votre régime vous a délivré de la goutte. Je vous souhaite une santé durable et meilleure que la mienne; car, par parenthèse, je me meurs. Milord Tyrconnell, que vous avez vu si gros, si gras, si frais, si robuste, est dans un état encore pire que le mien, et, si on pariait à qui fera plus tôt le grand voyage, ceux qui parieraient pour lui auraient beau jeu[1]. C'est dommage! mais qui peut s'assurer d'un jour de vie? Nous ne sommes que des ombres d'un moment, et cependant on se donne des peines; on fait des projets, comme si on était immortel.

Adieu, monseigneur; daignez m'aimer encore un peu pour le moment où nous avons à végéter sur ce petit tas de boue, où vous ne laissez pas de faire des grandes choses.

MDCCCXI. — A FRÉDÉRIC II, ROI DE PRUSSE.

Dimanche, 20 février.

Sire, j'espérais venir mettre hier à vos pieds ce petit tribut, heu-

1. Tyrconnell mourut le 2 mars suivant. (ÉD.)

reux s'il pouvait être dans la bibliothèque de Votre Majesté, au-dessous de l'*Histoire de Brandebourg*, comme le serviteur au-dessous du maître. Mon triste état ne m'a pas permis de remplir mes désirs. Je me flatte encore que, mercredi ou jeudi, je pourrai jouir de ce bonheur et reprendre un reste de vie par vos bontés. Celui qui a dit si heureusement et d'une manière si touchante :

Qu'il *était* roi sévère et citoyen humain ;

celui qui a daigné rassurer ma famille contre ses craintes, se souviendra que, depuis seize ans, je lui suis attaché. Comment, Sire, après ce temps, ne me serais-je pas donné entièrement à vous, quand je joins à l'étonnement où vos talents me jettent le bonheur de trouver mes sentiments, mes goûts, justifiés par les vôtres, la même horreur des préjugés, la même ardeur pour l'étude, la même impatience de finir ce qui est commencé, avec la patience de le polir et de le retoucher? Vous m'encouragez au bout de ma carrière; et, à présent que vous êtes perfectionné dans la connaissance et dans l'usage de toutes les finesses de notre langue, en vers et en prose; à présent que je ne vous suis plus d'aucun secours pour les bagatelles grammaticales, vous me souffrirez par bonté, par générosité, par cette constance attachée à vos vertus. Vous n'ignorez pas que mon cœur est fait pour être sensible avec persévérance, que j'ai vécu vingt ans avec la même personne[1], que mes amis sont des amis de plus de quarante années[2], que je n'en ai perdu que par la mort, et que ma passion pour vous vous a fait le maître de ma destinée.

MDCCCXII. — DE MME LA DUCHESSE DE BRUNSWICK[3].

Brunswick, ce 20 février.

J'ai reçu, monsieur, avec toute la satisfaction possible, le *Siècle de Louis XIV*, qu'il vous a plu de m'envoyer. Je vous assure que je le lirai avec toute l'attention et le plaisir que méritent vos ouvrages. Ce sera ensuite l'ornement le plus distingué de ma bibliothèque, accompagné de toutes vos productions, qui vous rendent si célèbre et immortel. Je serais charmée si la situation de votre santé se rétablît au point que je puisse espérer que vous ne me flattez pas vainement, et que vous me procurerez l'agrément de vous voir cet été ici. Je vous attends pour vous remercier de bouche, comme par écrit, de votre obligeante attention, et pour vous marquer combien je suis votre affectionnée,
CHARLOTTE.

MDCCCXIII. — A M. DE FORMONT.

A Berlin, 25 février.

Je suis à peu près, monsieur, comme Mme du Deffand; je ne peux guère écrire, mais je dicte avec une grande consolation les expres-

1. Voltaire vécut environ seize ans avec Mme du Châtelet. (ED.)
2. D'Argental, Cideville, d'Olivet, les d'Argenson, etc. (ED.)
3. Sœur de Frédéric. (ED.)

sions de ma reconnaissance pour votre souvenir. Comptez que, vous et Mme du Deffand, vous êtes au premier rang des personnes que je regrette, comme de celles dont le suffrage m'est le plus précieux. Je vous aurais déjà envoyé le *Siècle de Louis XIV*, si je n'étais occupé à corriger quelques fautes dans lesquelles il n'est pas étonnant que je sois tombé, écrivant à quatre cents lieues de Paris, et n'ayant presque d'autre secours que mon portefeuille et ma mémoire. M. Le Bailli m'est venu voir aujourd'hui. Vous avez là un très-aimable neveu, et qui réussira dans la carrière qu'il a sagement entreprise. Il dit que vous avez acheté une jolie terre auprès de Rouen ; j'en regretterai moins Paris, si vous habitez votre Normandie ; mais comment pourrez-vous quitter Mme du Deffand, dans l'état où elle est[1] ?

J'ai vu les Mémoires sur les mœurs du XVIIe siècle. Ils sont d'un homme qui est en place et qui, par là, est supérieur à sa matière. Il laisse faire la grosse besogne aux pauvres diables qui ne sont plus en charge, et qui n'ont d'autre ressource que celle de bien faire. Il faut que je tâche de me sauver par la prose, puisqu'il se pourrait bien faire, à l'heure que je vous parle, que j'aie été sifflé en vers à Paris. Il me semble que Cicéron était plus fait pour la tribune aux harangues que pour notre théâtre. Crébillon m'a d'ailleurs enlevé la fleur de la nouveauté. Je n'ai ni prêtre maq......, ni catin déguisée en homme, ni ce style coulant et enchanteur qui fit réussir sa pièce ; je dois trembler. Je vous prie de ne pas m'en aimer moins, en cas que je sois sifflé. L'excommunication du parterre ne doit pas me priver de votre communion ; et, quand je serais condamné par la Sorbonne, avec l'abbé de Prades, je compterais encore sur vos bontés. Adieu, monsieur ; soyez persuadé que je ne vous oublierai jamais. Présentez à Mme du Deffand mes plus tendres respects, je vous en prie. Vous me feriez grand plaisir, si vous vouliez me mander sincèrement ce que vous pensez de *Rome sauvée*. Je vous embrasse de tout mon cœur.

MDCCCXIV. — A M. DARGET.

A Berlin, 27 février 1752, dimanche, jour où vous allez à la messe.

Mon cher ami, je comptais pouvoir venir demain à Potsdam, mais, comme dit l'autre[2], l'esprit est prompt et la chair est faible. Je vous prie de me mander si les exemplaires du *Siècle*, que Sa Majesté veut bien permettre que je mette à ses pieds, sont pour ses bibliothèques ou pour envoyer à quelqu'une de ses sœurs, à qui il est échu en partage des étincelles du feu de Prométhée dont Frédéric le Grand est légataire universel. Je voudrais bien qu'il me permît d'en faire ma cour à sa famille royale, et d'envoyer moi-même les exemplaires lorsque je commencerai à laisser paraître cet ouvrage. Je souhaite que les prémices soient uniquement pour le roi.

Je viendrai dans mon heureuse cellule le plus tôt que je pourrai. Si

1. Mme du Deffand, alors âgée d'environ cinquante-cinq ans, était menacée de devenir aveugle, et elle perdit entièrement la vue vers la fin de 1754. (ÉD.)
2. Matthieu, XXVI, 41 ; Marc, XIV, 38. (ÉD.)

le roi amuse encore son loisir, soit en corrigeant son *Palladion* dont il peut faire un ouvrage charmant, soit en donnant, dans quelque belle épître, de nouvelles leçons de sagesse et de vertu, j'enverrai chercher le manteau de l'abbé d'Olivet pour venir mettre des *s* aux pluriels et des points sur les *i*. Milord Tyrconnell paraît se porter beaucoup mieux. J'attends le moment où je pourrai vous embrasser et revoir le palais de Pharasmane devenu celui d'Auguste. Portez-vous bien, mon cher ami.

MDCCCXV. — AU MÊME.

A Berlin, février 1752.

Mon cher ami, je mettrai aux pieds du roi les autres exemplaires dont Sa Majesté daigne charger ses autres bibliothèques; je suis trop heureux, trop récompensé, qu'il daigne me faire cet honneur. Il n'y aura certainement que lui qui en aura, et peut-être brûlerai-je l'édition. Je suis trop indigné de l'infâme et absurde calomnie qui a couru sur une édition que j'ai fait faire ici à grands frais, uniquement pour faire ma cour au roi. Les exemplaires que j'avais détournés, et que M. de Bielfeld et d'autres avaient vus, m'ont été remis. L'édition m'appartient, et n'appartient qu'à moi. Mais si les étrangers qui ont quitté leur patrie pour être aux pieds de ce grand homme, sont la proie des calomnies les plus cruelles et les moins vraisemblables, que deviendront-ils? Ma maladie m'a mis dans un état horrible qui ferait pitié aux cœurs les plus durs. Le chagrin ne me guérit pas. Je ne croyais pas finir ici d'une manière si affreuse.

M. Tyrconnell n'est pas si mal que moi. Doutez-vous qu'un ouvrage, fait pour la gloire de ma patrie, ne soit entre vos mains s'il est public, et que vous ne l'ayez le premier? Mais, encore une fois, je suis si indigné de l'abominable calomnie qu'on a eu la lâcheté de faire courir, et je suis si mal que je ne peux me résoudre à présent à publier le livre. Si je meurs, je le brûlerai certainement aussi bien que tous mes papiers avant de finir une vie si malheureuse.

MDCCCXVI. — A MME DENIS.

A Potsdam, le 3 mars.

J'ai réchappé de tous les maux qui m'ont assiégé pendant deux mois, et milord Tyrconnell mourut hier. La mort fait de ces quiproquo-là à tout moment. Mme de Tyrconnell aura fait un cruel voyage; elle sera ruinée pour avoir tenu ici une table ouverte; et elle a perdu un mari qu'elle aimait. La jeunesse la plus brillante n'est donc rien, puisque Madame est morte! La sobriété ne sauve donc rien, puisque le duc d'Orléans est mort! Mais les hommes sont insensibles à ces exemples frappants: ils étonnent le premier moment; on se rassure bientôt, on les oublie, on reprend le train ordinaire; et celui qui a dit qu'à la cour comme à l'armée, quand on voit tomber à droite et à gauche, on crie *serre* et on avance, n'a eu que trop raison.

Darget part demain avec sa vessie; c'était à moi de partir. Il vous donnera un des plus furieux paquets que je vous aie encore envoyés. Il emmène avec lui un excellent domestique français qui m'était bien nécessaire; c'est un jeune Picard qui s'est mis à pleurer quand il a vu que je ne partais pas. Il prétend qu'il n'y peut plus tenir, que les Prussiens se moquent de lui, parce qu'il est petit et qu'il n'est que Français. J'ai eu beau lui dire que le roi n'a pas sept pieds de haut, et qu'Alexandre était petit : il m'a répondu qu'Alexandre et le roi de Prusse n'étaient pas Picards. Enfin il ne me reste plus de domestique de Paris.

Darget dit qu'il veut voir la première représentation de *Rome*; je ne sais si elle sera *sauvée* ou perdue. C'est un grand jour pour le beau monde oisif de Paris qu'une première représentation; les cabales battent le tambour; on se dispute les loges; les valets de chambre vont à midi remplir le théâtre. La pièce est jugée avant qu'on l'ait vue. Femmes contre femmes, petits-maîtres contre petits-maîtres, sociétés contre sociétés; les cafés sont comblés de gens qui disputent; la foule est dans la rue, en attendant qu'elle soit au parterre. Il y a des paris; on joue le succès de la pièce aux trois dés. Les comédiens tremblent, l'auteur aussi. Je suis bien aise d'être loin de cette guerre civile, au coin de mon feu à Potsdam, mais toujours très-affligé de n'être plus au coin du vôtre.

MDCCCXVII. — DE FRÉDÉRIC II, ROI DE PRUSSE

1752.

J'ai cru d'un jour à l'autre vous voir arriver ici; ce qui m'a empêché de vous remercier plus tôt de l'*Histoire de Louis XIV* que j'ai à présent quadruple. Pour bien suivre l'art dont vous avez fait cet extrait, je lis la première partie avec le commencement de Quincy, ce dictionnaire de batailles et de siéges; et j'attends votre retour pour vous en dire mon sentiment. Mon impatience m'a fait lire le second volume en même temps; et, à vous dire le vrai, je le trouve supérieur au premier, tant par la nature des choses que par le style, et cette noble hardiesse avec laquelle vous dites des vérités jusqu'aux rois. C'est un très-beau morceau, et qui doit vous combler d'honneur. La mort de Madame Henriette fera qu'on jouera votre *Rome sauvée* plus tard que vous ne l'aviez cru. Je suis malade depuis huit jours d'un rhume de poitrine et d'une ébullition de sang; mais le mal est presque passé. Je ne fais que lire, je n'écris plus; quand on a la mémoire aussi mauvaise qu'est la mienne, il faut de temps en temps relire ce qu'on a lu, pour s'en rappeler l'idée et pour bien savoir ce qui en vaut la peine. Ensuite de cela je recommencerai à corriger mes misères. Votre feu est pareil à celui des vestales; il ne s'éteint jamais; le peu qui m'en est tombé en partage, veut être attisé souvent, et encore est-il souvent près d'étouffer sous les cendres. Adieu; ne pensez pas qu'il y ait plus de chênes que de roseaux dans le monde : vous verrez périr bien des personnes à vos côtés, et vous en surpasserez encore plus par votre nom, qui ne périra jamais.

MDCCCXVIII. — A M. DE CIDEVILLE.

A Potsdam, le 10 mars.

Mon cher et ancien ami, ce n'est pas l'ivresse passagère du public, ce n'est pas un trépignement de pieds dans le parterre qui doit faire plaisir à un homme qui connaît son monde et qui a vécu; c'est votre approbation, c'est votre sensibilité, c'est votre amitié qui fait mon vrai succès et mon vrai bonheur. Je laisse le public faire sa petite amende honorable, en attendant qu'il me lapide à la première occasion; et je jouis dans le fond de mon cœur de la consolation d'avoir un ami tel que vous.

Savez-vous bien ce qui me remplit de la satisfaction la plus touchante et la plus pure? Ce n'est ni César ni Cicéron, c'est Mme Denis; c'est elle qui est une Romaine. Quelle intrépidité et quelle patience, quelle chaleur et quelle raison elle a mises dans toutes les affaires dont sa respectable amitié s'est chargée! Ses bonnes qualités doivent lui faire dans Paris une réputation plus grande et plus durable que celle de *Rome sauvée*.

On se lassera bien vite d'une diable de tragédie sans amour, d'un consul en *or*, de conjurés en *us*, d'un sujet dans lequel le tendre Crébillon m'avait enlevé la fleur de la nouveauté. On peut applaudir, pendant quelques représentations, à quelques ressources de l'art, à la peine que j'ai eue de subjuguer un terrain ingrat; mais, à la fin, il ne restera que l'aridité du sol. Comptez qu'à Paris, point d'amour, point de premières loges, et fort peu de parterre. Le sujet de *Catilina* me paraît fait pour être traité devant le sénat de Venise, le parlement d'Angleterre, et messieurs de l'Université. Comptez qu'on verra bientôt disparaître à la comédie de Paris les talons rouges et les pompons. Si le procureur général et la grand'chambre ne viennent en premières loges, Cicéron aura beau crier : *O tempora! o mores!* on demandera *Inès de Castro* et *Turcaret*.

Mais c'est beaucoup d'avoir plu aux connaisseurs, aux gens sensés, et même aux cicéroniens. L'abbé d'Olivet me doit au moins un compliment en latin, et je n'en quitte pas M. le recteur des quatre facultés. Mon cher et ancien ami, il me serait bien plus doux de venir vous embrasser en français, de souper avec Mme Denis et avec vous, dans ma maison, ou du moins de vous voir souper. Je demanderai assurément permission à l'enchanteur auprès duquel je suis de venir faire un petit tour dans ma patrie. Ma santé en a grand besoin, mon cœur davantage.

Je prendrai le temps qu'il va voir ses armées et ses provinces; et, pendant qu'il courra nuit et jour, pour rendre heureux des Allemands je viendrai l'être auprès de vous. Buvez à ma santé, conservez-moi votre amitié, et soyez sûr que tous les rois de la terre et tous les châteaux enchantés ne me feraient pas oublier un ami tel que vous.

Votre lettre est charmante, mais je vous trouve bien modeste de dater notre amitié de trente ans, mon cher Cideville! il y en a plus de quarante.

MDCCCXIX. — A M. LE COMTE D'ARGENTAL.

A Potsdam, le 11 mars.

Mon divin ange, Mme d'Argental était donc là en grande loge? elle se porte donc bien? Voilà une nouvelle pour moi qui vaut bien celle du succès passager de *Rome sauvée*. Je connais mon public; l'enthousiasme passe; il n'y a que l'amitié qui reste. Aujourd'hui on bat des mains, demain on se refroidit, après-demain on lapide. Cimon et Miltiade n'ont pas plus essuyé l'inconstance d'Athènes que moi celle de Paris. Je relisais hier *Oreste*, je le trouvais beaucoup plus tragique que Cicéron; et cependant quelle différence dans l'accueil! Si j'avais été à Paris ce carême, on m'aurait sifflé à la ville, on se serait moqué de moi à la cour, on aurait dénoncé le *Siècle de Louis XIV*, comme sentant l'hérésie, téméraire et malsonnant. Il aurait fallu aller se justifier dans l'antichambre du lieutenant de police. Les exempts auraient dit en me voyant passer : « Voilà un homme qui nous appartient. » Le poëte Roi aurait bégayé à Versailles que je suis un mauvais poëte et un mauvais citoyen; et H...tion aurait dit en grec et en latin, chez M. le Dauphin, qu'il faut bien se donner de garde de me donner une chaire au Collége royal. Mon cher ange, *qui bene latuit, bene vixit*[1].

Mais ma destinée était d'être je ne sais quel homme public, coiffé de trois ou quatre petits bonnets de lauriers et d'une trentaine de couronnes d'épines. Il est doux de faire son entrée à Paris sur son âne, mais au bout de huit jours on y est fessé. Il faut qu'un ménétrier qui joue dans cet empyrée-là ait pour lui Jupiter ou Vénus, sans quoi il passe mal son temps. Je n'envie point assurément le nectar qu'on a versé aux Duclos, aux Crébillon, ni le petit verre qu'on a donné aux Moncrif; mais je voudrais qu'on ne me donnât pas une éponge avec du vinaigre.

Pourquoi diable arrêter le *Siècle de Louis XIV*, dans le temps qu'on imprime chez Grangé les *Lettres juives*? Il est assez bizarre que l'empereur, comme je l'ai déjà dit, me donne un privilége pour dire que Léopold était un poltron, et que je n'aie pas en France la permission tacite de prouver que Louis XIV était un grand homme. Franchement cela est indigne. Il faut donc faire l'*Histoire des mœurs du dix-huitième siècle*? Est-ce qu'il ne se trouvera pas quelque bonne âme qui fera rougir les pédants de la pédanterie, et les sots de leur sottise? Est-ce qu'il n'y aura pas quelque voix qui criera : *Parate vias Domini*[2]. Où est l'intrépide abbé de Chauvelin? *Tu dors, Brutus!* Vous ne me dites rien, mon ange, de ces deux Chauvelin; ils sont pourtant de l'ancienne république, ils aiment les lettres, ils aiment et disent la vérité, ils sont courageux comme de petits lions. Lâchez-les sur les sots.

Vous m'avez bien consolé, en me disant que Mlle Gaussin n'était plus fâchée contre moi. Dites-lui que cette nouvelle m'a fait plus de plaisir que le cinquième acte n'en a fait au parterre. J'aime tendre-

1. Ovide, *Tristes*, III, élégie IV, vers 25. (Éd.)
2. Isaïe, XI, 3. [Éd.)

ment Mlle Gaussin, malgré mes cheveux blancs et la turpitude de mon état.

Adieu, mon cher ange; je ne croyais pas tant écrire; je n'en peux plus. Mais qui eût dit que ce gros cochon de mylord Tyrconnell, si frais, si fort, si vigoureux, serait à l'agonie avant moi! C'est bien pis que d'avoir des tracasseries pour son *Siècle*. O vanité! ô fumée! Qu'est-ce que la vie? Madame, morte à vingt-deux ans! Adieu, mon ange; portez-vous bien, aimez-moi, et écrivez-moi.

MDCCCXX. — A M. le MARÉCHAL DUC DE RICHELIEU.

A Potsdam, le 14 mars.

Mon *héros*, je suis fort en peine d'un gros paquet que j'eus l'honneur de vous envoyer par le courrier du cabinet, il y a environ deux mois. J'en chargeai Le Bailli, mon camarade, gentilhomme ordinaire du roi, qui a fait depuis six mois les affaires, pendant la maladie de milord Tyrconnell. Le ballot pesait environ dix livres, et contenait les volumes que vous m'aviez demandés. Il y avait une grande lettre pour vous, et un paquet pour ma nièce, que je vous suppliais d'ordonner qu'il lui fût rendu. Pardon de la liberté grande. Vous êtes informé sans doute, monseigneur, de la mort du comte de Tyrconnell. Il était le second gourmand de ce monde, car La Mettrie était le premier. Le médecin et le malade se sont tués, pour avoir cru que Dieu a fait l'homme pour manger et pour boire; ils pensaient en ... que Dieu l'a fait pour médire. Ces deux hommes, d'ailleurs fort d... nts l'un de l'autre, n'épargnaient point leur prochain. Ils avaient ... plus belles dents du monde, et s'en servaient quelquefois pour da... er les gens et trop souvent pour se donner des indigestions. Pour moi, qui n'ai plus de dents, je ne suis ni gourmand ni médisant, et je passe une vie fort douce avec votre ancien capitaine le marquis d'Argens et Algarotti. J'espère dans quelque temps avoir assez de santé pour faire le voyage de France, et jouir du bonheur de voir mon *héros*.

Si vous vouliez m'envoyer un petit précis, en deux pages [1], de ce que vous avez fait à Gênes de plus digne d'orner une histoire [2], vous me feriez grand plaisir; mais vous vous en garderez bien, vous n'en aurez ni le temps ni la volonté. Donnez-moi seulement un petit combat contre M. Brown. Je n'exige pas de grands détails, les détails ennuient; il ne faut rien que d'intéressant et de piquant. Je dis hardiment qu'on vous doit en très-grande partie le gain de la bataille de Fontenoi, et j'observe une chose, c'est que Fontenoi et Mesle, qui ont valu la conquête de la Flandre, sont entièrement l'ouvrage des officiers français, sans que le général y ait eu part. Je ne prétends pas assurément diminuer la gloire du maréchal de Saxe, mais il me semble qu'il devait faire un peu plus de cas de la nation. Vous voyez que je suis tou-

1. M. Richelieu en envoya *trente-deux* à Voltaire. (ÉD.)
2. Voltaire songeait à terminer l'*Histoire de la guerre de 1741*. (ÉD.)

jours bon citoyen. On m'a ôté la place d'historiographe de France, mais on devrait me donner celle de trompette des rois de France. J'ai sonné pour Henri IV, pour Louis XIV, et pour Louis XV, à perdre les poumons. Si vous avez du crédit, vous devriez m'obtenir cette place de trompette; mais franchement j'aimerais mieux quelque petite anecdote de Gênes qui m'aidât à vous mettre dans votre cadre. Vous savez que ma folie est de chanter les grands hommes. J'en vois un ici tous les jours, ma is celui-là va sur mes brisées. Il se mêle d'être Achille et Homère, et encore Thucydide. Il fait mon métier mieux que moi. Que ne se contente-t-il du sien? Si les héros se mettent à bien écrire, que resta-t-il aux pauvres diables d'auteurs? Vous êtes plus aimable que le cardinal de Richelieu, et vous avez par-dessus lui de n'être point auteur. Vous feriez pourtant de bien jolis mémoires, si vous vouliez; et cela vaudrait mieux que les œuvres théologiques de votre terrible oncle.

Pour Dieu, monseigneur, songez à vous faire rendre votre paquet. Bussi doit en avoir été chargé.

Je me flatte que M. le duc de Fronsac et Mlle de Richelieu sont deux charmantes créatures. Je voudrais bien vous faire ma cour, et les voir auprès de vous.

MDCCCXXI. — A Mme la comtesse d'Argental.

Potsdam, le 14 mars.

Bénie soit votre *Rome*, madame, qui m'a valu de vous cette lettre charmante! Je l'aime bien mieux que toutes celles à Atticus. Mongault, Bouhier et d'Olivet, qui savaient plus de latin que vous, n'écrivent pas comme vous en français. Il y a plaisir à faire des *Rome* quand on a de pareilles Parisiennes pour protectrices. Je compte bien venir faire, cet été, un voyage auprès de mes anges, dès que le monument de Louis XIV sera sur son piédestal. Il y a des gens qui ont voulu renverser cette statue, et je ne veux pas me trouver-là, de peur qu'elle ne tombe sur moi et qu'elle ne m'écrase. Il faut servir les Français de loin et malgré eux; c'est le peuple d'Athènes. Un ostracisme volontaire est presque la seule ressource qui reste à ceux qui ont essayé, dans leur genre, de bien mériter de la patrie; mais je défie Cimon et Miltiade d'avoir plus regretté leurs amis que moi les miens.

Je parle tous les jours de vous, madame, avec le comte Algarotti. Il fait les délices de notre retraite de Potsdam. Nous avons souvent l'honneur de souper ensemble avec un grand homme qui oublie avec nous sa grandeur et même sa gloire. Les soupers des sept sages ne valaient pas ceux que nous faisons; il n'y a que les vôtres qui soient au-dessus.

Algarotti a fait des choses charmantes. Je ne sais rien de plus émouvant et de plus instructif qu'un livre qu'il fera, je crois, imprimer à Venise sur la fin de cette année. Vous qui entendez l'italien, madame, vous aurez un plaisir nouveau. On ne fait pas de ces choses-là en Italie, à présent; le génie y est tombé plus qu'en France. Si vous avez à Paris des *Catilina* et des *Histoires des mœurs du dix-huitième siècle*, les Italiens n'ont que des sonnets. C'est une chose assez singulière que l'abbé Metastasio soit à Vienne, M. Algarotti à Potsdam.

Permettez que César ne parle point de lui.

Rome sauvée, acte V, scène III.

Mais enfin cela est plaisant. Notre vie est ici bien douce; elle serait encore bien davantage si Maupertuis avait voulu. L'envie de plaire n'entre pas dans ses mesures géométriques, et les agréments de la société ne sont pas des problèmes qu'il aime à résoudre. Heureusement le roi n'est pas géomètre, et M. Algarotti ne l'est qu'autant qu'il faut pour joindre la solidité aux grâces. Nous travaillons chacun de notre côté, nous nous rassemblons le soir. Le roi daigne d'ailleurs avoir pour ma mauvaise santé une indulgence à laquelle je crois devoir la vie. J'ai toutes les commodités dont je peux jouir dans le palais d'un grand roi, sans aucun des désagréments ni même des devoirs d'une cour. Figurez-vous la vie de château, la vie de campagne la plus libre: J'ai tout mon temps à moi, et je peux faire tant de *Siècles* qu'il me plaît.

C'est dans cette retraite charmante, madame, que je vous regrette tous les jours. C'est de là que je volerai pour venir vous dire que je préfère votre société aux rois, et même aux rois philosophes. Je ne dis rien aux autres anges. J'ai écrit à M. d'Argental et à M. le comte de Choiseul; j'ai dit des injures à M. le coadjuteur de Chauvelin. Je vous supplie de permettre que M. de Pont de Veyle trouve ici les assurances de mon inviolable attachement. Conservez votre santé, conservez-moi vos bontés, comptez à jamais sur ma passion respectueuse.

MDCCCXXII. — A M. LE MARQUIS DE THIBOUVILLE.

Potsdam, ce 14 mars.

Me trouvant un peu indisposé, monsieur, au départ de la poste, je suis privé de la satisfaction de vous écrire de ma main; mais, quoique le caractère soit étranger, vous reconnaîtrez aisément les sentiments de mon cœur et ma tendre reconnaissance pour toutes vos bontés. Je ne sais pas trop si le cardinal de Fleury, les malheurs de la Bohême, ceux du prince Édouard, Fontenoi, Berg-op-Zoom, Gênes, et l'amiral Anson, me laisseront le temps de travailler à ce que vous savez. Cette complication et ce fracas de tant d'intérêts divers, de tant de desseins avortés, de tant de calamités et de succès; ce gros nuage et cette tempête qui ont grondé huit ans sur l'Europe; tout cela est au moins aussi difficile à éclaircir et à rendre intéressant qu'une scène de tragédie. Je m'occupe uniquement de la gloire de Louis XV, après avoir mis Louis XIV dans son cadre. Il me paraît que je mériterais assez une charge de trompette des rois de France. J'ai sonné à m'époumonner pour Henri IV, Louis XIV, et Louis XV, et je n'en ai qu'une fluxion de poitrine sur les bords de la Sprée. Il est assez plaisant que je fasse mon métier d'historiographe avec tant de constance, quand je n'ai plus l'honneur de l'être. Je me suis déjà comparé aux prêtres jansénistes qui ne disent volontiers la messe que quand ils sont interdits.

J'ai été tout étonné du reproche que vous me faites d'avoir oublié des pilules pour Mme la maréchale de Villars; vous ne m'avez jamais parlé de pilules, que je sache. Je n'oublierai pas plus Mme la maréchale, quand il s'agit de sa santé, que je n'ai oublié son mari, lorsqu'il s'est agi de la gloire de la France, dans le *Siècle de Louis XIV*.

Je viens d'envoyer chez l'apothicaire du roi, qui m'a donné les cent dernières pilules faites par Stahl lui-même, et je les envoie à ma nièce par un secrétaire de Sa Majesté qui part pour Paris. Si Mme la maréchale en veut davantage, j'en ai laissé chez moi une boîte que le roi de Prusse m'avait envoyée il y a trois ans. Ma nièce la trouvera aisément dans mon appartement, et on peut y prendre de quoi purger toute la rue de Grenelle; mais je vous avertis que ces pilules ne sont pas meilleures que celles de Geoffroi. Elles ont d'ailleurs peu de réputation à la cour où je suis. Vous voyez, monsieur, par ce grand exemple de Stahl et par le mien, que personne n'est prophète dans son pays. Pour moi, ne pouvant être prophète, je me suis réduit à être simple historien. Je vous supplie de présenter mes respects à Mme la maréchale et à M. le duc de Villars. Je n'oublierai jamais leurs bontés. Vous ne doutez pas de l'envie extrême que j'ai de vous revoir; mais il est bien difficile de quitter un roi philosophe qui pense en tout comme moi, et qui fait le bonheur de ma vie. Les honneurs ne sont rien; c'est tout au plus un hochet avec lequel il est honteux de jouer, surtout lorsqu'on se mêle de penser. Mais être libre auprès d'un grand roi, cultiver les lettres dans le plus grand repos, et avoir presque tous les jours le bonheur d'entendre un souverain qui se fait homme, c'est une félicité assez rare. Il ne me manque que la félicité de voir ma nièce et des amis tels que vous. Je vous embrasse tendrement, et vous aime de tout mon cœur.

MDCCCXXIII. — A Mme Denis.

Le 15 mars au soir.

Nous saurons, dans la vallée de Josaphat, pourquoi j'ai reçu si tard votre lettre du 25 février, par laquelle vous m'apprenez que *Rome sauvée* n'est pas perdue. Les bonnes nouvelles sont toujours retardées, et les mauvaises ont des ailes. Soyez bénie d'avoir gagné cette bataille, malgré les officiers de nos troupes qui ne se sont pas, dit-on, trop bien comportés. Est-il vrai que Cicéron avait une extinction de voix, et que le sénat était fort gauche? Toutes les lettres confirment que César a joué parfaitement, et qu'il y a eu de l'enthousiasme dans le parterre.

Savez-vous quel est mon avis? c'est de nous retirer sur notre gain. Une pièce si romaine et si peu parisienne ne peut longtemps attirer la foule. Les scènes fortes et vigoureuses, les sentiments de grandeur et de générosité ravissent d'abord; mais l'admiration s'épuise bien vite. On n'aime que les portraits où l'on se retrouve.

Les dames des premières loges se retrouveront-elles dans le sénat romain? On ne joue plus le *Sertorius* de Pierre Corneille, et on donne souvent le très-plat *Comte d'Essex* de son frère Thomas. Les gens instruits peuvent me savoir gré d'avoir lutté contre les difficultés d'un sujet si ingrat et si impraticable; mais je suis toujours très-persuadé que les loges se lasseront de voir des héros en *us*, des Lentulus, des Céthégus, des Clodius. Ils sont bien heureux de n'avoir pas été renvoyés au collège.

Je demande très-instamment à notre petit conseil de ne point donner la pièce après Pâques. Si on l'imprime, je dois absolument la dédier à Mme du Maine; c'est une dette d'honneur; je lui en ai fait mon billet. Elle exigea de moi, quand je partis pour Berlin, de lui signer une *promesse* en bonne forme. On n'a jamais fait une dédicace comme on acquitte une lettre de change. Vous m'avouerez que je suis fait pour les choses singulières.

Adieu; je vous embrasse, je vous remercie; je vais répondre à tous nos amis. Darget n'est point encore parti, mais il part.

MDCCCXXIV. — A Mme de Fontaine, a Paris.

Berlin, le 18 mars.

Pardon, ma chère nièce; je griffonne des tragédies et des *Siècles*, et je suis paresseux d'écrire des lettres. Tout homme a son coin de paresse; et vous avez bien le vôtre; mais mon cœur n'est point paresseux pour vous. Je vous aime comme si je vous voyais tous les jours, et je charge souvent votre sœur de vous le dire, et d'en dire autant à votre conseiller [1] du Grand Conseil. J'ai été bien malade cet hiver; j'ai cru mourir, mais je n'ai fait que vieillir. J'espère reprendre, cet été, des forces pour venir jouir de la consolation de vous voir. J'aurai celle de sortir du château enchanté où je passe la vie la plus convenable à un philosophe et à un malade. Je suis un plaisant chambellan; je n'ai d'autre fonction que celle de passer de ma chambre dans l'appartement d'un roi philosophe, pour aller souper avec lui; et, quand je suis plus malingre qu'à l'ordinaire, je soupe chez moi. Mon appartement est de plain-pied à un magnifique jardin où j'ai fait quelques vers de *Rome sauvée*. Il n'y a pas d'exemple d'une vie plus douce et plus commode, et je ne sais rien au-dessus que le plaisir de venir vous voir.

Vous me consolez beaucoup en me disant du bien de votre santé. Nous ne sommes de fer ni vous ni moi; mais, avec du régime, nous existons; et je vois mourir à droite et à gauche de gros cochons [2] à face large et rubiconde.

Mille compliments à toute votre famille. Je vous embrasse tendrement, et je meurs d'envie de vous revoir.

1. L'abbé Mignot, nommé membre du Grand Conseil le 10 mars 1750. (Éd.)
2. La Métrie, Rothembourg, et Tyrconnell. (Éd.)

MDCCCXXV. — A M. FORMEY.

De Potsdam, le 21 mars.

Je vous remercie, monsieur, de tout mon cœur de votre *Bibliothèque impartiale*, et surtout d'avoir donné l'*Éloge* de Mme du Châtelet, femme digne des respects et des regrets de tous ceux qui pensent.

Il y a une étrange faute, page 144 : *Elle se livrait au plus grand nombre*, au lieu de *au plus grand monde*. Vous sentez l'effet de cette méprise. Je vous demande en grâce de réparer cette faute dans votre autre journal, et de vouloir bien la corriger à la main dans votre *Bibliothèque*, qui cesserait d'être *impartiale*, si une pareille méprise favorisait les mauvaises plaisanteries de ceux qui respectent peu les sciences et les dames.

M. de Samsoy s'est avisé de vouloir absolument me peindre. Que ne peint-il ceux qui ont des visages ! Je n'en ai point. Apparemment qu'il veut présenter un squelette à votre académie. Je vous embrasse.

MDCCCXXVI. — A M. WALTHER.

27 mars 1752.

On m'a envoyé de Paris un manuscrit dont vous pourriez tirer un grand parti. C'est une traduction de Virgile avec des notes. C'est assurément la meilleure traduction qu'on ait jamais faite de cet auteur, mais elle n'est pas achevée. Il y a des lacunes à remplir, des fautes à corriger, des notes à réformer et à ajouter. Je me chargerai encore de cet ouvrage laborieux. Envoyez-moi les quatre tomes du Virgile de l'abbé Desfontaines avec un Virgile *variorum*. Ce sera une édition d'un très-grand débit et un bon fonds de magasin pour vous ; ce ne sont pas là des ouvrages à la mode.

MDCCCXXVII. — A M. LE COMTE D'ARGENTAL.

Potsdam, le 1er avril.

Plus ange que jamais, puisque vous m'envoyez des critiques ; je vous remercie tendrement, mon cher et respectable ami, de votre lettre du 19 mars. Vous avez enterré *Rome* avec honneur. Ne croyez pas que je veuille la ressusciter par l'impression ; je la réserve pour l'année de M. le maréchal de Richelieu, avec deux scènes nouvelles et bien des changements. C'est en se corrigeant qu'il faut profiter de sa victoire. Ce terrain de Rome était si ingrat qu'il faut le cultiver encore, après lui avoir fait porter, à force d'art, des fruits qui ont été goûtés. Le succès ne m'a rendu que plus sévère et plus laborieux. Il faut travailler jusqu'au dernier moment de sa vie, et ne point imiter Racine, qui fut assez sot pour aimer mieux être un courtisan qu'un grand homme. Imitons Corneille, qui travailla toujours, et tâchons de faire de meilleurs ouvrages que ceux de sa vieillesse. *Adélaïde*, ou *le Duc de Foix*, ou *les Frères ennemis*, comme vous voudrez l'appeler, est un ouvrage plus théâtral que *Rome sauvée*. Le rôle de Lisois est peut-être encore

ANNÉE 1752.

plus théâtral que celui de César. J'ai travaillé cette pièce avec soin, j'y retouche encore tous les jours; mais ce sera là qu'il faudra une conspiration bien secrète. Le public n'aime pas à applaudir deux fois de suite au même homme. Je ne veux pas donner cette pièce sous mon nom. Je sais trop que le public donne des soufflets après avoir donné des lauriers. Défions-nous de l'hydre à mille têtes.

Je suis bien loin, mon cher ange, de songer à faire imprimer sitôt la *Guerre de* 1741; mais je suis bien aise de ne perdre ni mon temps, ni ce travail, que j'avais presque achevé sur les mémoires du cabinet, ni le gré qu'on pourrait me savoir de faire valoir ma nation sans flatterie. J'avais demandé à ma nièce un plan de la bataille de Fontenoi, que j'ai laissé à Paris dans mes papiers, afin de mettre tout en ordre, et que cet ouvrage pût paraître dans l'occasion, ou pendant ma vie, ou après ma mort. Il m'a paru d'ailleurs assez nécessaire qu'on sût que j'avais rempli ce qui était autrefois du devoir de ma place, et, ce qui est toujours du devoir de mon cœur, de tâcher d'élever quelques petits monuments à la gloire de ma patrie. Je me hâte de travailler, de corriger; mais je ne me hâte point d'imprimer. Je voudrais que le *Siècle de Louis XIV* n'eût point encore vu le jour; et tout ce que je demande, c'est que l'édition imparfaite et fautive de Berlin n'entre point dans Paris. J'ai beaucoup réformé cet ouvrage; le *Catalogue des écrivains* est fort augmenté. Mais voyez comme les sentiments sont différents! ce *Catalogue* est ce que le président Hénault aime le mieux.

Je vous supplie de faire les plus tendres remercîments pour moi à M. le président de Meinières et à M. de Foncemagne. Ce dernier me permettra de lui représenter, avec la déférence que je dois à ses lumières et la reconnaissance que je dois à ses soins obligeants, que le *Siècle de Louis XIV* est un espace de plus de cent années, commençant au cardinal de Richelieu; que, si je retranchais les écrivains qui ont commencé à fleurir sous Louis XIII, il faudrait retrancher Corneille; que les écrivains font honneur à ce siècle, sans avoir été formés par Louis XIV; que Lebrun, Le Nôtre, n'ont pas commencé à travailler pour ce monarque; que l'influence de ce beau siècle a tout préparé avant Louis XIV, et tout fini sous lui; qu'il s'agit moins de la gloire de ce roi que de celle de la nation; qu'à l'égard de Gacon et de Courtilz, etc., je n'en ai parlé que pour faire honte au P. Niceron, et pour marquer la juste horreur que les Gacon, Roï, Desfontaines, Fréron, etc., doivent inspirer; qu'enfin, ce *Catalogue* raisonné est et sera très-curieux; mais il faut attendre une édition meilleure; celle-ci n'est qu'un essai. Hélas! on passe sa vie à essayer! J'essayerai cet été de venir embrasser mes anges.

Mes tendres respects à tous.

MDCCCXXVIII. — A M. WALTHER.

2 avril 1752.

Il serait important pour vous que les *Anecdotes sur le czar Pierre*, et les *Pensées sur le gouvernement*, parussent. Vous pouvez prier l'ambassadeur de Russie d'indiquer ce qui doit être retranché dans les

Anecdotes, et de fournir ce qui peut être à la gloire de sa nation. Priez pareillement l'examinateur de marquer ce qui doit être changé dans les *Pensées sur le gouvernement*, et on travaillera sur-le-champ en conséquence.

MDCCCXXIX. — A M. DARGET.

A Potsdam, 3 avril 1752.

Mon très-cher ami, j'ai reçu votre lettre de Strasbourg avec une consolation inexprimable; vous avez bien soutenu la fatigue du voyage, et je compte que ma lettre vous trouvera à Paris où je l'adresse. Vous me manquez bien à Potsdam. Je m'étais fait une douce habitude de vous voir tous les jours; je ne m'accoutume point à une telle privation. Votre vessie me fait encore plus de mal qu'à vous : elle vous mène à Paris, et elle m'ôte mon bonheur. Je me flatte que vous verrez ma nièce; mais vous ne verrez pas mes enfants. Je ne veux pas qu'on reprenne *Rome sauvée* après Pâques : je la réserve pour l'année de M. le maréchal de Richelieu. Guérissez-vous vite à Paris, et revenez auprès du roi philosophe, qui rend la vie si douce; revenez dans le séjour du repos et de la philosophie.

Omitte mirari beatæ[1]
Fumum et opes strepitumque Romæ.

Revenez dans la belle retraite où un roi, d'une humeur toujours égale, rend tous nos moments égaux; revenez voir les orangers de Sans-Souci; il me semble qu'il n'y en a point aux Tuileries. Il est vrai que vous y verrez plus de femmes : voilà ce que vous aimez, traître, avec votre vessie. Eh bien, ramenez-nous-en une. Venez établir une Mme Darget à Potsdam, chez laquelle nos philosophes se rassembleront; qui aura bien soin de vous, qui tiendra votre ménage, qui... cela sera charmant; vous serez égayé tout le long du jour; car

*L'uom senza moglie a lato
Non puote in bontade esser perfetto.*

Vous allez cependant préparer vos armes à Paris; vous allez tâter de tous les plaisirs, et moi je vous attends dans mon petit appartement avec de la prose et des vers, qui me tiennent lieu de femme. J'ai fait vos compliments au marquis, qui se plaint de ses c......, comme vous do votre vessie; *per quæ quis peccat, per hæc et punietur*[2]. Je les ai faits au comte Algarotti, qui est venu célébrer la Pâque dans notre couvent, et qui attend le dépucellement de Mme la princesse de Hesse, pour aller demander la bénédiction à mon bon patron le saint-père. Ils vous font tous les plus tendres remerciments : ce n'est pas le saint-père que je veux dire, c'est Algarotti et d'Argens. Pour Federsdorf, je n'ai pu encore m'acquitter de ma commission, je n'ai pu l'attraper depuis votre départ. Adieu, mon cher ami, *vive memor nostri*; portez-vous bien. Je vous embrasse du meilleur de mon cœur.

1. Horace, livre III, ode XXIX, 11-12. (ÉD.)
2. La *Sagesse*, ch. XI, v. 17. (ÉD.)

Je connais Klinglin et son affaire, j'en augure mal; il a de puissants ennemis.

Il était trop puissant pour n'être point haï[1].

La fuite de son secrétaire est un mauvais signe.

MDCCCXXX. — A M. DE CIDEVILLE.

Potsdam, le 3 avril.

En vous remerciant, mon cher et ancien ami; l'annonce de ce libraire de Hollande est l'affiche d'un charlatan. Tous les libraires de l'Europe se disputent l'impression de ce *Siècle*; pour comble d'embarras, on s'empresse de le traduire avant que je l'aie corrigé. Je laisse faire, et je m'occupe jour et nuit à préparer une édition plus ample et plus correcte. Une première édition n'est jamais qu'un essai. Ni le *Siècle* ni *Rome sauvée* ne sont ce qu'ils seront. Je demande seulement de la santé au ciel, comme Ajax demandait du jour[2].

Mais je suis plus inquiet de la santé de ma nièce que de la mienne. Je suis accoutumé à mes maux, et je ne peux m'accoutumer aux siens. Il est très-sûr que je ferai un voyage pour elle et pour mes amis. J'ai deux âmes, l'une est à Paris, l'autre auprès du roi de Prusse; mais aussi je n'ai point de corps.

Je vous embrasse, je vous remercie, je retourne vite à *Louis XIV*. Je veux me dépêcher pour vous retrouver et vous embrasser à Paris. V.

MDCCCXXXI. — A M. DE LA CONDAMINE.

A Potsdam, le 3 avril.

Grand merci, cher La Condamine,
Du beau présent de *l'équateur*[3],
Et de votre lettre badine
Jointe à la profonde doctrine
De votre esprit calculateur.
Eh bien! vous avez vu l'Afrique,
Constantinople, l'Amérique;
Tous vos pas ont été perdus.
Voulez-vous faire enfin fortune?
Hélas! il ne vous reste plus
Qu'à faire un voyage à la lune.
On dit qu'on trouve en son pourpris
Ce qu'on perd aux lieux où nous sommes;
Les services rendus aux hommes,
Et le bien fait à son pays.

Votre paquet du 5 janvier m'a été rendu au saint temps de Pâques.

1. Vers d'*Œdipe*, I, 3. (ÉD.) — 2. *Iliade*, livre XVII, v. 645. (ÉD.)
3. *Journal du voyage fait par ordre du roi à l'équateur*, par La Condamine. (ÉD.)

Il aurait eu le temps de faire le voyage du Brésil. Je devais, mon cher arpenteur des astres, vous envoyer l'histoire terrestre de Louis XIV; mais il y a trop de fautes de la part de l'éditeur, et de la mienne trop d'omissions, et trop de péchés de commission.

Je ne regarde cette esquisse que comme l'assemblage de quelques études dont je pourrai faire un tableau, avec le secours des remarques qu'on m'a envoyées; et alors je vous prierai de l'accepter et de me juger. C'est un petit monument que je tâche d'élever à la gloire de ma patrie; mais il y a quelques pierres mal jointes qui pourraient me tomber sur le nez.

Ce n'est pas dans la lune que j'ai voyagé, avec Astolphe et saint Jean, pour trouver le fruit de mes peines; c'est dans le temple de la philosophie, de la gloire et du repos.

Adieu; je vous embrasse de tout mon cœur, et je vous aimerai toujours, fussé-je dans la lune.

MDCCCXXXII. — A M. WALTHER.

A Potsdam, 8 avril 1752.

J'ai ouï dire que S. A. R. Mme la Princesse royale n'avait pas été contente d'un passage du livre que j'ai pris la liberté de lui envoyer. C'est à la page 484 : *On vit bientôt combien il est difficile à un faible prince*, etc. On sait assez que *faible prince* ne signifie pas *prince faible*. Un *prince faible* est tel par son caractère, et un *faible prince* l'est par la comparaison de ses forces avec celles de son ennemi.

D'ailleurs, S. A. R. est trop juste et trop indulgente pour n'être pas persuadée de la pureté de mes intentions. Elle ne pense pas que j'aie voulu lui déplaire dans un livre que j'ai mis à ses pieds. J'ai la même confiance dans les bontés de Son Excellence M. le comte de Wackerbarth, à qui j'ai présenté un exemplaire par vos mains. Si cependant ce passage déplaît, je vous prie de le corriger au moyen d'un carton. Vous mettriez à la place : *Il était bien difficile qu'un prince dont les forces étaient si inférieures à celles de son ennemi, et qu'un empereur qui ne put jamais armer l'empire en sa faveur, pût conquérir des États par le secours de ses alliés souvent désunis.*

Je vous prie, mon cher Walther, de communiquer cette lettre à M. le comte de Wackerbarth, et de prendre sur cela ses ordres. J'eus l'honneur d'envoyer mon livre à S. A. R. longtemps avant que vous le rendissiez public, afin que, s'il s'était glissé quelque chose qui pût lui déplaire, j'eusse le temps de le corriger; et je croyais que vous ne mettriez votre livre en vente qu'après la foire de Francfort; c'est dans le même esprit que j'en envoyai des exemplaires à la cour de Bavière.

En cas que vous fassiez ce carton, mon cher Walther, je vous prie d'en mettre encore un autre au second tome, page 103, à la fin de la page. Voici ce qu'il faut substituer après ce mot *parce que* : « *Parce que la base de sa statue, à la place des Victoires, est ornée de quatre esclaves enchaînés; mais ce ne fut point lui qui fit ériger cette statue,* ni celle qu'on voit à la place Vendôme; la statue de la place des Victoires est le monument de la grandeur d'âme, etc.

Je vous demande pardon, mon cher Walther, de la peine que je vous donne; mais une première édition est un essai. Il échappe toujours à l'auteur beaucoup de fautes. Je me flatte que la seconde édition sera beaucoup plus ample, plus correcte et meilleure en tout sens. Je vous embrasse de tout mon cœur.

VOLTAIRE.

MDCCCXXXIII. — A M. BAGIEU.

A Potsdam, le 10 avril.

Si jamais quelque chose, monsieur, m'a sensiblement touché, c'est la lettre par laquelle vous m'avez bien voulu prévenir; c'est l'intérêt que vous prenez à un état qui semblait devoir n'être pas parvenu jusqu'à vous; c'est le secours que vous m'offrez avec tant de bienveillance. Rien ne me rend la vie plus chère et ne redouble plus mon envie de faire un voyage à Paris que l'espérance d'y trouver des âmes aussi compatissantes que la vôtre et des hommes si dignes de leur profession et en même temps si au-dessus d'elle. Que ne dois-je point à Mme Denis, qui m'attire de votre part une attention si touchante! En vérité, ce n'est qu'en France qu'on trouve des cœurs si prévenants, comme ce n'est qu'en France qu'on trouve la perfection de votre art. Le mien est bien peu de chose; je ne me suis jamais occupé qu'à amuser les hommes, et j'ai fait quelquefois des ingrats. Vous vous occupez à les secourir. J'ai toujours regardé votre profession comme une de celles qui ont fait le plus d'honneur au siècle de Louis XIV, et c'est ainsi que j'en ai parlé dans l'histoire de ce siècle; mais jamais je ne l'ai plus estimée. J'ai étudié la médecine comme Mme de Pimbesche avait appris la Coutume en plaidant. J'ai lu Sydenham, Freind, Boerhaave. Je sais que cet art ne peut être que conjectural, que peu de tempéraments se ressemblent, et qu'il n'y a rien de plus beau ni de plus vrai que le premier aphorisme d'Hippocrate : *Experientia fallax, judicium difficile*. J'ai conclu qu'il fallait être son médecin soi-même, vivre avec régime, secourir de temps en temps la nature et jamais la forcer, mais surtout savoir souffrir, vieillir et mourir.

Le roi de Prusse, qui, après avoir remporté cinq victoires, donné la paix, réformé les lois, embelli son pays; après en avoir écrit l'histoire, daigne encore faire de très-beaux vers, m'a adressé une ode sur cette nécessité, à laquelle nous devons nous soumettre. Cet ouvrage et votre lettre valent mieux pour moi que toutes les facultés de la terre. Je ne dois pas me plaindre de mon sort. J'ai atteint l'âge de cinquante-huit ans avec le corps le plus faible, et j'ai vu mourir les plus robustes à la fleur de leur âge. Si vous aviez vu milord Tyrconnell et La Métrie, vous seriez bien étonné que ce fût moi qui fût en vie; le régime m'a sauvé. Il est vrai que j'ai perdu presque toutes mes dents par une maladie dont j'ai apporté le principe en naissant : chacun a dans soi-même, dès sa conception, la cause qui le détruit; il faut vivre avec cet ennemi jusqu'à ce qu'il nous tue. Le remède de Demburet ne me convient pas : il n'est bon que contre les scorbuts accidentels et déclarés, et non contre les affections d'un sang saumuré et d'organes desséchés qui ont perdu leur ressort et leur mollesse. Les eaux de Baréges, de Padoue, d'Ischia, pourraient me faire du bien pour un temps; mais je ne sais s'il ne vaut pas mieux savoir souffrir en paix, au coin de son feu, avec du régime, que d'aller chercher si loin une santé si incertaine et si courte. La vie que je mène auprès du roi de Prusse est précisément ce qui convient à un malade : une liberté entière, pas le moindre assujettissement, un souper léger et gai :

. . . . *Deus nobis hæc otia fecit.*
Virg., ecl. 1, v. 6.

Il me rend heureux autant qu'un malade peut l'être, et vous ajoutez à mes consolations par l'intérêt que vous avez bien voulu prendre à mon état. Regardez-moi, je vous en supplie, monsieur, comme un ami que vous vous êtes fait à quatre cents lieues. Je me flatte que, cet été, je viendrai vous dire avec quelle tendre reconnaissance je serai toujours, etc.

MDCCCXXXIV. — A M. LE MARQUIS DE THIBOUVILLE.

A Potsdam, le 15 avril.

Le duc de Foix vous fait mille compliments, aussi bien que monsieur son frère[1]; ils voudraient bien que je vinsse à Paris vous les présenter, mais ils partent incessamment pour aller trouver Mme Denis, dans la malle du premier courrier du Nord. Vous les trouverez à peu près tels que vous les vouliez; mais on s'apercevra toujours un peu qu'ils sont les enfants d'un vieillard. Si vous voulez les prendre sous votre protection, tels qu'ils sont, empêchez surtout qu'on ne connaisse jamais leur père. Il faut absolument les traiter en aventuriers. Si on se doute de leur famille, les pauvres gens sont perdus sans retour; mais, en passant pour les enfants de quelque jeune homme qui donne des espérances, ils feront fortune. Ce sera à vous et à Mme Denis à vous charger entièrement de leur conduite, et Mlle Clairon elle-même ne doit pas être de la confidence. On me mande que l'on va redonner au théâtre le *Catilina* de Crébillon. Il serait plaisant que ce rhinocéros eût du succès à la reprise; ce serait la preuve la plus complète que les Français sont retombés dans la barbarie. Nos sybarites deviennent tous les jours Goths et Vandales. Je laisse reposer *Rome*, et j'abandonne volontiers le champ de bataille aux *soldats de Corbulon*[2]. Je m'occupe, dans mes moments de loisir, à rendre le style de *Rome* aussi pur que celui de *Catilina* est barbare, et je ne me borne pas au style. Puisque me voilà en train de faire ma confession générale, vous saurez que

1. Vamir, l'un des personnages de la tragédie d'*Adélaïde ou le duc de Foix*.
2. Allusion à ces vers de *Rhadamiste et Zénobie*, acte II, scène II:
(ÉD.)

De quel front osez-vous, soldat de Corbulon,
M'apporter dans ma cour les ordres de Néron?

Voltaire appelait souvent *soldats de Corbulon* les partisans de Crébillon. (Note de M. Auger.)

Louis XIV partage mon temps avec les *Romains*[1] et *le duc de Foix*. Je ne regarde que comme un essai l'édition qu'on a faite à Berlin du *Siècle de Louis XIV*; elle ne me sert qu'à me procurer de tous côtés des remarques et des instructions; je ne les aurais jamais eues, si je n'avais publié le livre. Je profite de tout; ainsi je passe ma vie à me corriger en vers et en prose; mon loisir me permet tous ces travaux. Je n'ai rien à faire absolument auprès du roi de Prusse; mes journées, occupées par une étude agréable, finissent par des soupers qui le sont davantage et qui me rendent des forces pour le lendemain; et ma santé se rétablit par le régime. Nos repas sont de la plus grande frugalité, nos entretiens de la plus grande liberté; et, avec tout cela, je regrette tous les jours Mme Denis et mes amis, et je compte bien les revoir avant la fin de l'année. J'ai écrit à M. de Malesherbes que je le suppliais très-instamment d'empêcher que l'édition du *Siècle de Louis XIV* n'entrât dans Paris, parce que je ne trouve point cet ouvrage encore digne du monarque ni de la nation qui en est l'objet. J'ai prié ma nièce de joindre ses sollicitations aux miennes pour obtenir le contraire de ce que tous les auteurs désirent : la suppression de mon ouvrage. Vous me rendrez, mon cher monsieur, le plus grand service du monde en publiant, autant que vous le pourrez, mes sentiments. Je n'ai pas le temps d'écrire aujourd'hui à ma nièce; la poste va partir. Ayez la bonté d'y suppléer, en lui montrant ma lettre. S'il y a quelque chose de nouveau, je vous prie de vouloir bien m'en faire part. Soyez persuadé de la tendre amitié et de la reconnaissance qui m'attachent à vous pour jamais.

MDCCCXXXV. — A UN MEMBRE DE L'ACADÉMIE DE BERLIN.

Potsdam, le 15 avril 1752.

Je réponds à toutes vos questions. La plupart des anecdotes sur Mlle de Lenclos sont vraies, mais plusieurs sont fausses. L'article de son testament dont vous me parlez n'est point un roman; elle me laissa deux mille francs. J'étais enfant; j'avais fait quelques mauvais vers qu'on disait bons pour mon âge. L'abbé de Châteauneuf, frère de celui que vous avez vu ambassadeur à la Haye, m'avait mené chez elle, et je lui avais plu je ne sais comment. C'est ce même abbé de Châteauneuf qui avait fini son histoire amoureuse; c'est lui à qui cette célèbre vieille fit la plaisanterie de donner ses tristes faveurs à l'âge de soixante et dix ans. Vous devez être persuadé que les lettres qui courent, ou plutôt qui ne courent plus sous son nom, sont au rang des mensonges imprimés. Il est vrai qu'elle m'exhorta à faire des vers; elle aurait dû plutôt m'exhorter à n'en pas faire. C'est un métier trop dangereux, et la misérable fumée de la réputation fait trop d'ennemis et empoisonne trop la vie. La carrière de Ninon, qui ne fit point de vers, et qui eut et

---

1. *Rome sauvée*, que Voltaire corrigeait encore. (ÉD.)

donna longtemps beaucoup de plaisir, est assurément préférable à la mienne.

On pouvait se passer d'écrire en forme sa vie; mais du moins on a observé la bienséance de ne l'écrire que longtemps après sa mort. Les biographes qui ont écrit ma prétendue histoire dont vous me parlez, se sont un peu pressés, et me font trop d'honneur. Il n'y a pas un mot de véritable dans tout ce que ces messieurs ont écrit. Les uns ont dit, d'après l'équitable et véridique abbé Desfontaines, que je ressemblais à Virgile par ma naissance, et que je pouvais dire apparemment comme lui :

*O fortunatos nimium , sua si bona norint,
Agricolas!*
Georg., II, 458-59.

Je pense sur cela comme Virgile, et tout me paraît fort égal. Mais le hasard a fait que je ne suis pas né dans le pays des églogues et des bucoliques. Dans une autre Vie qu'on s'est avisé de faire encore de moi, comme si j'étais mort, on me dit fils d'un porte-clefs du parlement de Paris. Il n'y a point de tel emploi au parlement; mais qu'importe? On ajoute une belle aventure d'un carrosse avec l'épouse de M. le duc de Richelieu, dans le temps qu'il était veuf. Tous les autres contes sont dans ce goût; et j'aime autant les amours du R. P. de La Chaise avec Mlle du Tron. On ne peut empêcher les barbouilleurs de papier d'écrire des sottises, les libraires hollandais de les vendre, et les laquais de les lire.

L'article du *Journal des Savants* dont il est question n'est point dans le Journal de Paris; il est dans celui qu'on falsifie à Amsterdam, et se trouve sous l'année 1750. « Le parlement a condamné, dit ce journal, l'*Histoire de Louis XI*, de M. Duclos, successeur de M. de Voltaire dans la place d'historiographe de France, à cause de ce passage : *La dévotion fut de tout temps l'asile des reines sans pouvoir.* » Ce sont deux calomnies. Le parlement ne s'est point avisé de condamner ce livre, et le parlement ne se mêle point du tout d'examiner si une reine est dévote ou non. On ajoute une troisième calomnie; c'est que *je suis exilé de France, et réfugié en Prusse.* Quand cela serait, il me semble que ce ne serait pas une de ces vérités instructives qui sont du ressort du *Journal des Savants.* Le fait est que le roi de Prusse, qui m'honore de ses bontés depuis quinze ans, m'a fait venir auprès de lui ; qu'il a fait demander au roi mon maître, par son envoyé, que je pusse rester à sa cour en qualité de son chambellan; que j'y resterai tant que je pourrai lui être de quelque utilité dans son goût pour les belles-lettres, et que ma mauvaise santé et mon âge me permettront de profiter de ses lumières et de ses bontés; que le roi mon maître, en me cédant à lui, m'a daigné accorder une pension, et m'a conservé la charge de gentilhomme ordinaire de sa chambre. J'en demande pardon aux calomniateurs et à ceux qui se mêlent d'être jaloux; mais la chose est ainsi. Je n'y puis que faire; et j'ajoute qu'un homme de lettres serait bien indigne de l'être, s'il était entêté de ces honneurs, et s'il n'était pas toujours aussi prêt à les quitter que reconnaissant envers ceux qui l'en ont comblé. Je n'ai point sacrifié ma liberté au roi de Prusse, et je la préférerai toujours à tous les rois.

Je vous envoie un exemplaire de l'édition que l'on a faite à Paris de mes *Œuvres* bonnes ou mauvaises. C'est de toutes la plus passable; il y a pourtant bien des fautes. Une des plus grandes est d'y avoir inséré quatre chapitres du *Siècle de Louis XIV*, qui est imprimé aujourd'hui séparément. C'est un double emploi; et il est bien vrai, surtout en fait de livres, qu'il ne faut pas multiplier les êtres sans nécessité. C'est par cette raison que je me donnerai bien de garde de vous envoyer les petites pièces fugitives que vous me demandez. Tous ces vers de société ne sont bons que pour les sociétés seules, et pour les seuls moments où ils ont été faits. Il est ridicule d'en faire confidence au public. De quoi s'est avisé ce compilateur des lettres de la reine Christine, de grossir son énorme recueil d'une lettre que j'écrivis il y a quelques années à la reine de Suède d'aujourd'hui? Comment a-t-il eu cette lettre? comment a-t-il pu en estropier les vers au point où il l'a fait? Le public n'avait pas plus affaire de ces vers que de la plupart des lettres inutiles de la chancellerie de la reine Christine. Il est vrai qu'en écrivant à la reine Ulrique, avec cette liberté que ses bontés et la poésie permettent, je feignais que Christine m'avait apparu, et je disais :

>   A sa jupe courte et légère,
>   A son pourpoint, à son collet,
>   Au chapeau garni d'un plumet,
>   Au ruban ponceau qui pendait
>   Et par devant et par derrière,
>   A sa mine galante et fière,
>   D'amazone et d'aventurière,
>   A ce nez de consul romain,
>   A ce front altier d'héroïne,
>   A ce grand œil tendre et hautain,
>   Moins beau que le vôtre et moins fin,
>   Soudain je reconnus Christine;
>   Christine des arts le soutien;
>   Christine qui céda pour rien
>   Et son royaume, et votre Église;
>   Qui connut tout et ne crut rien;
>   Que le saint père canonise,
>   Que damne le luthérien,
>   Et que la gloire immortalise.

Voilà, monsieur, le morceau de cette lettre que le compilateur a falsifié. Ne vous fiez point à ces mains lourdes qui fanent les fleurs qu'elles touchent; mais comptez que la plupart de toutes ces petites pièces sont des fleurs éphémères qui ne durent pas plus que les nouveaux sonnets d'Iris et nos bouquets pour Iris. On n'a que trop recueilli de ces bagatelles passagères dans toutes les misérables éditions qu'on a données de moi, et auxquelles, Dieu merci, je n'ai aucune part. Soyez persuadé que de même qu'on ne doit pas écrire tout ce que les rois ont fait, mais seulement ce qu'ils ont fait de digne de la postérité, de même on ne doit imprimer d'un auteur que ce qu'il a écrit de digne d'être lu. Avec cette règle honnête, il y aurait moins de livres et plus de goût dans le public. J'espère que la nouvelle édition qu'on a faite à Dresde sera meilleure que toutes les précédentes. Ce sera pour moi une consolation, dans le regret que j'ai d'avoir trop écrit.

J'aurais voulu supprimer beaucoup de choses qui échappent à l'esprit dans la jeunesse, et que la raison condamne dans un âge avancé. Je voudrais même pouvoir supprimer les vers contre Rousseau, qui se trouvent dans l'*Épitre sur la Calomnie*, parce que je n'aime à faire des vers contre personne, que Rousseau a été malheureux, et qu'en bien des choses il a fait honneur à la littérature française; mais il me réduisit, malgré moi, à la nécessité de répondre à ses outrages par des vérités dures. Il attaqua presque tous les gens de lettres de son temps qui avaient de la réputation; ses satires n'étaient pas, comme celles de Boileau, des critiques de mauvais ouvrages, mais des injures personnelles et atroces. Les termes de *bélître*, de *maroufle*, de *louve*, de *chien*, déshonorent ses épîtres, dans lesquelles il ne parle que de ses querelles. Ces basses grossièretés révoltent tout lecteur honnête homme, et font voir que la jalousie rongeait son cœur du fiel le plus âcre et le plus noir. Voyez les deux volumes intitulés le *Portefeuille*. Ce n'est qu'un recueil de mauvaises pièces, dont la plupart ne sont point de Rousseau. Il n'y a que la rage de gagner quelques florins qui ait pu faire publier cette rapsodie. La comédie de l'*Hypocondre* est de lui; et c'est apparemment pour décrier Rousseau qu'on a imprimé cette sottise. Il avait voulu, à la vérité, la faire jouer à Paris; mais les comédiens n'ayant osé s'en charger, il n'osa jamais l'imprimer. On ne doit pas tirer de l'oubli de mauvais ouvrages que l'auteur y a condamnés.

Vous serez plus fâché de voir dans ce recueil une lettre sur la mort de La Motte, où l'on outrage la mémoire de cet académicien distingué, l'accusant des manœuvres les plus lâches, et lui reprochant jusqu'à la petite fortune que son mérite lui avait acquise. Cela indigne à la fois et contre l'auteur et contre l'éditeur.

Ceux qui ont fait imprimer le recueil des Lettres de Rousseau devaient pour son honneur les supprimer à jamais. Elles sont dépourvues d'esprit, et très-souvent de vérité. Elles se contredisent; il dit le pour et le contre; il loue et il déchire les mêmes personnes; il parle de Dieu à des gens qui lui donnent de l'argent, et il envoie des satires à Brossette qui ne lui donne rien.

La véritable cause de sa dernière disgrâce chez le prince Eugène, puisque vous la voulez savoir, vient d'une ode intitulée la *Palinodie*, qui n'est pas assurément son meilleur ouvrage. Cette petite ode était contre un maréchal de France, ministre d'État, qui avait été autrefois son protecteur. Ce ministre mariait alors une de ses filles au fils du maréchal de Villars. Celui-ci, informé de l'insulte que faisait Rousseau au beau-père de son fils, ne dédaigna pas de l'en faire punir, toute méprisable qu'elle était. Il en écrivit au prince Eugène, et ce prince retrancha à Rousseau la pension qu'il avait la générosité de lui faire encore, quoiqu'il crût avoir sujet d'être mécontent de lui, dans l'affaire qui fit passer le comte de Bonneval en Turquie. Mme la maréchale de Villars, dont je serais forcé d'attester le témoignage s'il en était besoin, peut dire si je ne tâchai pas d'arrêter les plaintes de M. le maréchal, et si elle-même ne m'imposa pas silence, en me disant que Rousseau ne méritait point de grâce. Voilà des faits, monsieur, et des faits authentiques. Cependant Rousseau crut toujours que j'avais engagé M. le maréchal de Villars à écrire contre lui au prince Eugène.

Si je ne fus pas la cause de sa disgrâce auprès de ce prince, je vous avoue que je fus cause, malgré moi, qu'il fut chassé de la maison de M. le duc d'Aremberg. Il prétendit, dans sa mauvaise humeur, que je l'avais accusé auprès de ce prince d'être en effet l'auteur des couplets pour lesquels il avait été banni de France. Il eut l'imprudence de faire imprimer dans un journal de Dusauzet cette imposture. Je me sentis obligé, pour toute explication, d'envoyer le journal à M. le duc d'Aremberg, qui chassa Rousseau sur ce seul exposé. Voilà, pour le dire en passant, ce qu'a produit la détestable et honteuse licence qu'on a prise trop longtemps en Hollande, d'insérer des libelles dans les journaux, et de déshonorer, par ces turpitudes, un travail littéraire imaginé en France pour avancer les progrès de l'esprit humain. Ce fut ce libelle qui rendit les dernières années de Rousseau bien malheureuses. La presse, il faut avouer, est devenue un des fléaux de la société et un brigandage intolérable.

Au reste, monsieur, je vous l'avouerai hardiment : quoique je ne me fusse jamais ouvert à M. le duc d'Aremberg sur ce que je pensais des couplets infâmes et de la subornation de témoins qui attirèrent à Rousseau l'arrêt dont il fut flétri en France, cependant j'ai toujours cru qu'il était coupable. Il savait que je pensais ainsi, et c'était une des grandes sources de sa haine; mais je ne pouvais avoir une autre opinion. J'étais instruit plus que personne; la mère du petit malheureux qui fut séduit pour déposer contre Saurin servait chez mon père; c'est ce que vous trouverez dans le *factum* fait en forme judiciaire par l'avocat Ducornet en faveur de Saurin. J'interrogeai cette femme, et même plusieurs années après le procès criminel : elle me dit toujours « que Dieu avait puni son fils pour avoir fait un faux serment, et pour avoir accusé un homme innocent; » et il faut remarquer que ce garçon ne fut condamné qu'au bannissement, en faveur de son âge, et de la faiblesse de son esprit. Je n'entre point dans le détail des autres preuves; vous devez présumer qu'il est bien difficile que deux tribunaux aient unanimement condamné un homme dont le crime n'eût pas paru avéré. Si vous voulez, après cette réflexion, songer quelle bile noire dominait Rousseau; si vous voulez vous souvenir qu'il avait fait contre le directeur de l'Opéra, contre Berin [1],

1. Musicien de l'Opéra et dessinateur du cabinet du roi. (ÉD.)

contre Pécourt, et d'autres, des couplets entièrement semblables à ceux pour lesquels il fut condamné; si vous observez que tous ceux qui étaient attaqués dans ces couplets abominables étaient ses ennemis et les amis de Saurin, votre conviction sera aussi entière que celle des juges. Enfin, quand il s'agit de flétrir ou le parlement ou Rousseau, il est clair qu'après tout ce que je viens de vous dire il n'y a pas à balancer.

C'est à cet horrible précipice que le conduisirent l'envie et la haine dont il était dévoré. Songez-y bien, monsieur : la jalousie, quand elle est furieuse, produit plus de crimes que l'intérêt et l'ambition.

Ce qui vous a fait suspendre votre jugement, c'est la dévotion dont Rousseau voulut couvrir, sur la fin de sa vie, de si grands égarements et de si grands malheurs. Mais lorsqu'il fit un voyage clandestin à Paris dans ses derniers jours, et lorsqu'il sollicitait sa grâce, il ne put s'empêcher de faire des vers satiriques bien moins bons à la vérité que ses premiers ouvrages, mais non moins distillant l'amertume et l'injure. Que voulez-vous que je vous dise? La Brinvilliers était dévote, et allait à confesse après avoir empoisonné son père; et elle empoisonnait son frère après la confession. Tout cela est horrible : mais après les excès où j'ai vu l'envie s'emporter, après les impostures atroces que je lui ai vu répandre, après les manœuvres que je lui ai vu faire, je ne suis plus surpris de rien à mon âge.

Adieu, monsieur. Vous trouverez dans ce paquet des lettres de M. de La Rivière. Je l'ai connu autrefois : il avait un esprit aimable; mais il n'a bien écrit que contre son beau-père. C'est encore là une affaire bien odieuse du côté de Bussi-Rabutin. Le *factum* de La Rivière vaut mieux que les sept tomes de Bussi; mais il ne fallait pas imprimer ses lettres, etc.

MDCCCXXXVI. — DE MME LA MARGRAVE DE BAREUTH.

Le 20 avril.

La pénitence que vous vous imposez a achevé de fléchir mon courroux. Je n'avais pu encore oublier votre indifférence. Il ne fallait pas moins qu'un pèlerinage à Notre-Dame de Bareuth pour effacer votre péché. Frère Voltaire sera pardonné à ce prix. Il sera le bienvenu ici, et y trouvera des amis empressés à l'obliger et à lui témoigner leur estime. Je doute encore de l'accomplissement de vos promesses. Le climat d'Allemagne a-t-il pu en si peu de temps réformer la légèreté française? Les voyages de France et d'Italie, réduits en châteaux en Espagne, me font craindre le même sort pour celui-ci. Soyez donc archi-Germain dans vos résolutions, et procurez-moi le plaisir de vous voir.

Quoique absent, vous avez eu la faculté de m'arracher des larmes. J'ai vu, hier, représenter votre faux prophète[1]. Les acteurs se sont surpassés, et vous avez eu la gloire d'émouvoir nos cœurs franconiens, qui d'ailleurs ressemblent assez aux rochers qu'ils habitent.

1. La tragédie de *Mahomet*. (ED.)

Le marquis d'Adhémar a fait écrire, il y a quatre semaines, à M. de Folard. J'ai oublié de vous le mander dans ma dernière lettre. Vous jugez bien que ses offres ont été reçues avec plaisir. Montperni lui a écrit en conséquence. J'espère qu'il sera content des conditions. Elles sont plus avantageuses que celles qu'il avait désirées. Elles consistent en 4000 livres, la table et l'entretien de ses équipages. Je vous prie d'achever votre ouvrage, et de faire en sorte qu'il soit bientôt fini. Je vous en aurai une grande obligation. Vous savez que le titre qu'il demande n'est point usité en Allemagne. Comme il répond à celui de chambellan, il aura ce titre auprès de moi.

Le temps m'empêche de vous en dire davantage aujourd'hui. Soyez persuadé que je serai toujours votre amie, WILHELMINE.

MDCCCXXXVII. — A Mme DENIS.

A Potsdam, le 22 avril.

Voilà une plaisante idée qu'a du Molard de faire jouer *Philoctète*, en grec, par des écoliers de l'université, sur le théâtre de mon grenier ! La pièce réussira sûrement, car personne ne l'entendra. Les gens qui font les cabales à Paris n'entendent point le grec.

Je vous apprendrai qu'une héroïne de votre sexe l'entendait; ce n'est pas Mme Dacier que je veux dire; elle n'avait l'air ni d'être héroïne, ni d'avoir un sexe : c'est la reine Élisabeth. Elle avait traduit ce *Philoctète* de Sophocle en anglais.

Vous savez que le sujet de la pièce est un homme qui a mal au pied. Il faudrait prendre un goutteux pour jouer le rôle de Philoctète; le roi de Prusse serait bien votre affaire; mais au lieu de crier *Aïe ! aïe !* comme fait le héros grec, admiré en cela par M. de Fénelon, il voudrait monter à cheval et exercer les soldats de Pyrrhus. Il a actuellement la goutte bien serré. Imaginez ce qu'il a pris; ses bottes ! Son pied s'est enflé de plus belle. Dites à du Molard qu'il prenne quelque goutteux du collège de Navarre.

On commence actuellement à Dresde une seconde édition du *Siècle de Louis XIV*, et il faut la diriger; nouvelle peine, nouveau retardement. On m'a envoyé de nouveaux mémoires de tous les côtés; j'ai eu un trésor : ce sont deux morceaux de la main de Louis XIV, bien collationnés à l'original. Il n'y a pas moyen d'abandonner son édifice quand on trouve des matériaux si précieux. On me flatte que cette édition sera bientôt achevée. J'ai une autre affaire en tête, et que je vous communiquerai à la première occasion.

MDCCCXXXVIII. — A M. FORMEY.

Je m'attendais à des *Remarques*[1] plus historiques, plus instructives, plus dignes d'un philosophe. Beausobre ne réussit pas si bien avec Jésus qu'avec Manès[2].

1. Il s'agit ici des *Remarques critiques* d'Isaac de Beausobre sur le *Nouveau Testament*. (ÉD.)
2. Beausobre a fait l'*Histoire du Manichéisme*. (ÉD.)

Si vous avez quelque histoire des papes, où l'on trouve leur naissance, faites-moi le plaisir de me l'envoyer; je serai bien aise de voir combien de pauvres diables sont devenus vice-Dieu. *Te amplector*.

MDCCCXXXIX. — A M. VANNUCCHI, A PISE.

Potsdam, le 25 avril.

Dans le temps précisément que l'astre bienfaisant, distributeur du jour, commence à reprendre quelque peu de vigueur, même dans ce climat glacé, je reçois de M. le baron Drummond votre lettre jointe à divers ouvrages philosophiques et poétiques. J'ai lu avec avidité tant les uns que les autres, et toujours avec le plus grand transport.

Vous écrivez avec une profondeur et une finesse de génie surprenantes. On trouve partout la plus grande clarté, et vos principes sont portés à l'évidence géométrique, qui n'est propre qu'aux grands hommes. Je ne m'arrête point à parler de vos poésies, car en ce genre vous êtes inimitable; le seul Tasse peut se mettre en parallèle avec vous. J'assurerai, sans flatterie, que vos pièces littéraires seront autant de précieux monuments pour les siècles à venir.

Le roi philosophe, avec qui j'ai l'honneur de vivre, et qui a lu aussi vos ouvrages, en porte le même jugement que moi, et m'ordonne de vous féliciter en son nom sur cet objet.

Ne soyez pas si paresseux à donner de vos nouvelles à un homme qui vous respecte et vous estime, et qui sera, durant toute sa vie, avec le plus vif attachement, etc. VOLTAIRE.

MDCCCXL. — A M. DE FORMONT.

A Potsdam, le 28 avril.

On croirait presque que je suis laborieux, mon cher Formont, en voyant l'énorme fatras dont j'ai inondé mes contemporains; mais je me trouve le plus paresseux des hommes, puisque j'ai tardé si longtemps à vous écrire et à vous instruire des raisons qui m'ont empêché de vous envoyer, à vous et à Mme du Deffand, le *Siècle de Louis XIV*. J'y ai trouvé, quand je l'ai relu, une quantité de péchés d'omission et de commission qui m'a effrayé. Cette première édition n'est qu'un essai encore informe. Le fruit que j'en retire, c'est de recevoir de tous côtés des remarques, des instructions, de la part des Français et de quelques étrangers, qui m'aideront à faire une bonne histoire. Je n'aurais jamais obtenu ces secours, si je n'avais pas donné mon ouvrage. Les mêmes personnes qui m'ont refusé longtemps des instructions, quand je travaillais, m'envoient à présent des critiques le plus volontiers du monde. Il faut tirer parti de tout. Je fais une nouvelle édition qui sera plus ample d'un quart, et plus curieuse de moitié; et je tâcherai d'empêcher, autant qu'il sera en moi, que la première édition, qui est trop fautive, n'entre en France. J'ai bien peur, mon cher ami, que ma lettre ne vous trouve point à Paris. Voilà Mme du Deffand en Bourgogne; vous avez tout l'air d'être en Normandie. Votre parent, M. Le Bailli, fait son chemin de bonne heure, comme je vous l'avais dit. Le voilà ministre accrédité, en attendant que M. le chevalier de La Touche arrive; et il ira probablement de cour en cour mener une vie douce, au nom du roi son maître. Mais je le défie d'en mener une plus douce et plus tranquille que la vôtre; je dirai encore, si on veut, la mienne; car je vous assure qu'étant auprès d'un grand roi, il s'en faut beaucoup que je sois à la cour. Je n'ai jamais vécu dans une si profonde retraite. Ce serait bien là l'occasion de faire encore des vers; mais j'en ai trop fait. Il faut savoir se retirer à propos, et imposer silence à l'imagination, pour s'occuper un peu de la raison. Je m'occupe avec les ouvrages des autres, après en avoir assez donné. Je fais comme vous : je lis, je réfléchis et j'attrape le bout de la journée. J'avoue qu'il serait doux de finir cette journée entre vous et Mme du Deffand; c'est une espérance à laquelle je ne renonce point. Si ma lettre vous trouve encore tous deux à Paris, je vous supplie de lui dire qu'elle est à la tête du petit nombre des personnes que je regrette, et pour qui je ferai le voyage de Paris. Je lui souhaite un estomac, ce principe de tous les biens. Adieu, mon très-cher Formont; faites quelquefois commémoration d'un homme qui vous aimera toute sa vie.

MDCCCXLI. — A M. DE LA CONDAMINE.

A Potsdam, le 29 avril.

Eh! morbleu, c'est dans le pourpris
Du brillant palais de la lune,
Non dans le benoît paradis,
Qu'un honnête homme fait fortune.

Du moins c'est ce que dit l'Arioste, l'un des meilleurs théologiens que nous ayons. Est-ce qu'il y avait *pays* au lieu de *pourpris* dans ma lettre? Eh bien ! il n'y a pas grand mal. Le conseiller aulique Francheville, mon éditeur, en a fait bien d'autres, et moi aussi; mais, mon cher cosmopolite, ne me croyez pas assez ignare pour ne pas savoir où est Carthagène. J'y envoie tous les ans plus d'un vaisseau, ou du moins je suis au nombre de ceux qui y en envoient, et je vous jure qu'il vaut mieux avoir ses facteurs dans ce pays-là que d'y aller. Mais, quoique M. de Pointis eût pris Carthagène, en deçà de la ligne, cela n'empêche pas que nous n'ayons été fort souvent nous égorger au delà.

Je vous suis sensiblement obligé de vos remarques; mais il y a bien plus de fautes que vous n'en avez observé. J'ai bien fait des péchés d'omission et de commission. Voilà pourquoi je voudrais que la première édition, qui n'est qu'un essai très-informe, n'entrât point en France. Jugez dans quelles erreurs sont tombés les La Martinière, les Reboulet et les *tutti quanti*, puisque moi, presque témoin oculaire, je me suis trompé si souvent. Ce n'est pas au moins sur le maréchal de La Feuillade. Je tiens l'anecdote de lui-même; mais je ne dévais pas en parler. La seconde édition vaudra mieux, et surtout le *Catalo-*

gue des écrivains, qui, beaucoup plus complet et beaucoup plus approfondi, pourra vous amuser. Je l'avais dicté pour grossir le second tome, qui était trop mince; mais je le compose à présent pour le rendre utile.

Puisque vous avez commencé, mon cher La Condamine, à me faire des observations, vous voilà engagé d'honneur à continuer. Avertissez-moi de tout, je vous en supplie; je sais fort bien qu'il n'y a point d'esclaves à la place Vendôme, et je ne sais comment on y en trouve dans l'édition de mon conseiller aulique. Il y a plus d'une bévue pareille. Je vous dirai : *Et ignorantias meas ne meminerís*. Votre livre, qui vous doit faire beaucoup d'honneur, n'a pas besoin de pareils secours. Je souhaite que vous en tiriez autant d'avantage que de gloire; je ne suis pas surpris de ce que vous me dites, et je ne suis surpris de rien. Soyez-le si je ne conserve pas toujours pour vous la plus parfaite estime et la plus tendre amitié.

MDCCCXLII. — A M. DARGET.

À Potsdam, le 29 avril 1752.

Les mondains oublient volontiers les moines. Vous êtes dans les plaisirs, mon cher Darget, à Paris, à Plaisance, à Versailles. *Lontano dagli occhi, lontano dal cuore!* Vous voilà comme une jeune religieuse qui a sauté les murs, et qui cherche un amant, tandis que les sœurs professes restent au chœur et prient Dieu pour elle. Je ne vous dirai pas : *Omitte, mirari beatæ fumum et opes strepitumque Romæ*; je vous dirai au contraire, *Carpe diem*, jouissez. Je ne doute pas que vous n'ayez retrouvé dans M. Duverney la solide amitié qu'il a toujours eue pour vous, et que vous n'en goûtiez tous les fruits. Vous voilà dans le sein de votre famille qui vous aime; mais n'oubliez pas que vous êtes aussi aimé ailleurs. J'ai répondu exactement à votre lettre de Strasbourg. J'ai adressé ma lettre chez M. du Marsin, rue Française, près de la Comédie-Italienne. Je serais bien surpris et bien affligé si vous ne l'aviez pas reçue. M. Fédersdorf vient de me rembourser cette bagatelle pour laquelle vous m'aviez donné une assignation sur lui. Notre vie est toujours la même. Vous nous retrouverez tels que vous nous avez laissés, dans la tranquillité, dans la paix, dans l'union, dans l'uniformité. Le couvent est toujours sous la bénédiction du Seigneur : mais comptez que de tous les moines, le plus chétif, qui est moi, est celui qui vous aime davantage, et qui désire le plus véritablement votre bonheur. Songez à votre vessie et à votre bien-être. Nous chanterons un *Te Deum* à votre retour. Pour moi, j'en chanterai toujours un à basse note et du fond du cœur, quand je vous croirai aussi heureux que vous méritez de l'être.

Je m'occupe à une seconde édition du *Siècle de Louis XIV*, beaucoup plus ample et plus curieuse que la précédente, et purgée de toutes les fautes qui défigurent celle que je voudrais bien qui n'entrât pas dans Paris. *Hesternus error, hodiernus magister*. Adieu, mon cher ami ; divertissez-vous, mais ne m'oubliez pas tout à fait.

MDCCCXLIII. — A M. LE COMTE D'ARGENTAL.

Potsdam, le 3 mai.

Mon cher et respectable ami, il faut que je passe mon temps à corriger mes ouvrages et moi, et que je prévienne les années de la décadence où l'on ne fait plus que languir avec tous ses défauts. Les Céthégus et les Lentulus sont des comparses qui m'ont toujours déplu, et j'ai bien de la peine avec le reste; j'en ai avec *Adélaïde*, avec *Zulime*, et surtout avec *Louis XIV*. Je quête des critiques dans toute l'Europe. Je vous assure que j'ai déjà une bonne provision de faits singuliers et intéressants; mais j'attends mes plus grands secours de M. le maréchal de Noailles. Je vous prie d'engager M. de Foncemagne à accélérer les bontés que M. de Noailles m'a promises; mais je voudrais que M. de Foncemagne ne s'en tînt pas là; je voudrais qu'il voulût bien employer quelques heures de son loisir à perfectionner ce *Siècle de Louis XIV*, ce siècle de la vraie littérature, qui doit lui être plus cher qu'à un autre. Quelques observations de sa part me feraient grand bien. Je les mérite par mon estime pour lui, et par mon amour pour la vérité. Je prépare une nouvelle édition; mais j'ai bien peur que ma nièce n'ait point encore envoyé à M. le maréchal de Noailles l'exemplaire sur lequel il devait avoir la bonté de faire des remarques. Si malheureusement Mme Denis n'avait plus d'exemplaires, je vous supplie de lui prêter le vôtre pour cette bonne œuvre; je vous payerai avec usure. Mais je vous ai, je crois, déjà mandé que j'avais supplié M. de Malesherbes de ne laisser entrer en France aucun ballot de la première édition, et d'empêcher qu'on en fît une nouvelle sur un modèle si vicieux. Je vous le dis encore, mon cher ange, ce n'est là qu'un essai informe, et je ne ferai certainement mon voyage de Paris que quand je serai parvenu à donner un ouvrage plus digne du monarque et de la nation qui en sont l'objet. Si on avait laissé à M. le maréchal de Noailles son exemplaire, que M. de Richelieu a repris, si on n'avait pas préféré le vain plaisir d'avoir un livre rare à celui de procurer les instructions nécessaires pour rendre ce livre meilleur, la meilleure édition serait déjà bien avancée. Il faudrait que tout bon Français contribuât à la perfection d'un tel ouvrage.

Vous me parlez, mon cher ange, de cette *Histoire générale*; on m'a volé la partie historique de tout le XVIe siècle et du commencement du XVIIe, avec l'histoire entière des arts. Je m'étais donné la peine de traduire des morceaux de Pétrarque et du Dante, et jusqu'à des poètes arabes que je n'entends point: toutes mes peines ont été perdues. Le *Siècle de Louis XIV* devait se renouer à cette *Histoire générale*, c'est une perte que je ne réparerai jamais. Il y a grande apparence que ce malheureux valet de chambre qu'on séduisit pour avoir tous mes manuscrits, avait aussi volé celui que je regrette, et qu'il le brûla quand ma nièce eut la bonté d'exiger de lui le sacrifice de tout ce qu'il avait copié. En un mot, le manuscrit est perdu. Je voudrais qu'on eût perdu de même bien des choses dont on a grossi le recueil de mes œuvres; mais c'est encore un mal sans remède.

Je me flatte que la pièce¹ que Mme Denis va donner ne sera point un mal, que ce sera au contraire un bien qu'elle mettra dans la famille pour réparer les prodigalités de son oncle. Je me souviens d'avoir vu dans cette pièce des scènes très-jolies; je ne doute pas qu'elle n'ait conduit cet ouvrage à sa perfection. Je ne lui voudrais pas de ces succès passagers dont on doit une partie à l'indulgence de la nation. Je ne sais si je me trompe, mais il semble qu'il y avait dans cette comédie telle scène qui valait mieux que toute la pièce de *Cénie*². Ces scènes ne suffisent pas, sans doute. Elle aura travaillé le tout avec soin : elle a acquis tous les jours plus de connaissance du théâtre; et ses amis, à la tête desquels vous êtes, ne lui laisseront pas hasarder une pièce dont le succès soit douteux. Il y a une certaine dignité attachée à l'état de femme, qu'il ne faut pas avilir. Une femme d'esprit, dont on ambitionne les suffrages, joue un beau rôle; elle est bien dégradée quand elle se fait auteur comique, et qu'elle ne réussit pas. Un grand succès me comblerait de la plus grande joie; il me ferait cent fois plus de plaisir que celui de *Mérope*. Un succès ordinaire me consolerait, un mauvais me mettrait au désespoir.

Nous parlerons une autre fois de *Rome sauvée*, d'*Adélaïde*, de *Zulime*; c'est à présent la *Coquette punie* qui va me donner des battements de cœur. Que faites-vous cet été, mes chers anges? J'ai peur qu'il n'y ait quelque voyage de Lyon. Je voudrais que vous vous bornassiez à celui du bois de Boulogne, et y causer avec vous; mais il faut la permission de *Louis XIV*. J'ai deux grands rois qui me retiennent; je ne peux à présent abandonner ni l'un ni l'autre. Je sens quel crime je commets contre l'amitié, en vous préférant deux rois; mais, quand on s'est imposé des devoirs, on est forcé de les remplir. J'espère vous embrasser avant la fin de l'année, et je vous aimerai bien tendrement toute ma vie. Mes respects à tous les anges!

MDCCCXLIV. — A M. FORMEY.

Potsdam.

J'attendrai ici, monsieur, où je me trouve très-bien, les ouvrages sublimes³ que vous voulez bien m'annoncer. Ce ne sont pas là des ouvrages de *plagiat*, comme *la Henriade*, *Alzire*, *Brutus*, et *Catilina*. Je ne doute pas qu'on ne prodigue dans les journaux pleins d'*impartialité* et de goût les plus justes éloges à ces divins recueils, qui passeront à la dernière postérité.

Je ne sais ce que c'est que cette Histoire des progrès, ou de la décadence, ou de l'impertinence de l'esprit humain. J'avais, pour mon instruction particulière, fait une *Histoire universelle depuis Charlemagne*; on en a imprimé des fragments dans des feuilles hebdomadaires ou dans des *Mercures*; on m'a volé tout ce qui regarde les arts et les sciences, et la partie historique depuis François Iᵉʳ jusqu'au

1. La *Coquette punie*. (Éd.)
2. Comédie de Mme de Graffigni, 1750. (Éd.)
3. Les Œuvres de Moncrif. (Éd.)

siècle de Louis XIV, qui terminait ce tableau; c'est tout ce que je sais. Il y a deux ans que mon manuscrit est volé. Si vous avez quelque nouvelle de cet ouvrage, que vous dites annoncé depuis peu, vous me ferez plaisir, monsieur, de m'en instruire, et je prendrai les mesures que je pourrai pour rattraper mon manuscrit, si cependant cela en vaut la peine.

Vanitas vanitatum[1] ! Tous ces recueils assommants de mémoires assommants pour l'esprit humain, d'histoires des sciences, de projets pour les arts, de compilations, de discours vagues, d'hypothèses absurdes, de disputes dignes des Petites-Maisons, tout cela tombe dans le gouffre de l'oubli; il n'y a que les ouvrages de génie qui restent. *L'Orlando furioso* a enterré plus de dix mille volumes de scolastique; aussi je lis l'Arioste, et point du tout Scot, saint Thomas, etc., etc. Portez-vous bien; il n'y a que cela de bon. *Tuus sum ; tua non tueor, quia nihil tueor; sed tibi addictus ero.*

MDCCCXLV. — AU MÊME.

Potsdam.

Vous aviez si bien orthographié, monsieur, ou j'avais si mal lu, que j'avais lu dans votre lettre M. de Mouhi au lieu de Mongri; ce sont deux personnes fort différentes.

Le manet alta mente repostum[2] me conviendrait mal. Je vous dirai ingénument le fait. On me montra avant-hier un passage extrait de votre *Bibliothèque impartiale*, où vous dites que je suis un *plagiaire*, quoique vous m'ayez dit et écrit que vous n'avez jamais rien imprimé contre moi. Vous dites dans ce passage que, dans *la Henriade*, j'ai pillé un certain poëme de *Clovis* d'un nommé Saint-Didier. Ceux qui savent que ce poëme de Saint-Didier existe, savent aussi qu'il fut fait plusieurs années après *la Henriade*. Vous voyez, monsieur, que vous auriez quelque réparation à me faire, aussi bien qu'au public et à la vérité, et que j'aurais quelque droit de me plaindre d'un outrage que j'ai si peu mérité, et que ma conduite envers vous ne me faisait pas attendre. J'ignore en quel endroit est le passage où vous m'avez outragé; tout ce que je sais, c'est que je l'ai vu avant-hier au matin, et qu'il ne tiendra qu'à vous que je l'oublie pour jamais.

MDCCCXLVI. — AU MÊME.

Potsdam, le 12 mai.

Si vous avez quatre jours à vivre, j'en ai deux, et il faut passer ces deux jours doucement. Si vous êtes philosophe, je tâche de l'être ; voilà d'où je pars, monsieur, pour achever notre petit éclaircissement. Je vous jure que jamais La Métrie ne m'a dit que vous m'eussiez attaqué dans votre *Bibliothèque impartiale* ; il m'avait dit seulement, en général, que vous aviez dit beaucoup de mal de moi, à quoi j'avais

1. *Ecclésiaste*, I, 2. (ÉD.) — 2. Virgile, *Én.*, I, v. 30. (ÉD.)

répondu que vous ne me connaissiez pas, et que, quand vous me connaîtriez, vous n'en diriez plus. Dieu veuille avoir son âme! Je vous avouerai encore, pour le repos de la mienne, que la conversation étant tombée, ces jours-ci, sur l'amitié dont les gens de lettres doivent donner l'exemple, je me vantai d'avoir la vôtre; et, pour rabaisser mon caquet, on me montra l'extrait d'un passage de votre *Bibliothèque impartiale*, où il était dit peu *impartialement* que je n'étais qu'un *plagiaire*, et que j'avais volé le *Clovis* de Saint-Didier, c'est-à-dire volé sur l'autel, et volé les pauvres, ce qui est le plus grand des péchés. Apparemment qu'on avait avec charité enflé ce passage. Je fus un peu confondu, et je me contentai de prouver que le grand Saint-Didier n'a écrit qu'après moi, et qu'ainsi, s'il y a un gueux de volé, c'était moi-même.

Je poursuivis ma confession, en vous disant qu'ayant été honnêtement raillé sur la vanité que j'avais de compter sur vos bonnes grâces, recevant dans le même temps une lettre de vous, avec l'annonce de *la Nécessité de plaire*, de Moncrif, je ne pus m'empêcher de vous glisser un petit mot sur le malheur que j'avais de vous avoir déplu. J'ai surtout, en qualité d'historien, insisté sur la chronologie du *Clovis* de Saint-Didier; voilà à quoi se réduit cette bagatelle. Il est bon de s'entendre; c'est principalement faute de s'éclaircir qu'il y a tant de querelles; je vous jure, avec la même sincérité, que je n'ai pas le moindre levain dans le cœur sur tout cela, et que j'aurais honte de moi-même, si j'étais ulcéré, encore plus si j'avais la moindre pensée de vous nuire; car soyez très-sûr que je vous pardonne, que je vous estime, et que je vous aime.

Les pirates qui ont imprimé la plaisanterie du *Micromégas*, avec l'histoire très-sérieuse depuis Charlemagne, auraient bien dû me consulter; ils n'auraient pas imprimé des fragments tronqués dont on a retranché tout ce qui regarde les papes et les moines. Voilà ce que j'ai sur le cœur.

Natales grate numeras; ignoscis amicis[1].

V.

MDCCXLVII. — A MADAME DENIS.

Potsdam, le 22 mai.

Je vous écris par le jeune Beausobre, ma chère enfant, comme on écrit d'Amérique quand il part des vaisseaux pour l'Europe. Logez-le chez moi le mieux que vous pourrez. Je vous réponds que je ne pourrai, ou je viendrai cette année de mon voyage de long cours.

J'ai enfin permis aux éditeurs de mes *Œuvres*, bonnes ou mauvaises, d'imprimer, au-devant de leur recueil, cette *Lettre* où je ne réponds (comme je le dois) qu'en me moquant de toute cette canaille des greniers de la littérature. On ne peut guère fermer la gueule à tous ces roquets-là, parce qu'ils jappent pour gagner un écu. Ils ont plus aboyé

[1] Horace, livre II, épître II, v. 210. (ÉD.)

contre *Louis XIV* que contre son historien. Il faut les laisser faire. Les poètes et les écrivains du quatrième étage se vengent de leur misère et de leur honte en clabaudant contre ceux qu'ils croient heureux et célèbres. Quand je ferais afficher que je ne suis point heureux, cela ne les apaiserait pas encore.

Depuis l'abbé Desfontaines, à qui je sauvai la vie, jusqu'à des gredins à qui j'ai fait l'aumône, tous ont écrit contre moi des volumes d'injures; ils ont imprimé ma Vie; elle ressemble aux *Amours du révérend père de La Chaise*, confesseur de Louis XIV. Ces beaux libelles sont vendus aux foires d'Allemagne, et les beaux esprits du Nord en ornent leurs bibliothèques. La calomnie passe les monts et les mers. Le même jésuite contre lequel les jansénistes auront écrit sur la grâce et sur les lettres de cachet, trouve à Pékin et à Macao des dominicains qu'il faut combattre. *Qui plume a, guerre a.* Ce monde est un vaste temple dédié à la Discorde.

Notre Académie de Berlin est une chapelle tout à fait sous la protection de cette divinité. Maupertuis vient d'y faire un petit coup de tyrannie qui n'est pas d'un philosophe. Il a fait, de son autorité privée, déclarer faussaire, dans une assemblée de l'Académie, un de ses membres, nommé Kœnig, grand géomètre, bibliothécaire de Mme la princesse d'Orange, et professeur en droit public à la Haye. Ce Kœnig est un homme de mérite, un brave Suisse, qui est très-incapable d'être faussaire. J'ai vécu pendant près de deux ans avec lui, chez feu Mme la marquise du Châtelet, qu'il initia aux mystères de la secte leibnitzienne. Il ne sera pas homme à souffrir un pareil affront.

Je ne suis pas encore bien informé des détails de ce commencement de guerre. Je ne sors point de Potsdam. Maupertuis est à Berlin, malade, pour avoir bu un peu trop d'eau-de-vie, que les gens de son pays ne haïssent pas. Il me porte cependant tous les coups fourrés qu'il peut, et j'ai peur qu'il ne me fasse plus de tort qu'à Kœnig. Un faux rapport, un mot jeté à propos, qui circule, qui va à l'oreille du roi, et qui reste dans son cœur, est une arme contre laquelle il n'y a souvent point de bouclier. D'Argens n'avait pas si mal fait d'aller au bord de la Méditerranée; je ferai encore bien mieux d'aller au bord de la Seine.

MDCCCXLVIII. — A M. DARGET.

A Berlin, 23 mai 1752.

Mon cher Darget, je respecte les médecins, je révère la médecine, en qualité de vieux malade; mais je ne suis pas peu surpris que vos Esculapes prennent pour du scorbut des maux de vessie. Cette vessie n'a pas plus de rapport avec le scorbut qu'avec la goutte. Chaque maladie a son département. La migraine attaque la tête; la goutte, les pieds et les mains; la v... s'adresse à la lymphe, et ensuite aux os : le scorbut gonfle les gencives, déboîte les articles, fait tomber les dents; j'en parle par une funeste expérience, moi qui ai perdu toutes les miennes par cette peste cruelle. Dieu vous préserve, mon cher ami, des atteintes d'un mal si affreux! Croyez que vos belles dents sont un excellent témoignage contre le sentiment de M. Mallouin. Heureux les malades qui vont de Plaisance à Bellevue, et qui entendent les sirènes de ce beau rivage! Je vois bien que vous ne reviendrez pas sitôt dans notre couvent. Vous y trouverez le jardin du comte de Rothembourg vendu à Mme Daun, la belle maison de d'Argens à M. Ekel, deux belles pièces de gazon dans la cour du château. Voilà ce qui s'appelle de grandes nouvelles; voilà les révolutions de Potsdam.

La douceur uniforme de notre vie n'a pas de plus grands objets à vous présenter. J'ai trouvé mon maître aux échecs dans le marquis de Varenne, mon maître en éloquence abondante dans le marquis d'Argens, et mon maître en tout dans le roi. Maupertuis se rétablit difficilement, et va reprendre l'air natal. Pour moi, je suis trop malade pour voyager. Je suis tout accoutumé à mes souffrances, et j'aime autant mourir à Potsdam qu'ailleurs.

.... Quod petis est hic,
Est Ulubris, animus si te non deficit æquus[1].

Vous ne me dites rien de M. du Verney; je ne doute pas, mon cher ami, que vous ne l'ayez retrouvé avec la même santé, la même amitié pour vous, prenant toujours à vous le même intérêt. Je vous ai prié, et je vous prie encore de lui faire mes compliments, aussi bien qu'à M. le marquis de Valori. Adieu; goûtez les charmes brillants de Paris, et n'oubliez pas les plaisirs tranquilles de Potsdam.

Il n'est point du tout question ici de l'abbé de Prades.

MDCCCXLIX. — A M. L'ABBÉ D'OLIVET.

Au château de Potsdam, le 25 mai.

Vous souvenez-vous encore de moi, mon cher confrère?

Voici un jeune homme que le roi de Prusse fait voyager pour étudier Cicéron et Démosthène. A qui dois-je mieux l'adresser qu'à vous? C'est le fils d'un homme illustre dans la littérature, de M. de Beausobre, philosophe, quoique ministre protestant, auteur de l'excellente *Histoire du Manichéisme*, et le plus tolérant de tous les chrétiens. Le roi de Prusse, qui avait de l'estime pour ce savant homme, daigne servir de père au fils qu'il a laissé, et à qui il n'a rien laissé. Je le loge chez moi, à Paris; c'est un devoir que m'impose la reconnaissance que je dois à un roi qui fait plus pour moi qu'aucun monarque n'a jamais fait pour aucun homme de lettres. Je n'ai ici d'autre chagrin que celui de n'avoir pas besoin des honneurs et des bienfaits dont le roi me comble. Vous voyez que mes peines sont légères. Voilà comme il faut sortir de France, et non pas comme votre ami Rousseau. Si vous pouvez rendre quelque service au jeune M. de Beausobre, en grec, en latin, ou en français, vous obligerez votre véritable serviteur qui vous aimera toujours.

1. Horace, livre I, épître xi, vers 29-30. (ÉD.)

MDCCCL. — A M. LE COMTE D'ARGENTAL.

Potsdam, le 3 juin.

Mon cher ange, me voilà plus que jamais dans l'histrionage. J'envoie *Amélie* à Paris, et je reçois *la Coquette punie*. Cette coquette me tient bien plus au cœur que l'autre. Je sens qu'on aime mieux quelquefois son petit-fils que son propre enfant. Je n'ose donner de conseil à ma nièce, que je regarde comme ma fille ; je crains de la priver d'un succès, et d'affliger sa passion, si 'e lui conseille de ne pas donner un ouvrage sur lequel elle est piquée, et qui lui a tant coûté. Je crains encore plus de l'exposer à une chute ou à une réception froide, qui vaut une chute. Je ne sais point d'ailleurs quel est le goût de Paris, où tout est mode. Je me vois dans la nécessité de suspendre mon jugement. Peut-être j'entrevois ce qu'on pourrait faire pour rendre cet ouvrage soutenu, attachant et comique ; mais peut-être aussi que j'entrevois mal. D'ailleurs on ne fait point passer ses propres idées dans une autre tête. On part d'un principe ; l'auteur est parti d'un autre auquel il se tient. De grands changements coûtent beaucoup, de petits servent à peu de chose ; ainsi je me vois tout aussi embarrassé dans ma critique que dans le conseil qu'on me demande pour donner la pièce ou ne la donner pas. Tout ce que je sais, c'est que des pièces qui ne valent pas une tirade de celle-ci ont eu de grands succès ; et cela même ne prouve rien encore. Un détestable ouvrage peut réussir, un bien moins mauvais peut tomber ; la décision d'un procès et le gain d'une bataille ne sont pas plus incertains. Il n'y a pas grand mal qu'un vieux soldat comme moi soit battu ; mais je ne voudrais pas que ma nièce se fît battre.

Je lui ai adressé, non pas *Adélaïde*, non pas *le Duc d'Alençon*, mais *Amélie* ; et pourquoi *Amélie*? pourquoi des maires du palais, au lieu de Charles VII, et des Maures au lieu d'Anglais ? *Il costume*, mon cher ange, *il costume lo vuole cosi*. On s'est révolté qu'un prince du sang ait voulu assassiner son frère pour une fille, et que j'aie donné un frère à ce prince qui n'en avait pas. L'histoire de Charles VII est trop connue. Jamais on ne se prêterait à une aventure si contraire aux faits et si éloignée de nos mœurs ; on pensera comme on a pensé, et on dira :

.... *Incredulus odi.*

Hor. de *Art. poet.*, v. 188.

Peut-on combattre l'expérience ? ce serait s'aveugler pour se jeter dans le précipice. Mais comment faire pour donner cet ouvrage ? comme on voudra, comme on pourra ; surtout n'en point parler. La grande affaire est que l'ouvrage soit bon et bien joué ; le reste est très indifférent. Mon cher ange, j'irai plutôt vous trouver à Lyon que de vous faire retourner de Lyon à Paris. Vous pénétrez mon cœur ; mais à présent il n'y a ni Lyon ni Paris pour moi ; il n'y a que Potsdam ; c'est le rendez-vous de mes troupes ; c'est de là que je dirige la nouvelle édition qu'on fait du *Siècle* ; édition que je ne peux abandonner, et qui seule peut faire oublier les trois malheureuses éditions qui viennent de paraître, en trois mois de temps, dans le pays étranger. Ces trois-là sont assez bonnes pour le reste de l'Europe, mais non pour la France. Je me suis trompé sur trop de faits, j'ai trop fait de péchés d'omission et de commission. Ma nouvelle édition est ma pénitence; il faut me la laisser faire. Je prends les eaux, je me baigne, je me meurs, et tout cela veut que je sois sédentaire. Comment va l'Iphigénie Héraclide? la Dumesnil est-elle guérie de son coup de pincette? On dit que Grandval est devenu grand buveur et mauvais acteur, et que la Dumesnil aime passionnément le vin et Grandval. L'un l'enivre, l'autre la bat; ses passions sont malheureuses.

A propos, faudra-t-il que j'envoie un billet de confession au curé de Saint-Roch? Mon cher ange, notre curé de Potsdam c'est le roi; il y a plaisir à mourir là. Il y a deux ans que je n'ai aperçu de prêtres; ils n'entrent jamais dans le château. Pauvres gens du Midi! apprenez à vivre. Pourquoi faut-il qu'il n'y ait de raison que dans le Nord!

Tous mes anges, je baise le bout de vos ailes.

MDCCCLI. — AU RÉDACTEUR DE LA BIBLIOTHÈQUE IMPARTIALE[1].

Potsdam, le 5 juin 1752.

Monsieur, on vient d'imprimer, je ne sais où, sous le titre de Londres, un certain *Micromégas* : passe que cette ancienne plaisanterie amuse qui voudra s'en amuser; mais on y a ajouté une *Histoire des croisades*, et puis un *Plan de l'histoire de l'esprit humain*. Celui qui a imprimé ces rognures n'a pas apparemment grande part aux progrès que l'esprit humain a faits. Premièrement, les fautes d'impression sont sans nombre, et le sens est altéré à chaque page. Secondement, il y plusieurs chapitres d'oubliés. Troisièmement, comment l'éditeur ne s'est-il pas aperçu que tout cela était le commencement d'une *Histoire universelle depuis Charlemagne*, et que le morceau des *Croisades* entrait nécessairement dans cette histoire?

Il y a quinze ans que je formai ce plan d'histoire pour ma propre instruction, moins dans l'intention de me faire une chronologie, que de suivre l'esprit de chaque siècle. Je me proposais de m'instruire des mœurs des hommes, plutôt que des naissances, des mariages, et des pompes funèbres des rois. Le *Siècle de Louis XIV* terminait l'ouvrage. J'ai perdu dans mes voyages tout ce qui regarde l'histoire générale depuis Philippe second et ses contemporains jusqu'à Louis XV, et toute la partie qui concernait le progrès des arts depuis Charlemagne et Aaron Raschild; c'est surtout cette partie que je regrette. L'histoire moderne est assez connue; mais j'avais traduit en vers avec soin de grands passages du poëte persan Sady, du Dante, de Pétrarque, et j'avais fait beaucoup de recherches assez curieuses dont je regrette beaucoup la perte. « Vous me direz : Est-ce que vous entendez le persan, pour tra-

1. C'était Formey. (Éd.)

duire Sady ? » Je vous jure, monsieur, que je n'entends pas un mot de persan; mais j'ai traduit Sady, comme La Motte avait traduit Homère.

Comme je n'ai jamais compté surcharger le public de cette histoire universelle, je la gardais dans mon cabinet. Les auteurs du *Mercure de France* me prièrent de leur en donner des morceaux pour figurer dans leur journal. Je leur abandonnai quelques chapitres dont les examinateurs retranchèrent pieusement tout ce qui regardait l'Église et les papes; apparemment que ces examinateurs voulurent avoir des bénéfices en cour de Rome. Pour moi, qui suis très-content de mes bénéfices en cour de Prusse, j'ai été un peu plus hardi que messieurs du *Mercure*. Enfin, ils ont imprimé pièce à pièce beaucoup de morceaux tronqués de cette histoire. Un éditeur inconnu vient de les rassembler. Il aurait mieux fait de me demander mon avis; mais c'est ce qu'on ne fait jamais. On vous imprime sans vous consulter; et on se sert de votre nom pour gagner un peu d'argent, en vous ôtant un peu de réputation. On se presse, par exemple, de faire de nouvelles éditions du *Siècle de Louis XIV*, et de le traduire sans me demander si je n'ai rien à corriger, à ajouter. Je suis bien aise d'avertir que j'ai été obligé de corriger et d'augmenter beaucoup. J'avais apporté, à la vérité, à Potsdam de fort bons mémoires que j'avais amassés à Paris pendant vingt ans; mais j'en ai reçu de nouveaux depuis que l'ouvrage est public. Je m'étais trompé d'ailleurs sur quelques faits. Je n'étais pas entré dans d'assez grands détails dans le *Catalogue raisonné* des gens de lettres et des artistes. J'avais omis plus de quarante articles; je n'avais pas pensé à faire une liste raisonnée des généraux : enfin l'ouvrage est augmenté du tiers. Il ne faut jamais regarder la première édition d'une telle histoire que comme un essai. Voici ce qui arrive : le fils, le petit-fils d'un ambassadeur, d'un général, lisent votre livre; ils vont consulter les mémoires manuscrits de leur grand-père; ils y trouvent des particularités intéressantes, ils vous en font part; et vous n'auriez jamais connu ces anecdotes si vous n'aviez donné un essai qui se fait lire, et qui invite ceux qui sont instruits à vous donner des lumières. J'en ai reçu beaucoup, et j'en fais usage dans la seconde édition que je fais imprimer. Voilà, monsieur, ce qu'il est bon de faire connaître à ceux qui lisent. Le nombre en est assez grand; et le nombre des auteurs, moi-même compris, beaucoup trop grand.

Je vous prie de faire imprimer cette lettre dans votre journal, afin d'instruire les lecteurs, et afin que si quelque homme charitable a des nouvelles de la partie de l'*Histoire universelle* que j'ai perdue, il m'en fasse au moins faire une copie.

J'ai l'honneur d'être passionnément, monsieur, votre très-humble et très-obéissant serviteur,
VOLTAIRE.

MDCCCLII. — À Mme DENIS.

À Potsdam, le 9 juin.

Je suis fâché que cette plaisanterie innocente dont j'ai affublé, le plus respectueusement et le plus poliment que j'ai pu, Son Éminence le cardinal Querini, soit si publique; mais il est homme à l'avoir fait imprimer lui-même. Il imprime régulièrement à Brescia tout ce qu'il écrit et tout ce qu'on lui écrit. Dieu merci, nous lui avons obligation des lettres du cardinal de Fleuri; elles sont curieuses. On y voit le désespoir sincère de notre premier ministre de ce qu'il n'est plus dans sa petite ville de Fréjus. Il a presque répandu des larmes quand il a été nommé précepteur du roi; il n'a accepté ce poste que malgré lui; il s'en plaint amèrement; c'est un beau monument de sincérité. Je ne suis pas éloigné de croire que, quand le cardinal Querini l'a rendu public, il était dans la bonne foi.

Ce bon cardinal aime les louanges à la folie; il ressemble en cela à Cicéron. Le libraire de sa ville de Brescia a mis à la tête de son dernier recueil qu'il faut avouer que monseigneur est *une étoile de la première grandeur*.

Cette *étoile* persécutait mon feu follet pour avoir une ode en son honneur et en celui d'une église catholique qu'on bâtit d'aumônes à Berlin, sans qu'il en coûte un sou à Sa Majesté. Le cardinal a donné à cette église, qui ne s'achève point, de l'argent et des statues. Le comte de Rothembourg était à la tête de cette bonne œuvre, et n'y a pas contribué d'un denier, de son vivant, ni par son testament. Un banquier calviniste a avancé environ douze mille écus, et veut qu'on vende l'église pour le rembourser. Le cardinal, pour son payement, exigeait des odes. Il m'arracha enfin cette plaisanterie au lieu d'ode, au commencement de cette année. Cela a été jusqu'à notre saint-père le pape[1]. Sa Sainteté est un peu gausseuse; elle a dit : « Le cardinal Querini quête des louanges; il a attrapé celles qu'il lui faut. »

Avez-vous lu le sixième tome des *Mémoires de l'abbé Montgon*? Six tomes de l'histoire d'un abbé ! et nous n'avons qu'un volume de l'*Histoire d'Alexandre*! Comme les livres se multiplient! Il y a pourtant deux ou trois anecdotes bien curieuses dans ces *Mémoires*.

Adieu, ma chère plénipotentiaire; je vous parlerai de nous deux à la première occasion.

MDCCCLIII. — A M. LE MARÉCHAL DUC DE RICHELIEU.

A Potsdam, le 10 juin.

Mon *héros*, vos bontés m'ont fait éprouver une espèce de plaisir que je n'avais pas goûté depuis longtemps. En lisant votre belle lettre de trente-deux pages, j'ai cru vous entendre, j'ai cru vous voir; je me suis imaginé être à votre chocolat, au milieu de vos pagodes, et goûter le plaisir délicieux de votre entretien. Je vous remercie tendrement de tous les éclaircissements que vous voulez bien me donner; ce sont presque les seuls qui me manquaient.

Vous savez que j'avais passé près d'un an à faire des extraits des lettres de tous les généraux et de beaucoup de ministres; je doute qu'il y ait à présent un homme dans l'Europe aussi bien au fait que

1. Benoît XIV, à qui *Mahomet* était dédié. (ÉD.)

moi de l'histoire de la dernière guerre. C'est là qu'il est permis d'entrer dans les détails, parce qu'il s'agit d'une histoire particulière; mais ces détails demandent un très-grand art. Il est difficile de conserver un événement particulier dans la foule de toutes ces révolutions qui bouleversent la terre. Tant de projets, tant de ligues, tant de guerres, tant de batailles se succèdent les unes aux autres, qu'au bout d'un siècle, ce qui paraissait dans son temps si grand, si important, si unique, fait place à des événements nouveaux qui occupent les hommes et qui laissent les précédents dans l'oubli. Tout s'engloutit dans cette immensité, tout devient enfin un point sur la carte, et les opérations de la guerre causent, à la longue, autant d'ennui qu'elles ont donné d'inquiétude quand la destinée d'un État dépendait d'elles.

« Si je croyais pouvoir jeter quelque intérêt sur cet amas et sur cette complication de faits, je me vanterais d'être venu à bout du plus difficile de mes ouvrages; mais, ce qui me rend cette tâche plus agréable et plus aisée, c'est le plaisir de parler souvent de vous. Mon monument de papier ne vaudra pas le monument de marbre[1] que vous savez. Nous verrons cependant qui vous aura fait plus ressemblant, du sculpteur ou de moi. Si M. le maréchal de Noailles était aussi complaisant et aussi laborieux que vous, s'il daignait achever ce qu'il entreprend d'abord avec vivacité, le *Siècle de Louis XIV* en vaudrait mieux.

« Je ne sais si vous savez que ce *Siècle* était une suite d'une *Histoire générale* que j'ai composée depuis Charlemagne jusqu'à nos jours. On m'a volé une partie de cet ouvrage et tout ce qui regardait les arts. *Louis XIV* m'est resté. Mais une première édition n'est qu'un essai. Quoiqu'il y ait dix fois plus de choses utiles et intéressantes dans ces deux petits volumes que dans toutes les histoires immenses et ennuyeuses de Louis XIV, cependant je sais bien qu'il manque beaucoup de traits à ce tableau. J'ai fait des péchés d'omission et de commission. Plusieurs personnes instruites ont bien voulu me communiquer des lumières; j'en profite tous les jours. Voilà pourquoi je n'ai point voulu que l'édition faite à Berlin, ni celles qu'on a faites sur-le-champ, en conformité, en Hollande et à Londres, entrassent dans Paris. Je suis dans la nécessité d'en faire une nouvelle, que mon libraire de Leipsick a déjà commencée. Si M. le maréchal de Noailles n'a pas la bonté de faire un petit effort, cette édition sera encore imparfaite.

« Je n'ose vous proposer, monseigneur, de vous enfermer une heure ou deux pour m'instruire des choses dont vous pourriez vous souvenir; vous rendriez service à la patrie et à la vérité. Ce motif sera plus puissant que mes prières. Je ferais sur-le-champ usage de vos remarques. Ma nièce doit avoir à présent deux exemplaires chargés de corrections à la main; je voudrais que vous eussiez le temps et la bonté d'en examiner un. Votre lettre de trente-deux pages me fait voir de quoi vous êtes capable, et m'enhardit auprès de vous. Il me semble

1. La statue du maréchal, placée dans le palais du sénat de Gênes. (Éd.)

que ce serait employer dignement une heure du loisir où vous êtes. S'il y avait quelque guerre, je ne vous ferais pas de pareilles propositions; je me flatte bien qu'alors vous n'auriez pas de loisir et que vous commanderiez nos armées.

Dans ce siècle, que j'ai tâché de peindre, c'était un Français[1], dont vous fûtes l'élève, qui fit heureusement la guerre et la paix. Je suis très-persuadé qu'avec vous la France n'a pas besoin d'étrangers pour faire l'une et l'autre. Qui donc a, dans un plus haut degré que vous, le talent de décider à propos et de faire des manœuvres hardies, talent qui a fait la gloire du prince Eugène, que vous avez tant connu? Qui ferait la guerre avec plus de vivacité, et la paix avec plus de hauteur? Quel officier, en France, a plus d'esprit que vous? et l'esprit, s'il vous plaît, ne sert-il à rien? Mais il n'y a guère d'apparence que vos talents soient sitôt mis en œuvre; l'Europe est trop armée pour faire la guerre. S'il arrive pourtant que le diable brouille les cartes, et que le bon génie de la France conduise nos affaires par vous, il n'y a pas d'apparence que je sois alors votre historien. Je suis dans un état à ne devoir pas compter sur la vie. Vous serez peut-être surpris que, dans cet état, je fasse des *Siècle*, et des *Histoire de la guerre de* 1741, et des *Rome sauvée*, et autres bagatelles, et même, par-ci par-là, quelques chants de *la Pucelle*; mais c'est que j'ai tout mon temps à moi; c'est que, dans une cour, je n'ai pas la moindre cour à faire, et, auprès d'un roi, pas le moindre devoir à remplir. Je vis à Potsdam comme vous m'avez vu vivre à Cirey, à cela près que je n'ai point charge d'âmes dans mon bénéfice. La vie de château est celle qui convient le mieux à un malade et à un griffonnier. Il y a bien loin de ma tranquille cellule du château de Potsdam au voyage de Naples et de Rome; cependant, s'il est vrai que vous vous donniez ce petit plaisir, je vous jure que je viendrai vous trouver.

Il est vrai que mon extrême curiosité, que je n'ai jamais satisfaite sur l'Italie, et ma santé me font continuellement penser à ce voyage, qui serait d'ailleurs très-court; mais je vous jure, monseigneur, que j'ai beaucoup plus d'envie de vous faire ma cour que de voir la ville souterraine. Je me suis cru quelquefois sur le point de mourir; mon plus grand regret était de n'avoir point eu la consolation de vous revoir. Il me semble qu'après trente-cinq ans d'attachement, je ne devais pas être réservé à mourir si loin de vous. La destinée en a ordonné autrement. Nous sommes des ballons que la main du sort pousse aveuglément et d'une manière irrésistible; nous faisons deux ou trois bonds, les uns sur du marbre, les autres sur du fumier, et puis nous sommes anéantis pour jamais; tout bien calculé, voilà notre lot. La consolation qui resterait à un certain âge, ce serait de faire encore un bond auprès des gens à qui on a donné dès longtemps son cœur. Mais sais-je ce que je ferai demain? Occupons comme nous pourrons, de quart d'heure en quart d'heure, la vanité de notre vie. S'il

---

1. Le maréchal de Villars, dont Richelieu avait été un des aides de camp à Denain, le 24 juillet 1712. (ÉD.)

est permis d'espérer quelque chose à un homme dont la machine se détruit tous les jours, j'espère venir vous voir, cette année, avant que l'exercice de votre charge¹ vous dérobe à mes empressements et vous fasse perdre un temps précieux.

Nous attendons ici le chevalier de La Touche; je le verrai avec plaisir, mais je le verrai peu. Le goût de la retraite me domine actuellement. J'aime Potsdam quand le roi y est, j'aime Potsdam quand il n'y est pas. Je trompe mes maladies par un travail assidu et agréable. J'ai deux gens de lettres² auprès de moi qui sont mes lecteurs, mes copistes, et qui m'amusent, entièrement libre auprès d'un roi qui pense en tout comme moi. Algarotti et d'Argens viennent me voir tous les jours au château où je suis logé; nous vivons tous trois en frères, comme de bons moines dans un couvent.

«Pardonnez à mon tendre attachement, si je vous rends ce compte exact de ma vie; elle devait vous être consacrée; souffrez au moins que je vous en soumette le tableau. Mon âme, toujours dépendante de la vôtre, vous devait ce compte de l'usage que je fais de mon existence. Vous ne m'avez point parlé de M. le duc de Fronsac ni de Mlle de Richelieu; je souhaite cependant que vous soyez un aussi heureux père que vous êtes un homme considérable par vous-même. Le bonheur domestique est, à la longue, le plus solide et le plus doux. Adieu, monseigneur; je fais mille vœux pour que vous soyez heureux longtemps et que je puisse en être témoin quelques moments.

Si mon camarade Le Bailli, chargé des affaires depuis la mort du caustique et ignorant Tyrconnell, m'avait averti, en me faisant tenir votre paquet, du temps où le courrier qui l'a apporté partirait, je ferais un paquet un peu plus gros; mais vous ne le recevriez qu'au bout de six semaines, parce que ce courrier va à Hambourg et y attend longtemps les dépêches du Nord. J'ai mieux aimé me livrer au plaisir de vous écrire et de vous faire parvenir au plus tôt les tendres assurances de mon respectueux attachement que de vous envoyer des livres que, d'ailleurs, vous recevriez beaucoup plus tard que ceux qui doivent être incessamment entre les mains de ma nièce pour vous être rendus.

«On dit qu'une dame un peu plus belle que ma nièce a fait une comédie; je ne crois pas que ce soit pour la faire jouer dans la rue Dauphine. Or, si une dame jeune et fraîche se contente de jouer ses pièces en société, pourquoi ma nièce, qui n'est ni fraîche ni jeune³, veut-elle absolument se commettre avec les comédiens et le parterre, gens très dangereux? Un grand succès me ferait assurément beaucoup de plaisir, mais une chute me mettrait au désespoir. J'ai couru cette épineuse carrière, je ne la conseille à personne.

«Je m'aperçois que j'ai encore beaucoup bavardé, après avoir cru finir

1. Richelieu, comme l'un des quatre premiers gentilshommes de la chambre, devait être de service ou *d'année*, en 1753. (ÉD.)
2. Colini, et le jeune Francheville, fils du *conseiller aulique*. (ÉD.)
3. Elle avait quarante-deux ans. (ÉD.)

ma lettre. Pardonnez cette prolixité à un homme qui compte parmi les douceurs les plus flatteuses de sa vie celle de s'entretenir avec vous, et de vous ouvrir son cœur. Adieu, encore une fois, mon *héros*, adieu, homme respectable, qui soutenez l'honneur de la patrie. Il me semble que je vous serais attaché par vanité, si je ne vous l'étais par le goût le plus vif. Conservez-moi des bontés que je préfère à tout.

MDCCCLIV. — A M. FORMEY.

J'avais en effet ouï dire, monsieur, qu'on avait ôté à ce malheureux Fréron son gagne-pain. On m'a dit que ce pauvre diable est chargé de quatre enfants; c'est une chose édifiante pour un homme sorti des *jésuites*.

Cela me touche le cœur. J'ai écrit en sa faveur à M. le chancelier de France, sans vouloir, de la part d'un tel homme, ni prières ni remercîments. Si vous écrivez à M. de Moncrif, je vous prie de lui faire mes compliments.

Je suis très-touché de la mort de Mme la comtesse de Rupelmonde. Je voudrais bien lui voler encore des pilules; elle en prenait trop, et moi aussi : je la suivrai bientôt : tout ceci n'est qu'un songe. *Vale*. V.

P. S. Le cardinal Querini est un singulier mortel.

MDCCCLV. — A MME DE FONTAINE.

Potsdam, 17 juin.

Vous avez perdu votre fils, et vous perdrez bientôt un oncle qui vous aime autant que votre fils vous aurait aimée. La première partie en est une véritable. Il est bien cruel de voir mourir une partie de soi-même, qu'on a formée, qu'on a élevée, et qui vous est arrachée dans sa fleur. Ma chère nièce, que le fils qui vous reste vous console. Songez à votre santé, que vous ne pouvez conserver qu'avec les attentions les plus scrupuleuses. La faiblesse est votre maladie. Nous sommes, vous et moi, deux roseaux; mais je suis bientôt un roseau de soixante ans, et vous êtes un roseau jeune. Je n'ai jamais senti si vivement les chagrins de notre séparation qu'aujourd'hui. Je voudrais être auprès de vous pour vous consoler, mais je me trouve malheureusement dans une complication de circonstances qui me retiennent. Une nouvelle édition du *Siècle de Louis XIV* commencée, le départ de plusieurs personnes qui avaient l'honneur d'être de la société du roi de Prusse, la reconnaissance qui me force à rester auprès de lui, une humeur scorbutique qui me tue, un érysipèle qui m'achève, des bains, des eaux, tout cela me retient à Potsdam. Je suis obligé de remettre mon voyage à la fin de l'automne. Je mets toute mon industrie à me ménager quelques mois de vie pour venir vous voir. Je resterai constamment jusqu'à la fin de septembre à Potsdam, et je laisserai le roi courir, donner des fêtes à Berlin. Je renonce aux fêtes et aux reines; je reste paisible dans le palais, avec deux gens de lettres que j'ai pris pour me tenir compagnie. Je jouis d'un jardin magnifique, je travaille quand je ne souffre pas, j'observe un régime exact, et j'espère que cette vie douce me mènera jusqu'en octobre. S'il arrive autrement, bonsoir, mon paquet est tout fait. Je vous embrasse tendrement.

MDCCCLVI. — A M. Darget.

Potsdam, le 1er juillet 1752.

Il faut que je vous fasse ma confession, mon cher voyageur. J'ai pris la liberté d'entamer la conversation sur votre compte à souper. J'ai soutenu que les médecins qui vous donnaient le scorbut ne savaient ce qu'ils disaient. L'affection scorbutique est une maladie dont je suis jaloux, et que je ne veux partager avec personne; mais je me suis fort étendu sur la vessie; sur la nécessité où vous étiez de changer d'air; sur l'envie que vous avez de revenir servir le plus aimable maître du monde, dès que votre santé le permettra; sur votre attachement, sur votre sagesse; et il m'a paru qu'on était de mon avis, et que vous seriez très-bien reçu à votre retour. Gorgez-vous des plaisirs de Paris, et revenez goûter avec nous les douceurs de la vie tranquille. Les fêtes de Charlottembourg ont été magnifiques : la princesse a enchanté son mari, le roi, et toute la cour. D'Arnaud a envoyé un épithalame qui est un chef-d'œuvre de galimatias : ce pauvre homme est bien loin d'approcher du génie du philosophe de Sans-Souci, dont les talents se fortifient de jour en jour. Comme ce n'est qu'en cette qualité que je le considère, je laisse là le roi, et je me borne entièrement au philosophe et à l'homme aimable. Il rend nos soirées délicieuses. Le reste du jour est mon affaire. Mes maladies, mon goût pour l'étude et pour la retraite, m'ont entièrement fixé à Potsdam avec deux gens de lettres que j'ai auprès de moi, et qu'il semble que la nature ait faits tout exprès pour me rendre la vie agréable. J'ai pris la liberté de me servir de votre baignoire. Mon maigre corps n'était pas digne de se fourrer où votre figure potelée s'est mise; mais M. César me l'a permis : j'attends avec impatience M. Morand que vous nous procurez. Ce sera une bonne ressource pour les frères du couvent. Je suis plus moine et plus votre frère que jamais. Je vous aime et je vous embrasse de tout mon cœur.

MDCCCLVII. — A M. le cardinal Querini.

Potsdam, 4 juglio 1752.

Io ho ricevuto i nuovi contrassegni della benevolenza di Vostra Eminenza verso di me, e gliene porgo i più vivi ringraziamenti. La veggo sempre intenta a beneficare la Chiesa e le buone lettere : insegna il mondo coi precetti; lo sprona cogli esempi; dà de' ducati e de' marchesati alle monache, de' denari e delle statue a un tempio cattolico eretto nella paganìa.

Io applaudo da lontano, sempre ammalato, sempre stimolato dal desiderio di riverirla, e ritenuto appresso d'un re eretico, ma pure amabile, colle catene dell' ozio, della libertà e del piacere, che sono di rado regie catene.

Vorrei cantar le laudi di Vostra Eminenza; ma chi pure sempre

Colla febbre guarisce, e con Galeno
Vien rauco, e perde il canto e la favella.

Ma non ne sono meno ammiratore di Vostra Eminenza. Servo umilissimo,
VOLTAIRE.

MDCCCLVIII. — A M. LE COMTE D'ARGENTAL.

Potsdam, le 11 juillet.

Mon cher ange, nous autres bons chrétiens nous pouvons très-bien supposer un crime à Mahomet; mais le parterre n'aime pas trop qu'une tragédie finisse par un miracle du faubourg Saint-Médard. *Amélie* finit plus heureusement; et, quoique cette pièce ne soit pas de la force de *Mahomet*, elle peut avoir un beaucoup plus grand succès, parce qu'il n'y est question que d'amour. Il y a des ouvrages dont la faiblesse a fait la fortune, témoin *Inès*. Il ne suffit pas de bien faire, il faut faire au goût du public. Il est indubitable que Lekain doit jouer le duc de Foix, et Mlle Clairon Amélie; sans cela, point de salut. Je n'ai jamais compris qu'il y eût de la difficulté dans l'annonce de cette pièce. Il me semble qu'on pourrait la donner sans bruit et sans scandale, pendant le voyage de Fontainebleau, en ameutant ce qu'on appelle la petite troupe, qui est plutôt la bonne troupe, en ne sonnant point l'alarme, et en ne prétendant point donner cet ouvrage comme une pièce nouvelle. Il y manque encore quelques vers que j'enverrai quand on voudra; mais, pour l'extrait baptistaire de Lisois, et pour la généalogie d'Amélie, je crois qu'on peut très-bien s'en passer.

Mon cher ange, j'avoue qu'il ne sied guère à un historiographe de passer sous silence ces points d'histoire; mais je m'imagine que ces détails ne serviraient de rien à la tragédie. Je ne les aurais pu placer que dans des tirades qui sont déjà un peu longues, et j'ai cru qu'ils refroidiraient l'action, sans y porter une plus grande clarté. Amélie est une dame du voisinage, Lisois un paladin, le duc de Foix de la race de Clovis, le tout est un roman. Il ne s'agit que d'exprimer des sentiments vrais sous des noms feints. C'est une pièce de caractères; c'est Orgon, c'est Damis, c'est Isabelle. Plus on entrerait dans des détails historiques, plus on contredirait l'histoire.

Mon cher et respectable ami, je suis plus inquiet de l'entreprise de ma nièce que de notre *Amélie*. Je suis un vieux gladiateur accoutumé à être condamné aux bêtes dans l'arène; mais je tremble de voir une femme qui veut tâter de ce combat. Peut-être le public est-il las des *Amazones* et des *Cénie*; peut-être ne sera-t-il pas toujours poli avec les dames. Ma nièce ne se trouve pas dans des circonstances aussi favorables que Mmes du Boccage et Graffigni. Elle a contre elle des cabales, et, de plus, elle est ma nièce. Tout cela me fait trembler, et je vous avoue que pour rien au monde je ne voudrais me trouver là.

La pièce peut réussir; il y a d'heureux détails, et, si je ne m'aveugle pas; ... seuls détails valent mieux que *Cénie* et les *Amazones*; mais ils ne suffisent pas. Vous m'avez parlé à cœur ouvert, je vous parle de même. J'ai mandé à Mme Denis que j'étais peu au fait du goût qui règne à présent, qu'elle devait consulter ceux qui fréquentent les spectacles; que c'était à eux de lui dire si la pièce était attachante; si les caractères étaient bien décidés et bien soutenus; si la *Coquette* était assez coquette, si elle faisait un rôle principal dans les derniers actes; si Géronte, Cléon, Dorsan, étaient des personnages nécessaires; si chacun avait un but déterminé; si la suivante n'était pas un caractère équivoque; s'il y avait dans l'ouvrage de cette force comique nécessaire dans une comédie, et de cette espèce d'intérêt nécessaire dans toute pièce dramatique; si la froideur n'était pas à craindre; que je n'étais pas juge, parce que je suis partie trop intéressée, et que j'ai peu d'habitude du théâtre comique, et nulle connaissance de ce qui est à la mode; qu'elle devait consulter de vrais amis qui osassent dire la vérité.

Voilà une partie de ce que je lui ai mandé : que pouvais-je de plus dans la crainte de l'affliger, dans celle d'un mauvais succès, et enfin dans celle de l'empêcher de se satisfaire et de donner un ouvrage qui peut réussir ? Elle me parait entièrement déterminée à livrer bataille. Elle a une confiance entière en M. Dalembert; c'est un homme de beaucoup d'esprit, mais connait-il assez le théâtre?

Vous voyez, si je vous ouvre mon cœur. Je suis extrêmement content de ma nièce. Elle a agi, pour mes intérêts avec une chaleur et une prudence qui me la rendent encore plus chère. Je souhaite qu'elle réussisse pour elle comme pour moi; et, en attendant, je reste à Potsdam en philosophe. Je presse la nouvelle édition du *Siècle de Louis XIV*. Je mène une vie conforme à mon état d'homme de lettres, et convenable à ma mauvaise santé, sans me mêler le moins du monde du métier de courtisan, n'ayant pas plus de devoir à remplir que dans la rue Traversière, et n'ayant, si je meurs ici, aucun billet de confession à présenter. Jamais ma vie n'a été plus douce et plus tranquille. Pour la rendre telle à Paris, il faudrait renoncer entièrement aux belles-lettres; car, tant que je me mêlerai d'imprimer, j'aurai les sots, les dévots, les auteurs à craindre; il y a tant d'épines, tant de dégoûts, d'humiliations, de chagrins attachés à ce misérable métier, qu'à tout prendre il vaut mieux vivre tout doucement avec un roi.

Mon cher ange, si je vivais à Paris, je voudrais n'y faire autre chose que donner à souper. Je ferai certainement un voyage pour vous, ce ne sera pas pour l'évêque de Mirepoix; mais il faut attendre que l'édition du *Siècle* soit achevée. Vous n'avez qu'une petite partie des changements; j'en fais tous les jours. Je ne veux revoir ma patrie qu'après avoir érigé un petit monument à sa gloire. J'espère qu'à la longue les honnêtes gens m'en sauront quelque gré. On pourra dire : « C'était dommage de tant honnir un homme qui n'a travaillé que pour l'honneur de son pays. » Et puis, quand quelque bonne âme aura dit cela, que m'en reviendra-t-il? Mon cher ange, vous me tiendrez lieu, vous et votre aimable société, de toute une nation honnêtement ingrate. Vivre avec vous en bonne santé, ce serait le comble du bonheur. Ces deux biens-là me manquent, et ce sont les seuls véritables; les rois ne sont que des palliatifs. Mille tendres respects à tous les anges.

D'Argens me persécute pour vous dire qu'il vous fait mille compliments. Il m'amuse beaucoup ici.

Vous sentez bien, mon cher et respectable ami, qu'il y a quelques passages dans cette épître qui ne sont absolument que pour vous, et que le tout est bon à brûler.

MDCCCLIX. — A M. LE MARQUIS DE THIBOUVILLE.

A Sans-Souci, le 15 juillet.

Sans-Souci est le contraire de la plupart des grands; il est fort au-dessus de son nom. C'est de ce séjour magnifique et délicieux, où je suis logé comme un sybarite, où je vis comme un philosophe, et où je souffre comme un damné la moitié du jour, selon ma triste coutume, que je vous écris, mon cher Catilina. Je voudrais bien que vous eussiez le duché de Foix pour deux ou trois heures seulement. Comptez que je n'étais point un perfide quand je promettais de trois mois en trois mois de venir revoir à Paris des amis que j'aimerai toute ma vie, et auxquels je pense toujours. Rome, Louis XIV, et le roi de Prusse, voilà trois grands noms que je cite, et voilà mes raisons. Je suis dans la nécessité de corriger les feuilles de la nouvelle édition qu'on fait, à Leipsick, du *Siècle de Louis XIV*. Il n'y a pas moyen de laisser cette entreprise imparfaite. Je ne pouvais imprimer à Paris un livre où je dis la vérité; il fallait absolument ériger ce petit monument à la gloire de ma patrie en me tenant éloigné d'elle. Je ne pouvais venir quand on jouait *Rome sauvée*; comment m'exposer au ridicule d'être sifflé, ou à celui d'avoir l'air de venir pour être applaudi? Enfin comment quitter un roi qui me comble de bontés, un roi qui, beaucoup plus jeune que moi, m'apprend à être philosophe; et comment le quitter, surtout dans le temps que la plupart des philosophes qu'il a rassemblés autour de lui demandaient des congés, les uns pour leur santé, les autres pour leur plaisir? La reconnaissance et la bienséance m'ont retenu. Vous dirai-je encore qu'il est assez sage de se tenir quelque temps éloigné de l'envie des gens de lettres et des persécutions de certains fanatiques; qu'il y a des temps où une absence honorable est nécessaire, et que

Virtutem incolumem odimus,
Sublatam ex oculis quærimus invidi?
Hor., lib. III, od. xxiv, v. 31-32.

Si vous voulez considérer ma situation, mes occupations, vous verrez, mon cher marquis, que je n'ai pas tort. Je viendrai vous voir sans doute; mais laissez-moi achever l'édition du *Siècle de Louis XIV*, à laquelle je fais chaque jour des changements considérables.

La Coquette me tourne la tête; je suis entre la crainte et l'espérance. Les choses charmantes dont elle est pleine me remplissent d'admiration. Je suis tout glorieux d'avoir une nièce qui soit un génie. Mais le parterre, les cabales, les comédiens, et peut-être le peu d'unité, le manque d'un dessein arrêté, et, par conséquent, le défaut d'intérêt qui pourrait en résulter, me font trembler, et m'empêchent de dormir. Que deviendra Mme Denis, et que fera-t-elle, si une pièce, dont deux pages valent mieux que beaucoup de comédies qui ont réussi, ne réussit pourtant pas? Les hommes sont-ils assez justes pour sentir tout le mérite d'un tel ouvrage, s'il n'avait qu'un succès médiocre? Pour moi, il me semble que j'aurais bien du respect pour l'auteur, quand même il aurait échoué. Est-ce que je m'aveugle? Comparez une scène de *la Coquette* avec des ouvrages que je ne nomme pas, qui ont été si applaudis, et que je n'ai jamais pu lire; comparez, et jugez. Mais il y avait un faux intérêt dans ces pièces, un air d'intrigue qui les a soutenues, soit; mais je soutiendrai toujours qu'il y a cent fois plus de mérite à avoir fait *la Coquette.* Je sais bien que le mérite ne suffit pas, qu'il faut un mérite de théâtre, un mérite à la mode; aussi je tremble, et je me tais.

Pour *Amélie*, cousine qui a le germain sur *la Coquette*, et qui n'a que cette supériorité, vous en ferez ce qui vous plaira, mes seigneurs et maîtres, et voici, en attendant, quelques légers changements que vous trouverez dans la page ci-jointe. Mais ne vous flattez pas que je puisse fourrer vingt vers de tendresse dans une scène où les deux amants sont d'accord; cela n'est bon que quand on se querelle. Vous aurez beau me dire, comme milord Peterborough à Mlle Lecouvreur : « Allons, qu'on me montre beaucoup d'amour et beaucoup d'esprit; » il n'y aurait que de l'amour et de l'esprit perdu dans une scène qui n'est que d'exposition, qui n'est que préparatoire, et où les deux parties sont du même avis. Il ne faut jamais prétendre à mettre dans les choses ce que la nature n'y met pas. Voilà une étrange maxime; mais, en fait d'arts, elle est vraie. Ce serait encore du temps perdu de faire la généalogie d'Amélie; elle descend de seigneurs du pays fidèles à leurs rois; elle le dit : c'en est assez. Le reste serait une longueur inutile. Il s'agit d'un temps où l'on ne connaît personne; c'est là qu'il faut éviter tout détail étranger à l'action. En voilà trop sur ce pauvre ouvrage, qui ne vaudra qu'autant que vous le ferez valoir. Je vous en laisse absolument le maître, et je vous renouvelle les assurances du plus tendre attachement.

MDCCCLX. — A M. FORMEY.

Sans-Souci, le 15 juillet.

Recevez mes remercîments, monsieur.

Il y a dans le dernier journal dont vous m'avez honoré un morceau de M. de Haller qui m'a paru d'un genre supérieur; on ne peut mieux parler des choses qu'on ne peut comprendre.

Les hommes ne savent point encore comme ils font des enfants et des idées.

Vous qui avez si bien travaillé dans ces deux genres, vous devriez en savoir plus de nouvelles que personne. *Vale.*

MDCCCLXI. — A M. LE MARQUIS D'ARGENS.

Mon cher frère, vous êtes plus heureux que vous ne pensez. M. Delaleu, voyant que Mme d'Argens n'est pas loin de sa trentième année, a présenté un mémoire pour la faire insérer dans la classe de ceux qui ont trente ans passés; il l'a obtenu. Mais, comme cette opération a pris du temps, vous y perdez cinq mois d'arrérages que vous sacrifierez volontiers. Vous aurez votre contrat dans un mois.

Mais, frère, dans le temps que je fais vos affaires temporelles, vous mettez mes affaires spirituelles, celles de mon cœur, dans un cruel état. Comment avez-vous pu vous fâcher d'une plaisanterie innocente sur Haller? en quoi cette plaisanterie pouvait-elle vous regarder? était-ce de vous qu'on pouvait rire? peut-il vous entrer dans la tête que j'aie voulu vous déplaire? Songez avec quelle dureté, quelle mauvaise humeur, et de quel ton, vous avez dit et répété qu'il y avait des gens qui craindraient de perdre trois mille écus; songez que vous me reprochiez, à table, avec véhémence, d'aimer ma pension, dans le temps même que j'offrais de sacrifier mille écus pour travailler avec vous. Le roi a bien senti la dureté et la hauteur avec laquelle vous parliez. Je vous jure que je n'en ai pas été blessé; mais je vous conjure d'être plus juste, plus indulgent avec un homme qui vous aime, qui ne peut jamais avoir envie de vous déplaire, et dont vous faites la consolation. Au nom de l'amitié, soyez moins épineux dans la société; c'est la douceur des mœurs, la facilité qui en fait le charme. N'attristez plus votre frère; la vie a tant d'amertume, qu'il ne faut pas que ceux qui peuvent l'adoucir y versent du poison. L'humeur est de tous les poisons le plus amer. Les fripons sont emmiellés. Faut-il que les honnêtes gens soient difficiles?

Pardonnez mes plaintes; elles partent d'un cœur tendre qui est à vous.

MDCCCLXII. — A M. LE COMTE D'ARGENTAL.

Potsdam, le 22 juillet.

Mon cher ange, on m'a mandé que vos volontés célestes étaient que l'on représentât incessamment cette *Amélie* que vous aimez, et qu'on m'exposât encore aux bêtes dans le cirque de Paris; votre volonté soit faite au parterre comme au ciel! J'ai envoyé sur-le-champ à M. de Thibouville, l'un des juges de votre comité, à qui Mme Denis a remis la pièce, quelques petits vers à coudre au reste de l'étoffe. Il ne faut pas en demander beaucoup à un homme tout absorbé dans le procès de *Louis XIV*, et entouré d'éditions comme vos grands chambriers le sont de sacs. Je ne sais pas encore quel parti prend ma nièce sur sa *Coquette*; apparemment qu'elle veut attendre. Vous ne doutez pas que je n'eusse la politesse de lui céder le pas. J'attends demain de ses nouvelles. Je tremble toujours pour elle et pour moi. Un oncle et une nièce qui donnent à la fois des pièces de théâtre donnent l'idée d'une étrange famille. Dancourt n'a-t-il pas fait la *Famille extravagante*[1]? On la donnera probablement pour petite pièce.

Heureusement vos prêtres sont plus fous que nous, et leur folie n'est pas si agréable; mais vos gredins du Parnasse sont de grands malheureux. On ôte à Fréron le droit qu'il s'était arrogé de vendre les poisons de la boutique de l'abbé Desfontaines; je demande sa grâce à M. de Malesherbes, et le scélérat, pour récompense, fait contre moi des vers scandaleux qui ne valent rien. Mes anges, si *Amélie* réussissait après le petit succès de *Rome sauvée*, moi présent, les gens de lettres me lapideraient, ou bien ils me donneraient à brûler aux dévots, et allumeraient le bûcher avec les sifflets qu'ils n'auraient pu employer. Il faut vivre à Paris, riche et obscur, avec des amis; mais être à Paris en butte au public, j'aimerais mieux être une lanterne des rues exposée au vent et à la grêle.

Pardon, mes anges; mais quelquefois je songe à tout ce que j'ai essuyé, et je conclus que, si j'avais un fils qui dût éprouver les mêmes traverses, je lui tordrais le cou par tendresse paternelle. Je vous ai parlé encore plus à cœur ouvert dans ma dernière lettre, mon cher et respectable ami. Je ne vous ai jamais donné une plus grande preuve d'une confiance sans bornes; je mérite que vous en ayez en moi. Je serais bien affligé si *la Coquette* recevait un affront. Je me consolerais plus aisément de la disgrâce d'*Amélie* et du *Duc de Foix*. Il y a d'autres événements sur lesquels il faudrait prendre son parti. Voulez-vous voir toute ma situation et tous mes sentiments? j'aime passionnément mes amis, je crains Paris, et le repos est nécessaire à ma santé et à mon âge. Je voudrais vous embrasser, et je suis retenu par mille chaînes jusqu'au mois d'octobre.

On m'assure positivement que le *Siècle* sera fini dans ce temps-là, et que je pourrai faire un petit voyage pour vous aller trouver; cette idée me console. La vie est bien courte; tout est ou vanité ou peine; l'amitié seule remplit le cœur. Mon cher ange, conservez-moi cette amitié précieuse qui fait le charme de la vie. Quelque chose qu'on puisse penser de moi à la cour et à la ville, que les uns me blâment, que les autres regrettent leur victime échappée, que les gredins m'envient, que les fanatiques m'excommunient, aimez-moi, et je suis heureux. Je vous embrasse tendrement.

MDCCCLXIII. — A Mme DENIS.

A Potsdam, le 24 juillet.

Vous avez la plus grande raison, vous et vos amis, de presser mon retour; mais vous ne m'en avez pas toujours pressé par des courriers extraordinaires, et ce qu'on mande par la poste est bientôt su[2]. Quand il n'y aurait que ce malheur-là dans l'absence (et il y en a tant d'autres!), il faudrait ne jamais quitter sa famille et ses amis. L'établisse-

---

1. La *Famille extravagante* est de Legrand. (Éd.)
2. Frédéric ouvrait toutes les lettres de Voltaire et de Mme Denis. (Éd.)

ment des postes est une belle chose, mais c'est pour les lettres de change. Le cœur n'y trouve pas son compte; il n'est plus permis de l'ouvrir dès qu'on est éloigné.

La plus grande des consolations est interdite; je ne vous écris plus, ma chère enfant, que par des voies sûres, qui sont rares. Voici mon état : Maupertuis a fait discrètement courir le bruit que je trouvais les ouvrages du roi fort mauvais; il m'accuse de conspirer contre une puissance dangereuse, qui est l'amour-propre; il débite sourdement que le roi m'ayant envoyé de ses vers à corriger, j'avais répondu : « Ne se lassera-t-il point de m'envoyer son linge sale à blanchir? » Il tient cet étrange discours à l'oreille de dix ou douze personnes, en leur recommandant bien à toutes le secret. Enfin je crois m'apercevoir que le roi a été à la fin dans la confidence. Je ne fais que m'en douter; je ne peux m'éclaircir. Ce n'est pas là une situation bien agréable; mais ce n'est pas tout.

Il arriva ici, sur la fin de l'année passée, un jeune homme, nommé La Beaumelle, qui est, je crois, de Genève[1], et qui est renvoyé de Copenhague, où il était moitié prédicateur, moitié bel esprit. Il est auteur d'un livre intitulé : *Mes Pensées;* livre où il dit librement son avis sur toutes les puissances de l'Europe. Maupertuis, avec sa bonté ordinaire, et sans y entendre malice, alla persuader à ce jeune homme que j'avais dit au roi du mal de son livre et de sa personne, et que je l'avais empêché d'entrer au service de Sa Majesté. Aussitôt ce La Beaumelle, pour réparer le tort prétendu que j'ai fait à sa fortune, a préparé des notes scandaleuses pour le *Siècle de Louis XIV*, qu'il va faire imprimer je ne sais où. Ceux qui ont vu ces belles notes disent qu'il y a autant de sottises que de mots.

Quant à la querelle de Maupertuis et de Kœnig, en voici le sujet :

Ce Kœnig est amoureux d'un problème de géométrie, comme les anciens paladins de leurs dames. Il fit, l'année passée, le voyage de la Haye à Berlin, uniquement pour aller conférer avec Maupertuis sur une formule d'algèbre, et sur une loi de la nature dont vous ne vous souciez guère. Il lui montra deux lettres d'un vieux philosophe du siècle passé, nommé Leibnitz, dont vous ne vous souciez pas davantage, et lui fit voir que Leibnitz avait parlé de la même loi, et combattait son sentiment. Maupertuis, qui est plus occupé de ce qu'il croit intrigues de cour que de vérités géométriques, ne lut pas seulement les lettres de Leibnitz.

Le professeur de la Haye lui demanda permission d'exposer son opinion dans les journaux de Leipsick; et, avec cette permission, il réfuta, le plus poliment du monde, dans ces journaux, l'opinion de Maupertuis, et s'appuya de l'autorité de Leibnitz, dont il fit imprimer les fragments qui avaient rapport à cette dispute. Voici ce qui est étrange :

Maupertuis, ayant parcouru et mal lu ce journal de Leipsick et ces fragments de Leibnitz, alla se mettre dans la tête que Leibnitz était de

---

1. Il était né à Valerangue dans le Bas-Languedoc, le 28 janvier 1727. (ÉD.)

son opinion, et que Kœnig avait forgé ces lettres pour lui ravir, à lui Maupertuis, la gloire d'avoir inventé une bévue. Sur ce beau fondement il fait assembler les académiciens pensionnaires dont il distribue les gages; il accuse formellement Kœnig d'être un faussaire, et fait passer un jugement contre lui, sans que personne opine, et malgré les oppositions du seul géomètre qui fût à cette assemblée.

Il fit encore mieux; il ne se trouva pas au jugement; mais il écrivit une lettre à l'Académie, pour demander la grâce du coupable, qui était à la Haye, et qui, ne pouvant être pendu à Berlin, fut seulement déclaré faussaire et fripon géomètre, avec toute la modération imaginable.

Ce beau jugement est imprimé. Voici maintenant le comble : notre modéré président écrit deux lettres à Mme la princesse d'Orange, dont Kœnig est le bibliothécaire, pour la prier de lui imposer silence, et pour ravir à son ennemi, condamné et flétri, la permission de défendre son honneur.

Je n'ai appris que d'hier tous ces détails dans ma solitude. On ne laisse pas de voir des choses nouvelles sous le soleil; on n'avait point encore vu de procès criminel dans une académie des sciences. C'est une vérité démontrée qu'il faut s'enfuir de ce pays-ci.

Je mets ordre tout doucement à mes affaires. Je vous embrasse tendrement.

MDCCCLXIV. — A M. DARGET.

A Potsdam, 25 juillet 1752.

Je vous plains, et je vous félicite, mon cher Darget; il est bien cruel d'avoir une sonde dans l'urètre, mais il est consolant d'être sûr de guérir. *Per quæ quis peccat, per hæc et punietur.* Mais votre pénitence va bientôt finir. Si je voulais, je me ferais valoir pour avoir toujours soutenu, contre vos médecins, que vous n'aviez point le scorbut; mais il est si aisé d'avoir raison contre ces messieurs, qu'il n'y a pas là de quoi se vanter. Vous deviez d'ailleurs être consolé par la lettre que le roi vous a écrite de sa main, et vous le serez encore davantage, quand vous reviendrez dans notre monastère guerrier; vous y retrouverez les mêmes bontés dans le père gardien, la même magnanimité, la même condescendance : le même esprit règne toujours parmi les frères, et notre vie est la tranquillité même. Il est vrai que j'ai damné notre révérend père, mais au moins c'est en bonne compagnie; et vous m'avouerez que le diable est bien partagé d'avoir à sa cour Platon, Marc-Aurèle et Frédéric. En attendant nous sommes dans le paradis, et je chante des *alleluia* malgré toutes les maladies dont je suis accablé. Venez donc, dès que vous serez guéri, augmenter le petit nombre des élus. Rapportez-nous votre vessie et votre gaieté : venez jouir à Potsdam de votre considération, de votre fortune et de la paix. Vous y aurez le plaisir de jouir et d'espérer. Chaque jour rendra votre destinée plus agréable, votre fortune plus grande, et vos plaisirs plus vifs. Il faut passer sa vie à Potsdam; c'est mon dessein comme le vôtre. N'allez pas vous laisser séduire par vos dames de Paris, quand votre .... sondée sera en état de leur être présentée. Fuyez les agréments de Plaisance, résistez aux tentations. M. Duverney sans doute voudra vous retenir; mais combien les bontés d'un grand roi, qui peuvent augmenter tous les jours, combien sa confiance, et votre place auprès de lui, sont-elles au-dessus de tout ce qu'on peut vous offrir à Paris? Songez ce que c'est que de jouir dans un beau séjour des bontés d'un roi toujours humain, toujours égal, sans exciter l'envie des nationaux, sans avoir rien à essuyer de ses compatriotes. Vous me retrouverez tel que vous m'avez laissé, ne sortant point de ma cellule que j'aime, travaillant autant que mes forces délabrées le peuvent permettre, résigné dans ma vocation, et vous aimant de tout mon cœur. Je vous prie de faire mes compliments à M. Daran[1], quoique je n'aie pas besoin de lui.

MDCCCLXV. — A M. LE PRÉSIDENT HÉNAULT.

A Potsdam, le 25 juillet.

Je suis aussi charmé de votre lettre, mon cher et illustre confrère, que je suis affligé de cette édition de Lyon. Je souhaitais qu'on imprimât le *Siècle de Louis XIV*, mais corrigé, mais digne de la nation et de vous.

Tout le monde ne m'a pas fait attendre ses faveurs comme M. le maréchal de Noailles. J'ai reçu des instructions de toute espèce, et j'ai travaillé à les mettre en œuvre. Il fallait absolument montrer au public cette première esquisse faite à Berlin, pour réveiller l'assoupissement où sont la plupart de vos sybarites de Paris, sur ce qui regarde la gloire de la France et leurs propres familles.

J'ai lieu de me flatter que la nouvelle édition à laquelle on travaille méritera l'attention et les suffrages des esprits bien faits qui aiment la vérité. Mais je vous répéterai qu'il ne faut écrire l'histoire de France que quand on n'en est plus l'historiographe; qu'il faut amasser ses matériaux à Paris, et bâtir l'édifice à Potsdam. J'espère en vos bontés quand mon édition sera faite. Avec le philosophe roi auprès duquel j'ai le bonheur de vivre, et un ami tel que vous à Paris, je n'ai que des événements favorables à attendre.

L'édition infidèle de *Rome sauvée* me fait encore plus de peine que celle du *Siècle* faite à Lyon. Je n'ai d'enfants que mes pauvres ouvrages, et je suis fâché de les voir mutiler si impitoyablement. C'est un des malheureux effets de mon absence, mais cette absence était indispensable. Le sort d'un homme de lettres et le triste honneur d'être célèbre à Paris sont environnés de trop de désagréments. Trop d'avilissement est attaché à cet état équivoque, qui n'est d'aucune condition, et qui, avili aux yeux de ceux qui ont un établissement, est exposé à l'envie de ceux qui n'en ont pas.

J'ai été si fatigué des désagréments qui déshonorent les lettres,

1. Chirurgien encore connu aujourd'hui par les sondes ou bougies qui portent son nom. (*Note de M. Beuchot.*)

que, pour me dépiquer, je me suis avisé de faire ce que le canal le appelle une grande fortune. Je me suis procuré beaucoup de bien, tous les honneurs qui peuvent me convenir, le repos et la liberté; le tout avec la société d'un roi qui est assurément un homme unique dans son espèce, au-dessus de tous les préjugés, même de ceux de la royauté. Voilà le port où m'ont conduit les orages qui m'ont désolé si longtemps. Mon bonheur durera autant qu'il plaira à Dieu.

J'avoue que le vôtre est d'une espèce plus flatteuse. Vous régnez, et je suis auprès d'un roi; aussi je vous mets dans le premier rang des heureux, et moi dans le second. Mais j'ai peur que la jeunesse et la santé ne soient un état infiniment au-dessus du nôtre. Comment faire? Consolons-nous comme nous pourrons dans nos royaumes de passage.

Vous avez tort, mon cher et illustre confrère, de tant haïr les ouvrages médiocres; vous n'en aurez guère d'autres à Paris. Le temps de la décadence est venu. Le XVIe siècle était grossier, le dernier siècle a amené les talents, celui-ci a de l'esprit. Si par hasard il y avait quelqu'un aujourd'hui qui eût du génie, il faudrait le bien traiter.

Je vous supplie de faire souvenir de moi M. d'Argenson; il ne doit pas oublier qu'il y a plus de quarante ans que je lui suis attaché. Le ministre peut l'oublier, mais l'homme doit s'en souvenir.

Je dicte tout ce que j'écris là, parce que je ne me porte pas trop bien. Je pense tout ce que je vous dis, mais je ne vous dis pas la moitié de ce que je pense. Si je m'étendais sur mes sentiments pour vous, sur mon estime, sur mon attachement, je serais plus diffus que tous vos académiciens.

Adieu, monsieur; si vous voyez M. le maréchal de Noailles, donnez-lui un petit coup d'aiguillon; le *Siècle* et moi nous vous serons bien obligés.

MDCCCLXVI. — A M. LE MARÉCHAL DE NOAILLES.

A Potsdam, le 28 juillet.

Monseigneur, vous me pardonnerez si je n'ai pas l'honneur de vous écrire de ma main; je suis malade comme vous, et je souhaite bien sincèrement que votre maladie ait des suites moins fâcheuses que la mienne.

Je reçois avec la plus vive reconnaissance les deux morceaux précieux dont vous avez bien voulu me faire part; c'est un présent que vous faites à la nation, et c'est en partie la plus belle réponse qu'on puisse faire à la voix du préjugé qui s'est élevé si longtemps contre Louis XIV, dans toute l'Europe. J'oserai vous dire que le faible essai que j'ai donné n'a pas laissé, tout informe qu'il est, de détruire, même chez les Anglais, un peu de cette fausse opinion que cette nation, quelquefois aussi injuste que philosophe, avait conçue d'un roi respectable.

Ce commencement doit vous encourager sans doute, monseigneur, à me secourir et à m'éclairer autant que vous le pourrez. Vous êtes le seul homme en France qui soyez en état de me donner des lumières; et mon travail, les matériaux que j'ai assemblés depuis si longtemps, la nature et le succès de cet ouvrage, me rendent à présent le seul homme capable de recevoir avec fruit ces bontés dont je vous demande instamment la continuation. Vous ne pouvez employer plus dignement votre loisir qu'en dictant des vérités utiles. Je vous garderai religieusement le secret.

Mon dessein est d'insérer dans le chapitre de la vie privée de Louis XIV tout le morceau détaché où ce monarque se rend compte à lui-même de sa conduite. Cet écrit me paraît un des plus beaux monuments de sa gloire; il est bien pensé, bien fait, et montre un esprit juste et une grande âme. Je vous avoue que je serais d'avis de ne donner au public qu'une partie des instructions de Louis XIV au roi d'Espagne. Je voudrais que le public ne vît que les conseils vraiment politiques, dignes d'un roi de France et d'un roi d'Espagne, et la situation critique où ils étaient l'un et l'autre.

J'ose prendre la liberté de vous dire, en me soumettant à votre jugement, que le commencement de ce mémoire n'est rempli que de conseils vagues et de maximes d'un grand-père plutôt que d'un grand roi.

« Déclarez-vous en toute occasion pour la vertu et contre le vice. — Aimez votre femme; vivez bien avec elle; demandez-en une à Dieu qui vous convienne, etc. »

Il y a beaucoup de lieux communs dans ce goût. Je vous avouerai même ingénument que je n'oserais pas les lire au roi de Prusse, dont je regarde l'estime pour tout ce qui peut contribuer à la gloire de notre nation comme le suffrage le plus précieux et le plus important.

Le conseil d'aller à la chasse, et d'avoir une maison de campagne, paraîtrait petit et déplacé. Je dois songer que c'est à l'Europe que je parle, et à l'Europe prévenue. L'esprit philosophique qui règne aujourd'hui remarquerait peut-être un trop étrange contraste entre le conseil d'honorer Dieu, de ne manquer *à aucun de ses devoirs envers Dieu, d'aimer sa femme, d'en demander une à Dieu qui convienne*, etc., et la conduite d'un prince qui, entouré de maîtresses, avait mis le Palatinat en cendres, et désolé la Hollande, plutôt par fierté que par intérêt.

Je vous parle avec la liberté d'un historien, d'un homme instruit de la manière de penser des étrangers, et en même temps d'un homme docile, qui a une extrême confiance en vos bontés et dans vos lumières, pénétré de respect pour les unes, et de reconnaissance pour les autres.

Si vous aviez, monseigneur, quelques morceaux détachés, dans le goût de celui où Louis XIV rend compte du caractère de M. de Pomponne, rien ne jetterait un jour plus lumineux sur l'histoire intéressante de ce temps-là. Il est à croire que ce monarque aura aussi bien reconnu l'incapacité de M. de Chamillart que les faiblesses de M. de Pomponne, qui était d'ailleurs un homme de beaucoup d'esprit. J'ai vu des dépêches de M. de Chamillart qui, en vérité, étaient le comble du ridicule, et qui seraient capables de déshonorer absolument le ministère, depuis 1701 jusqu'à 1709. J'ai eu la discrétion de n'en faire aucun usage; plus occupé de ce qui peut être glorieux et utile à ma nation que de dire des vérités désagréables.

Cicéron a beau enseigner qu'un historien doit dire tout ce qui est vrai, je ne pense pas ainsi. Tout ce qu'on rapporte doit être vrai, sans doute; mais je crois qu'on doit supprimer beaucoup de détails inutiles et odieux. J'ai la hardiesse de combattre les opinions de Cicéron, mais je ne combattrai point les vôtres.

Si j'ai quelques lettres originales à rapporter, dans l'*Histoire de la guerre de 1741*, ce sera assurément celle que vous écrivîtes au roi, le 8 juillet 1743, après votre entrevue avec l'empereur. Je la regarde comme un chef-d'œuvre d'éloquence, de raison supérieure, de courage d'esprit, et de politique; et je crois que cela seul suffirait pour vous faire regarder comme un grand homme, si on ne connaissait pas vos autres mérites.

Permettez-moi de vous dire que personne au monde n'est plus attaché à votre gloire que moi. Toute mon ambition serait d'avoir l'honneur de m'entretenir avec vous quelques heures; et, si je pouvais compter sur cet avantage, je vous promets que je ferais exprès le voyage de Paris, dans quelques mois. Je ne suis allé en Prusse que pour y entendre un homme dont la conversation est aussi singulière que ses actions sont héroïques, et j'irais chercher à Saint-Germain un homme aussi respectable que lui.

J'ai l'honneur d'être avec le plus profond respect, etc.

MDCCCLXVII. — A M. FORMEY.

Potsdam, le 29 juillet.

Je ne peux vous rendre trop de grâces, monsieur, de votre journal et de vos politesses. Vous me consolez un peu de cette première édition du *Siècle de Louis XIV*. Je suis fâché qu'elle ait paru avant les mémoires singuliers que j'ai reçus. On m'a envoyé des manuscrits de la main de Louis XIV même. Il faut bien regretter qu'un roi qui avait des sentiments si grands et des principes si sages n'ait pas consulté son propre cœur, au lieu d'écouter des prêtres et Louvois, quand il s'agissait de perdre quatre ou cinq cent mille sujets utiles.

Je suis très-content de l'éloge de M. Cramer. Il me paraît qu'il y a à Genève des philosophes d'un grand mérite; autrefois il n'y avait que des théologiens.

Je suis fâché qu'on dise, page 426, que Rodolphe de Habsbourg acheta Lucques et Florence, etc. : il les vendit; le pauvre seigneur n'avait pas de quoi acheter. La plupart des livres sont bien peu exacts; on se pique d'écrire vite et beaucoup, et on nous surcharge d'inutilités et d'erreurs.

Je vous embrasse. Vous pouvez compter que je suis rempli pour vous d'estime et d'amitié.

MDCCCLXVIII. — AU MARÉCHAL DE BELLE-ISLE.

A Potsdam, ce 4 août 1752.

Monseigneur, je reconnais à la lettre que vous m'avez fait l'honneur de m'écrire votre caractère bienfaisant et qui étend ses soins à tout. Vous ne doutez pas que M. le marquis d'Argens et moi nous n'obéissions à vos ordres avec l'empressement qu'on doit avoir de vous plaire. L'intérêt que je prends à la personne que vous protégez redouble mon amitié pour elle. Mais nous doutons encore que la petite place dont il est question soit vacante. Si en effet elle le devenait, votre protégé ferait très-bien d'aller trouver le sieur Darget, qui a naturellement cette place dans son district, et qui est à Paris chez le sieur Daran, chirurgien. Il regarderait sans doute comme un très-grand honneur celui de vous marquer son respect, et de faire pour le sieur de Mouchy quelque chose qui vous serait agréable; j'agirai de mon côté avec le zèle d'un homme qui vous est attaché depuis longtemps.

J'aurai l'honneur de vous envoyer incessamment, par le courrier de Hambourg, le livre que vous avez la bonté de me demander[1], et sur lequel vous voulez bien jeter la vue. On en fait actuellement une nouvelle édition beaucoup plus correcte et plus ample; mais il ne faut pas vous étonner si j'ai omis beaucoup de choses dans le récit des batailles. J'ai déclaré expressément que je ne voulais entrer dans aucun détail de ces actions tant de fois et si diversement rapportées par tous les partis. Les opérations de la guerre n'ont point du tout été mon objet. Je n'ai cherché qu'à mettre sous les yeux ce qui peut caractériser le siècle de Louis XIV, les changements faits dans toutes les parties de l'administration, dans l'esprit et dans les mœurs des hommes, et en un mot ce qui distingue ce beau siècle de tous les autres. Si j'ai rapporté quelquefois des circonstances singulières, c'est sur un petit nombre d'événements dont il m'a paru que le public avait de fausses idées. Par exemple, la plupart des citoyens de Paris croyaient que le Tholus était une forteresse imprenable, et qu'on avait passé un grand fleuve à la nage en présence de l'armée ennemie. Vous savez que le Tholus est une petite tour ruinée dans laquelle il n'y a guère que des commis, et qu'il n'y a pas plus de vingt pas à nager au milieu du bras du Rhin, auprès duquel cette maison de péage est située. J'ai connu une femme qui a passé souvent à cheval le bras de la rivière pour frauder les droits.

J'ai rapporté la mort et les paroles de feu M. le maréchal de Marsin telles que me les conta l'ambassadeur d'Angleterre entre les bras duquel il mourut. Si vous vouliez, monseigneur, me faire favoriser de quelques anecdotes curieuses et intéressantes sur ces batailles, j'en ferais usage dans la première édition.

A l'égard des opérations militaires, il est bien difficile de les rendre intéressantes. Elles se ressemblent presque toutes; le nombre en est infini; la postérité en est surchargée. On a donné cent quarante batailles en Europe depuis l'an 1600. Elles sont toutes, au bout de quelques années, éclipsées les unes par les autres. Il n'en reste qu'un faible souvenir; et, par une fatalité singulière, les *Mémoires* du vicomte de Turenne sont peu lus.

1. Le *Siècle de Louis XIV*. (Éd.)

Il en est de même de ces histoires immenses dont nous sommes accablés. Il faudrait vivre cent ans, pour lire seulement tous les historiens depuis François Iᵉʳ. C'est ce qui m'a engagé à réduire en deux petits volumes l'*Histoire de Louis XIV*, qui avait été falsifiée en sept à huit gros tomes par tant d'écrivains.

Si je pouvais me flatter qu'une histoire purement militaire pût se sauver de l'oubli, je crois que ce serait celle de la guerre de 1741. Les grandes choses que vous y avez faites sont dignes de passer à la postérité. Il faudrait une autre plume que la mienne pour écrire un tel ouvrage. Mais je l'ai fait sur les mémoires de tous les généraux. Il n'y a aucune de vos dépêches que je n'aie étudiée, et dans laquelle je n'aie remarqué l'homme de guerre, l'homme d'État, et le bon citoyen. Si mes maladies, qui me privent actuellement de l'honneur de vous écrire de ma main, me permettaient de faire un voyage à Paris, ce sera principalement pour avoir l'honneur de vous faire ma cour et vous consulter. Cette histoire est achevée tout entière; mais vous sentez que c'est un fruit qu'il n'est pas encore temps de cueillir, et que la vérité est toujours faite pour attendre.

Je vous souhaite une santé parfaite. La France a besoin d'hommes comme vous. Je me flatte que M. votre fils vous imitera dans ce zèle infatigable pour le bien public que vous avez montré dans toutes les occasions, et qui vous distingue de tous ceux qui ont parcouru la même carrière.

Je suis, avec un profond respect et l'attachement sincère que vous doit tout bon Français, monseigneur, votre très-humble, etc.

MDCCCLXIX. — A M. LE COMTE D'ARGENTAL.

Potsdam, le 5 août.

Mon cher ange, voilà donc le pays de Foix[1] et le voisinage des Pyrénées sous votre gouvernement! Tirez-vous-en comme vous pourrez, messieurs, puisque vous l'avez voulu, et que vous avez jugé qu'on pouvait faire la guerre avec quelque avantage. Pour moi, je ressemble à ces vieux rois presque détrônés, qui n'osent plus paraître à la tête de leurs armées.

J'avais seulement envoyé quelques troupes auxiliaires au général Thibouville, comme, par exemple, ces quatre vers-ci, que dit Amélie au quatrième acte :

Ah! je quittais des lieux que vous n'habitiez pas,
Dans quelque asile affreux que mon destin m'entraîne,
Vamir, j'y porterai mon amour et ma haine;
Je vous adorerai dans le fond des déserts,
Dans l'horreur des combats, dans *la honte des* fers,
Dans la mort que j'attends de votre seule absence.

1. Allusion à la tragédie d'*Amélie ou le Duc de Foix*, jouée le 17 août 1752. (Éd.)

VAMIR.

C'en est trop; vos douleurs *épuisent* ma constance, etc.
Scène I.

Nous avons ôté aussi les mines qu'on pouvait à toute force faire jouer sous Charles VII, et qui ne laisseraient pas d'effaroucher les savants, sous Dagobert et Thierri de Chelles[1]. Il y a, à la place de ces fougasses :

Vous sortez d'un combat, un autre vous appelle;
Ayez la même audace avec le même zèle;
Imitez votre maître, etc.

Acte V, scène I.

Pour les parents d'Amélie, et l'extrait baptistaire de Lisois, mes chers anges, je n'ai pu les trouver. On ne connaît personne de ce temps-là. Je ne puis faire une généalogie à la Moréri. N'est-ce pas assez qu'on dise qu'Amélie est d'une race qui a rendu des services à l'État? Ceci est une pièce de caractères, et non une tragédie historique. Si les caractères sont bien peints, s'ils sont bien rendus par les acteurs, vous pourrez vous tirer d'affaire.

Il n'est point du tout décidé que l'auteur[2] de *Childéric* vienne lire au roi de Prusse ses ouvrages immortels; mais, en cas qu'il vienne apporter à Potsdam les lauriers dont il est couvert, et les grâces dont il est orné; et en cas que la place de gazetier des chauffoirs, des cafés, et des boutiques de libraires, soit vacante, voici un petit mot pour le chevalier de Mouhi, que je vous prie de lui faire remettre. Vous ne doutez pas d'ailleurs que je ne sois très-empressé à lui rendre service. Des postes de cette importance sont capables de diviser une cour; et je me suis fait un violent ennemi de ce philosophe modéré Maupertuis, pour une place inutile d'associé à l'académie de Berlin, donnée malgré lui par le roi à l'abbé Raynal. Vous jugez bien que de si grands coups de politique ne se pardonnent jamais, et que des dégoûts si horribles laissent dans le cœur un poison mortel, surtout dans un cœur prétendu philosophe.

Voici un petit mémoire[3] pour M. Secousse. Je vous prie, vous ou ma nièce, de le lui faire parvenir le plus tôt que vous pourrez. Il faut que M. Secousse me dise tout ce qu'il sait. J'ai bien plus d'obligation à M. le maréchal de Noailles que je n'espérais. M. le maréchal de Belle-Isle me promet aussi des secours; mais probablement ils ne pourront venir qu'après la nouvelle édition à laquelle je fais travailler, sans relâche, à Leipsick. Je suis toujours émerveillé des progrès que notre

---

1. Dagobert III régnait en 711-715; Thierri IV, dit de Chelles, de 720-737; Charles VII, de 1422 à 1461. La poudre à canon avait été découverte au XIII° siècle par R. Bacon; mais Voltaire remarque que l'art de l'employer resta dans son enfance jusqu'aux temps de Charles VIII. (*Note de M. Beuchot.*)
2. Pierre de Morand, correspondant littéraire du roi de Prusse. (ED.)
3. Voltaire demandait à Secousse des renseignements sur le mariage secret de Bossuet. (ED.)

langue a faits dans les pays étrangers; on est en France de quelque côté que l'on se tourne. Vous avez moqués, messieurs, la monarchie universelle qu'on reprochait à Louis XIV, et qu'il était bien loin d'avoir. Tâchez donc de ne point avoir des sifflets universels pour vos querelles¹ ridicules, qui vous couvrent de plus de honte aux yeux de tous vos voisins que les chefs-d'œuvre du temps de Louis XIV ne vous ont acquis de gloire. O Athéniens! on vous lit, et on se moque de vous!

Mes anges, je me mets toujours à l'ombre de vos ailes.

MDCCCLXX. — A M. LE MARQUIS D'ARGENS.

Potsdam, août.

Ou je me trompe, mon cher Isaac, ou M. de Prades, que je ne veux plus nommer abbé, est l'homme qu'il faut au roi et à vous. Neuf, gai, instruit, et capable de s'instruire en peu de temps, intrépide dans la philosophie, dans la probité, et dans le mépris pour les fanatiques et les fripons; voilà ce que j'ai pu juger à une première entrevue. Je vous en dirai davantage quand j'aurai le bonheur de vous voir.

Je n'ai jamais été si malade que je le suis aujourd'hui; sans cela j'irais chez vous. Venez me voir, il est nécessaire que je vous parle; votre visite ne nuira point à vos projets de ce soir; je sais taire les faveurs et les rigueurs. Venez, ce sera une bonne fortune dont je ne me vanterai à personne. Comptez que vous trouverez un moine de qui vous n'aurez jamais à vous plaindre, qui a dix-cent antiennes pour vous, et qui veut vivre avec vous, non pas dans l'union la plus monacale, mais la plus fraternelle. Mille respects *alla virtuosa marchesa*.

MDCCCLXXI. — A MME DENIS.

Potsdam, le 19 août.

L'abbé de Prades est enfin arrivé à Potsdam, du fond de la Hollande où il était réfugié. Nous l'avons bien servi, le marquis d'Argens et moi, en préparant les voies. C'est, je crois, la seule fois que j'aie été habile. Je me remercie d'avoir servi un pareil mécréant. C'est, je vous jure, le plus drôle d'hérésiarque qui ait jamais été excommunié. Il est gai, il est aimable, il supporte en riant sa mauvaise fortune. Si les Arius, les Jean Huss, les Luther, et les Calvin, avaient été de cette humeur-là, les pères des conciles, au lieu de vouloir les ardre, se seraient pris par la main, et auraient dansé en rond avec eux.

Je ne vois pas pourquoi on voulait le lapider à Paris; apparemment qu'on ne le connaissait pas. La condamnation de sa *Thèse*, et le déchaînement contre lui, sont au rang des absurdités scolastiques. On l'a condamné comme voulant soutenir le système de Hobbes, et c'est précisément le système de Hobbes qu'il réfute en termes exprès. Sa *Thèse* était le précis d'un livre de piété qu'il voulait bonnement dédier à l'évêque de Mirepoix. Il a été tout ébahi d'être honni à la fois comme

¹ Relatives aux billets de confession. (ÉD.)

déiste et comme athée. Les consciences tendres qui l'ont persécuté ne sont pas grandes logiciennes; elles auraient pu considérer qu'*athée* est le contraire de *déiste*; mais quand il s'agit de perdre un homme, les bonnes gens n'y regardent pas de si près.

Il fait une *Apologie*, et veut l'envoyer au pape, qui est, dit-on, aussi gai que lui, et qui sûrement ne la lira pas. Je crois qu'il sera lecteur du roi de Prusse, et qu'il succédera, dans ce grave poste, au grave La Métrie. En attendant, je le loge comme je peux.

Il est fort triste qu'on nous ait volé notre *Rome sauvée*, et qu'on l'ait si horriblement imprimée. Vous n'avez pas voulu me croire, ma chère enfant. Ne mariez pas votre fille; elle se mariera sans vous.

Mille remerciments. je vous en prie, à M. de Chauvelin, des bons avis qu'il m'a donnés pour la nouvelle édition du *Siècle de Louis XIV*; mais je vous demande très-humblement pardon sur la *Dîme royale* et chimérique du maréchal de Vauban; elle n'est bonne que pour les curés dont parle M. de Chauvelin. Pourquoi? c'est que M. le curé peut faire aisément ramasser par sa servante les dîmes de blé et de pommes qu'on lui doit; et il boit son vin tranquillement avec sa nièce; mais il faudrait que le roi eût des décimeurs à gages dans chaque village, qu'il fît bâtir des greniers dans chaque élection, et qu'ensuite il vendît son grain et son vin. Il serait volé deux ou trois fois avant d'avoir vendu une mesure, et ressemblerait au diable de Papefiguière, dont on se moqua quand il alla vendre ses feuilles de rave au marché. Proposez à M. de Chauvelin cette petite difficulté.

Adieu; vous n'en aurez pas davantage de moi aujourd'hui.

MDCCCLXXII. — A M. LE MARQUIS D'ARGENS.

En vous remerciant, cher frère; j'aime votre exactitude, et je vous suis sensiblement obligé de vos secours. Je ne hais point du tout l'écuyer Coypel [1], mais il ne me paraît pas un *Raphaël*. Les petites brochures où il a été loué ne peuvent faire sa réputation, et votre livre [2] contribuera à la réputation des bons artistes. Au reste, j'aurais été bien fâché d'acheter un tableau sur la parole de l'abbé Dubos. Il ne s'y connaissait point du tout, non plus qu'en musique et en poésie; mais il réfléchissait beaucoup sur tout ce qu'il avait lu et entendu dire, et il a trouvé le secret de faire un livre [3] très-utile, où il n'y a de mauvais que ce qui est uniquement de lui.

Mon cher *Isaac*, je crois que je prendrai incessamment le parti que vous me proposez. En attendant, j'applaudis au digne homme qui aime mieux ennuyer son prochain que le pervertir. Je crois qu'il y réussit. Pour vous, vous vous bornez à plaire. Chacun fait son métier; le mien est de vous aimer tant que je vivrai.

1. Ch.-Ant. Coypel, que Voltaire appelle *le petit Coypel*. (ÉD.)
2. *Réflexions critiques sur les différentes écoles de peinture*, 1750. (ÉD.)
3. *Réflexions critiques sur la poésie, la peinture et la musique*. (ÉD.)

MDCCCLXXIII. — A M. FORMEY.

M. Mallet demande peu de chose, monsieur; je ferai tout ce que je pourrai pour lui faire avoir ce très-peu.

L'édition[1] n'est guère bonne; ce qu'elle contient l'est encore moins, mais le maudit auteur de tant de rapsodies vous est très-attaché. Il vous remercie de la bonté que vous avez de faire des notes; et, dès que les maux dont il est accablé lui permettront de sortir, il ne manquera pas de venir vous remercier. Continuez, je vous prie, vos notes; c'est une bonne œuvre. *Scribe et vale.*   V.

MDCCCLXXIV. — A M. LE MARQUIS D'ARGENS.

Très-cher et révérend père en diable, j'avais autrefois un frère[2] janséniste; ses mœurs féroces me dégoûtèrent du parti; d'ailleurs,

Tros Rutulusve fuat, nullo discrimine habebo.
Virg., Én., X, v. 108

Les jansénistes me pardonneront l'imbécile cardinal de Tournon, en faveur du détestable Le Tellier.

N'est-il pas vrai que les disputes sur les rites chinois sont à faire mettre aux Petites-Maisons et les jésuites et les jansénistes? Cher frère, mon histoire, à commencer au calvinisme, est l'histoire des fous.

Bonjour; je vous salue en Frédéric, et je me recommande à vos prières. Mes respects à la muse *marchesa*.

MDCCCLXXV. — A M. LE MARQUIS D'ARGENS.

Je ne sais pourquoi, mon cher marquis, les éditeurs mettent parmi les satires ce voyage[3], qui n'est qu'un itinéraire du coche. Je serais encore plus étonné qu'on admirât ce plat ouvrage. Mais tout est précieux des anciens; on aime à voir jusqu'à leurs fautes. Il y a d'ailleurs, dans cette méchante pièce, de petits traits qui ont fait fortune.

.... *Credat Judæus Apella,*
Non ego.....

Voilà assez notre devise.

J'ai toujours pensé comme vous sur saint Constantin et sur saint Clovis; je les ai mis tous deux en enfer, dans *la Pucelle*[4]. Je combats en vers, tandis que vous battez l'ennemi avec les armes de la raison. Je suis fort de votre avis sur Zosime; mais je ne peux me persuader que Procope soit l'auteur des *Anecdotes*. Il me semble que les hommes

---

1. Des *Œuvres de Voltaire*, 1752, sept volumes in-12. (ÉD.)
2. Armand Arouet, mort vers la fin de 1745. (ÉD.)
3. Le voyage à Brindes, sujet de la cinquième satire du livre Ier d'Horace. C'est au vers 100 qu'est le *Credat Judæus Apella*. (ÉD.)
4. Chant V, v. 94 et 110. (ÉD.)

d'État ne disent point de certaines sottises. Je crois que les Frérons de ce temps-là ont pris le nom de *Procope*.

« Vale, erudite veritatis assertor, superstitionis destructor; vale, et scribe. »

MDCCCLXXVI. — AU MÊME.

Cher frère, il me semble que je n'ai point dit ce que vous me faites dire. J'ai donné seulement des preuves de la persécution que le cardinal de Richelieu faisait à la reine; j'ai dit qu'elle devait être en garde contre un homme qui éloignait d'elle son mari, qui la faisait interroger par le chancelier, qui, enfin, dans le voyage de Tarascon, voulut se rendre maître de sa personne et de celle de ses enfants; et que, si la reine avait eu un commerce secret avec Mazarin, cardinal ou non, il n'importe, elle aurait fait l'impossible pour le dérober à la vue du cardinal de Richelieu.

Je viens d'apercevoir votre billet dans le livre, et je vous remercie toujours de votre zèle. Priez pour moi; je suis bien malade.

MDCCCLXXVII. — A FRÉDÉRIC II, ROI DE PRUSSE.

Sire, vos réflexions valent bien mieux que mon ouvrage[1]. J'ai bien eu raison de dire quelque part que vous étiez le meilleur logicien que j'aie jamais entendu. Vous m'épouvantez; j'ai bien peur pour le genre humain et pour moi que vous n'ayez tristement raison. Il serait affreux pourtant qu'on ne pût pas se tirer de là. Tâchez, Sire, de n'avoir pas tant raison. Car encore faut-il bien, quand vous faites de Potsdam un paradis terrestre, que ce monde-ci ne soit pas absolument un enfer. Un peu d'illusion, je vous en conjure. Daignez m'aider à me tromper honnêtement. Au bout du compte, les sottises sont traitées ici comme elles le méritent; mais j'ai enfoncé le poignard avec respect. Le véritable but de cet ouvrage est la tolérance, et votre exemple à suivre. La *religion naturelle* est le prétexte, et, quand cette *religion naturelle* se bornera à être bon père, bon ami, bon voisin, il n'y aura pas grand mal. Je me doute bien que l'article des remords est un peu problématique; mais encore, vaut-il mieux dire avec Cicéron, Platon, Marc Aurèle, etc., que la nature nous donne des remords, que de dire avec La Métrie qu'il n'en faut point avoir.

Je conçois très-bien qu'Alexandre, nommé général des Grecs, n'ait point eu plus de scrupule d'avoir tué des Persans, à Arbelles, que Votre Majesté n'en a eu d'avoir envoyé quelques impertinents Autrichiens dans l'autre monde. Alexandre faisait son devoir en tuant des Persans à la guerre; mais certainement il ne le faisait pas en assassinant son ami, après souper.

Au reste, il s'en faut beaucoup que l'ouvrage soit achevé. Je profite déjà des remarques dont vous daignez m'honorer. Je supplierai Votre Majesté de vouloir bien me le renvoyer avant qu'elle parte pour la Si-

---

1. Le poëme sur la *Religion naturelle*. (ÉD.)

lésie. Il est difficile de définir la vertu, mais vous la faites bien sentir. Vous en avez ; donc elle existe : or ce n'est pas la religion qui vous la donne ; donc vous la tenez de la nature, comme vous tenez d'elle votre rare esprit, qui suffit à tout, et devant lequel mon âme se prosterne.

Je remercie Votre Majesté autant que je l'admire.

MDCCCLXXVIII. — A M. LE MARQUIS D'ARGENS.

Frère équitable, vous avez lu le libelle de Boindin[1] ; lisez, je vous prie, la réponse, et jugez. Je n'entre point dans la discussion des interrogatoires d'un savetier et d'un décrotteur : je renvoie, sur cet article, au jugement prononcé par les juges qui ont examiné les variations des témoins subornés, et ont jugé en conséquence. Ces détails d'ailleurs allongeraient trop l'article, et seraient indignes du public et de l'ouvrage. Il est question, dans cette dernière partie, des gens de lettres célèbres, et non des savetiers célèbres. Enfin lisez-moi, et jugez-moi. Ayez la bonté de me renvoyer le livre, avec votre décision. *Vale, et me ama*.

MDCCCLXXIX. — DE M. DALEMBERT.

A Paris, le 24 août.

J'ai appris, monsieur, tout ce que vous avez bien voulu faire pour l'homme[2] de mérite auquel je m'intéresse, et qui est à Potsdam depuis peu de temps. J'avais prié Mme Denis de vouloir bien vous écrire en sa faveur, et on ne saurait être plus reconnaissant que je ne le suis des égards que vous avez eus à ma recommandation. Je me flatte qu'à présent que vous connaissez la personne dont il s'agit, elle n'aura plus besoin que d'elle-même pour vous intéresser en sa faveur, et pour mériter vos bontés. Je sais par expérience que c'est un ami sûr, un homme d'esprit, un philosophe digne de votre estime et de votre amitié par ses lumières et par ses sentiments. Vous ne sauriez croire à quel point il se loue de vos procédés, et combien il est étonné qu'agissant et pensant comme vous faites, vous puissiez avoir des ennemis. Il est pourtant payé pour en être moins étonné qu'un autre, car il n'a que trop bien appris combien les hommes sont méchants, injustes et cruels. Mon collègue[3] dans l'*Encyclopédie* se joint à moi pour vous remercier de toutes vos bontés pour lui, et du bien que vous avez dit de l'ouvrage, à la fin de votre admirable essai sur le *Siècle de Louis XIV*[4]. Nous connaissons mieux que personne tout ce qui manque à cet ouvrage. Il ne pourrait être bien fait qu'à Berlin, sous les yeux et avec la protection et les lumières de votre prince philosophe ; mais enfin nous com-

---

1. *Mémoire pour servir à l'histoire des couplets de 1710, attribués faussement à M. Rousseau.* (ED.) — 2. L'abbé de Prades. (ED.) — 3. Diderot. (ED.)
4. Dans la première édition du *Siècle de Louis XIV*, c'était à la fin de l'ouvrage qu'était placé tout ce qui, aujourd'hui, précède l'Introduction. (*Note de M. Beuchot.*)

mencerons, et on nous en saura peut-être à la fin quelque gré. Nous avons essuyé cet hiver une violente tempête[1], j'espère qu'enfin nous travaillerons en repos. Je me suis bien douté qu'après nous avoir aussi maltraités qu'on a fait, on reviendrait nous prier de continuer, et cela n'a pas manqué. J'ai refusé pendant six mois, j'ai crié comme le Mars d'Homère; et je puis dire que je ne me suis rendu qu'à l'empressement extraordinaire du public. J'espère que cette résistance si longue nous vaudra dans la suite plus de tranquillité. Ainsi soit-il.

J'ai lu trois fois consécutives avec délices votre *Louis XIV*. J'envie le sort de ceux qui ne l'ont pas encore lu, et je voudrais perdre la mémoire pour avoir le plaisir de le relire. Votre *Duc de Foix* m'a fait le plus grand plaisir du monde; la conduite m'en paraît excellente, les caractères bien soutenus, et la versification admirable. Je ne vous parle pas de Lisois, qui est sans contredit un des plus beaux rôles qu'il y ait au théâtre; mais je vous avouerai que le duc de Foix m'enchante. Avec combien d'amour, de passion, et de naturel, il revient toujours à son objet, dans la scène entre lui et Lisois, au troisième acte! En écoutant cette scène et bien d'autres de la pièce, je disais à M. de Voltaire, comme la prêtresse de Delphes à Alexandre : *Ah! mon fils, on ne peut te résister.* On nous flatte de remettre *Rome sauvée* après la Saint-Martin; vos amis et le public seront charmés de la revoir; mais ils aimeraient encore mieux revoir votre personne. Je suis fâché, pour l'honneur de notre nation et de notre siècle, que vous n'ayez pu dire comme Cicéron :

<blockquote>
Scipion, accusé sur des prétextes vains,
Remercia les dieux, et quitta les Romains.
Je puis en quelque chose imiter ce grand homme;
Je rendrai grâce au ciel, et resterai dans Rome.
Rome sauvée, acte V, scène III.
</blockquote>

Il ne me reste de place que pour vous réitérer mes remerciements, et vous prier de penser quelquefois au plus sincère de vos amis, et au plus zélé de vos admirateurs. DALEMBERT.

MDCCCLXXX. — A M. LE MARQUIS D'ARGENS.

Vous avez raison, frère ; l'état de savetier n'y fait rien. Je vous remercie ; mais vous avez lu ce que j'ai ajouté à l'article Rousseau, qui sert de confirmation à ce que j'ai dit dans l'article La Motte.

Je crains bien de ne pas persuader tout le monde. Fréron dira toujours que La Motte est coupable, et que Rousseau est innocent, parce que j'ai fait *la Henriade* ; mais j'espère dans les honnêtes gens.

Ah! frère, si vous vouliez écraser l'erreur! Frère, vous êtes bien tiède!

---

1. L'arrêt du conseil, du 7 février 1752, qui supprimait les deux premiers volumes de l'*Encyclopédie*. (Note de M. Beuchot.)

ANNÉE 1752.

MDCCCLXXXI. — A M. LE MARQUIS DE XIMENÈS, A PARIS

A Potsdam, le 29 août.

Je vous aurais très-bien reconnu à votre style, monsieur, et à vos bontés. Vous m'annoncez une nouvelle qui me fait grand plaisir; vous allez croire que c'est du *Duc de Foix* que je veux parler; point du tout, c'est de *Néron*[1]. Je suis bien plus flatté, pour l'honneur de l'art, que vous vouliez bien être des nôtres, que je ne suis séduit par un de ses succès passagers dont le public ne rend pas plus raison que de ses caprices.

Honorez notre confrérie de votre nom; montrez que les Français vont à la gloire par tous les chemins. Il y avait des vers extrêmement beaux dans votre ouvrage[2]. Plus votre génie s'est développé, et plus vous vous êtes senti en état de bâtir un édifice régulier, avec les matériaux que vous avez amassés.

Je souhaite me trouver à Paris quand vous gratifierez le public de votre tragédie. Vous me ferez oublier les cabales des gens de lettres, et la persécution des fanatiques. Les sottises qu'on a faites à Paris, depuis un an ou deux, ont tellement décrié la nation dans l'Europe, qu'elle a besoin que les beaux-arts réhabilitent ce que les *billets de confession*, et cent autres impertinences de cette nature, ont avili. Je me flatte que vous y contribuerez, et que, si l'on siffle la Sorbonne, vous rendrez le Théâtre-Français respectable.

Permettez-moi de présenter mes respects à Mme la marquise et à vos amis.

MDCCCLXXXII. — A M. LE COMTE D'ARGENTAL.

Potsdam, le 1ᵉʳ septembre.

Mon cher ange, puisqu'il faut toujours de l'amour, je leur en ai donné une bonne dose avec ma barbe grise. J'en suis honteux; mais j'avais ce reste de confitures, et je l'ai abandonné aux enfants de Paris. Je suis saisi d'horreur de voir que vous n'avez point reçu ma réponse à la lettre où vous me recommandiez le chevalier de Mouhi. Cette réponse, avec un petit billet pour ce Mouhi, étaient dans un paquet adressé à Mme Denis, et le paquet était sous le couvert d'un homme plus opulent que vous, nommé Thiroux de Mauregard, fermier général des postes, ami, je ne sais comment, de ma nièce. Quand je l'appelle opulent, ce n'est pas qu'il ait huit cent mille livres de rente, comme son confrère La Reynière. Si ce paquet a été égaré, il faut que ma nièce mette toute son activité et tout son esprit à le retrouver.

Vous sentez bien, mon cher ange, combien mon cœur me rappelle vers vous. Je ferai, si je suis en vie, un petit pèlerinage dans mon ancienne patrie. Ni vos ânes de Sorbonne, qui osent examiner Buffon

1. Ximenès avait envoyé à Voltaire un manuscrit de son *Épicharis*, tragédie qui fut jouée sur le Théâtre-Français, le 2 janvier 1753. (ÉD.)
2. *Les honneurs accordés par Louis XIV au mérite militaire, augmentés par Louis XV*; sujet donné par l'Académie française pour le prix de l'année 1752. (ÉD.)

et Montesquieu, ni le grand âne de Mirepoix, qui prétend juger des livres, ni votre avocat général d'Ormesson[1], qui propose froidement au parlement d'examiner tout ce qui s'est imprimé depuis dix ans, ni une espèce d'inquisition, qu'on veut établir en France, ni vos *billets de confession*, ne m'empêcheront de venir vous embrasser; mais, mon cher ange, laissez-moi achever la nouvelle édition du *Siècle*, dont je suis obligé de corriger les feuilles. Je ne peux absolument interrompre cette édition commencée.

Il y avait dans mon paquet, qui me tient fort au cœur, une lettre à M. Secousse sur ce *Siècle*; et j'attends une réponse de M. Secousse pour un article important. Il est dur de travailler de si loin pour sa patrie à un ouvrage qui devrait être fait dans son sein; mais tel est le sort de la vérité; il faut qu'elle se tienne à quatre cents lieues, quand elle veut parler. Plût à Dieu qu'on n'eût à craindre que la canaille des gens de lettres! mais la canaille des dévots, celle de la Sorbonne, font plus de bruit et sont plus dangereuses. Le *Siècle* a réussi auprès du petit nombre d'honnêtes gens qui l'ont lu; mais quand il sera dans les mains de Couturier, de Tamponet, et du barbier de Boyer de Mirepoix, ils y trouveront des propositions téméraires, hérétiques, sentant l'hérésie, etc. Je ne demanderais pas à Paris la considération d'un sous-fermier, sans doute, mais je souhaiterais y être à l'abri de la persécution. Je me flatte que des amis tels que vous ne contribueront pas peu à disposer les esprits. A force d'entendre répéter par des bouches respectables, qu'un homme qui a travaillé quarante ans, qui a soutenu la scène tragique, qui a fait le seul poëme épique qu'ait la France, qui a tâché d'élever un monument à la gloire de son pays par le *Siècle de Louis XIV*, mérite au moins de vivre tranquille, comme Moncrif et Hardion; à force, dis-je, d'entendre cette voix de la justice et de l'amitié, la persécution s'adoucit, et le fanatisme se lasse.

Ne pensons point encore à *Zulime*; il ne faut pas surcharger le public. Le grand défaut de Zulime est qu'elle sait trop tôt son malheur, et que le fade Ramire est au-dessous de Bazajet. Songeons à présent à donner *Rome sauvée* avec les changements. Il faudrait que Grandval prit le rôle de Catilina, et que Le Kain jouât César; cela donnerait quelques représentations. On aura peut-être besoin de terribles intrigues pour cette nouvelle distribution de charges. On pourra s'aider du crédit de M. de Richelieu dans cette grande affaire. Je vous embrasse tendrement, mon très-cher ange. Pour les comédies, je ne m'en mêlerai pas; je ne suis qu'un animal tragique. Mes tendres respects à tous vos anges.

Adieu,

O et præsidium et dulce decus meum!
Hor., lib. I, od. i.

1. Mort premier président du parlement de Paris, le 28 janvier 1750. (Ed.)

MDCCCLXXXIII. — A M. DARGET.

À Potsdam dont je ne sors plus, 2 septembre 1752.

Mon cher duc de Foix, une tragédie que vous aviez si bien jouée, ne pouvait guère tomber. Vous lui avez porté bonheur. C'était aussi une pièce favorite du roi. Voilà de bonnes raisons pour être à l'abri des sifflets. Je voudrais que, de votre côté, vous fussiez sauvé des sondes et des bougies. Mais franchement, il y a de la folie; il y a au moins peu de physique, à prendre des carnosités pour le scorbut. Les sondes et les bougies font enrager; il est triste de donner cent louis pour faire suppurer sa vessie. Mais, mon cher malade, ces bougies ont un caustique; ce caustique brûle le petit calus formé au col de la vessie; ce calus devient ulcère, il suppure; le temps et le régime ferment la plaie : voilà votre cas. N'allez pas vous fourrer des chimères dans la tête. Vous vous y en êtes mis de plus d'une sorte, et je vous jure que vous vous êtes trompé sur bien des choses comme sur votre vessie. Guérissez, et soyez heureux. On peut l'être à Potsdam, on peut l'être à Paris. Le grand point est de fixer son imagination, et de n'être pas toujours comme un vaisseau sans voile, tournant au gré du vent. Il faut prendre une résolution ferme, et la tenir :

.... *Si le pulcis strepitusque rotarum,*
Si Lædit caupona, Ferentinum ire jubebo[1].

Mais il ne faut pas que nous puissions nous appliquer cet autre vers d'Horace :

Æstuat et vitæ disconvenit ordine toto[2].

Si j'étais à Paris, j'y mènerais une vie délicieuse. Mon sort n'est pas moins heureux où je suis, et j'y reste, parce que je suis sûr que demain mon cabinet me sera aussi agréable qu'aujourd'hui. Si ce séjour m'était insupportable, je le quitterais; j'en ferais autant de la vie. Quand on a ces sentiments-là dans la tête, on n'a pas grand' chose à craindre dans ce monde. Mais c'est une grande pitié de ressembler à des malades qui ne savent quelle posture prendre dans leur lit.

Je vous parle à cœur ouvert, comme vous voyez. Je vais continuer sur ce ton. Morand ne s'est pas contenté de faire relier ses anciens ouvrages et de me les envoyer; il y a deux endroits où je suis maltraité, à ce qu'on m'a dit; vous croyez bien que je lui pardonne. Il envoie souvent dans ses feuilles de petits lardons contre moi; je le lui pardonne encore; il en a glissé contre ma nièce, cela n'est pas si pardonnable. Je ne vois pas ce qu'il peut gagner à ces manœuvres : on n'augmentera pas ses appointements, et il ne me perdra pas auprès du roi. Eh mon Dieu ! de quoi se mêle-t-il ? Que ne songe-t-il à vivre

1. Horace, livre I, épître XVII, vers 7-8. (ÉD.)
2. Livre I, épître I, vers 99. (ÉD.)

doucement comme nous? A qui en veut-il? Que lui a-t-on fait? Les auteurs sont d'étranges gens. Adieu, soyez très-persuadé que je vous aime avec autant de cordialité que je vous parle. Vous me retrouverez tel que vous m'avez laissé, souffrant mes maux patiemment, restant tout le jour chez moi, n'étant ébloui de rien, ne désirant et ne craignant rien, fidèle à mes amis, et me moquant un peu de la Sorbonne avec Sa Majesté. *Iterum vale*

MDCCCLXXXIV. — AU MARÉCHAL DE BELLE-ISLE.

Potsdam, 5 septembre 1752.

Monseigneur, après avoir eu l'honneur de répondre, il y a plus d'un mois, à la lettre que vous avez bien voulu m'écrire, je fis partir par les chariots de poste le livre que vous aviez eu la bonté de me demander, et je l'adressai, couvert de toile cirée, au sieur Korman, marchand et commissionnaire à Strasbourg. Je lui écrivis, et je lui donnai pour instruction de remettre ce paquet à votre adresse entre les mains de la maîtresse des postes de Strasbourg. J'ai l'honneur de vous en donner avis, n'ayant pas reçu de réponse de ce Korman. Quand il serait mort, vous n'en devriez pas moins avoir votre paquet, car il y a deux frères Korman et Cie. J'avais reçu plusieurs ballots par leur canal. S'ils sont tous morts et qu'ils n'aient point eu de billets de confession, on aura peut-être mis le scellé sur leurs effets. Comme le livre n'est point hérétique, j'espère qu'il vous sera rendu. J'ignore à présent, monseigneur, en quel lieu vous êtes; si vous rendez Metz imprenable, ou si vous embellissez votre terre. En quelque endroit que vous soyez, je vous souhaite autant de santé que vous avez de gloire.

J'ai l'honneur d'être, etc.

MDCCCLXXXV. — A M. LE COMTE DE CHOISEUL [1].

Potsdam, le 5 septembre.

Vos bontés constantes me sont bien plus précieuses, monsieur, que l'enthousiasme passager d'un public presque toujours égaré, qui condamne à tort et à travers, juge de tout et n'examine rien, dresse des statues, et les brise pour vous en casser la tête. C'est à vous plaire que je mets ma gloire.

Je n'aime de *signal* [2] que celui auquel je reviendrai voir mes amis. A l'égard de celui de Lisois, je pense qu'à la reprise on pourrait hasarder, ce qu'il a été très-prudent de ne pas risquer aux premières représentations.

Ce n'est point le héros du Nord qui m'empêche à présent de venir vous faire ma cour, c'est *Louis XIV*. Une nouvelle édition, qu'on ne peut faire que sous mes yeux, m'occupera encore six semaines, pour le moins. J'ai eu de bons matériaux, que je mets en œuvre. J'ai tiré de

1. Depuis duc de Praslin. (ÉD.)
2. Allusion au coup de canon que Vendôme entend dans la seconde scène du cinquième acte d'*Adélaïde du Guesclin*, et dont il n'est plus question dans *Amélie ou le Duc de Foix*. (ÉD.)

mon absence tout le parti que je pouvais. Je suis assez comme qui vous savez; mon royaume n'est pas de ce monde¹. Si j'étais resté à Paris, on aurait sifflé *Rome* et le *Duc de Foix*; la Sorbonne eût condamné le *Siècle de Louis XIV*; on m'aurait déféré au procureur général pour avoir dit que le parlement fit force sottises du temps de la Fronde. Hué et persécuté, je serais tombé malade, et on m'aurait accordé un *billet de confession*. J'ai pris le parti de renoncer à tous ces désagréments, de me contenter des bontés d'un grand roi, de la société d'un grand homme et de la plus grande liberté dont on puisse jouir dans la plus belle retraite du monde. Pendant ce temps-là, j'ai donné le loisir à ceux qui me persécutaient à Paris de consumer leur mauvaise volonté, devenue impuissante. Il y a des temps où il faut se soustraire à la multitude. Paris est fort bon pour un homme comme vous, monsieur, qui porte un grand nom et qui le soutient; mais il faut qu'un pauvre diable d'homme de lettres, qui a le malheur d'avoir de la réputation, succombe ou s'enfuie.

Si jamais ma mauvaise santé, qui me rendra bientôt inutile au roi de Prusse, me forçait de revenir m'établir en France, j'aimerais bien mieux y jouer le rôle d'un malade ignoré que d'un homme de lettres connu. Vos bontés et celles de vos amis y feraient ma principale consolation. Je me flatte que votre santé est rétablie. Pour moi, je suis devenu bien vieux; mon imagination et moi, nous sommes décrépits. Il n'en est pas ainsi du sentiment; celui qui m'attache à vous et à vos amis n'a rien perdu de sa force : il est aussi vif qu'inviolable.

J'envoie une nouvelle fournée de *Rome sauvée*. Je ne sais si, à la reprise, la gravité romaine plaira à la galanterie parisienne.

Mille tendres respects.

MDCCCLXXXVI. — A M. D'ALEMBERT.

A Potsdam, le 5 septembre.

Vraiment, monsieur, c'est à vous à dire :

Je rendrai grâce au ciel et resterai dans Rome.
Rome sauvée, acte V, scène III.

Quand je parle de rendre grâce au ciel, ce n'est pas du bien qu'on vous a fait dans votre patrie, mais de celui que vous lui faites. Vous et M. Diderot, vous faites un ouvrage qui sera la gloire de la France et l'opprobre de ceux qui vous ont persécutés. Paris abonde de barbouilleurs de papier; mais, de philosophes éloquents, je ne connais que vous et lui. Il est vrai qu'un tel ouvrage devait être fait loin des sots et des fanatiques, sous les yeux d'un roi aussi philosophe que vous; mais les secours manquent ici totalement. Il y a prodigieusement de baïonnettes et fort peu de livres. Le roi a fort embelli Sparte; mais il n'a transporté Athènes que dans son cabinet, et il faut avouer que ce n'est qu'à Paris que vous pouvez achever votre grande entre-

1. Évangile de saint Jean, chap. XVIII, v. 36. (ÉD.)

prise. J'ai assez bonne opinion du ministère pour espérer que vous ne serez pas réduit à ne trouver que dans vous-même la récompense d'un travail si utile. J'ai le bonheur d'avoir chez moi M. l'abbé de Prades, et j'espère que le roi, à son retour de la Silésie, lui apportera les provisions d'un bénéfice[1]. Il ne s'attendait pas que sa *Thèse* dût le faire vivre du bien de l'Église, quand elle lui attirait de si violentes persécutions. Vous voyez que cette Église est comme la lance d'Achille, qui guérissait les blessures qu'elle avait faites.

Heureusement les bénéfices ne sont point, en Silésie, à la nomination de Boyer ni de Couturier. Je ne sais si l'abbé de Prades est hérétique, mais il me paraît honnête homme, aimable et gai. Comme je suis toujours très-malade, il pourra bien m'exhorter à mon agonie; il l'égayera, et ne me demandera pas de *billet de confession*.

Adieu, monsieur. S'il y a peu de Socrates en France, il y a trop d'Anitus et de Mélitus, et surtout trop de sots. Mais je veux faire comme Dieu, qui pardonnait à Sodome en faveur de cinq justes.

Je vous embrasse de tout mon cœur. VOLTAIRE.

MDCCCLXXXVII. — A FRÉDÉRIC II, ROI DE PRUSSE[2].

A Potsdam, le 5 septembre.

Sire, votre pédant en points et en virgules, et votre disciple en philosophie et en morale, a profité de vos leçons, et met à vos pieds la *Religion naturelle*, la seule digne d'un être pensant. Vous trouverez l'ouvrage plus fort et plus selon vos vues. J'ai suivi vos conseils; il en faut à quiconque écrit. Heureux qui peut en avoir de tels que les vôtres! Si vos bataillons et vos escadrons vous laissent quelque loisir, je supplie Votre Majesté de daigner lire avec attention cet ouvrage, qui est en partie l'exposition de vos idées, et en partie celle des exemples que vous donnez au monde. Il serait à souhaiter que ces opinions se répandissent de plus en plus sur la terre. Mais combien d'hommes ne méritent pas d'être éclairés!

Je joins à ce paquet ce qu'on vient d'imprimer en Hollande. Votre Majesté sera peut-être bien aise de relire l'*Éloge* de La Métrie[3]. Cet *Éloge* est plus philosophique que tout ce que ce fou de philosophe avait jamais écrit. Les grâces et la légèreté du style de cet *Éloge* y parent continuellement la raison. Il n'en est pas de même de la pesante lettre de Haller, qui a la sottise de prendre sérieusement une plaisanterie.

1. Frédéric lui donna un bénéfice à Oppeln, et un à Glogau. (ÉD.)
2. Par le roi de Prusse. (ÉD.)
3. La Métrie avait, en 1748, dédié son *Homme machine* à Haller comme à son *compagnon*, son *maître*, son *ami*. Haller regarda cette dédicace comme un affront, désavoua les principes du livre, et déclara n'avoir jamais eu de liaison ni d'amitié pour La Métrie. Celui-ci publia, peu avant sa mort, une brochure intitulée *Le Petit homme*, où il raconte, entre autres choses, avoir fait, en 1751, plusieurs *soupers de filles* avec *M. Haller, qui y était fort aimable*. Pour avoir réparation, Haller écrivit à Maupertuis, président de l'Académie de Berlin, de laquelle étaient aussi Haller et La Métrie. La lettre de Haller arriva à Berlin le jour même de la mort de La Métrie, que Maupertuis défendit comme il put dans sa réponse à Haller. (*Note de M. Beuchot.*)

La réponse grave de Maupertuis n'était pas ce qu'il fallait. C'était bien le cas d'imiter Swift, qui persuadait à l'astrologue Partridge qu'il était mort. Persuader un vieux médecin qu'il avait fait des leçons au b..... eût été une plaisanterie à faire mourir de rire.

Nous attendrons tranquillement Votre Majesté à Potsdam. Qu'irais-je faire à Berlin ? Ce n'est pas pour Berlin que je suis venu ; quoique ce soit une fort belle ville ; c'est uniquement pour vous. Je souffre mes maux aussi gaiement que je peux. D'Argens s'amuse et engraisse. Arius de Prades est un très-aimable hérésiarque. Nous vivons ensemble en louant Dieu et Votre Majesté, et en sifflant la Sorbonne. Nous avons de beaux projets pour l'avancement de la raison humaine. Mais un plus beau projet, c'est *Gustave Wasa*. Il n'y a pas moyen d'y penser en Silésie, mais je me flatte qu'à Potsdam vous ne résisterez pas à la grâce efficace qui vous a inspiré ce bon mouvement. Ce sujet est admirable, et digne de votre génie unique et universel. Je me mets à vos pieds.

MDCCCLXXXVIII. — DE FRÉDÉRIC II, ROI DE PRUSSE.

A Cosel, septembre 1752.

J'ai reçu votre poëme philosophique[1] proche de ce Carnovie où Marc Aurèle jeta par écrit ses sages réflexions morales ; j'en ai trouvé votre poëme d'autant plus beau. Reste à faire quelques réflexions, non pas sur la poésie, mais sur le fond et la conduite du quatrième chant, dont je me réserve à vous entretenir à mon retour. Ici les houssards, les ingénieurs, les officiers de l'infanterie et de la cavalerie me tarabustent si fort, qu'ils ne me laissent pas le temps de me reconnaître. Adieu. Ayez pitié d'une âme qui est dans le purgatoire, et qui vous demande des messes pour en être tirée bientôt.

MDCCCLXXXIX. — A M. LE COMTE D'ARGENTAL.

Potsdam, le 8 septembre.

Mon cher ange, le premier tome du *Siècle* et le tiers du second sont déjà faits ; cependant vous croyez bien que je ferai l'impossible pour insérer l'article[2] dont vous désirez que je parle. Il n'y aura qu'à mettre un carton, sacrifier quelque verbiage inutile d'une demi-page, et mettre ce que vous désirez à la place. La vraie niche où je pourrais encadrer ce fait serait la querelle avec le pape sur les franchises ; on ferait figurer fort bien le Grand-Turc avec notre saint-père, et le roi les braverait tous deux par ses ambassadeurs. Il est vrai, malheureusement, que Louis XIV avait tort sur ces deux points, et qu'il céda à la fin sur l'un et sur l'autre. Il n'était pas excusable de vouloir soutenir, à main armée, dans Rome, un abus[3] que toutes les têtes couronnées concou-

1. *Le Poëme sur la Religion naturelle*. (ÉD.)
2. D'Argental voulait que Voltaire parlât de l'obstination que le comte Charles de Ferriol, son oncle, mit à paraître avec une épée devant Mustapha II, le 26 décembre 1699. (ÉD.)
3. Le droit de franchise et d'asile. (ÉD.)

raient à déraciner; il ne l'était pas davantage de vouloir s'opposer seul à un usage très-raisonnable établi dans tout l'Orient. Vouloir qu'un ambassadeur entre chez le Grand-Turc, avec l'épée au côté, dans un pays où l'on n'en porte point, et où les janissaires de la garde n'ont que de longs bâtons, est une chose aussi déplacée que de dire la messe le fusil sur l'épaule.

Cependant ce fait servira au moins à faire voir la hauteur de Louis XIV. L'histoire raconte les faiblesses comme les vertus. Si vous avez l'ordre de M. de Torci d'aller faire la révérence au Grand-Seigneur avec une grande brette par-dessus une robe longue, ayez la bonté de m'en avertir.

M. le cardinal de Tencin, avec votre permission, n'est guère plus raisonnable que Louis XIV, de se fâcher qu'on ait dit *le petit concile d'Embrun*. Veut-il qu'un concile de sept évêques soit œcuménique? Vous savez que, dans la nouvelle édition, je vous ai sacrifié le *petit* concile d'Embrun. Entre nous il est fort injuste, et il devrait me remercier de n'avoir appelé ce concile que *petit*. Mon cher ange, je vous demande pardon de la *liberté grande*.

Autre délicatesse misérable de M. d'Héricourt. Je ne ferai pas certainement de Valincour un grand homme; il était excessivement médiocre; mais j'enjoliverai son article pour vous plaire.

Mon Dieu, que j'ai eu raison de me tenir à quatre cents lieues pendant que le *Siècle* fait son premier effet à Paris! Je n'aurais pas seulement à essuyer les plaintes de trente personnes, qui trouvent que je n'ai pas dit assez de bien de leurs arrière-cousins, mais que ne diraient point et les jésuites, et les sorbonniqueurs, *et tutti quanti!* Je vous ai déjà mandé que mon absence seule peut leur imposer silence. Ils respecteront alors la vérité, plus forte qu'eux, et craindront que je n'en dise davantage; mais moi, habitant de Paris, je serais dénoncé à l'archevêque, au nonce, au Mirepoix, au procureur général, et à Fréron.

Je vous le dis encore : *Regnum meum non est hinc*. Dieu me préserve d'être à Paris dans le temps que la seconde édition fera du bruit! on me traiterait comme l'abbé de Prades; mais je connais mon cher pays, dans deux mois on n'y pensera plus. L'ouvrage sera approuvé de tous les honnêtes gens, les autres se tairont, et alors je viendrai jouir de la plus douce consolation de ma vie, du bonheur de vous voir, après lequel je soupire, mais qu'une nécessité malheureuse m'a obligé de différer. Conservez-moi votre amitié, si vous voulez que je revoie Paris. Je vais revoir *Amélie*, et m'animer à suivre vos conseils et à rendre l'ouvrage meilleur; mais un bon conseil ne suffit pas, il faut un bon moment de génie, où l'on est un juste à qui la grâce manque.

Mille tendres respects aux anges. Je vous supplie de vouloir bien m'écrire, ou de faire écrire par la prochaine poste en quelle année est mort cet homme moitié philosophe et moitié fou, nommé l'abbé de Saint-Pierre.

1. Évangile de saint Jean, chap. XVIII, v. 36. (*Éd.*)

MDCCCXC. — DE FRÉDÉRIC II, ROI DE PRUSSE.

A Neisse, ce 8 (septembre 1752).

Esclave de la poésie,
Je perdais le sommeil à tourner un couplet;
Revenu de ma frénésie,
J'ai vu que ce beau feu n'était qu'un feu follet;
La sévère raison pour mon malheur m'éclaire;
Son œil perçant, son front austère
Du crédule amour-propre a confondu l'erreur;
J'abandonne au brillant Voltaire
L'empire d'Apollon et le sceptre d'Homère;
Content d'être son auditeur,
Je veux l'écouter et me taire.

Voilà le parti que j'ai pris. Les affaires et les vers sont des choses d'une nature bien différente : les unes donnent un frein à l'imagination, les autres veulent l'étendre. Je suis entre deux comme l'âne de Buridan. J'ai regretté quelques strophes d'une vieille ode; mais ce n'est pas la peine de vous l'envoyer. Le cher Isaac a voyagé comme une tortue très-lente. Je crois que votre gros duc de Chevreuse, qui sûrement n'a pas la taille d'un coureur, aurait fait à pied, et plus vite que le sieur Isaac avec ses chevaux, le chemin de Paris à Berlin. Mais à cela ne tienne; je suis bien aise de le revoir; il faut prendre les hommes comme ils sont. Le ciel a voulu que d'Argens fût fait ainsi; il n'est pas en son pouvoir de se refondre.

Je ne vous rends aucun compte de mes occupations, parce que ce sont des choses dont vous vous souciez très-peu. Des camps, des soldats, des forteresses, des finances, des procès sont de tout pays; toutes les gazettes ne sont remplies que de ces misères. Je compte vous revoir pour le 16, et je vous souhaite santé, tranquillité, et contentement. Adieu.

MDCCCXCI. — A MME DENIS.

A Potsdam, le 9 septembre.

Je commence, ma chère enfant, à sentir que j'ai un pied hors du château d'Alcine. Je remets entre les mains de M. le duc de Wurtemberg les fonds que j'avais fait venir à Berlin; il nous en fera une rente viagère sur nos deux têtes. La mienne ne lui coûtera pas beaucoup d'années d'arrérages, mais je voudrais que la vôtre fît payer ses enfants et ses petits-enfants.

Cet emploi de mon bien est d'autant meilleur que le payement est assigné sur les domaines que le duc de Wurtemberg a en France. Nous avons des souverainetés hypothéquées; et nous ne serons point payés avec un car tel est notre bon plaisir. Ce qu'il y a de douloureux dans une si bonne affaire, c'est que je ne pourrai la consommer que dans quelques mois. Elle est sûre; les paroles sont données; paroles de prince, il est vrai; mais ils les tiennent dans les petites occasions; et puis nous aurons un beau et bon contrat. Les princes ont de l'honneur; ils ne trompent que les souverains, quand il s'agit du peuple, ou de ces respectables et héroïques friponneries d'ambition devant lesquelles l'honneur n'est qu'un conte de vieille.

J'ai perdu quelquefois une partie de mon bien avec des financiers, avec des dévots, avec des gens de l'*Ancien Testament*, qui auraient fait scrupule de manger d'un poulet bardé, qui auraient mieux aimé mourir que de n'être pas oisifs le jour du sabbat, et de ne pas voler le dimanche; mais je n'ai jamais rien perdu avec les grands, excepté mon temps.

Vous pouvez, en un mot, compter sur la solidité de cette affaire et sur mon départ. Je ferai voile de l'île de Calypso sitôt que ma cargaison sera prête, et je serai beaucoup plus aise de retrouver ma nièce que le vieil Ulysse ne le fut de retrouver sa vieille femme.

MDCCCXCXII. — A M. FORMEY.

Potsdam, le 12 septembre.

Je crois vous avoir mandé, monsieur, que j'attendais la nouvelle de l'admission de M. Mallet, votre ami, dans l'académie de Lyon, et je vous priais de m'en informer, ne sachant où il est. Puisqu'il veut être d'une académie, à la bonne heure; j'ai pensé que celle de Lyon serait plus convenable pour lui qu'une autre, attendu le voisinage de Genève, sa patrie.

Je suis fâché pour notre académie de Berlin que vous vous soyez hâté de juger M. Kœnig. Il paraît que le public lui donne gain de cause; et, par malheur, le livre de Maupertuis a été bien mal reçu en France.

Je vous prie de m'envoyer la feuille qui contient la liste des académiciens, afin que je puisse leur envoyer la nouvelle édition que je fais faire du *Siècle de Louis XIV*; il y en a sept de très-mauvaises. Je voudrais en donner une bonne avant de mourir, car chacun a sa chimère.

Vous me feriez plaisir de rétablir la lettre que j'écrivis, il y a près d'un an, au cardinal Querini, qu'on a imprimée dans votre journal toute défigurée. Comment peut-on mettre deux fois *punt* dans deux vers? comment peut-on mettre :

Puisqu'il est comme eux dans ce monde?

Cela est barbare. On altère notre style comme nos vins, en Allemagne et en Hollande, et on y donne de l'auvernat pour du bourgogne.

Je vous embrasse de tout mon cœur.

MDCCCXCXIII. — A M. DE LA CONDAMINE.

Potsdam, le 12 septembre.

Mon cher arpenteur du zodiaque, j'ai vu votre aimable Hollandais, mais je ne l'ai pas encore vu à mon aise; j'étais malade. Le roi de Prusse a fait de Potsdam le séjour de la gloire, et non pas celui de la santé. Maupertuis va mieux, et l'empire

ANNÉE 1752.

Vous m'auriez fait plaisir de m'envoyer vos deux pages de critique du second tome du *Siècle*. On le réimprime actuellement avec un bon tiers de changements et d'augmentations ; et peut-être vos secours viendront-ils encore assez à temps. Comment un déménagement d'une rue à une autre vous fait-il négliger vos amis, vous qui étiez occupé à les servir quand vous faisiez des trois mille lieues ? Le plus actif des hommes serait-il devenu le plus paresseux ?

Je vous embrasse de tout mon cœur.

FIN DU TRENTE-CINQUIÈME VOLUME.

Coulommiers. — Typ. Paul BRODARD.

LIBRAIRIE HACHETTE & C⁹
BOULEVARD SAINT-GERMAIN, 79, PARIS

LES
GRANDS ÉCRIVAINS DE LA FRANCE

NOUVELLES ÉDITIONS

Publiées sous la direction de M. Ad. RÉGNIER, membre de l'Institut

SUR LES MANUSCRITS,
LES COPIES LES PLUS AUTHENTIQUES ET LES PLUS ANCIENNES IMPRESSIONS

Avec variantes, notes, notices, lexiques et albums contenant des portraits, des fac-similés, etc.

Publication qui a obtenu à l'Académie française le prix Archon-Despérouses, en 1877

ENVIRON 200 VOLUMES IN-8, A 7 FR. 50 LE VOLUME

150 à 200 exemplaires numérotés tirés sur grand raisin vélin collé, à 20 fr. le volume

Depuis longtemps, déjà, on a publié avec une religieuse exactitude, on y appliquant les procédés de la plus sévère critique, non seulement les chefs-d'œuvre des grands génies de la Grèce et de Rome, mais les ouvrages, quels qu'ils soient, de l'antiquité, qui sont parvenus jusqu'à nous. A ce mérite fondamental de la pureté du texte, constitué à l'aide de tous les documents, de toutes les ressources que le temps a épargnés, on a joint un riche appareil de secours de tout genre, variantes, commentaires, tables et lexiques, tout ce qui peut éclairer chaque auteur en particulier et l'histoire de la langue en général. En voyant cette louable sollicitude dont les langues anciennes sont l'objet, on peut s'étonner que jusqu'ici, à part quelques mémorables exceptions, les écrits de nos grands écrivains n'aient pas été jugés dignes de ce même respect attentif et scrupuleux, et qu'on ne les ait pas entourés de tout ce qui peut en faciliter, en féconder l'étude. Réparer cette omission, tel est le but que nous nous sommes proposé.

Pour la pureté, l'intégrité parfaite, l'authenticité du texte, aucun soin ne nous paraît superflu, aucun scrupule trop minutieux. Les écrivains du dix-septième siècle, et c'est par les plus éminents d'entre eux que nous avons commencé notre publication, sont déjà pour nous des anciens. Leur langue est assez voisine de la nôtre pour que nous l'entendions presque toujours et l'admirions sans effort. Mais déjà elle diffère trop de celle qui se parle et qui s'écrit aujourd'hui ; le peuple, et plus encore peut-être la société polie, l'ont trop désapprise pour qu'on puisse encore dire que nous la sachions par l'usage. Pour la reproduire sans altération, il ne suffit point que l'éditeur s'en rapporte à sa pratique quotidienne, à son instinct du langage : il faut, au contraire, qu'il se défie d'autant plus de lui-même que les nombreuses analogies, mêlées aux différences de la langue d'à présent et de celle d'alors, l'exposent au danger de ne point veiller assez au maintien de ces dernières. C'est peut-être là la cause principale des altérations qu'a subies le texte de nos grands écrivains. C'est contre elle surtout que nous nous tenons en garde. En ce qui touche l'œuvre même des auteurs, le fond comme la forme de leurs écrits, notre devise est : *Respect absolu et sévère fidélité.*

Quant à la seconde partie de la tâche, aux notes, aux secours, aux moyens d'étude qui accompagnent le texte des auteurs, deux mots peuvent résumer nos intentions et la nature du travail *Utilité pratique et sobriété.* D'une part, rien n'est omis de ce qui peut aider à mieux comprendre et connaître l'auteur, rien de ce qui peut en faciliter l'étude et permettre d'en tirer parti, soit pour les recherches historiques et littéraires, soit pour dresser ce que nous pouvons appeler la statistique de notre langue, et pour en montrer les variations, en dégager la grammaire, la constitution véritable, de tout ce que les grammairiens y ont cru voir et de tout ce qu'ils y ont introduit d'arbitraire et d'artificiel. D'autre part, est rigoureusement exclu tout étalage inutile de savoir, tout ce qui ne sert qu'à faire valoir le commentateur, tout ce qui ne tend pas directement à l'une des fins que nous venons d'énumérer.

Les *Lettres de Mme de Sévigné*, les *Œuvres de Corneille*, de *Racine*, de *Malherbe*, de *La Bruyère*, de *La Rochefoucauld*, ont déjà paru en entier ; — le *cardinal de Retz*, *Molière*, *Saint-Simon*, *La Fontaine*, sont en cours de publication ; — *Pascal* est sous presse.

Les noms des personnes dont nous nous sommes assuré le concours, et qui ont bien voulu se charger des diverses parties de cette grande tâche, sont une garantie de savoir, de bon goût et de consciencieuse exactitude.

Pour que la collection ait de l'unité, que toutes les parties de ce vaste ensemble soient conçues et exécutées sur un même plan, que l'esprit de l'entreprise soit partout et constamment le même, nous avons demandé à M. Adolphe Regnier, membre de l'Institut, et obtenu de lui, qu'il se chargeât de la diriger.

Nous ne nous arrêterons pas longuement ici aux détails du plan qui a été adopté, et nous ne ferons qu'indiquer en peu de mots les divers secours et avantages qu'offrent ces éditions nouvelles des grands écrivains de la France. Leur principal mérite, nous le répétons, est la fidélité du texte, qui reproduit les meilleures éditions données par l'auteur, les manuscrits autographes, d'anciennes copies, enfin est pris toujours aux sources les plus authentiques et les plus dignes de confiance.

Au texte adopté ou ainsi constitué on joint les variantes, toutes sans exception pour les écrivains principaux ; pour les autres, un choix sera fait avec goût.

Au bas des pages sont placées des notes explicatives qui éclaircissent tout ce qui peut arrêter un lecteur d'un esprit cultivé.

Après la pureté et l'intelligence du texte, c'est l'histoire de la langue qui sera le grand intérêt de la collection. Nous marcherons dans la voie que nous a ouverte l'Académie française en proposant successivement pour sujets de prix les Lexiques de Molière, de Corneille et de Sévigné. A chaque auteur est joint un relevé, par ordre alphabétique, des mots, des tours et des locutions qui lui sont propres, soit à lui-même, soit à son époque, et en outre de tout ce qui peut servir à éclairer le vrai sens ou l'origine de nos idiotismes les plus remarquables. La réunion de ces Lexiques formera un tableau fidèle des variations de la langue littéraire et du bon usage, et chacun d'eux en particulier montrera, par la comparaison avec la langue que nous parlons et écrivons aujourd'hui, l'empreinte qu'ont laissée sur notre idiome les divers génies qui l'ont illustré.

Des Tables analytiques exactes et complètes facilitent les recherches. Des notices biographiques aident à mieux apprécier les écrits de chaque auteur, en les plaçant dans leur vrai jour et à leur vrai moment. En outre, des notices partielles font l'histoire de chaque ouvrage, et, s'il y a lieu, pour les pièces de théâtre, par exemple, le suivent jusqu'à nos jours.

Des notices bibliographiques et critiques indiquent, pour chaque auteur, les manuscrits existant dans les bibliothèques publiques ou privées, les copies dignes de mention et les éditions diverses, surtout celles qui ont été publiées ou par l'auteur, ou de son vivant, ou peu de temps après sa mort. Enfin nous joignons au texte des portraits, des fac-similés, et, quand il y a lieu, des gravures diverses.

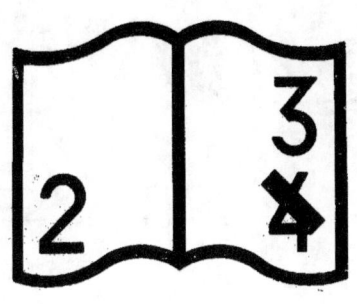

Pagination incorrecte — date incorrecte
NF Z 43-120-12

Erreur de Pagination
326 au lieu de
226

RAPPORT

BIBLIOTHEQUE
NATIONALE

CHÂTEAU
de
SABLÉ
1981

www.ingramcontent.com/pod-product-compliance
Lightning Source LLC
Chambersburg PA
CBHW060934230426
43665CB00015B/1942